首都外语论坛
第 4 辑

BEIJING FORUM
OF FOREIGN
LANGUAGES
AND LITERATURES

刘利民 主编

首都师范大学
外国语学院
语言哲学研究所
外国语言学及应用语言学研究所
（主办）

中央编译出版社
Central Compilation & Translation Press

主　办
首都师范大学：
外国语学院
语言哲学研究所
外国语言学及应用语言学研究所

主　编
刘利民

副主编
隋　然

编委会（按音序排列）
常福良　董启明　杜桂枝　封一函　傅勇林
何其莘　黄晞耘　季国清　孔繁志　李洪儒
林　立　刘利民　刘晓红　刘晓天　钱冠连
邱耀德　邱运华　隋　然　王初明　王　成
王秋海　姚小平　杨生平　张后尘　周建设
朱　锦

学术编辑
隋　然　常福良　刘珩　蒋童　孙岳

目　录

(1)	鲍晓莹	1948年英语教学大纲调查报告
(8)	毕晓燕	小议由「多い/少ない/ない」组成的三个词词组
(18)	陈　鹤	在德语学习中错误分析理论方法的局限性及对策
(26)	陈　璞	从瞬时记忆到短时记忆
(33)	邓利华 谷婷婷 陈　铎	中日学生在视频会议中使用交流策略的调查研究
(39)	杜维平	《印度：一种受伤的文明》中的印度文明和现代化
(47)	樊　英	从弗兰斯·博厄斯《美洲印第安语言手册》引言看语言必有的语法范畴
(56)	方　红	语言本能透视下的心智结构
(65)	费云枫	由固定到开放——论英语专业泛读教材改革的方向
(76)	贾旻苇	利用英美剧促进英语教与学
(81)	康　艳	基于博客圈构建英语专业阅读课学习共同体的实践研究
(91)	李　娜	英语新闻写作课的体验式教学模式探究

(98) 李晓东	智能情景实验室自主学习能力技术分析
(108) 连 煦	小议中国的民族问题和美国的族群问题
(115) 梁丹丹 张 雨 颜 妍 姜佳培	浅议英语对德语学习的影响
(125) 廖迅乔	文革语篇批评分析——直接引用研究
(133) 刘 健	初级日语教材中的SA变动词及其问题点
(145) 刘晓红	英语专业学术论文写作课的改革与创新
(154) 徐 翠 卢峭梅	第二语言词汇知识维度及其测试
(162) 马科岩	中国比较教育的起步与发展
(170) 潘琳琳	《我国翻译专业建设:问题与对策》评介
(176) 裴 宏	大学通识课程教学中的"行动学习法"
(186) 秦晓星 刘 佳 鲍冰洁 李玮婷 杨一清	中西方文化碰撞下美籍华裔女作家对女性主体意识的觉醒与构建
(198) 曲春红	漫谈英语中的政治词汇
(206) 宋 洁	广告话语的言语行为理论解读
(212) 苏小双	英日语对比教学法在第二外语教学中的应用
(218) 孙红玖	在英语专业低年级基础课堂培养学生的公共演讲能力
(225) 孙咏梅	合作性话语互动与集体身份建构研究
(233) 唐晓可	古笔鉴定结果的再考察
(244) 田 聪	文化相对主义和语言相对主义对汉语语言学研究的启示

(251)	汪 彤	谁缔造了阿曼达的"传奇"?
(261)	王秋海	本雅明式的忧郁
(273)	王秋林	北京高中学生英语课外阅读调查
(288)	王维中	"目的论"——翻译理论的新视角
(296)	王 莹	从代词的使用看汉语、法语以及英语的一些特点和差异
(305)	王月平	同义、上下义关系理论与英语专业四级读写能力培养
(316)	徐东辉	语言转化的三种模式
(324)	徐先玉	论俄语的限定量化结构
(332)	杨 波	诗意的栖居
(343)	杨 丽	隐喻认知与英语习语教学——从理论到应用
(355)	于江霞	外来文化思潮与20世纪30年代的中国译坛
(362)	张 清	20世纪欧美学界中国古典文论研究概览
(367)	张如奎	从二战纪念方式看俄罗斯民族意识中的"团契"精神
(375)	郑秋秀	论动词的语义配价
(383)	周晋英	英语介词短语的级阶
(392)	朱玲莉	从日语"寺子屋"一词来看日本的传统文化
(399)	朱瑞党 宋平明	《呼啸山庄》在新时期(1976—2012)
(407)	朱映华	对等在不同语义层次上的实现
(413)	诸凌虹	英语教学法课程中的案例教学
(419)	林 立	教师专业成长的一个途径
(429)	孙翠英	小议俄罗斯百科全书

(434) 王 迪　　杜拉斯的水世界和她的梦想诗学

(445) 王 峥　　狄更斯小说人物对英语词汇的贡献

(456) 于明清　《彼得堡故事集》与魔幻现实主义

(466) 詹凌峰　"兔子尾巴很短"和「象は鼻が長い」

(474) 高剑妩　Cook 的语篇偏离模式及"文学性"概念述评

1948年英语教学大纲调查报告

首都师范大学外语学院英语语言文学系副教授　鲍晓莹

【摘要】

在2001年新的《全日制义务教育普通中学英语课程标准（实验稿）》（亦称教学大纲）颁布以后，由于大纲要求，尤其是对词汇量要求较1992年课程标准有较大的提高，引起了教学界对1948年《英语课程标准》的很大关注及讨论。为什么在1948年时英语课程标准对英语教学的要求远远高于2001年最新的课程标准？大纲对词汇量要求的提高，是否符合我国教育现状？本文重点在于分析1948年大纲在制定背景、教学目标和教学方法等方面的特点，目的在于为课题"1948年与1978年后教育部所制定的多个英语教学大纲的比较"提供依据。

【关键词】

课程标准　大纲背景　教学目标　教学方法

一　引　言

我国外语教育历史悠久，可以上溯到两千多年前。系统性的英语教学则开始于19世纪，主要为传教士主办的教会学校和清政府主办的洋务学堂。

19世纪初，英国传教士马礼逊到中国传教，并建立了马礼逊学校，开始有系统地向当地中国人教授英语，开西方传教士在中国设立学校教授英语的先河。鸦片战争以后，我国逐步沦为半封建半殖民地国家。列强对中国进行经济侵略，文化教育渗透。英美等国通过天主教或基督教（新教）教会设立和控制的学校，即教会学校，在我国很快发展。新中国成立前，教会高等学

校有 20 所，中等学校有 300 余所，小学约 1500 余所。①（章兼中，2006）

19 世纪 50、60 年代以后，清政府中熟悉外情的洋务派开始设立新式的洋务学堂，其中就包括专业教授外国语言的京师同文馆，上海、广州方言馆和译学馆等，为清政府办理洋务事业培养专门的技术与外语人才。在这些新式的学校中，均设有相应的外语课程，聘请外国人或归国留学生担任教习，而教材则多直接选择外国的原版书或材料，很少有中国人自编的教材。

清末外语教学的特点是采用语法翻译法培养懂外语的通事。诸如汉外互译、背书、默书、习字造句、认字写字，文字拼法、阅读、讲改文法以及字母一音一字一句一文的分析综合法等都是翻译法的重要特征。而教会学校则完全相反，排除母语翻译，主张用外语教外语和其他学科，基本上属于直接法的范畴。这种用外语教外语和其他学科的直接法不仅在教会中盛行，而且在解放前有些普通中学也照搬这种教法。

二　民国时期外语教育

1912 年中华民国成立。教育部于 1912—1913 年陆续颁发了《普通教育暂行课程之标准》等法令，统称"壬子癸丑学制"，规定有条件的高小可开设外国语，外国语以英语为主，但是遇到地方特别情况，可任选法、德、俄语一种；外国语要旨在通解外国普通语言文字，具备运用目标语之能力，增进相关目标语知识。②

1923 年教育部又颁布了《新学制课程纲要中学外语课程纲要》，从学制、学科、教材到教法都由学日本转向学英美。③ 外语由初中开始设置。自 1922 年至 1949 年新中国成立前，英语教学始终没有什么重大的变化。中学课程标准纲要规定，初中外国语占 164 学分中的 36 学分，约占 21%；重文科和社会科学的高中，外国语占 91 学分中的 16 学分，约占 17.6%；重数学和自然科学的高中，外国语占 95 学分中的 16 学分，约占 16.8%。

1933 年教育部颁发的课程标准规定的英语教学情况如下：初中：（1）使学生练习运用切于日常生活之浅近英语；（2）使学生建立进修英语良好基础；（3）使学生从英语方面发展其语言经验；（4）使学生从英语方面增加其研究

---

① 章兼中：《外语教育学》，浙江：浙江教育出版社，1997。
② 课程教材研究所编：《20 世纪中国中小学课程标准——教学大纲汇编（外国语卷）》，北京：人民教育出版社，2001。
③ 课程教材研究所编：《20 世纪中国中小学课程标准——教学大纲汇编（外国语卷）》。

外国事物之兴趣。高中：(1) 使学生练习运用切于实用之普通英语；(2) 使学生略见近代英文作品之一斑；(3) 使学生对于需要英语为工具之专门学术建立进修之良好基础；(4) 使学生对于需要英语为工具之专门学术开辟进修之良好途径；(5) 使学生从英语方面发展其语言经验；(6) 使学生从英语方面增加其研究外国文化之兴趣。①

从宏观上说，晚清教育的目标是为清政府培养后备官僚，民国时期教育的目标是培养后备官僚和各行各业的专门精英，广大人民群众没有受教育的机会。在城市，只有官僚和大富豪，才有能力供子女上符合国家教育制度的学校，包括"小学"、"中学"、"大学"各个阶段。只有这种情况下，他们才有机会学习现代科学文化知识。在农村，人们基本生活在愚昧无知的状态中，只有极少数有余财的百姓可以通过学习来识字，现代科学则简直是天外之物。五四新文化运动前后，英语成为探索西方哲学和其他思想的工具，到国外留学的机会，获得高层官职的手段。从 1924 年到 1949 年，英语作为外交、军事、与西方进行文化交流的工具，遭到了民族学者和民族政客们的抵制，他们不希望看到民族文化发生转变。尽管如此，英语依然是获得中高层职位的手段。②

清末民初，随着大批留学生回国服务，我国外语教育日臻成熟，出现了前所未有的新景象。大批学贯中西的留学生，肩负着我国外语教育的历史重任，这个特殊群体在我国外语教育中扮演了主要角色。他们成为我国外语教学与研究的主要承担者、外语教材的主要编撰者、翻译理论的主要奠基者以及外语教育思想的主要创立者，为我国外语教育做出了巨大贡献。正是在这样的背景下，1948 年国民党中央政府颁布《初、高级中学的英语课程标准》，对之前的几版课程纲要进行了修正。虽然最终没有实施，但依然对我们今天的课程标准具有参考价值。

1948 年教育部颁布《修订初级中学的英语课程标准》规定，初中三年周学时为 3、3、4。教学目标：

(1) 练习运用切于日常生活之浅近英语。
(2) 建立进修英语之正确基础。
(3) 认识英美民族精神及风俗习惯。
(4) 启发学习西洋事物之兴趣。

实施方法摘要：

---

① 章兼中：《外语教育学》。

② Adamson, Bob, "Barbarian as a foreign language: English in China's Schools", World Englishes, http://wenku.baidu.com/view/2dd4fc64caaedd3383c4d35c.html, Jan 10, 2003, Page：231—243。

（1）练习下列各项：耳听、口说、眼看、手写、耳听兼口说、耳听兼眼看、耳听兼手写、眼看兼口说、眼看兼手写、眼看兼耳听口说。

（2）分期开始听、说、看、写四种工作之练习，以听、说、写为第一期，看为第二期，写为第三期。大概在第一学期之末方能达到第四种工作之练习。

（3）第一年特别注重听与说，第二年听、说、看、写并重，第三年特别注重看。

（4）一切练习均从全句出发，或归束到全句，使学生能运用成句之语言文字。

（5）尽量多用英语，少用国语，使能有多样练习的机会，并能学得比较纯粹之英语。

（6）对于新教材之教学，须使学生先有听的练习（即耳的练习），然后再作口的练习，以减少错误。

（7）口头的练习，不但须注意各部分之正确，并须注意全部分之协调——例如轻重、疾徐、抑扬、顿挫、流利、贯穿之类——使能合于语言之自然。

（8）音素分析，概须从耳口已经练习之材料中出发，使有切实之着落而能发生效果。……

（11）注意字句中应有的音素综合变化——例如同化，连接等类——使能切合活语之情形。……

（14）一切口头与手头之造作，须严格限于仿造范围之内，力避随意自由创作，使能学得比较纯粹之英语。

（15）语法要点，随时从已经成熟之材料中指出并逐渐汇集联结，整理组织，趋向于系统化，使处处切于实用，而又能明了英语构造大概。

（16）英语教学，应多利用影片、唱片等感官辅助工具。

《1948年修订高级中学的英语课程标准》规定高中三年每周学时为每周5小时。教学目标：

（1）练习运用切于实用之普通英语。
（2）就英文诗歌散文中增进其语文训练。
（3）从英语方面增加其对于西方文化的兴趣。
（4）从语文中认识英语国家风俗之大概。
（5）从英美民族史迹记载中，激发爱国思想及国际了解。

实施方法（摘要）：

（1）下列各项练习均须注意多次之反复须至纯熟境地（练习形式基本同初中）。……

（2）在听、说、看、写平均发达之范围内，特别注意阅读，以默读为主，朗读为辅。并增加阅读之速度与兴趣。……

（5）在学生已经习得之材料范围内，鼓励自由应用，使所学者能与生活发生关系。

（6）教学时尽量多用英语少用国语，尤以新材料之意义，除不能不用国语解释者外，一概采用其他方法表示之。使能以英语练习学得比较纯粹的英语，且及早达到用英语思想之地步。

（7）时常指示学习方法，使能增加学习之效率。

（8）随时审查学生之工作，是否正确，并竭力预防错误，一经发现，即迅速彻底纠正。……

（10）逐渐使学生在课外自修未见过之新材料……逐渐养成自修能力。

（11）旧材料除照各课原来之组织分别温习外，并须混合各课另行组织，以资温习，使能沟通联络，变化活用。尤以采用游戏比赛与表演之形式为佳。……

（18）一切作文，须注意思想方面条理清楚，文字方面简易确切而合于通常之习用，题材方面与已习之材料有关联，以避免随便乱写，造出各种内容外表均不适用之怪异英文。……

（21）在第三学年间或采用英汉互译之练习。……

（23）语法教学，须特别注意英语与国语不同之处，使易学得比较纯粹之英语，并觉察两种语言构造上之特点。……①

从分析比较1912—1913年、1933年和1948年三个课程标准来看，我们可以看出，第一个课程标准基本上沿袭了同文馆和新式学堂的以发音、拼字、习字、造句、语法、作文、默写、译解、阅读等为特征的翻译法。后两个课程标准基本倾向于直接法，特别是1948年课程标准更为明显。我们可从以下几方面得到证明：

（1）目的是听说读写运用切于日常生活、实用的普通外语。

（2）培养外语思想能力：尽量多用英语、少用国语，解释新材料不得用母语才可以及早达到用英语思想之地步。

（3）在口语基础上培养书面语：第一年特别重听说，第二年听、说、看、写并重，第三年注重写。

（4）语法教学采用归纳法：语法要从已熟之材料中指出和归纳系统化。

（5）句子是教学的基本单位：一切练习均从全句出发或归束到全句。

（6）有错必纠：竭力预防错误，一经发现，迅速彻底纠正。

（7）多利用影片、唱片等直观教具。

---

① 课程教材研究所编：《20世纪中国中小学课程标准—教学大纲汇编（外国语卷）》。

三 1948年与2001年课程标准的比较

下面我们来对比1948年课程标准和2001年课程标准。我们先来看一下2001年英语课程标准关于课程目标的描述：基础教育阶段英语课程的总体目标是培养学生的综合语言运用能力。综合语言运用能力的形成建立在学生语言技能、语言知识、情感态度、学习策略和文化意识等素养整体发展的基础上。语言知识和语言技能是综合语言运用能力的基础，文化意识是得体运用语言的保证。情感态度是影响学生学习和发展的重要因素，学习策略是提高学习效率、发展自主学习能力的保证。这五个方面共同促进综合语言运用能力的形成。①

从1948年课程标准中，我们可以看出初高中目标都在不同程度上提出了2001年课程标准所规定的培养学生综合运用语言能力的五方面目标：文化意识目标（"认识英美民族精神及风俗习惯"，"从语文中认识英语国家风俗之大概"），语言知识目标，语言技能目标，和学习策略目标（"指示学习方法，增加学习效率"），高中增加了情感态度目标（"激发兴趣"、"使之有相当学习动机"）。在语言技能方面，1948年课程标准强调先听说，后读写。在语言知识目标方面，1948年课程标准规定初中毕业生词汇量应达到2000个，高中毕业生应达到6000个，与西班牙、日本等国大致相同。

通过对1948年课程标准的调查分析，我们不禁要问：为什么1948年课程标准比2001年新课标规定的英语3000词汇量高出了一倍？前文所介绍的1948年课程标准制定的背景可以解释这个现象。民国时期教育的目标是培养后备官僚和各行各业的专门精英，而不是针对广大人民群众的。在城市，只有官僚和大富豪的子女才能有钱上符合国家教育制度的学校，受教育群体只局限于很少的有钱有权的人。加之当时半封建半殖民地社会外国文化影响的特殊性，课程标准规定的教学目的自然很高。而2001年课程标准是普及性的大众教育，自然要求相对较低。

四 结束语

由于课程是时代的产物，产生于社会变化发展过程中的客观需要和人们受教育的客观要求，相应地课程的内容与形式也成为社会发展进程的标志。

---

① 陈琳，王蔷，李晓堂主编：《英语课程标准解读》，北京：北京师范大学出版社，2002。

课程本身的发展水平虽然要受到社会的政治、经济、社会意识形态和文化等外部因素和教育者的质量与数量、受教育者需要、学校物质设备与技术条件、学校的管理水平等内部因素的影响，但从课程本身的发展水平中可以看出社会和人们受教育的发展水平，而其中尤其是国民素质进步的水平。1948年课程标准的分析，揭示了在民国时期的社会背景，以及教育的特点：少数有权有钱人的教育，体现上层社会人群的教育水平，但不体现整体国民素质的进步水平。

但通过对1948年课程标准和2001年课程标准的对比，1948年课程标准规定的较高的教学目标，依然给我们深刻的启示，也让我们不得不反思。在20世纪40年代，英语教学就有了那么高的要求。在全球迅速一体化的21世纪，在国际交往日益密切，我国又如此重视和普及英语教育，教育技术亦空前发达，教学手段极大丰富的今天，教学目标却远远低于60年前，虽说普及的是大众教育，但我们今天的英语教学目标有没有可能超越？

小议由「多い/少ない/ない」组成的三个词词组

首都师范大学　毕晓燕

【摘要】

本文主要围绕「多い/少ない/ない」组成的三个词的词组，考察了这类词组的构成要素之间的语义关系。由「多い/少ない/ない」组成的三个词词组的语义关系可以归结为两大类：指定特征关系和指定存在方式关系。

指定特征关系的词组为「（N_1ガ/ノ＋多い/少ない/ない）＋N_2」词组，

指定存在方式关系的词组为「（N_1ニ＋多い/少ない/ない）＋N_2」词组。

指定特征关系的词组包括指定部件特征的词组、指定存在物多寡特征的词组、指定事件频率特征的词组、指定成员特征的词组、指定领属物特征的词组五类。

指定存在方式关系的词组包括指定空间范围的词组、指定时间范围的词组、指定领属者范围的词组三类。

【关键词】

多い/少ない/ない　词组　语义关系　指定特征关系　指定存在方式关系

一 引 言

众所周知，日语中的属性形容词①既可以作谓语也可以作定语。但是，表示存在的形容词「多い/少ない/ない」则属例外，它们无法单独作定语②，如「多い/少ない学生」这种说法是不成立的。正因为此，「多い/少ない/ない」被称作"特殊形容词"。

「多い/少ない/ない」虽无法单独作定语，但如「人の多い通り③」所示，它们可以首先与名词组合，再以组合（くみあわせ）的形式修饰另外一个名词。即，「多い/少ない/ない」无法组成两个词的词组（A+N），它们可以组成三个词的词组（N_1+A+N_2）。

本文所讲的词组是指由两个或者两个以上实词组合而成的，是借用词与词组合这种语法手段将其中一个词（主导词）的概念义具体化的指称单位，作为词汇单位的词与其他词组合并相互作用，形成各种语义关系。词组学④正是以词组这种指称单位为研究对象，旨在将词与词之间形成的各种语义关系（むすびつき）整理分类，并找出其分布规律的研究领域。

在由两个词组合而成的词组中，前一个词为从属词⑤，后一个词为主导词，其结构相对简单。而本文所要讨论的「多い/少ない/ない」组成三个词的词组（N_1+A+N_2），其结构层次和语义关系均相对复杂。「多い/少ない/ない」首先作为主导词与前一个名词组合，它们形成的组合再作为一个整体与后一个主导名词组合，形成三个词的词组。因此，在这类词组中，「多い/少ない/ない」具有双重身份，发挥着双重功能，它既是前一个名词的主导词同时又是后一个名词的从属词。本文将 N_2 称为主导名词，N_1+A 称为从属组合，N_1 称为从属名词。

---

① 关于日语形容词的分类有几种不同的见解，本文根据传统的分类标准，将日语形容词分为属性形容词和感情形容词。

② 日语中也有「多い資源」、「少ない人数」等词组，但是，「多い/少ない」可以直接修饰的名词是非常有限的，本文仍然看作「多い/少ない」不可直接作名词的定语。一般认为，「多い」的连用形「多く」、「少ない」的副词形式「少し」可以直接作定语。关于这一点请参照仁田義雄：「「多い」「少ない」の装定用法」，『語彙論の統語論』，明治書院，1980，p. 105—109。

③ 本文中的例句出自《朝日新闻》、《新潮文库100》。

④ 本文所将的日语词组学是由奥田靖雄为首的语言学研究会开拓的领域。

⑤ 在日语词组中，从属词在前，主导词在后，从属词为修饰方，主导词为被修饰方，主导词对语义关系的形成起主要的、决定性作用。

本文主要用词组学的方法描写由「多い/少ない/ない」组成的三个词的词组（N_1+A+N_2），根据其从属组合和主导名词之间的语义关系，将其进行分类整理。同时，分析各类语义关系的词组中的 N_1 和 N_2 的范畴义（カテゴリカルな意味）以及它们在语义上关联和制约（意味のなかかわり），并找出其规律。

通过分析，「（N_1+多い/少ない/ない）+N_2」词组其构成要素之间的语义关系主要有两大类：指定特征关系和指定存在方式关系。指定特征关系的词组为「（N_1ガ/ノ+多い/少ない/ない）+N_2」词组，指定存在方式关系的词组为「（N_1ニ+多い/少ない/ない）+N_2」词组。本文将在第二章和第三章分别就二者进行论述。

二 指定特征关系

指定特征关系的词组有如下词组：

スクリーンのない映画館/貧困地域の多い内陸部/資源の少ない日本と欧米/所得の多い人/サッカー経験のない久松教諭

指定特征关系的词组是指，从属组合规定主导名词所指称事物所具有的、区别于其他事物特点的词组。现实中的事物琳琅满目、种类繁多、这些种类繁多的事物各具特点，这些特点往往表现在颜色、形状、大小、气味、善恶等各个不同的方面。指定特征关系的词组从各种不同的角度、不同的方面来规定事物的特征，具体可以分为指定部件特征、指定存在物多寡特征、指定事件频率特征、指定成员特征、指定领属物特征等五类。

2.1 指定部件特征

指定部件特征的词组有如下词组：

人数が少ない部屋/製造台数が少ないメキシコ国内向けの旧式カブトムシ/党員数の多い日本遺族会/子どもの数が多い学級
にきびの多い中学生たち/口数の少ない小泉/政党色のない知事

当主导名词 N_2 为物质名词、指人名词，从属名词 N_1 为隶属部件类名词或者相关属性类名词时（N_1 所指称的部件、属性为 N_2 所指称事物、人的一部分），该类词组从事物的隶属部件、属性的角度指定其特征。N_1 和 N_2 之间为"部分—整体"关系。

2.2 指定存在物多寡特征

指定存在物多寡特征的词组有如下词组：

单身世帯やオートロックのマンションなどが多い都道府県/本やレコードの多い家

平野の多いドイツのような国/魚の多い海水面付近/農業県が多い九州や東北

原発①が多い福島、新潟、福井/富裕層の多い中東

如上例所示，当主导名词 N_2 为处所名词，从属名词 N_1 为物质名词、实体名词、指人名词等具体名词时（N_1 所指称的事物、人为存在于该处所的事物、人），该类词组从存在于该处所的存在物（包括人）的角度指定该处所的特征。N_1 和 N_2 之间为"存在物—存在处所"关系。

2.3 指定事件频率特征

指定事件频率特征的词组如下：

犯罪の多い首都圏/酔客のトラブルの多い駅/クマの出没が多い地域
嘘つきが多い時代/オーロラの発生が多い時期

当主导名词 N_2 为处所名词、时间名词，从属名词 N_1 为表示现象的抽象名词（N_1 表示发生于该处所的事件），该类词组从发生于该处所的事件发生频率角度指定该处所或者该单位时间的特征。N_1 和 N_2 之间为"事件—发生处所/时间"关系。

在指定存在物多寡特征的词组中，「多い/少ない/ない」表示某一类事物在一定的空间范围、单位时间内存在物数量的多寡，在指定事件频率特征的词组中，「多い/少ない/ない」表示某一事件在一定的空间范围、单位时间内事件发生频率的高低。

2.4 指定成员特征

指定成员特征的词组如下：

---

① 指原子能发电所。

若手が多い日本チーム/左打者の多いチーム/映像部門の出身者が多いグループ経営陣
都市を基盤にした議員も多い民主党/慎重派が多い派閥幹部

当主导名词 N_2 为表示组织、团体等的名词，从属名词 N_1 为指人名词，N_1 所指称的人为该组织、团体的成员，该类词组从构成成员的角度指定该组织、团体的特征。N_1 和 N_2 之间为"成员—集体"关系。

2.5 指定领属物特征

指定领属物特征的词组如下：

預貯金の多い高齢者/収入のない大学生/作品本数の多い黒沢監督/投資の知識や経験が少ない若者や高齢者/実力のない議員/資力のない人/就労資格のないフィリピン人女性/出演の機会が少ない若手たち/甲子園経験のない2年目の佐々木/補導歴のない少年/行き場のない若者/住む場所のない小説家

当主导名词 N_2 为指人名词，从属名词 N_1 为金钱、知识、经验等表示人的领属物的名词时（N_1 所指称的事物为该人的领属物），该类词组从领属物的角度指定该人的特征。N_1 和 N_2 之间为领有关系。

三 指定存在方式关系

如前所述，指定特征关系的词组为「（N_1ガ/ノ + 多い/少ない/ない）+ N_2」词组，指定存在方式关系的词组为「（N_1ニ + 多い/少ない/ない）+ N_2」词组，具体见下列词组：

都内の温泉に多いぬめりのある黒色のお湯/戦後のまだ貧しい時代に少ない鉄骨/危険群に少ない栄養素/共済加入者に多い中高年/今までにない喜び

事物以各种方式存在于现实世界中，各种事物存在于不同的时空内、环境中。指定存在方式关系的词组是指，从属组合规定主导名词所指称事物存在于何处、存在于何时等存在方式的词组。指定存在方式关系的词组根据从属组合与主导名词之间的语义关系，具体可以分为指定空间范围、指定时间范围、指定领属者范围等三类。

3.1 指定空间范围

指定空间范围的词组有如下词组。这里所指的空间范围既包括物理空间也包括抽象意义上的空间。根据主导名词 N_2 和从属名词 N_1 的词汇意义、语义关联，我们可以将这些词组划分为下列四小类。

A：N_1——N_2 = 处所名词—实体名词/指人名词
広場周辺に多い飲み屋/東京近郊に多いツチガエル/地域に少ない学習塾/地表付近に少ないイリジウム/市内に少ない公園/地球には少ないヘリウム3/次の道県にない観光地・観光ポイント/北河内に多い蓮池/この付近におおい杉林佐久小県辺に多い世間的な僧侶/街に少ない若者

B：N_1——N_2 = 表現作品名词—表現内容名词
原作にないエピソード/原作にない部分/規定にない役員退任慰労金/地方税法にない法定外普通税/目録にない文書

C：N_1——N_2 = 处所/组织名词—抽象概念名词
NHKにない味/他社にない取り組み/よそにない柔軟な形の小売り/ケンタッキーにない雪や寒さの訓練環境/デパートや大型店にない人間的な要素

D：N_1——N_2 = 抽象名词—实体名词/指人名词
理系に多いポスドクや文系に多い専業の非常勤講師/製造業に多い派遣社員/市内の伝統産業に多い中小零細企業/女子校に多いプロテスタント系の中学

在 A 组词组中，主导名词 N_2 为实体名词、指人名词，从属名词 N_1 为处所名词，N_2 所指称的事物、人存在于 N_1 所指称的处所处，从属组合指定主导名词 N_2 所指称事物、人的物理空间范围。

在 B 组词组中，主导名词 N_2 为表现内容名词，从属名词 N_1 为表现作品名词，N_2 所指称的内容为 N_2 所指称作品的一部分，从属组合指定 N_2 所指称内容的抽象空间范围。

在 C 组词组中，主导名词 N_2 为抽象概念名词，从属名词 N_1 为处所名词、组织名词，N_2 所指称的抽象事物存在于 N_1 所指称的处所处。但是，与 A 组词组中的处所不同，这里所指的处所是抽象意义上的处所＝所属范围。

让我们来比较一下「通常のドンキにない高級品」「自店にない本」和

「ケンタッキーにない雪や寒さの訓練環境」「NHKにない味」。两组词组中的从属名词 N_1 均既具有空间性语义特征也具有组织性语义特征，不同的是，前两个词组中的主导名词 N_2 为实体名词而后两个词组中的主导名词 N_2 为抽象概念名词。根据语义关系搭配方面的限制原则，前两个词组中的从属名词 N_1 选择空间性语义特征，后两个词组中的从属名词 N_1 选择组织性语义特征。因此，前两个词组为指定物理空间范围关系，后两个词组为指定抽象空间范围关系＝所属范围的词组。同样，C组词组也为指定抽象空间范围＝所属范围的词组。

在D类词组中，主导名词 N_2 为实体名词、指人名词，从属名词 N_1 为抽象名词。一般来讲，名词的抽象性越高，其空间性越弱，因此，这类词组中的 N_1 与其说表示空间，倒不如说是表示某种属性更贴切，「（N_1 ニ ＋ 多い／少ない／ない）＋ N_2」词组为指定 N_2 所指称事物、人的存在方式＝属性的词组。

3.2 指定时间范围

指定时间范围的词组有如下词组：

A：戦後のまだ貧しい時代に少ない鉄骨／これからの季節に多い西からの風／乳幼児期に多い卵や小麦、乳製品

B：夜間に多い自殺

C：今までにない政治家／今までにない客／最近にない図抜けた奴

D：この現世にない姿／今までにないイメージ／近来にない大北伐／今までにない手法／今までにない考え彼女の今までにない結髪法／今までにない一つの新しい挑戦／これまでにない荒療治／ここ数百年来にない観物／いままでの彼の経験にない雪の感覚／過去の人生にない体験／従来にない催し／これまでにない朔太郎論／これまでにない政治不信／今までにない異例／シーズン中にない応援

E：いつもにない落ちつきと頭の澄明／加藤の経験にない楽しさ／近来にないめざましさ／今までにない空恐ろしさ／例年にない酷暑／例年にない活気／近年にない豊作／近年にない不漁／例年にない危機感／今までにない信頼感／今までにないすっきりした後味／いままでにないつよい光／それまでにない暗い気持／今までにない恐ろしい疑い／これまでにない厳しいもの／今までにない長閑な景色／常日頃にないだらしのない反応／いままでにない疲労

通过观察上面的词组我们可以发现，指定时间范围的词组中其从属名词均为在时轴上占据位置的起点和终点的表时间段的时间名词。

如「夜間に多い自殺」所示，当主导名词为动作性名词时，该词组表示该事件在一定的单位时间内发生频率的高低。

关于「（N₁ニ＋ない）＋N₂」词组

如C、D、E组词组所示，指定时间范围的词组中，「（N₁ニ＋ない）＋N₂」词组数量非常多。在此，我们主要讨论一下「（N₁ニ＋ない）＋N₂」词组。

在「（N₁ニ＋ない）＋N₂」词组中，从属名词N₁为「この現世」「近来」「いつも」「常日頃」「従来」「例年」等没有明确的起点和终点的、表模糊的时间量的时间名词以及「今までに」「これまでに」等时间终点为说话时点的时间名词。

「（N₁ニ＋ない）＋N₂」词组中的主导名词N₂是否含有程度义，该词组所表达的意思是不同的。

（a）主导名词（程度−）

在上述C、D两组词组中，主导名词N₂为「政治家」「客」等指人名词、「体験」「催し」「朔太郎論」等不含有程度的抽象概念名词，这时「（N₁ニ＋ない）＋N₂」词组表示这些人、抽象事物具有与其他人、事物相区别的、值得一提的特征或者该人、事物为首次出现的崭新事物。

（b）主导名词（程度＋）

与C、D两组词组不同，E词组中的主导名词为「落ち着きと頭の澄明」「楽しさ」「めざましさ」「空恐ろしさ」「喜び」等含有程度的抽象名词，这时「（N₁ニ＋ない）＋N₂」词组表示程度最高。例如，「いつもにない落ち着きと頭の澄明」表示最沉着、头脑最清醒；「加藤の経験にない楽しさ」表示最愉快；「近来にないめざましさ」表示最突出；「今までにない空恐ろしさ」表示迄今为止最恐惧；「今までにない喜び」表示最开心。

让我们再看下列例句：

(1) 例年にない多さ。(2009年03月07日朝刊)
(2) 一方、アカコッコはこの冬、横浜市で何度か目撃されたほか、同じ伊豆諸島の新島でも、例年にない数が観察されている。(A010314)
(3) 日本百貨店協会が発表した2000年の全国百貨店の売上高（店舗調整済み）は前年比1.8%減の8兆8200億円にとどまった。4年連続の前年割れ。そごうグループ各社の閉店セールやプロ野球の優勝セールが例年にない規模で展開されたが、売上高の底支え程度にしかならなかった。(A010125)

(4) 百貨店各社は6月末に夏物セールを前倒し実施し、7月中旬までに売り上げが集中。伊勢丹は前年比2.2%増に。高島屋は全店ベースで1.4%増と5カ月連続で前年実績を上回り、「過去10年にないペース」と顔をほころばせる。(A010725)

(5) 今年1月の製造業における新規求人の落ち込み、企業の人員整理の増加などを挙げ「これまでにない傾向」と指摘した。(2009年03月10日朝刊)

在例（1）中，主导名词「多さ」为含有量度的抽象名词，「例年にない多さ」表示数量最大，而例（2）中，主导名词为「数」，「数」既包含"多"也包含"少"，因此「例年にない数」既可以表示数量大，也可以表示数量小，该词组表示数量大还是数量小要根据前后文来判断。例（3）～（5）中的「規模」「ペース」「傾向」等表示事物相关属性类的名词时，「規模」既可以为大也可以为小，「ペース」既可以为快也可以为慢，「傾向」既可以为好也可以为不好，这时，这些词组既可以表示规模大、进度快、好的倾向，也可以表示规模小、进度慢、坏的倾向，具体表示大还是小，快还是慢要具体情况具体分析。例（3）中的「例年にない規模」表示规模大，例（4）中的「過去10年にないペース」表示快，例（5）中的「これまでにない傾向」表示不好的倾向。

3.3 指定领属者范围

指定领属者范围的词组有如下词组。从主导名词 N_2 和从属名词 N_1 之间的语义关联来看，指定领属者范围的词组包括三类。

在A组词组中，主导名词 N_2 表示构成要素，从属名词 N_1 表示实体，主导名词 N_2 和从属名词 N_1 之间为部分—整体的关系。在B组词组中，主导名词 N_2 和从属名词 N_1 均为指人名词，主导名词 N_2 为元素，从属名词 N_1 为集合，主导名词 N_2 和从属名词 N_1 之间为被包含—包含的关系。在C组词组中，主导名词 N_2 表示状态或者动作，从属名词 N_1 表示人，主导名词 N_2 和从属名词 N_1 之间为状态/动作—主体的关系。

A：コゴミやギョウジャニンニク、フキノトウなどに多いポリフェノール/カツオなどの青魚に多いヒスチジン/大豆製品や、トマトに多いリコピン

B：非正社員に多い自転車通勤者/日本人に非常に少ないRHマイナス型/共済加入者に多い中高年

C：女性に多い、薬物の個人的乱用／働き盛りの男性に多い自殺や病気／日本人に多い軽い肥満／若い女性たちに多い容貌の醜さ／相手に少ないチャンス／中高年女性に多い悩み／他候補にない強み／野球選手に多い外傷や障害、傷害／トレヴィザン家の男たちに多い名

四 结语

综上所述，本文主要围绕「多い／少ない／ない」组成的三个词的词组，考察了这类词组的构成要素之间的语义关系。由「多い／少ない／ない」组成的三个词词组的语义关系可以归结为两大类：指定特征关系和指定存在方式关系。

指定特征关系的词组为「（N_1ガ／ノ＋多い／少ない／ない）＋N_2」词组，指定存在方式关系的词组为「（N_1ニ＋多い／少ない／ない）＋N_2」词组。

指定特征关系的词组包括指定部件特征的词组、指定存在物多寡特征的词组、指定事件频率特征的词组、指定成员特征的词组、指定领属物特征的词组五类。

指定存在方式关系的词组包括指定空间范围的词组、指定时间范围的词组、指定领属者范围的词组三类。

在德语学习中错误分析理论方法的局限性及对策

北京外国语大学德语语言学在读博士　陈鹤

【中文提要】

错误分析理论作为实证性的研究方法，主要针对学习者在学习外语过程中产生的错误，是研究学习者语言最早的方法论之一。但这一理论仍然有其问题和局限性，笔者将首先介绍错误分析理论，并将其存在的问题通过四个主要方面进行阐释：错误的界定，错误类型的划分，错误分析以及错误纠正，最后在结束语中给出教学法上的建议。

【关键词】

错误分析　德语学习　局限性

一　引　言

错误分析理论作为实证性的研究方法，主要针对学习者在学习外语过程中产生的错误，是研究学习者语言最早的方法论之一。有关错误分析理论的研究从 20 世纪的 50 年代到 70 年代经历了三个阶段，即对比分析（Kontrastive Analyse），错误分析（Fehleranalyse）和中介语理论（Interlanguage, Interimsprache）。按照 Corder 的观点，他认为学习者在外语学习的过程中，就和学习母语一样，形成了自己独立的语言系统[①]。同时在此过程中，学习者所犯的错

[①]　S. P. Corder, Error Analysis and Interlanguage, Oxford: Oxford University Press, 1981, p. 11

误被视为学习者语言系统的重要依据和线索，并且它们的重要性我们从以下三个方面也可以看出来：

    a. 对老师而言：从学习者所犯的错误中老师可以分析出，距离教学目标还有多少差距，学习者学到了多少并且还需要学习什么；

    b. 对语言研究者而言：从学习者所犯的错误中研究者可以探讨出，在语言学习中哪些学习策略起到了作用并且这一学习过程是如何进行的；

    c. 对学习者而言：从学习者所犯的错误中可以看出，他自己的外语学习系统是怎样的。

错误的重要性是错误分析理论的重点。此外，错误分析理论不是抽象的假设，它反映了学习者具体的语言应用情况，因此错误分析研究在学习外语的过程中是不可以被忽视的。

在错误分析理论兴起后，在英语语言国家涌现了大批与此相关的研究。在德国，1980年出版了《错误语言学：对语言偏离问题的文章》一书。在这本书里，语言学家们从不同的角度去展示和分析错误，比如，既研究了青少年在母语课上出现的错误，也研究了他们在外语课上出现的错误；另外还有外国劳务人员在不系统学习外语中所出现的错误，以及详细说明了学习者在外语学习和外语使用中出现的各种错误。

目前德国很多语言学家依然在做错误分析的研究。Kleppin 研究了外语学习者，其中包括外国德语学习者，口语和书面语中所犯的错误。在她名为《错误和错误修改》一书中，她把外国德语学习者在写作中经常出现的错误类型加以界定、描写，并且最后给出了教学法方面的建议。

尽管我们阐述了错误分析理论一些积极的方面，但是这个理论仍然有其问题和局限性，比如，错误分析理论只着手于语言偏离，但是没有涉及语言回避，因此我们不能说，当一个学生犯错误少的时候，他对于知识的掌握更好，因为通过避免使用某些所学结构或者语言现象的，他的确可以减少犯错的可能性，所以我们可以看到，单凭错误分析理论一项是无法解决学习者犯错的所有问题的。不过错误分析理论这些消极面并不表示错误分析理论不适合研究外语语言学习。在我们使用一个理论之前，我们应该了解它的积极面和消极面，这样我们才可以同时借助其他的理论或者研究方法得出更加客观的研究结果。由此，笔者将对以下两个问题进行探讨：

    a. 错误分析理论存在哪些问题？

    b. 通过什么方法可以将这些问题缩小或者避免？

在这篇文章中笔者将首先论述关于错误以及错误分析理论的概念，然后将错误分析理论存在的问题通过四个主要方面进行阐释：错误界定的问题；错误类型划分的问题；错误分析的问题；错误纠正的问题。最后笔者会把以上问题总结并且给出有用的教学法上的建议。

二 错误和错误分析

2.1 错误的定义

错误分析这一理论是在上世纪 60 年代末由语言学家 Corder 引进,并且他首先将平时出现的错误却分为失误(mistake)和错误(error)两类①。根据 Corder 的观点,失误是一种非系统的表达,是母语者和外语学习者都会出现的错误。失误通常和外部因素有关,例如记忆力,疲劳和情绪波动等。而错误相对于失误来说就是系统性的,在我的这篇文章中,错误这一概念和德语中的错误(Fehler)这一概念相吻合。错误(error)是语言能力上的错误(Kompetenzfehler),失误(mistake)是语言使用上的错误(Performanzfehler)。

2.2 错误分析的有关理论

本文已经讲到,有关错误分析的理论一共经历了三个阶段,即对比分析、错误分析和中介语理论。Robert Lado(1957),对比分析主要是指将目标语(Zielsprache)和母语(Muttersprache)进行比较的研究,并据此推断出,错误的产生是母语负迁移(negative Transfer)的后果。之后的研究发现,对比分析并不能解释所有的错误,母语负迁移只适用于错误产生的一部分情况。在 60 年代末,Corder 引进了错误分析这一理论,他调查并评价错误的类型,错误的起因以及错误对交际造成的影响。在 1969 年 Selinker 首次使用了中介语(Interlanguage,Interimsprache)这一概念,并在 1972 年发表了一篇名为《中介语》的文章,这被看做是中介语理论的起点,它将学习者语言看做是动态的,从学习者自身出发的语言系统。

从这些错误分析理论的发展我们就可以看出语言学家们对于错误态度和观点的变化。在最早的时候,Brooks 一度将语言错误视为"罪过",要极力避免。之后的 Kielhöfer 也断言,错误就是缺陷,需要去抗争,并且去消灭错误是外语课的重要任务。② 之后才出现越来越多的所谓对错误"宽容的态度",也就是说,将错误视为中介语系统中有意义的,创造性的和必要的元素去接受。

---

① S. P. Corder, Error Analysis and Interlanguage, p. 13.
② H. Raabe, "Der Fehler beim Fremdsprachenerwerb und Fremdsprachengebrauch," In Cherubim, D. eds., Fehlerlinguistik: Beiträge zum Problem der sprachlichen Abweichung, Tübingen: Niemeyer Verlag, 1980, p. 65.

三 错误分析理论的局限性

在之前简短介绍了错误分析理论的概念和发展之后，现在主要看错误分析理论的问题和局限性。笔者将就这一问题从四个方面有序地描述和解释。

3.1 错误的认定

现在如果研究者想用错误分析这一理论时，必须考虑到错误认定困难这一事实。尽管早在上世纪60年代初，Corder将错误区分为错误和失误，但这远远不够，认定口语和书面语的错误仍然是非常困难的事情。很多情况下，由于研究目标不同，错误判定的标准也是不同的。

在这篇文章中我们主要探讨的是在引导性的外语学习，即外语课堂上的错误。在这一方面，错误的准确描写有助于提高课堂授课效果。首先错误会反馈到课堂上，然后反映了学生学习的进度，并且确保在未来能够有效地避免这些错误。有关于外语课堂上常出现的错误，Presch给出了两个错误认定的标准：①

a. 正确性标准
b. 理解性标准

如果我们以语言的正确性作为标准，那么认定错误的衡量标准就是目标语的语法规则，也就是说，学习者的表达如果不符合目标语的语法规则，那么这一表达就是错误。这些错误可以进一步的按照等级分门别类，并进行分析。这也是外语课上最正常的标准。但问题在于，语法规则中没有包括的能力的方面，语言学习者的认知能力，语用能力，交际能力，语体风格能力等，这些能力的多样性之间的系统关联在诸多事例中并没有被展示和分析，而是被完全的忽略了。

相反，如果在外语课堂是以可理解性作为标准的话，那么语言形式的重要性就不是重点，而是一个表达的交际效果。笔者认为，这个标准同样有它的问题，因为可理解性的条件并不能仅靠一个结构模式确定，而是和很多的话语环境有关，因此这一标准经常是在口语表达中使用，比如在口语课上或者是和母语者的日常交流。并且通常情况下，只有母语者可以判断出一个表达尽管有错误，但仍然可理解。

---

① H. Presch, "über Schwierigkeiten zu bestimmen, was als Fehler gelten soll," In Cherubim, D. eds., Fehlerlinguistik: Beiträge zum Problem der sprachlichen Abweichung, Tübingen: Niemeyer Verlag, 1980, p. 228—230.

除了能被看到的错误外，学习者也会对一些相对较为复杂的单词和语法规则回避使用，比如功能动词（Funktionswörtern）、虚拟式（Konjunktiv）等等。笔者认为，这类回避实则也是属于隐性错误，值得引起我们的注意。Rojas 也注意到这一现象，并指出，真正的错误分析一部分是"沉默"（schweigen）的。① 也就是说，这种回避行为产生的不被我们所看到的错误，一直以来没有被重视和分析。

这类不被我们所看到的错误不仅是我们在错误认定时面临的问题，同样也是整个错误分析理论的问题。我认为出现这一情况，仍然是有相应的解决办法，其中之一即，研究者可以把错误分析理论和对比分析理论相结合使用。通过对母语和目标语的对比，可以发现它们之间的共同点和区别，或许也可以同时发现一些潜在的，学习者有可能会出现的错误。

3.2 错误的分类

Raabe 认为，错误的类别学（Fehlertypologie）一直都是错误分析的核心，② 因此一直到上世纪70年代，对于错误分类中的分歧以及错误类别出现频率的问题都是分析外语学习过程中产生的错误的重点。

语言学家对于语言错误的分类有着不同的观点。Richards 把错误分类语际错误，语内错误和发展性错误。Corder 则把错误划分为形成系统前错误、系统性错误和形成系统后错误。Carl 认为，学习者的错误通常在三个语言层面出现：主体层面，词汇层面和篇章层面。主体层面的错误是学习者自己就可以避免的，例如错误的标点和单词拼写。词汇层面的错误通常是错误的单词选择、语法和句法上的错误。篇章层面上的错误主要是指衔接和连贯。除了提到的这三个层面，我们还会遇到一些无法归类到这些层面的错误，比如，逻辑错误，表达错误，翻译错误等。

Kleppin 特别针对德语作为外语（DaF）课程提出很多具体的错误类型，③ 由于篇章层面的错误很难归类，所以她把17类错误的划分只局限到句子层面：

・错误的表达（Falscher Ausdruck）；

---

① H. Raabe, "Der Fehler beim Fremdsprachenerwerb und Fremdsprachengebrauch," In Cherubim, D. eds., Fehlerlinguistik: Beiträge zum Problem der sprachlichen Abweichung, 1980, p. 67.

② H. Raabe, "Der Fehler beim Fremdsprachenerwerb und Fremdsprachengebrauch," In Cherubim, D. eds., Fehlerlinguistik: Beiträge zum Problem der sprachlichen Abweichung, 1980, p. 66.

③ K. Kleppin, Fehler und Fehlerkorrektur, München: Langenscheidt Verlag, 1997, p. 45.

・错误的冠词使用（Verwendung des falschen Artikels）；
・错误的句法和语义指代（Falscher syntaktischer oder semantischer Bezug）；
・错误的格（Verwendung des falschen Genus）；
・错误的性（Falscher Kasus）；
・错误的连词使用（Verwendung der falschen Konjunktion）；
・错误的动词表达方式（Falscher Modusgebrauch）；
・词形错误（Morphologischer Fehler）；
・错误的情态动词（Falsches Modalverb）；
・错误的介词使用（Verwendung der falschen Präposition）；
・错误的代词使用（Falscher Pronomengebrauch）；
・错误的书写（Falscher Rechtschreibung）；
・错误的句子结构（Satzbau）；
・错误的单词或词组位置（Satzstellung）；
・错误的时态（Falscher Tempusgebrauch）；
・错误的用词（Falsche Wortwahl）；
・错误或缺少标点（Falsche oder fehlende Zeichensetzung）。

从以上对错误的各种分类标准我们可以看到，语言学家是根据各自不同的研究目的对错误进行分类的，但是这些分类标准大多都相对宽泛，各类别之间分界也比较模糊。如果想要更加深入的研究分析错误，笔者建议可以把错误按照语言层面进行分类，比如按照书写，语音学，词形学，句法学，语义学；或者也可以把错误按照类别，比如形容词，副词，代词，名词，动词以及与此相关的时态，情态，性数格，主谓一致，否定等。

但同时我们会发现一些问题，比如有些错误是无法划分的，这是因为所用的语言学的类别过于僵化，导致一个错误的聚合关系范畴无法准确的归入其中，比如以下例子：

Er geht in der Straβe.（他上街）

这里就很难判定，错误到底是因为介词违反了句法学还是语义学的规则？语言学的类别对于将错误具体分类存在着分歧。Legenhausen 对于这一困境给了一个暂时性的解决建议，也就是针对错误描写给出了许多特征。同样持有此观点的是 Frenchs，他认为不需要对错误进行分类，而是用特征去描述这些错误。[1]

---

[1] H. Raabe, "Der Fehler beim Fremdsprachenerwerb und Fremdsprachengebrauch," In Cherubim, D. eds., Fehlerlinguistik: Beiträge zum Problem der sprachlichen Abweichung, 1980, p. 75.

3.3 错误的分析

Selinker（1972）把学习者会出现错误的原因归纳为：语言迁移（Sprachtransfer），训练迁移（Trainingstransfer），学习策略（Lernstrategien），交际策略（Kommunikationstrategien）和目标语的过度泛化（Übergeneralisierung der Zielsprache）。但是在实际分析时，并无法断定到底是哪个原因导致了错误的产生。一方面是因为这些原因之间的界限并不是十分清晰，另一方面大多数错误的产生并非是由一个原因，而是同时由多个原因产生的。

除了Selinker提出的错误产生的五大主要原因外，许多研究者也认为如果真的想要确定错误产生的原因，必须要问到错误的"根源"，也就是犯了错误的学习者。外语学习者受其他语言的影响，可能是母语，也可能是其他的外语，比如在中国大部分的德语专业学习者在学习德语前也学习过英语，这样就可能存在母语或者其他外语的负迁移，也就是Selinker所说错误产生的最主要的原因，即语言迁移。学习者受外语内部本身的影响，这类错误可以被看做是目标语一些语法规则的过度泛化，是学习者学习策略的结果，也就是受学习者中介语自身的影响。有一些影响因素是Selinker（1980）没有提及的，比如在表达过程中受到的干扰；缺少母语和外语的对比；被之前出现的其他错误影响；外语本身的难度；外语表达的冗余，例如复数形式；受到外语课堂因素的影响，例如考试过程，语言和非语言的比例，表达心理情况；整体及社会心理的学习者因素等。

对于错误原因的分析是错误分析的一部分，除此之外对于回避行为的分析以及过少使用（Unterrepräsentierungen）的问题同样是错误分析方法不可忽视的部分。

3.4 错误的修正

错误修正不仅在理论上是错误分析理论，在实践中也是课堂的重要组成。错误修正被分为两种情况，一种是在书面考试中，另一种则是平时的外语课堂上。在教学法和课堂方法的情况下，错误的修正要和教学大纲，教学目标，学习材料以及方法步骤保持一致。具体说来，在错误修正的过程中要注意以下五个方面：

a. 错误该被修正吗？
b. 哪些错误需要被修正？
c. 这些错误如何被修正？
d. 什么时候修正这些错误？
e. 谁来修正错误？

针对这些问题并没有一个统一的答案，因为这和教学大纲以及其他很多条件有关。比如问题 a 有两种基本形式,"人们不这样说"或者"人们在这些情况下不会这么说"。问题 b 相对简单,主要和学习目标有关,比如教师上课会把重点放在本次课堂所教的重点上,而其他的语法错误可以暂时忽略。问题 c,d,e 很难回答,通常要看具体的情况。

在测验和考试中的错误修正相对简单,教师可以使用 Kleppin 给出的错误修改标准,它们既包含语法,也包含教学法的要点。除此之外,错误修正也一直是和教师水平有直接的联系。特别是作为非外语母语者的教师,在课上和测验中首先要能分辨出学生出现的错误,然后才能谈到去修正这些错误。

四 结束语

在这篇文章里,笔者主要介绍了错误分析理论的方法,从错误的定义,错误分析理论的发展,一直到错误分析存在的问题。笔者从四个方面出发来解释这些问题,即,错误的判定,分类,分析和修正。

在错误判定中,最主要的问题是那些不可见的,隐性的错误。错误分析理论很多时候无法解释所有的错误现象,但是我们可以把错误分析理论和其他理论结合起来使用,比如对比分析理论。对比分析理论是把母语和外语进行比较,并从中找到潜在的错误和使用方法,而这点正是错误分析理论最大的困难。

在错误分类时最大的问题是,有些错误是无法简单的归入某一类错误,Legenhausen 对此给出了一个解决方法,也就是他利用多个特征来对错误进行描写,通过这种办法,也就不需要把错误严格地再按照类别划分了。

错误分析包括很多方面,比如错误产生的原因,这一点只能非常宽泛的解释,因为导致错误产生的具体原因是非常复杂的。有时候一个错误会由多个原因导致,或者有时候只能由学习者自己来说明,为什么他会犯这个错误。

错误修正则是要看具体的情况,在外语课堂上必须要考虑到教学大纲,学习目标,学习教材以及方法步骤等。在这种情况下,教师自身的水平也非常重要。错误修正也是错误分析理论整体的核心部分,因为这个研究不仅有理论意义,也有实践意义。错误分析要能够促进教学以及提高学习者的水平。

总体来说,错误分析理论是研究外语学习的重要方法,它同时具有积极和消极的方面,如果想要使用这个理论,就必须考虑到这两个方面。通过其他理论方法的结合使用,可以进行更加科学的研究。

从瞬时记忆到短时记忆

——英语听力记忆力提高的尝试

首都师范大学外国语学院讲师，教育学博士　陈璞

【摘要】

记忆力对于英语听力的提高非常关键。本文是运用记忆力研究理论，对英语听力学习中学生的瞬时记忆力的延长进行了实证的实验和研究。初步认为瞬时记忆力可以通过特别注意等方式加以延长和固定，从而帮助学生提高的英语听力记忆力。

【关键词】

瞬时记忆　短时记忆　英语听力

一　研究的背景以及问题的提出

记忆和英语听力的关系越来越引起英语教育和研究者的重视。大部分研究肯定了记忆训练对英语听力提高的重要性，尤其是短时记忆和听力理解的正相关性。如徐方的《短时记忆，外语听力理解与输入假设》用中国英语学习的学生作为被试对象，对国外的经典试验进行改动后，展开实验。得出关于记忆方面的"从长时记忆向短时记忆的信息转换是提高听力理解的重要方式，提高处理效率是提高短时记忆容量的又一方式。"① 国内的研究主要是基

---

① 2008年度校级教学改革与教学管理项目《提高英语听力瞬时记忆力的研究》论文
徐方，《短时记忆，外语听力理解与输入假设》[J] 国外外语教学，2005．1．

于国外心理学和语言学的研究基础。国外从20世纪50年代开始对短时记忆的研究,1956年乔治米勒提出了7+2的短时记忆模块,① 之后Arkinson和Shiffrin早在1968年试验了一种口头练习,即通过死记硬背,而非理解记忆对抽象无意义的材料进行重复而到达记忆。把短时记忆转换到长时记忆。② Craik和Lockhart在1972年提出深层处理的原理。认为机械强记的方法不科学,因为在口头背诵结束的那一刻就开始遗忘所需要记忆的东西。只有经过深层处理才能更好的记忆。③ 这样完全推翻了Arkinson和Shiffrin的口头练习重复转换到长时记忆的观点。从外语学习的角度来研究的一个是1985年Call的实验,④ 证明短时记忆是听力理解中的一个重要组成成分,对句法的记忆和运用能帮助学习者延长记忆增进理解。Cook的试验则认为外语学习者和本族语说话者都需要依靠长时记忆中的知识尽快的对短时记忆中的信息进行释义处理。⑤

这些研究基本都是关于短时记忆和长时记忆的研究。而瞬时记忆的研究几乎没有涉及。更没有对中国学生学习英语的瞬时记忆到短时记忆转化的相关的研究文献。瞬时记忆又称感觉登记或感觉记忆,是认知心理学用来说明人的感觉作用和记忆形成的术语。刺激物体的信息接触到人的感觉器官,使得到暂时的存贮,这种存贮形式便叫做感觉登记。感觉登记有不同的类型,如视觉登记、听觉登记等。凡接触到感觉器官的信息,都成了登记的内容。相对短时记忆而言,感觉登记保持的信息量较大,但它们都处于相对地未经加工的原始状态。如果人不予注意,感觉登记的信息便很快丧失,所以保持时间相当短。其重要作用在于把环境刺激保持一定时间,以便进行更精细加工。只有受到特别注意或模式识别的信息,才能转入短时记忆,并在头脑里赋予意义。George Sperling在1960所做的一系列经典型的实验证实了感觉记忆的存在,并指出了这种记忆有相当大的容量,只是信息的保留时间很短

---

① Miller, G. A. The magical Number seven, plus or minus two: some limits on our capacity for processing information [J]. Psychology Review, 1996 (16): 297—308.

② R. L. Arkinson, R. M. Shiffrin. Human memory: A proposed system and its control processes [M] // The psychology of learning and motivation: Vol. 2. London: Academic press, 1968.

③ Craik, F. I. & R. S. Lockharr. Levels of processing: Aframework for memory research [J] Journal of Verbal Learning and Verbal Behavior 11: 671—684.

④ Call M. E. Auditory/short-term memory, listening comprehension and the imput hyphothesis [J]. Tesol quarterly, 1985, (4): 53.

⑤ 王初明,《应用心理语言学——外语学习心理研究》,长沙:湖南教育出版社,1990,141。

暂。① 关于瞬时记忆目前的研究主要是关于视觉和听觉的。其中声像记忆的时间远远大于图像记忆。英语是一种拼音文字，拼写和发音有相对应的规则。音节可以直接导出完整的词和句子。前文提到 Craik 和 Lockhart 在 1972 年提出深层处理的原理，推翻了 Arkinson 和 Shiffrin 的口头练习重复转换到长时记忆的观点。但是他们的研究是针对短时记忆到长时记忆的。

我们认为瞬时记忆也有发展的空间，所以拟对瞬时记忆加以研究，希望能充分利用瞬时记忆来促进听力理解。需要解决的问题是：1. 如果对瞬时记忆加以强化，是否可以转化为短时记忆甚至长时记忆？2. 怎样进行干预以延长瞬时记忆？

二　实验的过程

为了解决这些疑问，我们做了一个准实验设计的行动研究。基于教育伦理和教育的公平性，在同一个年级同时进行，没有选对照班。前后共选用了两个年级进行实验，第二个年级的方案有一定的改动。一个年级 92 名学生（为年级 A），第二个年级 90 名学生（年级 B）。

第一步，我们对学生的听力状况做了调查

第一次试验：

时间：秋季入学第一周。

被试：一年级新生

人数：92 人。

试验目的：调查记忆英语语音听力材料的状况和记忆方式

实验方法：让被试听一段长度约 100 个单词的新闻材料，语速是正常稍慢。要求用自己擅长的方式尽量记忆。

第一次实验被试的前测结果如下：

1. 发现被测的英语本科一年级学生的听力反应步骤主要有三种模式：
——听音→记笔记→口头组织重复
——听音→口头重复＋记笔记→口头组织重复
——听音→复述

2. 92 个学生平均能准确记录下来的单词只有 1.3 个。

试验时因为只听一遍材料，语料在大脑里只有瞬时的停留，为了延长记

---

① Sperling, G. (1960). Negative afterimage without prior positive image. Science, 131, 1613—1614.

忆,大部分学生采取了记笔记的方法。但是记笔记过程其实有一个下意识的步骤,就是对英语语料翻译成汉语的过程,就是语言学习中的"负迁移"现象。有的学生的笔记里有汉语拼音或者汉字的记忆符号。我们经鼓励学生听力听写时运用任何自己的方式和符号来记忆听力材料,主要便于过后的回忆。但是在要求学生对听力材料做出最快的回忆检测时,发现这一步无疑会干扰正常的记忆。学生在英语语言学习中,如果不断地用汉语的思维去记忆和理解,不利于迅速进入目标语的语境。尤其是在听力训练中,延长瞬时记忆需要特殊的注意,如果这种注意被语言转换翻译过程所打断,很难延长。

3. 学生口头重复的习惯没有养成。虽然调查显示,39%的同学在记忆电话号码时都会口头重复,但是在对英语句子听力的过程中有10%左右的同学完全不重复。原因有很多,最常见的是说记不住,其次是有生词,虽然所听到的音进入到听力系统,但是没有被理解,没有和以前的知识重合,因此没有及时反应。

第二步,需要研究什么样的记忆模式和方法可以促进瞬时记忆力的延长到短时记忆。我们通过研究得出了这样的一个瞬时记忆力的延长途径:

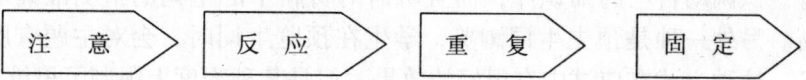

注意是记忆的引子,对稍纵即逝的信息加以注意,开启了大脑的有意注意之门。更是信息从瞬时记忆进入短时记忆力的基本条件。当我们将注意力高度集中在记忆时,与记忆有关的大脑皮层的特定区域会保持优势的兴奋状态,而与记忆无关的大脑皮层处于相对抑制状态,这就容易对记忆内容建立起条件反射,使记忆材料在这一区域留下深刻的痕迹。从心理学的角度分析,注意具有指向性和集中性的特点。英语不是母语,因此不加以有意注意,会比母语传达的信息遗忘得快。有意的注意同时也在调动与所听对象相关的信息储存,以备下一步反应之用。

反应是集合自己已有的相关信息,对所听到的新信息的接受重新组合然后同化的过程,这一步也是瞬时记忆力开始延长的第一步。这一步,是信息的投射在大脑中经过注意以后开始进入短时记忆系统。无意识的瞬时记忆同时也存在,两者叠加在记忆系统里。这个时候要求学生只调动自己的声音储存,只注意输入大脑的单词和句子的声音。

重复是记忆的关键和最基本的方法,但是怎样重复却是很复杂和精细的。比如平常生活中最常见的瞬时记忆体现在电话号码等数字的记忆上,多数人都是采用口头重复的方式,有时会辅以写进一步巩固。由听到说是一种感觉器官共同协作,加强记忆的行为。在口头重复时,瞬时记忆得以延长。重复在心理学上有机械重复，和有理解的重复。对这类不太长的数字的记忆基本上是机械记忆的过程，不需要理解的过程，因此记忆的效率相对来说是比较高的，如果马上重复，吻合率也很高。

机械的重复在以往的听力教学中基本没有采用，因为大多数的理论和实践认为机械重复不利于记忆。但是，英语听力涉及到的是非母语的语音材料，如果要理解记忆的话，必然会有母语的干扰。因此，我们设想，用机械重复来延长被受到特殊注意的瞬时记忆，再用理解记忆来进行短时记忆的巩固。

固定就是进一步延长短时记忆的过程，把瞬时记忆通过训练和强化，有意识的变成短时记忆，记录并加以整理和理解。这种固定是相对的固定，在某段极短的时间，把所听材料固定在头脑中，再进一步加工。

第三步，开始逐步对学生进行干预和研究。

按照上一步研究得出的延长瞬时记忆到短时记忆的路径，我们在各个阶段对学生开始进行训练和干预。

注意阶段：注意阶段我们采用两种方式，引起学生的有意识注意。一种是给出所听材料的大致范围，比如：经济，灾难，环保之类。调查显示，学生会有意识调动自己的知识库，而且听后对材料中的生词的猜测准确率也有所提高。另外一种是预先生词浏览，学生在预览生词时，会对主题有所预测和准备。这种方式在应试中有很好的效果，但是某种程度上限制了思维。

另外，需要强调需要记忆的内容。因为记忆容量的限制，注意也必须是有选择的注意。在研究阶段我们引导学生采取两种方式：一是针对已知标题的材料，选择注意相关的词汇；二是注意听力材料里的关键词，关于 when, who, what, where 的内容。

反应阶段：这一阶段，因操作起来相对复杂，不好监控，只有后来通过面谈等方式加以了解。我们要求学生在反应调动个人信息库时，要用英语思考，否则反应速度很慢，而且母语和目标语会互相干扰，直接影响到记忆的效果。学生反馈，在经过训练后，自我感觉反应更自然，且速度加快。

重复阶段：重复主要是通过口头重复的训练。最初训练单个词到2~3个词的机械重复。单词不是独立存在的，而是在某段听力材料中间选取，但是刚开始阶段，为了学生巩固信心，选取的是慢速的材料，内容也是学生相对熟悉的词中有学生已经掌握或者熟知的词。逐渐过渡到正常语速的材料，内容更偏重新闻。因为新闻听力一直是学生比较畏惧而且是比较薄弱的环节。通过训练，口头重复的单词量有增加，准确率也在提高。

固定阶段：固定即达到记忆的效果，也就是瞬时记忆得到特殊重视，到短时记忆再得到延长和巩固。这一阶段，主要训练学生怎样迅速整理和还原所需记忆的材料。本来瞬时记忆的时间非常短，所以鼓励学生在整理时，学会运用语法知识，补齐语句大致结构。这样便于进一步的理解记忆。

第二次试验：

时间：干预后的第四个月

被试：92名一年级新生

人数：92人。

试验目的：检测干预后记忆英语语音材料的成效

试验方法：让被试听一段长约100个单词的新闻材料，语速正常稍慢。

试验结果：92名学生能记忆的平均单词量达4个。

经过总结，干预后的学生记忆方法和成效都有很大改善，记忆单词数量也显著增加。但是我们发现了一些不足，进行了一些改进。

首先，在材料的选择上，我们认为应该选择普通的听力材料而非新闻材料，这样排除了被试新闻词汇方面薄弱而导致的差异。其次在干预的中间阶段，准备给学生额外的材料让学生课后继续每日自我听写。并且除了听以外，也计划增加了口头朗读的材料。

在第二年，我们继续选取了一个年级的新生进行试验。

第三次试验：

时间：第二年的秋季开学第一周

被试：一年级新生

人数：90人

试验目的：调查记忆英语语音听力材料的状况和记忆方式

实验过程：让被试听一段长度约100个单词的材料，语速是正常稍慢。要求用自己擅长的方式尽量记忆。

第四次试验：

时间：第二年的开学后实验干预的第四个月

被试：一年级新生

人数：90人。

实验的目的和方法同第二次试验，只是材料是普通的而非新闻材料。

实验结果：90名学生能记忆的平均单词量达4.3个。

三 试验的结果及其分析

通过前后两年对两个年级的学生的四次试验，可以看出干预前后的效果以及两个年级之间的差异：

干预后学生对英语听力材料的记忆是有显著提高的。第二个年级在经过调整干预方法以后，成绩比上一个年级提高了20%。

除此之外，发现被试记忆的单词的结构与之前很多专家的短时记忆"7+"

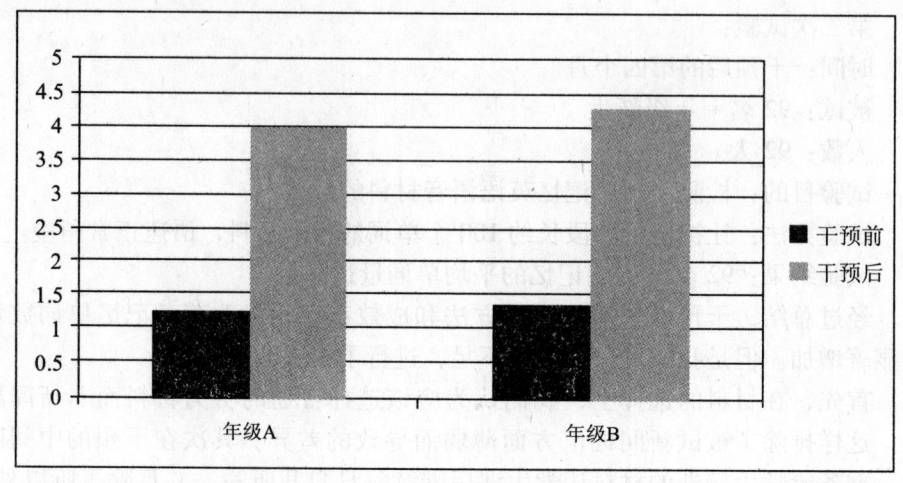

的模式有不同，本研究中被试学生的记忆重复结构是"3+"。基本都记住了主语+谓语动词+宾语或者补语，然后再延展，或者至少记住了主语或者谓语动词以及一个附属修饰或者界定词。

例如：The top officer of the United States Navy has praised cooperation between the American and Chinese navies in fighting Climate Sea.

77%的被试学生可以准确的记下"officer, praised, cooperation"，在延展的词汇里，依次为：American, Chinese, fighting, Navy.

这个符合被试理解原文的逻辑，抓住根本的结构，是猜测和还原原句的基础。但是也发现，一些已经认知的词汇的先入为主的干扰。3+中的"3"的各个组成部分在记忆中并不平衡，有的学生更容易记住1，有的则是2。对"3+"中的"3"的各部分记忆的强弱，希望可以在后续或者延伸的研究中做进一步的研究。

四 结果和反思

试验和研究初步验证，英语听力中瞬时记忆能力是需要得到进一步认识，稍纵即逝的英语语音材料信息经过训练后的特殊有意的注意，可以进入短时记忆，并被延长和固定。

在教学中，教师需要引导学生，运用正确的记忆方法，延展记忆，提高英语听力的效率。并结合教学内容，循序渐进的提高学生的记忆思维和能力。学生则应该认识自己的记忆特点，学习科学的记忆方式，有意识地训练。

从瞬时记忆到短时记忆的延展研究，只是一个初步的尝试，希望我们的研究对英语听力中的记忆研究有所建设。

中日学生在视频会议中使用交流策略的调查研究

首都师范大学　邓利华　谷婷婷　陈铎

【摘要】

本文主要研究英语学习者以视频会议的形式进行跨文化问题讨论时所使用的交流策略的特点。作者以北京某公立大学和东京某私立大学一年级新生为研究对象，通过对中日学生在视频会议中所使用的交流策略进行分类和统计，总结出中日两国学生在视频会议中交流策略使用的特点。

【关键词】

视频会议　交流策略

一　引　言

随着信息技术的进步与发展，计算机及网络逐渐引入英语课堂教学。网络和计算机辅助跨文化交流的应用，打破了时间和空间的限制，使得身处不同国家和地区的英语学习者可以实现即时交流。视频会议是一种典型的计算机辅助的即时交流方式。在视频会议中，学习者通过计算机网络和远程传输设备，可以看到交流对象的图像、听到对方的声音。在计算机及网络的辅助下，视频会议集图像、声音和文本于一身，为学习者提供一种近似于面对面交流的沟通模式，使得双方的学习者能够更直接、更全面、更顺畅的实现即时交流。在视频会议中，学习者不仅需要展现语言表达能力，肢体动作、面部表情的变化也表达着说话人的意图和内心活动。同时，在交谈过程中，交流策略的有效运用也对交流的顺利进行起到至关重要的作用。

鉴于交流策略在视频会议中的重要作用，本研究以北京某公立大学和日本某私立大学大一学生为研究对象，重点分析研究他们在国际网络交流选修课中通过视频会议形式就相关文化话题进行交流时运用交流策略的情况。本研究的理论框架主要基于 B. Smith（2003）提出的 11 种常用交流策略①，作者基于这一理论，对视频会议中使用的交流策略进行分类，并分别举例加以分析，最后总结出中日两国学生在视频会议进行中交流策略使用的特点，并试图分析其使用不同交流策略的原因。希望本文的研究能够促进视频会议在英语教学中的应用，并能鼓励英语学习者在视频会议中使用不同的交流策略提高交际水平。

二 理论框架

20 世纪 70 年代，Tarone et al.（1977）首次定义交流策略②。自此之后，交流策略成为二语习得方面的热点。但是，交流策略在计算机辅助交流中的研究还属少见。Chun（1994）研究发现计算机辅助交流加强了受试者使用和交流对象确认语意、开启话题、拓展话题等交流策略的能力③。

本研究主要采用 Smith（2003）总结归纳出的 11 中常用交流策略为理论框架分析视频会议④，具体为：

1. 提示话题的开始和结束：一些可以提示旧话题结束和新话题开始的词。例如："Good"，"OK"，"Yes"通常用来结束上一个话题或开启新话题。

2. 调整语气：根据情境调整语气来达到交流目的。例如：用礼貌或粗鲁的表达方式传递愉悦或不满的情绪。

3. 使用非语言交流方式：通过模仿声音，用动作、手势或者展示实物图片来表达意思。

4. 和交流对象确认语意：出现理解困难时向谈话对象澄清语意。

5. 寻求帮助：理解出现困难时，请求谈话对象解释语意或用更简单的方

---

① Smith, B., The use of Communication Strategies in Computer-mediated Communication. System, vol. 31 (2003), pp 29~53.

② Tarone, E., "Conscious communication strategies in inter-language: a progress report," in Brown, H., Yorio, C., & Crymes, R., eds., TESOL, Washington, DC, 1977, pp. 89—129.

③ Chun, D. M., Using Computer Networking to Facilitate the Acquisition of Interactive Competence. System, vol. 22, no. 1 (1994), pp 17~31.

④ Smith, B., The use of Communication Strategies in Computer-mediated Communication. System, vol. 31 (2003), pp 29~53.

式表达；或者和己方小组成员谈论以求理解谈话对象的意思。

6. 填充谈话空当：用一些无意义的词如"Well…，""Let me see…，"填补谈话空隙，以防止交谈中短使谈话顺利进行或赢得时间思考谈话内容。

7. 放弃困难话题：和交谈对象商量正在谈论的困难话题。

8. 使用母语以达到交流目的：使用母语对英语进行解释以更好的理解英语。

9. 使用母语但不为达到交流目的：不会用英语表达时直接使用母语。

10. 推断语意：通过谈话内容推测对方想要表达的准确意思。

11. 自行改正语言错误：及时发现交流过程中的语法、拼写错误且不经交谈对象提示，在引起误解前自行改正语言错误。

三、研究方法

3.1 研究样本

本文的研究基于北京某公立大学和日本某私立大学合作开设的国际网络交流选修课。课程的授课对象全部为大一学生。双方学生就感兴趣的两国文化问题进行讨论，全部以英语作为课堂语言，通过搜集资料、制作 PPT 文稿、课堂展示等环节实现即时的交流。

本研究选取了国际网络交流选修课中 2011 学年度春、秋两学期共 20 个课堂视频录像总时长约 23 小时进行分析。每个视频时长约为 1 小时（约 2 课时），双方每次参与人数约为 4~5 人。双方参与学生的具体信息如下表：

表1　中日两国受试者基本情况信息

	中国学生	日本学生
母语	汉语	日语
年级	大一	大一
总人数	80	83
专业	英语教育	政治经济学
学习英语年限	6~9年	6~9年
英语水平	中等	中等

3.2 资料收集

本研究的数据分析是基于由视频文件转录成的相应文本。文本的转录格式参考 H. Sacks（1974）提出的文本转录方式，以保证文本转录的完整性和一致性①。在转录时，中国学生标记为 C1，C2，C3⋯，日本学生标记为 J1，J2，J3⋯。每一次的话语权转换另起一行，交流过程中的肢体动作用双括号、明显停顿用单括号并标出停顿秒数等统一的符号加以标记说明。例如：

转录文本节选使用了"使用非语言交流方式"策略。J5 提到自己喜欢喝酒，C1 表示疑惑，不敢相信，因为中国学生禁止饮酒，因而做出喝酒的动作以确认 J5 表达该意思。

J5：So I like drinking.（2'）（（laughing））
C1：Drinking?
J5：How about you? Yeah, drinking.
C1&C3：Drinking?（（gesture of drinking））
J5：Alcohol.
C：（（smiling））Oh, I see.

3.3 本分析与讨论：

本研究中转录的 20 个视频文件总时长约为 23 个小时，转录文本的总字数达约 116291 字。通过对转录文本中各种交流策略的使用次数的分析和计算，得出分析结果如表 3：

交流策略	交流策略使用次数	
	中国学生	日本学生
填充谈话空当	543	708
向交流对象确认语意	180	105
提示话题的开始和结束	160	55
调整语气	145	213
推断语意	100	93
使用非语言交流方式	80	68
使用母语但不为达到交流目的	75	88
自行改正语言错误	38	15
使用母语以达到交流目的	28	30
寻求帮助	3	30
放弃困难话题	0	3

---

① Sack, H., Schegloff, E., & Jefferson, G., A simple systematic for the organization of turn-taking for conversation. Language, vol. 50,（1974）, pp. 696—735.

中日学生在视频会议文本中使用最多的交流策略是"填充谈话空当",日本学生708次多于中国学生的543次。由于中日学生英语口语水平的局限,在交谈中频繁使用let me see, err, and等填充语以保证谈话的连贯。通常情况下,英语口语能力较高的学生能流利的进行交流,而英语口语能力较低的学生更多的使用"填充谈话空当策略"。从中日学生使用"填充谈话空当"的频率来看,中国学生的英语口语能力比日本学生高。这一点也体现在运用"自行改正语言错误"策略上,中国学生使用38次,日本学生15次,中方学生为英语教育专业,相对于日本政治经济专业的学生来说花了更多的时间练习英语口语,对英语口语中常出现的动词时态、名词单复数等简单问题已形成条件反射,当自己在谈话中出现这类问题能很快自行改正。

日本学生采用次数位居第二、达到213次的策略是"调整语气",而中国学生运用该策略145次、位居第四,日本学生比中国学生多使用68次。视频文本中中日双方受试的语气都是很友好礼貌的,不友好、不礼貌的语气在文本中没有出现。在日常生活中,日本人习惯频繁鞠躬和表示感谢,因而在视频文本中日本学生更多的使用"调整语气"策略来营造友好愉快的氛围。例如,日方一个女生介绍早稻田大学的体育活动,中国女生问她有没有参加项目、在体育活动中获得了什么,日本女生没有反应过来,她旁边的男生说"She doesn't know."中日学生都笑了,尴尬的气氛得到缓解,谈话继续进行。

中方出现频率第二的、达到180次的策略是"向交流对象确认语意",比日本学生的105次多75次。为确保谈话顺利进行,避免误会产生,受试频繁确认语意以确认谈话对象明白谈话内容。

中国学生使用"提示话题开始或结束"策略160次、位居第三,而日本学生仅用了55次,中国学生使用次数近似于日本学生的3倍。这和中日学生团体意识有关,中国学生更多的把自己当作是团体中的一部分,上一位学生介绍完以后通常会提示结束话题并邀请下一位同学;而日本学生把一个团体看成一个整体,由于口音或文化造成误解时,日本学生更多的向小组寻求帮助、进行集体小组讨论,因而日本学生运用"寻求帮助"策略30次,是中国学生运用3次的10倍。

中国学生使用"推断语意"策略100次,日本学生93次,频率相对较高且相近。由于两国文化差异、英语发音又带口音,当交谈对象不能理解对方的意思时,通过谈话内容猜测对方要表达的准确意思。

由于国际网络交流这门课给了中日学生足够的时间搜集资料、准备PPT文稿,而且视频会议提供PPT帮助学生展示话题,对于比较难解释的东西学生早已找好实物图片展示,因而中日学生"使用非语言交流方式"策略的频率不高而且相近,中方80次,日方68次。

中日学生使用"使用母语但不为达到交流目的"策略分别为75、88次,中日双方文化的差异使中日学生在交流中侧重的介绍本国独特的文化特色，而这些传统文化中的很多术语很难翻译成英文，所以中日学生通常直接引用。某些术语的英语翻译失去了原来的意思，使用母语对英语进行解释以求更好的理解英语叫做"使用母语以达到交流目的"策略，中国学生运用28次，日本学生30次。

视频文本中中日学生对于困难话题都耐心讨论，大部分的问题都能解决并达成共识；而且视频会话速度相对较快，受试来不及和谈话对象商量终止正在进行了困难话题，因而"放弃困难话题"较少被中日学生使用，分别为0次和3次。

四 结 语

作者对中日学生在视频会议中使用交流策略进行分析研究，目的在于找到中日学生运用交流策略的特点以鼓励英语学习者在视频会议中使用不同的交流策略提高交际水平。研究表明，在视频会议中，中国学生擅长使用"向交流对象确认语意"、"提示话题开始和结束"；日本学生擅长使用"调整语气"、"寻求帮助策略"。

《印度：一种受伤的文明》中的印度文明和现代化

【摘要】

在奈保尔看来，这次动乱的根源不是印度政治不稳定，更不是经济贫困，它的祸根在于印度文明。动乱的爆发在本质上反映出，古老的印度文明是脆弱的，它已经无法满足如今印度社会现代化的需求。紧急状态背后隐藏的，是较大的、印度文明的危机。说得更明白些，透过紧急状态，奈保尔思考的是另一个拥有伟大文明的东方古国、中国的近邻印度传统和现代之间的关系问题，并且提出了必须完全抛弃传统的主张。

【关键词】

奈保尔　印度文明　现代化

1975 年 6 月，印度高等法院判定当时的总理英·甘地夫人在大选中舞弊，她被要求辞职。甘地夫人随即宣布印度进入紧急状态（State of Emergency）。紧急状态刚刚开始，奈保尔就赴印度考察，考察结果 7 篇文章陆续在《纽约书评》上发表，最后集结成书，即《印度：一种受伤的文明》（India: A Wounded Civilization, 1977）。① 《泰晤士报》知名记者路易斯·赫伦（Louis Heren）对该书不吝溢美之词："像奈保尔先生这样高水平的一个小说家往往就比一个经济师团队和来自世界银行的一些专家加起来都能够更加迅速有效地指出问题所在。"② 奈保尔对紧急状态起因的回应迥异于那些政治家和经济学家们提出的观点。在奈保尔看来，这次动乱的根源不是印度政治不稳定，更不是经济贫困，它的祸根在于印度文明。动乱的爆发在本质上反映出，古老的印度文明是脆弱的，它已经无法满足如今印度社会现代化的需求。紧急

---

① 在此需要指出的是，该论文集中还包括奈保尔以前写的关于印度的文章。
② See Patrick French, The World Is What It Is, New York: Knopf, 2008, p. 367.

状态背后隐藏的，是较大的、印度文明的危机。说得更明白些，透过紧急状态，奈保尔思考的是另一个拥有伟大文明的东方古国、中国的近邻印度传统和现代之间的关系问题，并且提出了必须完全抛弃传统的主张。这一问题即使在今天也是中国文化学者们热议的问题之一，因此，笔者也期待奈保尔对这一问题的思考能够对我们思考自己文化中的传统与现代关系问题有所助益。

一 脆弱的文明，脆弱的国民性

在《印度：一种受伤的文明》的"前言"里，奈保尔就直奔主题，用史实证明了他对印度文明的看法。滞留在孟买机场的阿拉伯人使他敏感地看出了另一种强大的文明衰落后的再度崛起。他们又一次"幸运"① 地扩张到沙漠以外的地方，对印度构成威胁，把印度变为它的势力范围。"幸运"一词难掩奈保尔对伊斯兰文明借石油经济，而不是靠实力复苏的鄙视，但是，在奈保尔看来，伊斯兰文明控制世界的野心不禁使他反思印度文明。同阿拉伯世界的强大相比，印度则是一天天在缩小。信德当初被阿拉伯入侵之时还是印度的一个省，现在已经变成了巴基斯坦领土。在奈保尔眼里，印度文明外强中干，简直就不堪一击。他用信德的例子对此进行说明。信德在公元8世纪时竟然被一个年仅17岁的男孩子率领的阿拉伯军队给打败。由此，他自然得出结论："没有任何一种文明会这样没有准备，无法同外部世界竞争，没有任何一个国家这样易受袭击和掠夺，并且从它的灾难中几乎无所学。"② 甚至直到20世纪晚期，印度仍固守于自身的文明，短视而不自知。

印度文明的核心是印度教。印度教的等级制度导致了印度人羸弱的国民性格。继《黑暗地带》之后，奈保尔继续对印度人性格进行剖析。在这本书中，奈保尔重点分析了印度人性格中的平衡感和自我专注。

在"过去的平衡"一章中，奈保尔对纳拉扬的小说《桑帕斯先生》(Mr. Sampath) 进行了分析，谈到了印度人性格中的平衡感。1961年，在去印度之前，纳拉扬就告诉奈保尔，印度会继续下去。他指的是印度文明将是持久的。可是他这部小说的主人公斯里纳瓦斯之所以失败，正是因为他相信了这一点。他相信生活和世界都只不过是"过眼云烟"③ 世界中的事物自己会找平衡，用不着人们去插手。他想起了甘地的非暴力不合作思想，认为从

---

① V. S. Naipaul, "Foreword", in India: A Wounded Civilization, 1977; New York: Vintage, 2003, ix. 笔者所引的《印度：一种受伤的文明》中的文字，均从此书译出。

② V. S. Naipaul, "Foreword", in India: A Wounded Civilization, ix.

③ V. S. Naipaul, India: A Wounded Civilization, p. 14.

中能产生清静（calm）。他的一个朋友疯了，他也觉得无所谓。奈保尔对此做出了如下评论："出于相信印度是永恒的，并且永远会再生，就不害怕它再遭受失败和摧毁，就会对它持漠然态度，因为无论如何印度都会照顾自己。这样，个人也就不需要对它负责，对朋友的命运也是一样。"①斯里纳瓦斯歪曲了甘地的非暴力不合作思想，他没有把它当作行动。奈保尔在他无为（non-doing）的背后看出了他对因果报应（karma）的接受：由于我们今生所欠的债，所以我们所看到的每一件事都是公正和平衡的。

平衡感不仅使印度人爱从失败和摧毁中找到未来可能的再生，而且还爱从过往的历史中寻找荣耀，以寻求心理的平衡。在印度北方，奈保尔看到，"废墟压着废墟，穆斯林废墟之下是印度教废墟，穆斯林废墟之上仍旧是穆斯林废墟"。② 胜利城（Vijayanagar）遗址就是印度不断遭受失败的缩影。奈保尔特意指出，Vijaya 即"胜利"③ 的意思，意在让王国的名字和它如今只剩下残垣断壁形成强烈反差，达到反讽目的。该王国始建于 14 世纪，在其两百年的历史中几乎没有任何作为，屡遭外敌蹂躏。其外城如今已经是一片荒地，废砖碎石散落其中，诉说着亡国的悲凉。然而，对那些来此进香的人们来说，这个城市的历史竟然成了一个伟大的传说："其统治者强大无比，王国是用从天而降的金子建成的，它极其富饶，珍珠和宝石在市场上如同谷物一样被售卖。"④

对历史的无知使印度人总是幻想着过去的辉煌，这样，他们就可以"接受现在的破败不堪"⑤，找到一种心理的平衡。这种近似于精神胜利法的虽败犹荣态度，在奈保尔看来，实质上是印度人性格中退缩的表现，是印度文明的致命弱点。奈保尔曾经说："我在写《印度：一种受伤的文明》的整个过程中，脑子里想的是外敌入侵。一般说来，印度人在谈到这件事时，他们觉得好像这是上帝的行为。印度人不愿意了解他们的历史，这一点令我非常气愤。"⑥ 现实是破败的。但是印度人会用对过去的辉煌的幻想来寻找平衡。一提到民主，他们就会说印度早于西方，他们在几千年前就有了小村庄共和国，每个村都有村民委员会（panchayate）。这和往往爱以四大发明而自豪并且爱从《易经》中寻找现代西方科学发现源头的中国人毫无二致。没有历史的国度是稚嫩的，而历史悠久、文化灿烂的国度也可能会为怀旧情结所拖累而裹

---

① V. S. Naipaul, India: A Wounded Civilization, p. 15.
② V. S. Naipaul, India: A Wounded Civilization, p. 8.
③ V. S. Naipaul, India: A Wounded Civilization, p. 4.
④ V. S. Naipaul, India: A Wounded Civilization, p. 5.
⑤ V. S. Naipaul, India: A Wounded Civilization, p. 5.
⑥ See Patrick French, The World Is What It Is, New York: Knopf, 2008, p. 367.

足不前。奈保尔不无感慨地说:"这个世界人口第二大国,为其古代文明而自豪……而现在除了甘地式的神圣贫穷概念和它不断重复上演的狡猾喜剧,对世界几乎没有任何贡献,却不得不极其实际地依靠其他文明,而它对其它文明也不是很了解。"①

奈保尔认为,除了爱找心理平衡,印度人的自我专注(self-absorption)也是很致命的。他们不关注外面世界的变化。甘地就是一个典型的例子。他所属的种姓不准许其成员出国,因为对虔诚的印度教徒来说,外国不够干净,会弄脏了他们。他在自传中只写自己,尽管他在英国呆了3年,却对当时这个令人叹为观止的世界之都一个字也没有写;他在南非呆了20年,也从来没有提及非洲人。这一切都是因为他一直沉迷于自我。奈保尔指出,虽然沉迷自我是构成甘地力量的一个组成部分,可以加强甘地作为印度教徒和印度人的身份,但是,它的弊端在于对外部世界视而不见。因此,在其自传中,甘地从来没有描写过风景也就不足为奇了。奈保尔比较赞同托尔斯泰对甘地的评价:"他的印度教民族主义毁掉了一切。"② 奈保尔举出的另一个例子是印度作家阿南塔莫提(U. R. Anantamurti)的小说《祭礼》(Samskara, 1976)。这部小说的主人公本来是位善良之人,后来受到外在环境影响而堕落。然而,他一直不断拷问自己的却是,善良的自我和堕落的自我哪个才是他真正的自我。他从来没有想到过外在环境是否需要改变。

奈保尔借用在印度和西方国家都有工作经历的印度心理医生卡卡博士(Dr. Sudhir Karkar)的研究成果对印度人自我专注进行心理学透视。根据卡卡博士的研究,印度人的自我"发育不健全"(underdeveloped)。从对外在现实的把握上,它比较接近于儿童时期的某一阶段——现实非善即恶。种姓制度扼杀了印度人自我意识的发展。在印度社会中,自我是由详细的社会组织构成的,要靠等级和宗族来规定。既然个体是社会中的一员,就有一系列的规则、仪式和禁忌来制约他。宗教和宗教实践固定一切,日常生活的每个细节都被规定好了,因此,无需个人的观察和判断,他只需要本能地生活。他也不可能有国家(state)观念,因为他的脑子里只有主人。卡卡说:

在一直处于变化和流动状态的外在事件和事物中,我们印度人用外在现实保持自我的延续。因此,人们不对世界进行积极主动的探索。恰恰相反,他们受到世界的制约。这种消极的认知方法是'冥想'(meditation)、追求无限和迷失自我的极乐的结果;它也是因果报应和印度人生活条理性复杂的结果。③

---

① V. S. Naipaul, India: A Wounded Civilization, p. 92.
② V. S. Naipaul, India: A Wounded Civilization, p. 88.
③ V. S. Naipaul, India: A Wounded Civilization, p. 91.

所以，印度人的思想水平是二流的，对世界除了神圣的贫穷之外什么也贡献不了。印度人在退避中没有分析。卡卡博士用性行为来说明印度人与西方人的区别，他说西方人即使是在性高潮中也能"观察自己"，① 印度人则不具备这种能力。退隐的哲学在知识上使印度人微不足道，也剥夺了他们回应挑战的能力，这使得印度历史总是不断地在"脆弱、挫败、退隐"② 的循环中重复自身。奈保尔认为，印度人的自我专注直接导致他们思想的贫乏，以至于他们现在对人类几乎做不出任何贡献。

印度教造成的个人执迷往往在政治运动中也有体现。许多运动却诉诸传统，这使奈保尔对印度的进步和发展失去信心。比如，印度人民党的前身人民同盟（Jan Sangh）诉求印度拥有核武库，但是，却为此提出了一项保护圣牛的计划，以给牛提供免费的草料，并且让它们老有所居。印度进入"紧急状态"之后，这样的政党被查禁，显然是奈保尔愿意看到的。因为在他看来，这些运动在本质上是印度人自我发展不健全的反映。而"在一场威胁刚刚开始的印度思想进步的危机中，这种发展不健全的自我仍然是一种令人惊诧的无知"。③

印度教的平衡感和自我专注使印度的历史充满了失败。在印度三部曲的第一部《黑暗地带》中，奈保尔已经仔细分析了印度教的种姓制度是造成印度贫穷的主要根源。而1975年的印度，同1962年奈保尔看到的印度相比，已经有了很大的变化，工业现代化早已开始，农民也充满了对财富的渴望。但是，印度文明使印度现代化的步伐受到了阻挡。

二 现代化与印度文明

在德干高原上，有个合作灌溉项目。这个项目并非政府出资，而是由几个农民发起的。在印度，过去几乎任何事情都要等着政府去做。而如今，像这样自发性的事情实在是令人鼓舞，也令奈保尔非常感兴趣。奈保尔为我们描述了一个农民在妻儿的陪伴下挖灌溉沟渠的动人的一幕：

这个人瘦弱矮小，胸部不适，疲惫不堪。他抬镐头都费力。镐刨得也不深，他不断地停下来歇息。他妻子穿着绿色的纱丽服，蹲在满是石头的地上，好像是来给他鼓劲儿的。④

奈保尔从这幅描写旧印度痛苦的画面中读出了许多新东西："当地农业的

---

① V. S. Naipaul, India: A Wounded Civilization, p. 91.
② V. S. Naipaul, India: A Wounded Civilization, p. 53.
③ V. S. Naipaul, India: A Wounded Civilization, p. 103.
④ V. S. Naipaul, India: A Wounded Civilization, p. 65.

热心支持者用自己成功的例子鼓励农民思考灌溉和丰收的问题、合作背后的自助理念、提供贷款的银行、有社会良知的那个工程师……"① 古老的印度大地在萌生着新的东西。普通的农民已经不甘于甘地的神圣的贫穷，开始了对物质财富的追求，不再受宿命论的束缚。它们在挑战着印度教传统。有的地方，受到压迫的农民甚至落草为寇。在孟加拉邦的纳萨尔巴里地区，甚至爆发了没收地主土地和处死地主的著名的纳萨尔运动。在印度工业化成就最明显的城市之一孟买，高速公路上，车流如潮，"电影海报画的是丰满的女人和白雪皑皑的喜马拉雅山峰，令人充满各种幻想。商业大楼挂着许多招牌，在阳光的照耀下，显得格外亮丽"。② 由于工业区需要大批工人，所以，许多农民都背井离乡，来到这里打工，蜗居于分间出租的宿舍（chawl）里。奈保尔不无讽刺地指出，在印度特殊的背景下，在工厂里工作的这些工人和其他国家的工人不同，他们不会被异化，他们操作着对自己来说是全新的技术，"能够发现作为人和个体的自我"。③ 这些人中，许多都加入"湿婆军"（The Shiv Sena）。此处的湿婆军和湿婆神没有任何关系，而是指莫卧儿帝国的挑战者、17世纪马拉地的游击队领袖湿婆吉。湿婆军和此时的许多其他运动一样，主张人们应该脱离印度教体系，认为它已经不适合当今的形势。他们改信佛教，试图在印度教之外寻求理念，以满足自身需求。他们敬奉贱民出身的印度第一任司法部长阿姆贝加尔博士（Dr. Ambedkar）。显然，他的成功经历让出于社会底层的人们充满幻想，印度教等级制度的藩篱被冲破，他们相信，只要自己不断努力，就会获得成功。陪同奈保尔参观的湿婆军委员会领导就是从农村来到孟买打工的，后来成为技师，成为维多利亚时代自助式成功的典型范例之一（但是，他也认为清理粪便只是清洁工的事，在清洁工放假的时候，人们宁愿生活在粪便之中）。湿婆军的人数每天都在增长。对他们来说，"世界是新的"，"过去已经不复存在；他们已经将其留在身后的村子里"。④

现代化的浪潮在冲击着印度文明，是因为印度文明已经无法适应今天的发展形势。这一古老的文明不具备更新的能力，无法为现代化的发展提供相应的制度规约和模式，并且在许多方面已经形成了对现代化发展的束缚。在科学技术现代化方面，印度就遇到了麻烦。科学技术本来是用来推动社会向前飞跃发展的。但是，印度人爱把它与印度社会的具体实际相结合，这种具体实际指的就是印度怀旧式的感伤主义，这和有的第三世界国家的所谓传统的现代化差不多。所以，奈保尔发现，在印度南方，高科技被用来改良牛车。

---

① V. S. Naipaul, India: A Wounded Civilization, p. 65.
② V. S. Naipaul, India: A Wounded Civilization, p. 59.
③ V. S. Naipaul, India: A Wounded Civilization, p. 63.
④ V. S. Naipaul, India: A Wounded Civilization, p. 61.

《印度：一种受伤的文明》中的印度文明和现代化　**45**

印度人自古以来钟爱牛车。牛车在印度有三千年的历史。如今，喊出"消除贫困"口号的印度利用现代科技，不是发展新型交通工具，也不是要提高牛车的速度，而是要在改良牛轭上进行多项攻关，以使套轭的方法更科学，减轻牛颈的疼痛，把牛装扮得像"太空人"①。

印度的新闻，作为另一种外借而来的机制，对自身功能的认识有限，并且浅薄，成了印度无政府状态的一部分。它主要报道讲话，把印度减缩成了各种各样的立法院。它滥用它的自由，擅长"炒作"，把那些心怀叵测的政客变成了全国名人。印度报纸也以印度的方式发挥着它的作用，象技术一样，被塑造成印度需要的样子。在新闻自由的年代里，它毫无监督作用，把印度作为背景来关怀，报导印度像报导外国，而不是努力让印度触及其自身的问题。在紧急状态之后，报纸被要求远离政治，集中关注社会问题，新闻连同它炒作的人物一道失去了自由。远离社论版的政治火海，它再无关心的事情。

而法律也要求服从于德法（dharma）②。如果法律要承担"主动角色"，就必须同德法一争高下。在过去，德法适用于寡妇自焚。现在它凌驾于基本的人权和社会公正之上。法律在尊崇德法的社会中也难有所作为。

科学技术、报纸、法律……，这些外来的东西本来是为了适应现代化的新形势，然而，它们却起不到借来的机制的作用，"不再是对现代性的一种贡献"。③奈保尔说："印度独立后不久就发生的"紧急状态"凸显了印度创造力的匮乏、思想的枯竭、缺乏防卫能力和每个印度人头脑中印度观念的缺失。"④

就连在"紧急状态"下，国会这一来自另一文明的民主机构被解散，也是意味深长的。奈保尔看出了它与印度内部结构、信仰和陈规陋习格格不入和它在印度的失败。民主本身在最后也变成形式上的东西，成了数人头的活动。政府机构与社会组织的对立，使贫穷问题无法解决，有没有甘地夫人，印度都会走向"紧急状态"的。奈保尔指出："是20世纪末期的机构、立法和经济体制——不是信仰——才能够提供解决问题的答案。"⑤

这个时候（英迪拉·甘地统治时期）印度的动乱不是来自外国的入侵或征服，而是产生于内部。印度不能用旧的方式做出反应，进一步退回到拟古主义。他借来的制度一直就只如借来的制度那样发挥作用，可是古老的印度却无法拿

---

① V. S. Naipaul, India: A Wounded Civilization, p. 107.
② 奈保尔对这一概念的解释是："它可以指信仰、虔敬，所有被感知是具有正确性、宗教性和约定俗成的东西。", p. (132).
③ V. S. Naipaul, India: A Wounded Civilization, p. 134.
④ V. S. Naipaul, India: A Wounded Civilization, p. 121.
⑤ V. S. Naipaul, India: A Wounded Civilization, p. 398.

出什么东西来取代新闻业、议会和法庭。印度的危机不仅仅是政治的或者经济的，更大的危机来自伤痕累累的古老文明，它最终意识到了自己的不足，但是，却没有赖以前进的理性手段。① 此时印度的需求是更加世俗而非宗教的东西。如甘地夫人所直觉到的那样，它需要整顿，需要更加世俗的机遇。而这次革命的本质是把印度带回到老路上去，是企图用甘地式的纺车和手织机拯救农民。

奈保尔说："印度教对普罗大众来说并没有什么好处。他暴露在我们面前的是千年的溃败和原地踏步。它没有给人们带来人与人之间的契约观念和国家观念。它奴役了四分之一的人口，并且一直使整个国家不完整，不堪一击。它退隐的哲学使人们的思想变得不再重要，使他们没有能力应对挑战；它遏制发展，因此，印度历史不断地重复着'脆弱——溃败——退隐'这一模式。"② 而唯一的希望则在于正在衰败的印度文明"加快其衰败进程"。③ 从这本书的题目，我们就可以看出，奈保尔对印度文明所持的看法。作为文明的修饰语，"受伤"一词表明，印度文明是一种弱势文明，它暗示着这一文明在同其它文明的对比和冲突中是被击伤的一方，失败的一方。在一次访谈中，采访者说"受伤的"一词只不过是奈保尔笔下留情。作为一个不充分叙述修辞手段，它暗指印度文明的垂死性，而不是普世性。奈保尔说，它指"一种屡受践踏的文明；那些侵略所带来的所有死亡和破坏，人们必须让一种曾经是充满活力的文明接受失败的现实，接受思想衰竭这一现实"。④

就这样，印度文化传统被奈保尔全盘否定了，他没有像提出新儒学的许多钟爱传统文化的中国学者那样提出一种新印度教学，也没有提出全盘西化的观点，但是，他却指出了西方文化在现代化中的强大威力。同样作为第三世界国家，中国的情况与印度和非洲不尽相同。在"五四运动"期间，中国就有了关于"德先生"和"赛先生"的讨论。今天中国的经济发展已经取得了举世瞩目的成就。反思过去，省视现在，奈保尔作品中的那些第三世界国家犯过的某些错误我们也曾经犯过，并且有些也是我们现代化建设中必须解决的问题。中国也有古老的文明——儒家文明。过去它为中国做出了巨大贡献，今天它是否像印度文明一样，已经成了现代化建设的桎梏，还是像新儒学研究所表明的那样，同样可以为现代化做贡献？总之，在阅读奈保尔作品时，如果我们能够以健康的心态反省自身，一定会从中有所收获。

---

① V. S. Naipaul, India: A Wounded Civilization, p. 8.
② V. S. Naipaul, India: A Wounded Civilization, p. 43.
③ V. S. Naipaul, India: A Wounded Civilization, p. 161.
④ Charles Wheeler, "'It's Every Man for Himself'—V. S. Naipaul on India," in Conversations with V. S. Naipaul, ed. Feroza Jussawalla, Jackson: the University of Missippissi, 1997, p. 39.

从弗兰斯·博厄斯《美洲印第安语言手册》引言看语言必有的语法范畴

北京外国语大学外语教育研究中心在读博士　樊英
研究方向：语法学、英汉双语对比

【摘要】

本文对弗兰斯·博厄斯的《美洲印第安语言手册》引言节选进行了重新解读，分析了其学术贡献，因为他创新性地提出不同语言的语法范畴不同，表达语法范畴的手段也不同的观点，讨论了他对词汇范畴、语法范畴和词的界定，通过人类认知的共性认定了人类语言必有的的词汇范畴和语法范畴。

【关键词】

词汇范畴　语法范畴　词

一　前　言

弗兰斯·博厄斯（Franz Boas）被称为"美国人类学之父"（Father of American Anthropology）和描写主义语言学的先驱（Spearhead of the Descriptive Linguistics）①。他1858年出生于德国的一个犹太人家庭，1896年开始在美国

---

① Susan Pennington Krook, An analysis of Franz Boas' achievements and work emphasis during the last five years of his life, based on documentation and interpretation of the Federal Bureau of Investigation file maintained on him from 1936 to 1950. Boulder, CO: University of Colorado at Boulder, 1998, p. 6.

哥伦比亚大学人类学系任教，1911 年出版《原始人的心智》（The Mind of Primitive Man），1911 年编辑出版《美洲印第安语言手册》（Handbook of American Indian Languages），撰写了该书的数章和引言。1940 年出版《种族、语言和文化》（Race, Language, and Culture），1942 年去世。在他之前，语言学家关注的是人们已经熟悉的印欧语言，不熟悉的语言研究得很少。博厄斯首先开始认识和描述人们了解很少的印第安人的土著语言，并提供了一套系统而完整的方法和工具。这带给我们的启示是：这套方法和工具是否适用于描写其他语言？我们是否应该用它去描述汉语？

在美国，他参加并领导了印第安语言调查小组，调查的结果写成了有名的《美洲印第安语言手册》，1911 年出版。博厄斯亲自撰写了该书的数章，并写了一个有分量的"前言"。由于他留下的这些文字，人们常常认为，是他开创了结构主义描写方法，并为分析音位系统和语法系统提供了工具。《美洲印第安语言手册》前言全面反映了博厄斯的语言观。这是一篇颇有建树的论文，为美国结构主义语言学打下基础。"[1]

Robins 认为，博厄斯为《美洲印第安语言手册》撰写的引言："到今天仍然是描写主义语言学的一部优秀的导论。"（"Its Introduction, by Boas, is still an excellent introduction to descriptive linguistics."[2]本文作者译）

Stuart 认为《美洲印第安语言手册》引言的学术贡献是："《美洲印第安语言手册》引言标志着美国描写主义语言学的开端，是语法研究新方向的实际起点。这以后的半个世纪里，'一种语言的语法'作为人们熟稔的概念在语言学研究中得到了重新订立，即语法就是描述语言结构的一套系统，而这种描述是可以通过观察来确定的（"The Introduction to the Handbook of American Indian Languages marks the beginning of American descriptive linguistics and the effective starting point of view of a new direction in grammatical studies. During the half-century that has passed since Boas wrote the Introduction the familiar concept 'grammar of a language' has been reformulated within linguistics, where a grammar is viewed as a system of empirically decidable statements about 'language structure'."[3]（本文作者译）。

---

[1] 刘润清、崔刚：《现代语言学名著选读》，北京：外语教学与研究出版社，2009 年，第 147 页。

[2] Robins, R. H. A Short History of Linguistics, Addison Wesley Longman Limited/Beijing: Foreign Language Teaching and Research Press, 1967/2001, p237.

[3] Stuart, C. I. J. M, The Introduction to the Handbook of American Indian Languages, Smithsonian Institution. Reprinted by Georgetown University School of Languages and Linguistics. Washington, D. C.: Georgetown University Press, Date Unknown, pvii

刘润清①分析认为,索绪尔把语言作为一个单位系统和关系系统来分析。纵观一下20世纪的各种语言学派便可知道,没有一派不从索绪尔的思想中受到启发。但与索绪尔的语言观不同的是,博厄斯的语言分析融入了人类学的因素,比如种族,民族,文化,风俗,甚至人的体型。

陶振宁②(2002:59)提出,"'美国描写语言学派'"突破了19世纪只注重历史比较的传统束缚,向共时描写的方向前进了一步。"

引言的第一部分讨论了语言、种族和文化的关系,虽然他承认两种语言表达同一思想时,可能有难有易,但他不认为语法形式的限制能够妨碍泛化概念的形成。更加可能的情况是,缺少这些形式的原因是缺少对这些形式的需求("While acknowledging the different degree of ease with which two languages express the certain ideas, Boas doubted that 'the restriction of the use of certain grammatical forms can really be conceived as a hindrance, in the formulation of generalised ideas. It seems much more likely that the lack of these forms is due to the lack of their need'."③(本文作者译)。博厄斯提出的某种语言缺少某种形式的原因是缺少对这种形式的需求这一观点,似乎已被普遍接受,但实际上是值得商榷的。有时候人们有表达的需求,只是没有意识到自己的语言缺乏这种形式。语义空缺(semantic gap)在语言中是普遍存在的。例如汉语第三人称单数代词没有性别之分和人与动物之分,但说汉语的人有时需要确切说明是男性还是女性,是代指人还是动物,但是普通母语者不能意识到自己的母语缺乏这种区分的形式。即使有了这种意识,也很难依靠个体的力量填补这一空缺,人们对语言中已有的语法范畴能够施加的作用力十分有限。

本文选读的是引言的第二部分,因为这一部分代表了博厄斯对语言的总的看法,提出了前人未提出的新观点。其标题为语言的特征(The Characteristics of Language),包括语言的定义(Definition of Language)、语音的特点(Character of Phonetics)、语法范畴(Grammatical Categories)、语法范畴讨论(Discussion of Grammatical Categories)和语法范畴解读(Interpretation of Grammatical Categories)等五大部分,其中语法范畴部分篇幅最长,是本部分的核心内容,强调了不同语言的语法范畴不同,表达语法范畴的手段也不同,这样的观点在当时的语言学界具有高度的创新性,在一个世纪后的今天,精细阅读这一经典名篇,学习他已经解决的问题的同时,发掘他未解决或完全解决的问题,对我们探讨语法范畴的本质、不同语言之间语法范畴的共性与差

---

① 刘润清:《西方语言学流派》,北京:外语教学与研究出版社,2002年,第82页。
② 陶振宁:《描写语言学派陈略》,《信阳师范学院学报》2002年第1期。
③ 刘润清、崔刚:《现代语言学名著选读》,北京:外语教学与研究出版社,2009年,第146页。

异仍有启示作用。

二 解读与启示

2.1 词汇范畴与语法范畴

通读节选之后发现,博厄斯并未对什么是范畴和语法范畴给出明确的定义。在语法范畴这一部分的第一段说:

"Languages differ not only in the character of their constituent phonetic elements and sound-clusters, but also in the groups of ideas that find expression in fixed phonetic groups."①

在讨论部分的第一段说:

"From what has been said it appears that, in an objective discussion of languages, three points have to be considered: First, the constituent phonetic elements of the language; second, the groups of ideas expressed by phonetic groups; third, the methods of combining and modifying phonetic groups."②

这两处的"groups of ideas",即固定的语音组合表达的概念,应该是他认定的语法范畴的定义。其实,给"语法范畴"正名,首先要明确什么是"范畴"。Category 是 "a class or division of people or things regarded as having particular shared characteristics"③,也就是把具有相同特性的事物或人划分到一个范围之内。《现代汉语词典》把"范畴"定义为:

1. 人的思维对客观事物的普遍本质的概括和反映。各门科学都有自己的一些基本范畴,如化合、分解等,是化学的范畴,商品价值、抽象劳动、具体劳动等,是政治经济学的范畴,本质和现象、形式和内容、必然性和偶然性等,是唯物辩证法的基本范畴。2. 类型;范围"。

由此可见,中文的"范畴"一词与英文原词意义上比较对等。范畴化就是要在概念之间划清边界,赋予这个世界结构。语言学家给"范畴"下的定义是:

"A category is the conceptualization of a collection of similar experiences that

---

① 刘润清、崔刚:《现代语言学名著选读》,北京:外语教学与研究出版社,2009年,第156页。

② 刘润清、崔刚:《现代语言学名著选读》,北京:外语教学与研究出版社,2009年,第164页。

③ http://oxforddictionaries.com/definition/category.

are meaningful and relevant to us, i. e. categories are formed for things that "matter" in a community. Categories are conceptual in nature, and many, but by no means are all, of our conceptual categories also laid down in language as linguistic categories."①

可见，语言范畴是范畴的一种，而语言范畴又包括词汇范畴和语法范畴。

"Any category is part of an overall system of categories. Language is sometimes seen as an ecological system in which linguistic categories occupy an "ecological niche" like living beings in nature. The special meaning of a linguistic category is defined relative to its neighboring categories and the system at large, and the introduction of a new category affects other categories."②

Radden & Dirven 提供的例子是：我们把"金子"这一概念连续统按金子的大小进行切分，从而划清词汇概念的边界和语法概念的边界。词汇上，体积稍大的划进金块这一范畴，稍小的划进金粉这一范畴；语法上，稍大的属于可数名词范畴，稍小的属于不可数名词范畴。③

博厄斯写到：

"It seems important at this point of our considerations to emphasize the fact that the groups of ideas expressed by specific phonetic groups show very material differences in different languages, and do not conform by any means to the same principles of classification."④

也就是说，特定语音组合所表达的概念在不同语言里显示出重大的区别，完全不遵照相同的分类原则。博厄斯以英语为例，"水"这一意念是通过一系列不同的形式表达出来的：表示作为'液体'的水用一个词（liquid）；表示一大片水用另一个词（lake '湖'）；其他词（river '江河' 和 brook '溪'）表示作为在大水体或小水体里流动的水；还有其他词表示'雨'rain）、'露'（dew）、'波浪'（wave）和'泡沫'（foam）等不同形式的水。他接着阐明，这些各种各样的意念虽然在英语里每个都是由一个独立的词表达的，在其他语言里可能是通过同一个词的派生词表达出来的。他继续举例说明，一种语

---

① Radden, Günter & René Dirven, Cognitive English Grammar. Amsterdam / Philadelphia: John Benjamins Publishing Company, 2007, p16.

② Radden, Günter & René Dirven, Cognitive English Grammar. Amsterdam / Philadelphia: John Benjamins Publishing Company, 2007, p17.

③ Radden, Günter & René Dirven, Cognitive English Grammar. Amsterdam / Philadelphia: John Benjamins Publishing Company, 2007, p17.

④ 刘润清、崔刚：《现代语言学名著选读》，北京：外语教学与研究出版社，2009年，第157页。

言中一个词表达的概念在另一种语言中需要用不同的词表达,一种语言中由一个独立的词表达的不同概念在另一种语言中可能是一个概念派生出来的。博厄斯从对不同语言之间的对比例子的分析得出的结论有这样一些问题:第一,这些固定语音组合所表达的是词汇范畴而不是语法范畴,词汇范畴的差异不能说明语法范畴具有同样的差异。在"语法范畴"这一标题下讨论词汇范畴容易造成读者理解的混乱;第二,在谈到不同语言采用不同分类原则的原因时,博厄斯说:

"It seems fairly evident that the selection of such simple terms must to a certain extent depend upon the chief interests of a people; and where it is necessary to distinguish a certain phenomenon in many aspects, which in the life of the people play each an entirely independent role, many independent words may develop, while in other cases modifications of a single term may suffice."①

每一种语言都按照使用者的需要确立自己的概念并且划分自己的范畴,因此需要不同,范畴也就不同,那么是不是可以推知,人类语言的词汇范畴就没有共性了呢?从认知语言学的角度讲,人的语言能力并不是一种独立的能力,它跟人的一般认知能力紧密相关,而人类的认知是有共通性的。"人的观念结构和语言结构受制于人的感知结构;思维的法则不是逻辑,而是隐喻;真理不是对现实世界本质的客观描述,而是对它的隐喻性建构(metaphorical construction);这种建构活动的基础或出发点既不是物理科学也不是宗教,而是基于人体本身及其体验的隐喻。人对世界的认知始于并基于对自己身体的认知和身体的体验;人会借用身体器官的名称和对这些器官的认识来喻指和认识其它事物的构成部分。这就是被称为关于认知和语言的'具体化假说'(embodiment hypothesis)"。② 根据这种假说,人类每种语言都应该有代表人体各部分的词,表示时间的词和表示空间的词,因为这些范畴是人们认识和喻指客观世界的基础。

2.2 Word "词"

博厄斯把 word 定义为 "a phonetic group which, owing to its permanence of form, clearness of significance, and phonetic independence, is readily separated from the whole sentence."③ 这样的定义有如下问题:第一,这四要素,即语音

---

① 刘润清、崔刚:《现代语言学名著选读》,北京:外语教学与研究出版社,2009年,第158页。
② 陈国华:《从"头"说起》,《英语学习》2011年第4期。
③ 刘润清、崔刚:《现代语言学名著选读》,北京:外语教学与研究出版社,2009年,第159页。

群形式的固定、意义的清晰、语音的独立和可以脱离所在句子,博厄斯并未逐一解释清楚;第二,英语中的不定冠词 a 和 an,符合这四要素中的三个,除了形式不固定这一点,形态学变化要求在元音前出现时它变为 an,或者说 an 在辅音前出现时变为 a。但这并不妨碍人们把它们认作两个不同的英文词。(此处把 word 一词译为词,是人们普遍接受的译法,虽然汉语的"词"最初并不与 word 意义对等,是指一种文学体裁,如宋词。word 一词引入汉语后才开始用"词"表示 word,之前汉语用"字"这个概念来指称本文讨论的这个语言单位。)第三,汉语中的"的",被人们认定为一个独立的字,但它只符合这四要素中的三个,因为它并不具有语音的独立,汉语的使用者从来不会单独发出"的"这样一个音,它一定要和其他语言群相结合才能实现它的意义,例如作为属格"我的",作为关系从句标志(relativizer)的"唱歌的那个孩子"作为过去时标志的"谁写的?"等等。

可见,word 只是一个书写单位,人们通过它们之间的间隔很容易对它们进行划分,但它并不是一个严格意义上的语言单位。这一点在英语语法著作中也有体现。Downing & Locke① 把 clause, group, word 和 morpheme 列为英语的四种单位(unit),但并未给 word 一个明确的定义,只是说明 word 之间的边界标志(boundary marker)是一个空格(a space)。Huddleston & Pullum ② 对 word "词"和 lexeme "词位"进行了区分,认为 cat "猫(单数)"和 cats "猫(复数)"是两个不同的词,但属于同一词位,在词典中列为一个条目。这是一种新的提法,但是"这跟说它们是同一个词的单数和复数形式没有什么区别。"③,他们也并没有对 word 做出一个语法形式上的定义。另外,音系学中的连读规则也证明了这一点,作为一种语言允许的辅音加元音组成的音节,即使在书面语中是分开的,在口语中也还原为一个完整音节。

第四,博厄斯认为,人们之所以很难把英语中表示复数、属格或谓词第三人称单数的 s 想象为一个独立的词是因为"the phonetic weakness of the grammatical element"④,他并没有界定什么样的音属于"弱"音,只是说如果这

---

① Angela Downing, & Philip Locke, A University Course in English Grammar, London: Routledge, 2002, p10.

② Rodney Huddleston, & Geoffrey K. Pullum, A Student's Introduction to English Grammar(剑桥学生英语语法), Cambridge: Cambridge University Press/ Beijing: Foreign Language Teaching and Research Press, 2005/2008, p15.

③ 陈国华,《剑桥学生英语语法》,剑桥:剑桥大学出版社 北京:外语教学与研究出版社, 2008 年,"导读",第 x 页。

④ 刘润清、崔刚:《现代语言学名著选读》,北京:外语教学与研究出版社,2009 年,第 160 页。

些语法范畴是由"强"音来表示，例如用 many 表示复数，用 of 表示属格，用 he 表示第三人称单数，人们就可能把这些"强"音归为独立的词。就此我们可以问这样一个问题："英语中的不定冠词 a 听起来也"弱"，为什么它仍然是一个独立的词呢？"，是不是有这样一个规律博厄斯没总结出来，即含有元音的语音群是"强"音，不含元音的是"弱"音，因为元音是音节的"核心"（nucleus）。可是，我们又发现这一规律与英语中的 ing 不被视作独立的词这一现象冲突。仔细观察后可以得出这样一个规律，即凡是处在一个语法成分之前的语音或语音群被人们视作独立的词，处在一个语法成分之后的不被人们视作独立的词，而是附属于这一成分的一个组成部分，这可能是因为空间的相对位置被映射成为重要性的相对关系。unlock、defrost 之类前缀不是独立的词，而是形位（morpheme）。

那么什么才是严格意义上的语言单位呢？"语言单位（linguistic unit）是切分言语单位的尺度。任何一个语言单位都是形式（form）和意义（meaning）的结合体，同时具有一定的构造功能。"①，包括形位（morpheme）、短语（phrase）和语句（clause）。形位是语音和意义的最小结合体，英语中的不定冠词就是一个形位，a 和 an 是它的形位变体。上文提到的汉语中的"的"也是形位。

2.3 语言必有的语法范畴

关于什么是语法范畴，语法学家们有不同的界定。秦坚②引用高名凯的观点说："把词的语法形式所表示的语法意义概括起来便成为语法范畴。常见的语法范畴有数、性、格、体、时、人称、式等。这里词的语法形式指词形变化。"秦坚③还引用叶蜚声、徐通锵的观点说："语法范畴就是由词的变化形式所表示的意义方面的聚合。这是建立在印欧语系诸语言研究基础上的传统语言学对语法范畴的诠释。"

陈国华④认为，"语法范畴（grammatical categories）是对语法单位、形式、功能和意义的分类。任何一个语法范畴都有其语法特征，包括：一、它在什么构造中发挥什么作用，我们可以把这称之为语法功能；二、它与其他哪些语法形式结合，我们可以把这称之为语法搭配。同时，任何一个语法范

---

① 陈国华：《英语教师语法：构造与转化分析法》，北京：高等教育出版社，出版中，第6页。
② 秦坚：《对汉语语法范畴的再认识》，《新疆教育学院学报》2004年第1期。
③ 秦坚：《对汉语语法范畴的再认识》，《新疆教育学院学报》2004年第1期。
④ 陈国华：《英语教师语法：构造与转化分析法》，北京：高等教育出版社，出版中，第2页。

畴还有其范畴意义或语法意义。界定一个语法范畴，应该说明其语法功能、搭配和意义。"本文认为这一界定更加合理、全面。在语法范畴讨论这一部分中，博厄斯列举了印欧语言的语法范畴，并进一步阐明这些范畴在美洲印第安语言中不一定全部存在，如名词的范畴（Nominal categories），包括性（gender）、复数（plural）、格（case）和时（tense），人称代词的范畴（personal pronouns），指示词的范畴（demonstrative pronouns）和谓词的范畴（verbal categories），包括时（tenses）、语气（moods）和动式（voices）①。印第安语言中也存在一些它们特有的语法范畴。那么哪些语法范畴是所有语言必有的呢？博厄斯似乎没有建好一个理论框架。首先，人们在使用语言进行交流的时候，总是要谈论某个认知对象，即名词类。这个对象可以是某个实体（entity）、过程（process）、行为（action）等。然后，人们对这个对象进行述说、判断，即谓词类。其次，我们需要对认知对象进行区分、指别或称名，即指示词类（determiners）。之后，还有人们对谓词的主观态度，包括时、态（aspect）、情态（modality）等。除此之外，还有名词的修饰语和对谓词的修饰语。以上这六项语法范畴，一种语言都具备了，它的使用者才能互相交流，是语言必有的语法范畴。

三 结 语

本文对博厄斯在《美洲印第安语言手册》引言中涉及的词汇范畴、词和语法范畴等概念进行了解读与分析，希望由此得出的结论能够对我们分析印欧语系和印第安语言之外的语言，特别是汉语，提供有益的思路和框架。

---

① 刘润清、崔刚：《现代语言学名著选读》，北京：外语教学与研究出版社，2009年，第164页。

语言本能透视下的心智结构

——试析 Pinker 的语言本能与心智模块学说

北京首都师范大学 方红[①]

【摘要】

Steven Pinker 提出了"语言是人的一种本能"这一大胆假设,分析了语言的本能属性及心智模块的共性特征,加深了对语言的思索和理解。语言本能的命题是探索人类心智结构的先决条件,在此基础上的心智活动则是语言本能得以激发和外显的必要保证。本文拟对语言本能和心智模块学说加以细述和分析,在本源上对语言的性质和发生做出解释,并从元语言本能的角度拓展语言研究的视阈。

【关键词】

语言本能 心智结构 心智模块

一 引 言

自从 15 世纪笛卡尔提出身心二元论以来,人们曾从心灵主义、物理主义、行为经验主义、功能主义、人本主义等诸多方面对心灵思维做了探究及

[①] 作者简介:方红(1976—)女,北京外国语大学中国外语教育研究中心在读博士,首都师范大学外国语学院讲师,研究方向:语言学、翻译研究。

描述,① 而现代哲学研究出现'语言转向'之后,对语言的重新认知也为探析人类的心智活动提供了新的视角。心智主义代表人物 Chomsky② 指出,研究语言必须要研究大脑/心智,只有研究心智内部的语言规则体系即普遍语法,才能揭示语言运用的性质及使用问题。由此,人们对语言的关注从外化语言转向内化语言,开始探讨语言产生的本源及其运作模式,以此来透视人的心智结构,从而得以一窥人类的本性特征。

Steven Pinker 是继 Chomsky 之后最著名的语言学家之一,也是认知科学领域的世界级领军人物。Pinker 在其《语言本能》一书中提出了'语言是人的一种本能'这一大胆假设,在达尔文生物进化论的基础上和 Chomsky 普遍语法的启示下,分析了语言的本能属性及心智模块的共性特征,加深了对语言的思索和理解并进一步揭示了人类心智结构的相似性基础。在肯定后天环境具有一定影响的前提下,Pinker 认为语言是人类的普遍本能,是一种预置在大脑中固有的进化性适应机制。人脑中的神经基因提供了语言本能的硬件设施,而内在的普遍语法规则则构成了心智工作的软件程序。承认语言是一种本能是探索人类心智结构的先决条件,在此基础上的心智活动则是语言本能得以激发和外显的必要保证。本文拟从这两方面对 Pinker 的语言本能和心智模块学说加以细述和分析。

二 语言本能说

长久以来,受行为经验主义语言观的影响,语言一直被认为是后天习得的。人生来大脑就是空白的,人类能够习得语言不过是受社会环境和生活经验的熏陶和影响,在教育和刺激反应的模仿过程中学会了语言。而且,人类对语言的习得依赖于所处的文化背景,即处在何种文化之中就会获得相应的语言。这种盛极一时的'白板论'和'文化决定论'吸收了心理学和人类学的一些观点,一度成为知识界的主流意识形态,奠定了标准社会科学模式的相对主义观点。受此影响,语言习得被认为是社会化的产物,与生物性无关,更谈不上普遍的共性。直到20世纪50年代,Chomsky 批判了行为主义的'刺激-反应'说并提出了先天语言机制的内在论假说,心理学家、语言学家和认知神经学家等多领域学者开始从内化的角度重新关注和探索语言的本质这一传统问题。上世纪90年代起进化论被引入认知心理学的研究领域并形成一门

---

① 成晓光编:《西方语言哲学教程》,大连:辽宁师范大学出版社,2006年。
② Chomsky, Noam. Knowledge of Language: Its Nature, Origin, and Use. Beijing: Foreign Language Teaching and Research Press, 2002.

新的学科——进化心理学，Pinker 在进化心理学研究的框架内进一步对语言的生物进化性和内在性提出了独到的见解。

Pinker 在《语言本能》一书开始就宣称语言是人类的一种本能，他从达尔文的进化论入手断言语言的本质就是一种进化的适应性机制。语言本能这一概念是 1871 年达尔文在《人类的起源》一书中首次提出的：语言不是一个真正的本能，因为它需要习得的过程，但是人类具有语言习得和使用的本能倾向，却没有酿酒、烤面包和书写的倾向。在《物种起源》一书中，达尔文认为语言不过是'我们在呼气时通过调控声音来交流信息'的手段，自然选择不但引起人类身体的进化（直立行走），也推动人类本能的进化。与达尔文同持进化论观点的詹姆士（William James）认为，本能并不一定是完全的自动化表现，我们灵活的智能正是源于多种本能相互竞争影响的结果。① 在此基础上，Pinker 认为人类语言和人能直立行走一样，都不是文化的发明，而是进化和自然选择的适应性本能。语言不会随社会文明进步程度的不同而不同，本身也没有任何优劣可分（罗贤、熊哲宏 2006：72）。② 迄今为止所发现的部落，不管多么偏远落后，都有自己完整的语言体系，并且交流表达的功能不亚于文明社会的任何语言。而且，从历时的发展角度来看，任何社会的语言变迁并没有随着其文明程度的提高而使其语言优化，变化不等于优化，现世的语言并不一定就比古语发达。

与此同时，Pinker 也继承了 Chomsky 的语言内化观，认为人天生就赋有语言习得机制，人的语言能力的获得和形成是人脑固有的属性和后天经验相互作用的结果（唐再凤、范秀华 2007：145）。③ 人发出的每个句子都是词汇的全新组合，人类能够利用有限的词汇生成无限的句子，决不仅仅是外部环境刺激形成的，而是因为人的大脑包含一种内在的习得机制。而且，儿童能够迅速掌握复杂的语法，即使对没有遇到过的生难句，也能正确理解，这恰恰证实语言并非通过经验传授获得，而是一种内在的语言习得机制在起作用。但 Chomsky 并不认可达尔文的进化论和自然选择可以解释关于语言器官起源的看法，而且 Chomsky 的研究对象多是对词和句子的技术性分析，主要是抽象的形式主义，太过于理想化，缺乏实际语言运用的证据。因此，Pinker 在认定了语言机能的先天预设之后，运用生物学的研究方法对语言进行了宏观研究和微观剖析，进一步假设语言拥有专门而独立的神经基础，即"语法基

---

① Pinker, Steven. The Language Instinct. London：Allen Lane (Penguin)，1994, pp. 19–20.
② 罗贤、熊哲宏：《语言的天赋性与模块性》，《襄樊学院学报》2006 年第 1 期。
③ 唐再凤、范秀华：《语言本能——进化论里的语言本能说》，《湖北经济学院学报》2007 年第 5 期。

因"（奚家文 2009：243），① 论证了语言进化的生物学基础。Pinker 认为语言并不是后天运用符号的普遍能力，而是天赋的内在机制。人脑并不是空白无物的，人从出生开始就具备了语言习得机制，而这种内在机制的生物基础就是人脑进化了适应语言运做的基因。因为这种基因具有进化遗传性，所以语言基因的普遍存在也就决定了人类语言本能的普遍性。

  Pinker 坚持了进化语言观，他认为语言的习得并不是"天生铸就"或"后天培养"这样简单的两分法。遗传因素和环境影响都对语习得有影响，但是种种影响都是通过人的内在习得机制起作用的。② 失去了人本身这个主体，也就失去了习得的载体和受影响的客体，语言的习得也就无从谈起。人类具有普遍的内在习得机制，而这种内在机制正是进化过程中适应生存和繁衍需要的一种适应性结果。人们在历史的进化中，不断从自然中总结规律、避开危险、求得生存的过程就是习得机制进化、选择的过程。人类文明化、社会化的过程也是一种习得机制进化并形成的过程，在这一习得过程中，文化被内化成为一种共有的认知模式并固定成为人脑内部的机制。那么，在认同语言是人类的一种进化性本能之后，在人脑中为这一本能机制锁定相应的功能区和神经束无疑是非常具有说服力的。神经科学领域的众多实验和临床观察为探定大脑内的语言基因提供了有利的证据。早在 1848 年，建筑工人盖奇（Mr. Gage）的意外受伤事件（失控的铁管从他左上颊经额头上部穿过并飞出 50 英尺外，结果对语言和意识没有任何影响）就让人们意识到，如果大脑中有掌控语言的区域，那一定不在大脑正前方。③ 科学家在实验中甚至发现人脑的区域对于语言的反应已精确到了词性，即加工名词和动词的区域都有所区别。尤其明显的是大脑特定区域受损的病人会表现出言语能力丧失的特殊性：大脑布洛卡区（Broca）受损的病人只能说出断续无语法的句子，也不能识别有语法错误的句子；而威尔尼克区（Wernicke）受损的病人能够说出语法正确的连续的语句，却没有交际的意义。虽然现在还无法对大脑中的语言区域准确定位，但是，语言作为人类进化的一种适应性本能至少已经具备了生物学存在的基础。

  如果说语言是人的本能，而且这种本能也有大脑神经系统的基因支持，那么语言究竟怎么从大脑内部产生并外显出来的呢？在这里，首先要区别一

---

  ① 奚家文：《从乔姆斯基到平克—语言心理研究的模块化之路》，《心理科学》2009 年第 1 期。

  ② 邓劲雷、余健明：《〈"语言本能"讨论〉（修订版）述评》，《外语教学与研究》2009 年第 5 期。

  ③ Yule, George. The Study of Language. Beijing：Foreign Language Teaching and Research Press, 2000, p. 162.

下大脑（brain）和心智（mind）。如果把大脑看作是一个实在的载体，有其自身的功能区划，它就是人类心智活动的硬件；内在机制的抽象运转规则，即心智的工作模式，也就是软件。他们二者实为一体，却有各自分工，语言的习得正是通过心智的运作实现的。正因为语言是人类的内在本能，所以与心智的关系最为密切，语言本能奠定了心智运作模式的基础，而心智运作最有代表性的成果就是语言。在驳斥了"语言决定论"假设后，Pinker[①]指出，语言不能决定思维，也不能完全反映思维，人们是"用一种思想的语言（Mentalese）进行思考"而非某一具体的自然语言，获得一种语言就是知晓如何把思想语言和一系列的具体的词相互转换。人类进化而来的语言本能就是这种与生俱来的思维语言，它是语言与心智交融的有力证明，由此，语言也就成为透视心智结构和其运作模式的最佳途径。

三 心智模块说

　　心智结构的模块理论是由美国认知心理学家福多（Jerry A. Fodor）最先提出的。他认为心智结构由认知器官组成，这些分工明确的心智机能构成了不同的认知模块（王秀丽 2009：45—51）。[②] Pinker 则通过对失语症患者的神经生理学研究，进一步概括了语言模块在大脑中的定位（罗贤、熊哲宏 2006）。如前所述，大脑中语言功能区域和语言基因的存在为心智运作提供了硬件基础，那么语言本能的普遍性存在规则则是心智运作的软件程序。语言在其表面差异的掩饰之下存在着单一的计算设计模式，即普遍语法。普遍语法适用于所有的语言，任何自然语言不过是元语言的一种变体，所有语言都具有共性的核心特征。普遍语法作为语言本能的认知模式，奠定了心智结构的基础；心智活动在普遍语法的调节和运算下，形成了具有不同功能的认知模块。

　　标准社会科学模式下的心理学认为人类具有一个普遍的多功能习得机制，通过从经验事例中归纳相似性（similarity）不断地获得各类知识。但是，客观事物真的会有相似性吗？问题的关键是相似性不是存在于客观世界中，而是存在于观察者的心智中，是一种天生的内在机制，这是行为主义者也认可的"内在相似性决定机制"。人的心智中有一个"相似性空间"，指导人类做出正确的概括和选择，这一过程的实现都要通过心智计算，即根置于习得机制内部的普遍语法的运算。蒯因著名的"gavagai"例子形象地解释了"相似

---

① Pinker, Steven. The Language Instinct. 1994, pp. 81—82.
② 王秀丽：《心智结构的模块性理论对普通语言学的启示》，《北京第二外国语学院学报》2009 年第 10 期。

性空间"的有效性：我们的相似性认知空间不仅仅与其他某个个体对应，而且还与整个世界宇宙相匹配，因为我们内在的相似性空间认知模块是与进化基因相关联的，在进化过程中通过优胜劣汰存留的是成功的归纳能力。① 在相似性认知过程中，内在的普遍语法计算机制保证了人类的习得具有灵活性。否则，没有计算过程的协调，所有的事物都可能是相似的，也就失去了习得的意义。而且，相似空间的多样性也反映了人类心智模块的多样性，不同的模块适合不同类型认知空间的计算和加工，比如有艺术认知模块、生物学认知模块、社会交往认知模块等。具备这些模块，人的相关认知能力就强，反之则弱。这就是为什么有些人习得一些事又快又好，而在其他方面会略显愚笨，都是因为相应心智模块有无的缘故。此正所谓"得'心'"才能"应手"！

人类心智模块的认知差异还体现在对自然事物和人工事物的区分上。人类对自然事物的习得机制是天生的，相应的心智模块也是预置好的；而对人工事物的识别则是通过经验获得的，依赖于后天形成的范畴概念。比如，石器时代的狩猎者和采摘者就是相当渊博的植物学家和动物学家，他们对于动植物的种属分类已经非常精细。这种未经过教育仅凭直觉对生物做的分类，与一些重要的生物学事实不谋而合。给儿童展示火烈鸟和蝙蝠喂食幼鸟的图片，火烈鸟是咀嚼食泥而蝙蝠则是喂奶，再拿出一张山鸟的图片问：它可能用什么方式喂幼鸟？虽然山鸟在外表上与蝙蝠更为接近，但是儿童在归类时仍会选择把山鸟与火烈鸟归为一类，即给幼鸟喂食泥。可见儿童的认知模块并不仅仅依靠于外表的相似性，而是取决于其内在相似空间的计算模式。但是，对于人工事物的识别则无法依靠心智模块。比如对一系列区分碗和杯子的图片，断定是碗或杯子的口径和高度判断往往取决于个人经验和文化观念。儿童看到咖啡杯用来喂鸟，会马上接受它就是用来喂鸟的（与此形成鲜明对比的是，当把浣熊装扮成臭鼬，儿童拒绝承认那是臭鼬）。因此，对于自然事物的区分有赖于本能直觉，即内置的心智模块，所以比较稳定不易改变；而对于人工事物的认知则依赖于经验和环境，所以具有易变、灵活的特征。基于直觉的民间生物学与基于科学试验的专业生物学在种属分类上有着惊人的相似处，也从另一个角度表明人的本能直觉不但不会阻挡科学的脚步，反而成为源于人类内在机制的一种认知动力，变成科学的灵感。

如果说语言是人类的普遍本能，心智模块也是在普遍语法的计算模式下运作，那么人与人就具备了共性的心智活动基础。语言差异和文化差异只是表面的量的差异，而人的认知模式的相似是绝对的质的同一。内在差异和内

---

① 陈嘉映：《语言哲学》，北京：北京大学出版社，2008。

在相似是完全不同的两个概念,人们对此混淆是因为行为遗传学家偷换了可遗传性和遗传性的概念内涵:人的大脑结构当然是可遗传的,但是它不会显示出遗传性;一个社会里只有红头发的人能当牧师,于是就声称牧师这一职位具有遗传性,但是其实这是不可遗传的。因此,把外显的差异当作是遗传的、内在的品质就是生物决定论的论调,通过掩盖人类共性的本质,让差异成为社会级阶差别的借口和托辞。另一方面,语言本能和心智模块的普遍性特征也是基于人的共性而言的,而与个体遗传差异无关。探讨生物性特征时个体的差异是没有意义的,只有总体的共性趋势才能有助于我们识别特征。人类的外在差异不是本质上设计的差异,而只是量的区别和设计的选择性表现,我们以往夸大了人与人之间的差异,其实人与人的相似点远远多于差异。正如人们站在 X 光机后面时,所有表面的差异都消失了,呈现的只是完全相同的结构。人种与种族引起的差异也是最微不足道的,同一种族内部的个体差异占到人与人之间遗传差异的 85%,而相当一部分种族间的差异特征是适应外部气候的进化性表现。皮肤中的黑色素能够更好地保护皮肤不受热带太阳的炙晒,这种对抗气候条件进化而来的外在特征在我们看来却成了最明显的差异,这实在是"肤"浅的认识。

  人生来并不是标准社会科学模式所称的一块"白板"或一台"多功能计算机",而是一把多功能瑞士军刀。① 人不但具有语言的本能而且具有普遍的适应性计算模块,这奠定了人的普遍认知基础和人类的共性。语言模块是内置在人类心智中的一种认知本能,受外部经验的刺激而外显为对某种具体语言的习得;语言习得在本质上并不是用来交际的工具,而是人类心智运作思考的模块。正如人的各种生物机制在不同时期会有此长彼消的趋势,心智模块的计算加工能力也有所区别,婴儿期卓越的语言能力正是以成人学习语言的困难为代价的。生物进化的规律为人类设计好了特定的心智发展模式,每一模块都有其最佳的运作期,把握规律、了解自己,才能顺乎天性最大激发人的潜能。正如 Pinker 引用 19 世纪著名剧作家契诃夫(Anton Chekhov)所说的话:"人类只有看清了自己才会表现更好(Man will become better when you show him what he is like)"。②

---

  ① 参见 Pinker 专著评介网页:http://pinker.wjh.harvard.edu/books/tli/index.html,2011 年 10 月 20 日。
  ② 参见演讲稿 Steven Pinker chalks it up to the blank slate (2003),源于网页:http://www.ted.com/talks/steven_pinker_chalks_it_up_to_the_blank_slate.html,2011 年 11 月 2 日。

四 结 语

Pinker 从进化心理学的角度论述了语言本能是人类的内在进化性适应机制；在心智计算理论的框架内揭示了人类心智是由各种认知模块组成，心智的活动就是普遍语法计算基础上的模块运作和加工过程。"语言本能"的命题拓宽了语言本体研究的视阈，如罗忠民（2003：52—53）[1] 所说，"美国描写主义语言学强调对语言的描写，结构主义语言学强调语言的内部形式，而平克则侧重对元语言本能的研究。平克的语言本能论是继乔姆斯基后美国语言学研究出现的一个新思潮和新转折"。这种语言本能论和模块论的观点超越了以往规定式和描述式的研究范畴，从本源上对语言的性质和发生做出了解释。

但是，也有人对 Pinker 的本能论提出质疑，[2] 认为自然选择并不能解释语言的本质，应该把语言的进化看作是能够反应和表达大脑中内在认知和运动系统综合作用的一个体系。Sampson（2005）针对语言本能假设进行了系统的论证，在《"语言本能"讨论》一书中他对语言天赋假说作了大量的调查研究，提供了大量天赋假说的反证，来反对 Pinker 的观点。他认为心智的创造性决定了其机制的不可预知性，如果把语言看作本能并定位了相应的物质存在基础，那么就意味着语言的表现可以被明示且有了限定，也就失去了其无限创新的可能性。人的心智不可能有物质实体，人的身心相互分离又相互作用（2005：168）。Sampson 反对 Pinker 语言本能论的观点，但对其后来的《心智探奇》（How the Mind Works）等一系列书却表示赞赏："Pinker 在写出一些好书之前，先用一本糟糕的书让自己出了名"。[3]

尽管 Pinker 的语言观可能存在不完善的地方，但是不可否认的是他的语言本能说和模块说已经深入人心。他用平实的语言和生动的事例把抽象的语言问题具体化，让人们在幽默之中领悟到了心智的奥秘。语言本能就好比是人类与生俱来的一张写好暗语的纸，浸在不同的液体里就会显示出不同的字，而这液体的差异正是所处的具体社会文化背景。我们在认可内在认知模块的同时，也不能忽视外部环境的刺激和影响，纵然我们天生就具备了许多潜质，

---

[1] 罗忠民：《〈语言本能〉译介》，《外语与外语教学》2003 年第 12 期。

[2] 参见 Language Instinct? Gradualistic Natural Selection is not a good enough explanation (1995). —— Paper for Language Origins Society, University of Pecs, Hungary. 源于：http://www.percepp.com/pinker.htm, 2011 年 10 月 22 日。

[3] Sampson, Geoffrey. The 'Language Instinct' Debate. (Revised Edition). London/New York: Continuum, 2005, p. 18.

那么也要依靠后天的外部经验把它们激活。如果说内在的心智模块使我们具有习得能力的可能性，那么外部环境则在一定程度上会影响到习得的质量。人类具备普遍共性的认知模块是人类能够交际的基础；但是认知能力的最终表现却取决于心智模块的激发程度，即心智与环境的协调程度。不管外部如何刺激，如果没有触动相应的心智模块，就不会表现出良好的认知能力。只有二者在人的心智模块内形成对接，才能真正获得并提高相应的能力。佛家有语："做事要看'机缘'"（"机"在外，"缘"在内），细细品来，讲的也正是如此吧！

由固定到开放——论英语专业泛读教材改革的方向

首都师范大学外文系　费云枫

【摘要】
英语专业泛读课是否需要使用固定教材？怎样的阅读教学模式更合理？本文作者比较了泛读教材的优劣势，梳理了近年来关于泛读教材改革的不同观点，并对笔者的泛读教学实践进行了反思，由此提出，泛读课应该取消固定教材，由师生自主选择能激发学生的阅读兴趣、培养学生的思辨能力和人文思想的文学作品及报刊杂文作为读物；在阅读教学中，采取以学生为中心的教学模式，以阅读赏析和扩展词汇量为重点，辅以阅读理论和技巧训练。

【关键词】
泛读教材　自主选材　阅读赏析　词汇量

一　引　言

英语泛读课是高等院校英语专业基础阶段的必修课程。在英语学习中，泛读处于重要地位。正如 Mikulecky 所言，对于非英语环境的英语学习者来说，阅读是英语语言材料输入的主要渠道，是"浸入"（immersion）英语语言文化的方式之一。① 但是，从现实情况和研究文献来看，很多高校英语专业

---

① Mikulecky (1990) Richards, Jack C. 等：《朗文语言教学及应用语言学词典》，北京：外语教学与研究出版社，2002。

开设的泛读课处境尴尬，教学效果不佳，"泛读课远未起到其应有的作用"。①其中有课时、学生素质、教学方法、教材等多方原因，但一个主要原因、也是让学生最不堪忍受的是阅读材料的枯燥乏味。② 教材问题在英语泛读教学中日益突出，引起众多争议。本文拟结合笔者的教学实践，对传统泛读教材的优劣势以及有关泛读教材改革的各派观点做一梳理，在此基础上，对英语泛读教材的改革方向及教学模式提出一些自己的看法。

二 传统泛读教材的优、劣势

目前大部分高校英语专业的泛读课都使用固定的泛读教材。《高等学校英语专业基础阶段英语教学大纲》提出，泛读课的任务在于着重提高学生英语阅读能力，培养学生细微观察语言、分析归纳、假设判断、推理论证等逻辑思维能力并训练学生的阅读技巧，提高阅读速度、扩大学生词汇量，增加学生的文化背景知识。③泛读教材的编定正是遵循了《大纲》的精神和要求，因而有着明显的优势，主要是：1）阅读内容话题广泛，涵盖西方国家社会历史文化的方方面面，有利于学生系统地加深对英语文化背景知识的了解。2）阅读和练习配套。每单元内除了阅读文章外，还有词汇预测、阅读理解题、词汇练习、完型填空、阅读技巧训练和话题讨论等，学生可以有的放矢地进行各项阅读技能的训练。

但是，泛读教材也有以下弊端：

1）文章篇幅有限，学生的阅读量小。泛读的基本理念就是大量、广泛地接触各种体裁形式、各种主题内容的阅读材料，并以此习得语言。④ 根据二语习得语言学家 Krashen 的输入假设，理想的语言输入应具备的特点之一就是"足够的输入量"，认为要习得语言，需要连续的、有内容的、有乐趣的广泛阅读和消化。⑤ 而《大纲》的要求则是，一年级阅读文章的长度为 600 单词左

---

① 夏赛华，吴古华：《英语泛读课的现状及改革——北京三所高校的调查报告》，《外语界》，1997 年第 4 期。

② 应慧兰，徐慧芳：《以学习者为中心的阅读材料的选择》，《外语教学与研究》，2001 年第五期。

③ 《高等学校英语专业基础阶段英语教学大纲》，上海外语教育出版社，1989 年 6 月。

④ Mikulecky（1990）Richards, Jack C. 等：《朗文语言教学及应用语言学词典》。北京：外语教学与研究出版社，2002。

⑤ Krashen, S. Principles and Practice in Second Language Acquisition. Oxford: Pergamon, 1982.

Krashen, S. The Input Hypothesis: Issues and and Implications. London: Longman, 1985.

右，二年级1000单词左右，因此，即使教材中每单元有三篇文章，但是按照一周完成一个单元的进度，阅读量也不是很大。而且学生还需花较多时间在各项练习或准备讨论发言上，其实实际阅读的时间所占比例并不是很高。

2）文章内容过于陈旧，缺乏时效性；语言经过简化或改写，缺乏真实性。刘润清教授曾提出，"从某种意义上来说，读原著才是英语教育的开始。原著中的语言不再是为了照顾学习者的水平和语法的需要而改编，而是作者深刻、细腻的思想感情的自然流露"。① 而泛读教材由于编写时间的客观限制，文章内容偏陈旧滞后；为了照顾学生的词汇量、语言水平或出于其他教学目的的需要，文章大多经过简化或改写，使语言失去了原有风貌，因此很难激发学生的阅读兴趣，也难以让学生感受语言的魅力并有效提高理解能力。

正是由于以上各种原因的存在，对于泛读课上是否应该使用固定教材，英语教学界始终存在着不同的声音。

三 有关泛读教材改革的研究

一些泛读教师和学者对泛读教材和教学的现状进行了研究并提出了改革创新的新见解。不过迄今为止，还没有哪一种观点已得到广泛认同或推广。

3.1 传统模式：固定教材+课外阅读

泛读课上比较常见的是固定教材+课外阅读的教学模式。为了弥补教材阅读内容陈旧和阅读量小的不足，很多教师安排学生在课外阅读经典文学作品和选自英语报刊杂志的文章。这种安排看似面面俱到了，但细想则不然。因为文学、时文这类阅读赏析性较强，最好应该由教师带领学生在课堂上共同讨论并做适当讲评，否则学生的理解和消化可能不到位。而且，不是所有学生都能自觉进行课外阅读，教师很难进行有效的检查。但是，由于泛读课课时少（92%的高校是2学时，3%是3学时，2.4%是4学时），却需要完成教材里一个单元的学习，很难再匀出时间能充分地讨论和讲评课外阅读的内容了。②

---

① 刘润清：《漫长的学习道路》，《外国语》，2003年第4期。
② 夏赛花，吴古华：《英语泛读课的现状及改革——北京三所高校的调查报告》，《外语界》，1997年第4期。

3.2 课堂图书馆模式：爱丁堡（大学）泛读项目

课堂图书馆阅读教学模式与爱丁堡大学应用语言研究所的"爱丁堡泛读项目（Edinburgh Project On Extensive Reading）"有关，主要是指把图书馆建立在各班上（由爱丁堡泛读项目协助），学生按自己的要求借阅，教师进行统一管理。教师先把英文读物按难易程度分为不同等级，并对学生进行一次阅读水平测试（试卷由爱丁堡泛读项目提供）；学生的测试成绩确定应从该学年中哪个等级的读物开始；确定好等级后，从教师那里得到借阅记录单，记录学生的借阅信息。这个项目建议每位学生每周至少阅读 1 本书或 1 年总体 50 本书，每天的阅读时间至少在 2 小时以上，每分钟平均阅读速度为 200 左右的单词；学生基本上必须读完 10 本书才能进入到下一个等级；学生读完一本书后必须交给指导老师一篇阅读报告。①

这个模式的最大特点是充分考虑到大量可理解语言输入以及情感因素对语言习得的作用。根据 Krashen 的输入假说，只有学习者接触到可理解的语言输入，语言学习才能真正发生。"可理解的语言输入"是指学习者接触的语言材料要略高于他现有的语言水平，用公式表示就是 $i+1$，其中 i 表示学习者的现有语言水平，1 表示稍高于学习者现有水平的语言知识。如果学习者在习得过程中大量接触到 $i+1$ 的语言材料，它便会在理解信息（意义）的同时，自然而然地、不知不觉地习得新的原知识。

在课堂图书馆模式下，学生在教师的指导下，根据自己的实际水平和兴趣选择读物，阅读量非常大，可以说是一种比较理想的阅读模式。但是在实践过程中，需要克服许多问题。首先，学生是否能投入这么多时间来完成这么大的阅读量？在英语专业的课程体系中，除了泛读，有精读、语法、听力、写作、口语等课程，精读课课时一般在每周 6 个学时左右，而泛读课一般只有 2 个学时；每门课的教师都会给学生布置课外学习任务；除了专业课的学习，学生还有学校公选课、学生社团活动，很多学校甚至纷纷开设第二学位副修课程，因此，要求每个学生每天阅读至少 2 小时，每周阅读 1 本书的要求，真的能实现吗？再者，学生很大程度上都是自主阅读，阅读量虽大，但读后只要求学生写一篇阅读报告，学生实际阅读效果究竟如何？如何才能保证所有学生都能自觉认真完成这么大的阅读量？

3.3 窄式阅读（Narrow Reading）

"窄式阅读"是 Krashen 于 1981 年提出的一种外语学习策略，是指学习者

---

① 马庆林, Celia New berry：《课堂图书馆——英语泛读教学新模式》，《西安外国语学院学报》，2005 年第 12 期。

通过阅读同一风格、同一主题或某位作家的多部作品来提高阅读能力的一种策略。① 它强调每个作家都有自己所偏爱的表达方式和独特的写作风格,每个话题都有与之相关的词汇和篇章结构,窄式阅读为读者提供了这样的内在的视角;同时,窄式阅读为读者提供更多的与题材有关的背景知识,读者利用自己已有的背景知识去阅读他们感兴趣的话题。一些实证研究已证实,窄式阅读是一种行之有效的阅读方式。② 窄式阅读有利于读者反复接触到相同词汇,深化对背景知识的了解,在阅读过程中,读者的词汇量会增加,阅读理解越来越轻松,自信心和读书兴趣也随之提高,从而进入到阅读训练的良性循环中。但是,在低年级泛读课上采取窄式阅读模式,至少让人产生一点担忧,即窄式阅读是否会限制学生的阅读领域?窄式阅读,鉴于其专而深入的特点,也许更适用于高年级的某些文学或专题课程。

3.4 以文学作品作为泛读教材

一些学者提出以文学作品作为泛读教材改革的方向。③ 他们认为,《大纲》规定"教材应为课堂教学提供最佳的语言样本",而最佳的语言样本非经典的文学作品莫属。而众多外语学习前辈的经历也早已证明以经典文学作品作教材的效率。的确,文学名著出自语言大师之手,字字珠玑,语言富于魅力和风雅,语言表达力强;作品中更是保留了原汁原味的西方社会文化背景、风俗人情、法律宗教、伦理道德等元素,因此经典文学是英语专业学生不可或缺的阅读内容。但是,在低年级阶段的泛读课上,如果一味强调阅读文学作品,恐怕有些顾此失彼,因为文学作品毕竟是对生活的提炼,还会受到作家风格、写作时代和地域等条件限制,不论是语言还是思想内容,与现实生活可能会有一定脱节。而且,在高年级阶段的文学课里,学生也有机会阅读经典文学作品。

3.5 利用杂志文章进行泛读教学

一些教师和学者认为可以以时文阅读作为泛读教学改革的方向。④⑤⑥ 现

---

① 赵路:《窄式阅读与外语阅读教学》,《鞍山师范学院学报》,2007 年第 6 期。
② 赵路:《窄式阅读与外语阅读教学》,《鞍山师范学院学报》,2007 年第 6 期。
③ 廖运刚,曾晓蕾:《以文学作品为泛读教材改革的方向》,《北京第二外国语学院学报》,2008 年第 12 期。
④ 陈凯:《利用杂志文章进行英语泛读教学》,《国外外语教学》,2000 年第 2 期。
⑤ 李志东:《英语时文选读课教学改革初探》,《解放军外国语学院学报》,2000 年第 5 期。
⑥ 许常兰:《大学英语泛读教学添加时文阅读环节的可行性探讨》,《读与写杂志》,2009 年第 3 期。

在，人们比较方便地就可以阅读到英美国家主流报刊杂志上的文章。时文阅读具有以下几个主要特点：1）文章篇幅适当，很多作者的语言风格和写作手法独具特色，语言较文学作品和学术文章更真实生动；2）为学生提供了这个世界上和他们生活相关的、丰富的、合乎潮流的新知识、新信息，有利于学生获得并吸收大量的可理解性语言输入，扩大他们的词汇量和知识面。相比之下，时文更能引起学生的阅读兴趣，加深学生对这个世界的理解和认识。但是，如果泛读仅仅就是时文阅读，也会有片面性。对于英语专业的学生而言，接触文学作品是必不可少的；此外报刊文章不断更新，教师在设计教学计划时无法规划一个完整有序的阅读体系。

3.6 学生自主选材

为了能使学生最大限度地扩大阅读量，又提高对阅读的兴趣，陈琳提出了"真实材料兴趣自读法"。[①] 主要做法是由学生根据自己的兴趣爱好广泛选择阅读材料，集中到班上进行挑选后，由教师印发给学生进行阅读学习。自主选材能够充分激发学生的阅读兴趣，形成阅读动机；同学在选择材料的过程中，需要阅读材料以做出判断和甄选，同学之间要有交流和合作，促进了学生自主阅读和合作学习的能力。但是，在一个教师所教班级较多而学生基础较差的情况下，分组选择材料、材料的集中、二次挑选磋商、各班的教学进度和阅读内容、测试等操作起来困难很大。再者，学生存在个体差异，经验和视野也有限，所选的材料可能会比较零散，缺乏思想深度，无法提供"最佳的语言样本"。

从以上讨论来看，泛读教材的确很难选择，很难哪一种方案是全面而易于实行的。

四 关于泛读教材改革和教学模式的设想

在选择泛读教材或读物时，要考虑到泛读的特点、教学目的、学生阅读需求和兴趣等诸多方面，同时又受到泛读课时少的限制，要选择一个全面而易于实施的阅读方案，非常困难。唯有权衡利弊，有所取舍。以下是笔者就泛读教材改革和教学模式提出的设想。

---

① 陈琳：《真实材料兴趣自读法在外语学习中的作用》，《外语界》，1996年第3期。

4.1 以泛读的特点和目的为出发点

Krashen 曾提出，泛读是"快乐、自由、自愿的阅读"。① 《朗文语言教学及应用语言学词典》在对泛读定义时也提到，"泛读是为了养成良好的阅读习惯、积累词汇及结构方面的知识，并促进对阅读的爱好。"② 在二语学习过程中，广泛阅读的重要性是不言而喻的。但是，就泛读课的教学目标而言，笔者认为，应涵盖两个方面，即学生的语言和个体素质的培养。语言方面，是指通过大量、广泛的阅读，培养语感，扩展词汇量，了解英语国家的社会历史文化习俗，扩宽知识面；而素养方面，是指让学生在阅读中学会阅读、培养独立阅读并思考的能力，去关注和了解这个世界，拓展视野，增强学生的思想深度和人文素养。

4.2 选择读物的标准

好的泛读材料应达到两个标准。

1. 能激发学生的阅读兴趣

选择读物的首要条件是读物能满足学生的学习需求、激发学生的阅读兴趣。Christine Nuttal 认为，"一篇吸引读者的课文尽管困难仍会使他坚持阅读下去。而选材的第一个要求是课文应当是学生感兴趣"。③ 兴趣是愉快、积极阅读的开端，也是形成长期良性阅读循环的起点。教师在为学生选择阅读材料时，应该和学生进行充分沟通，了解学生的语言水平，尊重学生的阅读喜好，并向学生介绍泛读理论知识，培养学生对阅读材料的鉴别能力，师生共同选择学生感兴趣并且能给学生带来收获的读物。

那么什么样的阅读材料最符合学生的阅读兴趣呢？Christine Nuttal 指出，"所选材料必须能够告诉学生他们还不了解的事物，向学生介绍新的与其生活相关的信息，使他们能以他们从未用过的方式思维，理解其他人的情感和思想，或使他们愿意独立阅读，或自行探求有关某个专题的知识。"北京第二外国语学院（2004）在对中国大学英语专业学生英语读物阅读情况的调查中也

---

① Krashen, S: *"The Case for Free Voluntary Reading"*. The Canadian Modern Language Review, 1993（1）.

② Mikulecky, Richards, Jack C. 等：《朗文语言教学及应用语言学词典》北京：外语教学与研究出版社，2002.

③ Nuttal, C. *Teaching Reading Skills in a Foreign Language*. London: Heinemann Educational Books, 1982.

发现,"求知、获取知识"是大部分学生首选的阅读动机。① 可见,要想激发学生的阅读兴趣,材料能够提供新信息和有趣的信息是最重要的。

2. 能培养学生的思考能力和人文思想

好的读物应该让学生在心灵上受到触动,思想上得到启发。阅读收获不仅是指学生能够在阅读中积累词汇及结构方面的知识,增进对文化背景知识的了解,还应包括学生能在阅读中学会自由独立思考问题,学会敏锐地去了解并关心这个他们生活于其中的世界。我们选择的阅读材料应该是不仅能让学生欣赏到优美的语言和句式,而且文本中还装载着丰富的信息和思想,让学生去体味、感受,在课堂上展开个性化观点的讨论和交流,分享阅读体验、感受和收获。

3. 具体措施

关于泛读教材究竟应该如何改革以及泛读课应该采取何种教学模式,笔者有以下五点想法和建议。

(1) 取消固定教材,由教师和学生共同自主选材

给每门课编写专用教材是一种传统思维定势。泛读课上是否真的需要固定教材?早在20世纪30、40年代,美国的英语和外语教员就以实验证明泛读课不宜使用固定、统一的教材。② 泛读的特点就是大量、自由、自愿的阅读。从阅读材料的来源来看,不论是经典或畅销文学作品(包括原著和各种简写版本),还是时文杂文,在如今的社会里都不难得到。教师完全可以根据学生的需要和兴趣以及教学目标自行挑选阅读材料。当然,教材中还有各种配套练习,但是阅读理解题和讨论话题完全可以由教师根据阅读材料自行设计,而学生是否真的需要在泛读上做大量的词汇、完型填空练习?这也是有争议的,也许过多的练习反而模糊了泛读的理念。

(2) 以文学作品为主,添加时文阅读

笔者认为泛读课的读物应该以文学作品为主,添加时文阅读。英语专业的学生首先应该阅读大量的文学作品。很多英语界的前辈英文造诣之所以如此深,与他们在早期多读英文文学作品很有关系。刘润清教授在谈到自己的英语学习之路时,就提到"从某种意义上说,读原著才是英语教育的开始。"③ 多读小说是学习外语的最佳途径,因为文学中有最美丽的语言和最丰

---

① Nuttal, C. *Teaching Reading Skills in a Foreign Language*. London: Heinemann Educational Books, 1982.

② 廖运刚,曾晓蕾:《以文学作品为泛读教材改革的方向》,《北京第二外国语学院学报》,2008年第12期。

③ 刘润清:《漫长的学习道路》,《外国语》,2003年第4期。

富的文化背景知识,文学能让你感受他人的人生历程。① 可以说,读文学作品是英语专业学生提高语言水平、浸染英语文化的根本途径。

泛读课不仅要读文学作品,同时也应涉猎各种体裁、题材的报刊杂文。这些文章语料真实,展现的是与学生生活相关的这个世界的崭新、合乎潮流的信息,能激发学生的阅读兴趣,有利于学生通过阅读获得真实地道的语言知识、培养思辨能力并加深对世界的关心和认识。

(3) 以阅读赏析和扩展词汇量为重点,辅以阅读理论和技巧训练

泛读课的重点首先应该是阅读赏析,学生在课外完成阅读,整理词汇并对阅读内容做初步的思考,可以以写读后感的形式进行总结;课上由教师引导学生对内容展开讨论,教师进行点评和总结。对所读内容在课上由教师引导分享阅读体验并共同进行赏析讨论这个环节非常重要,是对所读内容的再消化,既有助于学生加深对内容的理解,也可以帮助提高学生的鉴赏、思考的能力。

泛读课的另一重点应是通过阅读扩展学生的词汇量。词汇习得是阅读过程的自然产物。大部分学者认为除了最初的几千个常用词语需要刻意学习外,二语学习者的词汇量中有相当大的比例是作为阅读过程的附带产品获得的。② 与精读课的词汇学习相比,泛读中的词汇学习更接近自然习得。其特点主要表现在:相同的词汇或同一语族中的不同词汇形式在不同的语境中反复出现,学生在广泛阅读中不断复习、巩固已知词汇,又不断接触到新词汇,由于新词汇都是出现在真实语境中,学生在不知不觉中不仅掌握词汇的各种意义和形式变化,同时还掌握了它们的实际搭配知识。但是,自然阅读中的词汇习得并不是轻而易得的。词汇的累积习得假设认为,绝大部分词汇是在丰富的语境中通过反复接触逐渐习得的,一次性阅读附带词汇习得率很低。③ 众多词频效应研究得出的关于词汇习得所需的接触频率的结论差异很大,而总的来看,至少不能少于 6 次。④ 这就要求学生必须有相当大的阅读量,使得保证词汇接触有较高频率,从而促进词汇习得。再者,二语阅读者在两种条件下习得词汇,它们是"加强条件(enhanced condition)"和"自然条件(natural

---

① 廖运刚,曾晓蕾:《以文学作品为泛读教材改革的方向》,《北京第二外国语学院学报》,2008 年第 12 期。

② Nation, I. S. P. Learning Vocabulary in Another Language. Cambridge Cambridge University Press, 2001.

③ Nagy, W., P. Herman & R. Anderson. "Learning words from contexts". Reading Reach Quarterly, 1985 20 (4).

④ 龚兵:《阅读附带词汇习得中的频率效应》,《解放军外外国语学院学报》,2009 年第 7 期。

condition）"。① "加强条件"是指在阅读的基础上，再配以生词表、复述、注释、词汇练习等加强手段促进词汇习得。显然，加强条件阅读模式下，词汇习得的效果更好。这就要求教师反复向学生强调复习词汇的重要性，可以采取一些加强手段，如生词整理、复述阅读内容、并定期进行词汇测试等，来督促学生学习生词，最终达到扩展词汇量的目的。

掌握适当的阅读方法和技巧，对于提高阅读能力也是有一定帮助的，但是不能过于夸大阅读技巧的作用。如果对阅读能力下个定义的话，阅读能力应该涵盖词汇量、知识面（背景知识）、阅读技巧这三个方面，阅读技巧排在最后一位。事实上，词汇量大、阅读广泛、英语语言水平较高的学生，他们的阅读能力就强，很多阅读技巧对于他们来说，已经内化。对于大多数基础尚好的学生来说，适当的阅读技巧训练可以在一定程度上促进阅读能力的提高。而对于基础较差的学生，阅读受困于词义辨识，也就谈不上阅读技巧的应用了。

（4）以学生为学习主体，教师起引导、协调作用

R. Williams 认为，教师应该稍作"信息给与者/文本解释者/提问者"，而要多做"教练/课堂组织者/解决问题者/顾问"。② 他提出，"教师必须学会保持沉默，太多时候教师处于支配地位，说话过多而干扰甚至阻碍了学生阅读能力的发展"。在泛读课上，教师更应该采取以学生为中心的教学模式。不应直接向学生灌输自己的或来自于专家的正确解读，而应该鼓励学生在自主阅读的基础上，向同学展示并分享阅读的体验和收获。教师可以在必要时进行引导和点拨，引导学生欣赏优美、富于表达力的语言，帮助学生挖掘阅读内容的思想深度，鼓励学生进行大胆的思考并勇于表达自己的感受和想法；在学生进行充分讨论之后，再进行总结。教师也不需对泛读材料中语言点或结构做过多的讲解。

五 结 论

泛读教学之所以处境尴尬，是因为有多方面的、难以协调的矛盾存在。泛读是"自由、自愿、广泛"的阅读，但是英语专业却又需开设泛读课程并编写统一教材来规范学生的泛读活动；学外语之人皆知泛读对于语言学习的重要性，《大纲》对泛读课程也寄予厚望，但在大多数高校英语专业的课程设

---

① 王改燕：《第二语言自然阅读过程中词汇附带习得研究》，《外语教学》，2008 年第 11 期。

② Williams, R. *"Top ten principles for teaching reading"*. ELT Journal, 1986 (40/1).

置中，泛读与精读课的课时安排悬殊很大，据了解，泛读通常是 2 学时，而精读课的课时一般是每周 6 学时左右。这些矛盾不解决，泛读课程很可能难以摆脱困境。笔者认为，在现有课程设置体系下，泛读课的教材和教学改革思路应该是以泛读的特点和目的为出发点，取消固定教材，由教师和学生共同选择能激发学生的阅读兴趣、培养学生的思辨能力和人文思想的文学作品和报刊杂文作为读物；在阅读教学中，采取以学生为学习主体、教师起引导、协调作用的课堂教学模式，以阅读赏析和扩展词汇量为重点，辅以阅读理论和技巧训练。

利用英美剧促进英语教与学

英语语言文学系　贾旻苄

【摘要】
　　英美剧是英美文化的重要载体，是一个非常有效的学习英语的工具，也是提高英语学习兴趣的良好手段，如果能够长期地坚持，不仅对学习者的发音听力等方面帮助很大，也会帮助学生更好地了解英美国家的文化，是一个事半功倍的学习方法。本文就英美剧对英语教与学的促进作用进行了初步探讨，论述怎样有效利用英美剧提高学习效果。

【关键词】
　　英美剧　英语教与学　学习效果

　　英美剧是英美文化的重要载体，也是英美文化的主要表现形式之一。语言随着民族的发展而发展，是社会民族文化的一个组成部分。各民族的文化和社会风俗都在该民族的语言中表现出来。同时，从影视剧中体现出来。因为科技的发展，网络的普及，我们可以非常容易和及时地收看到数量众多，题材广泛的英美影视作品。所以，可以随时利用这些方便的影视材料作为教与学的辅助资料。
　　任何学习都是以兴趣为基础的，英语学习更是不能例外。但是我们现在的许多学生在学习过程中，却是不得要领，有好多学生还是以做题为主；英语学习仍然停留在做题，背题，背词汇，背语法的阶段，大部分学生不能通过扩大阅读量提高英语水平和整体的英美文化水平，也不会利用英美剧去促进自己的英语学习。这样的学习方式会影响学生对英语学习的兴趣，最终会影响学习的质量。其实，英美剧是一个非常有效的学习英语的工具，也是提高英语学习兴趣的良好手段，如果能够长期地坚持，不仅对学习者的发音听力等方面帮助很大,也会帮助学生更好地了解英美国家的文化,是一个事半功倍的学习方法。

那么怎样有效利用英美剧提高学习的效果呢?

英美电影电视剧可以提高学习者的口语及听力水平,但是因为各种各样的条件限制,真正能采用并且运用适当,取得很好成效的并不多。很多学生在练习听力口语时候,选择的材料都是一些新闻资料。但是新闻材料一般内容枯燥,学生很难产生坚持学习的兴趣,而且新闻中往往夹杂着许多生词,诸如政治,军事,经济等一些生僻字,也是学习的障碍;最后的结果往往是学习的时间投入很多,但学习效果却不好。也有的学生利用一些故事来练习听力,但是那些故事的水平往往比较浅显,所以练习之后也没有明显的效果。影视作品会更为生动,更贴近生活,语言也相对更为实用。因为英美的影视剧像所有影视剧一样,是一个重要的文化传播形式和手段,电影和电视剧能反映一个国家、民族和人们的价值观、思维模式、行为习惯和审美情趣,现实生活会真实地反映在作品中。英美电影电视剧选题多样,反映生活的方方面面,政治,经济,教育等各个领域,各个年龄阶段形形色色的人都可以在剧中有所体现。题材也是各种各样,有情景喜剧,都市生活剧,科幻剧以及冒险题材的电视剧。电视剧内容与生活息息相关,语言贴近生活,生活中的常见流行语、地道标准的表达都可以在电视剧中听到。英美剧的编写多采用系列剧形式,通过一个或几个主要人物贯穿联系,每集按照基本不变的叙事风格和叙事模式讲述一个相对完整独立的故事,故事情节引人入胜,适合大众观看。

中国学生的英语学习应该开始于幼儿园时期,尤其是在城市中,也就是说对于一个大学生来说,英语学习应该已达十几年之久,但是当问及学习英语的方法以及英语究竟要学习什么内容的时候,学生往往认为是背单词,做语法题,读读教科书,听听教学相关的CD、磁带等等。也就是说,英语学习对于绝大部分学生来讲就是一门科目的学习,学生可以背诵,可以做题,可以用语法解释语言现象,但是他们没有把它当做一种文化知识去欣赏吸收,去钻研,所以学生对好多的语言点,只知其一不知其二,在一个场合可以正确使用,换了语言环境就不知道怎么使用。好多学生在回答考卷问题时候可以做到正确无误,但是一旦到了实际应用便会模棱两可,说出的语言不伦不类,这几乎成为了大多数英语学习者的通病,要么就是哑巴英语,要么就是只会做题,在写作及会话时候就会暴露出诸多弊病,好多的词汇短语都不知道怎么正确使用,经常会犯这样那样的令人啼笑皆非的错误。

对于这样的学生,练习观看英美剧也许会帮助他们解决很多的问题。英美剧对英语语言学习和英美文化学习的促进作用是毋庸置疑的,其中的道理很简单。经常地反复地观看美剧,不仅会提高学习者的听力和口语水平,同时可以提高学生对英美文化的了解程度。

英美剧不仅提供给学习者一个真实的语言环境，还提供给学习者一个相应的真实的文化环境与氛围。通过观看，学生可以学习到地道的表达方式，更容易理解语言运用的规则以及所表现的文化因素。英美剧的情节设计生动有趣，环环相扣，非常能抓住观众的注意力，所以学习者可以在不知不觉中学到知识。一些平时很难记忆的词汇、很难理解的语言现象或者不明白的文化背景知识就在这轻松的影片情节中被破解并牢牢地掌握了，比起单纯地从课本中学习相关的知识更容易理解，从而也更容易记忆和应用。

首先，英美剧可以帮助学生提高英语发音的质量，培养良好的语言感觉，同时提高学生的听力水平。好多学生因为平时很少听地道的英语，造成说出来的英语都缺少英语的美感，没有正确的语音语调以及轻重缓急，抑扬顿挫都带有中文的语言特点，而且听力也很差。普通的听力磁带对学生的语言训练是单一的，学生只能通过耳朵来辨析听到的材料，而观看影视节目可以更多地调动学习者的学习能力，让学习者更多地参与到材料中，经常看看影视剧，对口语听力水平的提高作用是明显的。但是选择材料时候，就要选择适合自己水平的练习，能够连续保持训练兴趣的作品。美剧的语言特点是简单直接，富有感染力，而且朗朗上口。剧中人物生动形象亲切，情节紧凑故事结构清晰，可以紧紧抓住观看者的注意力，这也是在不知不觉中会耳濡目染英文丰富的语言，感受到英美的文化。生活剧比较适合英语学习使用，悬疑剧，科幻片，动作片等都不适合。生活剧的语言简单，节奏适中，适于模仿。比如经典美剧《老友记》的语言就比较适合练习口语和听力，因为它的语言相对比较简单，情节也不是跌宕起伏的，不至于让学生只注重情节而忽视语言，所以非常适合学生反复观看，掌握其中的语言。喜欢英式发音的可以观看英剧，例如《星级酒店》，它的语言比较简单，情节适合学生观看。

再有，英美剧可以帮助学生了解英美国家社会和文化背景。英美剧剧情包罗万象，涉及到人们生活的方方面面，包括风土人情，风俗习惯，政治经济，教育艺术，地理历史，而且体裁多种多样，有普通闲暇的都市生活片，也有令人捧腹的搞笑片，还有错综复杂的惊险片，所以学生同时还可以感受到剧中的不同风格的文学因素，不同的语言风格。不同的时期的英美剧也会给人不一样的感受。美剧比英剧早进入中国，早期的美剧风格和拍摄手法单一，情节也比较简单，例如《成长的烦恼》就是带有那个时代的色彩。还有90年代初期引进的《走遍美国》等系列教学录像节目通过影音资料展现给学习者普通美国人生活的方方面面，这些都会加强学习者对英语语言文化方面的理解，使很多英语学习者收益非浅。例如寒暄、告别、赞扬、致谢等单一性的简单言语活动，如果我们不真正学习地道的用法便有可能引起误会，还有诸如访友、打电话、购物等较复杂的交际活动，都可以在剧中得到印证，从而学习到实际生活的真实语言，这些只是靠做题，背书是很难达到的。

怎样使用英美剧材料以求获得最大的学习效果是在学习过程中应当注意的问题。首先，因学习者自身英语水平各异，通过观看英美剧以提高英语语言能力的学习方法不一定适合所有的学习者。一般来讲，对于英语基础很扎实的同学来说，会有一定的帮助；而对基础相对薄弱的同学而言，有些时候沉溺于剧中故事情节会适得其反，因为他们可能会因为语言的障碍影响理解，而只是受到情节吸引，依靠字幕等条件来理解，这样就没有了学习的效果了。所以还要看个人的能力和条件，选择合适的材料。而且如果想提高自己的英语水平的话需要花大量的时间和精力，一部剧要反复的看，反复模仿。观看中遇到不懂的词汇或者文化背景要去查找资料，还要在看时进行适当的笔记，之后要及时的复习，循序渐进才能取得收效。再有，要选择题材合适的影片。通过英美剧学习英语的目的不是主要看剧的内容，而是看适合不适合学习。所以题材应以轻松的家庭剧或者青春剧比较好，长度的大概在半小时左右，这样可以让学习者一直保持学习的良好状态。

当然，观看英美剧不是万能的学习英文的方式。同时，还要结合文化知识的阅读，包括像英美历史，圣经，还有英美小说等文学作品，都会加强学生的文化学习基础。只是单纯地观看，有时候也许会曲解一些内容，如果结合必要的阅读，充实自己的文化背景知识，再在影片中印证，效果会更加突出。

教师在教学中也可以结合影视片材料，让教学更加真实化，生活化。不同课型的教师可以采用不一样的方式，精读课和泛读课因为可以结合教材的不同要求，可以按照题材，背景，作者，或者文化知识点选择不同的影视材料进行辅助教学；语法写作老师可以根据上课内容把枯燥的知识变为生动的景象，一般地，教师在上课过程中，可以选择一些影视片段来对某项语言知识点进行实际例证，让学生在不知不觉中体会语言的真实使用环境，效果会非常好。或者，也可以就某项专题，结合某影片进行模拟。让学生自己创作，自己表演，在合作中学习，增强学习的乐趣。对于那些专门介绍英美文化的课程，英美影视剧更是教学中必不可少的素材，尽量给学生创造这种习得的环境下学习英语。

在学习中还应当注意，虽然学习了解英美文化对于英语学习是十分重要的，但是在接受知识的同时，我们也要注意分离出其中的糟粕，尽量减少价值观，思维行为方式方面的影响。英美剧包含了丰富深刻的文化与意识形态含义，会在年轻人的生活方式、思维方式、行为方式、价值观念方面受到极大影响。而英剧中会有一些荒诞离奇的人物和情节塑造是中国传统文化很难接受的，这些在教学过程中都要给学生做清晰地讲解。

参考文献

[1] 束定芳,庄智象:《现代外语教学》,上海外语教育出版社,1999。
[2] 刘润清:《论大学英语教学》,外语教学与研究出版社,2000。
[3] 邓炎昌,刘润清:《语言与文化》,外语教学与研究出版社,1989

基于博客圈构建英语专业阅读课学习共同体的实践研究

首都师范大学外国语学院英语教育系　康艳

【摘要】

本文将实践共同体理论应用于阅读课博客圈建设,并针对基于博客圈的阅读学习共同体对英语专业阅读课教学成效的影响进行了研究。对学生的问卷调查显示,94%的学生从课程学习中获得了有价值的东西,90%的学生认为博客圈活动有助于提高他们的语言水平。通过教师反思,本文总结了研究过程中存在的不足并提出,今后基于博客圈学习共同体建设可利用专业的教育网络平台,整合更多学习资源;通过 RSS 订阅功能,方便交流和共享;并引入其他教师、学生和专家等成员构建更为广阔的学习共同体。

【关键词】

博客圈　学习共同体　泛读　英语专业

一　问题的提出

在全球知识飞速发展的今天,通过阅读快速准确地获取信息是一项至关重要的技能。英语阅读(泛读)作为一门重要的技能训练课,是高校英语专业基础阶段的必修课,向来受到师生的广泛关注。然而,当前的阅读课教学,无论从课堂反应,还是学生反馈来看,效果均不理想。主要表现在以下四个方面:

(1) 阅读材料缺乏时代感,难以调动学生阅读兴趣。当前的外语类阅读教材虽然种类繁多，但大多缺乏时代性。由于出版程序限制，一些本是"新闻"的入选材料，待到教材正式发行时则早已成为"旧闻"。这些与现实生活脱节的材料，难以激发学生的阅读兴趣。为弥补教材缺陷，有的教师给学生指定一些课外读物、复印最新材料或让学生自选阅读材料。但教师单方面挑选的材料学生可能并不感兴趣而不愿阅读；而学生自选的材料，教师也无法对其进行监督和评估。此外，复印材料费时费力，对家庭困难的学生也是一种经济负担。

（2）教学模式单一，缺乏师生交流。当前的阅读课教学大多采用传统的教学模式，以教师为中心。教学围绕着课文展开，学习方式以读为主，目的是要使学生掌握课文的内容、结构、主题等重要信息。教师讲解，学生被动接受，课堂教学缺乏讨论与沟通；教师与学生的互动较少，学生之间的互动更少，呈现一种单向的交流模式。课堂气氛沉闷，学生缺乏探究问题、讨论问题的积极性，严重影响了教学效果。

（3）学生的学习积极性和主动性未能充分发挥，无法保证阅读量。阅读课的一个重要任务就是通过阅读训练，提高学生的阅读技能，帮助学生扩大词汇量、增强语言文化背景知识。这种训练是以大量阅读为前提的。由于师生缺乏交流、学生没有阅读兴趣，学生的学习积极性和创造性自然也难以发挥。加之学生自主学习能力欠缺，多数学生不会花费时间阅读课外资料，无法保证阅读量，也难以实现教学目标。

（4）教师任务繁重，无法对学生进行有效指导。当前的高校教师教学科研任务繁重，很少有时间与学生课下交流，检查学生的学习效果和阅读情况，对学生做出有针对性的指导。即便是教师给学生布置书面作业，也很难及时评阅。即使勉强回复，也只能是简单批注，不能真正帮助学生解决学习中思想上的困难。

针对上述问题，我们希望尝试将博客引入教学，改进英语专业阅读课的教学模式，并通过教师行动研究，探讨博客应用于英语专业教学的效果及可能存在的问题。

二　博客技术应用于阅读教学的优势

博客（Blog）是一种低技术起点的网络交流平台。创建者无需任何技术知识就可以在上面发布个人日志、音视频资料，并随时更新；也可以通过链接将之与外部资源相连。博客上的日志按照发布时间顺序排列，阅读者可以对任意消息发表评论。

博客以语言为载体，表达思想，传播信息，积累知识，将其与外语教学相结合有着巨大的潜力。Bhattachara 和 Chauhan（2010）的研究表明，博客有助于培养学生的自主学习能力，能够激发学生的内在学习动机，二者共同作用可以促进学生语言和认知技能的发展。[①] Ward（2004）认为，博客可以为学生提供形式多样、内容丰富的阅读材料，有助于提高学生的阅读技能；同时，学生在阅读文章和他人的评论时能够锻炼自己的批判性思维能力。[②] 这正与大纲规定的阅读课教学的目标相吻合。

结合当前研究和博客自身的特点，我们认为将博客应用于阅读教学的优势在于：首先，它能够以经济便捷的方式为学生提供大量具有时代性的鲜活的阅读资料，大大激发学生的阅读兴趣；其次，能够为师生和生生搭建真实交流的平台，在提供语言输入的同时，促进学生的语言输入，提高综合语言运用能力；第三，博客平台能够满足不同层次学生的各种需求，使他们能够按照自己的实际情况进行自主学习；最后，博客的信息组织和管理形式使之能够以类似学习档案袋的形式为学生提供良好的反思材料，也便于教师监督学生，对学生进行过程性评价。

但是，博客作为一个网络工具，不可能自动实现以上功能。语言教学的实质是交际，是思想、情感和信息的交流，是基于师生共同参与、互相尊重、平等合作的关系之上的真实交流。博客的引入只是为这种互动交流提供平台，并不能必然促进这种关系的建立。因此，我们拟在研究中进一步引入学习共同体的概念，以构建共同体为基础，最大限度地发挥博客优势，促进真正的教学交流，提高英语专业阅读课教学的成效。

三 基于博客圈的学习共同体

3.1 实践共同体理论

学习共同体所依据的一个重要理论框架是实践共同体（communities of practice）理论。所谓实践共同体，指的是一群有共同关注点或对某项工作抱有共同热情的人组成的组织；他们通过定期的相互交流，共同学习，使工作能够更为圆满地完成。一个实践共同体区别于一般组织应具备三个基本要素：知识领域（domain）、在领域中追求共同志趣的人构成的共同体（community）

---

① Bhattachara, A. & Chauhan K. Augmenting *learner autonomy through blogging. ELT Journal*, 2010, doi: 10.1093/elt/ccq002.

② Ward, J. M. *Blog assisted language learning* (*BALL*): *push button publishing for the pupils. TEFL Web Journal*, 2004, 3 (1): 1 – 16.

以及由领域内成员共同创造并共享的实践（practice）。① 根据 Wenger 的观点，明确的领域由一系列共同关注的问题构成，它确定共同体的目的，体现共同体存在的意义。成员在领域中积极参与、互相交流、彼此学习，分享各种资源，包括经验、故事、工具、解决问题的方法等，并在这样的参与过程中形成不同的身份（identity）。这种身份以共同体之中对于领域知识或问题把握的熟练程度来划分：如是新手还是有经验的人，或者说是学徒还是专家。在长期的交往过程中，领域内成员创造出集体的智慧和能力，形成彼此分享的共同实践。

学习是意义协商的过程，是成员在共同体中参与并将实践具体化的过程。这种参与首先是合法的边缘性的，随着参与程度和复杂性的增加，学习者从边缘性参与者逐步发展为共同体中的核心成员，从新手逐步成长为专家。② Wenger (1998) 认为，有能力的成员（competent membership）应具备三个条件：交往的相互性（mutuality of engagement）、对共同事业的责任（accountability to the enterprise）以及对共享技艺库的协商能力（negotiability of the repertoire）。③ 即，他们首先需要与共同体的其他成员进行交流，对他们的行动进行回应；这种相互性是成员参与共同体实践，形成个人身份（identity）的基础。其次，成员需要充分理解共同体的事业，对之负责；积极参与共同体的协商讨论，并为之做出贡献。最后，成员应通过共享的技艺库，即共同体成员分享的话语或意义交流方式，在充分参与中发现实践，并给实践赋予新的意义。

3.2 博客圈与学习共同体

博客圈是由拥有博客的网络用户依照共同的经历或兴趣自发建立的网上人际关系圈；圈内成员通过链接了解其他人的最新动向，进行沟通交流。博客圈作为一个网络互动平台成为学习共同体应该具备以下条件：

（1）明确共同目标，塑造成员的归属感：学习共同体的共同目标就是成员在共同协商过程中体现出来的为了提高知识和技能所进行的参与和实践意义的具体化。成员在此过程中获得对自己的身份认同，即自己作为学习共同体成员的归属感，为集体做出贡献的责任感。因此，博客圈中的每个成员都

---

① Wenger, E. 2006, *Communities of practice: a brief introduction.* http://www.ewenger.com/theory/, retrieved on July 28, 2010.

② Lave, J. & E. Wenger. Situated Learning: *Legitimate Peripheral Participation*, New York: Cambridge University Press, 1991.

③ Wenger, E. Communities of Practice: *Learning, Meaning and Identity*, New York: Cambridge University Press, 1998.

应该作为共同体的一部分而存在，他们有着明确的目标——通过参与共同体实践提高自己的水平或能力。在共同体中成员之间形成相互影响、相互促进的人际关系，作为一种无形的约束力和凝聚力，使成员将共同体的规范和要求转化为自觉的行动，朝着共同的目标不断努力。

（2）形成相互交流的氛围，支持成员间合作：学习共同体中的相互交流不是强迫的交流，是成员出于对自己身份的认同以及这种身份带来的责任感，发自内心的真心交流。博客圈中成员走进彼此的精神世界，相互尊重，相互理解，以博客为平台进行平等对话。他们在这一学习共同体中进行有效的交流与合作，实现协作式学习，实现共同的目标。

（3）形成共享技艺库，搭建资源分享平台：共同体成员遵循彼此认可的规范，通过相互认同的方式将自己的知识、经验等与他人分享，供他人参考和讨论，并在意义协商的基础上不断积累，形成并发展成群体共享的知识和技能。技艺库的建立使博客圈从一个普通的网络关系网发展成为凝聚集体智慧的资源分享型学习平台，有效地促进成员间的相互学习、共同成长。

基于博客圈的学习共同体建立在成员的认同感、归属感以及共同的学习目标的基础之上，解决了一般网络辅助教学中学生被迫参与的问题。它能够创建一个开放性的立体交流平台，为师生成员的平等对话和互动创造条件。在这一共同体中，教师作为重要参与者和有能力的成员，在担当其他成员学习的支持者、合作者的同时，自身也是一名学习者。一方面，教师以一位平等的有经验的参与者的身份赋予其他成员参与的合法性，参与他们的身份建构，帮助他们获得认同，明确参与共同体的目标和意义，并为互动协商提供各种支持，另一方面，教师自身也在通过共同体的共享技艺库创造不断发现和创造新的意义，在推动共同体发展的同时实现自身的飞跃。

四 基于博客圈构建英语阅读学习共同体的实践

4.1 课程简介

本研究于2008~2009学年度秋季学期实施，参与学生是我校07级二年级英语教育专业两个班，共42人。课程使用教材是辽宁教育出版社引进McGraw Hill公司的美语路路通第四版第三册。同时课程为学生推荐课外阅读书目，内容包括社会热点话题、科技热点话题、心灵鸡汤系列及原版英文小说等。每学期学生以班级为单位从书单中自由选读至少8本书，撰写读书笔记。此外，学生以组为单位，根据教师安排，对与教学内容相关的话题进行小组调研，并通过课堂演讲或组织课堂讨论展示调研结果。

4.2 基于博客圈的英语阅读学习共同体的构建

本课程的学习共同体是由英语阅读课主讲教师与学生通过建立博客圈而共同构成的一个教学实践共同体。学期之初,教师向学生公布课程博客①,并要求学生每人也建立个人博客,与课程博客链接,建立博客圈。活动开展前,教师向学生明确博客圈的目的就是增进班级成员与教师的互动和交流,提高阅读技能,实现课程教学目标。教师规定学生应定期阅读课程博客,在博客中提交作业;更新自己的博客,将感兴趣的文章和话题与他人分享;浏览他人博客,发表评论。学生在博客圈中的参与程度将作为期末考评的一项重要标准。同时,教师也承诺将定期对所有内容进行阅读和评论,并对学生提出的一些问题进行解答。为了增进师生互动和学生参与的主动性,教师还率先在课程博客上发表自己的心情随想,鼓励学生进行阅读评论。逐渐地,学生态度由被动转为主动,能够做到每天关注博客动态,主动参与博客圈活动。

1. 博客圈内容

博客圈主要内容包括四个方面:一是与课程教学相关的内容,包括,课程材料、练习题答案、课程作业、与课程学习相关的外部链接等(如,博客日志2008—12—16)。将这些内容公布于网站,能够使学生充分了解课程信息,把握课程进度,更有助于帮助学生深化课堂学习,根据自身需要调整学习进度。

二是课外阅读资料。这一方面来自于教师选取的与学生学习和生活相关的散文、英文报纸对社会热点的报道、语言和词汇的小知识、英文脑筋急转弯等。这些与学生相关的真实的阅读资料能够激发学生的阅读兴趣,引导学生正确思考并学会使用语言解决问题。另一方面,学生贡献的阅读资料也是课程补充材料的一大来源。由于博客圈逐渐激发了学生的学习积极性和主动性,越来越多的学生向教师和其他同学推荐自己感兴趣的阅读资料(如博客日志2008—12—02),应在博客中与他人共享。

三是师生对生活、学习和工作的感悟随笔。这一部分内容是促进学习共同体建立的基础,是师生平等关系下完全真实的思想和情感交流。它不仅有助于加深师生的相互了解,也有助于学生从教师身上汲取学习的动力,深化自己在学习中所获得的知识。有时,教师将自己的个人生活体验与阅读材料相结

---

① 该博客的地址为 http://extensivereading.spaces.live.com。除以上网址,本课程还有一个 sohu 博客 http://extensivereading.blog.sohu.com。由于 MSN 博客为国外网站,部分学生无法在校园网内访问,本课程又在 sohu 上开设博客,方便无国外访问账号的学生使用。两个博客内容完全一致,学生可以依据实际情况选择一个访问。该问题将在教师反思部分进行详细阐述。

合,引导学生阅读思考。例如,在期末临近时,教师选择了一篇介绍如何帮助学生正确对待学习和考分,减轻考试焦虑的文章,并在该文章前以前言的形式分享了自己作为在读博士生同样也为期末论文和成绩焦头烂额的心态,并鼓励大家阅读文章后,发表自己的看法(详细内容参见2008—12—8博客日志)。

四是师生对课堂教学活动的反思。学生反思主要记录学生在小组调研和课堂演讲等活动的表现,由教师和其他成员对之提出建议。此外,教师在博客中也会发表对自身课堂教学的想法和反思等,邀请学生进行评论,为提高教学效果建言献策。这些反思和相关的评论体现了学习共同体协商互动,互惠合作的作用,有助于促进师生的共同发展(如博客中以 book reflection 为标题的日志)。

2. 学习共同体的活动形式

学习共同体活动形式按照参与活动的主体可以分为五类:教师与教师博客、教师与学生博客、学生与教师博客、学生与自己博客、学生与同学博客。具体如表1所示:

表1 博客圈活动形式汇总

主体	活动形式
教师与教师博客	·建立教师博客,与学生博客链接,形成博客圈 ·提供与课程相关资料 ·定期收集学生作业 ·发布阅读资料,引导学生阅读和思考 ·发布个人随笔日志,鼓励学生评论 ·发布教学反思,邀请学生发表意见 ·阅读学生反馈,加以回复
教师与学生博客	·定期检查学生博客更新情况 ·对学生作业予以反馈 ·鼓励学生分享资源 ·为个别学生提供帮助
学生与教师博客	·阅读教师发布的各类信息,并发表评论 ·提交作业 ·发表个人反思 ·与教师分享资源 ·利用教师提供的资源进行自主学习
学生与自己的博客	·分享感兴趣的资源 ·分享经历和心情 ·对他人评论做出反馈
学生与同学的博客	·访问同学的博客,对感兴趣的内容发表评论、提供建议

4.3 学习共同体效果分析

学期末，教师对博客圈共同体的学习情况进行了问卷调查。问卷由教师参考相关文献编制而成，分为定性和定量两个部分。定性部分内容包括四个方面：（1）对本课程的整体看法；（2）博客圈活动对学习的作用；（3）参加博客圈活动的动机；（4）博客圈活动对今后学习的影响等。定量部分为一个开放性问题，收集学生对本课程及博客圈教学的建议（问卷见附录）。教师共发放问卷42分，回收有效问卷37分。调查结果如表2所示[①]：

问卷项目	同意（%）	不同意（%）
对本课程的整体看法		
1. 我从这门课中获得了有价值的东西。	94	2
2. 通过参与博客圈活动，我觉得我是班级的一部分。	89	5
3. 在博客活动中，我觉得其他同学能够帮助我学习。	80	10
4. 通过博客活动，阅读课教师对我的帮助比其他教师大。	85	6
5. 博客圈活动有助于提高我的语言水平。	90	4
博客圈活动学习的帮助体现在：		
6.1 博客阅读开阔了我的视野。	96	2
6.2 教师能够给我提供建议。	94	1
6.3 我能从其他同学那里获得建议。	82	8
6.4 我有了主动学习的积极性。	84	6
参加博客圈活动的动机		
7. 我参与博客圈是因为这样可以得高分。	96	4
8. 我参与博客圈是因为这对我的学习有帮助。	88	5
9. 我参与博客圈是因为这些活动挺有意思的。	90	7
10. 我参与博客圈是因为只有这样才能完成作业。	93	5
博客圈活动对今后的影响		
11. 我今后还会参与类似的博客圈活动。	92	5
12. 我今后还会自己坚持写博客。	79	15

---

① 同意一项人数包括选择4（同意）和5（十分同意）的学生，不同意一项包括选择1（十分不同意）和2（不同意）的学生，选择3（不清楚）的学生不计算在内。

以上数据显示，绝大多数学生认为博客圈对于他们的学习有所帮助：94%的学生认为从课程中学到了有价值的东西（问题1）；90%的学生认为博客圈活动有助于提高他们的语言水平（问题5），89%的学生感觉自己已经成为学习共同体的一员（问题2）。博客活动中对学生最有益的是开阔视野（问题6.1），其次是获得建议（问题6.2、6.3），以及获得学习的主动性（问题6.4）。同时学生在开放性问题中也提到，博客圈的活动使他们能够从其他同学那里学到许多新的知识，了解他人的学习和想法，与教师交流心得。

在参加博客圈的动机方面，教学评价的因素仍然起到主导作用（问题7、10），这说明外在动机仍然是主要原因。但学生也表示对博客活动活动感兴趣，觉得能够促进自己的学习，因而愿意参加（问题8、9）。由此可见，博客圈活动也同样激发了学生的内在学习动机。数据也显示，如果教师要求，他们今后会继续参加这一活动（问题11）；但如果是自己通过博客学习，愿意坚持这一活动的人就明显减少（问题12）。因此，教师指导下的学习共同体活动应该更受学生欢迎。

五 教师反思

5.1 行动研究中的不足

研究表明，基于博客圈的阅读学习共同体有助于学生建立团体意识，激发阅读兴趣，增进互动交流，加强自主学习能力，提高学习效果。但教学实践和学生反馈也揭示了该研究的一些不足，主要体现在以下两个方面：

（1）缺乏硬件条件：本行动研究的前提是参与研究的全体学生都具有上网条件，有自由支配的电脑和网络设备，可定期访问博客。但学生反馈显示，个别学生因为没有电脑，参与活动十分困难。此外，教师选择在微软提供的MSN Space上建立博客，目的是希望在有必要的时候通过与之相连的Messenger网络聊天工具与学生进行单独交流。但是，由于学生宿舍网络受到学校网管限制，进行国外访问需要支付高昂费用，给学生带来一定的经济负担。因此，教师在了解情况后又迅速在sohu另开了一个相同博客，便于没有国外访问权限的学生链接访问。

（2）忽略学生个体水平差异：部分学生在问卷开放问题中提到，由于自己英语水平欠佳，很难理解教师和同学在博客上发布的文章，为了完成教师布置的任务，他们只能在阅读后简单评论，却并没有从中获得收益。教师在行动研究过程中没有及时发现此类问题，为学生提供及时的支持，提高参与的程度和参与的积极性。此外，也有学生表示，他们不喜欢撰写博客，更希望采用传统的书面阅读和作业的方式。事实上，网上阅读是英语专业教学大纲规定学生必须掌握的一种技能。教师应该及早发现这一问题，引导学生正确认识博客的作用和博客圈学习共同体的目标，鼓励学生适应和接受共同体的交流方式，使他们能够尽快获得共同体的认可和成员的归属感。

5.2 对今后教学的启示

对本研究的反思提示教师，任何教学改革都不能采取一种"自上而下"的模式。在实施之前，教师必须充分了解学生的具体情况，包括学生水平、兴趣爱好及与教学改革相关的硬件条件等，避免由于某些因素的影响干扰教学改革的效果。此外，在教学改革推进过程中，教师应时时监控学生的学习，关注学生的想法，了解实施过程中的不足。只有不断地关注过程，在过程中评价，才能保证教学改革的效果，真正实现教学改革的目的。

此外，本研究认为，今后采用博客圈建立学习共同体的教学实践可以在以下几个方面加以改进。首先，教师可引导共同体成员充分利用 RSS 订阅功能，使共同体成员能够及时有效地了解其他成员最新的日志与评论。RSS（Real Simple Syndication）也称为聚合内容技术，是一种在线共享内容的简易方式。[1] 采用 RSS 的用户可以不打开相关网页就能获得所订阅网站或网页的更新信息，使交流和共享更为便捷。其次，教师可引入其他成员，构建更为广阔的学习共同体。这些成员可以包括其他教师、学生、专家等。最后，本研究所采用的是免费商业博客平台，里面含有大量的商业广告，干扰信息太多。今后以教学为目的的博客圈可以在专门的教育网络平台上构建，这有利于集合更多的教育资源，促进学习共同体的成长。

---

[1] 马武林、蒋艳，基于 RSS 技术的大学英语教学博客群的建设及应用，《外语电化教学》，2009 年第 1 期：39—44。

英语新闻写作课的体验式教学模式探究

首都师范大学 李娜

【摘要】

体验式教学的 4E 理论强调外语教学中的参与（engagement），愉悦（enjoyment），共鸣（enhancement）和环境（environment）等各种变量，认为教学重点不仅仅在于认知层面上学习者接受信息和加工信息的能力，而且还要关注他们在接受信息过程中的情感变化，努力使他们在愉悦、成功中接受教学内容。本文主要探讨如何在英语新闻写作中推行体验式教学模式，使语言学习成为体验目标语言和文化、体验成功与快乐的过程。

【关键字】

新闻写作 体验式 教学模式

一 前 言

刘援指出："实用理念向体验理念发展是一种必然结果。体验本身定位在对学习者感受的评价，学习者在体验中处于感受的主体地位，更突现了以人为本的教学思想。"[①] 目前，体验式教学在我国二语教学领域引起了广泛关注。体验式教学中，教学的重点不仅仅在于认知层面上学习者接受信息和加工信息的能力，而且还要关注他们在接受信息过程中的情感变化，努力使他们在愉悦、成功中接受教学内容。[②]

---

① 刘援：《让英语语言能力在"体验"中升华》，《中国大学教学》，2003 年第 8 期。
② 孔庆炎、胡壮麟、桂诗春、贾国栋：《关注大学体验英语》，《中国大学教育》，2003 年第 8 期。

英语新闻写作教学中，一个突出的难点就是学习者对于学习对象的陌生感。新闻文体有别于一般文体，反映的又多是社会热点事件，学生对于新闻文体的结构把握和语言表达都会遭遇困难。而如何在英语新闻写作中推行体验式教学模式，体现人文情怀，尊重个体差异，调节学习者的情感状态，减低他们的学习焦虑，激发内在动力和自信心，使语言学习成为体验目标语言和文化、体验成功与快乐的过程，则是本研究的重点。

二 研究背景

2.1 理论背景

体验式外语教学理论是在20世纪70年代交际性教学理论和任务型教学理论的影响下所形成的教学理念，强调学习者的参与性和实践性。其理论基础相当雄厚，涉及到多种理论，包括John Dewey的"learning by doing"、建构主义理论和文化社会学等。[①] 体验式外语教学理论认为，外语教学主要由四个要素或者变量决定学习的成败。第一个要素是主体的学习"参与"；第二个要素是"情感态度"，指学习主体在学习环境的作用下对学习客体所产生的本能的被动反应；第三个要素是"关联状态"，指主客体之间由于积极或消极的情感态度所导致主体的一种关联状态，是体验过程所产生的结果，直接影响着主体认识客体的发展方向和最终结果；第四个要素是"学习主体和客体所处的环境状态"，它是外语学习所依托的外部环境[②]。

体验式教学理论重视直觉与感悟；强调过程和实践。因此，对经验的体验，特别是对直接经验的体验是整个体验学习模式的核心[③]。"体验式教学"作为一项强调语言学习者的参与性、实践性的新理念，近年在国内外都引起了高度重视，一些专家、学者对此理论和实践方面都进行了探索、研究和实验。理论方面，国外有哈佛教授David Kolb，提出了"具体经历、反思观察、抽象概念和主动实践"四阶段学习模式。该模式的具体任务是：具体经历阶段：学习者体验新的情境；反思观察阶段：学习者对已经历的体验加以思考；抽象概括阶段：学习者达到理解所观察的内容并转换为合乎逻辑的概念；主

---

① Numan, D.：《体验英语教学》，北京：高等教育出版社，2004。
② 刘援：《体验式外语教学的实践与理论探索》，《中国外语》，2011年第5期。
③ 余谓深：《体验教学模式与〈大学体验英语〉的编写思想及特点》，《中国外语》，2005年第4期。

动实践阶段：学习者验证形成的概念并运用到解决问题之中①。国内有刘援提出的 4E 理论：强调体验式外语教学中的参与（engagement），愉悦（enjoyment），共鸣（enhancement）和环境（environment）等各种变量。而实践方面在国内有清华大学的杨永林教授出版了《体验英语写作》教材，并创立了"体验英语写作"立体化训练系统；罗毅等研究了体验式理念在英语应用文写作方面的实践②，这些都标志着体验式教学理论与实践在二语教学研究领域已经进入一个新阶段。

2.2 现实背景

国内的大学英语教学中已经开展了体验式教学模式的探索。但是大多集中在基础写作和商贸写作方面（如杨永林，罗毅等），而鲜有人关注如何在英语新闻写作方面推行体验式教学模式。而在研究者的教学和科研实践中，发现英语新闻写作课中的问题主要集中在如下几个方面：

1. 课堂学习方面：同样的学习内容，同样的教学方法，同样的授课教师，学习者的学习效果参差不齐。有的学生可以顺利的完成采访计划制定、文稿撰写或编译、修改定稿的过程，而有的学生却在某些环节卡壳，无法完成任务。这其中个体差异和学习者的情感因素起了很重要的影响作用。

2. 作业任务设置方面：学习者普遍喜欢课下作业，但在课上，因为有任务解读、时间压力、组内交流等各种因素干扰，很多人对学习任务会流露出焦虑甚至排斥的情绪。

3. 写作反馈方面：学生对于作业评改反映差别很大。在得到作业反馈后，有的学生能积极对待教师评语或者同伎反馈，对作业进一步有效修改，而有的学生则表现得灰心失望，或者对反馈置之不理。

针对这种情况，研究者设计了这样的研究思路：在英语新闻写作课中推行体验式教学模式，重视学习者感受，创立体验式教学环境，提升学习者对于学习的兴趣和信心，把枯燥的语言学习变成自我探索和自我发现的愉悦的过程。按照这样的思路，研究者制定了如下的研究计划，主要集中在：

1. 在教学大纲修订方面：

1）结合社会实践的需要和学生的兴趣点，让学生在教学内容确定方面也有发言权。

---

① 郭佳、包兰宇、王晓娟、李凇：《大学英语体验式教学探讨》，《北京交通大学学报》，2005 年第 3 期。

② 罗毅、蔡慧萍、王金：《体验式教学理论在英语应用文体写作教学中的应用》，《外语教学理论与实践》，2011 年第 1 期。

2）更好地考虑如何在有限的教学时限内，增加学生学习容量，而不增加学生学习负担。

3）教学既包括各种新闻文体知识输入，也包括社会交际技能培养，训练学生自我学习能力。

2. 在教材和教学资料建设方面：

1）参考新闻语体研究领域内的最新成果，编写实用性和趣味性兼顾的教材。

2）在体验式教学理念和理论指导下，注重案例教学和文化输入。

3. 在考评方式改革方面

1）建立多元评价体系，突出评价的反拨性功能。

2）考核方式以真实性测试为主，设立题库，习题以有实践意义的新闻写作任务为主。

4. 在教学方法方面：

1）循序渐进的教学原则：针对不同阶段的教学重点，设计出步骤具体、便于操作的课堂活动，提高学生的参与热情和学习兴趣；

2）课堂上更好地综合学生各方面的微技能训练，注重互动性活动设计，提升学生自信心；

3）采取多元化作业反馈形式，注重学生的反思和共鸣。

三　体验式英语新闻写作教学模式推行实践

按照制定的研究计划，研究者对于英语新闻写作课的教学模式进行了探索，力求在课程中体现体验式教学理念，推行体验式写作教学模式。

3.1 课程体系设计体现体验式教学理念

体验教学理论所阐述的环境、投入、愉悦和共鸣等各要素需要学生和教师的共同参与。英语新闻写作课程体系中，包括指导性教学文件、体验式教学和体验式评价，它们都强调师生的共同参与。其中指导性教学文件既考虑了学生的兴趣点和社会的实际需求，又突出教师的专业特长，对学习任务、语料、环境等要素做出调控。同时，在新闻写作教学过程和评价过程中，教师担当"专家"和学习者的"中介工具"双重身份，而学习者则参与社会化的、合作方式的各项学习和考核。这种体验过程具有开放性，同时还充满人文和语境的支持，因而能够满足学习者的体验要求。

3.2 教学设计体现体验式教学理念

1. 强调愉悦和环境的教学内容

体验式教学模式要全方位营造有利于学习者产生积极内心体验的学习环境，因此必须提供能给学习者带来愉悦感受的学习内容，这要求教师设计的教学内容具有真实性、即时性和文化共通性。① 英语新闻写作课使用的教材和教学资料充分考虑了这些原则。

(1) 新编英语新闻写作教材

教材是帮助营造体验式教学氛围的重要工具。在体验式教学理念的指导下，新闻写作教材采用全英文写作，每个章节由"What to Write"、"How to Write"、"Culture Notes"、"Review and Assignment"四个板块组成，分别帮助解决学生新闻词汇体裁知识、新闻写作技巧、社会文化输入和写作能力巩固方面的问题。特别是"How to Write"板块，采取案例教学方式，虚拟了新闻写作学习者 Mary，再现她在面临一个个真实性的新闻写作任务时，克服困难，掌握相应的写作技巧。

(2) 电子课件

体验式教学模式中的教学内容的真实性并非要求实践者在真实的世界中实施教学，而是体现在教学活动中的语言、人物和气氛与交际场景高度契合。研究者利用多种技术和非技术手段，如影音材料、网络技术、图片等，丰富语境要素，通过图音文并茂的课件设计使学习者产生身临其境的感觉。

(3) 新闻写作活动指导手册

体验式外语教学强调学习者在参与学习活动的过程产生积极的情绪体验，这要求教师帮助学生了解学习活动的目的、要求、评价方式等，使他们产生主人翁意识。英语新闻写作课的各种教学活动都配有详细指导说明（教学活动指导手册），包括活动目的、活动时长、活动内容、活动步骤、评价方式等，学生能充分了解活动要求，明确活动结果，从而有效地降低他们的胆怯感，提升他们的参与意识和愉悦感。

2. 强调参与和共鸣的教学方式

(1) 注重学习准备：

传统的写作教学单元结构一般是"复习——新课导入——字词学习——例文分析——写作练习（活动）"，这种密集输入导致了学习者知识消化的负担，影响到学习质量和学习效果。在体验式教学理念指导下的新闻写作教学

---

① 刘金明：《英语写作教学的多维视角》，《天津外国语学院学报》，2007年第2期。

中，教师遵循"目标设定——学习准备——知识输入——活动——扩展活动——总结评价"这样的过程，充分注重"学习准备"环节，把预习和复习的内容都融合在这一环节，为教学顺利进行热身和准备。这样能有效融合新旧知识，缓解新知识集中输入带来的焦虑感，增加可理解性输入。

（2）注重互动教学：

体验式教学强调即时性的反馈，也就是学生在参与学习活动时，能够得到别人的反馈，并依据反馈，获得情感上的满足感。因此研究者重视互动教学，组织小组活动、对子活动，鼓励同伴互评，并充分利用现代教育技术，如网络、数字技术等实现为学习者创设学习情景互动。

（3）注重案例教学：

每个学习单元增加了"Mary 学新闻写作"的内容，利用新闻写作新手 Mary 面临的一个个真实性的学习任务，分析她的学习心理，再现她的学习过程，让学生有感同身受的体验，有效减低了学习的焦虑感。

3.3 多元化的评价方式

1. 活动设计增加互动性，创造宽松愉悦的学习氛围

体验式教学注重学生的参与度，所以在活动设计的时候充分考虑学生的兴趣点，通过给学生分配不同角色任务，灵活设置信息沟（information gap），使学习者在宽松愉悦的学习氛围中积极主动地学习。

2. 增加活动之间逻辑性，保证学习者有效跟随

教学活动服务于教学内容，注重各项活动之间前后相继的逻辑联系，遵循先易后难，循序渐进的原则，纳入到课程推行过程中。比如预习活动结合新课主题、词汇习得结合语料内容、复习活动结合整体知识架构等。

3. 注重过程，增加意义协商

对各种教学活动进行了过程设计，引导学生积极参与任务设计、鼓励学生信息共享，通过小组互动协商，共同完成任务，并督促学生及时进行反思性总结，提升自我探索的效率。比如学习"新闻访谈"单元的时候，学生需要自主选择访谈的话题，小组协商制定访谈计划，在组内进行角色分配，开展模拟访谈，并积极反思总结，以指导后续的真实访谈任务。教师作为活动的促进者和观察者身份出现，起到协助的作用。

4. 推行自我评价

推行人本主义的体验式学习，其中一条原则是：当学生以自我评价为主要依据，把他人评价放在次要地位时，独立性、创造性和自主性就会得到促进。[①] 对

---

① 桑切克，约翰：《教育心理学》，周冠英、王学成译，北京：世界图书出版社，2007。

于重要教学任务,教师使用自我评价表,让学生自己对学习情况进行评价,在减低学生焦虑感的同时,还能积极引导学生对于自己的学习过程、学习方法、学习效果以及学习感受进行反思和改进。

四 研究成效

在体验式教学理念的指导下,研究者在英文系本科和辅修学生中多次教授该课程,调查问卷显示学生对于该课程十分喜欢,并普遍反映,通过学习提升了在英语写作方面的兴趣和能力,表明本项目有进一步在更广阔的范围内进行推广和应用的价值和可能。

本研究也是积极构建英语专业英语写作课程网络建设的一个重要环节。首先,它将一部分基础内容,如句子运用技能,和一年级的语法课和二年级的基础写作课相融合,使语法课的学和用脱离的状况得以改变,使二年级的基础写作技能得以巩固;再者,它完整的教学体系为三、四年级的其他写作课教师提供了坚实的依托,为教和学的连续性和延伸性提供保障。

本研究同时是体验式外语教学研究的一个组成部分。体验式外语教学无论从理论还是实践层面都仍有很长的路要走,而本研究探索了体验式教学理论在英语新闻写作方面的应用,是"体验式外语教学"的理论和实践研究体中的重要一环。

五 结 语

在体验式教学理念指导下,研究者对如何在英语新闻写作课上推行体验式教学模式进行了大胆探索,研究如何清除学习者在新闻写作教学活动中的消极情绪,最大限度地让学习者自主驾驭学习过程,为学习者创造出"成功"的感觉,从而激发他们更加积极的参与动机。希望该研究成果能在更大的范围内得以推广应用,使更多的学习者爱上英语新闻写作。

智能情景实验室自主学习能力技术分析[①]

首都师范大学　李晓东

【摘要】

齐莫曼近年提出的自主学习模型进行描述，分别对其结构与过程进行了分析，并指出培养学生的自主学习能力应涉及如下方面：对学习的内在动机性因素的干预；教给学生充足的认知策略；促进学生的元认知发展并提出训练学生的元认知过程应包含的内容；培养学生主动营造或利用有利于学习的社会和物质环境的能力。我们认为，授人以鱼不如授人以渔，更不如授之以渔场，Dyned人机智能情景实验教学课程为创造了自主学习的良好条件，使学生学习有了先进的学习方法，为学生更好地发挥自主学习能力做好准备工作。通过研究我们发现，运用Dyned人机智能情景实验教学能够达到事半功倍的效果。该软件以实际的生活场景为学习内容，加以科学合理的监督和评价体系，结合教师的课堂面授，保证了自主学习的成功实施，并能很好地促进学生自主学习能力的培养，从实验技术的视角进行分析和研究，有助于我们对实验技术手段和理论有进一步的理解。

【关键词】

实验教学　自主学习　DynEd　教学软件

---

① 何克抗. 关于网络教学模式与传统教学模式的思考[J]. 北京师范大学现代教育技术研究所 100875.

[2] 刘雍潜, 李龙编著.《教育技术基础》[M]. 中央广播电视大学出版社2002年, 11月.

[3] Dickinson L. Self - *instruction in Language Learning* [M]. Cambridge：Cambridge University Press, 1987.

[4] Boud D (ed.). *Developing Student Autonomy in Learning* [C]. London：Kogan Page, 1988.

Dyned 人机智能情景实验教学是利用美国 DynEd 英语多媒体系列课程研究实验一种英语实验教学与研究的方式方法，通过一系列的系统智能情景人际互动实验研究，分析得出学习方法的有效性。DynEd 成立于 1987 年，总部位于美国加州。DynEd 出品了世界市场上第一个语言学习用的 CD 光盘。DynEd 多媒体课程在全世界 40 多个国家得到广泛应用。由于多媒体辅助语言学习的普遍优势，如可以做到非常个性化；可以利用真实的语言素材；方便使用可以创造宽松自主的学习氛围；可以比传统的教室学习效率高；多渠道输入信息，刺激记忆。DynEd 最突出的优势有以下三点：第一，有效利用 3 项高科技手段：语音识别（SR）；智能互动；学习成绩效果管理系统（RM）；充分体现了在英语实验教学上的强大功能和高效性；具有学习水准自动调节（Shuffler）功能：实现个性化，高效学习。第二，大量丰富实用的英语实验教学内容和多媒体视听材料。第三，清晰标准的美国母语口音，为学生提供了一个模拟真实环境的美国英语学习人机对话情景。随着高等学校招生规模的不断扩大，大学英语课程教学都不同程度上存在师资紧张，学生班级人数过多等问题，出现了难以因材施教，尤其是英语口语教学一个班教师无法同时与每个学生开展口语对话活动，使学生的口语训练和应用能力受一定影响[①]。采用 Dyned 人机智能情景实验教学可以尽可能的在模拟情景人机对话的环境中较好的解决口语实验的问题，同时还可以通过一系列的课程学习提高学生的英语知识和实践能力。为此，研究 Dyned 人机智能情景实验教学学生自主学习的方式方法，对外语实验教学能够起到一定作用。

一　Dyned 人机智能情景实验教学背景

　　Dyned 人机智能情景实验教学针对利用美国 DynEd 英语多媒体系列课程研究实验这种英语学习的方式和方法，旨在通过实验和调查问卷分析得出学习的有效方法的有效性。DynEd 成立于 1987 年，总部位于美国加州。DynEd 出品了世界市场上第一个语言学习用的 CD 光盘。Dyned 人机智能情景实验教学是世界范围内流行的语言教学方式。它将多媒体技术和语言教学结合起来，通过不同渠道将大量标准的语言信息输入给学习者。它打破了传统的语言教学模式，通过高科技手段，实现超越时间、空间限制的互动式学习，确保学生接受的信息是立体的、直接的、印象深刻的。这种多媒体语言教学可以使

[①] 王薇薇，DynEd 教学软件与英语自主学习能力的培养．《浙江工商职业技术学院学报》，2009 年 3 月．

学生根据自己的实际水平和实际需要，进行有针对性的、灵活的、高效的学习，最终达到学以致用的目的①。

1.1 Dyned 人机智能情景实验教学英语系列课程的优势

Dyned 人机智能情景实验教学英语系列课程是基于一种独特的，经过了实践检验并行之有效的教育理念发展而来的。根据社会语言学理论，语言的功能是为社会交际服务，即语言是交流的工具。使用语言交流是一种技巧，一种能力。而这种技巧或能力的掌握，需要大量的扎实的反复的练习，就像学习弹奏乐器，打球，游泳一样。Dyned 人机智能情景实验教学英语系列课程强调个性化的教学方式。每个学员在开始培训之前都要进行分级测试，根据测试结果，确定相应的学习内容。Dyned 人机智能情景实验教学英语系列课程的另一独特之处在于，它配有一套非常完整的教师管理系统。通过该系统，教师可以追踪学员详细的学习状况，如学习方式，学习习惯，学习效率，所用时间，以及该学生的弱点和困难所在。通过分析学习记录，教师可以根据学员的具体情况调整学习内容，难度和进度，并给予个性化的帮助。在教学过程中，Dyned 人机智能情景实验教学英语系列课程采用的是教师指导下的上机自学和有针对性的口语练习活动相结合的教学方法。Dyned 人机智能情景实验教学英语系列课程，提供了标准的英语语音示范，和大量的图像材料，为学习者创造了近似真实的语言环境。学生可以通过使用"重复"，"录音"，和"语音识别"等功能，实现"人机"对话。同时，"人机"对话可以避免常规学习方法下，学生怕出错，不好意思开口的问题，使学生在一种放松的，自主的状态下学习，进而增强学习英语的兴趣和信心。

1.2 丰富实用的内容与完整的测试系统

Dyned 人机智能情景实验教学英语系列课程通过多媒体手段将大量信息输送给学生，内容丰富，涵盖与日常生活密切相关的话题，使学生在相关场景中感受真实的英语语言文化。根据具体需要，我们还可以设计特别场景，进行模拟口语练习活动，以使课程更具有针对性和实用性②。

Dyned 人机智能情景实验教学系列课程提供了完整的测试系统。入学前的分级测试考察学生的实际英语水平，帮助学生制定适合自己的学习计划，从

---

① 最成熟的多媒体语言教学软件 [J]，《科技资讯》，2004 年 3 月。
② 唐红梅，交互式网络环境下的大学英语教学实践研究 [J]，《云南财贸学院学报（社会科学版）》，2007 年 6 月。
许妍（导师：王馥芳）多媒体环境下高中生英语自主学习能力培养研究 [J]，《华东师范大学硕士论文》，2007 年 10 月。

而最大限度地提高学习效率；学习过程中的随机测试使学生随时了解自己的学习效果，并帮助学生集中注意力，顺利完成各阶段的学习；单元测试检查各单元学习效果，确保学生达到该单元的学习要求，也为教师指导学生下一步的学习提供了科学的依据。这种贯穿始终的测试可以保正学生和教师都能及时了解每一阶段的学习状况，发现和解决问题[①]。

1.3yned 人机智能情景实验教学模式

教师辅导下的上机学习与教师面授口语活动课相结合。学生每天可以到多媒体语音实验室，按照指导教师的要求和课程进度自主学习，（但每天上机时间应不少于 1 小时）。在此基础上，将学员按实际口语能力分为若干小组，在老师的指导下，定期进行小组口语活动，使学生在人与人实际交流中演练巩固机上练习语言内容，并联系学生自身学习生活，将该内容扩展，以达到学以致用的目的。学生可以通过实验过程中使用"重复"，"录音"，和"语音识别"等功能，实现"人机"对话。同时，"人机"对话可以避免常规学习方法下，学生怕出错，不好意思开口的问题，使学生在一种放松的，自主的状态下学习，进而增强学习英语的兴趣和信心[②]。

二 Dyned 人机智能情景实验教学软件的技术作用[③]

2.1Dyned 人机智能情景实验教学能否提高学生实际应用的能力是体现外语院系实验教学质量的重要方面之一

为了让学生能够真正通过 Dyned 人机智能情景实验教学系列课程学到能用得上的英语，能够开口说英语，我们学校把英语实验教学模式的研究重点放在了如何促进学生自主学习，提高学生的实际应用能力，和听说能力上。Dyned 人机智能情景实验教学软件是一种以计算机为载体，Dyned 人机智能情景实验教学通过对老师进行短期培训以达到正确使用和操作此课件以及其后台数据，经过系统培训教师们已经能够很好的向学生讲授学习方法和指导学生们进行实验学习。该课件相比于以往的英语教学软件更为完整和合理，功

---

① 李淑媛，从学习者角度看 DynEd 教学软件的设计特征 [J]，《安徽工业大学学报（社会科学版）》，2006 年 11 月。

② 许莹梅，网络英语教学模式的优势 [J]，《双语学习》，2007 年 7 月。

③ 李淑媛. 从学习者角度看 DynEd 教学软件的设计特征 [J]. 安徽工业大学学报（社会科学版），2006 年 11 月。

能庞多，课程体系完备，对于学生的监控力比较大。Dyned 人机智能情景实验教学通过英语教学强化学生的自主学习能力，学习的过程要求学生有足够的学习时间来保证实验学习的一定频度，并通过后台数据反映给每位学习者；而它强化的口语练习，迫使学生都张口说话，由较为先进的语音识别系统帮助学生纠正语音语调的实验，让学生亲身经历 Dyned 人机智能情景实验教学每个人的口语进步的过程体验，并通过反复的口语操练以期让学生形成一定的语言反射，模拟真实语言环境情景，较为真实的体现语言作为交流的特点特性，使学生实验学习的过程中能够更加的感兴趣①。

2.2 Dyned 人机智能情景实验教学理论为依据与教学模式

Dyned 人机智能情景实验教学理念是以神经科学理论为依据，结合人体脑神经对语言学习的接受特点．神经科学专家研究证明：语言学习意味着大脑内发生变化．要使习得发生，需要大脑产生变化以及大脑内神经元之间建立新联结．DynEd 网络英语教学模式充分利用视觉，听觉，概念对神经元的多次反复刺激，以建立巩固神经元之间的新联结，从而促进大脑内部产生变化，形成由短期记忆向长期记忆顺利过渡。如下图：

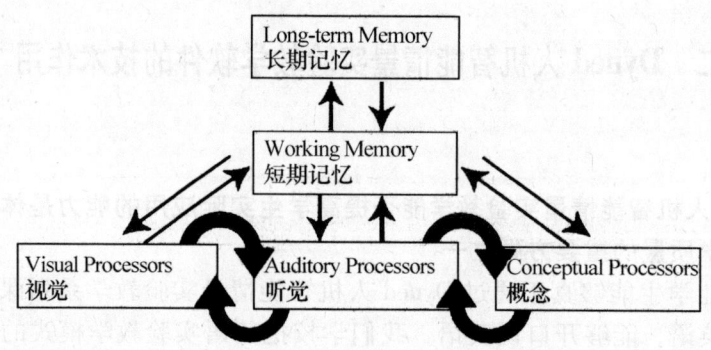

在 Dyned 人机智能情景实验教学神经科学理论的指导下，教学模式可以采用任务型语言教学模式，其特点是强调语言学习过程，坚信有效的语言学习不是传授性的，而是经历性的。任务型语言教学，不主张直接呈现或讲解语言形式，语法规则．而主张让学习者体验学习过程，主张提供任务，任务中包含的问题需要借助语言来解决．完成任务的过程即是学习者积极认知参与，在语言使用中感悟其规则系统，发现，归纳，掌握，内化规则的过程．任务型教学的主要目的就是要借助任务，创造运用语言的机会和环境，让学

---

① 万应捷，思维导图在大学生自主学习中的应用 [J]；《软件导刊（教育技术）》，2009 年 2 月。

习者在交际中学会交际，学会活生生的语言，从根本上避免机械学习，死记硬背．也可以采用视，听，说为先的教学模式，传统英语教学模式是以精读为主导的教学模式。所有教学活动都会围绕着精读展开，精读量较大．学生读写能力较强，但听说技能较弱，不能从根本上改变哑巴英语现象，Dyned 人机智能情景实验教学理念强调：语言学习最有效的方法是从听说开始，在听说的过程中了解课程的内容，再通过读和写去扩展，四项技才能相互促进。因此听说技能是 Dyned 人机智能情景实验教学的特点．Dyned 人机智能情景实验教学为学生提供了鲜活的，动态的，真实的语料和情景，像磁铁般吸引着学生。学生们专注于学习的模拟情景中的情形在传统英语课堂中是不多见。教育部《新课程标准》指出："语言技能是语言运用能力的重要组成部分．听和说是理解的技能，说和写是表达的技能．这四种技能在语言学习和交际中相辅相成，相互促进．"从这一方面看，强调听说技能的 Dyned 人机智能情景实验教学模式与强调精读的传统英语教学模式可以在不同程度上相互补充和促进学生的学习能力。Dyned 人机智能情景实验教学模式还可以采用混合式教学为主的教学模式。Dyned 人机智能情景实验教学混合式教学模式由三部分组成：教师指导，学生上机自学课程和口语活动课。混合式教学以学生上机自学课程为语言输入，利用信息技术优势，提供丰富的真实的语言情景，使学生接触到具完整性，有特定语境的，动态的，源自实际生活的语言素材，使学生获得对英语的真实体验，混合式教学以口语活动课为语言的基础，把学生的学转化为自主学习活动，在教师的帮助，组织，鼓励下，学生完成一个个任务，学生在完成任务中巩固，扩展，活化上机所学语言知识，混合式教学是由学生学习决定的．在学生上机先学的同时，教师可清楚地，冷静地看到学生学习情况，并作出教的内容方面的选择，因而使得口语活动课中教师的讲解更精粹，更切中学生的学习需要，所以混合式教学符合了教育部《新课程标准》这种教学模式不仅适合高中、大学，也同样适用于职业教育和培训教育[①]。

2.3 Dyned 人机智能情景实验的个性化的教学模式

个性化教学模式主要体现在以下四个方面：个性化课程学习。Dyned 人机智能情景实验教学的第一步是上机分级测试，根据测试成绩为学生选定学习 DynEd 课程的起始级别，同一个班学生可以学习不同难易程度的课程，教师将同等次的学生分为 1 组，一个班可分为若干个组，便于分组辅导，这样最大限度地满足了不同层次学生的学习需求，个性化学习进度，学生的学习能

---

① 赵雅君，大学外语自主学习模式——本土适应性多因素分析［J］，《科技情报开发与经济》，2009 年 5 月。

力各不相同有强有弱，学生可根据自身的学习能力或快或慢调整学习进程，当每单元学习效果完成率达到 80% 时，Mastery Test 才让学生进入测试，测试通过后，方准进入下一单元的学习，否则仍得继续学好上一单元，在传统教学中，不论每位学生学得是否达到要求，教师都得按规定的进度进行教学，因为完成教学任务往往被认为是主要任务，这样统一进度的教学导致了英语教学中长期严重的两极分化现象。

2.4 Dyned 人机智能情景实验教学个性化学习难度和强度

Dyned 人机智能情景实验教学课程为不同水准级学生在同一课程学习中提供课程的难易程度不同，因为课程会随着学生上机练习的熟练程度，练习和回答问题的正确率，水准级的高低，自动调节难易程度，会随着同一单元学时增加而逐步加大难度直至课程内容全部展开。在学生学习的过程中，教师可以根据每个学生的学习情况进行个性化的辅导，在口语活动课中，教师按同等水平即同课程学习的学生分为组，进行针对性的辅导，让各组学生完成难易适中的任务，使每位学生都能积极参与，乐于完成各种课堂任务①。

三 Dyned 人机智能情景实验教学自我学习技术能力②

3.1. 理论界对于自主学习，学者们有不同见解，如 Dickinson（1987）认为自主学习是指学习者负责有关学习的所有决策以及这些决策的实施。Boud（1988）指出自主性不仅是一种教育目标，更是一种教育理念和学习策略。我国外语教学界对自主学习的研究也已经有 20 多年的历史，研究人员从不同内容和视角对自主学习进行了深入的探讨，研究范围涉及自主学习的各个方面。虽然语言学家们的观点各不相同，但是自主学习的核心是强调学习者在学习中的自主能动性。简而言之，自主学习就是以学习者为中心，"自我负责管理语言学习的能力"。学习者拥有学习过程的决策权，可以自我决定学习内容，计划学习进度，调整学习方向，并最终对自己的学习负责。DynEd 软件、英语教学及自主学习能力 Dyned 人机智能情景实验教学打破了传统的语言教

---

① 刘欢，多媒体网络自主学习在公共英语教学中的探索与应用 [J]；《辽宁行政学院学报》，2008 年 5 月。

② [1] 桑新民，现代教育技术学基础理论创新研究 [J]《中国电化教育》2003 年第 9 期。

[2] 刘宏，郭晋燕等，交互式多媒体网络自主学习探究 [J]，外语界，2006，(117)

学模式,通过高科技手段实现超越时间、空间限制的交互式学习,确保学生接受的信息是立体的、直接的、形象的。这种多媒体语言教学可以使学生根据自己的实际水平和实际需要进行有针对性的、灵活的和高效的学习最终达到学以致用的目的。使用此软件,要进行培训。而在培训之前,首先对每个学员进行分级测试,然后根据测试结果确定其相应的学习内容。这样就保证了每个学生所学的内容是符合或者基本符合自身实际英语水平,同时也保证学生有自主学习的意愿[1]。

3.2. 学生自主学习时,需很强的自制力及良好的学习计划和习惯,否则将达不到良好的效果。以往很多教学软件学生有可能只需阅读或听上几遍,大致理解了课文中的内容,再把练习做一两遍,就能完成此单元的学习。但如此学习对学生外语水平提高帮助并不大,因为学生只达到理解阶段,没达到掌握阶段,即学生还停留在接收技能的训练,没有或很少涉及到输出技能的培养。为了学生能从自主学习中真正获益,好的多媒体软件应具有自主学习管理功能,DynEd 系列多媒体软件具备这一功能。该软件在每个学习小单元都设有完成率。完成率是一个对学习量监测的内设的模糊数学概念。80% 的完成率是各种因素综合后的结果,里面含有大量的接收技能与输出技能的练习,如学生在学习过程中答题的速度、正确率等因素。学生答题时所用的时间越短,答题的正确率越高,完成率的百分比上升越快。学生上机学习时,每一课的完成率都需达到 80%,即使学习记录中只有一课达不到 80%,那么附在每一单元后对学生自主学习进行检测的阶段性测试就无法打开[2]。

DynEd 不仅在量上对学生有所要求,在质上也能对他们的学习进行监督。质的监督主要体现为水准级。水准级(即题或课文的难度)越高,表明学生的学习质量越高。DynEd 的最高水准级为 3.0。如果学生的完成率已到 80%,但水准级没达到 3.0,就表明他们还没练到最高难度的练习或课文内容。这套软件可视学生学习情况,自动调节课文和练习的难易程度。这样通过控制百分比和水准级,就对学生的自主学习既提出了质的要求,又规定了量的比例。只有经过大量、高水准的自主学习,才能保证他们真正吸收掌握所学内容[3]。

3.3. Dyned 人机智能情景实验教学课程配有完善的教师管理系统,通过该系统教师可以追踪学生详细的学习状况,如学习方式、习习惯、学习效率、所用时间以及该生的弱点和困难所在。通过分析学习记录教师可以根据学生

---

[1] 练丽娟;梁莉,英语专业综合课程中合作式自主学习模式的探索与研究[J];《科技资讯》,2008 年 7 月。

[2] 毕海荣,大学英语自主学习探析[J];《商品储运与养护》,2008 年 7 月。

[3] 莫小萍,中学英语自主学习评价体系的设想与实施[J];《现代阅读(教育版)》,2012 年 6 月。

的具体情况帮助调整学习内容、难度和进度并给予个性化的帮助。如果学生的后台数据表明学生的课后自主学习中存在着不好的学习习惯,不正确的学习方式,那么老师可以及时给予指导和帮助,这样就避免了学生错误地重复不正确的学习方法,让学生能真正地做到事半功倍,增强学生自主学习的信心。

在传统的课堂教学中,教师不可能照顾到每个学生差异需要,但该软件通过不同的生活场景,正确标准发音为学生提供一个可操作的、随时可供使用的电脑老师,让学习真正变成是适合自己的。它提供了大量的图像材料为学习者创造了近似真实的语言环境。学生可以通过"重复"、"录音"及"语音识别"等功能实现"人机"对话。避免常规学习方法下学生怕出错、不好意思开口的问题,能使学生在一种放松、自主的状态下学习进而增强学习英语的兴趣和信心。而教师对语言现象,语法及背景知识,风俗习惯等进行介绍和讲解,真正地起到了辅助的作用。使用 Dyned 人机智能情景实验教学软件开展大学英语课程,课程设置一般为每周 2~4 个学时的教师上课面授时间,再结合学生课后自主学习时间,每周合计不少于 3 小时,不少于 4 次学习频率。如果没有达到该要求将影响学生的考核。通过一段时间的强迫学习,养成学生自主学习的习惯。当然也会出现部分学生不配合教学的情况,诸如课后自主学习时间和频率达不到,不按照老师的指导正确使用软件。这就需要教师的个别指导,耐心教育,更主要的是在面授课上要积极地利用上课时间,通过精心设计的一系列课堂活动来让学生把自主学习时候所学到的课件内容展示出来。他们可以清楚地看见自己的进步,并受到老师的肯定和表扬,也更有信心进行下一步的学习。这样便形成了良性循环。而教师的课堂面授课程的活动设计也是非常重要,好的课堂活动不但可以让学生们把在软件里学习的内容进行复习和演练,还能把软件中重点内容进行强化练习,更能把软件中的场景延伸到实际生活中,这样更能提高学生的学习兴趣,也同时进一步刺激了学生们自主学习的动力和信心①。

四 结 语

美国学者 B. J. 齐莫曼（B. J. Zimmerman）在 20 世纪 90 年代综合了各学派的观点②,将自主学习理论推向了新高度。B. J. 齐莫曼认为,当学生在元

---

① 黄奕云,信息时代高职生英语自主学习能力培养的策略 [J];《湖北函授大学学报》,2011 年 4 月。

② 张勇,潘素萍. 齐莫曼的自主学习模型理论与启示 [J],高教发展与评估,2006,1 第 22 卷第 1 期。

认知、动机和行为三个方面都是一个积极的参与者时,其学习就是自主的。他进而又从学习动机、学习方法、学习时间、学习的行为表现、学习的物质环境、学习的社会性等六个方面对自主学习的实质做了解释。他提出,自主学习的动机应该是内在的或自我激发的,学习的方法应该是有计划的或已经熟练达到自动化程度,自主学习者对学习时间的安排是定时而有效的,并能够意识到学习的结果,对学习的物质和社会环境保持高度的敏感和随机应变能力。美国密执安大学的 P. R. 宾特里奇(P. R. Pintrich)教授也给自主学习下了一个较为类似的定义:"自主学习是一种主动的、建构性的学习过程,在这个过程中,学生首先为自己确定学习目标,然后监视、调节、控制由目标和情感特征引导和约束的认知、动机和行为。自主学习活动在学生的个体、环境和总体的成就中起中介的作用[①]。"齐莫曼近年提出的自主学习模型进行描述,分别对其结构与过程进行了分析,并指出培养学生的自主学习能力应涉及如下方面:对学习的内在动机性因素的干预;教给学生充足的认知策略;促进学生的元认知发展并提出训练学生的元认知过程应包含的内容;培养学生主动营造或利用有利于学习的社会和物质环境的能力。我们认为,授人以鱼不如授人以渔,更不如授之以渔场,Dyned 人机智能情景实验教学课程为创造了自主学习的良好条件,使学生学习有了先进的学习方法,为学生更好地发挥自主学习能力做好准备工作。通过研究我们发现,运用 Dyned 人机智能情景实验教学能够达到事半功倍的效果。Dyned 人机智能情景实验教学为教师教学提供了高效的教师管理系统。通过该管理系统,教师能够以方便理解的格式保存所有学生及班级学习记录;追踪学习表现;通过完成百分比(completion percentage)来判断学生的学习效率;可以帮助老师识别最弱和最强的学生,以便因材施教;还可以锁定或打开课程及测试,设定特立的学习路径。此外,Dyned 人机智能情景实验教学软件中的较为完善的测试系统(Mastery tests and placement test)为老师的教学节省了很多的时间。最后,在使用 Dyned 人机智能情景实验教学软件完成智能情景实验教学时我们应当采用个人自主学习与小组学习以及老师与学生的面对面交流的形式相结合,但是通过访谈以及问卷调查研究我们发现一些学校运用该软件完成教学的形式比较单一,在老师与学生面对面交流,以及同学之间小组讨论的形式上尤显不足。如何充分发挥 Dyned 人机智能情景实验教学软件的技术作用,进一步发挥学生自主学习能力和培养学生自主学习技术能力,仍是我们各级学校实验教学技术进一步研究的内容。

[①] 赵丽红(导师:亚新),大学英语课堂教学中的自主学习实验研究 [J],《内蒙古师范大学硕士论文》,2004 年 5 月。

小议中国的民族问题和美国的族群问题

首都师范大学 连煦

【摘要】
　　本文简要梳理了族群的概念和主流族群理论，以美国为他者，通过其近期所发生的若干新闻事件来呈现美国的族群问题，从而对中国的民族问题进行反思，认为监督机制对民族及族群政策的执行具有至关重要的作用，来自新闻舆论的监督尤其能够凸显异质性人群之间的矛盾和冲突，最终促成问题的解决和引发现实的改变。

【关键词】
中国的民族问题　美国的族群问题　新闻事件

　　民族、族群、国家和阶级这几个概念经常是纠缠在一起的，它们之所以重要就在于概念拥有形塑现实的能力，控制着意义的生产。世界上本不存在纯粹的真理，但人们追求真理的梦想却从未停止过。真理实际上只是人们主观上认定的事实、是对某种知识高度一致的解释，一旦这种解释获得了其合理性和合法性，它就变成了人们心目中相对固定的观念。久而久之，固定的观念就被当作真理。①因此，重要的不是真理，而是对事实的认定以及对知识的解释。显然，在不同社会、不同时期和不同语境下，事实的认定和知识的解释是具有流动性的。

　　民族本身是一个西方概念，它从西方传到日本，再从日本传到中国，对民族的解释是在不断发生变化的。在西方，民族的概念是族群（ethnicity）。

---

① Jamie Morgan, Truth, Knowledge, and Belief: *A Philosophical Contribution to the Problem of Images of China*, Modern China, 2004. 30（3）pp. 398—427.

族群指从情感上自我认同于某一群体,并由于这种归属感而区别于其他群体的人群。当然还有其它的解释,比如,用共同的历史和共同的政治解释民族被看作公民化的定义;而用共同的文化和共同的祖先世系解释民族被看作族裔化的定义;还有斯大林定义民族的四个共同:共同的语言,共同的经济基础,共同的地域和共同的文化意识。在中国,民族是被政治实体化和疆域化了的族群。如果用族群的概念,则包含着去政治化的倾向。对于各种民族定义和理论,学者们多有争论,这种现象也从一个侧面验证了解释的多样性和重要性。

学术界大概存在着以下几种不同的民族/族群理论:文化说、社会互动说、原生论、工具论、辨证阐释论和民族—国家构建论。文化说认为是不同的文化把人们区分成不同的族群,共同文化是族群意识的客观基础;社会互动说认为族群是社会组织,是在人们交往互动中形成的,并且主位认同因为能够导致有意义的行动所以是比客位识别更为重要的因素;原生论认为族群源于人们社会生活中的原生情感,是不可或缺的,是生物理性的表达;工具论认为族群是非正式的利益群体组织,是参与资源竞争的有效工具;辨证阐释论是对原生论和工具论的结合,认为族群既有以世系为基础的文化构建,也有以利益为基础的社会构建;民族—国家构建论认为是资源和意义的不对称权力关系构建了族群。[①]应该说,这些理论都有其解释依据,从某个特定角度看都有合理的一面,并且它们是随着时间的推移、各种民族现象的出现和人们认识的不断深入,在前人理论的基础上发展而来的,因而最新的理论往往能够在当下得到更多的承认。今天,权力不对称是集中讨论的热点,因而民族—国家构建论也就成为当下合理的解释。

不仅民族和族群的含义相互缠绕,国家和阶级也参与到民族和族群的关系中来。国家意味着充分的主权化和地域化;阶级的划分依据是人们的经济地位,因此阶级是有着共同政治和经济利益的群体。对这些概念的解释已经具有高度的一致性。[②]民族问题和阶级问题的纠结,关键在于社会资源的分配。当下的阶级概念已经被冲淡,通常转化为一个阶层的问题,甚至普化为一个社会问题。无论是阶级、阶层还是社会问题,它们与民族问题的关系都在于处理好资源的分配,而资源的分配又是和权力、和社会公正紧密联系在一起的。

中国的民族问题有其历史的根源,但民族问题的激化更多是现实社会矛盾所引起的。从政治上看,各个民族都要求得到承认和尊重。但承认和尊重

---

① Thomas Hylland Eriksen, "*Ethnicity versus Nationalism*", in Journal of Peace Research, 1991, 28 (3), pp. 263—278.

② Ana Maria Alonso, "*The Politics of Space, Time and Substance: State Formation, Nationalism and Ethnicity*", in Annual Review of Anthropology, 1994, 23, pp. 379—405.

不是一句空话，不仅仅是从思想意识上支持民族平等和共同进步。承认和尊重意味着权力和资源分配的平等，有着经济上的诉求，而权力和资源分配取决于国家的政策。建国以来，国家政策一直将少数民族作为优待的对象，在教育、就业和经济发展等方面实施倾向于少数民族的优惠政策。如果国家政策没有问题，那为什么没有达到预期的目标呢？有学者认为，解决中国的民族问题，应以地区标准替代民族标准、以实在的地区发展计划和投资政策替代民族优待政策。我自己认为这两种政策都有利于少数民族的发展，但它们的共同问题在于实施的监督环节。

法律和政策的制定是非常审慎的，建立在实践经验和理论检验的基础之上。无论是少数民族优待政策还是地区发展计划，其初衷和目的都是为了促进少数民族的发展，都考虑了社会公平的因素。但是，社会公平是不可能绝对化的，在资源总量不变的情况下，照顾了一个群体的利益，就必然会损害到另一个群体的利益。每一个群体从自身角度出发，都会有不公平的感觉。因此，任何政策都必然有它不足的一面。在政策无法达到完美的情况下，其不足是可以被接受的，因为人们理解它的初衷和目的，也能认识到社会现实和发展阶段对政策制定的束缚，但人们不能接受的是政策实施中人为的极端不公平现象。比如，高考时，给少数民族考生加分的政策就被某些掌握权力的人滥用了。政策无论怎样改进，只要实施政策的人存在滥用权力的可能性，社会不公的现象就不会消失。

任何一种政策的实施实体都是不同层面的权力阶层。即使制定政策的最高权力阶层全面考虑了少数民族的利益以及各个阶层之间利益的平衡，在实施的过程中，它还是不可避免地被其它层面的权力阶层所利用，使其倾向于自己阶层的利益。政策中最需要被关照的阶层往往是数量最多的、处于社会最底端的人群。他们不掌握任何权力，没有任何力量能够左右到政策的实施。因而，当优惠政策最终到达那里的时候，它或许已经失去了优惠政策本身的意图和作用了。

各个阶层之间权力的不对等决定了资源分配的不对等，这种现实其实也已经被人们所接受，虽然很可能是一种无奈的接受。但当这种不对等引发的差距和不公平超过了人们可以忍受的程度时，各种问题就被叠加在一起，从某个导火索爆发出来。记得看过一则新闻报道，大意是说一个美国姑娘为其中国男友申冤而走上了连很多中国人都害怕的信访之路。她详细比较了美国和中国的相关法律条文，认为它们之间并没有很大的本质差异，但是在人对法律的处理方式上就大相径庭了。我想作为国人，对这样的现象和境遇是不难想象的。我在这里并不是要说美国人的法律有多好、美国的法律执行有多么严格。众所周知，美国法律也有很多漏洞，有钱人也会重金聘请律师为自己开脱，甚至把黑的说成白的。但应该承认的是，美国的监督机制是比较完善的，至少没有人可以轻易地成功摆脱。中国并不是没有监督机构，而是它们没有真正地发挥作用。当各个层面的权力阶层将政策进行"合理化运用"时，这些监督机构很可能迫于压力视而不见，甚至与某一个权力层面达成了共谋。所以，监督要靠机制，而不是靠人。

基于以上的理由，我认为检查和监督机制的正常运转对政策的实施起到至关重要的作用。腐败现象是社会不公的巨大源头，我们不可能期待完全用教育和舆论去约束人们的行为，反腐败和消灭社会不公现象需要依靠强有力的检查和监督机制。当检查和监督机制确实开始发挥作用时，政策就能得到更好的贯彻和落实，社会不公的现象就会逐渐减少，人们心中的不公平感就会减弱，相信自己通过努力能够改变现状、有正常的社会渠道使生活变得更好，从而把注意力转移到自身的发展上，社会矛盾和民族矛盾也就会相应减少，使社会进入一个大家都希望看到的良性发展的循环。

在全球化大潮中，并不是只有中国面临着民族问题。美国的族群问题似乎一点也不比我们的简单，而且也是不断有新的问题涌现出来。通过反观他者，我们或许可以更好地认识这一问题。

美国始自1790年的人口调查旨在显示各社区人口构成的变化。当今美国社会中，人们多元化的族群认同已是非常普遍的现象。根据2010年的初步统计，美国20岁左右的年轻人当中将近一半是双种族混血或多种族混血，因而这一代人已经把多元化的社区看作是相当正常的一种现象。一个被采访的女孩称自己同时拥有印度、巴勒斯坦、荷兰和希腊四种血统。在填写人口调查问卷时，美国人可以根据自己的理解认定一种或多种族群身份，有些美国人虽然是双种族混血或多种族混血，却出于自身某种强烈的民族认同而只填写一种身份，体现出比较强烈的原生情感。有着白人血统的美国黑人总统奥巴马在填写2010年的人口统计调查问卷时，只选择了"黑人和非洲裔美国人"一种身份。我想这种选择应该不仅仅是因为他的原生情感，他的黑人族群身份同时还是象征资本和政治资本。身为美国历史上第一位黑人总统，毫无疑问，他所代表的黑人族群获得了前所未有的地位，这种地位使黑人在社会竞争中拥有更多机会，更有可能走向一个更高的阶层。因此，奥巴马有义务强化他的黑人身份，为他所代表的这个族群争取更多的社会和权力资源。在美国今天的社会中，虽然所有人都公开拥护族群平等，但真正的族群平等，无论是现实中的平等还是思想意识上的平等，都远远没有实现。黑人族群以及其他少数族群在美国社会中仍然是弱势群体，他们与白人族群之间的矛盾从来没有消失过。在美国经历了金融危机之后，首先被裁员的就是少数族裔的就业者，他们无力与白人族群竞争，大部分人始终挣扎在社会的底层。

2009年10月,美国路易斯安娜州的一位法官拒绝为一对跨种族的恋人签署结婚许可证,理由是他认为根据自己的经验跨种族的婚姻都不会长久,而且不论是白人社区还是黑人社区都还没有做好准备去完全接纳跨种族婚姻所产生的后代。考虑到今后他们两人的孩子可能受到歧视,这位法官断然拒绝了他们的结婚请求。事件的结果是这位法官主动辞职了,两人在另一位法官的主持下顺利结为夫妻。耐人寻味的是,辞职法官的妻子在接受采访时表示,她的丈夫明明知道这样做违反了法律,但出于道义上的责任还是毫不犹豫地做出了选择。①当第一次看到这条新闻时,我几乎不敢相信这是真的。1865年美国就已经废除了奴隶制,此后的一百多年里,美国一直在反对种族歧视。144年后居然还有人因为不同的种族和肤色而不能通婚,这不能不令人大跌眼镜。但是,仔细想一想,似乎也不能完全归咎于那位"铁面无私"的法官。至少,他没有简单化和机械化地处理法律条文,宁肯牺牲自己的法官职位,也不愿意做出违反自己意志的决定。他的决定反映出美国社会所存在的深层问题,法律和政策并不能解决一切矛盾。人们根深蒂固的族群观念和意识并没有因为时代的进步、文明的发展和法律的健全而发生翻天覆地的变化。

2010年5月,美国亚利桑那州州长Jan Brewer签署了一项新的州移民法,从而在整个美国掀起了轩然大波。新的移民法规定,亚利桑那州的执法警官在对某人的公民身份产生合理怀疑时,有权要求该人出示证件和扣留该人。旧的移民法只规定执法警官在嫌犯实施犯罪行为时才有行使拘捕的权利,其它情况下只有询问的权力而没有扣留的权力。亚利桑那州之所以修改移民法,主要由于亚利桑那州与墨西哥接壤,每年都有大量的墨西哥移民非法涌入,由移民引发的贩毒和吸毒犯罪率不断上升。州长Jan Brewer认为以奥巴马为首的联邦政府并没有真正负起责任保护好亚利桑那州的公共安全,所以亚利桑那州才有必要采取行动,用更为严格的法律捍卫自己的权力。奥巴马对这番言论显然极为不满,当Jan Brewer要求到华盛顿面见奥巴马进行磋商时,总统的回复是:"你不要打电话给我,我会打电话给你"(Don't call me. I'll call you.)。②这一事件产生的真正影响是美国其它七个州也在酝酿效仿亚利桑那州,准备出台自己的新移民法,从而使白人族群与拉丁族群的冲突升级。

2010年5月22日,美国福克斯新闻网站进行了一项网络调查,询问美国

---

① Associated Press. Interracial Couple Denied Marriage License. October 15, 2009. http://www.msnbc.msncom/id/33332436/ns/us_news-race_and_ethnicity/. October 16, 2009.

② Fox news. Arizona Governor Vows to Fight Any Federal Lawsuit Over Immigration Law. http://www.foxnews.com/politics/2010/06/17/clinton-administration-file-suit-arizona-immigration-law/ June 20, 2010.

最大的海外威胁是什么。两天内有 48000 多人参与了调查，认为基地组织给美国造成最大威胁的占 22%，认为塔利班给美国造成最大威胁的占 2%，认为伊朗给美国造成最大威胁的占 37%，认为朝鲜给美国造成最大威胁的占 8%，其它占 31%。两周之后，参与调查的人数几乎翻了一倍，但调查结果的百分比却没有什么变化。令人意外的是，在第一页显示的前六条跟帖中，网民都认为奥巴马是美国最大的威胁。说明这位黑人总统自上任以来所奉行的国内外政策正在受到美国民众的批评和挑战。奥巴马在美国被看作是一个"社会主义者（socialist）"。他所倡导的医疗改革方案被认为是一种平均主义，与美国的传统价值观背道而驰，挑战的是美国中产阶级的个人利益。由于美国的中产阶级主要是由白人族群构成的，非洲裔、拉丁裔、亚裔等少数族群游离于美国的主流社会之外，阶级的利益之争便又搀杂了族群的利益之争。再一次证明无论在哪个国家，阶级和族群始终是缠绕在一起的，只不过在不同的时代有时表现为显性有时表现为隐性而已。

最近的墨西哥湾漏油事件，又是一次对奥巴马近海石油开发政策的沉重打击。当英国石油公司尝试了"罩顶法"（top cap）、"虹吸法"（siphoning）和"灭顶法"（top kill）等一系列措施仍未能制止石油泄漏后的第 21 天，奥巴马终于"愤怒"了，他指责英国石油公司（BP）、美国跨洋货运公司（Transocean）和美国哈利伯顿石油服务公司（Halliburton）在国会听证会上互相推卸责任，要求英国石油公司在负责清理费用之外还要赔偿给当地经济带来的损失。有人认为他的态度还不够强硬，也有人马上站出来说奥巴马的做法"不够美国"（unamerican），是对英国石油公司落井下石。目前法律认定范围内的赔偿金额为 7500 万美元，而美国方面的要求是 100 亿美元，是法律规定赔偿的一百倍之多。①尽管墨西哥湾漏油事件使美国焦头烂额，但对石油的巨大需求令其无法停止近海石油的开发。奥巴马的执政能力正在经受严峻的考验，这位黑人总统的政治前景可谓堪忧。

英国石油公司驻美公司总裁 Lamar McKay 一脸苦相地向美国国会承诺：英国石油公司将会赔偿所有法律认定范围内的损失。图片取自 MSNBC 新闻视频截图。

---

① MSNBC video：BP CEO says he won't step down. June 6, 2010.

英国石油公司（BP）、美国跨洋货运公司（Transocean）和美国哈利伯顿石油服务公司（Halliburton）负责人在美国国会听证会上。图片取自MSNBC新闻视频截图。

从以上几个美国近期所发生的事件来看，美国社会内部的张力正在不断增强。经济危机不但加剧了国内不同族群间的矛盾，也使美国与其传统盟国之间的关系受到了挑战，黑人总统奥巴马可谓内忧外患。尽管如此，美国仍然不忘指责中国在处理新疆和西藏等民族问题上的政策，继续扮演着"自由民主的捍卫者"角色，体现了两国意识形态上的根本对立。美国的法制社会也许走在了中国的前面，但美国的经验告诉我们，法制无法消解社会的一切矛盾。一方面，法制的完善是一条必经之路；另一方面，法制不是万能的终极方案。中国民族问题的解决要靠国家的政策，也要依靠意识形态的统一。本着社会公正原则的国家政策将有利于各民族意识形态的统一。监督机制对于一个国家的民族或族群政策的执行具有至关重要的作用，来自新闻舆论的监督尤其能够凸显异质性人群之间的矛盾和冲突，最终促成问题的解决和引发现实的改变。当不同的民族和族群都能够尊重他者的文化，相互之间能够毫无顾虑地自由交往和通婚时，民族和族群问题也就不再是一个大问题。

浅议英语对德语学习的影响

北方工业大学　梁丹丹　张雨　颜妍　姜佳培

【摘要】

在中国高校学习德语的学生，基本都有英语基础。英语和德语作为亲属语言同属日耳曼语族，存在许多相同和相似之处。因此，在学习德语的过程中，已有的英语知识必然会对德语学习过程产生影响。可以说，英语知识是一把双刃剑，可以促进学习和理解德语的过程，有时也会带来更多的困惑和干扰。本文对这两门同源语言从语音、语法和词汇上进行对比分析，探讨其共性和区别，在对比研究结果的基础上，对德语学习提出有针对性的改善建议，从而实现英语知识对德语学习的正牵引作用，尽可能地排除负面的干扰。

【关键词】

英语　德语　对比

一　引　言

德英两种语言同属印欧语系日耳曼语族的西支，这就决定了这两种语言有很大的相似性。中国的德语学习者往往有英语基础，德语也是英语系学生较青睐选择的第二外语，所以研究已有的英语知识对德语学习产生的影响是非常有指导意义的。本文将从英语和德语两种语言的语音、词汇和语法的对比出发，以总结英语对德语学习的帮助与阻碍为研究目的，对两种语言进行对比，挖掘英语对德语学习的正负面影响，并提出加深正面推动和消除负面干扰的建议。

二 两种语言的对比分析

2.1 语音

就语音方面来说，英德两种文字都使用拉丁字母，因此在发音、构词甚至语法结构上都存在很多相似点。有英语学习经验的同学在最初学习德语的过程中会很容易发现这些相似点，对德语也就不会有完全的生疏感，这对于学习一门新的语言是很有利的，要好好利用这个优势。但是，多年英语学习形成的思维定式在这个时候也会给德语学习带来负面干扰作用，其中以语音方面的影响最为明显。在本章节中，笔者会对英德语音方面的异同点进行分析，并在此基础上达到指导德语语音学习的目的。

德语和英语共有 26 个完全相同的字母，他们在英语中代表 45 个音素，在德语中代表 48 个音素[①]。对这些因素进行对比中，我们可以将其分为三类：

第一类，英德共有音素，如：元音 [i:]、[a]，辅音 [d]、[m] 等；

第二类，德语有而英语没有的音素，如 [x] 等；

第三类，英语有而德语没有的音素，如 [əu]，辅音 [dr]、[tr]。

在这三类中，对初学者最容易产生干扰的就是英德共有的音素；对初学者有一定困难的是英语没有的音素。如：die 在德语中读作 [di:]，在英语中则读作 [dai]；trinken 按英语发音规则 tr 连在一起发复合辅音，但是德语中两个音分开发，其中 r 发小舌音。所以在初学德语的过程中，掌握好英德共有和德语特有的发音会对德语语音学习有很大的帮助。

德英两种语言有不少字母的形态相同，但是在单词中的读音却不同，因此会造成干扰影响。常见的英德共有但发音不同的字母有如下几组：

发音上的差异：

元音：

① a 英：[ei] [æ]　　例如：man
　　 德：[a]　　　　例如：Mann

② e 英：[i:], [e]　　　例如：Chinese, bed
　　 德：[e:], [ɛ], [ə]　例如：Mercedes

③ u 英：[ʌ]　　　　　例如：but
　　 德：[u], [u:]　　　例如：gut

---

① 吴建雄：《德语语音学习中来自英语的负面影响》，《德语学习》2004 年第 5 期。

辅音：
① w & v　英：w［u］　v［v］（咬唇）　　例如：very well
　　　　　德：w［v］（咬唇）　v［f］（非外来词中不咬唇）　例如：wie viel
② l　英：［l］　　例如：hell
　　　德：［l］舌尖轻抵上齿龈　例如：hell
③ ch　英：［tʃ］　　例如：China
　　　　德：［ç］［x］　例如：China，auch
④ r　英：［r］　　例如：rose
　　　德：小舌颤音　例如：rot
⑤ sp & st　英：［sp］、［st］　例如：student
　　　　　　德：［ʃp］［ʃt］或者［sp］、［st］　例如：Sport, Student, Respekt, Liste
⑥ 浊辅音 b，d，g 在德语中会出现词尾清读现象
⑦ s　英：［s］　　例如：sell
　　　德：［s］，［z］　例如：ist，sagen

通过以上对比我们可以清楚的认识到德语和英语的不同之处，从而避免英语思维对德语学习的负面影响。而要真正做到这一点就必须进行相对应的练习，比如，把两种语言的不同发音分组，然后通过对比进行重复练习。

2.2 词汇

除语音外，两种语言在词汇上也有着颇多的相似之处，本文将从词类出发，分别在名词，动词，形容词方面做出对比。英德的词汇主要分两种相似类型，第一种是完全相同型，第二种是可认知的部分相同型[①]。完全相同型具体所来就是无论是拼写还是意思都与英语完全相同。可认知的部分相同型即在意思上与英语一样而在拼写上与英语有一些字母不一样但仍与英语极为相似，这类词通常只要知道在英语里是什么意思就能在德语中马上将其辨认出来。例如：（分类举例）

名词：Salat & salad 沙拉
　　　Vokabeln & vocabulary 词汇

---

① 李继烈，刘冰，陈芙：《浅析英语对德语学习的正负迁移作用》，《黑龙江科技信息》2011年第15期。

Tomate & tomato 西红柿
Name & name 名字
Taxi & taxi 出租车

形容词：sauer & sour 酸
warm & warm 暖和
modern & modern 现代
super & super 超级

德语的动词和英语的动词并不能完全的对应上，很多动词属于可认知的部分相同型。

动词：telefonieren & telephone 打电话
chatten & chat 上网聊天
studieren & study 学习
jobben & job 打工
gratulieren & congratulate 祝贺

在这些词语中我们不难发现，在德语中与英语完全一样或相似的词汇大多数都是名词。因此在德语的初学阶段背诵词汇的时候学过英语的学生往往非常得心应手，因为有一部分名词在学习英语时已经背过并且属于英语词汇里的低档词汇或中档词汇，在记忆中的印象十分牢固。在德语常用的5400个单词中，和英语完全相同的占了7.21%，可认知的部分相同型占了15.19%，相似词累计达22.40%。从以上数据来看英语在德语的学习中还是会发挥不小的促进作用[1]。而从另一方面来说，这些相似词在德语里的学习不仅仅是学习它们的拼写并记住意思那么简单，因为在德语词汇学习这一部分有一个内容是在学习英语中无从涉及的，即名词的词性。而在德语里谈到"词性"我们就必须提及冠词。

在英语和德语中冠词都分为两大类：定冠词和不定冠词。英语的定冠词为 the，无词性的限制，德语的定冠词有词性标示其功能，阳性为 der，中性为 das，阴性为 die。两者的区别还体现在使用上，在德语里定冠词与名词是不可分割的，而名词在句子中出现的位置也不相同，在不同的位置定冠词要出现相应的变化，而这种变化受格的制约。比如在第三格时，der 要变成 dem，诸如类似。英语的不定冠词为 a/an，没有词性的限制，a 用在以辅音开头的单词前面；an 用在以元音开头的单词前面。德语的不定冠词为 ein/eine，并在此

---

[1] 李继烈，刘冰，陈芙：《浅析英语对德语学习的正负迁移作用》，《黑龙江科技信息》2011年第15期。

基础上根据名词的格加以变形。

德语定冠词变格如下：

	阳性	中性	阴性	复数
第一格	der	das	die	die
第二格	des	des	der	der
第三格	dem	dem	der	den
第四格	den	das	die	die

初学者在背诵单词时由于在学习英语过程中养成的根深蒂固的习惯，意识不到词性的重要，所以在最开始背德语单词的时候很不适应，常常忽略背词性。这一点是很值得初学者注意的，因为如果不知道名词的词性，不知道相应的定冠词和不定冠词是什么，就无法在句子当中正确使用名词，也就无法正确表达句子。

在德语里，动词的使用与英语截然不同，它们之间最大的差别就在于德语动词在使用时需要变位。变位，即动词有原型，但在使用时根据人称的变化而进行变化，其变化较为复杂，分为弱变化动词（machen, arbeiten）和强变化动词（sprechen, fahren）：

ich	mache	arbeite	spreche	fahre
du	machst	arbeitest	sprichst	fährst
er/sie/es	macht	arbeitet	spricht	fährt
wir	machen	arbeiten	sprechen	fahren
ihr	macht	arbeitet	sprecht	fahrt
Sie/sie	machen	arbeiten	sprechen	fahren

除了变位较为复杂之外，在使用情态动词的时候也会受到思维惯性的困扰，在学习德语的时候最常使用的一种记忆方法便是用英语语法去套用德语，这种方法是有效的，但忌讳不加思考和辨别的生搬硬套。比如，学习情态动词时，简单套用是不能解决问题。德语的 mögen（möchten），können, sollen, müssen, dürfen, wollen 就无法与英语的 would, could, should 进行很有帮助的对应。有时套用不仅不会产生帮助反而会带来负面效应，比如在英语里说 you must not do… 表达的是"你必须不能做…"，而在德语里 müssen nicht 表达的

意思是"不需要做"。这样的特例要强化记忆。与之相比，müssen 和 sollen 则更为棘手，müssen 和客观情况有关，sollen 则和他人意志有关，这层区别在英语的 must 和 should 之间是没有的。在学习这样易混淆的语法点时，不能只记规则，要多背诵例句，从中体会两种语言中用法的区别。可以先背德语句子，再想一想英语会怎样表达，在不断的对比中，就会加强对两门语言区别的认知，背诵的过程则保证了将来流利正确的表达。

形容词的使用在德语与英语有很大的不同，德语中形容词的使用要比英语中复杂得多，因为德语形容词在作定语使用时词尾变化。在作表语使用时两种语言并无区别，原型即可。而当形容词作定语修饰名词的时候，英语形容词不变，仍旧使用原型。在德语中，形容词变格则要受到四个方面的限制：第一，受动词的限制，不同的动词后面会跟不同的格，形容词要根据宾语是第几格相应的发生变化。第二，受它所修饰的名词的限制。形容词修饰名词分三大类：第一类是带定冠词的名词；第二类是带不定冠词、物主代词和否定词的名词。第三类是不带冠词的名词。在这三种情况下，形容词要发生相应的改变。在这一部分当中，英语的知识对德语形容词的学习没什么帮助，这是德语学习当中的一大难点。但在某些方面，德语形容词的使用又比英语形容词的使用更为方便，比如在英语中，很多副词是形容词加 ly 变成的，如：exact, exactly；而在德语中绝大多数形容词无需变型便可直接作副词使用，如：Er arbeitet fleißig.（他努力工作。）因此，虽说两种语言有着很大的相似性，但在学习的过程中还是要具体问题具体分析，从上述形容词角度来看，两者的差异性还是显而易见的。两者之间的相互借鉴就没有必要了，学生在学习形容词时要提醒自己两者的差异，在学习过程中将两者分开，把德语形容词当成没有任何基础的难点学习可能会帮助学生达到更好的学习效果。

2.3 语法

从语法角度来看，英语基础对德语学习也同样是既有积极的正面牵引作用，也难免会带来负干扰。下面我们就从语法的角度来分析一下具有英语基础对学习德语的"正牵引"和"负干扰"。首先分析一下德语和英语有明显区别的几个语法点。

1. 语序

从句法角度看，变位动词的位置可以分为三类：第二位 Zweitstellung，第一位 Erststellung，最后一位 Letztstellung。

动词在第二位 Zweitstellung：
Um sechs Uhr stehe ich auf. 我六点起床。
Wann frühstücken Sie? 您什么时候吃饭？
动词在第一位 Erststellung：

Studierst du Germanistik? 你是学习日耳曼语言文学专业的?
Sprechen Sie bitte laut! 请您大点声说!
动词在最后一位 Letztstellung:
Ich weiß nicht, ob sie morgen hier kommt.
我不知道她明天来不来。
Er tut so, als ob er nichts gehört hätte.
他这么做,好像他什么都没听到似的。

在德语中,这三种语序使用的比例都很大,可以说平分秋色。但在英语中,句子主要都是以正语序的形式出现的,只有个别句子要求为倒装结构,更没有框架结构和动词置于句尾这种情况。倒装结构举例如下:
Nowhere will you find the answer to this question.
你哪都找不到答案。
Only in this way, can you learn English well.
只有这样,你英语才能学的好。

2. 格

在英语中,只有主格与宾格之分。而在德语中,却有四种格的变化形式。例如:
(英) I like to help him. 我喜欢帮助他。(主格和宾格)
(德) Ich bin Chinese. 我是中国人。(一格,作主语和表语)
Das ist das Buch des Chinesen. 这是那个中国人的书。(二格,作定语)
Ich spreche mit dem Chinesen. 我和那个中国人说话。(三格,作宾语)
Ich besuche den Chinese. 我拜访那个中国人。(四格,作宾语)

3. 句子强调

在英语中,可通过加助动词对整个句子强调,或用 it's ...that/who 的方式对某个成分强调。而在德语中,是通过把强调部分提前来表示强调。例如:
(英) He did have classes last week. 他上周确实有课。
He did go to school even though it was raining.
就算下雨,他也去上课了。
It's through his effort that he is studying in Germany.
正是通过他的努力,他现在才能在德国学习。
(德) Am Hauptbahnhof steigen Sie in die S6 ein und dann fahren vier oder fünf Stationen bis zum Rathaus. 您在火车总站坐s6,坐四五站到市政厅下。
Zurzeit läuft in Deutschland eine Diskussion über die Studiengebühren.
现在在德国有关于学费问题的讨论。

除了不同之处有可能受英语影响产生负面作用外,英语和德语也有一些相同或相似的地方,对比学习两门语言可以促进对德语语法规则的理解。下面就介绍一下德语和英语相似的几个方面：

（1）时态

时态是表达动作发生时间的结构，是任何语言中占很大比重的部分。如果把英语和德语的时态构成作对比的话，会发现大量相同或相似的地方。例如：

过去时，英语与德语都是把动词变为过去式。例如：

（英）He disappeared into his room and returned in a few minutes. 他冲进房间消失了，几分钟后又回来了。

（德）Ludwig van Beethoven stammte aus einer Musikerfamilie.

贝多芬出自音乐世家。

现在完成时，英语为 have + 过去分词，德语为 haben + 第二分词（也有 sein + 第二分词）

（英）We have finished the decorating. 我们装饰完了。

（德）Herr Müller hat gestern ein Auto gekauft.

穆勒先生昨天买了辆车。

Hans ist heute Vormittag nach Hamburg gefahren.

汉斯今天上午去汉堡了。

但值得注意的是，德语的现在完成时，有些动词是要加 sein 的，比如表示主语位置移动类的动词，如 fahren、gehen、steigen。此外，变位动词和第二分词构成框架结构，第二分词要置于句尾。这些就要区分英语，需要特别加以记忆。

时态结构上，相同点很多，但时态用法上，却有些区别。德语只有六种时态，而英语有十几种。德语口语中，过去发生的事情多用现在完成时表示，而英语则是用过去式。

（2）双宾语

英德两种语言中，一些及物动词可以支配两个宾语，都可以既使用名词又使用代词。但德语中，宾语需要变格，也就是"人三物四"（人用三格，物用四格），而且在人与物分别为代词时，也只是代词与名词先后位置上变换，不需要加辅助词。而英语假若间接宾语是人，直接宾语是物，则二者间需加介词。

（英）My mom bought me a doll. 我妈妈给我买了个洋娃娃。

（德）Der Lehrer gab ihm das Buch vor dem Unterricht.

课前，老师递给他这本书。

例句可变为：My mom bought a doll for me.

Der Lehrer gab es ihm vor dem Unterricht.

（3）比较级

英语与德语中的比较级用法基本一致。例如：

（英）In winter, it is warmer in Beijing than in Jilin.
冬天，北京比吉林暖和。
（德）Im Winter ist es wärmer in Being als in Jilin.

三 授课建议

从以上对比研究中，英语与德语的相同与不同处可见一斑。学生在学习德语的过程中应该尽可能的利用二者相同点促进学习，在易混淆出分析二者的区别并加深德语的记忆。下面就在对比研究的基础上为学生学习德语提出一些建议。

（1）利用已掌握的英语知识分析德语语法，从而理解并加深记忆。在新接触一个德语语法现象时，可以想想英语是如何处理这一现象的，是否能和英语找到共同之处，如若一样那就很容易记下来了，如若不一样，就要分析哪里不一样，为什么会有这样的不同，在分析的过程中既更好地理解，又可加深记忆。保证在学习的第一时间就录入最正确的信息，以免之后混淆。例如，在学习德语完成时时，与英语对比后，发现基本一样都是"haben（have）+第二分词（过去分词）"。已有的英语基础做了很好的铺垫作用，相比没有学过英语的人来说，学习和理解速度就要快得多。但没学过英语的人无从对比和借鉴，只能建立一套全新的语法体系。这就是英语的积极作用。但是，德语的完成时与英语并不完全相同，德语还有"sein+第二分词"这一结构。这时就要分析，这一结构究竟何时使用，作用是什么。

（2）通过反复练习巩固语法知识。即使在新接触德语语法时已经通过对比找出异同点并加以分析，但是因为英语在学生脑中已经根深蒂固，很难保证在长时间后仍能清晰明确的记住，所以必须多练，反复地巩固德语语法知识。

（3）多读德语，包括朗读和阅读，培养德语思维。德语思维就比如习惯经常使用反语。

序和尾语序。在阅读与听力中，如遇尾语序，注意末尾词。在写作中不要丢掉末尾词，尤其是可分动词的另一部分很容易忘记，因为英语中不需要。再比如要熟悉德语中格的变化。这些都是德语思维，需要慢慢培养。

每种语言都有自己独特的语言模式。在学习英语时，经常会受汉语的影响，写出chinglish的句子，这就是没有学会英语语言模式。而在学习德语时，也会受到英语的语言模式影响。要想更快更好地理解语法，在学习德语的道路上走的顺畅，多朗读多阅读德语是不可或缺的。这样一来，在有了德语语言模式之后，再学习新的语法句法，必然会事半功倍。

在距离德国比较遥远的国家，比如中国，学生在学习德语时遇到最大的干扰往往并不来自于其母语，而是来自于其第一外语英语。在本文中，笔者尝试了通过对英德两种语言从语音、词汇和语法的若干方面进行对比，举例说明了两种语言的共性、区别以及易混淆之处，进而向德语学习者提出建议，即利用两种语言的相似之处推动德语学习，通过分析、对比与反复练习来克服英语对德语学习的负面干扰。在教授英语专业学生二外德语时，授课老师除了精通德语外，也应具备一定水平的英语知识，在授课过程中思考并总结学生最容易犯哪些错误，根源何在。教师应通过课堂实践教学不断积累经验，做到对英语负干扰常出现之处稔熟于心，在授课时画龙点睛地加以强调或提醒，并通过反复练习加深学生对知识点的理解，最终让学生能够熟练正确地运用德语。

文革语篇批评分析——直接引用研究

北京外国语大学英语学院　　廖迅乔
首都师范大学外语学院

【摘要】

本文从批评语篇分析的角度，讨论文革期间《人民日报》社论中直接引用的语言特征及其效果。作为读者接收和理解领导言论的重要中介，直接引用一方面介入读者的视角，加强社论对读者的引导；另一方面留给读者一定的自由度，增强领袖（毛主席）对读者的影响。通过对视角的控制，直接引用将读者置于特定的出发点，限定读者按照既定方式认识领袖及其言语活动，从而端正读者的政治立场，这体现了"以毛泽东思想为指导"的宣传效果。

【关键词】

文革语篇　直接引用　批评　视角

一　引言

对中国人来说，文革不仅是刻骨铭心的个人和集体记忆，也是一个可供研究的学术领域。"文革语篇"由于集中体现了政治社会、思想意识、言语行为三方面的紧密关系，因此具有特殊的历史学、文化学、社论学、政治学、心理学和语言学研究价值。语言学和修辞学研究对文革语篇特征进行了大量分析。Ji Fengyuan①从社会心理学的角度讨论语言与思维的关系，将文革语篇视为通过改变语言来改变人们观念的话语工程。Lu Xing②从修辞学的角度分析文革话语对人们思想和体验的影响，着重讨论口号、大字报等语篇类型的特征和宣传效果。祝克懿③关注文革样板戏的语言风格，认为样板戏虽然具有的独创性、鲜活性，但在词法、句法和修辞手段三方面存在板腐陈旧感。刁晏斌④集中讨论文革期间《人民日报》的句法、词汇和修辞特点。另外，雷亚平⑤和刘可可⑥还从叙事学角度分析文革小说，发现叙述方式的全知性和谕示性叙事模式能够有效地引导读者理解，树立个人对政治权威的依赖。在先前研究的基础上，本文希望从批评语篇分析（Critical Discourse Analysis，CDA）的角度分析文革期间《人民日报》社论的引用手段，突出语言手段与效果之间的"认知环节"，解释文革语篇对读者认知状态的改变和塑造。

二 批评语篇分析的认知观

本研究选择批评语篇分析（CDA）作为宏观的理论视角。这里的"批评"指通过语篇分析揭示社会生活中习以为常的权力关系和意识形态，力图纠正意识形态对客观事实的扭曲。换言之，CDA揭示语篇建构的意识形态如何影响和控制社会大众的思想和行为，尤其是关注社会现实中的不平等和不公正现象以及语篇呈现权力和意识形态的方式，同时致力于发现改进这种不平等的方法。

在语篇和社会关系的分析方面，CDA提出了"中介观"，认为语言结构与社会意义是由中介联系在一起的，例如某语言结构在不同社会场所反映不同的社会意义，对于具有不同文化背景的人有不同理解⑦。在对中介的研究过

---

① Ji Fengyuan, Linguistic Engineering: Language and Politics in Mao's China, Honululu: University of Hawaii Press, 2004.
② Lu Xing, Rhetoric of the Chinese Cultural Revolution: the Impact on Chinese Thought, Culture, and Communication, South Carolina: University of South Carolina Press, 2004.
③ 祝克懿：《语言学视野中的"样板戏"》，开封：河南大学出版社，2004年。
④ 刁晏斌：略论"文革"时期的"语言暴力"，《江南大学学报》（人文社会科学版）2007年第1期。
⑤ 雷亚平：意义的绝对控制——文革时期出版的战争题材长篇小说叙述方式分析，《华中科技大学学报》（社会科学版）2006年第3期。
⑥ 刘可可：作为形式反拨的悲伤自叙传——新时期和文革时期知青小说文本形式之对比分析，《齐鲁学刊》2009年第6期。
⑦ 田海龙：语篇研究的批评视角：从批评语言学到批评话语分析，《山东外语教学》2006年第2期。

程中，CDA 形成了不同的分析方法，其中 Chilton① 提出的"认知中介观"认为认知要素作为中介联系话语和社会两个层面。该研究模式的原则是，人的语言和交际能力只有与认知能力相结合才能在批评实践中发挥作用。基于该观点，本文希望通过认知视角（perspective）来分析社论中直接引用的作用。作为认知方式（construal operation）的一种，视角是主体人观察事物所选择的位置，体现了观察者与观察物之间的位置关系以及观察对象所处的环境。就本文而言，直接引用表达包含了两种视角。一种是引述人的视角，即文革社论观察和表述所基于的出发点；另一种是当时人（或说话人）的视角，即领袖毛主席发表言论时所处的角度。这两种视角同时在直接引用中出现，相互关系折射出文革社论的宣传作用。

三　语料介绍

本研究的语料为 1966 年 5 月至 1971 年 12 月的《人民日报》社论，简称为"文革社论"。《人民日报》社论是代表报刊编辑部和主办者对重大新闻事件或时事政治问题发表的权威性评论，集中反映并传播中国共产党及其所代表的社会集团和社会阶层对即时发生的新闻事实或现实问题的立场、观点、主张，因此是文革时期社会舆论的重要组成部分，并对当时的社会舆论发生了重大的影响。文革社论的年限之所以定在 1966 年至 1971 年，主要是基于 MacFarquhar 和费正清②和高尚斌③以及 Huang④ 的观点。该观点将从 1966 年 5 月至 1971 年"九·一三"事件这段时期视为本来意义上的"文化大革命"。所谓"无产阶级专政下继续革命的理论"在这个阶段体现得最全面、最充分、最彻底。此后的政治运动在很大程度上是基于前一阶段派生出来的，目的是解决所谓正确对待"文化大革命"的问题，因此可以理解为文化大革命的延续。因此 1966 年到 1971 年期间的文革社论具有较高的代表性，能够有效地反映当时的社会政治特征。

本文收集到的文革社论共 407 篇，从中抽选 150 篇作为样本，其内容涉

---

① Chilton, P., Analysing Political Discourse: Theory and Practice, London and New York: Routhledge, 2003.
② 麦克法夸尔，费正清，《剑桥中华人民共和国史》（1966~1982），金光耀等译，上海：上海人民出版社，1992 年。
③ 高尚斌：关于"文化大革命"阶段划分的浅见，《党史研究与教学》1994 年第 4 期。
④ Hung Shaorong, To Rebel Is Justified: a Rhetorical Study of China's Cultural Revolution Movement 1966—1969, Lanham: University Press of America, 1996.

及政治、经济、国际关系、文化、教育等方面。在此基础上，文本通过软件Ant Conc 3.3.2检索关键词"毛主席"和"毛泽东"，从相关搭配中析出引用表达共367处并进行分类。对社论中引用的分类基于Leech和Short[1]的"介入程度"。介入程度反映的是引述人或转述人在多大程度上用自己的声音掩盖或改动当事人的声音。按照介入程度由高到低的顺序，我们得到下列四类引用：引语式间接引用、自由式间接引用、引语式直接引用和自由式直接引用。引语式间接引用也就是间接引用。这类引用转述原话内容，因此要以转述人自身、转述时间和地点为中心来确定指示关系。在间接引用中所有声音均来自转述人，没有当事人的地位。自由间接引用虽然坚持转述人的角度，但去掉了引导语和保留了一些当事人原有的语气、时间指示关系等要素。因此这种转述方式在一定程度上还原了当事人说话的情景，转述人介入程度降低。引语式直接引用也就是直接引用。这类表达用引导语和引号将引述人声音与当事人的声音截然分开。引号外的内容以引述人的角度确定指示关系，引号内的内容则以当事人为参照点，再现当事人的原话。直接引用是两种声音并存，介入程度大幅度降低。最后，自由直接引用不仅还原了当事人的原话，还彻底去掉了引号或者引导语，这使当事人彻底摆脱了引述人的限制，获得了与后者平等的地位，介入程度因此也最低。经过统计文本发现，文革社论中直接引用占有绝对的数量优势，以65%的比重成为社论最主要的引用类型。间接引用数量不及直接引用的一半，仅占不到30%的比重。自由直接引用的数量则更少，只有25处，自由间接引用则从未出现过。结合介入程度来看，社论的主要引用类别既不是介入程度最高的间接引用，也不是介入程度最低的自由直接引用，而是有条件地介入的直接引用。

四 直接引用的特征

从结构上讲，文革社论中的直接引用可以进一步分为三种类型。第一类通常是由三个部分组成的动宾谓语句：说话者（s, sayer）+ 引述动词（v, verbal process）+ 引述内容（q, quoted content），共153处采用这样的句型，约占全部直接引用的64%：

---

[1] Leech, G & Short, M., Style in Fiction: A linguistic Introduction to English Fictional Prose, London and New York: Longman, 1981.

例1

毛主席说:"团结起来,为了一个目标,就是巩固无产阶级专政,要落实到每个工人、农村、机关、学校。"(《沿着毛主席革命路线胜利前进》1971.01.01)

例2

毛泽东同志说:"十月革命一声炮响,给我们送来了马克思列宁主义。"(《列宁主义,还是社会帝国主义?——纪念伟大列宁诞生一百周年》1970.04.22)

这类例句中的说话者 s 只有两种形式,"毛主席"或"毛泽东同志",并通过"说"、"指出"、"教导"这三个主要的引述动词和引号标注当事人的言语内容 q。从功能上看,这种引用主要为了真实客观地再现当事人的言语活动及其言语内容,并以之为依据进行论述。这类引用数量众多,且形式相对固定,其"s-v-q"结构成为社论语篇中援引领袖言论的典型套路,进而使"毛主席+言语动词"给读者留下深刻的印象。

第二种常见的直接引用是双宾语结构。双宾语是动词谓语句的一种,由近宾语和远宾语组成。近宾语是谓语动词的承受者,一般指人(人宾语);远宾语表示事情或事物,因此也叫"物宾语"。在文革社论中的双宾语直接引用共 53 处,约占全部直接引用的 22%。所有双宾语结构几乎都以"我们"为人宾语,以毛主席言论为物宾语:

例3

毛主席曾经教导我们:"帝国主义给自己准备了灭亡的条件。殖民地半殖民地的人民大众和帝国主义自己国家内的人民大众的觉悟,就是这样的条件。"(《伟大的风暴》1968.05.27)

例4

我们的伟大领袖毛主席最近指示我们:"要节约闹革命。"(《节约闹革命,保护国家财产》1967.01.26)

这里的"我们"指读者大众和社论。"我们"的作用首先是建立领袖与读者之间的直接交际关系,明确领袖言论的传递对象。这有助于引起读者的重视,加强领袖的权威。其次,"我们"把社论的视角与读者的视角完全重合,使两者都作为毛主席说话的对象,从而实现两者立场的统一,角度的一致,这不仅有利于引导读者对引文的理解,也有利于社论明确"忠于毛主席"的政治态度。

从严格意义上讲,第三类直接引用是一个定语结构。这类直接引用中的引述内容充当的是一个定中短语中的定语。定中短语由定语和中心语构成，前者描写或限制后者，往往用"的"表示。这里引用在社论中只有32处，仅占全部直接引用的13%，例如：

例5

最近，毛主席提出的"斗私，批修"的伟大纲领，迅速地武装了广大群众和大多数干部。(《1967.10.21 正确地执行毛主席的干部政策》)

例6

四十几年前，我们的伟大领袖毛主席提出了"民众的大联合"的伟大号召，吹响了我国新民主主义革命的进军号。(《无产阶级革命派大联合，夺走资本主义道路当权派的权!》1967.01.22)

在这类引文中，引述部分作为定语修饰"指示"、"号召"、"纲领"等名词性中心语。不难发现，引述部分基本上都与"毛主席（的）"配合使用，形成双重定语的定中短语。与前面的两种类型相比，这类直接引用虽然没有使用引述动词来描述言语活动，但是我们认为这仅仅是社论选择了不同的词性而已，因此第三类直接引用本质上仍然含有引导语。从功能上讲，这类引用的引述作用不明显，目的不是还原原话，而是发挥概述和指代作用，因此这类引用的指示性质更突出。

五 直接引用与视角

在社论中，直接引用明显多于其他类型的引用，这利于社论引导读者理解领袖言论的视角。直接引用的主要功能是逐字复制，通过引号向读者明示所引用的内容是客观属实的原话，引述人没有对原话进行任何改动。直接引用重现言语活动或事件，容易在读者的脑海中形成生动真实的形象，加深读者对原话的印象。作为读者接收和理解领导言论的重要中介，直接引用能够达到两个效果：一是加强社论对读者的影响，二是加强领袖（毛主席）在读者心中的权威。这两方面的效果与直接引用所框定的视角密切相关。

如前文所述，引用体现了两种声音之间的关系：一个声音来自于当事人，另一个来自于引述或转述人。声音即为视角。视角指在句子表述中，词汇和句法结构体现出来的观察某事物所选择的角度，或者观察时选择的出发点或立场。观察的视角若不同，得到的认识、理解、态度、价值也就各异。对读者而言，理解领袖言语可以从自身的角度出发，也可以基于引述人或转述人的角度，得到的理解也会因角度的不同而有所不同。因此为了达成对观察事物的共识，保证观察视角的相似或相同至关重要。社论需要引导读者大众按照特定的视角理解领袖言论，而直接引用则为有效的手段之一。

从结构上看，直接引用由引号分为引导语和引文两部分，这两个部分分别体现了两种视角，我们结合例句来进行分析：

例7

毛主席早就指出："我们共产党人从来认为隐瞒自己的观点是可耻的。"（《总结加强党的领导的经验》1971.12.01）

例7的前半部分"毛主席早就指出"是引导语，后半部分由引号标示出毛主席的原话。引导语反映的是社论的视角，是社论从自身角度认识、描述和评价毛主席言语活动的表现。在阅读和理解引导语的过程中，读者接受的也是社论的视角而非自身的视角，因此经历了和社论相同的认识过程，社论对读者的微妙影响由此产生，这就是社论对读者理解的"介入"方式。社论通过引导语干预读者对毛主席言语的整体认识，确保读者按照特定方式理解当事人、言语行为、语境和交际关系等要素，从而正确理解当事人的话语，这主要体现在以下几个方面。首先，对当事人的称谓限定为"毛主席"和"毛泽东同志"，且前者的频率远远大于后者，数量是后者数倍。这两种称呼虽然指示对象一致，但内涵意义完全不同。前者突出的是指示对象与一般人相区别的领袖特性，而后者反映的是指示对象与其他人的平级共性。"主席"能够加深读者对权威的意识，引导对权威的遵从。其次，对毛主席言语行为的描述所用的动词有的体现了领袖言论的权威性和指导性，例如"教导"、"指示"等，有的所携带的评价色彩看似较少，实则更体现出一种"理所当然"的态度，例如"说"、"指出"等。这些动词的使用都能巧妙地引导读者对言语性质的认识，帮助读者建立对领袖话语的肯定态度和正面评价。第三，引导语还反映了相关语境信息，例如"早就"、"最近"、"在中华人民共和国成立前夕"、"在'九大'"等，这些语境信息有助于引导读者认识领袖言语的社论历史意义。最后，引导语经常使用人宾语"我们"，不仅将读者的视角与社论的视角完全重叠，还向读者明确领袖言语的直接对象，强调毛主席与读者之间的联系。上述四个方面共同起作用，最大限度地力求摒除读者态度上的多元性，保证读者对领袖言论及社论所讨论的现象、事物只有"唯一理解"。

然而社论并非一味寻求控制，而是在总体把握理解方向的前提下，给读者留出一定的自由度或自主权来理解毛主席的原话，发挥直接引用的"不介入"功能。直接引用后半部分的引文由于是毛主席的原话，社论没有做任何改动，原封不动地呈现给读者，因此在阅读和理解的过程中，读者可以选择自身的角度对领袖话语进行直接阐释。此时的读者与毛主席同处于一个交际语境中，成为毛主席的直接言语对象，而社论作者隐匿在引号之后，"不介入"读者的理解。这种看似"不介入"的态度向读者表明了引述人的客观公正性和对领袖的遵从态度，而更重要的是，"不介入"使读者与毛主席之间建立了直接的"一对一"交际关系，毛主席是说话人，读者是听话人，两者之间不存在任何形式的"隔阂"。这种认知体验带给读者的是亲眼所见、亲耳所闻的效果，不仅强化了毛主席言论的真实性，也加深了毛主席对读者自上而下的直接影响作用。

基于直接引用的"介入"和"不介入"共存的特点，社论通过对直接引用的大量使用，一方面提升了对读者的影响力，另一方面也提升了毛主席在读者心中的权威性。与直接引用相比，其他类型的引用都无法兼具这两种功能。间接引用由于完全采用社论的视角，主要发挥的是"介入"的作用。这虽然有利于施加社论对读者的影响，但由于读者无法直接接触毛主席的原话，领袖对读者的直接影响相对减弱。自由间接引用同样没有留给读者视角直接观察，即便保留了原来话语中的语气或时间指示关系等要素，但无助于提高领袖权威，更何况模仿领袖语气或方式是政治禁忌，因此从未被采用。从这个意义上讲，以直接引用为主，以间接引用为辅的语言特征能够最大限度地同时提升社论对读者的影响力和领袖对读者的权威性。至于自由式直接引用，这种引用过多削弱了社论对读者视角的干预，使读者的理解处于完全失控的状态，不利于引导正确的政治观念，因此出现的次数很少。

六 结 论

本文主要分析了文革社论中直接引用的语言特征及其认知效果。总体而言，数量多、频率高是直接引用最明显的特点。反复引用不仅被用作论据说明观点，更重要的是能够引起读者对毛主席言论的重视，实现以毛泽东思想为依据认识和改造世界的宣传效果。更重要的是，直接引用促使读者建立"领袖中心主义"的思维定式：领袖是现实的核心力量，领袖言论是构成现实的重要内容，与个体存在息息相关。在至高的领袖面前，个体的地位无足重轻，个人的感受、思想或利益等存在的意义都微不足道。领袖中心主义意味着一元主义，这是社论演绎出的另一种思维定式。领袖不仅是现实中唯一的中心，同时也是理解现实的唯一视角，是衡量所有个体思想行为的唯一标准。个体无需认识现实，只需接受一种特定认识，这不仅否定了任何异质思想的存在，还消除了个体思考和反思的可能，使个体认识永远处于明晰而确定的状态中。这两种思维方式相辅相成，造就了个体的权威意识、服从意识和思维惰性，最大限度地造就了盲目狂热的革命大众，为文化大革命运动提供思想意识上的支持。

初级日语教材中的 SA 变动词及其问题点

首都师范大学日语系　刘健

【摘要】

现代日语 SA 变动词的习得与教学研究在国内教育界尚属起步阶段，本文通过跟踪调查首都师范大学日语系本科生对 SA 变动词的学习情况，结合对多种教材的考察，旨在找出迄今为止该领域教学的难点甚至是盲点，为今后的教学和教材开发提供素材。

【关键词】

SA 变动词　导入　语法性质　误用

一　引　言

在初级日语的学习中，"用言"（指日语中的动词、形容词）的活用变化以及语法性质是难点之一。特别是在动词的学习过程中，学生经常容易误用，因此在教学过程中需要引起注意，尤其是 SA 变动词的学习，更是需要谨慎。这是因为日语中的 SA 变动词在拥有与和语动词相似的语法性质之外，又拥有其特殊的语法特征，又因为存在大量的汉语词与之同形同义或同形异义，所以以汉语为母语的日语学习者极易引起混乱。

1.1 问题提起

通过观察现在正在被使用的主流日语初级教材后，我们会发现下面的问题。初级教材在导入动词和动词的活用变化、或者介绍其语法意义和使用方法时，SA 变动词仅仅被介绍为动词的一个下位分类，对其意义用法和语法性质并没有特殊的介绍。

1.2 研究目的和方法

本文希望考察《综合日语》（修订版第 1 册，北京大学出版社）、《基础日语综合教程》（第 1 册，高等教育出版社，以下简称《基础教程》）和《新编日语》（修订版第 1 册，上海外语教育出版社）三本教材中有关 SA 变动词的导入以及语法性质的解释，综合运用二语习得的有关方法和问卷调查，梳理迄今为止教材中有关 SA 变动词意义用法的介绍，希望探讨出更为有效的 SA 变动词教学模式。

二 初级教材中 SA 变动词的分布状况

根据刘健（2011·2012）[①] 等统计，日语中的 SA 变动词共有 18000 个以上，在迄今为止的有关 SA 变动词的研究中，对其词干的构词情况进行分析的居多，而很少有从其语法性质进行考察的案例[②]。就像上面提到的，以汉语为母语的日语学习者容易混淆和误用的，也正是有关 SA 变动词的语法性质方面的用法。为了全面掌握各初级教材中 SA 变动词的分布，笔者首先调查了上述三本教材第 1 册中 SA 变动词的分布状况。结果如下。

表 1 各教材（第 1 册）中 SA 变动词的分布状况表

教材	音読み+する	訓読み+する	外来語+する	副詞+する	する	总计	新单词总计	比率
総合日語（第一册）	136	4	17	2	2	161	1812	8.89
基礎教程（第一册）	87	3	2	9	1	102	793	12.86
新編日語（第一册）	85	7	6	2	1	101	1204	8.39

通过表 1 可以归纳出一下三点。（1）在各类 SA 变动词中，三本教材都是

---

① 劉健：「（一+V）する型漢字語動詞のアスペクト」（J），『日語研究』第 8 輯，商務印書館，2011；劉健：「（N+行）する型サ変動詞のアスペクト」（J），『北研学刊』第 8 号，白帝社，2012。

② 野村雅昭：「サ変動詞の構造」，森田良行教授古稀記念論文集刊行会（編）『日本語研究と日本語教育』1-23（A），明治書院，1999。

「音読み＋する」类占绝大多数；(2) 各教材（第1册）新出SA变动词占总新出单词数的10%左右；(3) 虽然各教材新出单词数略有不同，但是新出SA变动词数差别不是很大①。

三　关于学习过程中误用频发的分析

因为在汉语中大量存在与日语SA变动词同形同义或同形异义的词，以汉语为母语的日语学习者在学习过程中就必须要注意母语干涉。在本小节中将集中介绍分析上述学习者在学习和使用SA变动词时的误用例子，以期为将来的教学模式和教材开发有所贡献。

3.1 资料的收集

笔者在2012年3月到4月负责二年级作文课期间，共收集5个题目共计100篇学生作文，而二年级又正是学生大量使用SA变动词的阶段。因此，笔者收集了这100篇作文中使用了SA变动词的句子并进行了分析。同时，由于笔者2010年以来一直担任一年级精读课，在授课过程中学生们也提出了大量有关SA变动词的问题，在这些问题当中，既有关于SA变动词本身性质的，也有上述关于中日两种语言中同形同义和同形近义词的。现就笔者收集到的两类问题进行分析。

3.2 学习SA变动词过程中的误用分析

1. 混淆词性引起的误用

(1) ？充実（的）な毎日を送りたい。（作）②

汉译：我想度过充实的每一天。

正确用法：充実した毎日を送りたい。

(2) ？この肉はもう古いので、刺激的な匂いがする。（作）

汉译：这块肉已经不新鲜了，散发出刺激性的味道。

正确用法：この肉はもう古いので、臭い匂いがする。

(3) ？このような生活は私にとって比較的にふさわしい。（作）

汉译：这种生活比较适合我。

---

① 2001年出版的《高等院校日语专业教学大纲》中要求学习的SA变动词数量为465个。

② 2年级作文课中收集到的误用例子用（作）表示，1年级学生精读课上收集的例子用（精）表示。

正确用法：このような生活は私にとって比較的ふさわしい。

（1）～（3）所出现的误用不仅是作文课上，在精读课上也经常出现。首先，「充実」一词在日语是作为 SA 变动词，也就是添加词缀「する」后作为动词使用，没有像汉语一样名词和形容词用法。

「刺激」一词也是同样的情况，但与「充実」又略有不同。在现代日语中，虽有「刺激的」这一ナ形容词，但是此时的意义为「感性を強く触発するさま」（强烈引起感官感觉），和「刺激する」一词的意思是有出入的，后者的意思更接近汉语的同形同义词"刺激"。

「比較する」一词的误用不是发生在作为 SA 变动词使用时，而是「比較的」一词的使用容易发生误用。「比較的」在日语中并不是ナ形容词，而是副词。一般学习者在看到「～的」后极易作出判断认为是ナ形容词，才会引起例（3）这样的误用。

综上所述，（1）～（3）的 3 种误用情况，都是因为虽然在汉语中存在同形同义或近义词，但在日语中却是作为不同的词性的词使用才引发的，也就是说，母语干涉在这种情况中起到了负向作用。

2. 混淆词汇意义引起的误用

(4) ？おばあちゃんはもう年をとっているが、とても私のことを関心してくれる。（作）

汉译：奶奶虽然年事已高，还是十分关心我。

正确用法：おばあちゃんはもう年をとっているが、とても私のことを気を使ってくれる。

(5) ？風邪を引いたので、今日授業できない。（精）

汉译：我感冒了，今天不去上课了。

正确用法：風邪を引いたので、今日授業に出席できない。

「関心」一词的意思是「その事について自分自身に直接かかわりがあるかどうかに関係なく、無視するわけにはいかないと感じ、より深く知ろう（今後の成り行きに注目しよう）とする気持ちを持つこと。」という意味である①。（不管是否直接与某事有直接关系，认为不能忽视，希望更多了解今后的发展情况等。）「関心」一词在『新明解国語辞典』（第六版、三省堂）和『新世紀日漢双解大辞典』（外语教学与研究出版社）两本词典中被认定为名词，而在『スーパー大辞林3.0』（三省堂）则被认定为名词兼 SA 变动词。因此，「関心」本来在词汇意义上就与汉语词"关心"处于同形异义关系，再加上各个词典对其词性认定的不统一，导致例句（4）这样的误用例。

---

① 根据《新明解国語辞典》，第 6 版，三省堂，2004。

在例句（5）中，虽然各词典对「授業」一词的词性认定是一致的，但是，SA 变动词「授業する」的意义为「学校などで、学問などを教える」（在学校等处教授学问），如果要站在学习者的角度想要表达"在教室等处学习知识"的意义时，就要使用「授業を受ける」这一表达形式。

3. 混淆动词的自他性引起的误用

(6) ？今の生活を満足しています。（作）

汉译：我很满足（于）现在的生活。

正确说法：今の生活に満足しています。

(7) ？経済を発展するのはきわめて肝心なことである。

汉译：发展经济非常重要。

正确说法：経済を発展させるのはきわめて肝心なことである。

「満足する」和「発展する」这两个词的误用情况并不同于 2.1 和词性混淆和 2.2 的意义混淆。在 2.1 和 2.2 中，例如「関心」、「刺激的」等词是由于在汉语中存在同形同义或近义词导致的误用，而 (6) 和 (7) 中的 SA 变动词虽然在汉语中也存在同形同义词，但是在日语中仅作为自动词使用，而在汉语中则可以"满足现在的生活"、"发展经济"等"述宾短语"的形式出现。

这种引发误用的原因，并不是"满足"、"发展"和「満足する」、「発展する」这样的个案，仔细观察之后会发现，在汉语的短语结构中，动词之后常常可以比较自由的添加名词宾语构成"述宾结构"，这一点不容忽视。而日语的情况就绝非如此了。下面的例子是以汉语的"吃"为动词的述宾结构短语。

- 吃拉面。ラーメンを食べる
- 吃大碗。大盛りの（ラーメン）を食べる
- 吃食堂。食堂で食べる
- 吃父母。親のすねをかじる

像上面的述宾结构短语在汉语中还有很多，因为篇幅原因，暂且不做深入探讨。因为在汉语中动词后面可以比较自由地添加名词构成述宾结构，以汉语为母语的日语学习者在学习「発展する」这样的 SA 变动词时，如果教材中不做特别说明，很容易引起上述误用的情况。

四 調查有关 SA 变动词习得情况的问卷调查

笔者以首都师范大学日语系一年级学生（44 名）和三年级学生（40 名）为对象进行问卷调查，以期探讨上述误用的原因究竟是个别情况还是普遍的

现象。（问卷调查的具体内容请参看本文的附录1和附录2）

4.1 调查问卷的设置

由于本次问卷调查的目的是探讨 SA 变动词习得过程中误用出现的倾向和原因，所以设置的15个问题都与上面第三节中的误用现象有关，15个问题共分为如下几大类①：

① 有关词性的问题　（8）
② 有关词汇意义的问题　（5）（6）（11）（13）
③ 有关自他性的问题　（1）（4）（9）（10）（12）（14）
④ 有关格助词の和を的插入问题　（2）（3）（7）（15）

由于不希望被调查者觉察上述分类，所以笔者将各大类问题进行了随机排列。

4.2 调查对象的选择

在小柳（2004：144）中，将语言习得的过程（机制）进行了如下总结：
・input：输入
・觉察：留意某种语言形式/留意到既有语言形式/频度/认知的动机等
・理解：通过意义交涉（确认、反复、明确要求）来进行修正性学习，理解语言的意义
・intake：依据普遍语法与中间语言进行比对、消化
・综合：再建中间语言/为长期记忆做准备/自动生成知识储备
・output：学习者产出语言，进而开始新的 input

在一年级阶段，input（输入）占主导地位，要达到觉察、综合到 output（输出）的阶段则比较困难，而这一阶段的外语学习也最容易受到母语干涉。另一方面，三年级时，就像蕁板（1994：13）中所指出的那样，"三大意识"② 开始逐渐发挥作用，从外语习得过程来说，"综合"和"output"开始占主导地位。基于上述考虑，本文决定将一年级和三年级学生作为调查对象，进行本次问卷调查。虽然问卷内容相同，但是一年级学生用的问卷主要采用选择题的形式，而三年级学生用的问卷则采用翻译题的形式，也是出于同样的考虑。

4.3 调查结果

在以首都师范大学日语系一年级学生为对象的调查中，共回收有效答卷

---

① 以1年级学生的问卷调查内容为例。
② 三大意识分别指"觉醒"、"意识"和"自我认识"三个阶段。

39份，调查结果总结如下：

表2　调查1结果

	①	②	③
（1）日本語の勉強を努力したいと思います。 努力して日本語を勉強したいと思います。	○17（43.6）① ○20（51.2）		○ 2
（2）ピアノの演奏などのような番組が好きです。 ピアノを演奏するというような番組が好きです。	○24（61.5） ○14（35.9）		○ 1
（3）ラ行の仮名を発音してください。 ラ行の仮名の発音をしてください。	○15（38.5） ○16（41.0）		○ 8
（4）コンピュータでお握りの作り方を検索します。 コンピュータでお握りの作り方が検索します。	○34（87.2） ○4（10.3）		○ 1
（5）今、授業しています。 今、授業を受けています。	○2（5.1） ○34（87.2）		○ 3
（6）今、数学の試験をしています。 今、数学の試験を受けています。	○10（25.6） ○28（71.8）		○ 1
（7）新入生を歓迎するために、パーティーをする予定です。 新入生歓迎をするために、パーティーをする予定です。	○34（87.2） ○3（7.7）		○ 2
（8）充実的な毎日を送るつもりです。 充実の毎日を送るつもりです。 充実した毎日を送るつもりです。	○17（43.6）＋1 ○15（38.5）＋1 ○2＋2（10.3）②		○ 3
（9）今回の北京国際映画祭の目的の1つは、東西文化が交流することです。 今回の北京国際映画祭の目的の1つは、東西文化を交流することです。 今回の北京国際映画祭の目的の1つは、東西文化の交流です。	○6（15.4）＋4 ○18（46.2）＋8 ○2＋12（35.9）		○ 1
（10）手足を活動して、ウォーミングアップをしましょう。 手足を動かして、ウォーミングアップをしましょう。	○17（43.6） ○21（53.8）		○ 1
（11）…普段の生活から勉強まで私のことをよく関心してくれます。 …普段の生活から勉強まで私のことをよく気遣ってくれます。	○20（51.3） ○19（48.7）		

①　括号中为各数字在答题总数的百分比。

②　①选项数字后面的"＋数字"表示除了选择①之外同时选择了③的数目。②选项数字后面的"＋数字"则表示除了选择②之外同时选择了③的数目。③选项数字后面的"＋数字"则表示同时选择①②和③的数目。

续表

（12）沙織さんが三好さんを協力することになっています。 沙織さんが三好さんに協力することになっています。	○6（15.4） ○32（82.1）	○ 1
（13）この肉はもう古いから、刺激的なにおいがします。 この肉はもうふるいから、臭い匂いがします。	○8（20.5） ○29（74.4）	○ 2
（14）自分が好きなサークル活動に参加した学生が多いです。 自分が好きなサークル活動を参加した学生が多いです。	○24（61.5） ○14（35.9）	○ 1
（15）この洋服を試着してもいいですか。 この洋服の試着をしてもいいですか。 この洋服が試着してもいいですか。	○20（51.3）+2 ○2（5.1） ○5+2（17.9）	○ 10

由于篇幅原因，本文暂且不对调查结果做更为详细的分析，但是从表2中我们可以总结如下几点：

（1）几乎被调查者对所有的问题都存在把握不准的情况；

（2）除（11）题外，都存在同时选择两个选择项的情况，这可以说明在下一步学习和将来实际使用时，会导致学习者误用的产生；

（3）把握度最小（百分数差在10以内）的是（1）（3）（8）（11）四个题目；

（4）同时选择两个选择项倾向比较严重的是（3）（9）（10）（15）四个题目。

通过上述四点分析可以得知，SA变动词的习得对于一年级学生（input阶段）来说非常容易出现把握不准的情况，这就需要教材和教师在这一阶段需要对SA变动词的语法性质进行比较详细的说明。但是，就像上文中提到的，在现在主要使用的教材中，很少有这方面的说明，可以说这也是导致三年级学生（output阶段）频频产生误用的原因之一。

上述（1）～（4）点分析，在本次三年级学生的调查中同样存在，鉴于篇幅原因，本文仅对第（3）点情况进行说明。在三年级问卷的19分有效答卷中，将第（8）题"充实的每一天"翻译为「充実した毎日」的仅有3人，其他翻译结果如下所示：

· 充実に毎日を過ごしたいです。（8）

· 私は充実な日を過ごしたいです。（6）

· 私は毎日が充実な日がほしい。（1）

· 私は毎日が充実したい。（1）

通过观察上面的翻译结果可以看出，「充実する」这一SA变动词对本次接受调查的三年级学生来说，由于母语干涉的负向影响，非常容易与汉语的

"充实的（一天）""充实地（生活）"发生混淆，最终导致误用。

五 小 结

本文对以汉语为母语的日语学习者对 SA 变动词的习得情况进行了探讨。SA 变动词的习得在现阶段还存在诸多问题①，要想一次性解决这些问题并不现实，需要逐步的探讨和努力。只是，在解决这些问题的过程中至关重要的，是无论教师还是学习者都需要明确一个认识，即 SA 变动词是一个特殊的存在，在习得过程中会有许多容易引起误用的地方，只有有效的解决和掌握这些容易发生混淆和误用的地方，才能有效地到达 output 这一环节。

就像在 4.2 中所介绍的那样，外语习得的环节，可以分为 input、觉察、理解、intake、综合和 output 等 6 大阶段，能够正确的输出（output）既是学习者的最终目的，也是教师最希望看到的结果。现在，我们看一下前面提到的三本教材中有关 SA 变动词 input 的最初阶段，即 SA 变动词的导入情况。

表3 3本教材中 SA 变动词的导入情况

サ変動詞の導入状況						
テキスト	初出単語	初出テキスト	動詞の解釈	動詞解釈初出	サ変動詞に関する解釈	
					活用変化に関する解釈	文法的解釈
総合日語（第一冊）	生活	5（1）	無	8（1）	8（1）	無
基礎教程（第一冊）	旅行	1（1）	無	4（2）	有（11）	無
新編日語（第一冊）	会話	1（1）	無	6	有（6）	無

通过表3可以得知，SA 变动词在各教材中出现的位置都十分靠前，但是出现时该课中尚未有其他动词，自然也就没有关于动词的解释。在后面的动词相关解释中，SA 变动词也只是作为动词的一个下位分类，并没有对其进行特殊说明。这一点对于学习者来说应该是造成日后学习过程中出现混淆和误用的原因之一。在今后的教材开发和教师授课过程中，这一点都需要引起足够的重视，这一点笔者希望作为今后的课题，继续进行探讨。

---

① 当然，调查应该在更多的学校中进行，这会让调查结果更具说服力，但是本次调查中考虑到各个学校使用的教材并不尽相同，恐怕会对结果造成一定影响。笔者希望在今后的文章中，逐渐解决这些问题。

附録1　サ変動詞の習得に関するアンケート調査（1年生用）

次の各問題の選択肢から、もっともふさわしい日本語訳に〇をつけなさい。両方ともオーケーだと思う場合は、2つか全部選んでもかまいません。

(1) 我想努力学日语。
①日本語の勉強を努力したいと思います。（　　）
②努力して日本語を勉強したいと思います。（　　）

(2) 我喜欢钢琴演奏这样的节目。
①ピアノの演奏などのような番組が好きです。（　　）
②ピアノを演奏するというような番組が好きです。（　　）

(3) 请发一下「ラ」行音。
①ラ行の仮名を発音してください。（　　）
②ラ行の仮名の発音をしてください。（　　）

(4) 用电脑检索饭团子的做法。
①コンピュータでお握りの作り方を検索します。（　　）
②コンピュータでお握りの作り方が検索します。（　　）

(5) 我们正在上课。
①今、授業しています。（　　）
②今、授業を受けています。（　　）

(6) 我们正在考数学。
①今、数学の試験をしています。（　　）
②今、数学の試験を受けています。（　　）

(7) 我们准备举行一个晚会来欢迎一年级新生。
①新入生を歓迎するために、パーティーをする予定です。（　　）
②新入生歓迎をするために、パーティーをする予定です。（　　）

(8) 我想度过充实的每一天。
①充実的な毎日を送るつもりです。（　　）
②充実の毎日を送るつもりです。（　　）
③充実した毎日を送るつもりです。（　　）

(9) 交流东西方文化是本次北京国际电影节的目的之一。
①今回の北京国際映画祭の目的の1つは、東西文化が交流することです。（　　）
②今回の北京国際映画祭の目的の1つは、東西文化を交流することです。（　　）
③今回の北京国際映画祭の目的の1つは、東西文化の交流です。（　　）

(10) 咱们活动一下手脚，做一下热身运动。

①手足を活動して、ウォーミングアップをしましょう。(　　)
②手足を動かして、ウォーミングアップをしましょう。(　　)
(11) 奶奶年事已高，但还是从日常生活到学习都非常关心我。
①おばあちゃんは年をとっていますが、普段の生活から勉強まで私のことをよく関心してくれます。(　　)
②おばあちゃんは年をとっていますが、普段の生活から勉強まで私のことをよく気遣ってくれます。(　　)
(12) 由纱织同学协助三好同学。
①沙織さんが三好さんを協力することになっています。(　　)
②沙織さんが三好さんに協力することになっています。(　　)
(13) 这块肉已经不新鲜了，散发出一股刺激性气味。
①この肉はもう古いから、刺激的なにおいがします。(　　)
②この肉はもうふるいから、臭い匂いがします。(　　)
(14) 很多同学都参加了自己喜欢的社团活动。
①自分が好きなサークル活動に参加した学生が多いです。(　　)
②自分が好きなサークル活動を参加した学生が多いです。(　　)
(15) 我可以试穿一下这件衣服吗？
①この洋服を試着してもいいですか。
②この洋服の試着をしてもいいですか。
③この洋服が試着してもいいですか。

附録2　サ変動詞の習得に関するアンケート調査（3年生用）

次の中国語文を日本語に訳しなさい。(1) から (12) までは括弧の中の単語を使いなさい。
(1) 我想努力学日语。(「努力」)
(2) 我喜欢钢琴演奏这样的节目。(「演奏」)
(3) 请发一下「ラ」行音。(「発音」)
(4) 我们正在上课。(「授業」)
(5) 我们正在考数学。(「試験」)
(6) 我们准备举行一个晚会来欢迎一年级新生。(「歓迎」)
(7) 我想度过充实的每一天。(「充実」)
(8) 交流东西方文化是本次北京国际电影节的目的之一。(「交流」)
(9) 由纱织同学协助三好同学。(「協力」)
(10) 很多同学都参加了自己喜欢的社团活动。(「参加」)
(11) 用电脑检索饭团子的做法。(「検索」)
(12) 我可以试穿一下这件衣服吗？(「試着」)

(13) 奶奶年事已高，但还是从日常生活到学习都非常关心我。
(14) 这块肉已经不新鲜了，散发出一股刺激性气味。
(15) 咱们活动一下手脚，做一下热身运动。（热身：「ウォーミングアップ」

英语专业学术论文写作课的改革与创新

首都师范大学外语学院副教授 刘晓红

【摘要】
本文是首都师范大学校级优秀重点教改项目《英语专业学术写作课程教学模式改革与创新思想研究》的结题论文。作者在调研了国内外英语学术论文写作课程发展的基础上，针对本校英语专业学生的特点，设计出具有新型教学模式的改革方案，并在项目实施的两年当中进行大胆尝试，组织项目组成员为大四学生增加了文学、语言学、翻译、文化等四个方面的专题课程，并在指导学生开题方面进行改革，以提高学生思辨能力为目标，锻炼逻辑思维能力的方法为手段，大大提高了毕业论文的写作质量。与此同时，通过专题研究课程以及学生科研小组的活动激发了学生做科研的兴趣，两年来在学生科研的数量和质量方面均有显著成果呈现。

【关键词】
学术论文写作　英语专业　思辨能力　学生科研

一　研究背景及文献综述

长久以来，各高校都为英语专业高年级学生设立学术论文写作，旨在为大四学生撰写毕业论文提供详细系统的指导，使学生掌握英语学术论文写作的过程和规范。通常在教学过程中，帮助学生选定一个合适的研究课题，介绍通过网络资源查找资料的方法，包括如何整理分析资料信息的技巧，传授学生学术论文的一系列技巧和论文规范。然而，任课教师在多年的教学过程当中发现最头疼的事情莫过于引导学生思维的过程。传统的课堂教学模式只能使学生被动地接受知识，如何使这些知识与自己的科学研究相结合，并生成一篇具有专业水准的毕业论文是许多学生可望而不可及的目标。表面的规范模式可以模仿，但选题的深度思想性和创新意识却无法通过模仿而来，培养学生的批判性思维能力和创新意识迫在眉睫，从教学理念到课程模式的更新势在必行。

近十年来，关于英语专业的学术论文写作方面的研究主要集中在下面三个层面：论文写作课程的教学探索，毕业论文的质量问题和学生思辨能力的研究。

英语专业的学术论文写作是《高等院校英语专业英语教学大纲》① 规定的必修课，各学校的课程基本内容都强调选题、资料查询、语言表达、论述、结论、文章的连贯、参考文献和写作规范。对论文写作课的教法研究集中在一些基本的课堂技巧上，比如，教师设计任务型教学步骤，引导学生从全面了解国内外研究现状入手，依据专业及方向要求，选题目，整资料，编提纲。② 还有教师把案例分析法运用于论文些写作课的教学实践③，用生动的例子让学生熟悉论文写作的全过程。另有教师启发学生自主性学习，充分在论文教学中发挥学生的主观能动性④。很显然，论文写作课程是各高校本科教学阶段的重中之重。

其次，更多的教师研究者关注毕业论文的质量问题。他们的研究大同小异，大都总结了英语专业毕业论文中存在的问题：选题单一重复，没有创新；思辨能力弱；语言连贯欠缺；逻辑思维混乱；学术诚信缺失；论文规范不严；毕业论文管理不善；评估体系不完备等等。至于解决这些问题的办法，各校提出了类似的想法，具有很强的针对性，但对实施效果的研究显然不很充分，仅仅局限在理念层面。

令人可喜的是，近年来，有不少学者对国内外学生的思辨能力进行了探讨。2008 年，张萍发表了题为"英语论文写作与大学生创新思维能力的培养"的学术论文，讨论如何在英语论文写作教学中培养英语专业学生创新思维能力的有效途径。⑤ 通过教学模式和教学方法的改革，培养学生分析与综

---

① 高等学校外语专业教学指导委员会英语组，《高等院校英语专业英语教学大纲》，上海：上海外语教育出版社，2011 年，第 3 页。
② 胡兆欣. 基于网络的高职高专英语专业毕业论文写作教学方法初探［J］. 职业与教育，2010（12）：152—153。
③ 潘英慧. 案例教学法在学术论文写作课程中的运用［J］. 长春教育学院学报，2010（10）：110—111。
④ 王婷. 英语学术论文写作课堂的自主学习策略［J］. 辽宁教育行政学院学报，2010（9），Vol. 27 No. 9：68—69。
⑤ 张萍. 英语论文写作与大学生创新思维能力的培养［J］. 成都大学学报，2008（12），Vol. 22 No. 12：66—68。

合、抽象与概括、多角度分析问题以及发现问题、解决问题等创新能力。近两年以来，以文秋芳教授为代表的学者对英语专业学生思辨能力欠缺的现象进行了反思和深入的研究。他们首先为外语类大学生制定了思辨能力客观性量具[1]，进行了先导研究，其次利用这一科学量具对全国各类高校2189名英语专业学生及文科类大学生展开了思辨能力的大规模研究，结论表明[2]，英语专业学生总体思辨能力略高于文科类大学生，但大学一、二、三年级的学习并没有使英语专业学生的思辨能力显著提高。相反，文科类大学生虽然整体上的思辨不如英语专业学生，但在大学前三年的学习过程中，尤其是二年级到三年级阶段，他们的思辨能力有质的飞跃。除此以外，宁波大学的张熙尝试了在英语专业毕业论文中进行批判性思维实证定量研究[3]，作者采用实证定量方法，研究在英语专业本科毕业论文写作教学过程中"自我加强"对培养学生批判性思维的作用，实验结果表明，"自我加强"的教学活动有助于激发和提升学生的批判性思维，有益于充实英语写作内容、提高写作质量。在这些研究的基础上，刘艳萍等发表"国外大学生思维能力研究评析及启示"[4]，指出国外对大学生思维能力的研究具有理论体系完善、量具成熟、使用广泛，研究内容丰富、方法先进等特点，为我国外语类大学生思维能力现状研究提供借鉴。

二 英语专业学术论文写作课教学模式的改革方案的制定与实施

上述各项研究的结论对英语专业的学术论文写作课程无疑是个极大的触动。笔者认为，这些研究成果可以带动一系列关于思辨能力和教学理念相结合的广泛探讨，促进广大教师对全国英语专业的教学设置的反思，有望建立起完善的以提高学生思辨能力为核心思想的教学模式。于是，借助于学校的教学改革项目，我们进行了一些有益的尝试。

2.1 学术论文写作课教学模式的改革方案的突出特点

作为学校的优秀课程，本系英语学术论文写作课程建设已经初具规模，

---

[1] 文秋芳，王建卿，赵彩然，刘艳萍，王海妹. 构建我国外语类大学生思辨能力量具的理论框架[J]. 外语界，2009 (1)：37—43。

[2] 文秋芳，王建卿，赵彩然，刘艳萍，王海妹. 我国英语专业与其他文科类大学生思辨能力的对比研究[J]. 外语教学与研究，2010 (9)，Vol. 42 No. 5：350—400。

[3] 张萍. 英语论文写作与大学生创新思维能力的培养[J]. 成都大学学报，2008 (12)，Vol. 22 No. 12：66—68。

[4] 刘艳萍，文秋芳，王建卿，赵彩然，王海妹. 国外大学生思维能力研究评析及启示[J]. 石家庄经济学院学报，2010 (10)，Vol. 33 No. 5：133—136。

为改革奠定了良好基础。笔者和项目组的其他教师一道，制定了丰富的可持续性的教学改革研究方案，其突出的特点可以总结为以下三点：

1) 教学理念先进，理论基础扎实；教学设计思想先进，教学储备丰富实用。本课程将英语写作教学理论与测试理论、情感教学理论、课堂教学策略等理论知识积极运用于教学的各个环节当中，使整个教学设计科学、完善。教师提供丰富的参考资料及网络资源，为学生提供大量信息及交流平台，为学生的自主学习提供了最佳条件。

2) 教学内容、教学方法和教学手段改革目标明确，实施计划完整规范，切实可行；课程评估手段新颖，评价体系科学有创新，教学效果明显提高。设计以学生为中心的教学活动锻炼学生的逻辑思维能力，以自主和合作学习相结合的方式培养了学生独立思考的良好习惯。新颖的形成性评价体系将成绩的评判与各种教学活动紧密结合，调动了学生的积极性，最大限度地提高了学习效果。

3) 教学过程注重培养创新意识和独立进行科研的能力，加强实践性教学的投入。本课程鼓励学生大胆实践，深入实地考察，积极申报学生项目，意在培养学生的科研能力，同时提高毕业论文的写作水平。

2.2 学术论文写作课教学模式的改革方案的具体步骤

在以上方案的指导下，我们集中骨干力量，继续对学术论文写作课的教学模式进行更大力度的改革，寻求符合先进语言教学理念的多种多样的教学手段，彻底突破只传授写作规范的传统框架，建立起更加完善的教学体系，着重培养学生的批判性思维能力，加强教与学双方面的创新思想研究，力争在学生科研成果上体现新教学模式的优越性和可行性。具体实施过程可分为以下四个步骤。

1. 论文写作之前的积累：延长开题阶段的指导

自三年级暑假起，秋季开课之前就帮助学生进入论文写作的装填。首先为学生安排"课前讲座"，

深入浅出将他们引入论文构思过程。运用多种教学手段开阔学生思路，调动学生学习的主动性，以网络为平台，用新科技的方法指导他们有效搜集积累论文资料，利用网络软件整理思路，侧重逻辑思维过程，形成独特的论文选题。教师为学生提供"论文构思过程描述模板"①（见附录1），帮助他们梳理思路，一般要求选择两至三个感兴趣的话题，最后选定一个完成"构思

---

① 周开鑫. 英语专业学生学术论文写作手册. 北京：外语教学与研究出版社. 2006年，18—19。

过程描述",开学上交。这样系统的指导,减少了学生对毕业论文的恐惧心理,让他们一开始就感觉到有章可循。

2. 整理资料阶段的特殊指导:帮助学生提高批判性阅读意识

教师制定计划帮助学生梳理选题思路,除了引导学生对所查网站用科学标准行评价以外,利用互联网的优势帮助学生整理并归类所有参考资料,制作特殊网页将资料分类,在此过程中,启发学生在阅读中勤思考,对所查阅的文献在总结要点的基础上提出自己的问题,找出相关文献之间的逻辑关系,把能够联系在一起的文献归类整理,为完成研究过程中的"Annotated Bibliography"做好准备,制订较为完善的提纲。在此过程中,学生们明确了如何进行"批判式"阅读,增强了他们批判性思维的能力。

3. 相关课程设置的改革创新:开设不同方向的专题研究课程

在调研过程中我们了解到:以北京外国语大学英语专业为代表的高校在对本科学生培养的过程中,对学生的"积累"十分重视。学生自三年级始(即进入高年级阶段)便开始接受学术写作的培训。以每周"专题讲座(lecture) + 小组讨论(seminar)"的形式全英文授课。课程教授与考核方式与硕士研究生阶段的要求接轨,作业也以分析、评述为目的的论文为主,强化学生查英文资料,作笔记,以及用英文思考、谋篇的能力。在兄弟院校宝贵经验的启发下,我们对与学术论文写作相关的课程设置进行了改革和创新,从2010年秋季开始,为四年级学生开设了四个专业方向的专题讨论课(Seminar),即:语言学专题,翻译专题,文化研究专题,英美文学专题。专题课的授课方式基本为团队授课,由两至三名教师共同授课,文学专题的教师组甚至由四位副教授或博士担任。专题课以讨论为主,为学生介绍不同研究领域的最新发展成果,尤其在选题上做到为学生把关。作为"学术论文写作"课的协作课程,专题讨论课弥补了写作课的不足,对选题的深入、可行性和创新性起到了不可忽视的作用。

4. 自主性学习思想的贯彻:组织学生进行科研小组活动

在学术论文写作课上,教师根据学生的初步选题将学生大致分为四个方向组:语言研究组,文学研究组,翻译研究组,跨文化研究组,并以此为基础组织各种课堂活动。在课程进行的过程中,学生们如有必要可以在教师的帮助下调整方向小组继续下面的活动。课程的每个环节(包括选题、构思、主题确认、起草提纲等)都争取在小组内进行自查、互查和反思。这种教学思想被项目组成员延伸到各个方向的专题讨论课上,在同一个专题下,教师会根据学生选题的特殊性细化小组布置任务,采取小组讨论、小组展示和小组评议的方式进一步完善各种选题,让学生的写作过程不再"孤单",对自己充满信心。这样的方式也孕育了多项学生科研项目的诞生。

三 英语专业学术论文写作课教学模式的改革与创新成果总结

在教师们的共同努力下，学术论文写作课教学改革与创新取得了丰硕成果①，主要可以总结为以下几个方面。

1）建立了完整科学的学术论文写作的教学体系，教学成果非常显著。顺利完成了改革方案制定的四项任务；论文写作课与各专题研究课程紧密结合，论文写作课以及各专题研究课程的教师评估成绩均达到 90 分以上（见附录 2）。

2）学生科研项目成绩显著。2010 年本系学生项目结题 10 项，立项项目 6 项；2011 年结题项目 6 项，立项项目 6 项。这些项目当中包括国家级项目 3 项，市级项目 1 项（见附录 3）。

3）毕业论文的质量及优秀论文数量明显提高。论文写作课与毕业论文指导密切结合取得可喜成绩。两年来英文系共指导优秀毕业论文 15 篇，其中院级优秀论文 4 篇，校级入册的优秀论文 2 篇，全系毕业论文优良率超过 60%。

4）改革成果得到校内外专家好评。专家普遍认为：论文写作课的改革发扬优秀课程建设的基本理念，改变了论文写作课过于重视形式规范的弊病，将丰富的任务型教学模式应用于教学活动当中。提高了学生的批判性思维的意识，增强了他们开展科研的能力。

很明显，这种新的教学理念得到广大师生的认可，同时对英语专业的写作课程设置以及课程之间的衔接合作提供了良好的土壤，为下一步的系统工程打下了坚实基础。

四 结论与展望

学术论文的教学与指导是一项系统工程，虽然我们在课程的改革与创新方面

做出了一点成绩，但仍面临许多问题需要解决。比如，论文写作通常在四年级进行，但毕业生面临许多实际问题，包括专业考级，考研准备和就业压力等，从一定程度上影响了他们搞科研的积极性。其次，与来自各专业的辅修学生相比，英语专业学生思辨能力仍显薄弱，黄源深教授多年前就分析

---

① 本文作者诚挚感谢项目组的所有成员以及为此工作付出辛勤劳动的同事们。学生们优秀论文的产出和学生科研成果均是他们辛勤耕耘的结果。

过这种"思辨缺席"的原因,源于"语言学习的内在规律、课堂教学方法的偏执以及学习方法的不当"(1998)①。根据学生实际情况进一步解决这个问题成为一个专门的研究课题,我们力争在今后的研究中探求一条把写作课教学与培养思辨技能结合起来的新路。最后,我们想指出的是,英语专业四年的写作课程之间的衔接是笔者非常关注的另一课题。拓宽研究思路、从单一的写作课研究逐渐扩展到对英语专业课程设置的思考势在必行。在这些源源不断出现的研究课题面前我们充满信心。

附录1:"论文构思过程描述模板"

My Thesis Preliminary Proposal   Class _____   Name _____

(初步选题思想描述——2011年暑假内完成,算学术论文写作课成绩—开学第一周交)

1. For the required pre-graduation paper writing, I intend to make a tentative research into (选题内容) _____. I plan to do my research by _____. (研究方法)

2. My interest in the theme arises from (选题动机) _____.
(I'm interested in this topic because _____.)

3. To fulfill the research, I have studied attentively most available books, (选题国内外研究现状) such as _____, which gives me a general knowledge about _____. Additional references such as _____ provide information about _____. But I think more efforts should be made to look into (本选题意义) _____.

4. Generally speaking, the books and materials I've searched are limited in terms of _____ Besides, _____ are not adequately taken into account. (之前研究的局限性及未来研究空间) Based on the materials I collected, I think more attention will be given to _____. (选题可行性分析)

5. In the research, I will employ the method of _____ (研究方法). Specifically, I _____ (选题重点即论文主要观点).

---

① 黄源深. 思辨缺席. 外语与外语教学, 1998 (7): 1, 19。

6. (Optional! You will get extra credit if you have this.)
A new perspective that distinguishes the forthcoming paper will be its focus on（选题创新点）
_____
_____

7. Preliminary bibliography（Working bibliography）（至少列出 15 个文献——请按标准格式！）

（英文文献在前，小四号 Times New Roman 字体；中文文献放后面，用宋体五号字）

附录 2：2010—2011 年论文写作课及各专题课程的教师评估成绩

学年学期	院系	问卷类别	评估内容	教师号	教师名	职称	统计值	应评人数	已评人数
2010-2011 学年秋	英文	学生问卷（外语类技能课）	学术论文写作			副教授	94.43	75	73
2010-2011 学年秋	英文	学生问卷（理论类）	语言学专题			副教授	92.41	18	18
2010-2011 学年秋	英文	学生问卷（理论类）	语言学专题			副教授	90.73	18	18
2010-2011 学年秋	英文	学生问卷（理论类）	语言学专题			博士	84.56	18	17
2010-2011 学年秋	英文	学生问卷（理论类）	英美文学专题			副教授	94.57	19	18
2010-2011 学年秋	英文	学生问卷（理论类）	英美文学专题			副教授	95.53	19	18
2010-2011 学年秋	英文	学生问卷（理论类）	英美文学专题			副教授	94.31	19	18
2010-2011 学年秋	英文	学生问卷（理论类）	文化研究专题			副教授	96.10	20	20
2010-2011 学年秋	英文	学生问卷（理论类）	翻译专题			副教授	94.92	25	24
2010-2011 学年秋	英文	学生问卷（理论类）	翻译专题			讲师	92.13	25	24

平均分：92.81

学年学期	院系	问卷类别	评估内容	教师号	教师名	职称	统计值	应评人数	已评人数
2011-2012 学年秋	英文	学生问卷（外语类技能课）	学术论文写作			副教授	94.12	87	82
2011-2012 学年秋	英文	学生问卷（理论类）	语言学专题			副教授	98.29	20	20
2011-2012 学年秋	英文	学生问卷（理论类）	语言学专题			副教授	96.19	20	20
2011-2012 学年秋	英文	学生问卷（理论类）	语言学专题			博士	96.06	20	20
2011-2012 学年秋	英文	学生问卷（理论类）	英美文学专题			副教授	98.34	19	16
2011-2012 学年秋	英文	学生问卷（理论类）	英美文学专题			副教授	97.33	19	16
2011-2012 学年秋	英文	学生问卷（理论类）	英美文学专题			副教授	95.99	19	16
2011-2012 学年秋	英文	学生问卷（理论类）	文化研究专题			副教授	93.84	25	23
2011-2012 学年秋	英文	学生问卷（理论类）	翻译专题			副教授	96.24	23	23
2011-2012 学年秋	英文	学生问卷（理论类）	翻译专题			讲师	93.79	23	23

平均分：96.02

附录3：2010—2011年学生科研项目成果总结

2010年6月结题10项

项目	主持人	指导教师	验收结果	
二十世纪美国音乐文化纵览（语言、音乐与文化关系研究）			合格	国家级
基于文化意向探寻获取英语习语语义的思维新方法			优秀	
中、英、美三国本科后继续再教育制度的对比			合格	国家级
关于英文系本科生就业动向及所需职场技能的研究			合格	
浸入式教学与母语非英语学生英语学习关系研究			合格	
第一人称不可靠叙述者的研究			合格	
英语专业教育因素对学生学业情绪及成就归因的影响			一等	优秀指导教师和优秀小组
网络流行新词的翻译方法研究			三等	
英语演讲中语言的决定因素			优秀奖	
英美音乐剧对英语学习的价值研究			优秀奖	

2010本科立项6项

项目	主持人	指导教师	验收结果	
"答案在风中"：20世纪欧美音乐与政治交互性研究			合格	国家级
家庭成员关系对个体生存价值观念的影响…中美家庭成员关系比较研究			合格	市级
英语专业本科专用翻译技艺新题库			合格	
中美文化背景下美国喜剧影视作品译文的翻译规律和技巧探寻			二等奖	
关于"适应现代职场要求，在高校推广普及公众演说课程"的调查			合格	
王乐德作品中的唯美主义研究			合格	

2010本科立项6项

项目	主持人	指导教师	验收结果
英语语音与汉语语音之对比			待验收
中西方文化碰撞下二十世纪美籍华裔女作家对女性主体意识的觉醒与构建			待验收
奥斯卡最佳影片背后的政治导向研究——以军事战争题材为例看奥斯卡引领下的美国电影文化			待验收
优秀的旅游杂志如何影响旅游者的行为			待验收
美国华裔女作家笔下的中国女性形象探索：1970—2010			待验收

第二语言词汇知识维度及其测试

首都师范大学　徐翠　卢峭梅

【摘要】
　　词汇知识至少包括广度和深度两个维度，其中词汇知识广度（词汇量）又分为接受性和产出性词汇量。词汇知识维度论不仅能够客观地描述词汇知识的本质特征，而且具有可操作性。本文分别介绍了测量接受性词汇量、产出性词汇量及词汇知识深度的常用测量工具。

【关键词】
　　词汇知识广度　词汇知识深度　测量工具

一　概　述

　　什么叫认识一个词？或者说，词汇知识包括哪些方面？这个问题引发了研究者长时间的探讨。以前那种对词汇习得的二分法——认识/不认识一个词——已经受到研究者和外语教师的一致否定，他们意识到词汇习得是一个多维度的、不断发展变化的复杂的过程（Schmitt 2001，张萍，2006）。
　　以 Nation、Laufer 和 Richards 等为代表的研究者从微观角度出发，以独立的词汇个体为基础，对词汇知识的各个组成成分进行描述性分析（Nation，1990，Laufer，1997，Richards，1976）。
　　Nation（1990）提出词汇知识应该包括以下八个方面：词的口语形式、书写形式、语法功能、搭配知识、使用频率、使用限制、概念意义及语义联想。同时，他还把"接受"和"产出"两个概念引入到词汇知识的描述中。他指出接受性词汇知识指能在听和读等接受性活动中识别出或者意识到一个词的以上各个方面，而产出性词汇知识则是指能在口语和写作等产出性的活动中使用到或者考虑到以上几个方面。

这种对词汇组成部分的描述虽然详尽，但同时 Laufer（1997）和 Nation（1990）都指出这只是对一个词理想化的描述，如果严格按这种标准去衡量，那么即便是本族语使用者所能掌握的词也没有多少。在现实中，有时人们没有完全掌握目标词的发音和词形却能正确理解该词，有时只知道词的一部分知识但也能正确地使用该词。这种分类因此被 Henriksen（1999）称作是"对词汇知识的无规则分类"。此外，学习者很难据此对每个词所掌握的情况作全面评估，不宜进行词汇测量。

在此背景下，以 Wesche & Paribakht 为代表的研究者试图从学习者的角度来描述词汇的自然习得过程，并认为词汇习得是一个从无到有的动态发展过程（Wesche & Paribakht, 1996）。Wesche & Paribakht 提出了词汇知识 5 级量表（Vocabulary Knowledge Scale, VKS），把词汇知识发展分为五个层面：

（1）我从未见过这个词。

（2）我以前见过这个词，但我不知道它的意思。

（3）我以前见过这个词，我想它的意思是_____（写一个同义词或翻译这个词）。

（4）我认识这个词，它的意思是_____（写一个同义词或翻译这个词）。

（5）我能用这个词造句：_____。

词汇知识量表反映了学习者从部分词汇知识发展到确切词汇知识的动态习得过程，能有效弥补对词汇知识进行静态描述的不足，因此也会被用作词汇深度知识的测量工具。但是，有学者质疑这五个层面是否真正体现了词汇知识发展的各个发展阶段，指出第二和第三个层面间就存在较大的疏漏（Read, 1997）。

鉴于以上对词汇知识的界定存在的不足，Meara（1996）明确提出词汇知识研究的出路在于引入"维度"概念对词汇知识进行宏观描述。

二 词汇知识维度

首先需要区分词汇知识和词汇能力。因为前者是后者的核心内容，所以二者经常被替换使用，但严格来说，词汇能力除了词汇知识外还包括对单词的运用能力，一般以自动化程度（automaticity）、精确度（accuracy）或者提取速度（accessibility）来衡量。

Henriksen（1999）采用三个维度对词汇能力进行描述：

(1) 部分词汇知识与确切词汇知识；
(2) 词汇知识深度；
(3) 接受性词汇知识与产出性词汇知识。

第一个维度反映了词汇知识的增长过程，把词汇知识看做一个连续体；第二个维度几乎涵盖了一个词所能涉及的所有方面：它包括词的所指意义，聚合关系（同义、反义、上下义关系），组合关系（搭配限制）、句法限制、形态限制及词条特征；第三个维度指出在理解（comprehension）和产出（production）层面上对词汇知识的运用各不相同。

以之前的研究为基础，Qian（2004）提出更为全面的四个维度：（1）词汇量；（2）词汇知识深度；（3）词汇组织（指词汇的储存、词汇间的联结、词汇在学习者心理词库里的表征）；（4）接受性—产出性词汇知识的自动化。

在国内，张文忠、吴旭东（2003）提出类似的观点，认为词汇能力包涵四个维度：词汇知识的广度、词汇知识的深度、词汇知识运用的精确度、词汇知识运用的自动化程度。

由此可见，虽然研究者对词汇知识运用能力的界定看法不一，但研究者均认为词汇知识应至少包括质和量两个维度。换言之，研究者认为广度和深度是词汇知识的核心构成要素。

词汇知识广度，即词汇量，一般是指学习者认识多少个词汇（Read，1993）。在这里"认识"又是如何定义的呢？Nation（1990）指出认识一个词就是知道目标词最常用的、最核心的意思，当见到目标词时能回想起它的意思。

此类对词汇知识广度的界定容易让人误以为词汇知识广度指的都是接受性的知识（见到能反应出），但有学者对此做了更细致的研究，认为词汇量可以进一步分为接受性和产出性的（Laufer，1998）。接受性词汇量就是指在听、读等活动中能够辨认出音或形及基本意义的单词的数量，也称为消极词汇量；产出性词汇量指在说、写中所能说出或正确拼写及运用其最基本的意义的单词数量，也称为积极词汇量。

词汇知识深度，即词汇知识的质量，通常指的是对目标词的掌握程度（Read，1993）。Qian（2004）指出词汇知识深度应该包括所有词汇特征，例如语音、书写、形态、句法、语义、搭配、特征及使用频率、语域限制。不难看出 Qian 的观点与 Henriksen 对词汇深度知识的提法比较相似。总之，词汇知识深度指的是学习者掌握词的所有意义和用法的程度，而不仅仅指知道一个词的词形和基本意义。

不过需要注意的是：词汇知识广度和深度并不是泾渭分明，二者已被证明高度相关（Read，1998，Nurweni&Read，1999，Schmitt& Meara，1997，李晓，2007）。一般来说词汇量的扩大可引起词汇深度知识的增长（李晓，

2007)。

三 词汇测量

词汇知识维度论为词汇测量提供了坚实的理论基础。目前除了词汇知识运用能力还不能测量外，已经出现了多种测量词汇量和词汇知识深度的工具。

3.1 接受性词汇量测量

国内外对接受性词汇量的测量研究最多，测量方法也最为丰富。

在我国，对接受性词汇量的测量多采用桂诗春设计的词汇量调查表。该表采取分层随机抽样的方式，抽取 200 个测试词汇，每个测试词汇后配备 4 个汉语词义选项，包括 1 个正确选项和 3 个干扰项（桂诗春，1985，周大军，2000，邵华，2002）。由于使用词汇量调查表的标准不统一，这些研究所得结果相差甚远，而且尚未有研究来证实这种测量工具的信度和效度。

在国外，运用最广的是 Nation（1983，1990）设计的 Vocabulary Levels Test（VLT）。VLT 由五个部分组成，代表五个不同词频级别的词汇量，分别为：2000 词、3000 词、5000 词、大学词汇、10000 词。每一部分包含 6 道测试题，每道题有 6 个目标词，三项释义，要求受试者从 6 个目标词中选出符合释义的 3 个词，如：

1. business
2. clock　　6　　part of a house
3. horse　　3　　animal with four legs
4. pencil　　4　　something used for writing
5. shoe
6. wall

每道测试题用于释义的词都比所测试的词使用频率更高，如 2000 词这一词频级别的测试题都采用第一个 1000 词来释义，避免受测者因看不懂英语释义而影响测试的有效性。同时，题目的设置形式也能最大程度地降低测试过程中猜题的可能性。VLT 已被证明有很高的信度（Read, 1993, Schmitt & Meara, 1997）。

Schmitt（1993）在 Nation 的基础上，从每个词频级别抽取新的单词编制出三套平行测试题，同时对其有效性和可靠性进行了验证（Schmitt, 2001）。Schmitt 的 VLT 每一部分包含 10 道测试题，可以测试更多单词，也是目前被广泛使用的接受性词汇量测量工具。

另外一种著名的测试工具是由 Meara 和同事设计的自测题（Checklist

test) (Meara&Buxton, 1987; Meara&Jones, 1990)。测试题以 Thorndike and Lorge 词汇表为抽样源,把 10000 词按频率分为 10 个级别,然后从每个词频级的 1000 词中抽取 20 个词构成一个级别的测试题。因为采取自测的形式,为了避免受测者高估自己的词汇量,该测试增加了一定量的假词(non-words)。自测题简单易行,但是研究也发现,母语是法语的受测者测试结果不甚理想(Read,1997)。这说明假词对他们的迷惑性很大。

3.2 产出性词汇量测量

产出性词汇量主要有两种测量工具。一种是 Laufer & Nation(1995)设计的词汇频率概貌测试(Lexical Frequency Profile, LFP),它是一种自由性产出词汇量测试。另一种是 Laufer & Nation(1999)设计的控制性产出词汇量测试。

采用 LFP 时需要用 VocabProfile(VP)软件来进行具体操作和分析。Nation & Coxhead(2002)研发出 VP 的升级版——RANGE 软件,目前正被广泛使用。使用 LFP 时,只需把受测者所写的作文输入 RANGE 软件中,电脑就能自动生成数据。数据能够显示受测者的词汇丰富性(包括词汇分布、词汇复杂性、词汇多样性),为我们评估受测者的产出性词汇使用情况提供有力依据。

控制性产出词汇量测试,是指提供一个句子,让受测者根据所提供的语境填出空缺的单词。空缺单词的开头几个字母已经给出。如:

He was riding a bic _____.

I'm glad we had this opp _____ to talk.

Laufer & Nation 设计的这一测量工具共有三个平行版本。它不仅试题结构与 VLT 相似,都是从 2000 词、3000 词、5000 词、大学词汇、10000 词这 5 个词频级别中分别抽取 18 个词来测量,而且这三个版本里所测试的词正是 Schmitt 设计的三个版本的 VLT 里的测试词汇。

总之,Laufer & Nation 开创性地使用词汇丰富性来衡量产出性词汇量,可谓意义重大。

最近,Meara(2010)试图探讨新的产出性词汇量测量工具。他们认为词汇是不停变动的,所以只对词汇进行一次测量还不够可靠,进而提出测量—再测量(capture-recapture)的方法。即需要受测者在写完第一篇作文后一周再次写一篇同样题目的作文,然后通过对比两次作文里的词汇使用情况而得出结论。该方法使用 Peterson 公式计算受测者的产出性词汇量,公式为:$E = (N * M)/X$(N 为第一篇作文里使用的词汇量,M 为第二篇作文里使用的词汇量,X 为两篇作文里重复使用到的单词数量)。虽然他们的方法看起来比较合理,但测试出的结果却出人意料:母语为英语的高水平西班牙语学习者的产出性词汇量只有160，而中等水平学习者只有93。Meara 总结说根本原因在于受题材限制，一方面受测者使用的词汇不够多样化，另一方面重复使用的词汇又太多，所以 E 的数值就很小。如果能找出更有效的收集数据方法，也许 Peterson 测试能显示出成效。

目前对产出性词汇量的测量尚无定论，研究仍在继续。

3.3 词汇知识深度测量

测量词汇知识深度最常用的工具是词汇联想测试（Word Associates Test）（Read, 1993, 1998; Qian, 2004）。本测试共有40个目标词，每道题包含左右两个方框。左框包括1~3个目标词的部分同义词或全部同义词，右框包括1~3个可以和目标词搭配使用的选项。每道题共有四个正确答案，也就是说正确答案的分布可能是左边一个，右边三个；左右各两个或左边三个，右边一个。左右两边分别测试目标词的纵聚合关系和横组合关系。如 Sound：

(A) logical　　　(B) healthy　　　(C) bold　　　(D) solid
(E) snow　　　(F) temperature　　　(G) sleep　　　(H) dance

左框中与 sound 意思相近的词有"logical"、"healthy"和"solid"，右框中可与 sound 搭配的词为"sleep"。

总的来说，联想测试能方便、快捷地测试出受测者的词汇深度知识，但仍存在一些问题，如高水平学习者可以在不认识目标词的情况下通过分析所给选项的语义联系而推断出正确答案（Read, 1997）。

四　结　语

本文从词汇知识维度出发，对词汇知识的本质特征作进一步探讨，认为词汇量和词汇知识深度是词汇知识的两个重要维度，是词汇知识的核心内容。其中，词汇量又可细分为接受性词汇量和产出性词汇量。目前已有很多测量这两个维度的工具。测量接受性词汇量的工具最多，目前被广泛使用的是 Nation 和 Schmitt 设计的 VLT。测量产出性词汇量的主要有 Laufer 和 Nation 设计的两种工具。相比较而言，词汇知识深度是最难把握的一个维度，测试工具也较少，目前被广泛承认和使用的是词汇联想测试。虽然目前已经有多种标准化的词汇测量工具，但在使用这些测量工具时，我们可以当根据具体测试目的作适当调整。

参考文献：

[1] Henriksen, B., "Three dimensions of vocabulary development", Studies in

Second Language Acquisition, 21 (3), 1999, pp303—317.
[2] Laufer, B. & Nation, I. S. P. , "Vocabulary size and use: Lexical richness in L2 written production", Applied Linguistics (3), 1995, pp307—322.
[3] Laufer, B. , "What's in a word that makes it hard or easy: some intralexical factors that affect the learning of words" In N. Schmitt & M. McCarthy (eds.) . Vocabulary: description, acquisition and pedagogy, 1997, Cambridge: Cambridge University Press.
[4] Laufer, B. , " The development of passive and active vocabulary in second language: Same or different? ", Applied Linguistics (19), 1998, pp255—271.
[5] Laufer, B. & Nation, I. S. P. , " A vocabulary size test of controlled productive ability", Language Testing (1), 1999, pp36—55
[6] Meara, P. & Buxton. , " An alternative to multiple choice vocabulary tests" Language Testing 4 (2), 1987, pp 142—154.
[7] Meara P & Jones G. Eurocentres Vocabulary Size Test, Zurich: Eurocentres Learning Service, 1990.
[8] Meara, P. , " The dimensions of lexical competence" In G. Brown, K. Malmkjaer and J. Williams. (eds.) . Competence and Performance in Language Learning. Cambridge: Cambridge University Press, 1996
[9] Meara, P. & Olmos Alcoy, J. " Words as species: an alternative approach to estimating productive vocabulary size" Reading in a Foreign Language 22 (1), 2000, pp 222—236.
[10] Nation, I. S. P. "Testing and teaching vocabulary", Guideline (1), 1983, pp12—25.
[11] Nation, I. S. P. , Teaching and Learning Vocabulary, Boston: Heinle & Heinle, 1990.
[12] Nation, I. S. P. &Coxhead, A, 2002, RANGE, 2002, http://www.vuw.ac.nz/lals/staff/Paul_ Nation, 2012.
[13] Nurweni, A. & Read, J. , "The English vocabulary knowledge of Indonesian university students" . English for Specific Purposes 18 (2), 1999, pp15—27.
[14] Qian, D. & Schedl, M. " Evaluation of an in-depth vocabulary knowledge measure for assessing reading performance", Language Testing 21 (1), 2004, pp28—52.
[15] Read, J. , " The development of a new measure of L2 vocabulary knowledge " . Language Testing 10 (3), 1993, pp 355—371.

[16] Read, J. "Vocabulary and testing", In N. Schmitt & M. McCarthy (eds.). Vocabulary: description, acquisition and pedagogy, Cambridge: Cambridge University Press, 1997.

[17] Read, J. "Measuring the vocabulary knowledge of second language learners", RELC Journal (19), 1998, pp13—25.

[18] Richards, J. C. "The role of vocabulary teaching", TESOL Quarterly 10 (1), 1976, pp 77—89.

[19] Schmitt, N. & D. Schmitt. "Identifying and assessing vocabulary learning strategies". Thai TESOL Bulletin (4), 1993, pp27—33.

[20] Schmitt, N. & Meara, P., "Researching vocabulary through a word knowledge framework: Word associations and verbal suffixes", SSLA (19), 1997, pp17—36.

[21] Schmitt, N., D. Schmitt & C. Clapham, "Development and exploring the behavior of two new versions of the vocabulary levels test", Language Testing 18 (1), 2001, pp55—88.

[22] Wesche, M. & T. Paribakht. S. "Assessing second language vocabulary knowledge: Depth versus breadth", Cnadian Modern Language Review 53 (1), 1996, pp13—40.

[23] 桂诗春,《我国英语专业学生词汇量的调查与分析》,《现代外语》,第1期,1985。

[24] 李晓,《词汇量、词汇深度知识与语言综合能力关系研究》,《外语教学与研究》第5期,2007。

[25] 邵华,《普通高师院校学生大学英语四级阶段词汇水平实证研究》,《外语教学与研究》第6期,2002。

[26] 周大军、文渤燕,《理工科学生英语词汇量状况全程调查》,《外语教学与研究》第5期,2000。

[27] 张萍、王海啸,《国内二语习得研究概述》,《解放军外国语学院学报》,第4期,2006。

[28] 张文忠、吴旭东,《课堂环境下二语词汇能力发展的认知心理模式》,《现代外语》第4期,2003。

中国比较教育的起步与发展

首都师范大学外语学院法语系讲师　马科岩

【摘要】

中国的比较教育历史悠久,而真正意义上的研究实际上是从70年代末、80年代初才开始的。80年代初期,中国实行了改革开放政策,闭关自守多年的中国,在打开大门之后,发现世界已经发生了翻天覆地的变化。美国、日本和欧洲的一些国家的教育都在二战之后有了较大的发展,而我国则远远地落后于世界教育水平之后。我国的广大教育工作者渴望了解世界教育发展和改革的形势,这种客观的需要促进了我国比较教育的繁荣。

【关键词】

比较教育　发展　阶段

一　引　言

中国是一个文明古国,不但以先进的技术发明推动世界文化历史的车轮前进,更以它的儒家思想和考选制度有功于各国教育制度和教育思想的建树。它既是一个文化教育的输入国,也是文化教育的输出国。早在唐朝时期,僧人玄奘、义净等人西游留学天竺(今印度、尼泊尔),带回了大量的佛经。在唐太宗、唐高宗的支持下,他们网络翻译人才,组织翻译了大量的佛经,并根据所作的各国风土人情、山川政治记录,撰写《大唐西域记》一书。唐代高僧扬州大明寺主持鉴真和尚带领弟子历尽千辛万苦东渡日本,带去了经书、医药宝典、工艺品,为开拓了中日两国文化交流的先河。那时还有一些国外的知名人士来中国留学并任职,他们向中国介绍他们本国的文化,又将中国的文化以及教育制度带回自己的国家。此后的几个朝代里，中国与国外的文化与教育方面的交往一直不断，特别是到了清朝末年，中国开始向国外，特别是向美国和欧洲成批地派遣留学生。这些学生学成归国后，把他们学到的自然科学和生产技术知识介绍给中国，为中国近代的社会发展和教育事业作出了很大的贡献。在中国近代时期，一些知名人士创办了中西学堂、外语学校、工业技术学堂等，引进国外的教育制度，讲授先进的科学技术知识，为当时中国的资本主义发展起到了促进作用。19世纪末，洋务派后期的代表人物张之洞提出了"中体西用"的教育纲领，主张积极学习西方，在一定意义上促进了近代教育的发展。进入20世纪以后，中国与外国的交往进一步增多。在教育家蔡元培等人的支持和赞助下，发起了赴法勤工俭学的运动。1916年6月，中法两国文化界发起的、以"发展中法两国之交流，尤重以法国科学与精神之教育，图中国道德、知识、经济之发展"为宗旨的华法教育会在巴黎成立。1920年10月，英国哲学家、教育家罗素来华讲学，做了《教育之效用》的讲演并向中国教育界介绍了欧美教育方针及其利弊。一些进步的思想家、翻译家翻译了大量的西方著作，把当时西方的哲学、政治、经济、教育等方面的思想介绍给中国，并根据中国的国情提出了一些治国、办教育的新主张。以上这些文化与教育方面的交流只是涉及比较教育领域的一些最初级活动，是一些无意识教育的交流和接触。中国在20世纪上半叶饱受战争的创伤，国人民不聊生，仅有的基础教育都受到了很大的摧残，更无法提及比较教育。新中国成立后，百废待兴。恢复被破坏掉的基础教育，建立新的教育制度是这一阶段的首要任务，有关比较教育，只是一些零星的、没有形成规模的一些活动，而且多数是和当时的苏联有关的。"文化大革命"的十年当中，中国教育走上了闭关自守的道路，与国外的交流几乎中断，比较教育根本无法涉及。

中国的比较教育的研究实际上是从"文化大革命"以后才开始的。80年代初期，中国实行了改革开放政策，闭关自守多年的中国，在打开大门之后，发现世界已经发生了翻天覆地的变化。美国、日本和欧洲的一些国家的教育都在二战之后有了较大的发展，而我国则远远地落后于世界教育水平之后。我国的广大教育工作者渴望了解世界教育发展和改革的形势，这种客观的需要促进了我国比较教育的繁荣。1980年，中国教育学会比较教育研究会成立，随后，全国各地成立了比较教育分会。该学会定期召开年会，并组织一些有关比较教育的活动和专题讨论。比较教育的核心刊物《外国教育动态》也在这一年公开发行，及时地介绍世界各国教育发展的动向和趋势，介绍各国在教育结构、教育内容和方法方面如何进行改革，提高质量，以适应科学技术迅猛发展的形势。从事比较教育研究的队伍也不断地壮大。从最初的少数几所学校和研究机构从事比较教育的研究，到现在几乎所有从事教育理论研究的学校都在进行比较教育的研究，各师范大学都开设了比较教育专业并且都有比较教育研究室。

二 中国的比较教育研究起步与发展所经历的几个阶段

中国的比较教育研究从80年代开始起步，经历了如下一些阶段：

2.1 对外国教育的客观介绍和描述阶段

在闭关自守多年以后，中国的教育工作者发现世界的天地是那样的广阔和新奇，他们急需了解世界教育领域所发生的一切。因此这一时期的特点主要以翻译和介绍外国教育情况为主，间或有一些评论和借鉴。介绍的内容设计很广，有关教育的法律法规、教育制度、教学思想、具体的教学内容等等。介绍的文章也是大量的，不但比较教育研究机构的五种杂志，而且各种报刊都辟有专栏，专门介绍外国的教育。这一段时间里，积累了大量的有关教育的资料。比较教育也变成了高等师范院校教育系的一门课程，比较教育的队伍也有了很大的发展。除了科研人员，又增加了比较教育课程的教师和学生，比较教育工作者的队伍由最初的几十人发展到几百人。

2.2 对外国教育进行比较和借鉴的阶段

进入80年代以后，世界各国都在进行研究和推进教育改革，改革涉及的范围很广，讨论的问题也比较深。不仅涉及中等教育和高等教育，同时也涉及社会教育和家庭教育。不仅限于教育的结构、内容和方法，而且深入到教育思想、教育观念的思考。在中国，1985年5月27日，中共中央作出了关于教育体制改革的决定，我国的教育发展进入了一个新的历史时期。教育改革需要借鉴外国的先进经验。仅仅对外国教育的客观介绍已经不能满足广大读者的需要。于是在翻译和介绍工作继续进行的同时，比较教育的研究开始对外国教育进行分析和评价，对不同国家的教育进行比较，比较教育进入了一个新的发展时期。几个发达国家的战后教育研究被列入"六五"时期哲学社会科学研究规划的重点。这个时期，比较教育研究的队伍又有所壮大，中国自己培养的第一批比较教育博士和从国外回来的一批博士加入比较教育研究的行列。他们是比较教育研究队伍中的新生力量，和老一辈的研究人员比较，他们的外语基础更好，能阅读第一手有关教育的资料，而且有更多的机会到所研究的国家进行实地考察。

2.3 徘徊和深入思考的阶段

进入 90 年代以后，中国的比较教育走到了一个十字路口。80 年代那种只停留在表面的研究已经不能满足时代的要求。人们意识到了比较教育繁荣的表面背后隐藏着危机。中国比较教育的下一步出路在那里？怎样让它更好地为中国的教育改革和发展服务？这是摆在所有比较教育工作者面前的问题。比较教育界的研究人员们在思考，一些专家学者对这些问题进行了深入的思考与分析，并指出了中国比较教育存在的一些问题。首先，中国的比较教育严重地脱离中国教育的实际情况。在改革开放以前，我们的广大教育工作者不了解外国教育的发展状况，而现在，由于许多比较教育工作者只顾埋头阅读和研究有关外国教育的资料，关注外国教育的发展，而忽视了对本国教育的发展与需求的了解和认识，因此，他们的研究偏离了比较教育研究的目的，失去了实际意义。其次，从事比较教育研究的队伍还有待完善和加强。一些研究人员有较好的教育理论基础，但外语较差，不能阅读第一手有关外国教育的资料，参加国际学术活动也有很大的困难，语言的障碍阻碍他们与国外比较教育界进行交流与沟通。而有些比较教育研究工作者以前是专门从事外语工作的，以后改为从事比较教育的研究，外语能力虽然较强，但缺乏一定的理论基础，不善于把外国的第一手资料提高到理论的层次上来进行综合分析。由于这两方面的原因，使得许多对国外教育的介绍和比较只停留在表面层次，不能从分析比较中得出规律性的东西，不能进行更深一步的研究，因此，就很难提高到吸收与借鉴这一层面。另外一个比较重要的问题是，中国比较教育界没有注意自身学科的建设。虽然出版了几本比较教育的教科书，但无论从体系还是从内容上都没有突破 50、60 年代比较教育的框框，没有创新的思路，只能适用于比较教育入门的教材，不能代表比较教育作为一门学科的现代水平，也不具备中国比较教育的特色。在 1990 年 11 月召开的全国比较教育研究会第六届年会上，比较教育工作者们对中国比较教育的现状进行了分析，并对它的发展目标和前景做了进一步的设想。认为中国的比较教育研究必须将单纯的研究外国教育转移到从中国教育的实际出发，研究中外教育的比较上来。中国的教育在改革开放的十年当中发生了很大的变化，现代化建设和社会发展迫切需要加强对人才的培养，如何使学校的体制适应这种需要，如何加强学校的管理，是我国教育亟待解决的问题，，也是比较教育所面临的研究任务。比较教育工作者必须严肃而且客观地正视我国教育的现状和困难，改变以往研究中的盲目性，发挥比较教育学科的优越性，以中国教育的实际为出发点，借鉴和引进外国教育的经验和教训，为中国的教育改革服务。比较教育要想得到发展，还必须拓宽研究领域，要从单纯研究学校教育向更多的领域扩展，既要研究正规教育，也要研究非正规教育，既要研究宏观教育，也要研究微观教育，而且要向纵深方向发展，将教育研究从教育制度的层面深入到文化传统和思想的层面。从事比较教育研究的工作者也要不断加强自身的修养，拓宽自己的知识面和研究的领域，既要懂得教育理论，又要有较好的外语水平；既要研究外国的教育，也要精通本国的教育。此外，还要加强比较教育学科的建设，应该制定一套建立学科体系的计划，为建立具有中国特色的比较教育而努力工作。经过90年代初期徘徊和反思的中国比较教育在以后的几年中逐步走上了稳步发展的道路。

2.4 稳步发展的阶段

中国比较教育研究方向调整以后，收效是很显著的。北京师范大学主办的、作为中国比较教育研究会会刊的《外国教育动态》于91年开始更名为《比较教育研究》。北京师范大学外国教育研究所也更名为国际与比较教育研究所。比较教育界的对外交流也逐渐增多起来，北京师范大学几乎每年都有关于比较教育的国际会议。比较教育主要研究的国家也从英、法、德、美、日等发达国家拓展到研究发展中国家和我国的一些周边的国家。90年代中期，教育问题国际化已成为世界性的趋势。国与国之间，民族与民族之间互相影响、互相渗透、互相补充的现象进一步加强。广泛深入的科学文化交流极大地促进人类文明的发展，为比较教育发挥作用提供了更加广泛的天地。面对世界教育形势的迅猛发展，中国政府也采取了积极的改革措施。1995年9月1日开始实行的《中华人民共和国教育法》规定，我国将进一步加强国际教育交流与合作，扩大教育对外开放，吸收和借鉴世界各国发展教育的成功经验和人类科学文化成果。这为中国的比较教育提出了新的任务和发展的机遇。在21世纪即将来临之即，中国进一步实行改革开放政策，从经济领域扩大到科技、教育、文化等领域并提出了"科教兴国"的战略。科教兴，则经济兴、国家兴，靠科技和教育促进国民经济的增长，这是历史的必然选择，是我国增强综合国力抵御国际竞争的一个战略性策略。要提高国力，关键是人才。而我国劳动者在科学技术和文化素质方面与现代化建设的需要却存在着很大的差距。提高人口素质，缩小同发达国家的差距，是我国教育界面临的新任务，也是比较教育界在"科教兴国"战略中肩负的一项光荣而艰巨的任务。比较教育在中国的发展，离不开教育改革的需要，离不开中国改革开放的大环境。中国比较教育应时代的要求，积极开展教育领域的比较研究，为中国的教育改革出谋划策，研究硕果累累。中国比较教育这一段时间也得到了迅猛的发展。比较教育界的活动逐年增多。中国比较教育研究会除了定期召开年会以外，组织国内和国际的交流活动也不断增多。活动讨论的内容和形式也不断的丰富和更新。1990年元旦，北京师范大学国际与比较教育研究所开通了国内第一个学科专业国际互联网站点——比较教育在中国，利用现代化信息手段介绍国内外比较教育领域各个层次发展状况。中国比较教育在发展的道路上稳步前进。

20多年来的中国比较教育的发展，可以通过北京师范大学国际与比较教育研究所的发展略见一斑。

北京师范大学国际与比较教育研究所最初于1965年成立的时候的名称为外国教育研究所，后更名为国际与比较教育研究所。可以说它是中国比较教育领域的前驱和重要基地。从成立到现在的近40年的发展中，它从一个只有几个人的研究室，经过一度的停顿（文革时期），发展成一个有几十人的大所，既是我国教育事业曲折历程的缩影，也是比较教育从小到大，从最初的外国教育研究发展到比较教育研究，在教育界确立它的学术地位的证明。30多年来，它在科研、教学、咨询、信息服务等领域取得了国内外公认的成绩。从"六五"到"八五"，它主持和参加了许多项国家级和教委级重点课题，取得了一系列有全国影响的重大成果，如《比较高等教育》、《二战以后外国教育思潮》、《民族文化传统与教育现代化》、《亚洲发展中国家农村地区普及义务教育研究》等等，成为我国比较教育研究领域的带头单位。它不但为本科学生开设了多种比较教育课程，而且建立了比较教育的硕士点、博士点，为我国教育行政部门、高等学校和研究部门培养和输送了许多高质量的人才。它为中央、为教育部（国家教委）制定教育政策承担了从基础教育到高等教育、从职业技术教育到成人教育的许多项应用研究，编纂了成千上万的有关外国教育立法、学位制度、教师职称、课程设置等方面的教育资料，同时提供了决策的理论依据。体现了比较教育研究为教育决策服务、为教育教学改革实践服务、为建立有中国特色的社会主义教育科学体系服务的正确方向和原则，而且也体现了国际比较教育发展的趋势。它的研究不仅抓住了国际全民教育、义务教育、教育与文化传统、教育与经济发展、教育平等与质量等国际比较教育界普遍关注的重大问题，同时有不断开拓诸如女童教育、健康教育、国际发展援助对发展中国家教育的影响等新的研究领域，而且对比较教育领域的新流派和新理论进行了探索。它从"外国教育研究所"改名为"国际与比较教育研究所"，这本身也反映了中国比较教育研究领域在不断地拓宽，与国际教育领域的交流在不断地扩大。比较教育专业国际互联网网站"比较教育在中国"于1999年元旦开通。国际与比较教育研究所的顾明远教授多年来一直担任中国教育研究会的会长，于1992年当选为世界比较教育学会联合会两主席之一，也是中国比较教育走向世界的一个证明。

《比较教育研究》是该研究所编辑出版的学术刊物，前身是《外国教育动态》，创刊于1964年，文革期间停刊，1972年复刊，作为内部资料发行，1980年公开发行，1992年更名为《比较教育研究》。除了对各国教育动态的介绍外，该刊物着重对各国教育理论与实践、教育政策与改革、教育内容和方法进行比较研究,是人们了解他国、纵观世界的窗口,是制定教育政策的重要文献之一。从该刊在改革开放初期发表的有关比较教育的文章的篇数和内容上来分析,我们也可以总结出中国比较教育在研究领域和内容上的发生变化。

	1980—1991	1992—1996	1997—2001	总数
论文总篇数	28	68	77	183
介绍性文章	6	10	6	22
比较性文章	12	32+8	47	99
学科建设文章	10	18	24	62

从1980年公开发行到1991年,也就是该刊物名称为《外国教育动态》的阶段的十一年当中,该刊物发表的文章主要是介绍外国教育动态的文章。在涉及比较教育领域的文章当中,介绍性文章也占据了较大的篇幅(18%),比较类的文章篇数比例较少(43%)而且大多是对教育的一些初级阶段的探索和比较,学科建设方面的文章主要是呼吁加强中国比较教育学科建设,而实际涉及理论层面的文章则较少。但值得提出的是,1989年,该刊物开始增设比较教育专栏,比较教育学科建设和中外教育比较方面的文章从此也迅速增多(89年仅有两篇,90年4篇,91年猛增到11篇),这表明中国比较教育在这一时期的迅速崛起。

1992年,该刊物更名为《比较教育研究》,中国比较教育研究在研究的档次上上了一个新的台阶。在继续介绍外国教育动向的同时,加强了分析与比较研究,从1992到1996年的5年中,比较研究方面的文章占文章总篇数的59%。学科建设方面的探索也有了很大提高,比较教育理论分析研究的文章增多。

从1997年到2001年,是中国比较教育研究稳定发展的阶段。从上表中可以看的出,中国比较教育研究成果显著(占总篇数的57%),文章理论性强,并且结合中国教育的实际情况,提出了具体的措施与方案。这一阶段的另一个特点是,研究比较的对象从以前少数发达国家教育扩展的发展中国家教育和我国地区之间的教育,研究的领域从学校的正规教育扩展到成人教育、职业教育、幼儿教育等等,不论是从广度还是深度都有了很大的发展和提高。

三 结 论

21世纪是一个知识经济的时代，知识不仅是经济发展的主要要素，而且带来了经济的全球化和社会的各种变革。知识经济使人们认识到了人的价值，知识的价值。而要想提高人的素质，教育是关键。在过去的改革开放的20多年中，中国的经济得到了飞速的发展，这其中教育的改革与发展起到了至关重要的作用。但和发达国家相比，中国的教育还很落后，教育的资源还有待扩大，办学效率还有待提高，各地区的发展水平还很不平衡。中国要想在未来的国际竞争中处于不败之地，就必须加大教育改革和调整的力度，努力培养适合时代要求的人才。只要教育有发展和变革，比较教育就有发展和前途。在今后的研究工作中，中国的比较教育仍然要以研究国际教育发展规律，借鉴外国优秀教育经验为主要目标，以发展我国的教育事业。在过去的20年中，中国的比较教育只重点研究了几个发达国家教育制度、课程内容、思想流派，鉴于资金的短缺和语言的障碍，缺少对具体国家文化的深入了解。因此，今后我们要做的是深入到研究国家的社会之中去，进行较长时间的观察研究，了解它的文化以深入了解其教育的实质。其次，我们还要重视比较教育理论的本土化。教育国际化是当前的必然趋势，国际间交流与合作，互相取长补短，互相融合是一种国际化的趋势。但我们研究外国的教育理论时一定不能盲目照搬，应吸取其精华部分，并结合我国教育现状，将其融入我国的主文化之中，使其本土化。我国比较教育研究的另一个重要任务就是为我国的教育发展和改革服务，为决策部门、教育实际工作者提供可以借鉴的外国的经验。因此，作为比较教育工作者，我们不但要研究外国的教育，还要关心和了解我国教育的发展情况，只有知己知彼，才能吸收一切于我国教育发展有益的理论为我所用。此外，我们还应加强我国国内教育跨地区、跨文化的比较研究，分析自己的教育探索教育发展的规律，为我国的教育事业服务。加强自身学科理论的建设，也是中国比较教育的一项艰巨的任务。比较教育的理论建设历来是我国比较教育研究的一个薄弱环节。这需要我们一方面运用现代化的科学理论成果来分析研究当代的教育问题，一方面研究透彻已经提出的理论，并结合当代教育发展的实际提出新的理论框架，并加以反复论证。这需要我们作出艰苦的努力与付出。

《我国翻译专业建设：问题与对策》评介

首都师范大学外国语学院英语教育系讲师　潘琳琳

【摘要】

《我国翻译专业建设：问题与对策》一书对我国翻译专业建设现状进行了深入的分析，指出目前我国翻译专业建设的特点及不足之处；进而从本科翻译专业的培养目标、培养模式、课程设置、教材编写、教学方法、教学评估等方面进行剖析。作者采用了文献分析、理论分析、问卷调查、访谈等研究方法，以科学的方法，独特的视角创建了翻译专业教育体系，对于我国翻译专业的发展有很大的理论和现实意义。

【关键词】

翻译专业建设　教育体系　培养模式　对策

一　引　言

《我国翻译专业建设：问题与对策》（庄智象著）由上海外语教育出版社2007年出版。该书从翻译专业建设研究文献综述与元研究、翻译专业建设的相关理论分析、翻译专业的比较研究及问题、我国翻译专业的定位与任务、我国翻译专业的教学与评估五个层面对我国翻译专业建设的相关问题进行了介绍、梳理和探索，并剖析了翻译课程整体设置、翻译教学、翻译评估和测试、翻译师资队伍、翻译教学大纲五个方面存在的问题，从宏观角度提出要合理定位翻译学科，适当分析所面临的挑战，调整发展规模，促进翻译专业建设，并从学制、培养机构、培养方式等方面完善本科翻译专业人才培养模式，同时提出制定翻译课程标准大纲时应该遵循广泛性、实证性的原则，以保证其科学合理、具有操作性，确保大纲宏观、系统、科学。作者在剖析我国翻译专业建设理论与实践层面的主要问题的基础上，构建了翻译专业教育体系，探索了翻译教学各环节的具体有效的实施方案，为我国翻译专业建设的研究提供了更多的方向和角度。本文拟对《我国翻译专业建设：问题与对策》一书的内容及特色进行评介。

二 构建翻译专业教育体系：全书宗旨

全书共分为五个部分。在第一部分，作者首先界定了元研究，将学术活动划分为学术研究和学术交流两类，同时对国际国内的前期研究成果和相关学术交流进行分析评述，指出了目前翻译研究的趋势，以及在翻译学、口译培训、课程设置、教材教法、师资培养、翻译评估等方面研究中的不足，并进一步提出建议。这一部分为整部著作的研究提供了详实的文献材料，奠定了坚实的理论研究基础。

第二部分，作者主要分析了翻译专业建设的相关理论。在评析研究现状的基础上，对几对容易混淆的基本理论概念，如翻译、翻译学、翻译专业、翻译教学、教学翻译、翻译能力、翻译培训等进行剖析，提出了作者自己的较有价值的界定与看法，同时对翻译人才的层次性、翻译理论与实践的关系等问题也进行了阐释，并对比分析了翻译本科专业与英语本科专业之间翻译课程的异同，以帮助读者了解相关理论研究，为整部著作提供了科学的理论基础。作者首先对翻译、翻译学、翻译专业等的界定和相互关系进行了剖析，从狭义和广义两个层面对翻译进行厘定，指出翻译既为两种语言（源语与译语）之间信息（意义和功能）转换的交际活动，也可以指代译者或翻译产品。并进一步阐述了翻译学的内涵与框架构成，提出翻译学主要研究翻译过程、翻译产品、翻译人才培养等相关问题，分为理论研究和应用研究两类。作者还援引比较成熟的语言学学科的建构体系，将其大体分为普通翻译学、应用翻译学、翻译教育三部分。至于翻译专业，作者强调只有设立了完整的翻译学士、硕士、博士专业，才标志着翻译学科的独立和完整。作者对翻译教学、教学翻译和翻译培训这三个概念进行剖析，着重分析了相关翻译教学与教学翻译差异的论述，并在界定翻译能力的基础上，指出与其固守翻译教学与教学翻译截然不同的看法，不如对比分析学校翻译教学与翻译培训之间的异同。然后从翻译人才培养的层次性和多样性出发，提出翻译人才连续体的观点，分析了本科、研究生、翻译培训等不同形式所培养人才的不同。接着探究了翻译理论与实践的关系，指出两者之间呈现互动关系，而这一互动对于提高翻译教学质量是非常重要的。最后扼要对比分析了翻译本科专业与英语本科专业的翻译课程，就其对翻译本科专业建设的启示意义进行了简要概述。

第三部分，作者探讨了翻译专业的比较研究及问题。在比较不同国家和地区，如加拿大、法国、我国台湾、香港、大陆等翻译专业设立状况的基础上，作者重点分析了我国翻译专业建设现状，指出我国翻译专业建设上存在培养目标不够明确、课程设置尚不够系统、教材建设仍须规范、教学方法和手段不够科学、教学评估方式相对单调、师资队伍需要加强等问题。针对以上翻译专业存在的问题，作者认为整个教学体系不够完备，需要广大专家学者和一线教师统一认识，共同努力，切实促进翻译专业与学科建设的发展。在分析现状的基础上，作者提出了对我国翻译专业建设的反思：首先要明确翻译专业的定位和人才培养目标。在了解社会需求的基础上，结合地域特点和专业特色，组织专家学者在广泛调研和论证的基础上，制定科学合理的教学大纲，明确培养目标，培养特色鲜明的高素质的翻译人才。其次要科学设计翻译专业课程。参考国内外高级翻译学院和英语专业本科专业的教育教学经验，科学合理设置课程，保证学时、学分等的有效匹配，以保证实现培养目标。然后要提升翻译教材质量。教材与具体科目、具体学习者、具体专业、具体院校等的结合，更需要引起重视，花大力气编写出适合翻译专业所需要的各板块的教材，以真正发挥教材的媒介作用。再次要丰富和创新翻译教学方法和手段，提升教学质量与效果。根据翻译专业的教学教育特点，有效借用教育学、心理学、语言学习、翻译学等相关理论，充分考虑学习者的个体差异，营造良好的学习氛围，以发挥教师的主导作用和学生的主观能动性。此外要探索翻译评估方式，保证其公平、公正、合理。最后要提升翻译教师的整体素质。作者认为应该探索师资教育的内容和师资教育方法，完善师资教育体系，以切实培养高素质的翻译教学和研究型教师。

第四部分，作者主要探讨了我国翻译专业的定位与任务。主要涉及翻译专业的科学、准确、合理定位，人才培养目标、模式、课程设置、教材建设等。在了解相关理论和翻译专业建设现状的基础上，针对所存在问题，提出了建构翻译专业体系。具体包括：合理定位翻译专业；探索翻译人才的宏观培养目标与培养模式；结合相关研究分析专业课程设置；从编写理念、内容、体例等不同角度探索翻译教材建设等。作者在综合分析翻译专业的定位存在的问题的基础上，提出了对翻译专业课程设置的建议，在课程设置中，不仅要考虑翻译市场对全译和变译的不同需求，学科本身发展对理论研究的需求，学生对应用性翻译知识的需求等，而且要使理论性与实践性课程、知识和技能类课程、必修课与选修课的匹配得当，以保证人才的均衡发展。同时还要整合各种有利资源，开设翻译通选理论课、专题讲座课、翻译实习课等，以充分体现翻译的学科融合性，开阔学生的学术视野。

第五部分，作者着重的探讨了我国翻译专业的教学与评估。根据我国翻译专业建设与发展的特点，人才培养的目标与模式，依据教育学、翻译学理论探索教学方法与手段，就人本主义、认知理论、建构主义、语料库、网络等与翻译教学的契合进行探讨；借鉴教师教育理论培训翻译教师；对翻译测试与评估的宏观体系与微观方式进行探索性研究；探析翻译教学大纲等。作者着重提出了五条翻译教学原则，即突出学科特点原则，以学习者为本原则，互动合作原则，问题探究原则和开放发展原则。作者强调了课堂学习与课外研究实践的有效结合，从专家学者、一线教师和学生等角度提出教学建议。作者在讨论对翻译教师、翻译师资队伍具体要求的基础上，剖析了翻译师资培养问题，着重阐述了"校本培训"模式，并提出相关建设性观点。作者在界定翻译课程标准的前提下，阐明了制定该标准的重要性以及应该注意的问题，呼吁汇集各方力量，制定科学、合理、系统的标准。

三 全书特色评述

该书分别从上述五个方面对我国翻译专业建设进行了研究，并循序渐进地解析了本科翻译专业的培养目标、培养模式、课程设置、教材编写、教学方法、教学评估，以科学的方法、新颖的视角构建了翻译专业教育体系，尤其对我国翻译专业建设和发展有现实意义。作为一本翻译专业建设研究方面的专著，该书具有如下几个特点：

3.1 科学性

首先该书在绪论[①]中具体探讨了建立翻译专业的意义，对其问题性进行了详细剖析：研究对象和领域是否清楚，学科性质是否明确，学科的理论和体系是否构成，本学科与相关学科的关系是否清楚；是否建有本学科的方法论等。其次，作者在文献阅读和分析的基础上，借助语言学、教学的原理和方法，对翻译教学中的关键术语，如翻译、翻译学、翻译专业、翻译能力、学校翻译教学、翻译培训等进行理性梳理和探讨，予以界定。然后，作者从宏观的角度对本科翻译专业的培养目标、培养模式、课程设置、教材编写、教学方法、教学评估、师资队伍建设等问题进行解析。最后，在研究方法上，运用文献法搜集了大量资料，信息的时间跨度从1927年至2006年底，而且资料来源全面，包括国内外杂志、书籍、词典、网络、期刊数据库、报纸等，

---

① 庄智象：《我国翻译专业建设：问题与对策》，上海：上海外语教育出版社，2007年，第11—16页。

内容包括翻译学术论著、本科翻译专业介绍、社科项目统计、高校专业英语教学大纲、新闻消息等。同时作者运用了访谈法，被访谈者中有翻译专业研究生、翻译教师、出版社工作人员，并在一定调查研究基础上提出自己的观点，作者还利用图表、附录等来说明问题，使结果更加确凿清晰，保证了该研究的客观使用性及科学性。穆雷在《翻译教学与翻译学学科发展》①一文中谈到："独立的学科意识对翻译教学影响很大，从本科生到博士生的课程安排不仅要经过专家论证，而且要借鉴国外类似的教学计划，还要根据各校的培养目标和市场需求等进行调节。"该书作者正是在分析国内外各种资料的基础上，对翻译课程的国际、国内现状有了深刻把握的前提下提出了"构建翻译专业教育体系"的想法。

3.2 现实性

虽然在翻译教学方面有很多专家做出了杰出的贡献，但是在翻译专业建设和翻译教学这一领域，仍然有很多方面的问题等待我们去解决。正如李德凤，胡牧②所言："一是对翻译教学的指导思想认识模糊，贯彻不力。实施翻译教学，到底要达到何种目的？是以翻译为一种教学手段，旨在提高学生的外语水平，还是以翻译为一门系统的课程，旨在培养学生的翻译技能？"。廖七一在其《学科设置与翻译学的发展》③一文中，也同样指出了翻译专业建设的现实必要性："缺乏跨学科的横向发展，更缺少对译学研究的整体把握，难以形成科学、系统的翻译教学与研究体系"。该书作者基于国内翻译教学，翻译专业建设的现状，对现有的翻译专业建设模式进行了归纳总结，指出在现实的翻译专业建设等方面反映出的不足之处，对真正的翻译专业的定位与任务，翻译专业的教学与评估，翻译教材建设，翻译教师师资队伍等几个方面做出了详尽的介绍，力争以一种更全面、更有效的模式推动我国的翻译专业建设，对现实的推动意义自然不言而喻。

3.3 发展性

在翻译专业建设的发展方面，有很多值得我们关注的方面，该书作者提出的构建翻译专业教育体系这一模式显然是在目前的翻译专业建设发展趋势下体出的，主要针对翻译专业建设研究领域做出的一个很有意义的模式，对翻译专业建设研究能够起到一个极大的推动作用。作者还提出了几点展望以切实提升翻译教学研究水平，推进翻译专业的发展，即，逐步确定翻译学科

---

① 穆雷：《翻译教学与翻译学学科发展》，《中国翻译》2004年第3期。
② 李德凤，胡牧：《学习者为中心的翻译课程设置》，《外国语》2006年第2期。
③ 廖七一：《学科设置与翻译学的发展》，《中国翻译》2004年第3期。

的独立地位，认识到该学科在培养跨文化交际人才中的重要作用；加强翻译教学管理，丰富翻译教学方面的研究；在翻译专业的建设过程中，发现问题、思考问题、解决问题；促进翻译业内学术交流和人才信息交流，定期举办不同规模的专业建设学术研讨会。这些具有发展意义的建议和展望势必会推动翻译专业建设的与时俱进。

四 结束语

无论是翻译专业的发展，还是其他任何专业的发展总体来讲受两种因素的制约：外部因素，即社会经济和文化条件；内部因素，即制约自身的活力，专业的发展正是在这两者之间形成的张力中间向前发展的。若要对翻译专业建设这一具有重大现实意义的领域进行研究，确实很难制定出某种"万能"的翻译专业发展模式。不过努力探索能够全面完善翻译专业建设，推动翻译专业的科学发展，正是学者们不懈追求的目标，从这个意义上，我们不能拘于一家之言，又不可固步自封。我们只有站在历时和共时的交汇点上，兼容并蓄，才能不断推动我国翻译专业建设的持续发展。

大学通识课程教学中的"行动学习法"

首都师范大学 裴宏

【摘要】

行动学习（ActionLearning）源自20世纪50年代的欧洲，是一个以完成预定的工作为目的，在老师和同学的支持下不断地反思与学习的过程。行动学习法以小组合作为主，以解决学习中遇到的实际问题作为研究的载体与平台，以达到团队间相互学习和提高并完成预定的学习任务为目的。实践证明，行动学习法适用于大学通识课教学，并效果显著。

【关键词】

行动学习 通识课教学 教学模式 学习方法

一 行动学习法的内涵与基本特点

1.1 行动学习法的内涵

行动学习源自20世纪50年代的欧洲，由英国物理学家瑞文斯（RegRavens）教授提出。瑞文斯关于行动学习的基本理念体现在他提出的学习公式中：L（Learning，学习）= P（Programmed-Knowledge，学习程式化的知识）+ Q（abilitytopose"insightful"questions，提出有"洞察力"问题的能力"）。瑞文斯认为，传授结构化的知识是目前教育的主要形式，学习者通过学习已经"成型"的知识和方法，可以更好地理解问题、解决问题。但是，在这个快速变革的社会中，仅仅依靠这种学习方式还不够，还需要有创见性地提出问题、主动自觉地探索不熟悉的领域。同时，还要通过团队的形式将这两方面有效地结合起来，才是完整和有效的学习。后来很多实践者又在公式后加上了 I（implementation，执行），即 L = P + Q + I。

行动学习是一个以完成预定的课题研究为目的、在老师和同学的支持下持续不断地反思与学习的过程。即在学习中反思自己，相互学习。行动学习理论认为，学会学习是个人发展中最为重要的因素，个体经验对学习具有重要的意义。行动学习不是简单地在做（行动）中获得新知识和新能力，而是更关注对以往经验的总结与反思，并且在反思中获得经验，求得发展。因此，行动学习法即是"从做中学"、在"反思中学"与"在学习中学会学习"的有机结合。

反思是行动学习的重要基础。通过对过去个人行为的反思，能够对外部世界和自己有一个更清醒的认识，以指导将来的行动。库博将这一过程描述为体验式循环学习法：

在体验式学习法中，反思和概括性判断阶段是在行动学习小组（根据行动学习项目的需要而组成的团体组织）的帮助下进行的。小组的陈述者在陈述结束时，设计下一步的行动计划，然后在检验阶段付诸实施，以便带着这一检验结果在下一次行动学习小组会议上作进一步的反思和概括性判断，直到问题得到解决。佩德勒等人将此描述为：体验—理解—计划—行动的循环式学习过程。体验，即是对一定情况下的行动结果的观察和反思；理解，是在体验的基础上形成或重新形成对形势的理解；计划，是根据理解而制定行动计划；行动，是在一定情景下执行或实验计划。这种体验、理解、计划、行动的反思与循环式学习过程将持续不断地进行下去。

一般来说，行动学习过程由六个步骤构成：

第一步，成立学习小组，一般不超过 10 人。

第二步，每个学生提供一个问题，让其他学生去解决。

第三步，小组定期举行会议，针对提供的问题展开讨论。讨论的问题包括：

（1）问题的性质；
（2）问题的解决方案；
（3）有何困难；
（4）解决方案的可行性；
（5）邀请专家参加主讲。

第四步，选定主持人。其职责主要有：

（1）筹备会议；
（2）取得技术支持；
（3）安排会议程序。

第五步，学生对解决问题的方法初稿进行研究和讨论。

第六步，拿出解决方案，由学生向大家报告。

行动学习小组主要起两个作用：支持个人对他们过去的行动进行反思，以便总结经验；探究他们目前的情况和存在的问题，以便对下一步的行动提出建设性的意见。行动学习小组的成员在向小组陈述自己目前需要解决的问题时，期望大家倾听、提问、质疑、支持和帮助。其他小组成员的主要作用不是提供忠告，而是通过反思和对反思背后假设质疑的探究，以帮助陈述者更好的认识他们所面临的局势，并对今后的行动做出正确的决策。

1.2 行动学习法的基本特点

1. 反思性

行动学习特别重视从以往经验的反思中进行学习。因为反思是行动学习的关键。

2. 行动性

行动学习注重在行动中进行学习。因为这时的行动既是第一阶段的结束，同时也是第二阶段学习的开始。然后，再通过一段时间的行动，再进行总结、反思，找出解决问题的对策，并付诸行动。如此循环式的学习，形成了行动学习的全过程。

3. 合作性

在行动学习小组中，小组成员"一个时刻只扮演一个角色"。当问题的提出者充当小组的陈述者时，他向小组陈述他的问题并寻求其他成员的反馈意见，小组其他成员帮助陈述者设计出新的改进工作的方案。与此同时，小组其他成员作为支持者、倾听者、观察者、协商者和提问者，帮助陈述者探索问题并且形成新的工作要点。在另一个时间段或场合，陈述者和支持者的身份就会互换。在小组学习中，还会出现促进者（即小组顾问）的角色，他使得小组成员之间形成有效互动。小组成员的行动就是在陈述者、支持者和促进者三者互动合作的情形下完成的。

4. 主体性

在行动学习中，行动学习小组的每个成员既是教学过程中的实践主体，又是行动学习小组中的学习主体。每个行动学习小组成员的相关经验和对现实问题的认知与理解，都是小组研究中非常宝贵的资源。

5. 参与性

行动学习中的参与不仅是形式上的，而且是实质性的，即学生由被动参与到主动参与，由消极参与到积极参与，由少数人参与到全体参与，由部分参与到全面参与，由低质量的、形式上的参与转变为思维上、情感上、行为上的真正参与。

1.3 行动学习法与传统学习方法的区别

"行动学习法"作为一种理念和方法系统,强调理论探究与解决实际问题的有机结合,它是"做中学习"与"思考中学习"的结合。行动学习不同于传统学习方法:前者注重边用边学,理论与实践相结合,后者注重先学后用;前者注重全面素质发展和解决实际问题能力的提高,后者重在知识拥有;前者围绕问题研究和解决学习,后者围绕学科知识学习;前者以学生为中心,突出学生的主体性,后者以教师为中心;前者围绕同一主题的持续学习,是"问题—反思与学习—行动—新问题—反思与学习—再行动"的过程,后者是不同主题的结合,是间歇性学习;前者与社会需求结合紧密,后者与社会需求结合松散;前者是内在激励与外在激励相结合,是具有承诺和责任的学习,后者则缺乏激励。

行动学习法的关键词"团队、平等、问题、质疑、宽容、倾听、反思、行动",是建立在反思与行动相互联系的基础之上,是一个计划、实施、总结、反思进而制定下一步行动计划的循环学习过程。行动学习法可以使团队发挥其最大功能,集思广益,达到解决实际生活中的问题,同时也能不断提高学生的个人水平,从而适应将来的社会竞争。

二　行动学习法下的通识课教学

行动学习法于上世纪末引入我国,2000 年起,我逐步将其现地化,并引到课堂教学、课程建设、教材建设、教改实践建设中,先后在日本经济、日本概况、商务日语课程中试行,2004 年,又初次将此方法引入到通识课堂中,得到了较好的教学效果。下面我仅就行动学习法在通识课教改中的实践加以介绍和分析:

通识课学生的特点是来自全校各系各专业,各有各的专业特长与优势,每个人对选修课程的目标很明确,但选课学生对课程的理解储备程度参差不齐。这就需要在通识课的课堂上融入个性化的教学。

我是最早介入通识课教学的教师之一,教学内容涵盖面大,信息量丰富,且时效性、时事性很强,这样往往课堂上体现不出来。更重要的是学习的重要目的,学习的主观能动性没有充分发挥出来。通识课本身就是一个充分发挥学生自主选课能动性的课程。学生们都已步入成人,对课程的期许、涉猎都有一些,要求也是具体的、现实的。所以如何尽可能调动所有人兴趣,又尽可能让所有人学有收获,是教好这门课的关键。这时行动学习法给了我很大启示,我是这样实施的:

一是学生采取自由组合的形式,组成3~4人小组,以一周为期,最终课堂每人5~8分钟(合计30分钟左右)课题发表式教学,助力深度"行动"。通识课选修人数一般控制在40~50人左右,从每学期18周课程教学出发,从满足所有选课学生兴趣点、表现欲、主动学习、参与思考,且无疲劳感和有收获的角度出发,每人每学期量化为不多于2次发表(以前曾试行过3~4次,学生是过瘾了,但迫于学时的局限,让学生感到了压力和疲劳,进而出现了力不从心,效果减半的结果)。上述的人数和发表时间都是受约于课时所限的,这样可以达到最大功效的行动式学习。每组学生每次下课至下次上课一周的时间为行动学习期。当然,每位学生又会从自身的兴趣点、好奇心、责任心出发,可能会有几星期乃至几个月的自我个体准备期(以一个学期为度,从他们接到课题的第一时间起,即每学期的第一节课起,学生就会根据自己主观和客观条件限约,各有不同)。将有限的教学时间无限放大,将"行动"与学习向学生的实际需求延伸,有利于"行动"的深入。

二是采用"1+X"课题设置模式,让"行动"有的放矢。每次课教学设置"1"项主课题,即教学任务的总目标。教学过程中,各小组成员通过研讨,结合自身实际确定具体的研讨题目,即"X"项子课题。这种选题方法,让学生感觉所做的题目既熟悉又陌生、既有能力完成又有很大挑战,且与自身兴趣和实际需求息息相关,有利于调动学生兴趣,给学生的行动一个明确且现实的落脚点。

三是调整教学方法,适应"行动"需求。在理论知识的集中讲授过程中,我们大量采取研究式、案例式等教学方式,为"行动"热身。在学生研讨过程中,我们引入了头脑风暴法、团队列名法、鱼骨头分析法等行动式学习工具,让学生充分"行动"起来。

四是实现角色转换,培养"行动"团队。行动学习背景下,从教师到学生,在教学过程中的地位都发生了变化。为了适应这种变化,教学中的各个小组团队都要实行角色转变,教师从前台退到了幕后,角色渐行渐远,向指导员、组织员、催化师、推进师转变,学生成为整个教学活动的中心,随着教学过程的推进,学生的地位和作用不断彰显。为了实现以上转变,对教师和学生都给出了全新的要求,要求教学"两活""两专(钻)"。"两活"是指"活跃""灵活",能够调动气氛,善于应对突发事件。"两专(钻)"指教师还要具备精深的专业知识和刻苦钻研的能力,只有如此,教师的能力和素质才能不断提高,教学才能逐渐深入。对于学生,我们更多的是要求其具有较强的互动能力,不仅要与老师互动,而且要实现学生之间的互动,不仅要实现已知知识与未知知识的互动,而且要实现自身理论知识和实践能力的互动。

三 行动学习法中的教师行为

长期以来，我们一直在探索如何增强教学的吸引力，实现学生由"要我学"向"我要学"转变。引入行动学习法是教学以一种学生乐于接受的方式让学生的"学"更贴近学生自身实际需求，大大提高了学生的学习兴趣。具体来说，教师主要在以下几个方面下了功夫：

一是用精彩的内容吸引学生。教学过程中，始终注意在内容的科学性、系统性和时效性上下功夫，不断完善、更新教学内容。如"日本经济"课，采用点面结合的方式设置了16个课题，其中既有历史脉络梳理，又有理论术语指导；既有案例分析，又有热点讨论；既有宏观把握，又有微观探析。每个课题都有各自的立足点，课题内容之间有相互映衬辐射，从而完成了教学内容向时事创新聚焦，形成了一套独特的课程教学体系。实践表明，这种在短时间内围绕一个专题进行集中授课的内容甚至方式有利于教学整体内容的深入。

二是用全新的方法带动学生。行动学习法以其独特的优势受到广大学生的欢迎首先是学生角色的主体性。学生不再只是被动的接受者，而是成为主动的求知者。教师的讲已不再是教学的主要方式，整个教学过程是学生去亲身体验、感受和实践的过程，使学生对学习课题提出自己的解决方案，通过与其他学生的讨论交流对各自方案的可行性形成认识的过程。其次是学习过程的行动性。在行动式教学格局下，课堂不再是教学的唯一平台，讲授也不再是教学的主导方式，"行动"成为组织教学活动、实现教学目的的主要方式。再次是组织方式的团队性。行动式学习是以团队的形式开展的。这里的团队形式，区别于一般学习过程中的分组。行动式学习过程中的团队要伴随学习的整个过程，要有严格的分工机制和研讨规则，要在教师的授权下，开展行动学习、执行解决方案，要在教师的催化下进行学习和反思，并且将最终的学习成果向老师和所有同学进行汇报。第四是学习目的的实用性。行动式学习是以学习生活的实际问题为载体开展的，是一种"用以致学"的学习方式，其目的是"学以致用"。这个实际问题是一个载体，它要能够给参与者提供学习的机会。在整个学习期间，一方面这个实际的问题要得到解决；另一方面，参与者要得到学习的成长。

三是以活跃的氛围感染学生。行动学习法借助于头脑风暴法，团队列名法、鱼骨头分析法等工具，为学生营造一个轻松、活跃的氛围，教师激活团队成员的学习热情，研讨过程中，学生各抒己见、畅所欲言，每一个学生都对大家的热情深深感染，加入其中，从而达到良好的学习效果。

四　行动学习法在教学中的实践意义

4.1 行动学习法有利于增强教学的实效性和针对性

　　大学生接受教育带有很大的目标性和功利性，他们学习的目的是要缩小或消除自身和社会发展、目标需要之间的差距，而不是泛泛的掌握大量的普适性知识。因此，他们希望教育内容能和自己的实践结合起来，即追求教育的"实效性"。行动学习法强调理论学习与解决实际问题的有机结合，注重学生的目标需要，以解决学生学习中的问题为抓手来拟定课程，通过小组讨论、交流，寻找解决问题的方案。这样使学生既更新了理论知识，又解决了实践学习中的难题，还提高了教学的实效性。此外，学生带着自己在实践兴趣中的问题来参加学习，向同伴、组员寻求帮助，通过组员之间的合作、交流，并根据组员的建议对自己的行为进行反思，从而获取新知识、新信息。因此，这种学习的针对性强。

4.2 行动学习法有利于解决个人兴趣与专业学习的矛盾

　　在教学中经常会遇到学生主动性弱的问题，主动性和兴趣是相辅相成的，兴趣高了，主动性自然就会强了。行动学习法则比较好地解决了这个问题。行动学习，是把学生的兴趣集中到一起，以找到解决问题的答案为目标，它使个体和专业都能够得到发展。在行动学习中，要解决的问题主要是专业关心的问题，老师把问题逐层分解到小组和个人。换句话说，学生学习的问题，既是兴趣又是专业。个人通过行动学习，既增长了知识，提高了解决问题的能力，同时也解决了专业中的难题，推动了专业学习的进步。

4.3 行动学习法有利于调动学生的专业学习积极性，提高学习效果

　　从心理机制上说，学生在学习初始，头脑中已具有了较为丰富的经验，这使其有能力选择学习内容，制定学习计划，准确判断学习价值及其对个人生活、学习目标的作用，因而学生学习是"自我导向的学习"。"以学生为中心"，是现代教育的核心理念之一。在大学课堂中，我们虽然强调以学生为主体，以教师为主导，但是在实践中，采取的却是以教师讲、学生听，教师念、学生记的传统教学模式。在这种模式中，学生是被动的知识接受者，其积极性、主动性被忽略。行动学习法强调学生个体的实践活动，从学习最初的发现问题、提出问题，到小组讨论、交流，直至通过个体的反思和解决问题，都充分调动了学生的积极性、主动性和创造性，提高了学习效果。

4.4 行动学习法有助于提升学生的合作意识

通识课的学生，顾名思义，文理兼收，来自各系各专业，各专业充分发挥各自特长，特别能体现行动学习法的优势，也是能把效果做到最大的群体。行动学习一般都以跨专业协同研究为研究对象。在目前的体制下，专业的本位主义现象时有发生，甚至有的专业之间还存在一些矛盾。在一般的学习中，把不同院系的学生集中在一起进行理论教学的较多，而解决学习中具体问题的则较少。行动学习通过不同专业学生参与同类课题的研讨学习，共同解决通过互相配合才能解决的问题，为专业间的协作搭建了一个平台。在行动学习的过程中，虽有不同的专题，但要求学生们一起学习讨论。随着学习研究的深入，大家既从各自的角度去研究问题，又注意倾听其他院系同学的观点和意见，相互启发，从而带动了不同专业学生间的协作。

4.5 行动学习法有助于学生提高学习能力的同时提高分析问题、解决问题的能力

大学教育效果怎样，主要依据之一是学生能否对自己原来的行为有所反思、有所改进，能够批判性地审视自己原来的行为、观念。在传统的大学教育中，更多的是注重理论知识的传授，而很少能够顾及学生反思能力的养成和自我行为的改进。在行动学习的过程中，学生需要发现并提出问题，对问题的各种因素进行反思，对小组其他成员的见解进行批判性的分析，既要分辨组员见解中的合理成份，又要找出它们可能产生的差错，以便据此采取行动。这些活动有助于学生提高学习能力的同时提高分析问题、解决问题的能力。

五 行动学习法的局限

虽然行动学习法有着其它教学方法难以替代的优势，但是作为一种教学方法难免存在一些局限和不足。认识这些局限与不足，是正确定位和认识行动学习法，更加有效地使用行动学习法所必需的。

5.1 对学生要求较高

行动学习法对学生提出了较高的要求，例如要求学生要善于交流、思想活跃（这一点可以通过分数成绩进行激励调节，且效果明显）。在行动学习过程中，每一个学生都要充分发挥自己已有的知识储备和勤学好问的钻研精神，

在发现问题之后，提出解决问题的种种方案，然后进行分析、讨论。这是行动学习法成功开展的一个必要条件，否则这种学习方法便难以成功。

行动学习法还要求学生要充分理解行动学习法的理念，尊重行动学习法的规则，具备良好的设计能力。

5.2 对教师要求严格

在行动学习中，教师是不可或缺的角色，他们发挥的好坏对行动学习的成败起着重要的影响。行动学习法对老师提出了严格的要求，要求老师能够组织、协调学生进行一系列有效的学习活动。可以说不是任何老师都能胜任行动学习法中指导者的角色。行动学习法使教师展现出一种全新的促进者角色。行动学习法的引入，使教师不再是传统意义上的"信息提供者"、标准答案"发布者"或"核实者"，也不再是传递课本的"二传手"，教师成了学生的"协助者"、"协作者"、"组织者"和"促进者"，帮助并与学生一起学习，共同提高。"传道、授业、解惑"，更要能创设和营造良好的学习气氛和环境，机智灵活地引导学生去综合分析和解决问题。因为无论何种教育方法，一个合格的教师，常常是制约行动学习成功开展的一个重要因素。

5.3 耗时较长成本偏高

一次完整的行动学习一般需要一周乃至一学期的时间。这对行动学习的学生、教师都提出了很高的要求，也是一种考验。行动学习法的开展通常需要比较多的时间、精力乃至费用方面的支持，这对于想轻松获得且不想费时费力的学生来说显然是一个头疼的问题。

5.4 难以获取系统知识

行动学习中所获取的知识是零散的、片断的，行动学习法有时并不利于系统知识的学习，系统知识是需要通过循序渐进的方式长期习得的。期待通过行动学习来获取系统知识也是不现实的。但这种方法很适合时间短，旨在激发学生兴趣，促进学生进一步学习的通识课教学。

实践证明，行动学习法不仅是一种通过项目解决问题的方法，更是一种自我发展和提高的有效途径。

参考文献：

[1] 鞠玉翠：《行动研究何以联结教育理论与实践》，山东教育科研，2002年7月。

[2] 秦旭芳：《在教师培训中如何运用行动学习法》，学前教育研究，2004年1月。

[3] 宫栾:《行动学习法及其启示》,中国培训,1999 年 11 月。
[4] 伊恩·麦吉尔,利兹·贝蒂:《行动学习法》,北京:华夏出版社,2002 年。
[5] 曾令华:《行动学习法的应用实践》,人力资源,2010 年 5 月。
[6] 秦旭芳,庞丽娟:《行动学习法与行动研究辨析》,比较教育研究,2006 年 9 月。

中西方文化碰撞下美籍华裔女作家对女性主体意识的觉醒与构建

首都师范大学外语学院英语语言文学系讲师
首都师范大学外语学院英语语言文学系本科生
秦晓星　刘佳　鲍冰洁　李玮婷　杨一清

【摘要】

女性主体意识是指女性作为主体在客观世界中的地位、作用和价值的自觉意识。例证在中西方关于女性主体意识存在分歧的背景下，20世纪美籍华裔女作家通过其代表性作品，体现女性主体意识在华、美文坛的重要性。论证其文学作品构建女性主体意识，改变人们传统观念中妇女处于从属的和客体的地位，唤醒妇女的自我主体意识，建立她们主体性的地位。

【关键词】

美籍华裔女作家　女性主体意识　觉醒与构建

一　引　言

从文化角度来说，美籍华裔女作家本身就是特殊的群体，她们几乎自幼在美国长大，被西方强烈的女性主体意识觉醒风潮所同化，但是在构建自身的女性主体意识时，却又无法摆脱中方文化中对女性的传统束缚。从叛逆到认同再到真正的寻求自我，美籍华裔女作家经历了女性主体意识的不断觉醒和艰难构建。从历史的角度来来看，20世纪初期中国传统文化仍未受到入侵，中西方文化激烈碰撞的大背景下，美籍华裔女作家往往会选择叛离自己的传统文化，盲目追求西方文化的认同。然而随着中西方文化的交融和发展，随着华人文学的自我反省，美籍华裔女作家开始积极地寻求自我内心中意识的培养，而不再为了顺应特殊文化背景下的单一认同。

从理论角度来看，对女性主体意识进行研究是去分析她们如何对自己在客观世界中的地位、作用和价值进行反思和突破。翻开西方古典文学思想史，男性始终笼罩着理性的光环，而女性只不过是"感性的尤物"。然而通过分析一些具有代表性的美籍华裔作家，我们将发现她们以文学作品的形式挣脱东方封建思想的包袱，顺应西方女权主义，确立女性主体意识。它的确立也是西方女权主义在文化中的折射。

从实践角度来看，女性主体意识这个概念对于我们来说并不陌生，在它建立的过程中，伴随着文化冲突及先进的文学思想。美籍华裔女作家们成功冲破了思想上的重重障碍，使美国的华文文学迅速发展并成为美国多民族文学中的一道亮丽的风景线。

二 女性主体意识的理论基础

2.1 女性主体意识觉醒背景

父系社会不仅通过政治、经济、法律、伦理等有形、无形的手段，对女性进行社会性、历史性的压抑，而且还通过霸有话语权，在文化体系内对女性实行文化的压抑和歧视。父权文化体系早已抹杀了女性性别主体的自我。[①] 这种压抑和歧视历时两千年之久，在与西方女性主义文化思潮的强烈碰撞下促使性别关怀成为新时期文学的人性关怀话语，使得华裔女性作家指向建构女性主体性，寻求女性崭新的性别文化身份。

2.2 觉醒过程

华裔女作家"生长在美国，受到美国式的教育，但血管中却奔涌着中国血的女儿们永远都不能完全被以白人为代表的主流社会接纳，她们对于自己的身份、文化定位极度迷茫。由于缺乏自信，她们在东西冲突中颇感尴尬，面对西方经常处于失语和无根状态。"[②] 争取与男性平等的人的权利、争取女性人格

---

① 张琼：《女性文化载体的解读——关于谭恩美的喜福会》，上海：上海外语教育出版社，2002 年。

② 关晶：《叛逆、认同、淡化——从三位女作家及其作品看华美文学 20 世纪 70 年代后的发展》，吉林：《长春大学学报》第 16 卷 第 6 期，2006 年 11 月，第 63 页，http://www.cnki.com.cn/Article/CJFDTotal-CDXB200611018.htm，2011 年 12 月 5 日。

独立是对女性主体意识觉醒的第一步。而第二步，对自身性别处境的正视才是女性寻求自我认同走向主体意识觉醒的关键。在男性文化霸权这一巨大的阴影，女性主义写作在寻求新的性别身份的过程常常陷入惶惑与迷误中。性别觉醒只能来自性别主体的内部。

2.3 女性主体意识的构建

华裔女性作家通过言说女性性别存在的历史独特性使得一度丧失文化符号的女性意识重新显现。社会转型、商业文化纠集父权文化残余决定了女性作家以构建女性主体意识为目的的对男性文化霸权的解构。就《女勇士》[①]一书而言，汤亭亭所建构的"女勇士"一方面体现着对传统中国社会中普遍存在的厌女现象的斗争，一方面又扮演者男权社会赋予她的角色——为女为妻为母的妥协。女勇士是西方妇女解放运动和中国传统文化互相交替影响的产物。她有顽强斗争的一面，也有妥协于男权社会的一面。[②] 而这妥协性的产生也导致了与男权社会斗争的不彻底性，因为只有一个女勇士的反抗是远远不够的，她需要更多像她一样的女性的支持。寻求女性性别角色与民族文化角色对于她们这些在美国这个大熔炉的华裔女作家是同等重要的。她们"为了顺应女性主义的潮流，确立女性主体意识，揭露和批判了旧中国封建礼教对妇女的迫害；把华裔男人描写成了残忍、低能只会欺负本族裔中女性的男子汉形象，这一切遭到了男性主体意识的对抗。"[③]"面对评论家对她'伪'华裔作家的指责，她多次辩称自己不是美籍华人，而是华裔美国人（Chinese American）；'女勇士'不是自传，而是具有普遍意义的美国小说。她笔下的女勇士所追求的目标不是儒家的忠孝节烈，而是能够独立自主、与男性平等的女权主义的理想。"[④] 在华裔美籍女作家构建女性主体意识过程中，虽然会有来自美国和中国两方面的共同压力，但是矛盾、对抗、冲突终会被对话、互补、共识所代替，这种多元共融也应是女性主义写作所追求的文化目标。

---

① 汤亭亭：《女勇士》，广西：漓江出版社，1998年。
② 李雪梅：《女勇士的双重角色——解读华裔作家汤亭亭的〈女勇士〉》，《达县师范高等专科学校学报（综合版）》第10卷第4期，2000年12月，第42页，http://calrc.bfsu.edu.cn/html/UploadFile/2009410212951955.doc，2010年11月22日。
③ 杨洁：《荣耀背后的文化僵局——美籍华裔女作家构建女性主体意识所遭遇的尴尬》，《西安外国语大学学报》第15卷第1期2007年3月，第43—44页。
④ 关晶：《叛逆、认同、淡化——从三位女作家及其作品看华美文学20世纪70年代后的发展》，《长春大学学报》第16卷第6期2006年11月，第63页。

三 在中西方文化冲突下美籍华裔女作家自我主体意识的觉醒与建立

3.1 华裔美国文学介绍

1. 华裔美国文学的源起

华裔美国文学的发展与繁荣是上个世纪六十年代美国移民法的改革、民权运动、妇女解放运动,学生运动等各种社会运动合力推动的结果。随着近半个世纪美国少数民族在种族问题上所取得的成就,以及美国政府对多元文化的重视程度日益增加,更加上中国同亚洲其他国家政治、经济、文化的不断强大,这些国家的移民文学创作在60年代之后凸显出来,并呈现了一片繁荣景象。①

2. 华裔美国文学的发展史及题材

粗略地说,美国华裔文学可大致分为三个阶段:从19世纪末至20世纪60年代为开创阶段;20世纪七八十年代为转折阶段;从20世纪80年代末90年代初至今可谓走向繁荣阶段。

从1887年李延富发表自传《我在中国的童年时代》②算起,美国华裔文学已有一百多年的历史,并在美国当代多元文化背景中逐步受到关注并形成比较繁荣的局面,一批美国华裔作家也已杀入或正在杀入美国文学主流。美国华裔文学是中美两种文化碰撞和杂交的产物,但又呈现出鲜明的个性与特色。由于美国华裔特殊的生活经历和社会地位,美国华裔作家大多具备双重文化身份和视野。他们的作品不仅描述了华人漂洋过海来到美国的艰辛的奋斗和创业过程,而且表现了作为美国少数民族之一的华人族裔的思想感受和生存境遇,同时也反映了一代又一代的华人、华裔所经历的中美两种文化之间的交流、碰撞和冲突,表现了他们对中美文化最终走向融合所给予的美好的憧憬和无限的希望。总而言之,美国华裔文学大多表现了中国早期移民及其后裔在"两个世界"之间的困惑、艰辛和奋斗。

美国华人文坛历来分有两翼:一翼是以华文为表达工具的,另一翼是以英文作为写作媒介而直接融入美国主流文化的。这些作家,论国籍,他们是美国人;论血统,他们是华裔。他们一方面接受美国的教育,一方面又接受从祖先那里传承下来的中国传统。他们的创作带有美国本土的特色,又吸取

---

① 陆薇:《走向文化研究的华裔美国文学》,北京:中华书局出版社,2007。
② 张卓:《美国华裔文学生产的历史语境》,湖北:《三峡大学学报(人文社会科学版)》2007年第01期。

了中国故土的营养。因此华裔作家的作品在美国可谓别具一格，受到读者青睐。当今美国文坛华裔作家的作品，依据题材大致可分为五类：以古老中国神秘、奇异的历史背景编写故事；着力于反映社会现实的作品；以家族史为背景创作的小说；以个人的经验为主，描写华裔夹杂在东西文化之间的冲突与成长过程；伤痕文学，这类文学与政治有关。

3.2 美国华裔文学代表作家——汤婷婷、谭恩美、黄玉雪、张纯如

谭恩美和汤婷婷是当代美国华裔文学的两个高峰。谭恩美的小说在主题及艺术魅力上可以说是汤婷婷小说的延伸与继续，但她的小说较汤婷婷的作品更为凄美动人。这是因为作为华裔女作家，谭恩美似乎具有一种摆脱不掉的中国情结和中国文化意识，具有东方女性独特的细腻情感和审美趋向。① 她在创作中十分关注家庭关系，亲情血缘以及华裔妇女的身份地位，因此她的作品更具人情味；此外，在她小说中，中国母亲的形象具有巨大的感染力；这一形象占据着其小说的情感中心，表现的是一种独特的角度观察到的中国和中国文化传统，因而引起了美国华裔以及其他族裔美国人的极大兴趣。从很大程度上说也正是因为这一点，使得谭恩美有别于汤婷婷：前者更为美国普通读者所喜爱，而后者则更受到批评界的关注。②

1. 汤婷婷及其代表作品与作品评价

在 20 世纪 70 年代中期，随着反应"边缘文化"的美国华裔文学取得了长足发展的同时，华裔女作家汤婷婷发表了美国华裔文学史上具有里程碑意义的作品《女勇士》（1976），将美国华裔文学推向一个高峰。该书以独特的叙述视角和手法、丰富的文化形象和奇特的故事传说震撼了当代美国文坛，丰富了美国文学的内涵，并获得该年度美国国家图书评论界奖非小说类奖。汤婷婷也因此作品一鸣惊人并杀入美国文学主流。

1980 年汤婷婷又发表了《中国佬》，③ 获得美国国家图书奖和美国国家图书评论界奖。1989 年她又发表了《孙行者》，获得当年美国笔会小说奖。汤婷婷的出现，使美国华裔文学不仅在美国通俗文学中占有一定地位，同时也正式走入美国主流文学的行列。

汤婷婷以现代女性的眼光去追寻华裔女性的传统。她更侧重于描写女性生活在两种文化、两个世界之中的困惑、无奈与挣扎。她的《女勇士》以"讲故事"的形式将叙述者游移在现实与幻想、中国与美国、过去与现代之

---

① 程爱民：《美国华裔文学研究》，北京：北京大学出版社，2003 年，第 6—9 页。
② 陆薇：《走向文化研究的华裔美国文》，北京：中华书局出版社，2007。
③ 王鹏飞：《沉默的双重象征：种族主义与女性主义——析华裔美国作家汤婷婷之〈中国佬〉》，四川：《四川外语学院学报》2003 年第 04 期。

间,抒发了她对中国男权压迫的愤恨,表达了自己作为女性以及少数族裔在美国主流文化中的失落和失声。汤婷婷在《女勇士》中实际上是完成了一个她自己所说的"译者"的任务,那就是将中国文化与美国主义文化对其的假象、中国民间故事与美国通俗文化、父母的经历与自己童年与青少年经历之间互译的过程。① 这种翻译既是语言上的也是文化上的;既是事实上的也是隐喻意义上的。她同时也展现了在权力不平等社会中,从自我厌恶到迷惑、反抗,再到寻求自我身份的不平常的成长过程。她的作品深受民权运动、女权主义以及(后)现代创作手法的影响。从某种程度上说,汤婷婷的传记小说《女勇士》中在西方长大的女儿对母亲所代表的中国文化的态度正是西方社会以东方主义的种族中心为出发点、排斥被视为"他者"的非西方文化的典型范例。

在写作手法上,汤婷婷没有教条地沿用小说、历史、自传等文体的惯用技巧,而是不拘一格,融三者于一炉,在文类界定方面独树一帜,给人以耳目一新之感。这种"三合一"式的创新文类在文学史上较为鲜见,是一种包容性极强的写作手法。事实表明,女性主义写作从格式到语言都容易被女性所接受,是妇女表现女性意识的理想手法,也是女性作家踏入文学殿堂的捷径之一。②

汤婷婷就是这样,在美国文化语境里刚起步,便用弱势话语发出嘹亮的声音,在族裔文化认同和主流文化认同的矛盾过程中坚定而稳健地从边缘文化走向主流文化。

我们必须看到,作为华裔美国女作家,她走的成功之道并不平坦,她一方面要为她的弱势种族的权力向占有统治地位的强势白人抗争,另一方面,又要向华人内部男性宰制一切的封建传统做不屈不挠的斗争,这种斗争恰好符合主流文化中女权主义的理念,因而得到女权主义者的积极支持,使她感到主流文化中的一股亲和力。这是她倾向于同主流文化融合的重要原因。

2. 谭恩美及其代表作品与作品评价

谭恩美在1989年出版了英文版《喜福会》,③ 一夜之间成为美国文坛明星。这部小说发表后雄踞《纽约时报》畅销书榜达9个月之久,销量达4000多万册,并先后赢得美国国家图书奖、1991年最佳小说奖、海湾地区小说评论奖、联邦俱乐部金奖以及国家图书评论奖提名等多项奖。目前该小说已被

---

① 程爱民:《美国华裔文学研究》,北京:北京大学出版社,2003年,第6—9页。
② 沈甫根:《汤婷婷女性主义批评面面观》,浙江:《浙江大学学报》(人文社会科学版),2001年。
③ 谭恩美:《喜福会》,USA: Penguin, 1989。程乃珊等译,上海:上海译文出版社,2010年。

翻译成包括中文在内的20多种语言。她的第二本小说《灶神之妻》一经问世也立即成为美国最畅销小说之一。一般认为谭恩美是美国华裔文学作家继汤婷婷之后的又一个高峰。如果说汤婷婷在当时还是一支独秀的话,那谭恩美的出现则引来了美国华裔文学百花争艳的春天。

谭恩美作为新生代作家的代表之一,其代表作《喜福会》探寻了母女两代人之间的爱恨关系以及两代人在两个世界、两个文化之间的碰撞与融合,是近些年来美国华裔作家对中美文化之间的关系进行探索的一个范本。总体上看,谭恩美在作品中采用中国传统小说的叙述手法,从个人的记忆出发,建立了一个特定的观察历史和文化的视角;将自我经历放大,将家庭矛盾,母女之间的冲突提升到文化冲突的层面,并在中美文化传统的大背景下使之象征化、预言化,使得小说更具文化内涵和艺术张力。

《喜福会》是华裔美国女作家谭恩美根据亲身经历,选取移民的母亲和生长在美国的女儿之间的矛盾冲突为写作素材一炮打响的第一部小说。[1] 它在题材与主题上是《女勇士》的延续,比起后者,"它在语气上不再那么愤怒,但具有同样的痛苦和诗意"。[2] 这可以说是华裔女性文学作品继《女勇士》之后的又一个热点。大部分人认为首先是它那带有全球性的主题吸引了众多的读者:两代人之间的鸿沟、母女间的冲突、移民自身的传统文化与当地本土文化之间的矛盾等。[3] 也有人认为谭恩美的写作风格风趣幽默,正对美国人的胃口。他们认为《喜福会》是一部为适应美国人口味而写的中国故事,一部文字风趣、节奏轻快、态度俏皮的"小点心式"的作品。[4] 还有人认为《喜福会》的成功是因为他充分满足了西方读者对古老、神秘、浪漫、富于异国情调的东方的好奇心。故事中心狠手辣的男人和温柔善良、对男性与长辈言听计从的女性无不迎合了西方人的口味[5]是对西方对东方的东方主义刻板化的重复、印证与深化。更有甚者,还有的批评者认为这部小说具有伪民俗和新东方主义色彩,它叙事般娓娓道来的女性叙述方式也正迎合了美国中产阶级女性对读者对少数族裔家庭、女性题材小说的特别偏好,[6] 是东方主义持久魅力

---

[1] 陆薇:《走向文化研究的华裔美国文学》,北京:中华书局出版社,2007年。

[2] Amy Ling, Between Worlds: Women Writers of Chinese Ancestry, New York: Pergamon Press, 1990, p. 130.

[3] Wendy Ho, In Her Mother's House: The Politics of Asian American Mother-Daughter Writing, Oxford: Altamira Press, 1999, pp. 149—160.

[4] 董鼎山:《喜福会背后的故事》,北京:中央编译局,1996年,第125页。

[5] Amy Ling, Between Worlds: Women Writers of Chinese Ancestry, New York: Pergamon Press, 1990, p. 130.

[6] 张琼:《女性文化载体的解读——关于谭恩美的喜福会》,上海:上海外语教育出版社,2002年。

的最佳证明。①

3. 黄玉雪及其代表作品与作品评价

华裔美国文学作品受到关注、得以在美国出版社出版以美国的国内形式和国际风云标化的大背景有着极为密切的联系。民族文化，种族文化的观念差异，使这些美籍华裔作家能够从一个独特视角来观察这个世界，审视这个社会。尤其是对于美籍华裔女作家来说，她们在创作文学作品的过程中所面临的思想冲突更是给我们提供了一个认识世界的新视角。例如，20世纪60年代，是一个充满了动荡，变革的时代。美国也经历了民权运动、妇女解放运动、反文化运动、越战、反战示威游行，这些运动无一不大大激发了人们的民族意识。当时的国际和美国国内的形式给了这些美籍华裔女作家山路头家的大好时机。随着国际社会的不断发展，多极化格局逐渐显现出来，世界各民族意识也随之高涨。由于中国的不断发展，其国际地位的不断上升，越来越多的美国人不仅增强了对中国的关注，更加对华人和中华文化产生了兴趣，这些都为华裔美国作假的创作提供了有利的条件。

对于20世纪后期的女性作家来说，不管其个人是否是女性主义者，在创作过程中，她们都具有这两方面的意识：一方面，她们意识到了自己秉承着一种很浅的女性的自我寻求；另一方面，她们也意识到了自己处在一个充满敌意男性主宰的环境，感到了作为女性的易受伤害。而她们也都在以她们各自不同的方式努力在这种夹缝中生存活动。在东方文化的影响下，这个时期的美籍华裔女作家的作品都不约而同的一对于自我的寻求为主题来创作，以不同的表达方式和写作视角对于塑造作家被人身份特征的社会和文化因素做了深入细致的探究。

"时势造英雄"，这句话不仅适用于历史人物，在一定程度是也使用于一些美籍华裔女性作家，如黄玉雪（Jade Snow Wong）。在20世纪40年代，她的作品《华女阿五》（Fifth Chinese Daughter，1945）出版发行后备受美国当局的赏识，并且也立即在美国成为了畅销书，甚至在英国和德国也相当受欢迎。《华女阿五》② 所讲述的其实就是黄玉雪自己的故事，从她5岁记事开始，到24岁她成了二战后旧金山唐人街第一个拥有小轿车的人为之，全书共28章。这本书充分体现了作者的女性主体意识，其中作者抨击最多的时传统的"重男轻女"的思想，他对华人的教育，包括家庭教育和学校教育也有批评。

父母根深蒂固的"重男轻女"思想是黄玉雪一度极为不满。父母对于弟

---

① 黄秀玲：《"糖姐"：试论谭恩美现象》，上海：上海外语教育出版社，2002年。
② 黄玉雪：《华女阿五》，张龙海译，江苏：译林出版社，2003年。

弟和妹妹的区别对待，使她意识到弟弟是个男孩，因此比妹妹重要，更让她"不舒服"的是意识到了因为自己也是个女孩，和弟弟相比，同样无足轻重。年幼的黄玉雪，因为屡屡和父母进行顽强、不愉快的抗争，她的童年生活蒙上了一层厚厚的阴影。她在心中不禁暗暗发誓一定要成为一个受人尊敬的人。此外，他的父亲曾明确地跟她说教育使她通往自由之路。要是在中国，她也得不到多少私人辅导，更没有免费的高级教育。充分利用自己在美国的机会吧。[①] 然而，就在她提出想要上大学，希望父亲予以一些经济帮助说，她的父亲却拒绝了。这使黄玉雪感到很不公平，她认为自己不仅仅是"女性"，还是"人"，难道华人不承认妇女也有思想感情吗?[②] 想必，这次的经历也使她对女性主体意识有了更加深刻的认识。

然而就是这次与父亲产生的矛盾，让黄玉雪有了走出华人世界的勇气，有机会了解美国人家庭生活，并且更加定了自己对于女性主体意识的确立。她看到在美国人的家庭中，每个人都有不可剥夺的坚持、维护自己个性的权利，无论性别。与黄玉雪的父母冷漠态度截然相反，她打工的雇主，那些美国妇女理解并鼓励她的求知欲。在她们的帮助下，黄玉雪获得了在米尔斯学院学习的机会，期间，玉雪感到生活变成了乐趣，在这里，个人自由、个人意志、个人价值得到了肯定与尊重，她快乐地学习，快乐地社交。大学学业完成之后，玉雪开始找工作，个人主义精神的重要性得到了更突出地描写。她独立研究问题，经过分析，撰写论文，得出解决问题的方案，并在论文比赛中获胜，其论文还被编入一份国会报告。玉雪的个人努力第一次得到了家人的肯定并让他们为此自豪。

在《华女阿五》这部书中，从她14岁以前的生活也是基本上继续以前的中式传统模式，个体无自由可言，个性被压制与禁锢着，到最后，对个人主义精神的肯定，作者描写了玉雪通过进一步的努力，在经济上摆脱了对父母的依附，从而最终完成了专科学校的学业，作为毕业生代表发表的演讲取得了成功。作者以自己的亲身经历，讲述了自己对于女性主体意识的建立过程，并且意识到女性要做到自尊、自信，而非自卑、自弱，从而能正确地评价两性关系，坚持"男女平等"，而非"男尊女卑"、"男强女弱"，也非"女性至上"；作为"人"的自我价值的追求，如在成就、竞争、发展等方面的满足。

---

① 张春梅:《中西合璧——黄玉雪的双重身份认定》,《经济研究导刊》, 2008 年第 07 期。

② 张子清:《华裔美国文学之母：充满传奇色彩的黄玉雪》, 江苏:《当代外国文学》, 2003 年第 03 期。

4. 张纯如及其代表作品与作品评价

张纯如在书中用很多篇幅探讨华人今天在美国的社会地位。毫无疑问，今天的华人是对美国社会贡献卓著的族群。不幸的是，从1943年《排华法案》废除到21世纪的今天，几十年过去了，美国社会对华人仍然是时而容忍接纳，时而排斥怀疑。尽管华人已经在美国经历了几代人的繁衍，却仍然被许多人视为"外国人"。书中列举的许多实例都是我们在美华人的共同经历。很多人都有过被当面辱为"从哪里来，滚回哪里去"的痛苦经历。

有人总结过一种现象，即第一代移民更多地为打入主流而奋斗，第二代移民更加重视自己祖辈的文化，这种文化回归、文化认同比新移民表现得更强烈、更有历史感。作为一个在美国出生长大的华裔，张纯如能够讲一口相对而言还算流利的中文口语，她曾表示过对父母的感谢，感谢他们在家中用中文对话，使她起码在口语上掌握了中文，这从某种意义上使她对中国文化和历史更有一种认同感，对华人在历史上受到的迫害和不公正待遇有更强烈的反抗意识。

同每一个 ABC（American-born Chinese）一样，张纯如的这种文化认同感也是经过了困惑和挣扎的过程的。张纯如的母亲说①，纯如从小就对自己的"根"和"祖宗"这一类的事感到好奇。此外，张纯如不信西方的任何宗教。她是一个善于自我思考的人。基于这一点，她对人权正义的追求，也不仅仅是和华人历史联系在一起的，而是她个人不断观察思索的结果。她对人类命运的关注是超越民族和文化的。

可以从"纯如"这个名字里嚼出不同的滋味来：语出《论语》，那是父母思念故国的苦涩；含义美好，那是父母美好寄托的香甜；本意和谐，那是父母对不能融入美国族群担忧的酸楚。因此，生在美国的 IRIS CHANG 会说中文。

没有证据表明张纯如和她的父母看过黑人作家亚历克斯·哈利所写的家史小说《根》，或是否看过书里的这句话：人最宝贵的东西，是知道自己是什么人，是从哪儿来的②。但是，张纯如的确在学校图书馆里找过，找英文历史书里关于1937年南京发生的那些事情，那些被她父母重复过不知多少次的情景。可是她失望了，没有1937年，也没有南京，更没有红色的江水。于是，中国就成为一种虚幻的概念。没有1937年，没有南京，没有中国，世界上也就没有张纯如，只有 IRIS CHANG。没有根的人，连名字都会丢失掉。

---

① 江山：《走近张纯如》，美国：美国《侨报》，http://news.xinhuanet.com/overseas/2005 - 03/18/content_ 2714167. htm，2005 年 3 月 18 日。

② 亚历克斯·哈利：《根》，郑惠丹译，江苏：译林出版社，1999 年。

四 结 论

自我主体意识问题是现代性的产物,尤其在20世纪80年代后,"我是谁?我从何而来,到何处去?"这些问题在日益复杂的社会文化矛盾中成为知识分子不得不面对和苦苦追寻的问题,尤其是对于在具有双重文化背景下的那些美籍华裔女性作家,因为在她们的创作中不见会有对在种族层面上的困惑,同时还有性别层面上的疑问。

"我是美国人,还是中国人?"对于这样一个简单的问题,美籍华裔女作家张纯如在其年幼时就已经开始产生了疑问。80年代初期,张纯如在伊利诺州读中学时,一位白人同学不含敌意,直截了当地问她:假如美国和中国之间发生战争,她支持哪一方?① 这个问题使她感到为难。美籍华裔的女作家张纯如在当地已经居住了12年,从来没有去过中国大陆或者台湾。而接下来的第二个问题:她会离开美国去中国吗?或是在美国支持中国?② 更使得年幼的张纯如陷入了深深地自我思考当中。

由于文化上的差异和社交上的隔阂,同处于美国境内的不相同的民族群体之间所表现出来的相近的共性意识并不多,此外,在那些美籍华裔女作家的成长以及创作过程中,还始终存在着一系列历史与现实、自我与他者、真实与虚幻、记忆与遗忘、怀疑与确证、认同与拒绝的矛盾冲突。20世纪以汤婷婷、谭恩美、张纯如为代表的美籍华裔女作家,在同时感受着中西方思想的撞击中,开始意识到女性主体意识在华美文坛的重要性,因此在其创作的作品当中,无不体现着她们对于具有双重文化背景下女性主体意识的强烈体现,这是对于女性主体意识的一种全新的重新构建。然而,重构自我主体意识的道路却不是那么平坦的,重新确认自己的认同,这不只是把握自己的一种方式,而且是把握世界的一种方式,也是我们获得生存理由和生存意义的一种方式。③ "新的信仰和自我认同需要新的社会制度作为实践条件,因此,寻找认同的过程就不只是一个心理的过程,而是一个直接参与政治、法律、

---

① Dorathy:《美国华裔:你是美国人,还是中国人?》http://news.skykiwi.com/world/gj/zh/2005-04-07/7697.shtml,2005年04月07日。

② Dorathy:《美国华裔:你是美国人,还是中国人?》http://news.skykiwi.com/world/gj/zh/2005-04-07/7697.shtml,2005年04月07日。

③ 张光芒:《身份认同与自我的重构》,《名作欣赏·文学鉴赏》,2008年第10期,http://www.xiexingcun.com/mzxswxjs/mzxs2008/mzxs20081017-1.html,2011年11月20日。

道德、审美和其他社会实践的过程。"① 也就是说，身份认同需要"自我"与整个社会环境之间产生一种良性的互动，才能顺利完成。

  人生在世，总要努力构建与众不同的身份。因而，寻求身份便成为当代文学热衷的一个主题。处于种族和性别双重边缘的美国华裔妇女如何探寻她们的族裔身份和性别身份自然成为美国华裔女作家关注的对象。在过去的一段时期内，女性作家都是处于弱势地位，这无论在中国还是在美国都是一个不争的事实，比如，在维多利亚时期，很多女性作家如果想要发表她们的文学作品就不得不使用男性的名字。但在当今的社会里，这种现象都有了很大的改变，女性不再是文坛中的弱者，无论在中国还是在美国，女性作家都可以找到自我的价值。

---

  ① 汪晖：《现代思想的悖论——〈汪晖自选集〉自序》，《死火重温》，人民文学出版社，2000年版，第404页。

漫谈英语中的政治词汇

曲春红

【摘要】

本文选取了英语当中反映政治制度和政治现象的词汇，从其产生的历史背景和构词方式两个方面进行了总结和分析。英语中的政治词汇随着人类社会的发展和政治生活的改变而发生着巨大的变化。影响其发生变化的因素包括政权的更迭和政治制度的改变，重大政治事件发生和重要历史人物的轮番登场等。而主要的构词方式则包括旧词新意、词义的扩大或缩小、合成法、词缀法以及引入外来词等等。

【关键词】

政治词汇　旧词新意　派生法　合成法　词义的变化

人们从《通天塔》的故事中可以深切地感受到语言的力量，统一的语言可以帮助人们统一思想，统一行动，甚至可以建一座通天的高塔。上帝没有使用任何武力，而只是让修塔的人们语言不通，互相不能理解就足以让这一浩大的工程前功尽弃。作为构成语言的基本材料，词汇是反应社会政治、经济、文化等各个方面最敏感，最直接的部分；而人类社会各个方面的发展又不断使词汇随之新旧更迭。仅从英语的发展历史来看，从古英语到中期英语，再到现代英语，句法体系的变化是缓慢而相对轻微的，而词汇却随着社会的发展而产生剧烈的变化。据统计，20世纪以来，英语中产生的大量用以描述新的政治、经济和社会现象现象的新词占前面1000多年中英语词汇量的

25%。①政治作为社会发展的重要组织形式和推动力量无疑与语言有着千丝万缕的联系。从社会语言学角度来讲,语言与政治的关系可以归结为语言的政治和政治的语言两个方面。②其中,政治的语言就包括随着统治阶级的更迭、重大政治事件的发生以及重要政治人物轮番登上历史舞台等因素而产生的政治词汇。这种词汇的产生过程在英语以及所有语言的历史发展过程中从未停止过。

一 政治新词产生的背景与因素

从英语词汇的发展历史来看,政权的更迭和政治制度的改变使英语词汇经历了深刻复杂的变化。盎格鲁撒克逊人的到来,带来了日尔曼语系的英语,最初的词汇量只有5万至6万个。③1066年诺曼征服,法语成了统治阶级和上层社会的语言,受过教育的人们也都讲法语,只有农民和农奴这样最下层的人才说英语。法语词在这一时期大量涌入英语,其中与政治有关的包括贵族用语 baron,court,duke,dame,sire 以及与政府有关的 government,authority,sovereign,parliament,assembly,treaty,alliance,revenue,minister,mayor,constable 等等。而英语并没有消失,顽强的生存了下来,并且在13世纪末期重新获得了它的社会地位。

美国独立战争以后,英语中出现了许多美国人特有的词汇。17世纪初,英国开始向北美进行殖民活动。当时英国资本主义已经相当发达,资产阶级和新贵族要求进行海外掠夺和扩张。④1607年英国殖民者到达美洲大陆,到了1732年建立起了美国最初的13个州。这批早期殖民者所讲的英语是伊丽莎白时期的英语,与 Shakespeare,Milton 和 Bunyan 所讲的英语一样属于早期的现代英语。而18世纪美国独立战争之后,随着民族感的增加,美国人在重新建立新的政治体系的同时,想到了应该有自己的语言变体。提倡有自己语言风格的著名人士包括 Thomas Jefferson,John Adams,Benjamin Franklin,和 Noah Webster。1806年 Noah Webster 最先使用了"American English"。他认为美国人不但有权力使用新词而且可以修改语言以适应新的环境,地理和政治的需求。很多著名的作家如 Washington Irving,Walt Whitman,Ralph W. Emerson,Mark Twain,和 O. Henry 都对美国英语的发展做出了贡献。这一时期在美国产

---

① 汪榕培:《英语词汇学》,上海:上海外语教育出版社,2008年。
② 祝畹瑾:《社会语言学概论》,长沙:湖南教育出版社,1992年,第12页。
③ 张韵斐,周锡卿:《现代英语词汇学概论》,北京:北京师范大学出版社,2004年。
④ 陆国强:《现代英语词汇学》,上海:上海外语教育出版社,1999年,第182页。

生的词语包括 representative, president, Congress, senator, to advocate, to antagonize, to demoralize, to donate 等等。

重大历史事件同样会给英语中带来更多地表达政治的词汇。两次世界大战产生了 ace（王牌驾驶员）、awol（擅离职守）、blitz（闪电战）等词汇。① 战后美国经济发展迅速，实力增强，英语也成了国际通用语言，词汇随着各国政治经济各个方面的交往而进一步丰富。其中既有通过构词法产生的新词，也有外来借词。如产生于 40 年代的 Apartheid，源自南非的种族隔离政策。妇女解放运动作为 20 世纪最重要的政治事件之一也为英语词汇的丰富做了重大的贡献，如 chairwoman, spokeswoman 等等。20 世纪 90 年代苏联解体、东欧剧变、波黑战争、索马里战争等事件导致世界格局发生了巨大的变化，同时也衍生了很多描述这些事件的词汇，如 the Third World / the developing countries / underdeveloped countries（第三世界），the Fourth World（最贫穷国家），non-aligned（不结盟的），non-alignment（不结盟运动），shuttle diplomacy（穿梭外交），mini-summit（小型最高级会议），confrontation（对抗），détente（缓和），high/low profile（高/低姿态），total war（总体战），jungle war（丛林战），special war（特种战），psywar（心理战）等。

在媒体的不断关注和炒作下，美国每四年一次的大选无疑是最重要的政治事件。美国方言协会从上个世纪 90 年代以来会评选出每一年的"年度词汇"（word of the year）。从 1990 年到 2011 年的 21 个词汇中有 10 个与政治有关，尤其是美国的大选年一般都会是政治词汇，具体词汇如 1996 年的 mom（重要的新型投票人，如 soccer mom），2000 年的 chad（孔屑。打孔机从选票上打掉的小纸片，与 2000 年大选中弗罗里达州的选票纠风有关），2004 年的 red state, blue state, purple state（红州、蓝州、紫州。其中红州为亲共和党的州，蓝州为亲民主党的州，而紫州则代表两党旗鼓相当。这也表现出了 2004 年选民的狂热），2008 年的 bailout（政府的紧急财政援助）等等。另外，其他年份的年度词汇也有一些与政治相关，如 1990 年的 bushlips（不诚实的政治言辞），1991 年的 the mother of all (battles) 最重大的（…之母，—萨达姆侯赛因称海湾战争为战争之母），2001 年的 9-11（美国遭受恐怖袭击），2002 年的 weapons of mass destruction（大规模杀伤性武器），2011 年的 occupy（指占领抗议运动）等。

重要的政治人物以及他们的言行同样在媒体的关注下衍生出不少政治词汇。例如人们常用政治人物的名字加上后缀 -ism 来表示与其相关的政策或主张，如 McCarthyism（麦卡锡主义），Majorism（梅杰的政策）），Blairism（布

---

① 此处例词参考庄和诚：《英语词源趣谈》，上海：上海外语教育出版社，1997 年。

莱尔的政策），Clintonism（克林顿的政策），Bushism（布什的政策）。另外新的后缀 - gate 也因 Nixon 的水门事件而成为"丑闻"的专属词缀，如 Irangate（伊朗门事件），Camillagate（卡米拉丑闻），Nannygate（保姆丑闻）等。

二　政治新词的主要构成方式

2.1 旧词新意

时代的不断发展与变迁使人们不得不找到一些新的表达方式来描述层出不穷的新生事物。其中最为简洁的方法就是为已经存在的词汇赋予新的意义，政治领域也不例外。如现在美国有一种洲际导弹名为 Minuteman。这个词的来源可以追溯到美国独立战争时期的一个爱国组织的名称：Minutemen，意为听到信号后一分钟内即能出动的民兵。另外一个例子是 John Hancock，《朗文当代高级英语词典》对这个词的解释是"（AmE. Informal）your signature"。1776年7月4日大陆会议通过《独立宣言》的时候，身为大会主席的 John Hancock 把自己的名字签得特别大。他解释说，他之所以那样做，为的是使英王乔治三世不戴眼镜就能看清。后来他的名字 John Hancock 成了"亲笔签字"的代名词。① Lobby 原意为"大厅"或"休息室"，但在政治领域却被赋予了新的意义，即"（试图说服政府更改法律、制定新法律等的）游说"或"院外活动集团"。各种各样的政治集团为了收买或胁迫议员为其效劳，派专人在议会走廊、休息室进行活动。由 lobby 构成了相应的 lobbying（院外游说），lobbyist（院外说客），lobbyism（院外活动）等词。② 同样拥有了新的词义的还有 stump，它的原意为"树墩"、"树桩"，因为旧时地方的头头为了吸引大家的注意，让别人听得清楚，常常站在树桩上发表讲话，因此 stump 这个词就有了"政治演说的讲台"这样一层意思。由 stump 还引申出一些词组，如：the stump（在发表竞选演说），stump speeches（政治演说）等。Boss 一词原意为"老板"，指经济上发达的人，现在常常用来指"（政治机构等中的）头子，首领，上司"。究其原因是过去在美国城市里，"党魁"权力往往超过行政长官，要开设商店企业，就得向党魁交钱，取得特许权。党魁因此从中发财，实际上和"老板"无异。

---

① 严维明：《美国史和美国语》，《外国语》，1984年第一期，第24—28页。
② 陈玉玲等：《美国英语词汇与美国历史变革的发展》，《河南职技师院学报》，1997年第四期，第64—67页。

2.2 原有词义的扩大或缩小

随着历史的发展，英语当中与部分词汇的意义也随之改变，主要的变化趋势有词义的扩展（extension）、词义的缩小（specialization）、词义的升格（elevation）、词义的降格（degradation）以及词义的转化（transference）等等。①根据严维明（1984）的文章，词义有所引申和扩大的例子包括：deal 原意为发牌，后引申为政策，如 New Deal（新政）；platform 原意为政纲，后引申为总统候选人的竞选纲领；landslide 原意为山崩，后引申为（选举中）压倒的优胜；ticket 原意为票，后来也可以指代候选人名单。词义缩小的词语举例如下：segregation 原为隔离之义，现在专门用来指种族隔离；原意为废除的 abolition 现在也专指废除黑奴制度；emancipation 原义为解放，现专指解放黑奴；secession 原义为脱离，现专指脱离联邦；signer 现在多用来专指《独立宣言》的签字者；elector（选举者）专指总统选举团成员；convention（集会）现指政党代表大会；representative（代表）现在专指众议员；congress（代表大会），首字母大写后专指国会。由上述词语派生出来了许多词汇，例如：segregationist（种族隔离主义者），abolitionist（废奴主义者）；secessionist（主张脱离联邦的人），Congressman（国会议员）等等。

2.3 派生法

派生法（derivation）也称词缀法（affixation）是英语当中最重要的构词方式之一。这种方法构成的词汇占英语词汇总量的 30% 至 40%，其次是合成法占 28% 至 30%。②在政治领域主要表现在两个方面，一是在重要政治人物的后面加上后缀来描述他们的言行以及政策纲领，如前面提到过的在 Clinton，Bush 等的后面加上后缀变成了 Clintonism 和 Bushism。更多的例子如 Clintonian（克林顿的、跟克林顿政府有关的）、Clintonite（克林顿的支持者）、Clintonoid（克林顿追随者）、Clintonism（克林顿风格）、Clintonomics（克氏经济政策，这个词是由 Clinton 加上 economics 的词尾拼缀而成）、Clintonize（采用克林顿政策）。后缀 -ism 加在政治人物的后面就可以表示这个人物的政治决策或主张，如上文提到的 McCarthyism（麦卡锡主义），Majorism（梅杰的政策），Blairism（布莱尔的政策），Bushism（布什的政策）等等。如 2000 年 4 月 19 日的《洛杉矶时报》就刊登了一篇由 Jeff Cohen 撰写的题为 Democrats Suffer From a Bad Case of Clintonism 的文章，里面历数了克林顿政策的种种弊端。

---

① 陆国强：《现代英语词汇学》，上海：上海外语教育出版社，1999 年。
② Pyles & Algeo（1982）转引自张维友：《英语词汇学教程》，华中师范大学出版社，2004 年，第 54 页。

提到与政治有关的词缀，有两个后缀要特殊提一下，就是 - gate 和 - speak。这是上个世纪在政治领域产生的最常见的两个后缀。- gate 源于曾经在美国政坛轰动一时的水门事件。1972 年大选期间，尼克松的手下潜入民主党水门大厦窃取情报而被捕。这一政治丑闻的暴露，导致美国历史上第一次总统遭到弹劾。- gate 也由 Watergate 中剥离出来成为丑闻的代名词。记者们认为 - gate 比 scandal 更具震撼力，更富有政治色彩和渲染作用，于是从水门事件后以 - gate 结尾表示"丑闻"的词越来越多，①例如：lrangate（伊朗门，1985 年，里根总统决定执行"武器交换人质计划"，秘密把武器卖给伊朗以换取被伊朗扣押的人质）、whiterivergate（白水门，克林顿夫妇与白水开发公司案）、Monicagate（莫妮卡之门，克林顿桃色丑闻）等等。- gate 作为一个有超强表现力的词缀在英国同样受到媒体的欢迎，如英国查尔斯王子与卡米拉（Camilla Parker-Bowles）的桃色新闻被曝光以后，就出现了 Camillagate（卡米拉丑闻）。另一个常用的后缀 - speak 源于美国作家乔治奥威尔（George Orwell, 1903—1950）在他的政治讽刺小说《1984 年》中杜撰的 doublespeak（假话，欺人之谈）、newspeak（假话——指以模棱两可和自相矛盾为其特点的宣传语言）和 oldspeak（陈词滥调）这三个词。在 - speak 前面加上人名、组织名称、机构名称、学科名称等被模仿构成了许多新词表示"某某的语言"，例如，computerspeak（计算机语言）、net speak（网络语言）、art speak（艺术语言）、Freudspeak（用弗洛伊德的术语）等等。政治人物的后面加上 - speak 同样可以表示这个人的语言或说话方式，如 Reagonspeak（里根的说话方式），Clintonspeak（克林顿式的说话方式，常暗指克林顿闪烁其词、怀抱琵琶半遮面的说话方式）、Bushspeak（布什的说话方式）等。

2.4 合成法（compounding）

英语中通过合成法构成的新词非常多，大部分合成词的意义都是其组成成分意义的合成，如 police station（警察局），sunrise（日出）等等。但还有相当一部分的词义并非组成词语意义的简单集合，如 hotdog（热狗），a green hand（新手）等等。从政治的角度来讲，同样有很多新词是通过合成法构成的，而且往往要参照具体的历史和政治背景才能够获得准确的词义。如 electoral college 指的是由各州在大选年选出的 538 名 electors（选举人），组成的"选举团"，负责选举总统、副总统；pocket veto，"搁置否决权"，即总统如将两院通过的议案搁置至国会休会后十日还不签字，即算否决；off-year election

---

① 赵红春：《政治气候对英语词汇的影响》，《赤峰学院学报》，2008 年第一期，第 71—72 页。

指非大选年的"中期选举"；spoils system 则表示"政党分赃制"，一党上台，将官职分给自己的亲信。这是美国早在19世纪初就立下的规矩。第七任总统杰克逊的亲信马西说："赢者得利，天经地义。"这些词都是美国政治体系中产生的特别用语，反映了美国政治制度的某些特别之处。另外，美国政治还造就了 straw poll（测验民意的试验投票），wolfsoup（候选人的空头诺言）以及 pressure group（压力集团，为拉拢议员以影响政策而组织的集团）等词汇。这些词汇都是在现有词汇的基础上，通过合成法构成的新的表达方式。

除了美国英语中独创的政治术语外，一些重要的与政治有关的历史事件也使英语中的词汇进一步丰富。如19世纪末开始的妇女解放运动，女权主义者争取在政治、经济、就业、家庭、教育等各个方面与男性的平等权利。语言方面也因而产生了许多新的表达方式以显示男女平等，这些词有的是对原有词汇的改造，如将许多与-man合成的词改成了-person或-woman，具体例子包括 chairwoman 或 chairperson，saleswoman 或 salesperson，policewoman，spokeswoman，congresswoman，businesswoman 等等。另外，还产生了 women's lib（妇女解放），male chauvinism（大男子主义）、househusband（家庭妇男）等合成词汇。作为美国社会一大弊病的种族歧视现象以及人们为之而做出的斗争也创造出许多新的表达方式，如对黑人的歧视使 black 以及与这个词组成的复合词往往都带有贬义，如 blacklist（黑名单），blackguard（恶棍），black mark（污点），black sheep（败家子）等等。近些年与-in合成的词，像 be-in、love-in、kiss-in 等十分盛行。这些词都是从 sit-in 这个词类比复合而成的。1960年的一天，美国北卡罗来纳州农业技术学院的四名黑人大学生到一家餐馆就餐，遭到拒绝。他们安静地坐在座位上拒不离开，直到餐馆关门。这一运动后来被称为 sit-in（静坐示威）。从此，静坐示威的方法被纷纷效仿，许多黑人和白人同情者进入公共场所都采取类似的非暴力抗议运动，以争取真正的民主权利。[①]这种政治运动或集会多由动词原形加-in来命名。如 kiss-in 主要指学生为抗议学校不许谈情说爱所举行的狂吻集会，而 be-in 则指学生占据某地集会以示抗议的活动。

2.5 外来语

英语从其它语言当中借用词语的过程从来都没有停止过。纵观英语的历史，拉丁语、希腊语、法语和斯堪的纳维亚语是英语中外来词的主要来源（张维友，2004：25）。随着全球化时代的到来，全世界范围内的语言无疑都

---

① 赵红春：《政治气候对英语词汇的影响》，《赤峰学院学报》，2008年第一期，第71—72页。

会对英语词汇产生或大或小的影响。以诺曼征服为起点的中古英语时期,约有一万多法语词进入英语,其中75%流传至今仍在使用。英国政府和行政管理方面的词多数来自法语,例如:government(政府), govern(统治), administer(管理), crown(王冠), state(国家), empire(帝国), realm(王国), reign(君主统治), royal(王室的), prerogative(君权), authority(权力), sovereign(君主), majesty(陛下), tyrant(专制统治者), usurp(篡夺), oppress(压迫), court(宫廷), council(地方议会), parliament(国会), assembly(议会), treaty(条约), alliance(联盟), tax(税), subsidy(补贴金), revenue(税收)等等。这里要特别提到的是对中国的政治现象的描述多为翻译借词(translation loans),即利用英语中现有的语言材料但模仿汉语的模式而构成的词,如 Red Guard(红卫兵)、gang of four(四人帮)、one country with two systems(一国两制), let a hundred flowers blossom(百花齐放), four modernizations(四个现代化), 3 represents theory(三个代表思想), the West Development Strategy(西部大开发)等等。

三 结束语

词汇是语言当中最敏感的组成部分,它能够第一时间反映出社会的变革和历史的变迁。而政治又是人类社会中影响人们生产生活和社会发展的最重要的因素之一,因此政治词汇的发展和变迁也反映出人类社会政治制度和政治生活的方方面面。通过构词法,旧词赋于新意,词义的扩大与缩小以及引入外来语等形式,英语中表达政治的词汇日趋丰富,这些词汇也全面而生动的描述历史上和当今社会中的政治现象和政治事件。

广告话语的言语行为理论解读

宋洁

【摘要】

作为当今信息社会的产品,广告渗透到了各种媒体,广告话语也随之成为话语分析领域的热点。本文依据 Austin 的言语行为理论三分说,通过分析相关语料,解读广告话语的语用特征,为广告话语分析提供一种语用学视角。

【关键词】

广告话语　Austin 的言语行为理论三分说

一　引　言

广告作为一种有效的信息传播手段,已经渗透到了当今信息社会的方方面面。许多学者从社会心理学和应用语言学角度对广告话语进行了卓有成效的研究(靳涵身,2004;顾维勇,2005)。而广告话语的鲜明社会价值和语用价值也已经成为语用学研究的热点。基于广告话语鲜明的文体特征,Austin 的言语行为理论三分说为解读广告话语提供了独特的语用视角。

二　广告话语的文体特征

广告是由广告发送者和广告受众参与的交际行为,其交际介质是广告话语。广告话语产生的特定时空背景是广告交际事件发生的基本语境。此外,广告语境还可以包括广告发送者和接收者的各自文化背景以及双方对整个语境的认识程度（靳涵身，2004）。广告话语的文体特征可以从词汇层面、句法层面和修辞层面进行分析。

2.1 词汇层面

广告话语用词讲究新、好、美。首先，英语广告创作人员有意把一些熟悉的字词拼错或者添加前缀和后缀，以便达到生动有趣引人入胜的目的，从而有效地传播商品和服务信息。例如：

The orangemostest drink in the world（顾维勇，2005：45）

显然，这是一则饮料广告。其中，-most，-est，都是形容词的最高级标记，与名词 orange 连用为了使读者联想到这种澄汁饮料的"高纯度和高营养"。

广告的最终目的是推销产品和服务，为了实现其劝说功能，广告制作人必须选择具有褒义色彩的评价性形容词，如 new，real，fresh，right，natural 等，以便使消费者在感情上产生共鸣，并愿意购买和消费。

此外，广告话语经常使用一些没有具体词义的模糊词汇，如 help，like，virtually，worth，enrich 等，从而激发消费者亲自体验该产品或服务的消费欲望。

因此，针对广告词汇的上述特点，从言语行为理论来解读广告话语的话，就需要同时从言内行为、言外行为和言后行为进行语用意义分析。

2.2 句法层面

广告话语句式多用简单句和并列句，很少使用复合句，这是由广告话语的简洁性特点决定的。相对于复合句来说，简短句式更易于受众接受。比如耐克公司的广告：

Just do it.

该广告恰好符合简短句式的 KISS（Keep it short and sweet）原则。耐克运动系列的精髓一目了然。

Trust your feeling. （Berk Beer）

这则广告简短有力地展现了波克啤酒令人陶醉的感觉。

此外，广告话语频繁使用疑问句和祈使句。从言语行为理论来看，由于疑问句和祈使句具有鲜明的人际互动功能，更能有力激发受众的共鸣，促使其接受该产品或服务，即通过两种句式表达言内行为和解读其中隐含的言外行为，实现其说服消费者的言后行为。例如一则染发剂的广告：

Are you going grey too early?

此处用一个疑问句的形式来询问受众，希望受众产生预期的反应。显然，相比陈述句，疑问句具有更强烈的交流互动功能，因而具有更强的说服力。

2.3 修辞层面

英语广告通过各种修辞手法以及幽默风趣的语句给读者以强烈的感官刺激，给受众留下深刻的印象。比如双关（pun）中的语意双关。

The label of achievement Black Label commands more respects.

Label 既指"标签、标志"，又是酒的品牌 Black Label 的关键词。这里，广告设计者巧妙运用同音异义的双关手法，将酒的品牌与"事业成功的标志"自然地联系在了一起，不仅让消费者一下子记住了该品牌，而且激发其凌云壮志，若渴望成功，不妨去品尝一下该酒！

另外，隐喻的使用也为广告话语增色不少。比如一则旅游保险公司的广告：

You are better off under the Umbrella. （Umbrella 公司让你无忧无虑地尽情享受旅程乐趣。）

该广告用 Umbrella 一词作喻体，形象地使旅客感受到购买 Umbrella 的保险就犹如置身于安全保护伞之下，可以放心地去旅游（顾维勇，2005）。

针对上述修辞手段的运用，使用言语行为理论解读广告话语时，只有通过对言语行为的言内、言外和言后行为以及间接言语行为进行综合处理，才能成功地领会或传达广告话语的真实意图和最终目的。

三 言语行为理论

Austin（1962）认为，在很多情况下，人们说一句话并非仅仅在表达一个命题，而是在做一件事情。言语行为理论三分说：言内行为（locutionary acts），言外行为（illocutionary acts）和言后行为（perlocutionary acts）（何自然，1991：143）。通俗来讲，言内行为是指通过说出一句有意义的句子而得以实施的行为；言外行为通常指伴随该言语的言语交际行为，如承诺、劝告、让步、否认等等；而言后行为通常指该言语对听话者或读者所产生的作用和影响，即这一言语使言语接受者的思想、知识、态度等改变的过程（Hatim & Mason，1990）。

下面通过分析言内行为、言外行为和言后行为的分立统一关系来探讨广告话语的语用意义。

四 广告话语的言语行为理论分析

根据 Austin 言语行为三分说理论，广告语言本身，可以看作是言内行为；而广告语言所隐含的广告商或广告制作人的用意，则可以看作是言外行为；广告语言最终所要达到的效果或产生的影响，可以看作是言后行为。

4.1 广告话语的言内行为分析

言内行为指表达特定意义的言语行为。言内行为所陈述的是句法形式直接体现的言内之意，即发话人通过一些具体的语音、词汇和句法等语法实体来表达一个语义概念。就广告话语而言，指广告商通过一系列语言与非语言手段传达信息。所以，在这一阶段，广告话语主要集中在言语形式层面的意义本身的理解和表达。比如一则服装广告的标题是：Light as a breeze, soft as cloud.

广告制作者通过两个并列结构短语，利用比喻手段，准确形象地为自己的商品进行了广告宣传，使消费者对其服装的质地和面料有了直观的体验。

大多数广告话语直接宣扬推销对象的优点和长处，使受众对产品一目了然。如 Swiss Air 的广告：

Best in Business.

显而易见，广告受众根据句法形式就可直接理解言内行为所承载的言内之意。

然而，这仅仅是解读广告话语的第一步，在此基础上，受众还需要透过言内行为的言内之意，推测和理解其言外之意。

4.2 广告话语的言外行为分析

言外行为通常指伴随某一言语的言语交际行为，如承诺、劝告、让步、否认等等。事实上，直观上来讲，广告话语的传达都包括"说什么"和"怎么说"两个层面。如果说言内行为涉及广告话语"说什么"的话，那么言外行为就应该是关于广告话语"怎么说"的问题。例如，下面是一个汽车广告：

You reckon your Dodge would help you to all these dodges again?（警察问罪犯："你以为你的'道奇'车又能逃之夭夭吗？"）

从句法形式来看，这是警察在质问，而实际上则利用了第一个 Dodge 作为汽车商标，第二个 dodge 理解为"逃之夭夭"的双关意义，巧妙地为道奇汽车作了广告宣传。

显然，理解这种广告话语需要推测发话者的意图和动机，也就是分析和

把握其言外行为的言外之意,即弦外之音。大多数广告话语往往是言在此而意在彼。又如一种可乐 The Uncola 的广告:

Everything a cola's got and more besides. The Uncola; the Un and only.

根据其句法形式,其言内之意可分析为该可乐具备其他各种饮料所具有的和不具备的品质;言外之意在于如果消费者要选可乐的话,The Uncola 是一个(un 与 an 谐音,语音双关)并且是唯一正确的选择。

4.3 广告话语的言后行为分析

言后行为强调言内行为和言外行为对受话人产生的效果或影响。由于广告制作商的目的在于说服消费者接受其商品或者服务,言后行为与广告话语的联系最为密切。一则广告话语从最初的构思到最终的传达,其根本目的就是希望对消费者产生一定的影响,比如其思想、观点、态度和行为方式的改变等。言后行为表明了广告商对潜在消费者的影响和作用。比如,吉列剃须刀的广告:

Gilette Sensor; the shave personalized to every man.

其言后之意就在于试图鼓动说服消费者认同这种产品的与众不同之处(人性化的剃须刀 personalized),而后采取购买行动。

但是需要指出的是,广告话语中的言后行为会存在两种可能性:一是消费者完全领会到了广告制作人的意图,并且自我的认知环境和心理状态发生了相应改变,从而最终采取了购买行动;另一种就是消费者可能没有领会广告的言外之意,无法实现言后行为。因此,广告话语的言后行为可以看作言内行为与言外行为的最终目的。

广告制作者旨在短时间内吸引并说服受众,因此广告语言具有词汇、句法和修辞层面独特的文体特征。言语行为理论可以应用于解读和分析广告话语的有效性。实例分析表明:Austin 的言语行为三分说对于广告话语的分析具有可操作性。

参考文献:

[1] Austin, J. 1962. How to Do Things with Words [M]. Oxford: Oxford University Press.

[2] Hatim, B. & I. Mason. 1990. Discourse and the Translator [M]. Harlow: Longman Group. Ltd.

[3] Searle, J. R. 1979. Expressions and Meaning: Studies in the Theory of Speech Acts [M]. Cambridge: Cambridge University Press.

[4] Levinson, S. C. 1983. Pragmatics [M]. Cambridge: Cambridge University Press.

［5］ Mey, J. I. 1993. Pragmatics: An Introduction ［M］. Blackwell: Blackwell Publishers. Ltd.
［6］ 顾维勇，2005，实用文体翻译［M］，北京：国防工业出版社。
［7］ 何自然，1991，语用学概论［M］，长沙：湖南教育出版社。
［8］ 靳涵身，2004，诗型广告翻译研究［M］，成都：四川大学出版社。
［9］ 孙晓丽，1995，广告英语与实例［M］，北京：中国广播电视出版社。

英日语对比教学法在第二外语教学中的应用

首都师范大学　苏小双

【摘要】
英日语分属不同语系，两者之间在发音、词汇、语法等方面存在着许多相同与不同的语言规则与规律。本文以英日语时态、语态之间的对比说明为例，简述在第二外语教学中，采用两种语言对比教学的可能性及可比性内容，从而说明英日语对比教学在第二外语教学中的重要性。

【关键词】
对比教学法　英日语对比教学　第二外语教学　时态 语态

一　英日语对比教学的可能性

英日语分别属于两种不同的语系。英语属于印欧语系，日语属阿勒泰语系。两种语言在发音、词汇、语法等诸多方面都存在着很大的语距（language distance），但同时也存在着许多共同的语言规则和规律。正是因为两种语言之间有着众多的相同与不同之处，在第二外语教学中，将英日语两种语言进行比较，用对比的方法组织教学，确实是一种行之有效的教学方法。

高校英语专业几乎都开设第二外语课程，日语基本上是第二外语的首选。多数英语专业学生都经历了多年的英语学习过程，基本上掌握了英语的基础语法、具备了一定的词汇量和语感、也积累了一些学习方法和相关的语言文化知识，这些因素为在教学过程中采用英日对比的教学方法提供了极为有利的条件，使两种语言的对比教学成为可能。

二 英日语对比教学的可比性内容

著名语言学家 Odlin 在其编写的著作《Language Transfer: Cross-Linguistic influence in language learning》中明确指出,语言之间的比较早已成为第二外语教育的一部分。[①] 其实,从语言的特点来看,无论哪种自然语言,都是人类表达及交流思想的工具,是一套音义结合的符号系统,都是由语音、词汇、语法等要素构成的。因此,语言与语言之间毫无疑问都是可以进行比较的。笔者在教学过程中也发现,从日语外来语词汇的发音与源音之间的对比到英日语动词的变化、从日语的格助词与英语的介词、日语的形式体言与英语的先行词、日语的接续词与英语的连词到英日语句子的语序、主语的省略问题、句子的时态与语态等诸多方面都存在着大量的可比性。这也是基于语言学上称之为"语言的迁移"的作用。学习者在学习过程中自然而然的会把作为目的语的第二外语和较为熟悉的英语去做比较,建立起两种语言之间的某些联系,以此来帮助记忆和理解。他们对日语语法的理解有些时候是建立在对英语语法的理解基础上,经常会受到来自英语方面的影响。这既包括正面影响,也包括反面影响。因此,在教学过程中,借助学生们已经掌握的英语知识,通过在语音训练、单词记忆、语法理解等方面的对比,明确差异,使学习者对所学的两种语言方面的知识能做到融汇贯通,避免在理解上照成混乱。本文仅对英日语中时态和语态的某些异同为例加以简单的对比分析。

2.1 英日语时态对比

从语法角度来讲,英语属屈折语,主要靠词形的变化来表示语法关系。而日语属粘着语,主要靠实词后附加的助词和助动词来表示语法关系。而时态是其中一种比较复杂的语法现象。按照传统语法的解释,英语有四种"时"(过去、现在、将来、过去将来)和四种"体"(一般、进行、完成、完成进行),共有十六种时态。如果将日语时态与英语时态做一个整体概念上的比较,我们会发现,相对于日语时态来说,英语的时态很规则很系统。英语中某些时态的表达方式在日语中有时是用时态之外的方式,比如惯用型来表达的。另外,在教学过程中,较为重要的一点就是应当让学生明白,英语的时态有主谓语一致的要求,即谓语动词需根据主语的人称和单复数来进行相应

---

① Odlin. Language Transfer: Cross linguistic influence in language learning, Shanghai: Shanghai Foreign Language Education Press, 2001, p. 18.

的变化，而日语则不需要。另外，英语的不同时态是通过改变谓语动词本身的形式来完成的。举例说明：

This happened many years ago. 这是多年前发生的事
I saw her a minute ago. 我一分钟前还见过她的。
It was a pity you didn"t go to the talk. 很遗憾你没有去听报告。

英语的过去时是通过句子中动词的过去式来表现的。即使在一分钟前发生的事也要用过去时。日语过去时态的表现形式是用言或助动词连用形接过去完了助动词た。日语的过去时和英语一样，表示过去发生的动作或状态，常带有诸如上周、去年、以前等等表示过去的时间状语。例如：

夕べ雨が降った。昨晚下了雨。
昔はよくここで泳いだ。过去经常在这里游泳。
暇なときは山登りに行ったものだ。闲暇时就去爬山。

日语的过去时除表示过去发生的动作或状态外，还可以表达动作到现在为止已经完成或刚完成的意思。日语动词的"时"与"体"经常关联在一起。这主要是由于过去完了助动词た有"过去"和"完了"两个语法意义。这两种意义有时是交织在一起的。① 因此，对于过去所发生的行为，可以用两种方式去看待，其一，偏重于时，即过去在某时某地做的事情。其二，偏重于体，既然已经做了，就已经造成了某种新的状态。这种状态也是这种行为的续存。在有时间状语或上下文的情况下，意义可以辨别。例如：

その本は昨日読みました。那本书昨天看了（时）
その本はもう読みました。那本书已经看过了。（体）
对于这两种表达方式的差别，可以从其各自的否定句中明显地看出来。
その本は読みましたか。那本书看了吗?
はい、読みました。是的，看了。
いいえ、読みませんでした。不，没看。
（昨日）一日中遊んで、読みませんでした。昨天玩了一整天，没看那本书。（从"时"上作出的回答）
いいえ、読んでいません。不，没看。
時間がなくて、（まだ）読んでいません。没时间，还没看。（从"体"上做出的回答）

以上例句中所表示的"已经做了或做过某事"，这种情况在英语里是要用现在完成时来表达的。或者，也可以简单地理解为：日语中"もう~た"这种体所表达的意思在英语中要用现在完成时去对应。例如：

---

① 顾明耀：《标准日语语法》，北京：高等教育出版社，2009年，第89页。

その本は昨日読みました。
I read that book yesterday. 我昨天看了那本书。(过去时)
その本はもう読みました。
I have already read that book. 我已经看过那本书了。(完成时)
病気はもう治りましたか。
Have you recovered from your illness? 病（已经）治好了吗？

此外，日语的过去时还可用于表示比过去更早的动作的完成，这在英语里要用过去完成时来表达。例如：

駅についたら列車は出たところだった。刚到站火车就出发了。
The train had just left when I got to the station.

再如，表示过去的经历、做过某事留下的记录时，日语用动词+ている的形式来完成。而这种表达方式对应的也是英语中的现在完成时。例如：

井上先生は中国に何回も行っている。井上先生去过好多次中国。
Mr. Inoue has been to China for many times.

日语的现在进行时和英语现在进行时一样都表示正在进行的动作。但除此之外，日语的进行时形式还可表达相当于英语中的现在完成进行时、将来进行时等意义。而这种用法在英语里是不存在的。例如：

来年の今頃は我々は何をしているだろうか。
I wonder what we'll be doing at this time next year?

由此可见，日语的时态和英语的时态在使用上并不是能完全对应的。以英语为第一外语的学生，或多或少会习惯于在英语时态这个系统范围内去思维理解日语的时态，因此，在学习日语时态时，不能完全照搬，而是要通过对比，灵活运用。要尽量抓住其中典型的、在用法上有差异的部分来做比较，加深理解，而无需面面俱到。

2.2 英日语被动语态对比

语态是动词的一种形式。用于说明主语与谓语动词之间的关系。英语的语态有两种：主动语态和被动语态。主动语态表示主语是动作的执行者，被动语态表示主语是动作的承受者。英语的被动语态是由助动词 be 接及物动词的过去分词构成。人称、数和时态上的变化是通过 be 的变化来表现的。[1] 英语中动词的各种时态、动词结构、情态动词及非谓语动词等都有其相对应的被动语态。例如：

The walls were painted yellow. 墙被刷成了黄色。

---

[1] 张道真：《张道真英语语法》，北京：商务印书馆，2002 年，第 116 页。

The meeting was brought to a sudden close. 会议突然结束
My passport must be renewed. 我的护照必须延期。
This picture may have been painted by a student. 这幅画可能是个学生画的。
Many accidents are caused by careless driving. 许多车祸都因开车不小心造成。

从以上例句可以看出，英语中构成被动语态的动词都是及物动词（日语称为他动词）。因为及物动词才可以带宾语，把宾语用作主语时，它和动词形成被动关系。所有不及物动词（日语称为自动词）因为没有宾语，都不能单独构成被动语态。另外，所有表示状态的及物动词也不可能构成被动语态，因为状态动词不表示动作，因而谈不上被动。

日语中的被动语态称为被动态，由动词的未然形接被动助动词れる、られる构成。若句中出现动作的施事者，用"～に"、"～から"、"～によって"等补语形式表现。例如：

記念切手が発行された。发行了纪念邮票。
卒業試験は7月のはじめに行われます。毕业考试七月初举行。
答案用紙が試験監督によって配られた。答案用纸由监考官发了。
これは会話でよく使われる言葉です。这是在会话中常用的词。

可以看出，以上被动句都是由他动词（及物动词）构成的。这类句子又叫直接被动句。

再来看以下例句：

雨に降られて風邪をひきました。淋了雨，患了感冒。
あの少年は父親に死なれて、生活が苦しくなりました。那个男孩因父亲去世，生活很苦。
夕べは子供に泣かれて眠れませんでした。昨夜被孩子哭闹得无法入睡。
友達にこられて勉強できなかった。朋友来了，害得我没法学习。
竹下君は友達に行かれてしまいました。朋友们都离竹下而去。

通过比较以上例句，我们发现，日语中不仅他动词能构成被动句，自动词也同样可以构成相应的被动句。这类句子中的动词并没有直接作用于叙述的焦点，而是多用来表示事件的发生给某人带来麻烦或者损失，也称为间接被动句。

由此可见，英日两种语言在由主动语态变成被动语态时，相同点是都需要变更谓语动词的形式。而明显的区别是日语不仅他动词（及物动词）有被动态，自动词也可以有被动态。以上例句中像 rain, die, cry, come, go 这一类的动词，在英语词汇中属于不及物动词，是不可能构成被动语态的。这一点是需要特别注意的。

总之，不论英语还是日语，被动语态的构成和变化都是多样且复杂的。

本文仅做了简单的比较分析。

三 结 语

　　综上所述，在第二外语教学中，改进传统的教学方法，运用比较分析的方法是很有必要的。通过比较，尽可能地调动了学生的学习积极性，增加了第二外语学习的乐趣，同时也促进了两种语言的相互学习。需要指出的是，在进行对比教学时，需要结合学生的实际情况，并不是简单的一对一的去对比，而是要输入适合的英语概念，也要注意到两种语言比较的针对性和合理性，以便学生能更好地接受从而达到较好的学习效果。

　　本文仅对英日语时态语态的某些部分做了一般性的比较分析。希望这些粗浅的分析能带给学习者一些启发、帮助他们建立起一套新颖有效的学习方法，促进外语的学习。此外，本文除了某些语法现象的对比外，并没有涉及到英日语之间文化和语用方面的对比问题。其实，这也是不容忽视的一个层面，因为文化的影响始终会贯穿于外语学习的过程中，从而影响到语言的表达。这一点希望在今后的教学研究中能不断完善。

在英语专业低年级基础课堂培养学生的公共演讲能力

首都师范大学　孙红玖

【摘要】

在国际化、全球化的今天，在公众场合的演讲能力已经成为在校大学生或已经步入工作岗位的专业人士不可或缺的能力。大学开设的演讲选修课，因课容量、选修时段等限制无法满足学生需求。本文探讨了如何将公共演讲能力作为一项必须技能在英语基础课堂进行培养，并讨论了其必要性和手段。

【关键词】

公共演讲能力　英语基础课　必要性　手段

一　日益重要的公共演讲能力

随着全球经济的发展、文化交流的深入，人们对演讲沟通技能的重要性认识越来越深入。公众演讲能力对于在校大学生的重要性，再怎么强调都不为过。毕业生走进职场，也会发现很多用人单位非常重视公众演说能力，尤其是近几年较为火热的经济金融相关职位、教师等工作。一些大型企业，如：中国平安国际金融中心，招聘财富管理师，明确要求"具有严密的逻辑思维和分析判断能力，良好的公众演讲能力和沟通能力。"公共演讲能力，逐渐成为学生的核心能力之一，对越来越多的职场人士来说是一项必备的生存技能。在国际化、全球化的今天，对于英语专业的学生而言，在公众场合用英语演讲的能力，成为社会高素质人才不可或缺的技能之一。

开设公共演讲课程在西方早已成为惯例。在当代的欧美国家,演讲课是学校教育中非常重要的一项内容,其普及程度蔚为大观。以美国为例,孩子们从幼儿园阶段就有每周一次的分享时间,他们轮流上台描述自己的物品并回答同伴的问题;①"95.3%的中学都开设有英语公众演讲教育;②而在高等教育中,演讲课则是一门必设的课程,很多高校更是将演讲课设为所有本科生的必修课。"演讲课是国外大学,尤其是许多美国大学对文科生必开的一门课。这门学科具有悠久的历史。"③

公共演讲是一项很重要的能力,却也是人们的第一恐惧。即使在美国这个注重公共演讲能力训练的国家,公共演讲是为人们所恐惧的,甚至很多人认为公共演讲比死亡还可怕。我们的学生由于缺乏基本的训练,缺乏实际演练机会,惧怕公共演讲的比例更高,公共演讲能力更是在校大学生的一块短板。在一些实际重要场合,学生由于基本演讲技能的缺乏暴露出了许多问题:在课堂演示时的紧张、学生竞选等号召性演讲中的慌乱、毕业论文答辩时的不知所措、求职面试时的局促和基本礼仪的缺失。这些场合都是展现学生能力甚至决定毕业走向的重要平台,如果不具备良好的公众演讲能力,往往会和重要机遇失之交臂。因此,公众演讲能力成为不少学生增强自信或提升交际形象等个人发展的瓶颈。正是由于演讲能力的普遍匮乏,社会上涌现的大量相关培训机构都打出了"速成培养公众演讲"的招牌,受到了大众的广泛关注。很多缺乏公众演说能力的大学毕业生也不得不到这些培训机构中回炉培训。

国内英语教学领域对培养公共演讲能力的重视始于近年。2000年修订的《高等学校英语专业英语教学大纲》(下称《大纲》)在英语专业课程设置(包括英语专业技能课程、英语专业知识课程和相关专业知识课程)中,并没有规定开设英语公众演讲相关课程。2005年,外研社在举办了第一次"高等学校英语演讲课师资培训班"。国际知名演讲学专家、美国威斯康星大学麦迪逊总校 Stephen E. Lucas 教授从教学理念、课程设计、教学方法、评价模式等方面对演讲课教师给予了宏观和微观层面的全面指导。2007年11月,中国英语教学研究会、对外经济贸易大学英语学院和外语教学与研究出版社在北京举办了首届全国英语演讲教学与研究学术研讨会。随后全国各地愈来愈多的学校陆续为英语专业或非英语专业学生开设了英语演讲课,该课程一般面向高年级学生作为选修课学习。

---

① 陈增曙:《考试改革:教学改革与学生减负》,《广西教育学院学报》2000年第6期。
② 史兰英:《美国中学英语公众演讲课观后感》,《丝绸之路》2004年第2期。
③ 顾日国:《西方古典修辞学和西方新修辞学》,《外语教学与研究》1990年第2期。

英文系虽然于2003年就为三年级的学生开设了英语公众演讲专业选修课，但能从中受益人数有限。由于演讲课是一门实践性课程，课堂上需要每个学生积极、大量的参与和演练，课容量不可能太大，一个年级只有三分之一的学生能够选上这门课。在大学四年的学习期间，大半学生缺乏公共演讲基本能力的

训练。如何解决学生日益高涨的需求和课容量之间的矛盾？笔者通过两年的实践，认为在低年级基础课课堂培养学生的公共演讲能力是切实可行的。

二 在英语基础课堂培养学生的公共演讲能力

英语专业学生一、二年级基础课阶段主要侧重对听、说、读、写能力的培养，主要开设精读、泛读、口语、语音、听力、语法、写作等课程。[①]英文演讲课的教学内容包括：如何克服怯场心理、如何培养批判性思维、如何确定演讲题目及目的、如何进行听众分析、如何谋篇布局、如何收集材料及利用材料支撑观点、如何制作和使用视觉辅助材料、如何演讲、如何应对问答环节等。英语公共演讲所涉及的一些基本技能和训练，完全有可能拆分后和相关的基础课相结合，下放到一、二年级的基础课程中，对所有学生进行演讲技能培养和训练。在基础课阶段就及早对全体学生着手进行公共演讲能力的培养，相比于三年级对小部分学生进行培养，受益面以及效果自然有极大优势。

2.1 课内培养手段

1. 与语音课、口语课结合，重在克服怯场、训练仪表仪态

一、二年级的语音、口语课，学生进行的很多练习需要学生面对小组成员、班级全体成员发言，课堂上可能还会安排朗读比赛、背诵比赛等等。这些场合首先是帮助学生克服怯场和紧张、建立信心的大好时机。三年级刚上演讲课时，超过半数的学生还有严重的怯场表现，体态僵硬、语无伦次、词不达意、不敢和听众进行目光交流，甚至手颤声抖。反思这一让人忧心的现象，我们会发现无论是学生还是老师，其实白白浪费了太多学生课堂发言的机会。口语课上的练习，老师和学生除了关注学生说的内容，如果对学生以何种方式来说稍加关注和指点，学生说出来的效果完全可以大大提高。老师

---

① Lucas, Stephen E, The Art of Public Speaking, Beijing: Foreign Language Teaching & Research Press, 2006.

可以传授给学生如何从容、大方地面对听众、如何与听众建立目光交流、如何运用面部表情和身体语言、运用语调的高低、缓急和停顿、如何避免不必要的重复或停顿，流利地表达。授课教师除了在语音、语调方面帮助学生，再额外传授一些演讲的基本技巧，要求学生在课堂练习中实践并加以指导，久而久之，每个学生在公众面前讲话的体态、表情、手势、目光交流、声音控制、语速控制、抑扬顿挫，都会趋于专业而老练。

简而言之，口语课堂上学生的每一次发言都成为他面对整个班级发言的机会，帮助学生建立起听众意识。发言的时候，老师要求学生和听众建立起目光交流，有表情的面对听众，要大声、清楚地说出自己的想法，要借助语调、手势表达自己的情感。

为了帮助学生克服怯场心理，课堂上建立起友善的气氛至关重要。为了降低学生的紧张程度，一开始练习时，鼓励但不强求学生到台前发言。大胆的学生可以到台前一试身手，对于内向羞怯的学生，只鼓励他们从座位上站起来发言即可，请全班同学转过身来面对发言的学生。

借助口语课学生发言机会多，老师向学生强调听众意识、传授演讲时的仪表仪态、训练流利、自信的表达，使学生的每一次发言都成为一次面对公众的演讲练习，一个学期结束，学生完全可以大方、自信的面对全班发言。

2. 与听力课结合，重在观摩、分析、模仿

学习经典演讲是提高演讲水平的必由之路。大学一、二年级都开设了听力课，听力课借助现代化的多媒体设备，可以为学生提供音频、视频材料。演讲尤为讲究循序渐进；在现代化教学技术不断发展的大好背景下，从音频到视频，为学生观摩演讲提供了优越的课堂条件。网络的发达也使教师使用最新的演讲素材成为可能。譬如，教师可以选取美国总统的竞选演讲、名人演讲、电影节的颁奖演讲作为听力材料，除了帮助学生听懂所选取的材料，也引导学生分析演讲者的独特风格、观摩演讲者的手势等等。观看经典、分析经典、模仿经典，这样的训练无疑帮助学生从经典中受益。

3. 与写作课结合，重在演讲稿的写作

撰写演讲稿是成功演讲的第一步。怎样选择以及决定演讲题目，怎样确定基本观点，为演讲稿搜集、研究资料，查找支持自己观点的证据，怎样组织文章，怎样开头、结尾，怎样使用逻辑、修辞，怎样用感情、说理打动听众等准备发言稿的技巧，这些谋篇布局、说理举证、开首结尾的内容与二年级开设的英语写作课密切相关、丝丝相扣。任课老师在授课过程的相关时机，加入一、两篇经典的演讲稿进行分析，帮助学生看到写作的技巧如何运用到演讲中，使写作课的内容与演讲课的内容建立相关联系，为演讲稿的写作打下良好基础。譬如，在学习文章开头段写法的时候，老师可以请学生自拟一个演讲稿的题目，并让学生为这篇演讲稿写出开头部分，每个学生在全班面

前讲出这个开头段,让真实的听众给予评价,看看演讲中什么样的开头更引人入胜。这样的练习,学生需要将写作手段和演讲手段结合,是非常好的实践。课堂上听众的及时反馈,对每一位演练者也是最有效的帮助。平时的写作课上,学生写作多半是为了完成作业,没有明确的观众或读者,老师是唯一的读者。写演讲稿时,学生在话题选择、收集素材、谋篇布局、例子的选择等方面尽可能地吸引读者的注意。写作的任课老师只需要留心为学生设计几个类似的练习,就可以将写作和公众演说很好的融合在课堂中,给学生真实的练习机会。

4. 与精读课结合,重在课堂实战演练

精读课程是兼顾学生听说读写能力的综合性课程。精读每周6课时,任课老师相对来说有比较大的灵活性,可以结合教材内容给学生创造更多一些的机会进行公共演讲能力的培养。譬如,可以将学生分成若干小组,对课文的背景内容进行介绍。其实,越来越多的课堂要求学生们做课堂展示(presentation),但往往学生们更关注的是讲的内容,忽略的是与听众的交流等基本演讲技巧。因而,常常出现一种情况:学生们在各种课堂做了很多次展示,到上演讲课时还存在怯场、慌乱、手足无措、忽略听众需求、所讲内容缺乏逻辑、大段念PPT上的内容等等现象。这也就是说,学生们之前做的课堂演示和真实的公共演讲严重脱节。

学生虽然做了很多类似的展示,展示的水平总体来讲很低。也常听高年级任课老师反映学生们做课堂展示抓不住重点。如何让一、二年级常做的课堂展示成为提高学生公共演讲能力的一个助力?根据学生的薄弱环节,画龙点睛地传授给学生一些公共演讲的知识和技巧,是解决这个问题、也是提高学生presentation质量的有效方法。譬如,学生在做课堂展示时,通常将要讲的内容全部都打在PPT上,整个屏幕上都是文字,学生将"讲"的任务简化为"朗读"。学生这样做,不完全是出于偷懒,还有对当众展示的恐惧心理,最主要的还是缺乏公众演讲常识。当学生了解这样的做法是公众演讲的一大忌讳,当听众预先看到他们要讲的全部内容便对这个演讲完全失去兴趣时,他们再也不会在PPT打出整页的文字,取而代之的是几个关键词。

再如,学生在选择所讲的内容时往往忽视听众的需求,结果往往是虽然付出很多时间和精力准备,却不能引起听众的兴趣。提前告诉学生他们所讲的内容要考虑到课文内容和同学需求,可以帮助学生做出满足听众需求的展示。以《当代大学英语第四册》第7课的背景介绍为例:课文介绍的是美国加州的森林大火,学生介绍有关加州的背景知识。负责第7课背景知识介绍的小组,在班上做了个小小的民意调查,了解同学们的兴趣点。在他们的展示中,不但介绍了加州的气候和地理特点(与课文理解密切相关),还介绍了加州的著名学府、洛杉矶湖人队以及老鹰乐队的《加州旅馆》这首歌。补充的内容都是学生的兴趣点,所以这个小组的介绍结束后,听众不断提问,学生们甚至各抒己见争论起"加州旅馆"到底指的是什么。

每次这样的课堂展示后,学生都进行互评,这些评论既包含演讲内容本身,也包含演讲者的面部表情、体态语言、和观众的目光接触等综合性的评价。教师在此基础上,对普遍性问题加以提示和指导,全班受益。在演说中,学生学做一个好听众和评论者,学会倾听批评及其他不同视角的意见。以此来提升他们与人沟通、与人合作等解决问题的能力。

2.2 课外培养手段

1. 课后学生分析课堂演练录像

学生在各种基础课课堂上的演示、汇报、发言都可以录制下来并制成视频文件,学生课下反复观看自己的录像,发现各种问题,如双手的控制、眼神的控制、表情的变化、声音的变化、遣词造句等等,针对存在的问题进行额外训练。

这个工作一开始需要有教师的帮助,可以和学生以小组为单位逐个观摩录像并加以点评,逐渐的可以由学生以小组为单位完成讨论。以小组为单位完成这个工作的一个好处是给学生们一个互相学习的机会,发现自己的弱点并观察其他同学在这方面如何做得,给学生一个近距离模仿的榜样。学生之间的交流,甚至是手把手的帮助,是学生提高的一个很好的资源。学生们通常对这个活动很感兴趣,充满期待。

2. 鼓励学生参与各种比赛

一、二年级基础课阶段,系里为学生们组织了各种活动,如朗诵比赛、背诵比赛、演讲比赛、英文剧演出等等。通常是那些胆子大的、外向的、有一定表演才能的学生积极参与这些活动,得到更多的锻炼机会。各班级为了取得名次,往往也是选拔出比较优秀的几个学生参加不同的活动。在各种比赛中露面的也往往是那几个比较突出的学生。为了普遍提高学生的公共场合演讲能力,不妨把这种比赛意味更浓的活动改为更加鼓励普遍参与的活动,为那些需要锻炼的学生、还比较怯场的学生创造机会通过多参与这些活动,得到实际的锻炼和提高。

三 结 语

跨年级、跨课程的培养学生的公共演讲能力,需要基础课的各个任课教师达成共识,一致认识到公共演讲能力对当代大学生的重要性,一致认识到公共演讲能力不是一朝一夕、一门课就能培养出来的能力,正如学生的英语听、说、读、写能力是需要长期、持之以恒的培养和训练而得来的一样。在此共识之上，基础课教师需协同作战，统一规划，根据各门课的特点，在课堂教学中渗透公共演讲能力的某一个侧面训练，既避免不同课堂的重复训练，又能在一、二年级基础课阶段有规划地、系统地培养学生的公共演讲基本技能。

  这样做的好处有三。其一，作为基础课堂的训练，每一个学生都可以从中受益，从而普遍提高学生的基本演讲能力。其二，为期两年的连续、持续训练、不同场合的训练，为学生提供了充分的练习机会和场合。其三，学生在基础课堂接受了公共演讲的基本训练，三年级上选修课时已经有了一个很高的起点，为培养学生更高的演讲技能提高了空间和可能，奠定了基础，从而培养出更多、更优秀的应用型、创新型和复合型外语人才。

合作性话语互动与集体身份建构研究[①]

首都师范大学　孙咏梅

【摘要】

本文以实践共同体为理论框架，通过分析同在一个导师组工作的三个研究生导师在指导学生时所使用的合作性话语互动，借以了解导师组建构其集体身份的话语实践。分析结果发现，导师组主要运用合作陈述观点、相互确认观点、相互解释观点和相互补充观点的合作性话语互动，把导师组建构成专业的、等同的集体。

【关键词】

实践共同体　导师组　集体身份　合作性话语互动

工作场所是人们建构身份的重要场所，因为人们的大量时间都是在工作中度过的。[②] 在工作中，人们会形成各种专业合作群体或实践共同体（community of practice）。[③] 实践共同体成员通过定期的社会互动，尤其是话语互动，会形成自己独特的身份，以建立群体归属感并与其它实践共同体相区别。

[①] 本文为 2010 年北京市教育委员会社科计划面上项目"中国高等教育机构中的集体与个体身份建构研究"的部分成果。

[②] Schnurr, S. "Constructing leader identities through teasing at work". *Journal of Pragmatics*, vol. 41, 2009, pp. 1125—1138.

[③] Lave, J. and Wenger, E. *Situated Learning: Legitimate Peripheral Participation*. Cambridge: Cambridge University Press, 1991.

正如 Eckert[①] 所说，一个实践共同体的身份是其成员通过调和个体身份和共同任务之间的关系建构出来的。

一　话语互动和集体身份

无论是个体身份还是集体身份，都不仅仅是贴上标签那么简单，而是通过社会互动，尤其是话语互动形成的。[②] 一些学者研究了话语互动对集体身份的建构作用。Cashman[③] 对操西班牙语和英语的双语者的互动谈话（talk-in-interaction）进行研究，发现在这种双语情境下，谈话者主要通过语码转换等语境提示（contextualization cues）建构群内和群外身份。Ige[④] 研究了南非祖鲁族男大学生在访谈和讨论中第一人称代词的使用情况，发现他们经常用"we"取代"I"，以建构自己作为祖鲁族成员的集体身份。Goodwin[⑤] 对中学青春期前女孩在讲故事时的互动话语进行分析，发现女孩们通过添加细节描述、添加评价、在合适的地方发笑、或者批评群体外女孩参与故事叙述的尝试等话语策略共同完成故事的讲述，使自己所在的群体与其他群体相区别。Richards[⑥] 分析了三个群体在日常互动中建构集体身份的话语实践，发现群体成员主要通过解决争论、分享幽默、描述成员轶事、强调共同视角等话语策略建构集体身份，但他同时发现有助于建构集体身份的互动话语也有可能导致群体失去与其它群体建立等同的机会从而变得孤立和脆弱。本文拟以实践共同体理论为理论框架，探讨三位研究生导师如何通过合作性的话语互动，把导师组建构成区别于其他群体的一个专业的、合作的实践共同体。

---

① Eckert, P. *Linguistic Variation as Social Practice*, Oxford: Blackwell, 2000, p. 36.

② Richards, K. *Language and Professional Identity: Aspects of Collaborative Interaction.* Hampshire: Palgrave Macmillan, 2006.

③ Cashman, H. R. "Identities at play: Language preference and group membership in bilingual talk in interaction". *Journal of Pragmatics* vol. 37, 2005, pp. 301—315.

④ Ige, B. "Identity and language choice: 'We equals I' ". *Journal of Pragmatics*, vol. 42, 2010, pp. 3047—3054.

⑤ Goodwin, M. H. *The Hidden Life of Girls: Games of Stance, Status, and Exclusion.* Malden, MA: Blackwell, 2006.

⑥ Richards, K. *Language and Professional Identity: Aspects of Collaborative Interaction*, Hampshire: Palgrave Macmillan, 2006.

二 实践共同体理论

实践共同体概念最初由 Lave 和 Wenger[1] 提出,其后由 Wenger[2] 发展和丰富。实践共同体理论关注个体通过一些共享的活动(包括语言)在特定群体中建构成员身份的方式。Eckert 和 McConnell-Ginet[3] 根据对 Lave 和 Wenger 的理解,把实践共同体定义为"为实现某一共同任务而聚集在一起的一群人。在围绕这一任务进行的共同活动中,产生了共享的行为方式、说话方式、信仰系统、价值观、权力关系,简单说,就是(各种)实践……成员隶属关系及成员所进行的实践也可以对其进行定义"。

实践是"一个共同体赖以为继的、共享的做事方式"。[4] 成员的身份通过实践(语言实践或其它实践)得以建构和维持,正如 Wenger[5] 所说,"身份通过社会实践建构出来,不仅因为它是在个体的社会话语中和社会范畴中被具体化,还因为它是在特定共同体中通过个体的参与经验被生产出来的。叙述、范畴、角色和位置所表达的参与经验必须在实践中被体现出来"。实践共同体关注一个新的集体建构身份时所涉及的动态过程,强调身份是一种"进行中的"(ongoing)动态建构过程。[6] 身份建构过程引领共同体成员一步步"建构自己的风格,即找到在群体实践中确认自己地位的方式"。[7]

共同体成员对共同体内部的互动方式形成特定的预期,通过成员不断协商而发展出来的语言共享资源反映出来。换句话说,随着时间的推移,共同体成员往往会形成共享的话语互动模式,当成员进行互动时,这些话语互动模式成为他们区分群内群外,建构共同体身份的基础。

---

[1] Lave, J. and Wenger, E. Situated Learning: Legitimate Peripheral Participation. 1991.

[2] Wenger, E. *Communities of Practice: Learning, Meaning, and Identity*, Cambridge: Cambridge University Press, 1998.

[3] Eckert, P. & McConnell-Ginet, S. "Think practically and look locally: Language and gender as community-based practice". *Annual Review of Anthropology*, vol. 21, 1992, pp. 461—490.

[4] Eckert, P. & Wenger, E. "Communities of practice in sociolinguistics". *Journal of Sociolinguistics* vol. 9, 2005, pp. 582—589.

[5] Wenger, E. *Communities of Practice: Learning, Meaning, and Identity*. Cambridge: Cambridge University Press, 1998.

[6] Wenger, E. *Communities of Practice: Learning, Meaning, and Identity*. 1998.

[7] Eckert, P. & Wenger, E. "Communities of practice in sociolinguistics". *Journal of Sociolinguistics* vol. 9, 2005, pp. 582—589.

三 导师组介绍与语料收集

该导师组由三位导师组成,其中,导师甲是参加汇报学生的正式导师,导师乙和导师丙由于与导师甲的研究方向相近,被导师甲邀请以导师组成员的身份参加研究生论文汇报,为学生提供多角度的专业知识和建议。由于导师组制度在中国的研究生教育中尚不普及,大多数研究生指导仍采取导师和学生一对一的指导方式,因此,从学校的制度层面上看,只有导师甲是汇报学生的正式导师,其他两位导师只是起到辅助的作用。

语料选自三次研究生论文汇报共计 5 小时 40 分钟的录音及转写。研究生论文汇报每月举行一次,由四个研究生分成两组轮流汇报。每次汇报中,两位研究生向导师组汇报他们的毕业论文研究计划,导师组对他们的研究计划提出建议。第一次和第三次的汇报语料取自同一组研究生的汇报,第二次的语料取自第二组研究生的汇报。进行录音之前征求了参加汇报的导师和学生的意见,并得到所有人的许可。

四 语料分析

语料分析发现,导师组成员的话语互动呈现明显的合作性特点。这些合作性话语互动可以被总结为以下几种话语互动模式:合作陈述观点,相互确认观点,相互解释观点和相互补充观点,下面选取一些典型的例证予以说明:

4.1 合作陈述观点

1. 导师乙:你描述不是为了描述本身「
2. 导师甲:「描述之后「
3. 导师乙:「后面的分析才是点睛之笔,但是这个你一定要先做「
4. 导师丙:「那你先看一下,也许有些问题你会发现的。
5. 导师乙:对。
6. 导师甲:就是你的分析可能对后人的一个启示,但可能不是很 conclusive,哎,你这个做不了很 conclusive,因为你没统计嘛。

此例中,学生向导师组汇报自己的研究计划,汇报完毕后三位导师相互合作,共同完成观点的陈述。这种共同叙述是以相互打断的形式完成的,话轮 2 中,导师甲打断导师乙,替她完成陈述,话轮 3 中,导师乙打断导师甲,换一种陈述方式("描述之后"替换成"后面的分析"),然后接着表达自己的观点。话轮 4 中导师丙打断导师乙,通过让学生试着发现问题,使导师乙的观点进一步深化。此处导师甲和导师丙有意打断导师乙,以帮助导师乙完成会话,因此此处的打断属于合作性行为,而非竞争性行为,[①] 导师乙在话轮5中的回应"对"也表明,她没有把两位导师的打断看成竞争性行为,而是相互合作,以群体的身份表达观点。

4.2 相互确认观点

1. 学 生:我下一步就是搜集语料了.
2. 导师甲:你先「
3. 导师乙:「对,你得先想一想,你应该怎么收集.(笑)不然你想让我们怎么告诉你.
4. 导师甲:还有你这.还有你这文献问题,好吧?你不着急那个.那个语料的,不要太急.
5. 学 生:不着急呀.
6. 导师甲:对,不着急,你先把文献给凿.凿瓷实了,对吧?
7. 导师丙:对,把这个先 tidy up 一下,看一下这个清不清楚,然后再去收集.
8. 导师甲:好吧,一定要把这个 assumption 弄.弄到一边去啊.
9. 导师丙:哪些用,哪些不用你先搞清楚.
10. 导师甲:(笑)嘿,你老想着那个 L1 transfer. L1 transfer「
11. 学 生:「咱先把现象「
12. 导师甲:「你先把这些东西都整理一下,然后有一个清晰的思路.
13. 导师丙:对,你先把这个放在一边,以这个为基础,先做「
14. 导师乙:「对.重新写一个 outline 的东西.
15. 导师甲:对,把它重新弄.重新弄一个.
16. 导师丙:理论部分写什么「
17. 导师甲:「你就当你开题报告,就是重新写开题报告.
18. 学 生:那我现在我就做这个了!
19. 导师丙:对.
20. 导师甲:(笑)你本来就是做这个的.(大家笑)

此例中,三位导师在和学生互动的过程中,多次使用"对"来表达对其他导师观点的确认。话轮 3 中,导师乙还没等导师甲完成话轮就以"对"来回应,说明她非常了解导师甲的观点,因此不等导师甲表达完观点,就替他

[①] Coates, J. "Gossip revisited: Language in all-female groups". In J. Coates & D. Cameron (eds.). *Women in their Speech Communities*. London: Longman, 1988, pp. 94—122.

说出他的想法；话轮 4 中导师甲两次使用"还有"，来补充导师乙的观点，间接表达对导师乙明白自己观点的认同；话轮 7 中，导师丙首先以"对"回应，然后以"tidy up"替换"凿瓷实"，再次表达对导师甲观点的确认；在话轮 13 和 14 中，导师丙和导师乙分别以"对"表达自己对导师甲观点的认同，同时在此基础上加以引申，进一步补充说明导师甲的观点；话轮 15 中，导师甲又以"对"确认导师丙和导师乙的观点，三位导师相互确认，并相互补充，使表达的观点成为导师组的集体观点。

4.3 相互解释观点

1. 导师甲：那我觉得，你就是 就是从文章的整个的．就就 coherence 就有问题 。就是说你到底要干嘛呀？人家一看你的两个研究，那我问你 那你的题目是什么？题目是月考的特殊性「
2. 学 生：「呃，不是「
3. 导师甲：「及其反拨？
4. 学 生：哦 哦，题目就是那 题目就是月考对，对教学「
5. 导师甲：「哎，对呀。那你的意思就是你的 existing feature 么？
6. 学 生：但是「
7. 导师甲：「本来就有的，是不是？
8. 学 生：但是，月考是大家不都不清楚么？所以有时候要做个介绍。
9. 导师乙：×老师的意思是你直接把第一个，不是说你不写。
10. 学 生；嗯。
11. 导师乙：你把它的 research question 给去掉。
12. 学 生：去掉对吧？
13. 导师甲：哎，对 。

此例中，导师甲认为学生的研究问题不合逻辑，但是在表达观点的过程中，由于学生没有很好地理解导师甲的意思，因此不明白自己的问题所在。学生数次的"但是"说明，他不明白导师甲关于论文题目和研究问题之间关系的观点，因此试图为自己辩护。导师乙在话轮 9 中把导师甲的观点以一种学生能理解的方式表达出来，在话轮 10 中，学生只以"嗯"做出回应，说明他明白导师乙的意思，并希望她进一步说明，因为"嗯"作为一种反馈项目，往往表达受话者对说话者所说话语的兴趣及暗示说话者继续某一话题的意愿（Richards 2006）。导师乙在话轮 11 中给出更明确的观点"你把它的 research question 给去掉"，学生在话轮 12 重复导师乙的部分话语"去掉对吧？"，以确认导师乙的意思，此时导师甲加入导师乙与学生的互动，以"哎，对"做出回应。导师甲在话轮 13 的回应具有双重功能。首先，是对学生问题的回应，其次，"哎，对"也间接说明导师甲对导师乙代替自己向学生解释的认同。

4.4 相互补充观点

1. 导师乙：我觉得你要是…可以作为一个小的 research question 提吧，就像… 我觉得就像×老师说的先有一个 overall question，然后呢，下面第一步是这个，第二步是这个，第三步是这个 =
2. 导师丙：= 就是有一个整体问题，但是你之间必须要有连接 =
3. 导师乙：= 对就是你得首先提一个 research question 然后分为下面的几部分。
4. 导师甲：嗯，那样可以。我觉得那样可以。就是你能整体的有一个，如果你觉得那样难 你就先提小的也可以，然后看你那些小的吧「
5. 导师乙：「能不能整合 =
6. 导师甲：= 哎，能不能整合成一个大的。就是能 bottom-up 也行。
7. 导师丙：然后你再做 sub-questions。

此例中，三位导师就学生如何在论文提出研究问题发表观点。三位导师的话轮紧密相接，中间几乎没有任何停顿。话轮1中，导师乙引用导师丙的观点，既表达了对导师丙观点的认同，又对学生如何提出研究问题作出指导，话轮2中，导师丙对自己的观点进行重申。话轮3中，导师乙再次认同导师丙的观点，并对此观点进一步阐述，这时导师甲加入互动，"嗯，那样可以。我觉得那样可以"，以此表达自己与其他两位导师共享此观点。三个导师就 overall research question 和 sub-questions 之间的关系不断相互补充，直到把观点表达清楚。

五 讨 论

以上所举各例中，每一次互动都存在大量的打断和交叉话语，而且这些打断和交叉总是被对方接受，因此可以说此处的打断和交叉，目的是为了帮助和合作，而不是阻碍对方完成话轮。正如 Coates 所说，"合作的核心是指说话者相互合作，共同完成文本的生产：群体优先于个体"。① 因此，打断不是为了从当前的说话者那里获得说话权，而是为了支持和帮助当前的说话者完成会话。

通过打断、交叉等话语手段，合作性话语互动成为导师组的互动模式规约。这些会话策略有助于消除可能存在的误解，更清晰地表达导师组的观点，

---

① Coates, J. "Gossip revisited: Language in all-female groups". In J. Coates & D. Cameron (eds.). *Women in their Speech Communities*. London: Longman, 1988, pp. 94—122.

也反映出"高卷入度"(high-involvement)的互动风格。[1] 根据 Tannen, 卷入度(involvement)映射出高于所传达信息本身的元信息,即说话者与话题及其他互动参与者的关系。而高卷入度的互动往往反映出互动参与者之间的等同关系(solidarity)。无论是合作陈述观点,相互确认观点,相互解释观点,还是相互补充观点,都涉及互动参与者对互动的"高卷入度",强化了导师组成员之间的等同关系和他们共享的经验与知识。

构成实践共同体需要三个条件:共同参与(例如定期进行互动),共同任务(例如经过协商的共同目标或目的),共享资源(在共同参与完成任务的过程中发展出来的行为方式,例如共同的语言特征、观点、世界观及其它,)[2] 这说明实践共同体理论强调一致性(consensus)。本文中,三位导师通过组建导师组共同参与对研究生的指导,每月定期举行一次论文汇报会;导师组的共同目标或目的是对学生的研究计划进行把关,检查它们是否可行。在共同参与研究生论文汇报,以完成共同任务的过程中,导师组逐渐形成具有"高卷入度"特征的合作性话语互动模式。这种合作性话语互动模式有助于导师组以群体的身份表达对学生汇报的观点和态度,对于建立导师组的集体身份具有重要作用。

六 结 论

每一个实践共同体都有特定的行为模式和话语互动模式。成为某一实践共同体成员的过程涉及习得适宜的行为(包括言语行为),以突显这一共同体的特点并与其他共同体相区别。本文中导师组定期进行互动,对研究生的研究计划提出意见或建议,经过定期的互动,形成特定的话语互动模式。从这个意义上来说,导师组构成了一个典型的实践共同体。通过不断的互动和协商,特定的话语互动模式成为导师组突显自身特点以与其他共同体相区别的工具。

转写体例:
. 停顿
⌈ 打断话语
= 紧随话语
( ) 副语言特征

---

[1] Tannen, D. *Talking Voices*: Repetition, Dialogue, and Imagery in Conversational Discourse. Cambridge: Cambridge University Press, 1989.

[2] Wenger, E. *Communities of Practice*: *Learning, Meaning, and Identity*, 1998.

古笔鉴定结果的再考察

以大正大学本《源氏物语》为中心

唐晓可

【摘要】

《源氏物语》是在日本平安时代由紫式部创作的长篇物语。虽然成书已经超过了千年,至今仍受到人们的喜爱并广泛流传。关于此书的研究也可以说进行得如火如荼。但是对于版本方面的研究,不得不说还处在落后的状态。本研究通过对大正大学收藏的源氏物语进行研究。利用笔记核对,奥书对比等考察方式,全面考察了古笔鉴定的结果,进行了书写者的通确认。通过此次研究明确在研究版本的过程中如何看待古笔鉴定结果的问题,以及提供了新的考察方法。

【关键词】

大正大学本 古笔鉴定 奥书 右笔

一 引 言

《源氏物语》由宫廷女官紫式部创作,至今已有千年的历史。虽经千年,此书魅力不减,仍然为大家所喜爱和阅读。在现代社会书本可以通过印刷而大量出版。但在源氏物语成立之初,只能靠着一字一字的书写成书,从而在读者中流传。由于是人为的书写工作,难免来自书写习惯产生的误差,以及误抄,或者漏抄等现象。到了源氏物语诞生后的200年左右,也就是镰仓时代，衍生出了更多的版本。所以，在镰仓时代初期，已经显现出了源氏物语本文的混乱状态。① 在今日已经无法还原紫式部创作当初的本文状况，但是如何更一步接近原文，仍是文本研究的主要目标。对于文本研究，似乎越古老的文本越接近原文，但实际却不是这样的。研究文本的时候，除了考虑到文本本身的成书时期因素外，成书的经过，书写者的构成同样对文本会产生极大的影响。本论文主要以大正大学附属图书馆所藏的源氏物语写本为研究对象，对已经确认的书写者进行再考察，从而对于大正大学本做出再评价。

本文的研究对象大正大学本是在大正大学附属图书馆的网页上公开阅览②的源氏物语写本，是该大学于平成 9 年从岐阜飞弹的旧家购入，作为网络资源免费公开。大正大学本成立于延得二年到明应二年之间（1490—1493），是室町期的写本。大正大学本全卷都经过了古笔鉴定（了意）的书写者鉴定，用「白地に金泥青墨彩画鳥の子」的料纸书写人名，粘贴于书面。本文的作者在对大正大学本进行考察时发现，被鉴定的书写者有些跟书的成书年代有出入，所以，在本文中将对古笔鉴定家鉴定的书写者进行再次考察。

二 古笔鉴定

2.1 关于古笔

所谓的古笔原是指从平安时代到镰仓时代期间写作和文的名笔。在安土桃山之后的时代，每到和平的时代。作为知识者阶层都会有「美しい筆跡を手習の手本にしたい」、「鑑賞のために手に入れたい」这样的愿望来收集这些东西。而且，在天文二四年（1555）一〇月举行的茶会上，武野绍鸥将藤原定家的『小仓色纸』用作茶室的挂轴，这之后，古笔在茶人们中间风行，终于，古笔在民间页扩散开来，被人们所珍重。

本来，古笔主要是在贵族中间以册子及卷物的形式收藏、鉴赏。由于收藏热的高涨，会产生古笔数量不足，满足不了需求的情况。所以，出现了将古笔分切进行收藏的情况。这种被切断的东西称之为"切"，所以今天存在很多"古笔切"。

由于古笔切在保存和鉴赏上很不方便，所以将此放在一起收藏鉴赏的"贴"（手鉴）随之兴起发展。据《假名草子》记载，从江户时代初期开始到

---

① 阿部秋生：《源氏物語の本文》，日本：岩波書店，1986 年，第 57—89 页。
② 大正大学附属图书馆，http://www.tais.ac.jp/related/tais_library/lib_articles/lib_articles.html，2008 年 4 月 15 日。

十七世纪中期，在庶民间及其流行。在《茶会记》中，古笔切作为茶席的装饰挂轴开始使用。手鉴以及茶会的挂轴作为鉴赏物开始盛行后，古笔切的笔者也被人们重视起来。所以，鉴定古笔真伪的古笔鉴定家这个职业开始兴起。前后有大村由己、鳳林承章、烏丸光広等从事古笔鉴定的工作，古笔了佐更是将古笔鉴定当成了生活的手段。①

2.2 古笔鉴定家

了佐于元龟三年（1572年），作为佐佐木源氏的后裔在近江国西川出生。年轻时和父亲平泽宗休一起来到京都，和父亲同时拜在鸟丸光宏门下学习和歌。光宏在和歌和书法方面很有造诣，特别是古笔鉴定方面独有心得，并著有古笔的蒐集。在他的影响下，平泽弥四郎也掌握了古笔鉴定的方法，逐步精进。并在光宏的劝导下将古笔鉴定作为职业，从丰臣秀次处得到了古笔家的专用姓名。因为鉴定需要有权威性，秀次亲自预定了"琴山"的金印赠与平泽弥四郎。弥四郎继承了出家人了佐的法名，改姓成为古笔家，称为古笔了佐，成为古笔鉴定的第一人。了佐有四男一女。第二代由三男三郎兵卫继承，称为了荣。古笔家从安土桃山之后，由一子相传的形式继承，直到第十三代了信。直到太平洋战争时期。还从事古笔鉴定的工作。鉴定大正大学本的是第九代了意。

2.3 古笔鉴定中存在的问题点

古笔鉴定到底是什么呢，川濑一马对这个问题有如下阐述：

古写本の正しい鑑定ということは、非常に意味もあり大事なことになるわけですが、古写本そのものの社会における存在意義は、研究資料という立場以上に世俗的な意義と価値とが付随して参ります。そのために、鑑定という問題も切実になって参りますけれども、そこに、ただ今申し上げましたような欲の問題とか、いろいろ複雑な事情も伴ってきて、利害問題というようなことも起こり、そのため一面には鑑定そのものも、発達する面はあると思いますが、またいろいろ余計な問題も出てくるわけでございます。②

在江户时代初期开始盛行的古笔鉴定这个职业，除了鉴定书的年代和书写者之外，同时他们的鉴定结果也决定了书的价值。古典书籍与其说作为研究资料所被重视，不如说作为古董品而为人熟知。确定书类的价值，只能依

---

① 小松茂美：《日本書流全史》，日本：講談社，1970年12月，第519—542页。
② 川瀬一馬：《日本書誌学之研究》，日本：講談社，1943年6月，第29页。

赖于古笔鉴定的结果，这并不是一般人能涉足的领域。所以，有时为了提高自己所藏书类的价值，故意让古笔鉴定家将书说成是名家的作品的情况也不能说不存在。这是由于人为造成的结果。

还有，由于经验不足，古笔鉴定家有时也会产生并非刻意的错误。古笔鉴定家在鉴定书类的时候，首先从书的装订情况、料纸、书风等确定书的书写年代，然后通过笔迹判断书写者。对于大正大学本来说，由于有书写奥书（在书的末尾，用以记录成书经过，书写者姓名，成书日期等），所以书写年代一目了然。但是，关于书写者的鉴定却存在问题。

三　大正大学本中古笔鉴定的问题点

3.1　书写者生卒年的出入

大正大学本的书写奥书中有「右筆に頼んだ」这样的说法，但是古笔鉴定的结果是书写者几乎由公卿、僧侶组成。这个结果跟书写奥书有很大的出入，有些不可思议。从生卒年来考察，像尭孝和雅冬，本应跟大正大学本扯不上任何关系的人，却被古笔鉴定家列在书写者名录中。本论文的作者绝不是要否定古笔鉴定家的能力，但是对于鉴定结果不得不抱有疑问却是现在的状况。

比如说书写桐壶卷的是梶井宮應胤法親王。这个人物的阅历如下：

応胤親王（おういんしんのう）〔生没〕大永元年（一五二一）九月二十六日生、慶長三年（一五九八）五月十七日没。七十八歳。〔名号〕法諱、応胤。俗名、貞斎（一説、真済）・尊悟。還俗後、蜻菴と号す。法号、後竜禅院。〔家系〕伏見宮貞敦親王の男。母、従三位藤原香子（太政大臣三条実香の女）。後奈良天皇の猶子。〔経歴〕梶井門跡。彦胤法親王の嗣となる。天文七年（一五三八）親王宣下。同二十二年、二品、天台座主。永禄十三年（一五七〇）辞職後、還俗。①

关于應胤，生卒年如资料所示，是大正大学本成立之后才出生。所以，必须从书写者的候补中去除。

还有书写蓬生卷的尭孝，其阅历如下：

---

① 市古貞次：『国書人名辞典』第一卷，日本：岩波書店，1996年11月，第523頁。

尭孝（ぎょうこう）僧侶・歌人〔生没〕明徳二年（一三九一）生、享徳四年（一四五五）七月五日没。六十五歳。〔名号〕法諱、尭孝。常光院・満願寺と号す。和歌所旧老法印・和歌所老拙法印と称した。〔家系〕権大僧都尭尋の男。頓阿の曽孫。養嗣子、尭憲。〔経歴〕応永二十一年（一四一四）「頓証寺法楽千首」「頓証寺法楽百首」に出詠。以後、足利義教・飛鳥井雅世らの眷顧を得て二条派の中心となり、正徹及び冷泉家に対抗した。永享五年（一四三三）『新続古今和歌集』の選進に際して和歌所開闔を勤めた。晩年は法印権大僧都に至る。嘉吉三年（一四四三）「前摂政一条兼良家歌合」、宝徳二年（一四五〇）「後崇光院仙洞歌合」など多くの歌会・歌合に出詠。朝幕双方の歌壇で重きを為した。門下に尭恵・東常縁らが出て、古今伝授の一流をなした。（『国書人名辞典』）①

尭孝被认定为蓬生卷的书写者。1445年已经去世，所以不可能参加书写他去世后40年才开始书写的的大正大学本，所以，这个人名也可以从书写者名录中剔除了。

下面是，葵卷的书写者雅冬：

飛鳥井雅冬（あすかいまさふゆ）　公家・歌人〔生没〕生没年未詳。南北朝時代の人。〔名号〕本姓、藤原。名、雅冬。〔家系〕飛鳥井雅孝の男。兄雅宗の猶子。〔経歴〕四位、左中将。延文二年（一三五七）頃の「延文百首」等に出詠。（『国書人名辞典』）

这个人虽然生卒年未详，但能参加《延文百首》和歌吟咏，这已经是大正大学本面世一百年以上的事情，所以，雅冬不可能参加大正大学本的书写。

以上列举的三个例子可以看出，被古笔鉴定列在书写者名录的三个人的年代和大正大学本的书写时期明显有出入，但还是被鉴定为书写者。想要制作一整套的源氏物语要花费相当大的劳力，之后的保存也绝非易事。丢失、破损、烧毁、偷盗等诸多原因造成整部书的缺失，这样的事不可避免。在写本缺失时，在当时或者在之后的时代，写本的拥有者会将缺失的部分从新制作补上。所以，即使是看上去是一整套的写本，也有书写时期不同的本文混入其中的可能性。所以，像前面所述的三名时代不同的书写者的名字在书写者列表中，也是有可能的。但是在上野的研究中提到「装丁・本文料紙・書式の一致などから、該書は延徳二年から明応二年にかけて書写されたもの

---

①　市古　貞次：『国書人名辞典』第二巻，第756頁。

と判断できる」。所以，可以判定大正大学本是在同一时期制作完整的，不存在跨时代的可能．

3.2 笔迹的不一致

由于是正统的鉴定家鉴定的结果，所以，不可能是基于学识不足产生的错误。也不大可能是为了利益而故意鉴定出错误的结论。但是，古笔鉴定存在诸多问题，却是清楚的呈现在我们面前的。这些，古笔鉴定家的鉴定，大部分由经验以及所存储的知识量决定，科学性不足等原因也是存在的吧。

所以，在此，本论文的笔者并不是要将大正大学本的笔迹从新核对而在此确认书写者。只是想将古笔鉴定结果进行再次讨论。

研究方法，是将"極め札"上记载的书写者的真迹和大正大学本上的笔迹进行对比。笔迹对比，往往容易陷入到印象论中，为了尽量避免这样的结果，从每卷中将假名截取，进行每个假名的比较。

举一例以说明，古笔鉴定的结果显示，空蝉・匂宫・手習三卷是由近卫政家书写。单从表面上看。这三卷是否为同一书写者，并不能马上确定。用以下的方式，一字一字进行对比，差距显而易见。

近衛関白政家公《空蝉》《匂宮》《手習》

【空蝉卷※】

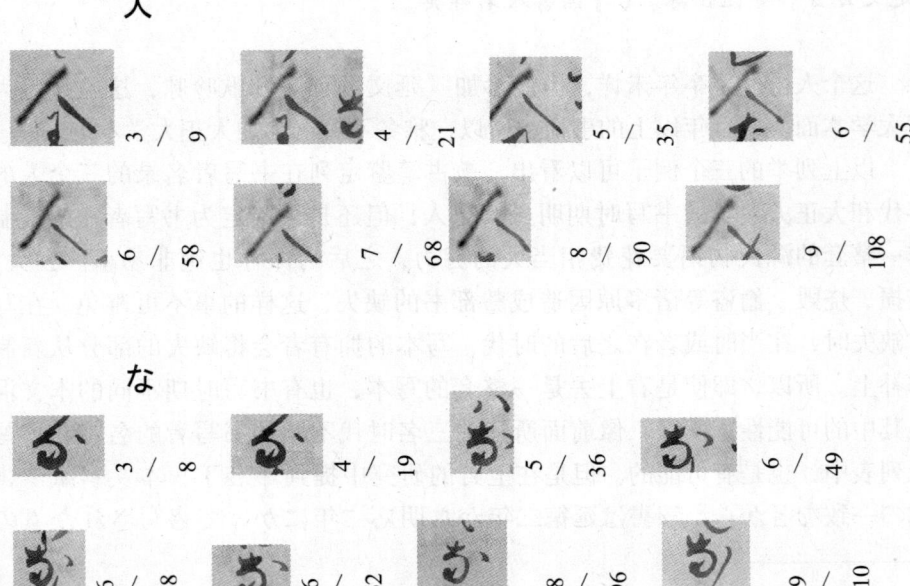

【匂宫卷】

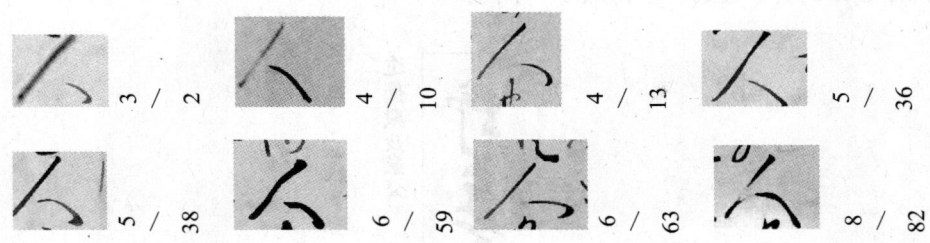

【手習卷】

　　如上，将空蝉、匂宫、手習三卷中的"人"和"な"为例进行比较（由于篇幅所限，本论文中只揭载一部分文字截取的资料）。像这里展示的一样，匂宫卷和手習卷笔迹十分相似，可以认为是同一书写者所书写，但空蝉卷怎么样呢。特别是"な"的写法很有特点，同其他两卷有明显的区别。

空蝉卷的奥书是由政家书写，但是本文的书写者未必和奥书的书写者是同一人物。在这里，有必要对本文的笔迹进行核对。政家的笔迹可以在其留下的短册手鉴中查到，下面展示一例

仔细观察这上面的笔迹，"人"和"な"的写法与空蝉卷的笔迹有很大的相似点。所以，几乎可以判断，空蝉卷的本文也是政家的笔迹。这样的话，匂宫卷和手习卷的书写者就很难说是政家了。

另外，存在书写者笔迹不一致的还有被鉴定为三善氏女书写的榊·真木柱·早蕨卷三卷。榊和早蕨卷由于有书写校合奥书，书写者为同一人毋庸置疑，真木柱卷由古笔鉴定家鉴定为"三善氏女"所写。但是能明显感觉到笔迹和书风的差异。

奥书记载的只是书写完成的时期。从表现和书风的一致程度来看，书写这两个奥书的应是"三善氏女"。只不过，延德二年十一月书写完成早蕨卷，在那之后经过了七个月的延德三年六月又完成了榊卷的书写。所以可以知道，这两卷是在很接近的时期内书写完成的。这可以认为是，有什么特殊的原因，导致了姊小路基纲分两次拜托三善氏女来书写。这样，就产生了这样的疑问，

真木柱是何时完成的，为什么没有书写奥书呢。

在这之前也有论述，源氏物语这样的长篇巨著由一个人来书写完成是十分困难的事情。像大正大学本这样采用"寄合書"（多人分担共同书写）的方式进行书写是很普遍的。所以，在众多的预备书写者中，拒绝的情况也会发生。这样的话，在已经进行完书写的书写者中，再次拜托书写是十分有可能发生的。"三善氏女"的事例，就是一个很好的例子。拜托书写的背景用这样的假设是完全合乎逻辑的。

但是，如果是这样的话，只有真木柱卷一卷没有奥书显得有些难以解释。真木柱卷的书写者不是"三善氏女"，是其他人的话，似乎更容易解释。而事实是，鉴定过程在这里省略，简单说结论就是真木柱卷和榊、早蕨两卷的笔迹不同。

从以上研究成果可以看出，古笔鉴定的结果并不是完全无用的。所以，在作为研究资料使用的时候必须要经过仔细研讨，慎重使用。

3.3 同一书写者的书写奥书上花押的不一致

大正大学本的须磨卷和常夏卷有书写奥书，古笔鉴定的结果是这两卷都是梶井宫尧胤法親王所书写。虽然是同一人物所属写的奥书，但是书写时期的表现方式有些出入。

须磨卷的书写时期是"延德二曆仲冬下旬"，但常夏卷的表现方式是"延德第二载臘上旬"，按照卷名的排序，须磨卷是在前，所以，须磨卷是先书写完成的。

这里，首先看到的是年代的表现方式的不同，仔细观察，发现书写奥书的笔迹也有差异，不尽相同，最应引起注意的是，两卷的花押完全不同。所以，可以认为两卷完全不是同一书写者。

同调查得到的尧胤的花押（《大日本史料》第九編之九‧永正一六年八月二六日"前天台座主三千院二品尧胤親王薨ぜらる"項所揭花押二点）做比较，可以发现，同须磨卷和常夏卷的花押皆不相同。那么，这两卷的书写者到底是谁呢？即使是完全没有经验的人，一眼也可以看出的差别。古笔鉴定家是根据什么做出的判断呢？虽说有可能是古笔鉴定的失误，但是即使是失误也绝不容忽视，这样的问题即使只出现一个，也不得不让我们怀疑，古笔鉴定的结果到底有几分可以相信。

3.4 考察笔迹时的注意点

从以上的论述可以看出，关于古笔鉴定还存在很大的争议。所以，在本论文中对古笔鉴定的书写者进行全面的考察。在考察过程中，特别应该注意一下几点。

首先，只是看上去笔迹有些不同，那就可以说书写者不一致了吗。只是由于感觉上有微小的差异，就说是古笔鉴定家的错误从而错误的鉴定了书写者，在将这做为一个问题讨论之前，必须要有一个合理的说明。只凭感觉是没有说服力的，必须要有具体事例的比较。

第二，单从书风的差异上，也不能一口断定是其他的书写者。之所以这么说，与现代先进的印刷方式不同，是有人手一字一字书写完成的东西，如同我们自己的签字一样，完全相同的东西根本不存在。但是，签字还是被认为是最难以被模仿的东西。因为，笔迹是人个性的体现。比如说，每天由于心情不一样，写出来的东西，虽说在笔迹上会多少有些差异，但是隐藏在其中的书风的共通性却不是一朝一夕可以改变的。在这方面的判断要小心仔细。

再有，字间距的变化也会影响整体效果，从而给鉴赏者以非同一人物书写的印象。这种情况似乎不会发生，但是，在被别人拜托书写的时候，所使用的料纸往往都是事前预备好的。据《蜷川家文書之六》(大日本古記録本)「源氏物語紙数注文」部分的内容记载，每卷所使用的纸张数都是事先计算过的。在书写之前就计算出在书写过程中有可能使用的纸张数，这在书写用纸还是分宝贵的年代是可以理解的。

另一方面，作为书写者来说，往往事前确认过底本的墨付丁数之后才开始书写。因为如果由于随心所欲的书写导致纸张不足的话就会产生严重的后果。所以，将字的大小按照底本的大小来书写，尽量按照底本的体裁来安排才是万无一失的吧。

从书写者心情的变化等主观的原因和底本的影响等客观原因两方面来考虑，在确定书写者的时候，必须要收集大量的笔迹方面的数据进行比较研究。

四 小 结

在研究源氏物语写本时，往往有越古老的写本越受到重视的倾向。但写本的流传却因为人为的因素使其变的很复杂。流传的经过，原本被抄写的次数，书写者的恣意修改，抄写者的失误等直接关系到文本的质量。所以，在研究写本时不能单单看其成书年代，必须对构成的写本的复杂因素进行综合的考量，才可以判断一部写本的价值。

本论文通过书写者生卒年的考察，笔迹的比较等，对古笔鉴定的结果进行了再讨论。大正大学本所有卷都被古笔鉴定家鉴定过，但是其鉴定结果和基纲的奥书的内容有出入。所以，在彻底研究大正大学本之前，有必要先通过笔迹的对比研究，对于各卷的书写者进行再讨论。结论暴露出古笔鉴定的结果不可全信这个事实。

据本论文的作者判断，大正大学本中被古笔鉴定的结果中可以信任的只有一半。由于被古笔鉴定家鉴定的书写人物的真迹等已经遗失等原因，无法对其进行彻底的比较。即使在有限的条件下讨论的结果中也可以看出，古笔鉴定的结果不可全信这个事实是不容否定的。

文化相对主义和语言相对主义对汉语语言学研究的启示

首都师范大学外国语学院英文系讲师　田聪

【摘要】
　　文化相对主义主张，衡量文化没有普遍、绝对的评判标准，各种文化没有优劣、高低之分。与此一脉相承，语言相对主义反对歧视原始语言，强调不同民族语言的丰富性、差异性和复杂性。这两种理论对现今汉语语言学的研究都是颇有启示的。近代以后，中国语言学的研究范式基本上是西方的，而汉语与西方语言在结构上存在巨大的差异，照搬西方理论是存在问题的，要真实地对汉语进行描写和解释，必须建立汉语自己的研究范式。

【关键词】
　　文化相对主义　语言相对主义　汉语语言学

一　引　言

　　本文主要探讨文化相对主义和语言相对主义对汉语语言学研究的启示。文化相对主义主张，衡量文化没有普遍、绝对的评判标准，每个民族都有自己的尊严和价值观，各种文化没有优劣、高低之分，一切评价标准都是相对的。与此一脉相承，语言相对主义认为语言对思维产生决定性影响，人们对世界的理解和阐释都受到语言模式的支配，其精髓是：反对歧视原始语言，强调不同民族语言的丰富性、差异性和复杂性。这两种理论对现今汉语语言学的研究都是颇有启示的。本文第二部分和第三部分分别介绍评述文化相对主义和语言相对主义，第四部分探讨它们对汉语语言学研究的启示。

二 文化相对主义

早在古希腊时代就有哲人提出文化相对主义的思想，有学者认为 18 世纪德国哲学之父黑格尔所提出的尊重所有文化共同体的独特价值，是近代之后文化相对主义的理论渊源。文化相对主义是作为启蒙时代产生的文化普遍主义的对立面出现的。早期的人类学研究与进化论有密切的关系，达尔文提出生物进化论推动了人类学学科建立，整合了人类作为生物体的演化和人类文化的演化两种研究；继而英国人类学家泰勒在《原始文化》中提出，文化的发展史是自然史的一部分，也遵循进化的原则；①美国人类学家摩尔根在《古代社会》中则进一步详细阐述了人类社会文化的进化具体步骤。②进化论派所坚持的文化观实际上是一种普遍主义的文化普同论，表现在以下四方面：（1）早期进化论派关心的是全人类文化的总体发展，很少涉及具体的一个社会、一种文化内部结构的组织和发展；（2）他们认为人类文化的发展是沿着单一的线路进行的，不考虑文化中的生态环境和人文地理因素；（3）他们都认为全人类的心智能力是一样的，因而，每个民族都必然经历同样的发展过程；（4）在研究方法上，他们采用文化残余和文化类比的方法，把不同的文化现象加以逻辑的排比，通过分析将不同的文化排列为高低不同的序列，用以代表全人类文化的进化过程。

自 20 世纪以来，人类学界出现了对文化和社会理论的重新思考，不再热衷于对全人类的历史观察，转向从社会和文化的内部分析构造理论，承认非西方文化的客观合理性，否定文化的高低比较方法。在这新一轮文化思潮当中，又以美国的文化人类学研究最具有文化相对主义的特征。

在文化人类学界，公认的最早倡导文化相对主义的人是美国人类学家博厄斯。他坚决主张研究每一个民族、每一种族文化发展的历史，衡量文化没有普遍绝对的评判标准，因为任何一个文化都有其存在的价值，每个文化的独特之处都不会相同，每个民族都有自己的尊严和价值观，各种文化没有优劣、高低之分；一切评价标准都是相对的。他认为"一般社会方式的科学研究，依据我们自己文化的调查者，应从一切价值中解放其自己才对……只有在每种文化自身的基础上才能研究每种文化，只有深入研究每个民族的思想，并把在人

---

① Edward Tylor, Primitive Culture: Researches into the Development of Mythology, Philosophy, Religion, Art, and Custom, New York: Cambridge University Press, 2010, p. 23—62.

② Lewis Morgan, Ancient Society: or, Researches in the Lines of Human Progress from Savagery, through Barbarism to Civilization, Ithaca: Cornell University Library, 2009, p. 29—46.

类各个部分发现的文化价值列入我们总的客观研究的范围,客观的、严格的科学的研究才有可能"。①

在博厄斯文化相对论的基础上,美国人类学流派还提出文化区研究的理论;所谓的文化区指的是人类学研究文化的单位。他们主张人类学研究的单位应是一个部落的文化。这个文化由许多文化特质组成,相互关联形成文化丛,并构成文化类型。受博厄斯文化观的影响,他的弟子们也从文化相对主义角度从事人类学研究,最终在二战前后将文化相对主义思潮推向高潮。

20 世纪 20~30 年代,美国的一些文化人类学家通过对不同文化群体的研究考察,发现不同文化群体之间的价值标准和行为规范大相径庭甚至截然相反,从而否定文化价值的绝对性,反对用产生于一种文化体系的价值观念去评判另一文化体系,承认一切文化,无论多么特殊,都有其合理性和存在价值,应该受到尊重。这为文化相对主义思潮奠定了学术理论基础。而本尼迪克特在她的《文化模式》中,对这种观点进行了集中的阐述,被后世公认为人类学文化相对主义的典范之作。

该书对新墨西哥州的祖尼印地安人、温哥华岛上的夸库特耳人和美拉尼西亚的多布人三种原始文化进行了比较研究,发现他们的是非标准和行为标准都截然不同,进而提出文化模式和文化整合理论,认为"一种文化,就像一个人,或多或少有一种思想与行为的一致模式。每一文化之内,总有一些特别的,没必要为其他类型的社会分享的目的。在对这些目的的服从过程中,每一民族越来越深入地强化着它的经验,并且与这些内驱力的紧迫性相适应,行为的异质项就会采取愈来愈一致的形式"。②

她认为这种文化的整合并不神秘,就像一种艺术风格的形成一样,"所有导向谋生、婚配、战争、崇拜神灵等五花八门的行为,根据文化内部发展起来的无意识选择原则,转化为一致的模式……在每一复杂层面上的文化,即使最简单层面上的文化,都获得了整合"。③因此,各种文化不能在一种伦理的基础上进行比较,但却可以比拟为共存的和同等有效的生活模式。这种重视文化差异的研究方法并非是无意识的偶尔为之,而是出于强烈的理论冲动。她在该书中宣称:"现代社会思考的最重要的任务,莫过于充分思考文化的相对性……对文化相对性的承认,有其自身的价值,这些价值未必就是那些绝对主义者哲学理论所宣称的价值"。④ 在该书问世的 30 年代,一方面

---

① Franz Boas, Anthropology and Modern Life, Livingston: Transaction Publishers, 2003, p. 245—247.
② Ruth Benedict, Patterns of Culture, New York: Mariner Books, 2006, p. 253.
③ 同上, p. 236—237.
④ 同上, p. 271—272.

殖民主义对土著文化的歧视登峰造极，另一方面，种族主义将人类推向世界大战的深渊，本尼迪克特等人对人类文化相对性的发现和阐述无疑具有重要意义。

  本尼迪克特在这一领域内的另一杰作是《菊与刀》。1944年6月，盟军在诺曼底成功登陆标志着第二次世界大战即将走入尾声，日本的败局已经逐步明朗，美国政府急于制定出对日政策。由于他们的对手是一个在文化上完全不属于传统西方文化范畴的国家，一系列问题随之而来：盟军是否能够不进攻日本而使日本投降？倘若日本投降，盟军是否应该保存日本的政治机构管制日本？是否应该继续保存日本天皇？本尼迪克特受美国政府之托，开始了对这一系列相关问题的研究。由于战争的原因，本尼迪克特无法踏上日本国土做实地的调查工作，她把战争期间在美国被拘禁的日本人作为调查对象，借助于大量的文献资料、日本文学和电影作品，细致而又深刻地研究日本人的思维和行为习惯，从而归纳出日本人特有的文化模式。在提交给美国政府的调查报告中，本尼迪克特的结论是：日本政府会投降；美国政府需用日本的政治机构管制日本，日本天皇的位置不可侵犯。美国政府接受了本尼迪克特的提议，而这份报告也成为人类学者研究异己文化的经典之作。1946年，本尼迪克特将呈给美国政府的调查报告整理成书出版，书名为《菊与刀》。书中，文化相对主义的烙印跃然纸上，作者在研究中摒弃了政治目的的干扰与敌对态度，对异己文化所呈现出的宽容与理解无不体现出一位人类学家所应有的专业素养。本尼迪克特怀着尊重日本民众情感、理解日本民众的意愿进入日本风俗领域的研究。譬如，她指出日本人的所谓理义声誉的概念，除了指各种扬名的行为之外，还包括排除他人的谩骂及侮辱的行为，即报复，或者更确切的说，指的是雪耻的复仇行为。这种极端的名誉感和报复的态度在美国甚为鲜见，而日本人把它视为人品高尚的一部分，是大家广泛推崇的美德。对此，本尼迪克特并没有妄加评论；而只是认为，既然日本人认为它是一种美德，那它就是美德。[①]由于有了这样一种"公正"的解释态度，她所阐述的日本民族的民俗知识，得到了当地民众广泛的接受，《菊与刀》不仅仅是研究日本文化的一面镜子，是学者研究本国文化和异己文化差异的典范，更是启迪我们要带有人类学独特的开放胸怀，持各民族文化平等的态度进行跨文化比较研究。

---

  ① Ruth Benedict, The Chrysanthemum and the Sword, New York: Mariner Books, 2006, p. 116—118.

三 语言相对主义

"语言相对主义"在语言、文化、思维之间关系的研究方面,是一个极其重要的理论,长期以来受到哲学家、语言学家、人类学家和心理学家的热切关注。

语言相对主义,即萨丕尔—沃尔夫假设,其精髓是语言对思维产生决定性影响,人们对世界的理解和阐释都受到语言模式的支配,因而也影响他们的行为。但是,语言的差别是相对的,因而不同语言社团之间是很难沟通的。这也成了语言相对主义的经典版本。虽然后人对此说法不一,但是这个版本的真正精髓是:反对歧视原始语言,强调不同民族语言的丰富性、差异性、复杂性和多元性,强调不同民族的历史文化经验对语言的影响很大。

说到萨丕尔—沃尔夫假设,就不能不提博厄斯。

博厄斯重视研究美洲民族/部落文化对语言研习的意义。在研究中他深深感到:印第安人的文化、风俗习惯、道德、宗教观念等,与其语言结构的关系极为特殊;每个民族的语言结构存在较大的差异。因而指出,不能套用传统的语法框架或其它语言结构来描写某种特定语言;要成功地描写该语言,必须依据它自身的结构,并且创立新的概念和方法。博厄斯认为,每一种语言只反映部分思维;语言可以反映思维,但不能决定思维。语言可以反映文化差异,但不能反映认知差异。他认为,语言能够反映操该种语言的民族的精神世界。在《美国印第安人语言手册》中,他说:"纯粹的语言研究看起来也是探究世界各民族心理活动的主要组成部分……在研究基本的种族思想时,语言的研究似乎是最有启发性的领域之一"。[①]

博厄斯的学生萨丕尔是另一位杰出的语言学家,他和学生沃尔夫把主要精力用于对北美印第安人语言的描写上。他们深入调研了那些与印欧语系的语言差别甚大的北美印第安语言。在调研过程中,这两位语言学家开始了对语言与思维关系问题的思考,提出了著名的"萨丕尔—沃尔夫假说"。该假说的核心观点可表述为:习以为常的语言结构过滤着人们的感知,影响着人们组织经验和给经验分类的方式,影响着人们的思维和行为方式,讲不同的语言的人具有不同的世界图式。在萨丕尔看来,语言不只是一个符号系统,也是一个独立的概念系统。它可以根据人们接受的有限语言形式来预告无限的

---

① Franz Boas, Handbook of American Indian Languages, Florence: Nabu Press, 2010, p. 793.

多种多样的可能经验,这就意味着:语言是认识社会现实的指南,语言会制约我们的认识过程。他说:"人类并不仅仅生活在客观世界里。事实上,'真实世界'很大程度上是无意识地建立在人类群体的语言习惯之上的。我们以我们的方式观察、感知和体验世界,因为我们所处群体的语言习惯预先设定了某些解读世界的选择"。①他指出:"语言不仅谈论那些在没有语言的帮助下所获得的经验,而且实际上它为我们规定了经验的性质,因为它的形式完整,又因为我们不自觉地就把语言的隐含要求投射到经验领域之中……诸如数、性、格、时态等范畴,不是在经验中发现的,而是强加于经验的,因为语言形式对我们在世界中的倾向性有种残酷的控制"。② 一般人不能自由地观察世界,他们必须戴上本民族的语言这副有色眼镜,他们所看到的世界并不是真实世界,而是被语言所隐含的预设信息所干扰而呈现的那个"有色"世界。一言以蔽之,语言形式对人们观察世界具有支配作用,人们对外界的兴奋点、观察样式要受制于语言。

沃尔夫追随萨丕尔,对语言与思维关系的思考似乎比他的导师更深入一层。在沃尔夫看来,作为观察世界的工具,每一种语言都存在这样那样的局限,因此没有任何人能够不受任何限制地、不带偏见地来描写大自然。任何人都受着某种理解方式的制约,即使他自己认为是自由的。沃尔夫甚至这样说,"我们一生一直在不知不觉中被语言的诡计欺骗,语言结构的诱导使我们只能按某种既定方式感知现实……如果我们的语言有所改变,我们对宇宙的欣赏力也会改变"。③可见,沃尔夫发展了萨丕尔的观点,在他看来,语言怎样描写世界,人们就怎样观察世界,人类没有观察客观世界的自由。

四 对汉语语言学研究的启示

中国古代也对语言进行研究,那时候做的不是现代意义上的语言学研究。对语言的观察偏重于音韵、词义、文字,较少考虑语法结构,所以早就有音韵学、文字学、训诂学,而长期以来没有语法学。中国的语言研究历来注重对个别事实的观察而缺乏对整体系统性的思考。这种现象与汉语的特点有一定关系。汉语是孤立型语言,缺乏词形变化和显性的语法标志,但是词的次

---

① Edward Sapir, The Collected Works of Edward Sapir, Berlin: Mouton De Gruyter, 1990, p. 14.

② 同上, p. 585—587.

③ Benjamin Whorf, Language, Thought, and Reality: Selected Writings of Benjamin Lee Whorf, Cambridge, MA: The MIT Press, 1964, p. 97—98.

序很严格,句法关系主要靠词序表明,虚词的作用很重要,词与词之间的语法关系除了词序,很多都是由虚词来表达的。而西方语言学主流的研究对象是屈折型语言,其特征是用显性的词形变化(即屈折)表示语法关系。

近代以后,西方语言学传入中国,出现了《马氏文通》这样的著作,开创了借鉴外国语言学成果研究汉语的先例。从此,中国语言学的研究范式基本上是西方的,而汉语与西方语言在结构上存在巨大的差异,照搬西方理论是存在问题的。比如,对汉语是否存在词类的争论,按照西方范式,没有词类分别的语言就是原始语言,为了否认汉语是原始语言,一些学者坚持汉语的词类区分,否认词类的区分就不可能有汉语语法学,然而划分汉语词类不一定要根据词形变化,词形变化并不是划分词类的唯一标准,不能用印欧语标准硬套,汉语的广义形态(词与词的组合)应该更为重要。要真实地对汉语进行描写和解释,必须建立汉语自己的研究范式。之所以照抄西方人的研究范式,部分是因为把语言单纯看作工具或形式系统,而忽略了语言属性的人文性一面。语言研究应结合相关文化,汉语研究必须结合汉文化。语言结构制约民族的"集体无意识",语法和语言表达方式体现一个民族的世界观,即一种文化看待世界的眼光、思维样式及文化心理,正如沃尔夫指出的,不同语言在结构上的差异是无限大的,要充分认识"全球语言系统惊人的多元性","必须采用全球视角来观察语言现象"。①

---

① Benjamin Whorf, Language, Thought, and Reality: Selected Writings of Benjamin Lee Whorf, Cambridge, MA: The MIT Press, 1964, p. 213.

谁缔造了阿曼达的"传奇"?
——阿曼达·诺克斯杀人案相关报道的新闻叙事学分析①

汪彤

【摘要】

美国留学生阿曼达·诺克斯（Amanda Knox）杀人案历经了4年的审理：一审曾认定被告罪名成立并判处其26年监禁；而二审却完全推翻了一审的裁决，且将阿曼达当庭无罪释放。在该案的审理过程中，媒体的介入和作用十分明显且发人深省，围绕该事件的新闻报道也从一个侧面验证了新闻叙事学的相关理论。

【关键词】

阿曼达·诺克斯 杀人案 新闻叙事学 媒体

一 引 言

一场历时4年，轰动美、英、意三国的杀人案的审理充满了戏剧性。一开始，法庭认定留学意大利的美国女学生阿曼达·诺克斯（下称阿曼达）残忍杀害了她的英国籍室友梅雷迪思·克尔彻（下称克尔彻），并判处阿曼达26年监禁。而经历了艰苦的上诉过程后，阿曼达却被法庭宣布无罪并当庭

---

① 本文由北京市教育委员会社科计划面上项目"俄罗斯电视新闻语篇的语言学研究"（项目编号：SM201110028005）资助。

释放。

在该案审理的过程中,阿曼达的家人曾发起过旨在解救她的公关运动,并且成功赢得了美国民众对她的广泛同情。美英意各大主流媒体则不遗余力地对该案进行追踪报道,他们的行动不仅导致意大利政府对意美双边关系能否正常发展产生了担忧,而且还在很大程度上左右了法庭陪审团的价值判断。在意大利上诉法庭的最后陈述中,起诉方曾明确指出,"一场要求释放阿曼达的带有强迫性质的媒体运动已经使陪审团陷入了迷惑"。①

回顾这起被美国媒体称为"传奇)"②的案件,不禁令人产生了一个很大疑问:究竟是阿曼达胜利了,还是媒体胜利了?应当看到,这是一起为关注媒介理论的学者们留下许多回味和思考空间的新闻事件。单从新闻叙事学的视角来看,无论从新闻话语的事实建构、神话运作,还是意识形态建构、原型沉淀上讲,阿曼达案都堪称一个有说服力的范例。

1.1 媒体在阿曼达案中做了些什么

2011年10月4日在被害人克尔彻的祖国英国广播公司BBC的官方网站上刊登了一篇题为"帮助阿曼达获胜的10大因素"③的文章。无独有偶,几乎是同一时间,在嫌疑人阿曼达的祖国美国有线电视新闻网CNN的官方网站上也刊登了题为"阿曼达·诺克斯:4年的传奇是如何展开的"④和"大众文化对阿曼达的纠缠远未结束"⑤等文章。透过这些相关报道,我们得以充分了解在这起案件的审理过程中媒体究竟如何介入和起作用,其中既包括阿曼达家人及其支持者对媒体的成功操控,也包括媒体出于不同视角对阿曼达的评价给公众认知所带来的影响。

《帮助诺克斯获胜的10大因素》一文的作者Graham Johnson是英国BBC的记者,他曾参与《黑暗渐弱:梅雷迪思·克尔彻遇害案》的写作。他列举了帮助阿曼达及其男友在上诉中获胜的10大因素,其中明显与媒体相关的因

---

① Meredith Kercher murder: Timeline, 2011年10月3日, http://www.bbc.co.uk/news/uk-15000651, 2011年10月4日。

② Mallory Simon: Amanda Knox: How the four-year court saga unfolded, 2011年9月30日, http://edition.cnn.com/2011/09/30/world/europe/knox-court-saga/index.html, 2011年10月4日。

③ 10 factors that helped Knox's case, 2011年10月3日, http://www.bbc.co.uk/news/world-europe-15157384, 2011年10月4日。

④ 同注解2。

⑤ Ashley Fantz: No end to Knox as pop culture obsession, 2011年10月3日, http://edition.cnn.com/2011/10/03/world/europe/knox-obsession-continues/index.html, 2011年10月4日。

素包括"公关运动"（第7点）及"支持者在场"（第8点）。据 Graham Johnson 所述，阿曼达的父母雇用了西雅图的一位公关专家为阿曼达造势。该专家则花费数月的时间大肆宣传"阿曼达一定能摆脱这一切，这是铁定的事"，从而掀起了一股自我宣传式的媒体狂潮，并且最终成功说服了怀有很大疑惑的意大利媒体。此外，阿曼达亲友还亲临意大利法庭现场为旨在宣传"阿曼达是无辜的"的媒体运动加油鼓劲。他们的行动甚至使得意大利政府担心会因该案审理不公而影响了与美国的关系。

美国 CNN 的 Mallory Simon 在《阿曼达·诺克斯：4年的传奇是如何展开的》一文中则从一张久久未能兑现的机票说起，富有人情味地表达出阿曼达家人期盼她回国的迫切心情。接着文章列举了阿曼达父母及其公关团队所做的种种努力：

首先，他们为阿曼达洗刷名声，纠正被媒体扭曲了的阿曼达的形象，证明她不是媒体所描述的"不负责任的、性疯狂的派对女孩"，而是父母眼中"毫无暴力倾向，且唯命是从"的乖乖女。

第二，他们对意大利警方和检方在案件调查和审理过程中的工作予以贬低，称相关证据太"薄弱"，警方的工作太"拙劣"。

第三，在事发地寻找"真相"。他们试图证明意大利司法机构此前的工作"完全是错误的"。法庭的证据与辩护人所提供的有着"天壤之别"。

第四，有争议的证据成为上诉的核心问题。辩护人对留在凶器上的阿曼达的 DNA 提出质疑，声称样本可能"已经被污染"。其间，意方有关文件记录的遗失无疑也帮了阿曼达团队的忙。

最后，对陪审团的游说。阿曼达的辩护团队坚称 DNA 证据是错误的根源，并力劝陪审团"彻底抛弃幻想"，释放阿曼达及其男友。他们的游说使陪审团陷入了迷惑，甚至连意大利法院起诉人办公室都向美国 CNN 表示"他们的辩护律师对此次判决结果也没有把握"。

美国 CNN 的 Ashley Fantz 在《大众文化对诺克斯的纠缠远未结束》中也描述了各种主流媒体对阿曼达案的深度介入。

文章认为"阿曼达案是大众文化不断纠缠的结果"，预计随着阿曼达的被释放，媒体的纠缠还会继续下去，诸如：对事发地意大利小镇佩鲁贾展开密集采访；拍摄以阿曼达经历为题材的电影；使阿曼达的名字成为 Google 网站、CNN.com 直播博客以及 Twitter 等媒体上的热门话题等等。

文章明确指出，正是社会媒体塑造了阿曼达的不同形象，一会儿是无辜的美国大学生，一会儿又是诱惑男人的女杀手。原本没有恶意的"小狐狸诺克斯"的昵称也在互联网上被赋予了新的内涵。

过去几年间，多部有关阿曼达的书籍面世，如：《天使的面孔》、《美丽的命定之礼：阿曼达·诺克斯案始末》。

纵观上述内容，阿曼达案的相关报道几乎见诸于各大世界知名媒体，无论是无辜的天使，还是诱人的杀手，阿曼达的形象被塑造并呈现在受众面前，且影响着人们对案件的正确判断。

1.2 相关报道的新闻叙事学分析

上述阿曼达案的相关报道为我们提供了鲜活而又丰富的新闻话语语料。透过从新闻叙事学角度的分析，我们得以验证媒体在受众观念和认知形成过程中所拥有的巨大影响力。

每当提及话语分析理论，往往会涉及英美和法德两大学派。他们在话语分析的内容和方法上各有侧重。前者注重对话语表层结构和意义的分析，而后者则注重话语中隐含的意识形态及其背后的权力运作、历史文化渊源等。我们学者曾庆香集两大学派之所长，确立了对新闻话语进行微观与宏观、表层与深层、细致与深入的研究框架，即：从微观的新闻事实建构角度、中观的新闻神话建构角度和宏观的意识形态建构角度等三个层面对新闻话语进行分析，从而初步奠定了一个独特的新闻叙事学理论的基础。① 下面，我们就遵循该研究框架对阿曼达案的相关报道展开分析。

1. 事实建构方面

曾庆香指出，"在传统上，故事叙述被看作是一种无意识形态意义的活动，除非所讲的故事在内容上带有明显的政治倾向。但是，现在人们越来越认识到，语言本身就是一种社会意识，一种价值系统"。"事实叙述不能被看作是独立于它们在其中得到传播的意识形态和统治关系之外"。② 因此，新闻话语是对已经发生或正在发生的新闻事实进行叙述与建构的产物。

对词语和句式的选择，叙事的视角是话语事实建构过程中的关键。阿曼达案相关报道中对词语的选择给我们留下了深刻的印象。一些媒体将阿曼达定位为"狐狸精（Foxy）"、"女巫（Witch）"、"女魔头（She-devil）"、"不负责任的、性疯狂的派对女孩（a careless, sex-crazed party girl）"、"女同性恋者（femme fatale）"、"过于妩媚诱人（attractive）"、"是世界上最好的演员（World's Best Actress）"，③ 这些词语的选择和运用无疑给受众留下了极其负面的印象。而阿曼达的父母却把她形容为"毫无暴力倾向，惟命是从（nonviolent and almost a passive person）"的乖乖女。无独有偶，受害者克尔彻的家人在赞美自己逝去的亲人时也选择了一连串正面的词语，如："最为美丽、理解

---

① 曾庆香：《新闻叙事学》，北京：中国广播电视出版社，2005年，第19页。
② 曾庆香：《新闻叙事学》，第106页。
③ Knox Is 'World's Best Actress', 2011年10月2日, http://www.thedailybeast.com/cheats/2011/10/02/knox-is-world-s-greatest-actress.html? obref, 2011年10月4日。

力强、聪慧、乐于助人（one of the most beautiful, intelligent, witty and caring people）"等。在这些词语的强烈对比之下，受众自然而然会产生疑惑：案件中两个年轻的姑娘究竟是怎样的人？

此外，阿曼达公关团队对意大利警方的贬损之意则通过（证据）太"薄弱（thin）"、（工作）太"拙劣（shoddy）"、（法庭对质疑声）"充耳不闻（fell on deaf ears）"等词语的使用尽显无遗，从而导致受众，尤其是美国受众对意大利检察机关的可信度产生质疑，对阿曼达产生更多的同情。

句式的选择也是新闻话语事实建构的主要环节。在阿曼达案相关报道中，有几处令人难忘。其一，那位为阿曼达造势的公关专家的口号是："阿曼达一定能摆脱这一切，这是铁定的事（Amanda will get out, it's a done deal）"。随着时间的推移，强化次数的加增，这样斩钉截铁、不容置疑的话语的确会深入人心，左右人们对阿曼达案的判断。其二，在法庭上面对陪审团阿曼达为自己做出了声情并茂的抗辩，她说："我正在用自己的生命付上代价（I'm paying with my life）。"其三，当阿曼达获释并回到西雅图家乡时，她流着眼泪说的那句"我只想和家人在一起（I just want to be with family）"又何尝没有给电视机前的受众留下历经磨难终获自由的强烈印象呢？

"叙事视角不但为我们提供了观察问题的角度，而且这种角度本身就包含着叙事判断、明显或者隐蔽的情感倾向。因此，同一事件在不同的叙事视角观照下，就会呈现出不同的面貌与性质"。①《阿曼达·诺克斯：4年的传奇是如何展开的》一文的作者从一张久久未能兑现的返乡机票切入，表面上是对阿曼达家人期盼她回国的迫切心情的"客观"叙述，而实际上，背后却隐藏着作者对阿曼达的同情。更重要的是，透过富有人情味的叙述视角，受众会生发出强烈的心理共鸣，对阿曼达及其家人给予更多的同情，对意大利司法机关的一审判决产生更多的抵触和怀疑的情绪。

2. 神话运作方面

曾庆香认为，神话运作方式是新闻话语的又一重要建构手段。这是因为，"神话是两度符号化或两度意指化后所形成的文化或文化所变成的习俗，因此，它天然的具有一种社会性"。② 而"在某个时候被奉为是对客观事实的叙述或真知灼见实际上就是神话，只不过是当时我们没有认识到它的神话性罢了；同样，在某个时候被斥之为神话的实际上就是一种对客观事实的叙述或真知灼见，也只不过是当时我们没有意识到它的合理性而已。因此，从某种角度看，对客观事实的叙述或真知灼见和神话就具有了某种共通性和相似性，

---

① 曾庆香：《新闻叙事学》，第127页。
② 曾庆香：《新闻叙事学》，第160页。

那就是它们都是对自然和社会现实的一种认识、一种解释。从这种意义上说，对客观事实的叙述或真知灼见就是神话，反之亦然。在这一点上，新闻就是神话的建构者"。①

在阿曼达案的相关报道中，媒体借助文字、图片、图像等各种手段共同建构出了"阿曼达是无辜的"这样一个神话。文字方面的建构在上文中已经分析过，这里不再赘述。

下面重点回顾一下相关图片和视频给受众带来的冲击。在各大媒体上，与阿曼达案的相关图片大致有这样几类：入狱前的照片，阿曼达目露凶光的照片、她与男友缠绵的照片；入狱后的照片，铁窗背后阿曼达恐惧的表情、在法庭上阿曼达哭诉抗辩的场面、二审获释后在女警陪伴下哭着走出法庭的照片；出狱后的照片，抵达家乡后微笑着走出机场的照片、在记者见面会上满流泪水说出"我只想与家人在一起"时的情景；此外，阿曼达父母面对知名媒体为女儿辩护的照片、意大利监狱的高墙外景、媒体在法庭外架起各种转播工具严阵以待的情形……这些图片就像一部意识流风格的电影的片断，不断冲击着受众的头脑。应当说，它们留给受众的印象是矛盾的：对于那些至今依然怀疑阿曼达就是杀人犯的受众而言，图片或许是"阿曼达是世界上最好的演员"的佐证。而对于坚信阿曼达是清白无辜的受众来说，照片所讲述的无疑是一个美丽的姑娘在饱受羞辱历经磨难之后重获自由的故事，也满足了受众伸张正义的心声。

阿曼达案的相关视频中有两段令人印象深刻。其一是那段被上传到YouTube上，令人产生邪恶之感的阿曼达大笑的私人视频。当这样的画面配上杀人案案情的叙述，就很容易使受众接受"狐狸精"、"女魔头"、"不负责任的、性疯狂的派对女孩"这样的人物定位，进而接受"天使面孔杀手"的判断和推理。

另一段视频来自中国中央电视台。在播出阿曼达案二审结果的消息时，电视台插播了这样一段视频：画面中阿曼达身穿一件印有美国国旗图案的短衫在乐队的伴奏下在激情演唱。画外音解释道："为了帮助塑造阿曼达健康向上的形象，公关团队向公众展示了阿曼达在狱中组建乐队，并担任主唱的录像"。美国国旗、狱中乐队的女主唱——微观事件却宏观意指，这些极富象征意义和冲击力的符号所带给受众的影响是不难想象的。

就如同上文提及的那张久未兑现的返乡机票一样，这些图片和视频从不同侧面共同建构起了一个神话，即阿曼达"不是他们（诋毁她名声的人们）所说的那种人"。

---

① 曾庆香：《新闻叙事学》，第158页。

3. 意识形态建构方面

苏联学者巴赫金认为，话语本身就是对话，是一种意识形态符号，是不同意识形态争斗的舞台。① 曾庆香也指出，"不论是事实建构，还是神话建构，都是为谋求一种对事实的最终诠释权，并使之合法化，以取得一定的'言后之果'。从总体上看，这种种目的实质就是为追求对意识形态的建构"。② 从这个角度讲，新闻话语的建构过程是对原初社会事实进行意义化的过程，也是意识形态的建构过程。新闻话语一般是通过建构知识、形成规范和塑造共识几种手段来完成意识形态的建构任务的。③

在各大媒体争相对阿曼达案进行追踪报道的过程中，最引人注目的要数美国的 CNN 和英国的 BBC。而案件的两名当事人正巧分别来自于这两个国家。

众所周知，新闻话语必须遵循客观性原则，专业水准极高的 CNN 和 BBC 当然更深知这个道理。因此，在新闻话语的建构中，两家传媒巨头自然不会"有意识"地掺入明显的偏见或露骨的扭曲，而主要是借助于不同的诠释框架和模式创造出一套理解世界的观念法则，从而使各自的意识形态具有了无痕迹的自然化效果。事实上，两家媒体对同一事实的不同诠释框架也确实达到了这种效果。二审判决后受众的两极分化就是一个明证。

上文中有关美国 CNN 报道的分析比较多，这里只着重来评价一下英国 BBC 的相关报道。应当承认，在这场媒体持久战中，英国 BBC 给人的感觉是略微处于劣势，有点类似于已经逝去 4 年之久、在这场沸沸扬扬的审判中始终"保持缄默"的受害人克尔彻。BBC 官方网站上刊登了一篇题为《梅雷迪思·克尔彻被害案的线索》的文章，④ 采用大事记的手法，凝练而详尽地记录了这起杀人案从事发到二审判决的每个关键节点。在客观叙述的过程中，文章多处直接引用了当事人的原话。借助这些直接引语，媒体得到了塑造社会共识的目的，例如：

克尔彻的家人赞美她"最为美丽、理解力强、聪慧、乐于助人"——作者和 BBC 也认同她的人品。

阿曼达称"曾听到克尔彻的尖叫声"——她说她是无辜的，但实际上未必。

克尔彻家人对一审判决表示"满意"——作者和 BBC 也都满意。

---

① 曾庆香：《新闻叙事学》，第 195 页。
② 曾庆香：《新闻叙事学》，第 191 页。
③ 曾庆香：《新闻叙事学》，第 201 页。
④ Meredith Kercher murder：Timeline, 2011 年 10 月 3 日，http://www.bbc.co.uk/news/uk-15000651, 2011 年 10 月 4 日。

拉斐尔说他连"打死一只苍蝇"都不忍心,但一名陪审员证实他痴迷于"玩枪弄刀"——拉斐尔是个不折不扣的说谎者。

阿曼达声称警察对其动武,并称呼她"愚蠢的说谎者"——阿曼达倒打一耙。

阿曼达称对她的指控"纯属荒唐"——她多么会为自己开脱。

她向陪审团说不想被烙上"杀人犯"的标签,她对被关押了这么久感到"困惑、忧伤和失落";阿曼达称判决是个"极大的错误",她的生活被"彻底摧毁"了——她在努力博得陪审团的同情。

阿曼达试图阻止电影的发行,并称其是"对她生活的侵犯"——到底是来自标榜民主的美国,此刻还在讲人权。

一名受到杀人指控的儿童向上诉法庭表示,阿曼达和拉斐尔是"清白的"——怎么能够听信这样一个儿童的证言呢?

专家向上诉法庭表示,DNA证据"可能已经被污染"——他们在推翻重要证据!

起诉方指出一场"要求释放阿曼达的带有强迫性质的媒体运动"已经使陪审团陷入了迷惑——这正是二审翻案的原因!

阿曼达曾表示"我不是他们所说的那种人"——她正是我们所说的那种人!

可见,关于"阿曼达就是杀害克尔彻的凶手"的社会共识就是通过这样的"客观"描述被塑造了起来,与此同时,同情克尔彻及其家人的受众对二审判决的愤怒情绪,甚至是对美国人高傲自大形象的不满情绪也就悄然生成了。

4. 原型沉淀方面

原型是具有一定稳定性的、典型的、反复出现的意象、象征、人物、母题、思想,或叙述模式即情节,具有约定俗成的语义联想,是可以独立交际的单位,其根源既是社会心理的,又是历史文化的。从本质上说,它是一种稳定的对外在事物的认知方式、认知角度和认知结果。像人的生理特点可以遗传一样,集体无意识和原型沉淀在种族心灵的深处,也被一代代地继承下来。①

原型不仅仅体现为一种文学传统的力量,还体现为社会心理和历史文化的力量,它同人类交际、人类生活紧密联系着,它能唤起某种认同感,是构成一个民族和文化必不可少的因素。它不仅以象征或变形的方式出现在神话、童话、宗教、文学作品,以及个人的幻想和梦境中,同样也会影响新闻话语

---

① 曾庆香:《新闻叙事学》,第226页。

的建构,沉淀在新闻话语之中。① 正是凭着这些原型,这些新闻才得到受众的注目和信任。

在围绕阿曼达案的媒体大战中,处于焦点位置的是阿曼达的形象。实际上,这正是媒体在话语建构过程中运用不同原型的具体表现。最能表现阿曼达负面形象的莫过于"狐狸精"这一称谓了。"狐狸精"属于典型的原型意象。无论在西方文化里,还是在东方文化里,"狐狸精"带给人们的都是对女性极其负面的联想。

《现代汉语规范词典》② 中这样解释"狐狸精":"古代传说中常有狐狸的精怪变成美女的故事。后多用狐狸精来比喻淫荡的女人或贬称艳丽迷人的女子;也比喻奸诈狡猾的人。"

对比有关阿曼达的报道就不难发现,新闻话语中的阿曼达与上述定义十分吻合。她艳丽迷人,有着天使般的面孔。但她的名字却总与"性"连在一起:她的罪名就是"因玩性爱游戏而杀死室友";她曾被指为"女同性恋者";她性感——"妩媚诱人"。同时,"性爱游戏"自然是"淫荡"的代名词。阿曼达在法庭上坚称自己无辜,她曾声情并茂地为自己辩护,说她在用生命付上代价……倘若阿曼达果真是杀害克尔彻的凶手,然而她又成功地逃脱了罪责,这岂不是"奸诈狡猾"的最好诠释?可见,媒体将阿曼达定位于"狐狸精"最能唤起那些同情受害人的受众甚至是陪审团成员的认同感,从而做出阿曼达就是杀人犯的判断。

应当看到,大众传媒所热衷的并非现实世界,而是虚拟世界,也并非现实世界的形象,而是现实世界的类像。这种类像本身也并不揭示任何真实的东西,而完全是欲望的象征。③ 而在制作和传播类像的过程中原型建构是非常有效的手段之一。

三 结 语

阿曼达·诺克斯杀人案的审理暂告一个段落,媒体对此事的关注也会随着时间的推移渐渐减弱。但案件留给克尔彻家人的痛以及留给我们的思考还远未结束。它让我们看到,新闻话语无疑是一种叙事话语,而且这种话语会对受众的意识产生极大的影响力。这主要是由于在话语意义的建构过程中,

---

① 曾庆香:《新闻叙事学》,第228页。
② 李行健主编:《现代汉语规范词典》,北京:外语教学与研究出版社,语文出版社,2004年。
③ 马新明:《新闻的力量》,北京:中国人民大学出版社,2010年,第237页。

媒体运用了诸如：事实建构、神话运作、意识形态建构和原型沉淀等多种语言手段。借助这些有效的手段，媒体完成了从以言指事到以言行事，再到以言成事的目的。

本雅明式的忧郁

——桑塔格对现代性的反思

首都师范大学外语学院教授 王秋海

【摘要】

　　桑塔格在20世纪60年代曾因"坎普"文化和趣味而被贴上流行文化急先锋的标签。但桑氏对新文化现象的接纳从未建立在消除精英文化和通俗文化的差异之上。她不希望看到现代主义传统彻底"旁落",于是70年代力推以本雅明为代表的"忧郁气质",标榜自我放逐和边缘化的现代主义审美观,用来救赎科技理性催生的、已丧失"思想生活"的后现代消费文化。

【关键词】

忧郁气质　桑塔格　本雅明　现代主义

Abstract: Santag was labeled as an avant-garde in culture in the 1960s for her writing about "camp" taste. But she never tried to eliminate the difference between elite and popular cultures. Instead, not wanting to see the disappearance of tradition of modernism, she advocated the Benjamin-type melancholy and the aesthetic sensibility of modernism to rescue the technology-generated consumerism that has lost the "life of the mind".

Key words: Melancholy; Sontag; Benjamin, Modernism

　　20世纪60年代充满了激进的变化、革新和动荡,因此桑塔格是以站在思想、历史以及人类的废墟上的感觉在进行写作,即一种面对变化和新的发现而产生的末世感。①然而到了 20 世纪 70 年代,虽然她还有站在废墟边缘的感觉,但口气却凸显出哀惋的特色,"她所思索的世界常被冠以'遗世'的字眼,要么被抽空了知识信仰,要么失去了道德激情;这还是个断层期——重要的重新为文化和个人进行定义的过渡期。"②在这一过渡期中,包括桑塔格在内的许多美国作家和知识分子都经历着一种危机感,他们普遍感到激进的乌托邦思想在逐渐消失,公共批评话语的贫乏也使他们感到震惊。

20 世纪 70 年代,许多左翼自由派的纽约知识分子面对新崛起的文化和批评界的保守主义、日益加深的资本主义文化方面的矛盾以及公共政治话语的消失,在政治生活上更强化了他们异化的感觉。面对新的经济、政治和文化发展的局势,桑塔格的写作题材仍是多元化的,围绕着"什么是现代性"的主题展开,③然而当下的后现代主义对她的吸引力越来越小,她也有意让自己与"轻而易举的商业化对现代主义能量的同构"④拉开了距离。她的论文集《土星的标识下》(1980)就是在这一背景下推出的,里面的文章多少反映出了她这种"距离"感,而且主要通过为现代派大师塑像而重申批判性和创造性思维的必要。她反抗新崛起的激进的"后现代"文化,而对现代主义传统,包括其禁欲主义和否定的力量进行重新审视,因为正如她在《斯伯格的〈希特勒〉》一文中所指出的,她意识到当时现代主义已被"剥夺了其作为反叛感性的权利。"⑤为此,她在这一传统的"废墟"中徜徉和反思时,不免明显地流露出哀惋流连的情绪。

《土星的标识下》文集中出现的七位艺术家和思想家构成了一幅零星片断式的现代主义思想的反传统卷图。桑塔格尤其尊崇她笔下的人物以各自的方式倡导"思想生活"(life of the mind)的理念,折射出她本人对思想深度和具有责任感的智性职业生活经验的兴趣和追求。用布劳迪的话说,收在《土星的标识下》里的文章"构成和赞美了思想的谱系。"⑥桑塔格认为这些人物都有一个共同的气质,这种气质既反映在他们的人格中,也体现在他们的作品中,这就是"忧郁的气质"。桑塔格实际上是把自己的性格和气质与这些大师

---

① Liam Kennedy. Susan Sontag: Mind As Passion [M]. Manchester and New York: Manchester University Press, 1995, p. 74.

② Ibid.

③ Ibid., p. 75.

④ Ibid.

⑤ Susan Sonag. Syberberg's Hitler [A] Under the Sign of Saturn [C]. New York: Farrar, Straus and Giroux, 1980, p. 138.

⑥ Leo Braudy. A Genealogy of Mind [J] The New Republic, 29 November 1980, p. 43—46.

融在了一起，其中包括强烈的自我意识、对思想的思考以及此时（being）在思想中的位置等。

桑塔格称她笔下的人物是承传了浪漫派的现代派作家，他们的伟大构想就是要创造"伟大作品"（Great Work）。她称"经典"的涵义已从浪漫派的"英雄主义，突破和超越"的范式转换为现代主义的"终结、预言式或这两者"的范式。桑塔格对现代派作家的评价在她稍早期的文章中也曾经表露过，如在《反对阐释及其他文章》论文集中，她评论说现代派作家是"封闭而不是肇始，他们不可学，正象他们不可模仿一样，模仿他们的人必然会冒着仅仅重复他们已经做过的风险。"①另外在《激进意志风格》的若干篇文章中，她也曾流露出对"严肃艺术"的尊重，因为她把"严肃艺术"看作"一种救赎，是禁欲主义的一种锤炼。"②从种种这些对现代主义文学艺术的评价中，我们可以隐约觉察到，桑塔格对先锋文学在20世纪60年代所取得的"成就"流露出了一种悲观主义的倾向。③在《土星的标识下》的诸多塑像之中，关于本雅明的一篇（其篇名作为了文集的名称）最充分的勾勒出"忧郁"气质的元主题。桑塔格并未对本雅明展开全方位的剖析和解读，而是把他忧郁的性格作为一条主线贯穿评论始终，因为按照她的观点，本雅明的"气质决定了他选择要写的内容，"④并始终如一地让他在处于社会边缘位置、被忽视的和表面看上去平庸乏味的族群中寻找他的兴趣点。本雅明与"思想生活"之间的关系并非类似于阿尔托式的狂欢冲动，也不是罗兰·巴特式的感官层面上的"贪婪"，而是一种非常低调，怀旧内省的与世界之间的建构。

忧郁与艺术创作和世界观之间的关系在桑塔格那里已上升为本体的地位，不仅多数现代派作家具有这种气质，如波德莱尔、普鲁斯特、卡夫卡、卡尔·克劳斯（Karl Kraus），而且本雅明还认为浪漫派作家亦莫能免，如歌德就有土星的性格特点。⑤然而可惜的是，桑塔格并没有深挖忧郁和"孤独"性格的社会原因，而只是在生物学的层面上展开了论述。其实随着启蒙主义在西方的推进，人不仅成为了现代化的主体，也跟自然一样成为了现代化的对象，

---

① Susan Sontag. Nathalie Sarraute and the Novel [A]. Against Interpretation and Other Essays [C] New York：Octagon Books, 1982, p. 102.

② Susan Sontag. The Aesthetics of Silence [A] Styles of Radical Will [C]. New York：Farrar, Straus and Giroux, 1976, p. 6.

③ Liam Kennedy. Susan Sontag：Mind As Passion [M]. Manchester and New York：Manchester University Press, 1995, p. 77.

④ Susan Sontag. Under the Sign of Saturn [A] in Under the Sign of Saturn [C]. New York：Farrar, Straus and Giroux, 1980, p. 111.

⑤ Susan Sonag. Under the Sign of Saturn [A] A Susan Sontag Reader [C]. New York：Farrar, Straus and Giroux, 1972, p. 386.

即福柯所说的"敲诈"对象。阿多诺在《启蒙辩证法》中就曾指出:"历来启蒙的目的就是使人们摆脱恐惧,成为主人,但是完全受到启蒙的世界却充满着巨大的不幸。"①启蒙理性所带来的除了现代化的进程之外,还使理性成为了桎梏,使人与自然、社会以及他人的关系发生严重的扭曲和异化,由是浪漫派及现代派艺术家应运而生,他们面对启蒙理性所造成的物欲膨胀、道德沦丧表现出悲观、厌世、孤独和忧郁的情绪,但这种自我放逐和边缘化的"气质"以及他们所创作出的非理性的作品正是对工具理性君临于人性自由之上的一种反省和批判,也就是桑塔格在她诸多文章中所反复提到的"否定"性批判意识。这种批评意识就是卡林内斯库称之为的美学概念或审美的现代性,它是自尼采以来作为工具理性现代性的对立面而产生的,"为艺术而艺术是审美现代性反抗市侩现代性(the Modernity of the Philistine)的最初产物,"而且"从19世纪上半叶以来,这"两种现代性之间的关系已经越来越敌对。"②无论是浪漫主义的审美现代性,还是现代主义的审美现代性,表达出来的都是对启蒙精神及价值信念的质疑,因此他们的"沉重的忧郁"、孤独、苦闷、高傲、叛逆、在"病城"中的漫游以及"浪荡子"的做派便是对现代化所造成的后果进行文化与审美上的批评,表征着不同流合污,忍受尘世的苦难而赎罪的宗教色彩。面对物质文明发达而精神世界崩溃的社会现象,许多现代派艺术家加深了他们对资本主义社会的痛恨,同时也助长了他们的神秘主义和悲观主义的倾向。

审美现代性从人的主体出发,从感性生命的角度追求精神和肉体的解放,但具有这样一种审美价值观的艺术家又都是顽强的个人主义者,在转折的时代出于个人的追求和世界秩序之间的尖锐失谐和痛苦对立而感到一种无可名状的苦恼,于是"或自杀,或浪游,或离群索居,或遁入山林,或躲进象牙塔,或栖息温柔乡。"③

桑塔格笔下的本雅明便具有这一特征:

本雅明在年轻时似乎就有着一种"极度悲伤"的气质,……他认为自己是个忧郁的人,对当代心理学的标签不屑一顾,而召唤出传统的天象学说,"我是在土星的标识下来到这个世界上的。"④

桑塔格反对牵强地用社会因素和作家的个人生活阐释作品,但却认为作品

---

① 霍克海默、阿多诺. 启蒙辩证法 [M] 重庆:重庆出版社,1990,第1页。
② Matei Calinescu. Five Faces of Modernity [M]. Druham:Duke University Press, 1987, pp. 41—42.
③ 郭宏安. 论恶之花 [A] 恶之花 [M] 夏尔·波德莱尔著. 郭宏安译. 桂林:广西师范大学出版社,2002,第66页。
④ Susan Sonag. Under the Sign of Saturn [A] A Susan Sontag Reader [C]. New York:Farrar, Straus and Giroux, 1972, p. 386.

可以用来阐释作家的生活和思想，她剖析本雅明的作品采用的就是这种方式：

　　本雅明所染指的一切领域，都将他自己的脾性融入了进去，由他的气质决定他要写什么。17世纪的巴洛克戏剧便具有"土星精神"的特点。出于同一原因，他对一些作家的作品分析的非常出色：波德莱尔、普鲁斯特、卡夫卡、卡尔·克劳斯。他甚至还在歌德身上发现了土星的气质。他虽在论述歌德的《选择契合》那篇优秀的文章中反对以作家的生活来阐释作品，但在深刻的解读文本时仍有选择的使用了生活中的材料，即那些流露出忧郁和孤独的材料。为此他描绘了普鲁斯特的孤独、卡夫卡本质上的孤寂、罗伯特·沃瑟尔（Robert Walser）的"生活中成功的恐怖"。一个人不能用生活来阐释作品，但却可用作品来阐释生活。①

　　本雅明忧郁、孤寂的生活以及他笔下那些具有孤独灵魂的作家的人生与他及他们的流亡生活是分不开的。本雅明由于其性格和思想使然，博士毕业后一直在大学里找不到教职，遂沦为四处碰壁的边缘人。被排斥在主流机构之外的冷酷现实逼他踏上了流亡的不归之路，终其一生以四海为家。流亡对本雅明意味着过着习以为常的秩序之外的生活，它是游牧的和偏离中心的（萨义德语）。由于流亡者同时以抛在身后的事物以及此时此地的实况这两种方式看事情，所以有着双重视角，它的辨证性在于流亡表征着双向流程：一边是拆解单一的、既定的、永恒的序列或意义结构，一边则建立起一种并置的、流动的、相互映射中的视角。

　　本雅明认为独处对一个人来说是最合适的一种状态，对此桑塔格解释说：

　　本雅明所指的并非一个人关在房间里……而是在大都会中的独处，即最忙的一个闲逛者，可以自由地做白日梦，观察、思考和走动。……19世纪具有忧郁性格的波德莱尔就是在这种梦境的、精明而微妙的感觉中阐述他和城市之间的关系的。②

　　既然主流社会和正统知识机构已经把本雅明放在了知识界的边缘，他的思想方式和表达方式的独特又远远超出了同时代人的理解力，（更确切地说，是超出了那个时代意识形态的承受力），他便更加强化了与生俱来的自我意识，把他自己变成了一个"文本"。桑塔格把这种自我意识和自我建构看作现代派作家、艺术家的普遍意识，即他们的个人理想与社会之间的冲突和矛盾。当个体的精神乌托邦和道德诉求遭遇强大的工具理性的高压时，这一个体唯一的选择就是自我放逐，并把构建精神家园的旨归指向自身，也就是桑塔格

---

① Susan Sonag. Under the Sign of Saturn [A] A Susan Sontag Reader [C]. New York: Farrar, Straus and Giroux, 1972, p. 386.

② Susan Sonag. Under the Sign of Saturn [A] A Susan Sontag Reader [C]. New York: Farrar, Straus and Giroux, 1972, p. 387.

所说的承担起"殉道者"的身份:

  土星气质的标志是自我意识以及对自我的不宽恕的关系。自我就是一个文本,必须加以解读。因此这是对知识分子最合适的气质。自我是一个需要建设的工程,因此这是最适合于艺术家殉道者的气质,正如本雅明描述卡夫卡的那样,即那些追求"失败的纯洁和美的人。"①

  除此之外,"街道所构成的迷宫一直是他(本雅明)文学中不断出现的主题,而人所迷失的地方就是迷宫。这一隐喻指涉某种禁忌,以及如何走入迷宫。它是一个精英分子在大都会中体验孤独的象征。"②对于生于土星标识下的人,时间是一种具有限制的媒介,是重复和简单的完成。在时间中,一个人只是他的本色,一直是他的本质。但在空间中他却是另一个人。本雅明由于方向感极差,又看不懂街道地图,所以培养了他喜爱旅游和掌握流浪艺术的嗜好。桑塔格十分看中本雅明的空间感,因为它可以在卸去历史意识负担的情况下把焦点集中于当下,以生命的体验经历当下呈现给我们的多种可能性,探索多方位的审美情趣。

  怀旧和记忆在本雅明那里是空间的问题,他认为回忆可以瓦解时间,他的自传《柏林记事》侧重的就是空间感:"自传与时间有关,有前后顺序,是生活连续流动的过程。而我在这里所谈的是空间、瞬间和非连续性。"③本雅明的作品便是无数记忆意象的空间拼贴,而且他一直想用语录拼贴并置的方式完成一部作品。记忆的空间化,意味着历史与现在的并置,意味着过去的某一特定历史时刻与现在某一时刻的碰撞,意味着对历史整体性瞬间的感悟,而当下意义的多元性也就造就了意思的丰富性和多向度的指涉性,并逃避了单一、定性式的阐释。这一点正是桑塔格所认同和追求的美学信念,她在《土星的标识下》一文中写道:本雅明的倾向性是反对通常的阐释,他认为卡夫卡采取了防止解读他作品意义的措施。卡夫卡小说的要旨就是它们没有确定的象征意义。在《单行道》(One-Way Street)一文中,本雅明说正因为他看到"所有人类的知识都采取阐释的形式,"所以他明白反对阐释的重要性。在给一个朋友的信中,他半开玩笑的说,他的作品具有49层含义。④

  本雅明的空间感其实是建基于他的"物读"历史的方法之上的。所谓"物读"就是从城市微小的外化细胞中——大街小巷的咖啡店、商店橱窗里的

---

  ① Ibid., p. 390.
  ② Ibid., p. 388.
  ③ 本雅明著、潘小松译. 莫斯科·柏林记事 [M]. 北京:东方出版社,2001,第223页。
  ④ Susan Sonag. Under the Sign of Saturn [A] A Susan Sontag Reader [C]. New York: Farrar, Straus and Giroux, 1972, pp. 392—394.

陈列物、倒坍的建筑物废墟——解读被埋封和边缘化了的历史，以对抗主流文化和意识形态。本雅明也同时把这一视角用于对摄影、消费文化产品、服装等"物态"对象的理性思考之中，从个体生命体验的层面上观照和建构具有叠加感的立体历史空间。

而落实到文学文本上，本雅明便将空间所蕴涵的丰富的多义性转换成对片段和引文的兴趣，也就是基于对意义多义性的追求，当然也是对正统的、旧式的追求真理体系的一种反动。这种"断章取义"式的手法是在使文本脱离了语境后再度进行重新安排，使其在新的流动状态下获得新的存在意义，一如他的在流动的空间中每时每刻都在获得新的视野和意义的流亡生活一样。本雅明的思维模式是"使事物从一个实用计划中摆脱出来，恢复其原有的初始性、独特性，并把这种新鲜直接带入思想的行文中。……在这个过程中，事物、现象和语言的片断被一个活跃的思维中心从它们原先的着落中吸引出来聚合在一起，因而产生了极大的揭示力量。"①桑塔格认为本雅明把着眼点落在片断和废墟上显然与超现实主义有着强烈的关联性。正是出于这种蒙太奇式的、对语言进行拆解和重建策略的需要，本雅明才对寓言的形式发生了兴趣，寓言便是把历史的语境从文本中剥离出去，从而只对读者"展现空间的手段和勾画出一种遗世的世界。"②本雅明的句式也体现出他反体系和反模式化的倾向。他所热衷运用的警句和格言句式上承尼采，后为罗兰·巴特、桑塔格等现代派作家所承续；这种并置式的结构承认多种可能性，层次之间可相互阐释，并意味着不同世界观、意识形态之间的映射与矫正。

桑塔格十分认同本雅明的多重"立场"，认同他对所有事物的开放性；他既是一个马克思主义者，又是一个神学神秘主义者；既推崇唯美主义美学，又接受大众文化和超现实主义；在某种意义上说，他同桑塔格一样，都是一个"通才"式的知识分子。"通才"从某个角度上看就是反体系的，对传统的知识获取和阐释构成一种挑战和威胁，由于本雅明处于或自愿让自己处于社会的边缘状态，他"从世俗的角度讲几乎就好象有一种失败的才能。"③我们知道，桑塔格也是有意使自己与正统知识机构中心——大学——保持一段距离，在她的生涯中，除了早期有过一段短暂的教书生涯外，几乎以写作为

---

① 本雅明著、潘小松译. 莫斯科·柏林记事·序言[M]. 北京：东方出版社，2001，第ii页。

② Liam Kennedy. Susan Sontag: Mind As Passion [M]. Manchester and New York: Manchester University Press, 1995, p. 81.

③ Stefan Jonsson. One Must Defend Consciousness: A Talk with Susan Sontatg [A] Leland Poague (ed.) Conversation with Susan Sontag [C]. Jackson: University Press of Mississippi, 1995, p. 247.

生，甚至出现过若干次经济拮据的时期。她以为与体制拉开距离可以强化批判意识，对大众流行文化也可以抱以宽容的心态，以便以冷静和客观的眼光评判精英文化与大众文化之间的关系。

桑塔格最终认为本雅明之所以无法使自己融入主流文化的体制，在很大程度上与他的忧郁的"星座"性格有关，"他实际上试过使自己进入体制。他的确曾试着找一份大学教职，他也试着当一名记者。然而他身上有种笨拙的气质，所以无法让他成功。"而本雅明的去国流亡生活也许并不象我们想象的那样是出于迫不得已，而在某种程度上也是由于其思想气质使然："并不是希特勒来了，本雅明才不得不离开德国。他就是没有成功的天分。而他对失败却有一种天分。"①说到底，桑塔格欣赏的恰恰就是这种"失败"的天分，不仅本雅明如此，多数收在《土星的标识下》论文集里的现代派大师也是如此。处于边缘才具有强烈的叛逆和否定意识，才能把自己定位在一个反传统视角的位置上。桑塔格在1988年接受的一次采访中说，"说到底，我认为作家的边缘地位是非常宝贵的。这当然不是说你一定边缘到类似梵高或本雅明的程度。"②值得注意的是，她在《土星的标识下》集子中也为罗兰·巴特进行了评述，而后者一直在法国的知识界占据着主流的位置。对此，桑塔格也做出了解释：

罗兰·巴特的生涯很有意思。他好象有一个相当正常的事业，因为他的确在大学里有一份教职，而且在巴黎过着一种相当世俗和平凡的生活，他并且很聪明，能与人拉关系，以便在巴黎的知识分子圈子里得到支持。但我仍认为他是个圈外人。在某些方面他与狄罗德相似，后者也很世俗，住在巴黎，认识不少有钱的人和贵族，而且参加了公共体制化的项目，如《百科全书》。但与此同时，狄德罗也做着非同一般和很有创建性的事情，……对狄德罗和巴特来说，成功似乎只是某种伪装而已。③

应该说，桑塔格对本雅明的画像是很经验性和充满个性化的情怀的，她只是很有选择性地遴选出她与本雅明十分认同的气质、思想和美学价值取向的成分加以评论，所以这篇文章"是对本雅明一种高度选择性的处理"。④桑塔格所要强调的是本雅明对精神生活的捍卫，希求在正统文学和学术机构之外的阵地获得一种精神上的自由立场，她在文章的末尾说的一段话较好地概

---

① Stefan Jonsson. One Must Defend Consciousness: A Talk with Susan Sontatg [A] Leland Poague (ed.) Conversation with Susan Sontag [C]. Jackson: University Press of Mississippi, 1995, p. 247.

② Ibid.

③ Ibid., pp. 247—248.

④ Liam Kennedy. Susan Sontag: Mind As Passion [M]. Manchester and New York: Manchester University Press, 1995, p. 81.

括了她对本雅明的整体认识和评价,同时也能帮助我们理解桑塔格本人对现代主义的理解并折射出她与本雅明的认同感:

本雅明认为自由职业的(freelance)知识分子不管怎么说已濒临绝种,资本主义使其过时的程度并不亚于革命的共产主义;的确,他感到他生活在一个任何有价值的东西都只剩下了最后一种的时代。他认为超现实主义是欧洲知识阶层最后的智性的运动———一种适宜的具有破坏性和虚无性的智慧。……在末日审判日,这位最后的知识分子——那个当代文化的土星英雄,携带着他的废墟、他的反叛视野、他的狂欢、他的不可消弭的忧郁、他低垂的双眼——将解释说他持有多种"立场",而且尽了他最大的努力正义地、铁石心肠地把捍卫精神生活的斗争进行到底。①

诚然,有不少学者因桑塔格的"选择性"而对她笔下的本雅明画像不甚满意,指责她忽略了本雅明思想中马克思主义的成分。②然而桑塔格对这样的批评并不感到窘迫,因为她认为她塑造的本雅明的画像是"一种发明,一种构建……把他性格气质中的忧郁特性抽搭出来具有明显的局限性,但那是和我认同的方面。"③

其实《土星的标识下》文集中透露出的问题还涉及到桑塔格对待现代主义与后现代主义语境下出现的新的艺术形式(包括大众流行文化)的矛盾心态。从桑塔格早期的美学观点判断,桑塔格追求艺术的形式美,拒斥历史因素,赞赏"拼盘杂烩"的平面化艺术构成,并把这些种种形式主义的手段运用到她的长篇和短篇小说之中。据此,许多批评家都把她列入最早介入并倡导后现代主义主义辩论的作家和批评家的行列。④譬如德国学者奥夫冈·威尔

---

① Susan Sonag. Under the Sign of Saturn [A] A Susan Sontag Reader [C]. New York: Farrar, Straus and Giroux, 1972, p.401.

② 譬如 David Craven 在《终极》杂志上评论《土星的标识下》时便说桑塔格的努力"是老生常谈",把"本雅明变成了一个纤弱的不关心政治的怪癖知识分子……桑塔格在自由人文主义者汉纳·阿伦特和乔治·斯坦纳的帮助下,把美文的光环戴在了本雅明的头上,因此使他可以安全地被学院派接受并在将来文化上被利用"。见 Telos, XLVIII, Summer 1981, pp.189—194.

③ Roger Coplan. The Habits of Consciousness [A] Leland Poague (ed.) Conversation with Susan Sontag [C]. Jackson: University Press of Mississippi, 1995, p.184.

④ 如 1997 年由 H. 伯坦斯(Han Bertens)和 D. 佛克马(Douwe Fokkema)合编的题为《国际后现代主义:理论与文学实践》(International Postmodernism: Theory and Literary Practice)的论文集中,基本上把桑塔格看作是起始于 50 年代末的有关后现代主义大辩论的中心人物之一,其理据主要来自她的《反对阐释及其他文章》的论文集。参见 Hand Bertern and Douwe Dokkema (eds.) International Postmodernism: Theory and Literary Practice, Amsterdam and Philadelphia: John Benjamins Publishing Company, 1997, passim., p.4; p.8; p.31; p.35; p.78; p.103; p.299; p.365; p.367. 另见 Emory Elliott (ed.), Columbia Literary History of the United States Part II, New York: Columbia University Press, 1988, p.1163.

支（Wolfang Welsch）和麦克·桑德包斯（Mike Sandbothe）在《作为一种哲学观念的后现代性》（Postmodernity as a Philosophical Concept）一文中说："苏珊·桑塔格摈弃了古典现代主义的倾向，祛除了文化的悲观语调，发现了并捍卫新文学的真正的特性。"①

上述学者以及其他许多批评家对桑塔格的评价和定位有其公允的一面，但也有失偏颇，因为如前所说，任何给作家贴标签的方法都只是权宜之计，过于限定的做法都可能会误导受众，原因很简单：一个作家或批评家的思想是流动的、矛盾的、复杂的，因之就永远处于变动和自我修正状态。桑塔格就是一例。从她早期的文章和创作来看，她的确具有有别与现代主义作品的倾向性，然而我们若无视她 20 世纪 70 年代之后思想上的一些变化和转型，一旦给她死死地叩上后现代派作家或批评家的头衔，我们就会把自己的视野限定死，而无从更深入地挖掘出她的美学思想，也无从追溯她的美学思想的谱系渊源，以便对她做出更全面更公允的评价，遑论借鉴和吸收她的思想。1980 年，桑塔格在谈到美国小说家在作品中无节制地炫耀自我时对后现代派作家梅勒的作品表现出不以为然的态度：

我认为美国作家中有一种恶习，就是无节制地表现自我中心主义（egotism），即写作最主要的观念就是毫无限制地展现扩张性自我。梅勒极有才华，但……屈从于题材和自我的表现，我认为这毁了他的才华，也毁了他作为最有潜力的文学人物的地位。自我中心主义和商业主义的诱惑如此之强烈，你要是热爱文学和不想展现自己，又想在这个世纪当个作家，就得表现得很另类。……我认为能长久存在下去的作家是关心语言的作家，我们如今最优秀的作家就是在这一狭小的断片的领域中耕耘的人。②

由于桑塔格在上个世纪 60 年代描写过"坎普"文化或趣味，遂被不少学者看作是消除高雅文化和流行文化分野的急先锋人物，她所倡导的"新感性"也被视为超越所谓传统的经典，接纳多元文化主义的后现代主义美学观。但桑塔格对新文化现象的接纳却从未建立在消除精英文化和通俗文化的差异之上，恰恰相反，她对后现代的图象景观，尤其作为消费文化载体的电视图象一直持反对乃至厌恶的态度："大众文化中有许多东西并不吸引我，尤其是电视上的东西。电视上的东西……大都陈词滥调，了无营养，单调乏味。"因此，尽管她"享有多种多样的经验和乐趣"，却从来没忘记"怎么还能够维持

---

① Wolfang Welsch and Mike Sandbothe. Postmodernity as a Philosophical Concept [A] Hands Berterns and Douwe Fokkema (eds.) International Postmodernism: Theory and Literary Practice [M]. Amsterdam/Philadelphia: John Benjamins Publishing Company, 1997, p. 78.

② Charles Ruas. Susan Sontag: Me, Etcetera… [A] Leland Poague (ed.) Conversation with Susan Sontag [C]. Jackson: University Press of Mississippi, 1995, pp. 180—181.

等级制的价值观"。①

桑塔格的美学观之所以不能用后现代主义的标签全面概括，是因为她并非象威尔支所说的"祛除了悲观的语调"。她曾说她的悲观"并非针对现代主义的幻灭。我是要让自己汲取更多的外在现实，但仍沿用现代主义的工具，以便面对真正的苦难，面对更广大的世界，突破自恋和自闭的唯我论。"这种面对因异化而遭受苦难的世界以及救赎的思想，正是现代主义的宏大主题，对桑塔格有着深刻的影响，所以她说"我所有的作品都置于忧伤（saturnine）、土星（Saturn）的标志下。至少到目前为止是如此。"②

为此，我们在分析研究桑塔格的美学思想时应从它的不断变化、修正和发展中找到切入点，寻求它的复杂性、丰富性和矛盾性；武断、片面，甚至断章取义地采用拿来主义暂为我用的方法不足以澄清并吸收她的全部思想资源，甚至会忽略其闪光的一面。20世纪60年代初，最早使用"后现代主义"术语之一的著名批评家欧文·豪和哈利·列文（Harry Levin）将后现代主义定义为"现代主义伟大传统的一种旁落"，莱斯利·菲德勒则把"向现代主义正统挑战的通俗文学"看作是后现代主义文学。③通过对桑塔格的作品及思想的分析，我们发现虽然她的小说创作和美学观点有很强烈的后现代主义的因素，但她决不是希望看到现代主义传统彻底"旁落"，亦未使用通俗文学作为武器"向现代主义正统挑战"；相反，她"仍沿用现代主义的工具"，而且面对现代主义（精英文化）和后现代主义（大众流行文化，如果其间的界限能划得那么清楚的话）的关系上所秉持的也是一种宽容、开放，而非敌对、水火不相容的态度。用她自己的话说，就是：

> 我从来不觉得我是在消除高文化与低文化之间的距离。我毫无疑问地、一点也不含糊、一点也没有讽刺意味地忠于文学、音乐、视觉与表演艺术中的高文化的经典。但我也欣赏很多别的东西，例如流行音乐。我们似乎是在试图理解为什么这完全是有可能的，以及为什么这可以并行不悖……以及多样或多元的标准是什么。然而，这并意味着废除等级制，并不意味着把一切等同起来。在某种程度上，我对传统文化等级的偏袒和支持，并不亚于任何文化保守主义者。④

---

① 陈耀成整理．反对后现代主义及其他——苏珊·桑塔格访谈录［J］文学世纪 2002年11月，第2卷第11期，第57页。

② 同上，第59页。

③ Ihab Hassan. The Postmodern Turn: Essays in Postmodern Theory and Culture [M]. The Ohio State University Press, 1987, pp. 85—86.

④ 陈耀成整理．反对后现代主义及其他——苏珊·桑塔格访谈录［J］文学世纪 2002年11月，第2卷第11期，第17页。

哈桑曾认为文化是可以渗透在过去、现在和未来之间的,他认为现代主义和后现代主义之间没有不可逾越的鸿沟,它们之间既是承继、融会的关系,又是断裂和矛盾的统一体。① 桑塔格的早期美学思想和理论确有后现代主义的因子和元素,她最早推出的两部长篇小说和短篇小说也因在形式手法上的实验性和别具一格凸显出"自我质疑","归于沉默"的后现代主义模式。然而我们却又从《土星标识下》的文集中窥测出她与欧洲现代派大师的紧密的美学谱系关系,让我们得知桑塔格思想的丰富性和复杂性。

---

① 盛宁. 人文困惑与反思:西方后现代主义思潮批判 [M]. 北京:三联书店,1997,第 6 页。

北京高中学生英语课外阅读调查

首都师范大学外国语学院　王秋林

【摘要】

在这次针对英文泛读特别是对英文简写读物的使用所做的调查中,北京四所高中的176个学生填写了调查问卷。通过对已回收调查问卷的统计分析,作者发现了学生们喜欢什么样的英文读物以及他们怎样使用英文简写读物。调查结果还间接地证明了英文泛读的益处。最后作者就调查结果对英文读物出版商和高中英语老师提出了意见和建议。

一　引　言

许多老师和研究人员对英语作为外语教学背景下的英文泛读很感兴趣,并且在很多国家开展了对于英文泛读的实验和研究。不过跟中国大陆的英语教学背景有关的研究英文泛读的论文数量很少,这为本次研究的进行提供了必要性。因此,我决定在这一领域深入研究。

在此次关于泛读的调查中,我将英文简写读物和北京高一年级学生作为研究英文泛读的切入点和研究对象。原因有三:一、除了英文教科书,英文简写读物也在学生的英语课外阅读中占有可观的比重,并且在中国已经出版了许多不同系列的英文简写读物。二、选择高中学生作为研究对象是因为他们已经掌握了一定程度的英语知识,同时生理上也相对较成熟,因此原则上他们有能力进行英文泛读。小学生和初中生可能还缺少进行泛读所必需的英语知识,认知能力和背景知识。大学生由于专业不同,不一定都在英语学习中投入相同的精力。英语水平较高的高级英语学习者通常能够读懂真实的英文材料,因此他们更喜欢阅读真实的英文材料而不是简写读物。在高中学生里面选择高一学生是因为同承受较多高考压力的高二、高三学生相比，他们可能有较多时间参与我的调查。三、中国大陆面积广阔，我必须选择合适的地点来开展这项调查。北京是中国的首都，也是文化和教育中心，2008 年又成功举办了奥运会，这些因素都为英语的推广提供了良好条件。因此，在中国大陆的城市中，北京有最好的学习英语的资源和氛围。当然这也意味着，此次研究是在一个有利的环境中进行的，并不能代表中国的其他地方。

此次调查在北京的四所高中开展，调查高中生在英文泛读中对英文简写读物的使用情况。学生在泛读中的态度、习惯和偏好、英文泛读的地位以及英文简写读物是否有助于提高学生英语水平都包含在调查的内容当中。

二 文献综述

2.1 泛读的定义

泛读和精读可在两个不同的范畴内解读：一方面，它们可以算做不同的阅读技巧或策略；另一方面，在教学范畴，他们可以算做发生在课堂外或课堂内的两种阅读活动。

放在第一个范畴，泛读就是一种快速阅读。其目标是了解大意。泛读针对的是对主要内容的理解而不是对细节的理解或者全面的理解，后者一般是精读的目标。读者在泛读时一般跳过一些不能理解的细节或者同中心思想无关的细节继续阅读。一个有效率的读者可以通过泛读很快了解文章大意，因此这样的读者比起一般的读者可以在同样的时间内读完更多的书或文章。

放在第二个范畴，泛读和精读就是教育学上的两种阅读活动。它们的主要特色在于阅读的时间。原则上泛读可以在任何时候发生，而精读通常是在课堂上。课堂上时间有限，另外精读需要对文章细致地理解，或者需要跟文本配套设计出来的练习，因此精读的文本一般比泛读的文本短。泛读一般取决于读者自身而精读一般是在老师的指示下进行。就阅读的内容而言，泛读强调的是广泛地阅读，对阅读材料没有严格的限制。如果有了合适的文本，读者可以为了兴趣而读，为了学习语言而读，为了个人的愉悦感而读或者仅仅是为了消磨时间而读。而用于精读的书大多为教材。

在英语作为外语教学的背景下，泛读和精读的重点或者目标不同：泛读要求读者尽量多读，而精读要求读者尽量理解得准确。

在这个关于英语作为外语教学的调查中，我选择在第二个范畴定义泛读：在课外为了提高英语水平阅读一定数量的合适的英文阅读材料。因此泛读在本文中不是指快速粗略地阅读以了解大意。

2.2 简写读物的定义

简写读物也被称为分级读物,通常是为了提高读者的语言能力而写的。它们有为母语学习者而写的,有为第二语言学习者而写的,有为外语学习者而写的。其中母语分级读物大多是为儿童和青少年而写的。

简写读物可以分为原创简写读物①和简写改编读物。前者是专为语言学习者原创的,后者是从原作(例如经典名著)改编的②。由于简写改编读物在中国的出版要早于原创简写读物,本调查主要侧重于简写改编读物而不是原创简写读物。

如同一般人所料想到的,大量的生僻词汇,复杂的句子,高深的内容和文章结构都能造成第二语言阅读的困难。"简写"可以被定义为为了某种目的(大多为教育上的)简化这些语言要素从而使文章变简单的人工手段。就简写读物而言,简写的目的就是使第二语言学习者理解文本从而能和文本交流,并帮助他们提高第二语言水平。Davies 甚至说:"简写特别与众不同的是它的独一无二的教育目的。"③

Williams 列出了对原文进行简写改编的四个特点:

"1)把复杂的词语和结构换成学习者能懂的

2)删减部分原文,例如删掉对背景知识有专业要求的细节或是对阅读目的不重要的细节

3)用简单的话重新叙述文本

4)重新调整文本使其结构更清晰。"④

Williams 的这四点跟以下四个要素有关:词汇、句法、背景知识和文本结构。实际上即使简写读物是原创的,这四个要素也都要考虑到。当然这四个要素并不是创作分级读物时要仔细处理好的全部问题,但是它们是主要部分。

2.3 泛读研究综述

语言能力是语言教学的基本目标。有许多言论支持"泛读对语言能力是

---

① David R. Hill and Helen R. Thomas, "Graded Readers (Part I and Part II)", ELT Journal, vol. 42, no. 1 (1988), p. 44.

② Richard R. Day and Julian Bamford, Extensive Reading in the Second Language Classroom, Cambridge: Cambridge University Press, 1998, p. 57.

③ Alan Davies, "Simple, simplified and simplification: what is authentic?" in J. C. Alderson and A. H. Urquhart, eds., Reading in a Foreign Language, New York: Longman, 1984, p. 181.

④ Eddie Williams, Reading in the Language Classroom, London: Macmillan, 1984, p. 28.

有帮助的"这一观点。Nuttall 说:"学习一门外语最好的办法是去和说这门外语的人住在一起。其次就是广泛地阅读这门外语。"① "达到正常的一般阅读速度需要大量地阅读。课外泛读是一个能达到目的的好方法。"②

Krashen 的著名的第二语言习得领域的输入假说也支持这些关于泛读的言论。他宣称:"人类只通过一种方式获得语言——理解信息或者接收到'可理解的输入'。我们通过理解带有稍高于我们目前能力水平的结构的输入而进步。"③ 可理解的输入指学习者能够通过听和读理解的语言输入。这将使学习者自然地学会输入中包含的比他们的水平高出一点的结构。Krashen 用 $i+1$ 的公式来表现这段关系: i 指学习者的现有语言能力水平,可理解的输入应该高"1"点。这样如果泛读的阅读材料稍高于学生的水平,学生就会自然地习得英语。

除了这些言论,有数量充足的关于泛读的实证研究可以证明泛读对第二语言习得的贡献。许多泛读项目在关于英语的很多方面宣布取得成功。这些研究结果可以被归纳到以下六大方面。

1)泛读对英语口语有帮助。④
2)泛读帮助提高词汇量。⑤

---

① Christine Nuttall, Teaching reading skills in a foreign language, Oxford: Heinemann English Language Teaching, 1996, p. 128.

② Eddie Williams, Reading in the Language Classroom, p. 96.

③ Stephen Krashen, The Input Hypothesis: Issues and Implications, London and New York: Longman, 1985, p. 2.

④ Xiao-Hua Huang and Margaret van Naerssen, "Learning Strategies for Oral Communication," Applied Linguistics, vol. 8, no. 3 (1987), pp. 287—307.

⑤ Michael Pitts, Howard White and Stephen Krashen, "Acquiring Second Language Vocabulary through Rreading: A Replication of the Clockwork Orange Study Using Second Language Acquirers," Reading in a Foreign Language, vol. 5, no. 2 (1989), pp. 271—275.
Richard R. Day, Carole Omura and Motoo Hiramatsu, "Incidental EFL Vocabulary Learning and Reading," Reading in a Foreign Language, vol. 7, no. 2 (1991), pp. 541—551.
Marlise Horst, Tom Cobb and Paul Meara, "Beyond A Clockwork Orange: Acquiring Second Language Vocabulary through Reading," Reading in a Foreign Language, vol. 11, no. 2 (1998), pp. 207—223.
Marlise Horst, "Learning L2 Vocabulary through Extensive Reading: A Measurement Study," The Canadian Modern Language Review, vol. 61, no. 3 (2005) pp. 355—382.
Paul Nation and Karen Wang Ming-tzu, "Graded Readers and Vocabulary," Reading in a Foreign Language, vol. 12, no. 2 (1999), pp. 355—380.

3）泛读改进英语写作。①
4）泛读改善阅读理解，提高阅读速度。②
5）泛读提高英语综合水平。③

这里综合水平指的是英语语言能力。通常在研究中通过综合性考试测试词汇、句法、听力、阅读和写作全部或其中几项来得出结论。综合能力因此包含了不好归纳于其他类别的许多方面。

---

① F. M. Hafiz and Ian Tudor, "Extensive Reading and the Development of Language Skills," ELT Journal, vol. 43, no. 1 (1989), pp. 4—13.
Wai-King Tsang, "Comparing the Effects of Reading and Writing on Writing Performance," Applied Linguistics, vol. 17, no. 2 (1996), pp. 210—233.
Beniko Mason and Stephen Krashen, "Extensive Reading in English as a Foreign Language," System, vol. 25, Issue 1 (1997), pp. 91—102.
② Beniko Mason and Stephen Krashen, "Extensive Reading in English as a Foreign Language," System, vol. 25, Issue 1 (1997), pp. 91—102.
Propitas M. Lituanas, George M. Jacobs and Willy A. Renandya, "An investigation of extensive reading with remedial students in a Philippines secondary school," International Journal of Educational Research, vol. 35, no. 2 (2001), pp. 217—225
Thomas N. Robb and Bernard Susser, "Extensive Reading vs Skills Building in an EFL Context," Reading in a Foreign Language, vol. 5, no. 2 (1989), pp. 239—251.
Timothy Bell, "Extensive reading: speed and comprehension," The Reading Matrix, vol. 1, no. 1 (2001), http://www.readingmatrix.com/articles/bell/index.html, Oct. 12, 2012.
Etsuo Taguchi, Miyoko Takayasu—Maass and Greta J. Gorsuch, "Developing Reading Fluency in EFL: How Assisted Repeated Reading and Extensive Reading Affect Fluency Development," Reading in a Foreign Language, vol. 16, no. 2 (2004), pp. 1—23.
Yurika Iwahori, "Developing Reading Fluency: A Study of Extensive Reading in EFL," Reading in a Foreign Language, vol. 20, no. 1 (2008), pp. 70—91.
③ Yurika Iwahori, "Developing Reading Fluency: A Study of Extensive Reading in EFL," Reading in a Foreign Language, vol. 20, no. 1 (2008), pp. 70—91.
Willy A. Renandya, B. R. Sundara Rajan and George M. Jacobs, "Extensive Reading with Adult Learners of English as a Second Language," RELC Journal, vol. 30, no. 1 (1999) pp. 39—60.
F. -K. Lai, "Effect of Extensive Reading on English Learning in Hong Kong," CUHK Education Journal, vol. 21, no. 1 (1993), pp. 23-36.
Kyung-Sook Cho and Stephen D. Krashen, "Acquisition of Vocabulary from the Sweet Valley Kids Series: Adult ESL Acquisition," Journal of Reading, vol. 37, no. 8 (1994), pp. 662—667.
William Grabe and Fredricka L. Stoller (1997) "Reading and Vocabulary Development in a Second Language: A Case Study," in: James Coady and Thomas Huckin, eds., Second Language Vocabulary Acquisition, Cambridge: Cambridge University Press, pp. 98—122.

6）泛读提高阅读英文的积极性。①

三 研究方法

3.1 研究问题

根据文献综述以及我的个人经验，我设计了两个对于英文泛读来说基本的研究问题：中国高中学生喜欢读什么样的英文简写读物？他们怎样读英文简写读物？

第一个问题是想查明英文简写读物的哪些特点是中国高中学生喜欢的。第二个问题试图确认学生阅读英文简写读物有哪些阅读习惯。

3.2 调查的实施过程

据《2007年北京教育事业发展概况》，②北京有66所高中以及262所包含初中部和高中部的中学，也就是说一共有328所学校可供选择来做调查。经过慎重考虑，同时也为了方便起见，我选了两所示范性高中和两所普通高中。这四所高中都是公立学校，毕竟私立学校在北京仍属少数。据《北京市2007学年各级民办教育基本情况》③，328所高中里面只有76所是私立高中。

我选的四所学校当中，示范性高中比普通高中学校面积更大，学生数量和高级教师数量更多，一本上线率也更高。这四所学校的高一年级每天都有一节英语课，由中国的英语老师来教。不同的是示范性高中每周还开设了由外教来上的口语课。此外还发现示范性高中的学生有更多的对外交流机会，

---

① Janice Pilgreen and Stephen Krashen, "Sustained Silent Reading with English as a Second Language High School Students: Impact on Reading Comprehension, Reading Frequency, and Reading Enjoyment," School Library Media Quarterly, vol. 22, no. 1 (1993), pp. 21—23.
Beniko Mason and Stephen Krashen, "Extensive Reading in English as a Foreign Language," System, vol. 25, Issue 1 (1997), pp. 91—102.
Takako Nishino, "Beginning to Read Extensively: A Case Study with Mako and Fumi," Reading in a Foreign Language, vol. 19, no. 2 (2007), pp. 76—105.

② 北京市教育委员会：《2007年北京教育事业发展概况》，http://www.bjedu.gov.cn/publish/main/46/2008/20081008091238608891285/20081008091238608891285_.html, Oct. 12, 2012.

③ 北京市教育委员会：《北京市2007学年各级民办教育基本情况》，http://www.bjedu.gov.cn/publish/main/269/2008/20081103154237102400094/20081103154237102400094_.html, Oct. 12, 2012.

许多外国高中生甚至外国官员会到示范性高中访问。普通高中虽然在以上方面比不上示范性高中，但仍拥有完备良好的教学硬件。学校都有图书馆、计算机室、多媒体教室、操场、体育馆、演播室和实验室。事实上，在中国的教育和文化中心北京，设备完善的学校并不少见。这四所学校每个班学生人数都在 40 到 45 之间。可以说，这四所高中既不是北京最好的，也不是最差的。

在调查期间，我尽力让参与调查的老师和同学们明白本次调查是个人性质的，因此本次调查得到的答复理应是真实的。在每个学校的调查步骤都差不多一样：由一位英语老师在高一年级安排一个班级填写调查问卷（见附录），学生填完后马上回收问卷。由于之前我已经对英语老师介绍过这次调查是个人研究，与任何组织或竞赛都无关，选高一哪个班级都行，因此班级的选择可以看作是随机的。调查问卷是中文的，要求学生匿名回答。共 176 名学生回答了问卷。以上就是我从 2008 年 11 月下旬到 12 月中旬在北京的调查过程。

四　结果和讨论

表1　对问题1（一般而言，你平均每周花多少时间在英语泛读上?）的全部回答

	从不	<1个小时	1~3个小时	3~7个小时	>7个小时	合计
男	14	29	20	12	5	80
女	12	32	39	7	6	96
合计	26	61	59	19	11	176

表2　对问题3（一般来说，你在课外多久读一次英语简写读物?）的全部回答，已排除掉无效的答案

	A 少于一月一次	B 一月一次	C 每两周一次	D 每周一次	E 多于每周一次	合计
男	38	13	7	8	4	70
女	43	12	9	11	10	85
合计	81	25	16	19	14	155

表3 对问题5（如果你第4题的答案是"有"，那么今年你读了多少本英语简写读物?）的全部回答

	1-3	4-6	7-9	>9	不记得了	合计
男	31	4	1	3	0	39
女	36	13	2	2	2	55
合计	67	17	3	5	2	94

由表1得知，34.66%的学生每周泛读时间低于一小时，而33.52%的学生每周花一到三个小时来泛读。可想而知花在阅读简写读物上的时间会更少。46.02%的学生读简写读物的频率少于一月一次（见表2），53.41%的学生2008年读了一本或多本简写读物（见表3），这些数据显示出简写读物在学生的课外泛读活动中并不是很受欢迎。可能的原因有：其一，随着全球化和出版业的发展，学生的英文阅读有了越来越多的选择，因此简写读物可能不再像过去那样吸引他们；其二，英语老师已经推荐了其他的英文读物给学生。

看上去教育类的报纸和杂志是2008年没有读简写读物的学生读得最多的读物。老师承认这种现象跟他们的推荐有关，老师的推荐明显影响了学生阅读的选择。

学生宣称的阅读简写读物的动机首先集中在"对（内容等）感兴趣或为了娱乐"（33.52%）和"为了扩大词汇量"（23.30%）。学生最常宣称的阅读简写读物的好处是"学会更多词汇"（31.82%），其次是"提高阅读能力或阅读速度"（15.91%）。可是，知道阅读简写读物的好处并不代表学生们实际上读了简写读物。

表4 对问题13（数字1-5表示你通过某种途径得到英语简写读物的频繁程度，请选择一个合适的数字，并用圆圈圈起来）的全部回答

	从不		有时		总是
	1	2	3	4	5
a-购买	22	27	96	13	18
b-从图书馆借阅	110	33	24	9	0
c-从别人那里借得	89	42	33	11	1

表5 对问题14（数字1-5表示你阅读英语简写读物时的某种阅读习惯的程度，请选择一个合适的数字，并用圆圈圈起来）的全部回答

	从不		有时		总是
	1	2	3	4	5
a - 只是把书读完一遍	10	25	80	22	39
b - 会把书读两遍或者更多遍	76	39	35	17	9
c - 如果附有练习题，会把练习题做完	72	34	42	10	18
d - 会尝试把书或段落翻译成中文	79	31	32	13	21
e - 在阅读过程中会做笔记	92	26	31	17	10
f - 读完之后会写评论，感想或总结大意	115	23	27	6	5

对问卷最后两个问题的回答显示出学生阅读简写读物的习惯。根据表4和表5，尽管学校图书馆里提供了一些简写读物，大多数学生还是选择自己购买简写读物并且只是把书读完一遍，除了自然地阅读，不常做其他额外的事，比如做书上的练习题（如果有的话）、边读边做笔记、读完写评论或总结等等。学生喜欢自然地阅读简写读物，原因可能是他们时间有限而供他们选择的简写读物又有很多，也可能是他们不喜欢像读教材那样读简写读物。这个结果还说明为乐趣而读是泛读的一个重要目的，因为这些额外的事情都是跟语言学习相关，而不是跟乐趣有关的。它带给我们的启示是简写读物不是为语言学习者准备的阅读练习题。学生喜欢不掺杂精读特色（比如做练习题、做笔记、写总结）的泛读活动。这么一来内容的趣味性或者名著本身的魅力就成为吸引学生阅读的最重要的因素。

尽管大多数学生喜欢带有翻译的简写读物，他们在实际阅读简写读物的过程中并不会尝试去翻译成中文。因此，附带的翻译可能主要起帮助理解英文文本的作用。

表6 对问题10（数字1-5表示你喜欢的程度，请选择一个合适的数字，并用圆圈圈起来．如果你没读过某种读物，直接选"没读过"即可）的全部回答

	一点也不喜欢		不好说		非常喜欢	没读过
	1	2	3	4	5	
a - 英文报纸或杂志（非教育类）	13	26	50	33	18	36
b - 英语教育类报纸或杂志	27	48	52	27	8	14
c - 将英语名著改编的简写读物	13	20	34	61	27	21
d - 为英语学习者出版的英语原创故事	8	24	53	38	21	32

根据表6，将英语名著改编的简写读物得到了50%的最高支持率。33.52%的学生喜欢为英语学习者出版的英语原创故事。然而学生们经常读的

英语教育类报纸或杂志并不是很受欢迎。42.61%的学生不喜欢这一类读物。这个百分比高于对其他读物持否定态度的百分比。从学生的问卷回答来看，学生喜欢平常放松地阅读而不是完成阅读练习题，这可能是一些学生不喜欢英语教育类报纸或杂志的原因（因为它们有阅读练习等等）。

表7 对问题12（数字1-5表示你对英语简写读物的内容喜欢的程度，请选择一个合适的数字，并用圆圈圈起来）的全部回答

	一点也不喜欢		不好说		非常喜欢
	1	2	3	4	5
a - 故事类	5	14	18	50	89
b - 非故事类	28	47	59	23	19
c - 无关中国的外国故事	15	22	41	45	53
d - 跟中国有关系的故事	20	33	51	35	37

表8 对问题11（英语简写读物有不同的编排方式，数字1-5表示你喜欢的程度，请选择一个合适的数字，并用圆圈圈起来）的全部回答

	一点也不喜欢		不好说		非常喜欢
	1	2	3	4	5
a - 附带全文中文翻译	15	14	39	46	62
b - 没有任何中文翻译	59	51	37	18	11
c - 只有针对困难词汇或故事背景的中文解释	14	28	47	34	53
d - 附有问题或练习题	48	53	45	18	12
e - 附有生词表	6	13	31	59	67
f - 附有插图	6	12	31	35	92
g - 标注阅读所需单词量或适用年级	32	15	29	54	46

至于学生们喜欢什么样的简写读物，根据表7和表8，首先，78.98%的学生喜欢读故事类。其次，55.68%的学生喜欢无关中国的外国故事。第三，61.36%的学生喜欢附带全文中文翻译的简写读物。第四，71.59%的学生喜欢附有生词表的简写读物。第五，72.16%的学生喜欢附有插图的简写读物。第六，56.82%的学生支持标注阅读所需单词量或适用年级。最后，没有练习题或问题附在简写读物里，因为只有17.05%的学生喜欢附有问题或练习题的简写读物。通过分析学生喜欢什么不喜欢什么，发现多数学生喜欢放松自然地阅读，而不是完成阅读练习题。此外，附有问题和练习题的简写读物实际上附带了精读的一些特色，如为回答问题或完成练习而阅读。

学生们喜欢简写读物附带翻译，这一点实际跟前面所述泛读的精神相悖。

在简写读物中加入母语翻译是一个有争议的话题。翻译的优势是帮助理解。此外，对编者来说，有时候这是调节英文文本难度的一个灵活的手段。编者可以提供多一点的生词翻译来让一段本来难懂的文章达到 i 或者 i+1 的水平。然而，过多的词语翻译或全文翻译可能干扰泛读或者并无必要。有时会妨碍可理解的输入的生成。此外，学生可能会转而读中文翻译而不是英文文章。我对编者的建议就是选择或写出合适的文本，将翻译尽量减少到最低。

五　结　论

问卷调查结果发现实际上这四所高中并没有常规意义上的正式的系统的泛读项目，学生似乎在即兴地阅读英文简写读物。在结论部分，我将回答前面提到的两个研究问题，并讨论在调查过程中出现的相关话题。

5.1 回答"中国高中学生喜欢读什么样的英文简写读物？"

学生作答的问卷显示大多数学生（多于或者等于50%的全部学生）喜欢的英文简写读物应有以下一个或者多个特点：

1. 少于75页
2. 将英语名著改编的简写读物
3. 故事类
4. 无关中国的外国故事
5. 附带全文中文翻译
6. 附有生词表
7. 附有插图
8. 标注阅读所需单词量或适用年级
9. 没有附加的问题和练习题

5.2 回答"他们怎样读英文简写读物？"

学生问卷调查结果显示，学生们阅读简写读物的动机主要集中在"对内容等感兴趣或为了娱乐"（33.52%）和"为了扩大词汇量"（23.30%）。尽管学校图书馆提供了一些简写读物，大多数学生还是自己购买简写读物并且只是把书读完一遍。大多数学生除了自然地阅读，不常做其他额外的事，比如做书上的练习题（如果有的话），边读边做笔记，读完写评论或总结等等。尽管大多数学生喜欢带有翻译的简写读物，他们在实际阅读简写读物的过程中并不会尝试去翻译成中文。学生最常宣称的阅读简写读物的好处是"学会更多词汇"（31.82%），其次是"提高阅读能力或阅读速度"（15.91%）。

除了老师推荐的读物外，学生还根据他们的需求和兴趣阅读不同的英文读物，不仅有简写读物和教育类读物，还有原版畅销书。然而，可以想到的是，英语程度差的学生不像英语程度好的学生读得那么多。显而易见的原因是他们的英语水平使他们无法进行英文泛读。

5.3 对英文简写读物出版商的启示：

本次调查发现对面向中国市场的英文简写读物出版商有以下启示：

1. 如果出版物的目标读者是中国高中学生，高中学生对简写读物的相关偏好（即第一个研究问题的答案）对出版商来说是有价值的参考资料。

2. 应慎重对待附在简写读物中的中文翻译，因为它可能会影响泛读的效果和目的。

3. 大多数简写读物都是简写改编读物。市场上不同系列的简写改编读物之间的主要差别在于版面设计。原创简写读物或者原版青少年文学会成为潜在的未来的畅销读物，因为名著的数量明显有限，而且已经被多次简写改编成不同系列。

4. 因为老师的推荐对学生有巨大的影响力，征求老师的意见或者争取到他们的推荐或支持对出版商来说是个明智的选择。

5.4 对高中英语教师的启示

如果老师能不把太多传统课堂教学的特点带到泛读活动中来就好了。简短地说，就是少控制学生的泛读活动。调查结果表明学生自己选择阅读各种各样不同的英文读物。因此，他们可能不再需要阅读老师推荐的读物。老师应该记住的是学生阅读英文简写读物最普遍的动力是"对内容等感兴趣或为了娱乐"（33.52%）。因此鼓励学生为了乐趣而读英文，而不是以强制的方式要求学生读，是值得提倡的。

附录

关于课外英语泛读的调查问卷

在本问卷中，英语泛读指发生在课堂之外的英语阅读活动，不包括对课本知识的复习和针对考试的阅读理解练习. 英语简写读物指将英语原文改编以适合英语学习者的读物.

此问卷旨在调查英语简写读物的现状，故设计为匿名作答问卷。

个人信息：

性别：_____

出生年份：_____

何年开始在学校学习英语：_____

请将你的答案用圆圈圈起来，每题只能选一项：

1. 一般而言，你平均每周花多少时间在英语泛读上？
   A 从不　B 少于1个小时　C 1-3个小时　D 3-7个小时
   E 多于7个小时

2. 你喜欢阅读多长的英语读物？
   A 少于75页　　B 76-200页　　C 多于200页

3. 一般来说，你在课外多久读一次英语简写读物？
   A 少于一月一次　　B 一月一次　　C 每两周一次
   D 每周一次　　E 多于每周一次

4. 今年你有没有读过英语简写读物？　　　　　　有 / 没有
   如果你的答案是"有"，请跳过第7题回答其他问题
   如果你的答案是"没有"，请跳过第5题和第6题继续作答

5. 如果你第4题的答案是"有"，那么今年你读了多少本英语简写读物？
_____

6. 请写出你能记住的今年读过的英语简写读物的书名
_____
_____
_____

7. 如果你第4题的答案是"没有"，那么今年你在课外读过其他种类的英语读物吗？例如？
_____
_____
_____

8. 你读英语简写读物的原因是什么?

_____

_____

9. 你认为阅读英语简写读物对你有什么影响?

_____

_____

10. 数字 1-5 表示你喜欢的程度,请选择一个合适的数字,并用圆圈圈起来。如果你没读过某种读物,直接选"没读过"即可。
   (a) 英文报纸或杂志(非教育类,例如 China Daily)
       一点也不喜欢←1 2 3 4 5→非常喜欢   没读过
   (b) 英语教育类报纸或杂志(例如《英语辅导报》)
       一点也不喜欢←1 2 3 4 5→非常喜欢   没读过
   (c) 将英语名著改编的简写读物
       一点也不喜欢←1 2 3 4 5→非常喜欢   没读过
   (d) 为英语学习者出版的英语原创故事
       一点也不喜欢←1 2 3 4 5→非常喜欢   没读过

11. 英语简写读物有不同的编排方式,数字 1-5 表示你喜欢的程度,请选择一个合适的数字,并用圆圈圈起来。
   (a) 附带全文中文翻译
       一点也不喜欢←1 2 3 4 5→非常喜欢
   (b) 没有任何中文翻译
       一点也不喜欢←1 2 3 4 5→非常喜欢
   (c) 只有针对困难词汇或故事背景的中文解释
       一点也不喜欢←1 2 3 4 5→非常喜欢
   (d) 附有问题或练习题
       一点也不喜欢←1 2 3 4 5→非常喜欢
   (e) 附有生词表
       一点也不喜欢←1 2 3 4 5→非常喜欢
   (f) 附有插图
       一点也不喜欢←1 2 3 4 5→非常喜欢
   (g) 标注阅读所需单词量或适用年级
       一点也不喜欢←1 2 3 4 5→非常喜欢

12. 数字 1-5 表示你对英语简写读物的内容喜欢的程度,请选择一个合适的数字,并用圆圈圈起来。

(a) 故事类　　　　　　　　一点也不喜欢←1 2 3 4 5→非常喜欢
(b) 非故事类　　　　　　　一点也不喜欢←1 2 3 4 5→非常喜欢
(c) 无关中国的外国故事　　一点也不喜欢←1 2 3 4 5→非常喜欢
(d) 跟中国有关系的故事　　一点也不喜欢←1 2 3 4 5→非常喜欢

13. 数字1-5表示你通过某种途径得到英语简写读物的频繁程度，请选择一个合适的数字，并用圆圈圈起来。

(a) 购买　　　　　　　　　从不　　　　有时　　　　总是
　　　　　　　　　　　　　1　　2　　3　　4　　5

(b) 从图书馆借阅　　　　　从不　　　　有时　　　　总是
　　　　　　　　　　　　　1　　2　　3　　4　　5

(c) 从别人那里借得　　　　从不　　　　有时　　　　总是
　　　　　　　　　　　　　1　　2　　3　　4　　5

14. 数字1-5表示你阅读英语简写读物时的某种阅读习惯的程度，请选择一个合适的数字，并用圆圈圈起来。

(a) 只是把书读完一遍　　　从不　　　　有时　　　　总是
　　　　　　　　　　　　　1　　2　　3　　4　　5

(b) 会把书读两遍或者更多遍　从不　　　有时　　　　总是
　　　　　　　　　　　　　1　　2　　3　　4　　5

(c) 如果附有练习题，会把练习题做完
　　　　　　　　　　　　　从不　　　　有时　　　　总是
　　　　　　　　　　　　　1　　2　　3　　4　　5

(d) 会尝试把书或段落翻译成中文　从不　　有时　　　总是
　　　　　　　　　　　　　1　　2　　3　　4　　5

(e) 在阅读过程中会做笔记　从不　　　　有时　　　　总是
　　　　　　　　　　　　　1　　2　　3　　4　　5

(f) 读完之后会写评论，感想或总结大意
　　　　　　　　　　　　　从不　　　　有时　　　　总是
　　　　　　　　　　　　　1　　2　　3　　4　　5

"目的论"——翻译理论的新视角

首都师范大学　王维中

【摘要】

"目的论"是翻译行为理论的组成部分，是德国学者卡塔林娜·赖斯和汉斯J·费尔梅尔于上世纪70年代后期提出的翻译理论。翻译行为可被视为人类行为的一种特殊形式，与任何人类行为一样，翻译行为也有目的。翻译行为的目的在翻译过程中起着重要的作用。

【关键词】

目的论　翻译理论　功能论　翻译行为

人类社会的进步，科学技术的发展，特别是现代化通讯技术以及交通工具的广泛应用，为人类各个语言集团之间的频繁交流提供无限的契机，也为翻译实践活动以及基于此的翻译理论的发展提供了广阔前景。信息载体由纸质向电子过度，不仅改变了各个语言集团了解外来文化的方法和手段，也更新了翻译功能，从而改变了人们对翻译的认知理念，对翻译实践提出了新的要求。翻译家们不再沉湎于追求译文忠于或者对等于原文，把译作与原作的关系视为翻译的生命线，而是更多地采纳了解市场运作的翻译委托人的建议，了解译文读者的要求和愿望，在考虑源语文化和译语文化、原作读者和译作读者、原作的创作目的和译作的翻译目的等诸多因素的前提下，进行翻译实践活动，从而达到其目的。翻译理论家们也拓宽了他们的视野，为指导实践的翻译理论制定了新的衡量标准，他们不再把译作与原作的关系视为评判译作质量的唯一标准，而是以全新的理念，从更高的立足点出发，致力于探索翻译是否符合译作读者的要求，是否达到其最终目的。在这种注重跨文化要素的翻译背景条件下，一种全新的翻译理论诞生了。这就是由德国翻译理论家卡塔林娜·赖斯（Katharina Reiss）及汉斯 J·费尔梅尔（Hans J. Vermeer）提出的"目的论"（skopostheory）。"目的论"坚持翻译之根本是其目的，认为达到目的要比采取何种翻译方法更重要，强调必须把翻译的中心从原文转移到译文读者上，要求翻译必须以译文读者定向，译者首先要对译文读者负责，为此，"目的论"的倡导者甚至提出"为了达到目的，可以不择手段"。

"目的论"以其全新的翻译理念，打破了翻译理论界长期以来由"等值论"、"相似论"、"信达（雅）说"等一系列以原文为中心的翻译理论一统天下的局面。为翻译理论的发展开辟了广阔的、全新的视野，把翻译理论提高到了一个新的高度，是翻译理论发展史上一个新的里程碑。

一 何谓"目的论"

"目的论"（skopostheory）是德国"功能派"成员赖斯和费尔梅尔于20世纪70年代创立的翻译理论。"skopos"一词，源自希腊语，意为"目的"，故这一理论被称为"目的论"。

赖斯和费尔梅尔于1984年在他们共同出版的专著《普通翻译理论基础》[①]中，首次系统地对"目的论"这一翻译理论作了科学的论述。此后，费尔梅尔在他题为《翻译作为文化转移》[②]的论文以及在其他的诸多学术论文中，对"目的论"作了进一步的论证和补充，功能派的其他成员，如诺尔特（Christiane Nord）也对这一理论作了多方面的补充，使这一理论不断趋于完善。赖斯和费尔梅尔的"目的论"与曼塔利（Justa Holz Mantari）的"行为论"（actiontheory）以及诺尔特的"功能论"（Funktiontheory）构成了20世纪80年代德国功能派翻译理论的核心。

赖斯和费尔梅尔的"目的论"基于曼塔利的"行为论"。根据曼塔利的理论，任何人类行为都有其目的，人们通过达到行为的目的来改变现实。曼塔利提出任何人类行为均以目的定向（目的决定行为）。赖斯和费尔梅尔把曼塔利"目的决定行为"的理论引入至翻译中，坚持原作的创作和译作的翻译均为有目的之人类行为，提出"翻译是其目的的功能"[③]，翻译过程取决于翻译目

[①] Katharina Reiß/Hans J. Vermeer, "Grundlegung einer allgemeinen Translationstheorie" Max Niemeyer Verlag, Tübingen, 1994.

[②] /HansJ. Vermeer, "übersetzen als kultureller Transfer" übersezungswissenschaft, Eine Neuorientirung Mary Snell-Hornby（Hrsg）Franke, Tübingen, 1986, P. 30.

[③] Katharina Reiß/Hans J. Vermeer, "Grundlegung einer allgemeinen Translationstheorie", P. 105.

的，达到翻译既定目的要比用何种方式进行翻译更重要。①赖斯和费尔梅尔将"目的决定行为"这一规则定义为"目的准则"，视之为翻译理论的最高准则。②

根据赖斯和费尔梅尔的理论，作者的创作行为属于原始行为，译者的翻译行为属于二手行为，换言之，翻译是原文所提供的信息的再提供。翻译属于在目的语的文化和语言中提供关于在原语文化和语言中所给信息的信息。③根据"目的论"，译者仅将原作视为翻译的信息来源。就创作和翻译的行为、目的、要求以及作者和译者能享受的权利、应履行的义务和承担的责任而言，创作和翻译都是独立的，平等的，并非一方依附于另一方。无论是创作还是翻译，作者和译者都根据各自的读者群对即将创作或即将翻译的作品的期待确立各自目的，并为达到既定的目的而努力。根据"目的论"，任何作品，乃至作品的各个组成部分都具有不同的目的，创作行为与翻译行为的目的都不止一个（目的多于1），这些目的分别按主次等级依序排列。每个目的都必须有意义，确定一个目的应有充分理由。④翻译目的可与创作目的一致，但也可偏离创作目的：某国一位总统候选人发表了一篇竞选演讲，该演讲者的创作目的非常明确：要获得国民更多的选票。一位译者将它译成了中文，但译者的目的绝非要让译文读者去为该候选人投票，而是有他自己的翻译目的。这就意味着，原文的创作和译文的翻译可以有不同的目的。对此，赖斯和费尔梅尔认为可以从两个方面进行论证：

第一、相对于创作行为，翻译行为原则上是另一种创作行为，它可以为其它的目的服务。

第二、翻译被定义为信息提供的特殊形式。只有当信息发送者预计到信息的接收者对所发送的信息感兴趣时，他才会将信息发送给对方（信息的新颖性）。而正因为所发送的信息具有这种新颖性，所以它完全有可能拥有另一个目的。赖斯和费尔梅尔进一步强调，翻译保留原作的目的，是文化专项的规则，而不是普通翻译理论的基本要求。⑤

这里涉及到两个关键问题：其一，当创作目的与翻译目的不同时，是否

---

① Katharina Reiß/Hans J. Vermeer, "Grundlegung einer allgemeinen Translationstheorie", P. 100.

② Katharina Reiß/Hans J. Vermeer, "Grundlegung einer allgemeinen Translationstheorie", P. 101.

③ Katharina Reiß/Hans J. Vermeer, "Grundlegung einer allgemeinen Translationstheorie", P. 105.

④ Katharina Reiß/Hans J. Vermeer, "Grundlegung einer allgemeinen Translationstheorie", PP. 103.

⑤ Katharina Reiß/Hans J. Vermeer, "Grundlegung einer allgemeinen Translationstheorie", PP. 103.

允许译文偏离原文，对此，赖斯和费尔梅尔的回答是肯定的，他们的理论是：作者创作要对作品读者负责，作者为了使其作品满足读者的要求，可以采取各种创作手法；相应地，译者翻译也须对译作读者负责。译者为了使其译作符合读者要求，也可以采取各种翻译手段。由于原作读者和译作读者属于不同的文化群体，这两个群体对于原作文化的理解有巨大的差异，要使译作读者能够理解原作所提供的信息，就必须允许译文偏离原文。其二，译文可以在多大程度上偏离原文？对此，费尔梅尔提出，译文可以在不改变原作基本功能的前提下，对原作进行细微的修改。为此，费尔梅尔援引伊原克曼（Eykman）的理论：在不改变文章功能的前提下，一些图片可以被另一些图片替代或者一些表达被另一些表达替代，伊原克曼称之为"细微的修改"。①费尔梅尔认为，对于翻译，这种细微的修改在必要的条件下是允许的。

根据费尔梅尔的观点，翻译的目的是否能够达到也取决于翻译的行为情景，并非每一个目的都能在每一个行为情景中达到，如果一个行为情景发生了变化，则一个目的就不合适了。因为翻译是一种跨文化的活动，它需要克服语言文化的障碍。在翻译的过程中，原著的创作情景对于译著读者而言发生了变化，由此可能产生下列三种情况之一种：

（1）翻译的目的不变，而翻译的另一个或数个要素发生变化，比如作用，效果等，

（2）原作不适合翻译，

（3）译作的目的发生了变化。

赖斯和费尔梅尔提出，从确定翻译目的到它的实施从方法上可分为以下三个阶段：

（1）确定翻译目的

在确定翻译目的之前首先要了解未来的译作读者，译者根据读者的要求和愿望确定目的。

（2）评估并更改原作

依既定目的在译前评估原作各部分，以确定在译前或译间或译后据既定目的更改原作。改写可在译前或译后由专业人员完成，亦可由掌握原语文化之译员在翻译期间完成。

（3）达到翻译目的

在考虑译作读者群要求之前提下进行翻译。②

---

① Katharina Reiß/Hans J. Vermeer, "Grundlegung einer allgemeinen Translationstheorie", PP. 98.

② Katharina Reiß/Hans J. Vermeer, "Grundlegung einer allgemeinen Translationstheorie", PP. 102.

根据赖斯和费尔梅尔的理论，翻译提供信息，属于信息的再提供，它具有描述性质，但不具有明显的可逆性。①换言之，译著不可能被随意回译至原著。

诺尔特通过"文本结构说"从另一个角度论证了赖斯和费尔梅的理论。诺尔特认为，每一文本都有一个由相互关联的要素组成的特定结构。如果其中的一个要素发生了变化，则其他要素在该结构中也会自然而然地发生相应的变化。翻译的目的是要克服语言文化障碍，使交流成为可能，因此，即使原作与译作所拥有的各个要素，包括原作读者与译作读者在性别、年龄、受教育程度、社会地位等方面完全相等，至少有两个要素发生了变化：文化与语言。②诺尔特强调，受文化的制约，译作读者所掌握的知识、他们的生活习惯以及"阅读文章的经历"都与原作读者不同，而且，原作读者熟悉原作所使用的术语，因为作者在创作过程中考虑到了其读者的文化背景，而这些术语对于处于另一种文化背景中的译作读者而言往往是陌生的③。诺尔特认为不存在译作与原作相似的"常规"，译作与原作不相似这种"非常规"现象就是翻译中的常规现象。④

二 "目的论"与传统翻译理论之间的关系

"目的论"是一种较为年轻的翻译理论。它与包括"等值论"在内的传统翻译理论既有对立性又有兼容性。它的对立性存在于："目的论"崇尚翻译以译文读者为中心，翻译要充分考虑译文读者的愿望与要求；而传统翻译理论则强调翻译要以原文为中心，译文要与原文"等值"、要"忠实反映原文"；它们的兼容性存在于：从"目的论"的视角分析传统翻译理论的"等值"或"忠实"，不难看出，它们都是为翻译目的服务的，换言之，受传统翻译理论指导的翻译实践，其目的要求译文与原文"等值"、要求译文"忠于原文"。这里涉及到翻译的两大策略：异化翻译（Foreignizing Translation）和同化翻译（Domesticating Translation）。这是由美国翻译理论家劳伦斯·韦努蒂（Lawrence Venuti）于 1995 年创造的、用来描写翻译策略的两个术语。异化是

---

① Katharina Reiß/Hans J. Vermeer, "Grundlegung einer allgemeinen Translationstheorie", P. 105.

② Christiane Nord, "Textanalyse und übersetzen", Julius Groos Verlag Heidelberg, 1995, P. 27.

③ Christiane Nord, "Textanalyse und übersetzen", P. 29.

④ Christiane Nord, "Textanalyse und übersetzen", P. 27.

指根据既定的语法规则按字面意思将和源语文化紧密相连的短语或句子译成目标语。异化翻译能够很好地保留和传递原文的文化内涵，使译文突破目的语常规，保留原作的异国情调。同化翻译是指在必要的时候，对原作的语言形式或内容进行适当的更改，以适应目的语的语言文化环境。这两种翻译策略基于两种不同的翻译理念：一种是用译语再现源语文化，译者通过翻译这座桥梁把译作读者引向原作作者创造的源语文化氛围中去，让读者能够在原作作者创造的文化氛围中理解、探索、研究、领略原作作者的思想、情操和风采；另一种是通过更改原作，为译文读者创造一个他们熟悉的文化氛围，以便他们能够更容易地理解译作。这两种翻译策略的应用取决于翻译的对象和翻译的目的。这里，我们引入英国翻译理论家纽马克（Peter Newmark）的文本分类理论，对翻译的基本对象作一分析。纽马克根据文本的种类和特征，将各种文本分为三种类型，"表达型文本"、"信息型文本"和"呼唤型文本"。纽马克根据翻译目的，把严肃的文学作品，包括长篇小说、短篇小说、抒情诗、戏剧等和权威性著作，如：法律文献，权威人士的学术著作等以及一些名人自传、信函等列入"表达型文本"的范畴。"表达型文本"特点是作者的地位对译文读者而言是至高无上的，译文读者非常在意他读的译文是否是原汤原味。而且，这些读者往往掌握了一定的源语文化，或者对源语文化有较大的兴趣，有的甚至是译语语言集团中源语文化的传播者。他们不读原作，仅仅是因为凭借他们所掌握的源语知识尚无能力阅读原作，但是他们也许有可能与原作读者坐在一起讨论原作，一旦他们发现他们阅读的译作与原作有距离时，他们就会有被译者欺骗了的感觉，所以，对于这类文本的翻译，译者往往采用异化翻译策略，他要把译文读者带进原作作者创造的环境中去。

纽马克的"信息型文本"主要是指有关自然科学、科技、工商经济类的文书等。对于这类文本，信息的"正确性"是关键。译文读者往往把译文理解为正确传递了原文所表达的信息，我们可以说，没有一位光碟机使用说明书的译文读者在按照说明书的操作程序成功打开光碟机后，一边欣赏音乐，一边去研究译文是否与原文"等值"，更不会再去关注原文作者是谁。因此，对于这些"信息型文本"。译者完全可以采用同化的翻译策略，按照"目的论"的要求，把译文读者的愿望和要求放在首位，为他们创造一个符合他们习惯的阅读环境，能够用最简单的方式掌握文本的内容。如果说对于"信息性文本"，译者可以采用同化的翻译策略，则对于"呼唤型文本"更应如此，因为根据纽马克的理论，翻译呼唤型文本时应遵循"读者第一"的原则，把读者及其反应作为核心，所以更要注重译文的可读性，要求做到通俗易懂。

由此可见，我们可以根据译者在翻译过程中所采取的策略，将翻译分成两大类：使用异化策略的翻译和使用同化策略的翻译，前者受包括"等值论"

在内的传统翻译理论的制约，后者则受"目的论"的影响。值得注意是，随着社会和科学技术的发展，特别是随着包括互联网、多媒体技术在内的高科技在我们生活中的广泛应用，以及信息载体由纸质向电子的过渡，人类的交流方式以及获取信息的方式都发生了革命性的变化。这种变化也导致翻译文本种类之间的比例的变化，即："描述型文本"在翻译总量中所占的比重越来越小，而"信息型文本"和"呼唤型文本"在翻译总量中所占的比重越来越大。其原因在于：（1）"描述型文本"的分流。这个问题可以从两个方面进行分析：其一，描述型文本的主体，包括长篇小说在内的经典文学作品本身随着影视技术的发展得到分流；相应地，以纸质媒介存在的文学作品的读者也得到了分流；其二，人们更愿意通过视听技术来欣赏文学艺术，这就使得以纸质媒介存在的文学作品的市场萎缩了，而这一点也是名作家们从事其他职业的主要原因之一；（2）"信息型文本"规模急速膨胀，使得它在翻译中占有的份额剧增。对此，我们每一个人都有切身体会：几小时之前还只是在一个语言集团之间传播的信息，几小时之后就几乎世界各地家喻户晓了，它一方面扩大了信息量的基数，另一方面也扩大了"信息型文本"在翻译中占有的份额；（3）许多昙花一现的名人、名著不断涌现，促使人们重新定义"描述型文本"中的名人、名著的概念。许多一夜成名，甚至被炒作红极一时的名人名著，往往还未等到他们的译著广为流传就已经销声匿迹了。这种昙花一现的"名著"翻译不仅动摇了译者用传统的翻译理论指导翻译实践的信念，也打击了读者追随、崇拜名人的心理；（4）由于翻译人力资源的扩大，一部作品往往有多个版本的译作，这也使得译文读者对译作的依赖性有所减弱。读者有机会通过不同版本译本的分析、比较，研究译文的可靠性，从而影响"表达型文本"翻译的权威性。这些因素一方面阻碍了以原文为中心的传统翻译理论的发展，影响它们对翻译实践的正确指导，另一方面又促进了强调以译文读者为中心的"目的论"发展，这不仅是因为信息型翻译的比重在全部翻译中的比重越来越大，而且还因为阅读同化翻译作品要比阅读异化翻译作品更容易。

三 结束语

"目的论"属于相对年轻的翻译理论，它打破了"忠实"、"等值"等以原文为中心传统翻译理论近一个世纪来一统天下的局面，为翻译理论的发展开辟了新的视野，对于我们的翻译实践具有切实的指导意义。尽管使用异化策略翻译的作品在全部翻译中的比重会越来越小，但只要有它的市场存在，这种翻译方法就不会消失。换言之，"目的论"将在今后相当长的时间内与

"等值论"等传统理论并存，它们将会互为补充，相辅相成。从这个意义上说，对"目的论"研究具有十分重要的意义。

参考文献：

［1］Eggers, H. "Deutsche Sprache Jahrhundert", München, 1973.

［2］Eykman, Chr. "ÖPhänomenologie der Interpretation", Bern-München, 1977.

从代词的使用看汉语、法语以及英语的一些特点和差异

首都师范大学外语学院法语系　王莹

【摘要】

本文欲通过介绍法语副代词"en"、"y"的用法并且通过对法语例句和汉、英对应译文的比较对三种语言的代词作比较性研究，来探究法语为什么会如此倚重代词，为什么汉语的交流中较少使用代词，或者频繁省略代词？英文的代词使用又有哪些特点？这些问题又能反映出这三种语言的哪些深层的特点。

【关键词】

法语　汉语　英语代词　句子主语　宾语人称代词。

一 引 言

在汉语词类的划分中，代词属于实词范畴，但通常不是一个重要的类别。按照汉语语法语言学家对代词的分类，汉语中代词大致分为：人称代词、指示代词、和疑问代词三大类。从形式和用法上看，汉语的代词形式朴素，用法比较简单。与之相反，在我们所比较熟悉的西方一些主要语言例如法语和英语中，代词都是很重要的词类。其种类繁多齐全 如：仅仅人称代词就可分为主语代词、宾语人称代词，反身代词；重读人称代词，关系代词，代词用法也比较复杂。以中国学生学习法语的情况为例，在初级学习阶段，学生们普遍

感到法语的代词难学，容易产生畏难情绪。不过，在学习了一段时间之后，细心的学生会感到法语代词的丰富多彩，分工之细，并且感叹它的种种奇妙用途。为此，本文欲通过介绍法语中两个最具特色的代词 en 和 y 来探讨一下法语和汉语以及英语的代词各自所具有的一些特点。本文之所以也对英语代词进行比较研究，是因为，英语和法语虽同为同一语系而且彼此很接近，但是在代词的体系中，两种语言的表达差异较大。从中我们试图探索这些语言内在的逻辑思维方式的异同点。

法语的宾格代词很丰富，直接和间接宾语人称代词完备而且形式分明。但是，除此之外，法语中还有一类即能充当宾语又能充当补语的代词，这便是代词 en 和 y，它们被称为副代词。

从词源学来考察，法语代词 en 和 y 最初是表示地点的副词，en 表示 de là（从那儿…、由那儿…），y 则表示 là（那儿）。由此 en 和 y 被称为代词性副词或者副词性代词。不过，在古法语中，这两个副词就具有了宾语人称代词或者补语人称代词的功能，"en" 相当于 de lui（属于或源于他），d'elle（s）（属于或源于她/她们），d'eux（属于或源于他们），de cela（因此，由此，源于此…）；而 y 相当于 à lui（给他、为他、对他……），à elle（s）（给、对、向她或她们……），à eux（给、对、向他们…），à cela（为此，向此，对此）①。由此，en 和 y 都是在某种特定条件下充当代词的。不过由于它们既可作副词又充当代词，en 和 y 指代的事物很多，用途很广②。

我们先看看代词 en 主要的用法：并通过汉语和英语对应译句来观察这三种语言在表达上的各自的特点。

二 副代词 en

1) 其代替由一个部分冠词或者不定冠词引导的直接宾语，如：
1.1 Il voit des violettes et en cueillit.
  他看见了紫罗兰，就采了一些。
  He sees violets and picks some (a few).
1.2. La maitresse sert du thé et du gateau aux invités, vous en voulez?
  女主人给客人端上来茶点，您也来（一）点儿吗？
  The hostess is serving tea and dessert (snacks) to the guests, do you want

---

① Maurice Grevisse, Le Bon Usage Grammaire française, Paris- Gembloux : éditions DUCULOT, 1980, p.563.

② 代词，en 和 y 主要代指动物以及具体和抽象的事物，代指人的情况较少。

some?

2) 副代词 en 一般是代替介词 de 加名词构成的句子结构（de + noun），所以 en 可以代指很多的句子成分，比如间接及物动词的直接宾语：

2 – 1 Le film est très intéressant, je vais vous en parler au dîner.（en 在此句中是间接及物动词 parler de 的直接宾语：le film）.

这个电影很好看，晚餐时我给你们讲讲（这部电影）。

This film is very interesting, I will talk it to you over dinner.

2 – 2 Cette dame joue du piano. En effet, elle en① joue très bien.

这位太太弹钢琴，而且弹得很好。

This lady plays the piano, in fact, she plays (it) very well.

汉语中如果上文已提到的事物或者人，接着的下文句中一般都省略，无需再述。

3) 代词 en 也可用在系动词前面，充当主语的定语，如：

3 – 1 La soirée est bien organisée, le succès en② est certain.

这次晚会组织得很好，一定会成功。

This party has been well organized. It will be certainly successful.

(The good organization of the party will ensure its success).

3 – 2 Il a eu la grippe; il en③ est resté très affaibli.

他得了流感，（因此）身体尚虚弱。

He has got the flu. Therefore he is very weak at present.

这个英文复合句子则通过连词 therefore 来表示前后两句之间的因果关系，英语和汉语的表达结构比较相近。

4) 代替介词加名词，作形容词表语的补语：

4 – 1 Il aime ses élèves et en est aimé.

他爱学生，也受到学生的爱戴。

He loves his students, and also gets love from them.

4 – 2 —Paul est-il content de son nouveau travail?

—Oui, il en④ est content.

—保尔对他的新工作满意吗？满意。

—Is Paul happy with his new job? Yes he is.

---

① en 代指 du piano.

② en = son succès 指晚会的成功，它在法文句中不能省略。这个句式属于书面语的表达。

③ en = à cause de la grippe., 指因为患了流感而....

④ en = de son travail 代指他的工作。

—Does Paul enjoy his new job? Yes, he does.

在问答对话中，英文的助动词的妙用使回答的句子得到很大的简化，无需重复上句中的很多中心词语。显得很简练意思又明确。

三　副代词 y

形式上，y 代指由介词《à》，《dans》，《sur》等表示方位的介词 加上名词的词语结构（préposition. + nom），这些介词主要引导表示地点和方位名词，
例如：Quelle grande maison! on y ① vit à l'aise.
多大的房子啊！住在里面好舒服！
What a big house! It must be very confortable to live in it.

La table était grise de poussière; il y② écrivit son nom avec l'index.
满是灰尘的桌子灰蒙蒙的，他用食指在桌上写下自己的名字。
This desk is all dusty. He used his forefinger to write down his name on it.

Il a un grand jardin, il y cultive toutes sortes de légumes.
他有一个很大的园子，并且在里面（园子里）种了各种蔬菜。
He has a large garden, and grows all kinds of vegetables in it.

但它们也可以引导一些普通名词，表示在某个方面，某件事情上如何如何。从句子结构上看"y"也和"en"一样，在特定的条件中，充当动词的宾语或者系动词谓语的补语。
例如：Voici une lettre, vous y③ répondrez.
　　　这儿有封信，由您来回复（它）。
　　　Here is a letter. Send a reply please!
　　　汉语中，下文句子动词的宾语可以省略。
又如：Le mal est grave : peut-on y④ remédier?
　　　罪恶深重，人能够救赎吗⑤?

---

① y 在后一句中代指 dans la maison（在房子里）。
② Y 代替 sur la table（在桌子上）。
③ y 代替 谓语动词 répondrez 的直接宾语 : à cette lettre.
④ y 代替 谓语动词 remédier à 的直接宾语 le mal.
⑤ 和前一句汉语译文类似，本句下文分句的直接宾语被省略了。

同上一句汉语译文,后面分句的直接宾语被省略了。
The evil is deep (serious), can people get redeemed?

四 观察后的思考

首先,法语的句子使用的代词最多,句子最完整,结构统一;上句原有的主、谓、宾、补、各成分,在下句都一一再现,而且是通过不同的代词来再现,没有被省略的成分。另外,宾语或补语代词还位于句子的实质谓语动词之前,似乎要被强调出来。但是和汉语句子相比较,法语有些句子显得不那么简练,而略微累赘。

反观汉语的译文,在不少的例句中,上文的一些成分如主语、宾语在下文中被省略了,只剩下谓语,因此上下文结构简练,而且意思清楚,比如下列句子:

这个电影很好看,晚餐时我给你们讲讲。
保尔对他的新工作满意吗?满意。
这儿有封信,由您来回复(它)。
他有一个很大的园子,并且在里面(园子里)种了各种蔬菜。

但是也有些下文的句子中各种成分完整,没有被省略,有些句子的直接宾语是由某个泛指代词来加以明确。如:"他看见了紫罗兰,就采了一些"。有些涉及到地点和方位的句子,要特地重复上文中的相关名词或者用方位代词来明确表示。例如:

满是灰尘的桌子灰蒙蒙的,他用食指在桌上写下自己的名字。
他有一个很大的园子,并且在里面(在园子里)种了各种蔬菜。

由此,可以看出汉语前后句子的衔接和结构形式灵活多变。
再看英语的译文,其句式基本上体现出西方语言表达的完整性。通常,上文的主要成份,在下文中一般都被完整的表达出来,而不轻易省略。因此,下文往往需要使用代词来对应上文,如:

He sees violets and picks some (a few)。他看见了紫罗兰,就采了一些。
This film is very interesting, I will talk it to you over dinner. 这个电影很好看,晚餐时我给你们讲讲。
He has a large garden, and grows all kinds of vegetables in it. 他有一个很大

的园子，并且在里面（园子里）种了各种蔬菜。

He loves his students, and also gets love from them. 他爱学生，也受到学生的爱戴。

不过，在问答对话中，巧用英文的助动词往往极大地简化了表达。回答时，语者可干脆地用助动词作肯定或者否定的回答既可，完全省去了无需重复上句中的宾语或者补语，语言显得既简练又清楚。由此看出英文表达特有的简练。

—Is Paul happy with his new job? Yes he is.

或者：

—Does Paul enjoy his new job? Yes, he does.

保尔对他的新工作满吗？满意。

此外，如果句子很简单，上文意思清楚明了，那么在下文中英文代词多被省略。这一点和中文的表达习惯相似。

This lady plays the piano, in fact, she plays (it) very well.

The evil is deep (serious), can people get redeemed?

总而言之，英文的代词种类和用法比法语要简单。象 it 这个代词，既可以作主格代词，也可以作宾格代词；而且，在英语中不存在类似法语 en 和 y 这样的副词性代词。

西方的语言中，法语是拉丁语家族中的主要语种，它最主要的语言特点基本上是受拉丁文的深厚影响而形成；法语的代词体系就是脱胎于拉丁语的代词体系。和法语同属于拉丁语族的意大利语也有类似的代词系统和用法。"宏观上看法语，这是一种更加重视形合的语言，它在语言结构上形式上表现出一种很强的严密性和各成分之间的附着性"。[1]

法语代词的使用可以见证这种严密性。法语如此丰富复杂的代词系统起到两个作用，一是欲通过统一的语言符号来保持句子上下文的完整性和严谨；严谨和精确是法语的主要长处，是它的美感的主要体现。第二个作用在于简洁表达。由于追求表达的严谨和形式上的完整，必然会造成一定程度上的繁琐和重复；严格和精确常常和简练相悖。既然如此，法语便借助代词千方百计地避免句子中实词如名词、形容词的重复，从而简化书面语言的表达。从上述三种语言在代词的用法的比较中，我们可以看出，形式上法语句子通常比汉语的要长些。但是在很多场合特别是要表达比较复杂的意思的时候，由于巧用代词，法语句子表达变得很简洁明了。

细观法语的组织结构，我们会感到它具有数学公式结构的特点，突出语

---

[1] 冯百才：《新编法译汉教程》北京：外文出版社，2004年，第28页。

言的符号特性，讲究表达形式上的完整和固定，以便确保表达的意思的清楚、准确和完整，而不太重视形式上的简练。不过，因为语言符号具有较强的指代特性，即一词多义、相互通用的特性，所以公式性的语言有时能使表达变得更简练。

而汉语，由于它没有严格意义上的形态变化，从语法功能上，句子的主语和宾语都可以是同一形式的代词，汉语代词跟其所指代对象的联系具有极大的不定性，代词的指代对象，要进入具体的语言环境中即话语的上下文才能确定下来①。所以汉语交流中，理解要靠上下文的连贯和逻辑关系来实现。如果上下文比较清楚，那么，句中的一些实词如名词主语、宾语代词语常常可以省略，例如我们提问："那个东西，你给他看了吗？"对方答曰："给他看了。"回答时，主语和直接宾语全部省略了。

相声大师侯宝林先生那段著名的调侃地方方言的相声中就很生动地展示汉语交流中词语省略的特点。在口头表达中，词汇（尤其是充当主语和宾语）能省略就省，否则就显得啰嗦累赘。是啊！既然上下文这样紧凑，陈述的信息又清楚，为什么在下文还要再重复呢？语句越简单表达就越精练。由此看出汉语很讲究词义的凝练和句子的精炼。

这种省略让话语表达更经济，更简练。由此看出汉语是一种十分经济、简洁的语言，交流中，意思的理解主要靠上下文内在关联和逻辑来实现；汉语对句子形式的完整和格式不太在意，词在句子结构中的位置比较灵活，可以适当变换甚至省略，这就造成了汉语在形式上的灵活多变性。

从中，也可以看到汉语交流中，语者主观意思较强，比如，对名词和代词的使用上，他（她）想省略就省，想说完整，也由他（她）决定。汉语句子结构的灵活和不固定性 给语者在主观上"随意"表达提供了可能，也为语者的提供了想象和创造性表达的可能，他（她）可以根据汉语词素的自由组合去造新词，可以调整句子某些词的词序，灵活运用不同的句式，以使语言表达得更生动，简练。这些是汉语的突出优点。不过，词序的灵活，实词的省略，和追求句子的简练有时会造成句子的意思不清，容易产生理解上的问题。例如下列汉语句子：②

李四，张三喜欢（他）③。

---

① 颜迈：《现代汉语教学语法研究与应用》，北京：高等教育出版社，2008年，第78页。

② 以下例句摘自刘伟：《代词隐现的动态研究》，安徽大学出版社，2007年，第1—2页。

③ 括号中的"他"可以省略，也可以不省。以下各句括号中的他 都是可省略或者保留。

李四，张三带（他）到北京去了。
李四，了解（他）的人不多。
李四，谁都不认识（他）。
李四，大家见到被警察带走了。①
李四②，谁都不认识。

尤其是在交谈中，当上述各句的宾语代词"他"被省略掉，一问一答时，答句的意思就不那么清楚了。听者必须紧紧抓住上文的意思和语者的口气表情等因素才能准确理解句子的意思。特别是 e，f，两个例句中因为缺少指代"李四"的宾格代词"他"，整个句子的意思显得含糊不清。

西欧两大语言英语和法语虽然在词汇和语法体系上有颇多的相通之处，但是在宾语代词和补语代词的用法上英语却更接近于东方语言的汉语。首先，在汉语和英语句子结构中，宾语、补语代词均位于谓语动词后面；其二，在下文中，多用泛指代词来代指上文所提到的人或者事物。其三，英文的代词用法也较灵活，常可省略。

语言是思维方式的某种反映。一般说来，代词是语言的一个很重要的部分，功能性很强。通过对这三种语言中代词使用的初步比较，我们似乎看出：中文和英文都属于经济型、重效率，追求表达上的快捷的大众化语言。这种大众化的语言比较符合现代社会中人们的交流习惯，有很强的现代感。在信息时代，快速的工作和生活节奏使语言交流变得越来越简单，表达和学习都讲究简化和容易。汉语和英语表达简洁、结构灵活的特点比较明显。不过优势和劣势往往共生并存。在拥有简洁、灵活这些长处的同时，从语义的精确性和典雅性来看，现代汉语和英语都略为逊色于法语。语言的简便性还可以体现在词的结构和词语的发音层面。汉语的单音和双音节词汇居多，因此句子结构较短小。笔者观察到：英语的土生词汇，即那些不属于从其他西方语言吸收来的词汇例如不属于从法语吸纳来的词汇，也是以双音节的词汇居多，当代英语的新生词汇更是如此。如：blog（博客，网络随笔），clone（克隆），hacker（网络黑客），bug（指计算计程序设计上的漏洞和错误），nano（纳米），google，tweeter（美国网站名称）fan（"粉丝"、偶像迷、追星族）；短语：have fun（玩耍，玩乐），fitting（健身操）。这些英文词音节少，容易读，和汉语的某些音素很相似。所以，这些英文新词的汉译常常采取直接音译的方法。随着音译翻译的增多，使人觉得汉语和英语在发音上都越来越相似。

---

① 这句话的意思不清楚。如果句中如没有重复"他"作直接宾语，句子所指的被警察带走的人就不很清楚了。

② 如果"李四"后没有标点符号，这句话的意思和此句子的行为主体就完全不一样了。

不过，音节短小的词语在听觉上往往显得比较生硬，一个句子如果多是由短音节的词所组成，这个句子念起来听觉比较干脆但是缺乏悦耳动听之感。

在经济和文化的世界一体化的潮流的冲击下，民族间的文化和语言相互影响、渗透，民族特性却在淡化。实事上，当我们分析和比较汉语和英语这两种分属于两种截然不同的语系的语言时，在不少的语言层面上，我们会发现这两种世界上使用人数最多的东方和西方语言在很多方面有相通的地方。我们更多地观察到人类语言之间诸多共性的特点。同时也感到东方华夏民族和西方的盎格鲁撒克逊民族在主观思维模式和对客观世界的认知上有不少的相似、相同之处，这些相同之处有利于英语民族的人学习汉语，更有助于中国人学习英语。而且随着现代社会的信息传播技术的快速发展，考虑到科技的发展对人类思想和语言交流的巨大影响，我们可以推断汉语和英语的相同点会越来越多。

源自罗马拉丁语的法语确实很不同于东方汉藏语系的汉语。拉丁语是西方几大主要语言的母语，它和古希腊语一直被西方人视为学术和艺术的语言。这两种古老的语言突出体现着西方民族思维的特点和传统，彰显着人类语言的经典性。法语可以说是西方现代语言的典型和代表。它比较集中地体现了西方人思维方式的特点。或许是法语那古老而高贵的血统，它那宏大经典的语法体系、严谨、优雅又丰富的表达形式，使它在众多的西方语言中获得"贵族的语言"的头衔和"西方最美丽的语言"的美誉。对于中国人和东方人，和学习和了解法语确实能让人领略体会西方语言的精髓。

法语的庞大的语法系统，严谨精确地表达方式，使人将它视为一种保守复杂的语言，实际上，在世界大同的浪潮中，作为人类最开放的民族之一的法兰西，其语言也一直在跟随时代的变化不断地发展。她在不断地吸收其他民族的语言特别是英语的新词汇来丰富和发展自己。同时，法语的一些语法结构、词汇和发音也呈现出简化的趋势，特别是法国大众语言的蓬勃发展，让人感到法语多少也变得"粗犷"起来。

不过法语的通用范围没有英语广，使用法语的人口也没有使用汉语的多，加上法国政府以往采取的保护法语的规范性和纯洁的种种政策和措施，或许由于上述原因，法语的主要特色和精粹得到较好的保留。在语言大世界中，法语是一个永远常青的贵族。作为一名教授外语的中国教师，笔者即为自己的母语悠久的历史、为她的丰富优美生动的表达特色所骄傲；为英语很强的实用性和创新性以及它所拥有的强大影响力所折服，更为法语的高贵、优雅、精致的品质所深深吸引。

同义、上下义关系理论与英语专业
四级读写能力培养

首都师范大学　王月平

【摘要】

本文从语篇角度出发，运用同义与上下义关系理论对如何培养英语专业学生四级读写能力进行了探讨。文中结合近三年全国英语专业四级考试题的阅读和写作部分对如何将相关理论运用于基础阶段的读写训练详加论述，以期对处于基础阶段的学生和进行读写教学的教师都能有所启发。

【关键词】
同义与上下义关系理论　读写教学

一　引　言

英语阅读与写作是英语专业学生应掌握的基本技能。近些年来针对英语阅读与写作能力培养的研究很多，但从语篇高度，运用同义与上下义的相关理论探讨如何改进英语专业基础阶段读写环节的训练方法的相关研究仍很有限。本文试从这一角度，结合近年全国英语专业四级考试题，探讨如何将相关理论运用于基础阶段的读写训练，以便有效提高英语专业学生的语言水平和综合素质。

二 理论基础

2.1 同义关系

所谓同义关系（Synonymy），从字面意义来说，指的是语义相同的词，但如果深入探究，就发现"语义"这一词本身的构成就很复杂。Leech（1987）[①] 在其语义学专著中指出词的"意义"分为理性意义、内涵意义、社会意义、情感意义、反映意义、搭配意义和主题意义等七层。如果依照他的划分对词加以分析将很难找到两个完全匹配的同义词。许多学者倾向于相对宽泛的绝对同义词和相对同义词二元分类法。所谓绝对同义词指的是意义完全相同、在不同语境中可互换使用、且互换后其意义、搭配、句法和文体都不受影响的两个或以上的词（王文斌，2001）。[②] 绝对同义词在英语中极为少见，一般为专门术语，如"word-formation"和"word-building"（汪榕培，2002）。[③] 相对同义词在部分意义上相同，但其它意义相异、或搭配相异、或词性、句法相异（王文斌，2001）。[④] 例如"small"与"little"都指"小"，但"little"还含有"可爱"这一含义。"soft"、"gentle"和"mild"这组同义词的搭配各不相同——"soft water"，"a gentle hint"，"mild beer"，其搭配不能互换（王文斌，2001）。[⑤] "soaring rents"与"Rents are up"中"soaring"与"up"虽然词性不同、在句中承担的成分各异，但词义都指向"上涨"。

还有学者将同义词分为绝对同义词和认知同义词。Cruse（1983，引自束定芳，2000）[⑥] 认为大部分同义词由于外来语、方言、风格、情感、搭配等方面原因构成认知同义词。

从以上可以看出，虽然所使用的术语和定义有差异，英语中存在的绝大多数同义关系属于较为松散意义上的同义，在语言运用中应依据语境灵活掌握，而不能刻板、教条地死扣定义。

同义关系在英语中的运用较为普遍，其作用大致可分为三类：修辞作用、

---

① 杰弗里·N·利奇：《语义学》，李瑞华等译，上海：上海外语教育出版社，1987，第13—29页。
② 王文斌：《英语词汇语义学》，杭州：浙江教育出版社，2001，第208—209页。
③ 汪榕培：《英语词汇学高级教程》，上海：上海外语教育出版社，2002，第55页。
④ 王文斌：《英语词汇语义学》，第211—213页。
⑤ 王文斌：《英语词汇语义学》，第211—212页。
⑥ 束定芳：《现代语义学》，上海：上海外语教育出版社，2000，第85页。

语用作用和语篇作用。

作为增加语言美感的修辞手段之一,同义关系被广泛使用以避免语言简单重复,使语言富于变化。例如在一篇描述巴士司机被对面飞来的铁块击中但仍忍痛停车救了全车乘客的文章中,出现了两组同义词:"mortal injuries","fatally injured","mortally wounded";"chunk of iron","iron debris","flying metal object"。这两组同义词的巧妙运用使文章的语言避免了雷同,令文章有新鲜感。

同义的语用作用指的是在涉及一些负面的,容易伤及他人感情或造成尴尬局面的场景下使用同义词将含义以间接、委婉的形式表达出来。例如现在的许多涉及收入较低阶层人士的文章常使用"deprived"、"needy"、"disadvantaged"等同义词,而较少使用"poor"这一直白的词,以避歧视之嫌,同时可避免对这一人群造成进一步伤害。

同义词语的第三个作用,语篇作用,指的是在行文中同义词语被作为语篇的衔接手段,使文章的各句、各段落、文章首尾之间贯穿起来,构成有机的整体,而不是零散的,孤立的。例如在 "Accordingly…I took leave, and turned to the ascent of the park. The climb is perfectly easy."(Halliday & Hasan, 1976)① 这段文字中第一句中使用了"ascent",而第二句换成"climb",这两个同义词的使用将两个句子衔接起来,帮助读者理解句义。同义词语作为词汇衔接手段在英语布局谋篇时运用极为广泛。

同义关系的识别和运用对英语专业学生提高其阅读和写作能力有重要作用,应成为教学的一大重点,但在现阶段还未引起学生的足够重视,也因此构成制约英语专业学生读写能力发展的因素。

2.2 上下义关系

同义是英语语义关系(同形异义、一词多义、同义、反义、上下义、部分整体)中的一种形式。另一常见关系存在于上下义(hyponymy)之间。

"Hyponymy"源于希腊语,由 hyp + nymy 构成,译成英文相当于 under + name,即"从属+名称"。当一个词的词义包含了另一个的词义时,两个词就构成了上下义关系。例如在"A kind of plant people like to put in their houses during Christmas time is poinsettia."这句中"plant"是上义词而"poinsettia"是下义词。上义词多为较为抽象、笼统的概念,而下义词一般由具体的词构成,

---

① M. A. K. Halliday and R. Hasan, Cohesion in English, London: Longman, 1976, p. 278.

在上下义词之间则存在着最常见的基本词汇（Ungerer & Schmid, 2001）。① 三者的关系如下：

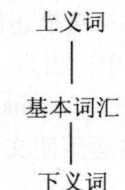

例如：

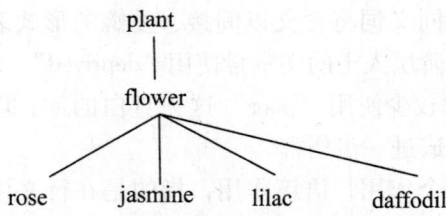

上下义词是相对的概念，在一组关系中的上义词在另一组中变为下义词。例如在"The plants Mary liked most in her garden were the flowers."这句中"plant"是上义词而"flower"是下义词；但在另一段文字"Roses are the most expensive flowers on Valentine's Day."中"flower"变成了上义词而"rose"是下义词。

上下义关系在语篇中被广泛运用，其呈现形式通常有两种：一种是上义词先于下义词出现，下义词对相应的上义词起进一步说明的衔接作用；另一种是下义词先出现，后出现的上义词起归纳或概括的衔接作用。在上面两组例子中第一个例子对应第一种呈现形式，第二组对应后一种呈现形式。

在语篇当中上义词常用于文章的首尾和各段的主题句中，而下义词常用于文中起说明、支持和举例部分。换句话说，一篇文章中不仅词语可以构成上下义关系，句子也可以有上下义之分。"概括度较高的上义句就适宜作一段文字的主题句，下义句就比较适宜作论述句（王寅，2001），② 即上下义的语义关系同样适用于段落和篇章。

对上下义关系的词语、句子、段落的识别和运用对英语的阅读和写作两个技能也起着重要作用，应在英语技能训练中加以重视，但目前针对这方面理论在英语专业基础阶段的应用研究仍很缺乏。本文拟就同义和上下义在近年全国英语专业四级考试题中是如何呈现、在英语专业四级阶段如何将其应用于阅读和写作训练、并以此提高学生的读写能力进行初步的探讨。

---

① F. Ungerer and H. J. Schmid, An Introduction to Cognitive Linguistics, Beijing: Foreign Language Teaching and Research Press, 2001, p. 66.

② 王寅：《语义理论与语言教学》，上海：上海外语教育出版社，2001，第297页。

三 同义、上下义关系理论与英语专业四级阅读技能培养

3.1《大纲》对阅读能力的要求及学生阅读问题分析

教育部 2004 年版的《高校英语专业四级考试大纲》① 对阅读理解部分的测试要求为：(1) 能读懂英美国家出版的中等难度的文章和材料；(2) 能读懂难度相当于美国 Newsweek 的国际新闻报道；(3) 能读懂相当于 Sons and Lovers 的文学原著；(4) 能掌握所读材料的主旨大意，了解说明主旨大意的事实和细节；既一解字面意义，又能根据所读材料进行判断和推理；既理解个别句子的意义，也理解上下文的逻辑关系；(5) 能在阅读中根据需要自觉调整阅读速度和阅读技巧。这些对阅读材料的要求对英语专业二年级学生而言还是相当高的。《大纲》要求阅读材料总长 1800 个单词左右，在 25 分钟内完成。依本人多年的教学经验，对学生也很具挑战性。在阅读材料的选材方面《大纲》规定要"题材广泛，包括社会、科技、文化、经济、日常知识、人物传记等；体裁多样，包括记叙文、描写文、说明文、议论文、广告、说明文、图表等"。这就要求学生的阅读面要宽，知识面、词汇量要广，对各类体裁都要熟悉。

对照《大纲》的要求我们再来看看英语专业基础阶段的学生在阅读技能方面普遍存在的问题。近些年来的趋势，英语学习成绩优秀的学生往往选择其他专业，造成英语专业的生源不理想，反映在专业学习上就是其水平很多不如非英语专业的学生，但是教育部的《大纲》对英语专业基础阶段的学生的要求却很高，这一差距要靠学生在入学之后两年内迅速提高加以弥补，这就意味着教师和学生都要付出艰辛地努力。具体到阅读技能而言学生的问题有知识面窄、阅读量小、词汇量小，且由于以上三种原因的叠加作用学生的阅读速度慢，不能快速把握文章中的具体细节和事实，往往达不到《大纲》的要求。从语篇层面上看，学生往往对文章结构感到困惑，抓不住文章主旨、理不清各段落之间的衔接关系。这些问题固然需要不断训练、长期积累，但如果有意识地向学生渗透语义学的相关理论，使其对语言运用从一个自上而下的俯角看透文章结构，迅速把握文章大意，理清各段落之间的关系，则其阅读技能将会得到较快的提高，本文的论述正是基于这一思维。

---

① 高等学校英语专业四、八级考试委员会编：《高校英语专业四级考试大纲》，上海：上海外语教育出版社，2004，第 6—7 页。

具体而言，学生在进行阅读理解训练时如能熟练运用同义、上下义关系理论将有助于在理解的基础上高效地抓住文章主旨、做出切题的概括总结、快速把握短文中的具体细节和事实，完成阅读任务。

3.2 近年四级真题相关题目统计

近年的全国英语四级考试（TEM-4）阅读真题中与同义、上下义关系相关题目的统计数据如下：

表1 2009~2011年TEM-4阅读理解题中与同义、上下义关系相关题数统计表

项目\年份	阅读理解总题数	与同义、上下义关系相关题数（及题号）	占阅读总题数比重（%）	词义判断类（题号）	段落主题句类（题号）	篇章结构理解类（题号）
2011	20	16	80	81, 83, 86, 90, 92, 93, 94, 95, 97, 99, 100	88, 98	84, 85, 91
2010	20	16	80	82, 83, 88, 89, 90, 91, 95, 96, 99	92, 97	84, 93, 94, 98, 100
2009	20	18	90	81, 82, 84, 87, 91, 92, 94, 96, 98, 99	88, 89, 93, 95, 97, 100	86, 90

从上表可以看出近年的四级阅读部分与同义、上下义关系相关题目数量很多，占阅读总题数比重在百分之八十以上，说明这一理论的应用将能在很大程度上帮助学生提高阅读理解能力，下面将从词义判断、段落主题句和篇章结构理解三方面详加分析。

3.3 同义和上下义关系理论与词义判断

上表显示词义判断类所占比重最大，即同义、上下义关系理论的应用将有更大潜力。学生在完成阅读部分时面对纷繁的词句往往容易迷失，辨不清其内在的脉络，且由于时间压力，常感到判断困难。事实上同义与上下义词语在短文和阅读问题中大量存在，比较常见的情况是原文与阅读问题或选项

中的措辞有着同义或上下义关系，只要辨明这些措辞的内在联系，正确答案就很容易判断，例如下面一道阅读真题：

Which of the following can best describe how the author feels towards single-sentence-long novels? (TEM - 4, 2011, 第 83 题)

这一问题中"single-sentence-long"和"novels"这两个下义词分别对应文章第五段中的"fragmentation"和"reading"这两个上义词，之前还有"War and Peace in a sentence"这一下义句支持"…single-sentence-long 'digests' of the great novels"这一上义句，那么第 83 题的答案就应在附近寻找，文章中的句子是"We should fear the fragmentation of reading"，我们抓住了"fear"这一动词，与之对应的是选项 B，即其同义词"worried"，正确答案就推断出来了。

这类考题一般有两种情况：其一，文章中使用下义词，阅读问题或各选项上义词；其二，如上例，文章中使用上义词，阅读问题或各选项下义词。第一种情况更为常见。同义词比较简单，只要在文章中发现与阅读问题或某选项措辞的同义词，往往就是正确答案。需要注意的是，在寻找同义词时，只需词义相同，其语法属性不需完全匹配，例如上例中，"fear"是动词，而正确答案选项 B "worried"是形容词，词性并不相同。

3.4 上下义关系理论与段落主题句

表一显示与判断段落主题句相关的题目所占比例相对较少。前文提到上下义关系不仅存在于词语之间，也存在于各段落中的句子之间，一般段落主题句是上义句，各支持句是下义句。只要找到上义词，就能抓住上义句，段落布局的脉络就显现出来了。例如下面 2011 年的第 88 题：

Why does the author say "*spring cleaning can't wait*"?

我们找到该句出处文章的第六段：

But I tell my family, *spring cleaning can't wait*. The temperature has risen just enough to melt snow but not enough for Little League practice to start. Some flowers are peeking out of the thawing ground, but there is no lawn to seed, nor garden to tend. Newly wakened from our winter's hibernation, yet still needing extra blankets at night, we open our windows to the first fresh air floating on the breeze and all of the natural world demanding 'Awake and be clean!'

该段从第二句开始列出了不能等待的一系列原因，这些下义句支持了第一句这一上义句。选项 A "Because there will be more activities when it gets warmer"包含了"activities"和"it gets warmer"两个上义词语，该段中的各下义句提供了具体活动和天气变暖的细节，也就是说选项 A 中的措辞与第六段的内容构成了上下义关系，是最符合逻辑的选择。通过判断段落中的上下义句关系，该段的主题意思就变得明确了，正确答案就明朗了。

3.5 同义与上下义关系理论与篇章结构理解

与段落层面的分析类似，语篇结构的剖析有助于学生对篇章结构的理解。只要抓住文章的开头、结尾及各段的主题句，文章的核心就呈现出来了。例如下面 2010 年的第 94 题：

It is implied in the passage that at great moments people fail to

这一问题中包含了 "at great moments" 这个上义词，对应文章第一段中的毕业典礼这一下义概念和文章结尾的 "our most 'memorable' occasions" 这个同义词语。第一段中提到注意力不在他人发言而是令人不适的鞋，倒数第二段的第一句明确指出人们不舒服时无心听他人的高谈阔论，结尾段重申重要场合 "may elicit the fewest memories"，把这几点串起来大意就明显了，对应选项 C "remember others' words"。借助首尾和主题句中包含的同义和上下义词语，文章的主题就容易把握，正确答案就不难选择。

以上探讨了同义与上下义关系理论在英语专业四级阅读理解方面的应用，该理论在写作技能的培养中也有很大价值。

四 同义、上下义关系与英语专业四级写作训练

4.1《大纲》对写作能力的要求及学生英语写作现状

与阅读技能一样，写作也是英语专业学生语言技能训练中的一大难点。
教育部 2004 年版的《高校英语专业四级考试大纲》①对写作部分的测试要求为：（1）作文：能根据所给的作文题目、提纲或图表、数据等，写一篇 200 个单词左右的作文；能做到内容切题、完整，条理清楚，结构严谨，语法正确，语言通顺，表达得体；文章体裁主要属于说明文、议论文或记叙文；考试时间 35 分钟；（2）便条：能根据所给提示写 50—60 个单词的便条、通知、请帖等；能做到格式正确，语言得体；考试时间 10 分钟。

表面看起来一篇 200 字左右的短文一个和 50—60 字的便条并不难，但深入了解学生的写作现状后会发现学生这一技能距离《大纲》要求也有很大差距。从主观态度看，对大多数学生而言，写作是最令人畏惧、最感枯燥、乏味、最缺乏成就感的一项任务。对学生作文的客观分析，从众多任课教师的反馈看，显示学生作文存在以下问题：在遣词造句方面单一、贫乏、缺乏相

---

① 高等学校英语专业四、八级考试委员会编：《高校英语专业四级考试大纲》，上海：上海外语教育出版社，2004，第 7—8 页。

应的修辞和文体意识；在语篇结构方面缺乏整体意识、结构松散、中心思想不鲜明、举例不生动、文章的段落、语句缺乏层次感；从思想内容看，文章缺乏新颖的想法、支持句中的实例泛泛。总之，目前学生的写作在语言运用、篇章结构和思想深度三方面都有待加强，学生的整体水平常处于停滞、徘徊的状态。

下面将从语言运用、篇章结构和思想深度这三方面，就如何运用同义和上下义关系理论提高英语专业基础阶段学生的写作能力加以探讨。

4.2 上下义关系理论与写前头脑风暴

许多学生畏惧写作任务，常受困于既缺乏想法又贫于词汇。写作的方法之一是使用头脑风暴作为写作的前奏，理清思路、列出关键词语。语言与思维的关系是自古以来就存在的哲学命题，在此不做赘述，本文将论述如何通过语言开启思维，即如何运用上下义关系。

引导发散性思维，做好思想内容和词句的准备。现以2011年的写作题目为例：

"Should Private Car Owners be Taxed for Pollution?"

这一题目包含了三个中心："private car owners"，"tax"，和"pollution"，那么围绕这三点可以要求学生分别思考与其同义和上下义关系的词语，如对应"private car owners"的相关词语可以为：

上义词语　people with their own means of road transport
同义词语　motorists, people who drive their own cars,
　　　　　people in their own automobiles
下义词语　someone in a Toyota/Volkswagon/Audi/Hyundai…

对应"tax"的相关词语可以为：

上义词语　government revenue
同义词语　revenue, taxation, money collected by the government for the use
　　　　　of …
下义词语　￥300 annual fee for the use of a car

对应"pollution"的相关词语可以是：

上义词语　damage to the environment
同义词语　pollute, contamination, contaminate
下义词语　air/noise/thermal/land pollution

这三组词的上义词语列出后，这篇短文可发展的中心思想就豁然开朗，即可围绕"道路使用"，"政府税收"，"对环境的破坏"三点提出自己的观点，这就令短文的思想内容有了一定的高度。上面列出的相关的同义词语和下义词语将在布局谋篇和具体措辞时使用到。

从上例可看出通过头脑风暴列出上义词语将有助于学生跳出题目字面意思的局限,站在一个更高的角度讨论问题,使短文更有思想深度,而不是简单地就事论事,造成千人一面。由上义词语导出中心思想这一方法简便易行,可在学生写作训练时大力推广。

4.3 上下义关系理论与篇章布局

在本文理论基础部分介绍上下义关系时已提到上下义词语在篇章结构中的布局,即上义词常用于文章的首尾和各段的主题句中,而下义词常用于文中起说明、支持和举例部分。就具体段落结构而言,上义句应为主题句,而下义句为论述句,其结构可正可倒:

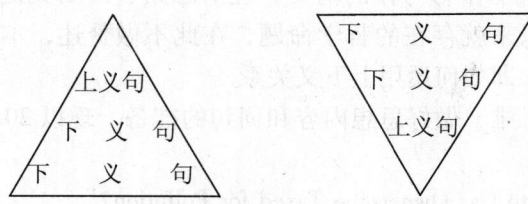

四级考试的写作任务已明确说明学生的短文分三部分及各部分所起的作用,还以2011年的题目为例,比如在其中一段中可论述汽车税将有助于增加政府收入以利道路建设:

Automobile tax can help increase government revenue which in turn facilitates road building (上义句). The tax money each car owner pays goes to the local government which is responsible for the planning and managing of all roads (下义句1). So if you are driving an Audi but complain the car is not giving you a smooth ride, it may have been due to the poor road condition owing to the lack of funds (下义句2). Only through money-from-you, money-for-you, can this process be complete (下义句3).

上段文字先给出上义句,后以不断深入、具体的两个下义句解释、说明观点,再以一个下义句简要首尾,段落始终围绕一层意思,有简有繁,层次分明,结构完整。

在这样的段落中应注意在上义句中使用上义词语,下义句中使用同义词语和下义词语,使语言也显示出层次感,而不是通篇使用学生日常熟悉的基本词汇。事实上词汇使用的层次感也是显示学生写作水平的一项重要指标。

4.4 同义和上下义关系理论与措辞

目前学生写作中的一个通病是词汇单调、重复,缺乏文体、修辞和语篇意识，解决这个问题的办法是鼓励多用同义词和上下义词。

首先，这类词语的使用令文章语言富于变化，具有修辞美感。例如在讨论"tax"这一概念时，可穿插使用"revenue"，"taxation"，"money collected by the government"等词语，而不是重复使用"tax"一词，令语言有新鲜感。

同时要加以注意的是，语言变化要与文体相匹配，即文章的首尾、各主题句应多用源于法语、拉丁语的较正式的词汇，而文章的其他部分用基本词汇，其中多数源于盎格鲁—撒克逊语。例如上例中较正式的词是"revenue"和"taxation"，"money"属基本词汇，再具体、深入可直接提及具体的钱数，如"￥300 annual fee for the use of a car"等。这样词汇的使用从文体角度也呈现出层次感，显示较高的驾驭语言的能力。

第三，上下义词语的使用有助于形成语篇首尾、各段落之间的衔接手段，使文章有整体感，前后有呼应，这一点对学生尤为重要。学生写作目前存在的通病之一是行文零散、段落之间彼此孤立，即使不孤立，往往也是使用常见的"first"，"second"，"third"，"on the one hand"，"on the other hand"等连接词语，单调乏味。如果能鼓励学生使用上下义词语，则衔接手段更为含蓄、巧妙，语言运用能上升到更高的层次。

总之，同义与上下义关系词语的运用将有助于学生提高四级写作能力，令其水平得到较大提高。

五 结 语

综上所述，通过在阅读和写作教学中逐渐渗透进同义词与上下义词的概念，培养学生站在语篇的高度上抓住脉络、布局谋篇、遣词造句，能够令英语专业学生的读写能力得到较大提高，达到并超越教育部对英语专业四级阶段的要求，有效地完成人才培养的目的。

语言转化的三种模式

首都师范大学　徐东辉

【摘要】

语言转化是普遍存在于语言中的一种运动现象，表现在历时和共时两个层面。随着语言学的发展，共时层面的语言转化经历了结构模式、语义模式、情景模式三种模式。本人拟以俄罗斯著名语言学家 В. Г. Гак 的语言转化理论为基础，对语言转化的历史发展脉络及其主要模式加以简要梳理。

【关键词】

语言转化　共时　历时　语言转化的模式

辩证唯物主义认为，世界是物质的，物质是永恒运动的。物质和运动不可分，世界上没有不运动的物质，也没有离开物质的运动。"语言转化"是普遍存在于语言中的一种运动现象。

一　语言转化的表现

"语言转化"即语言的动态变化，表现在历时和共时两个层面。所谓"历时"（диахрония）是指语言系统的历史发展，即在语言的发展过程中，在时间中研究语言。① 而"历时的语言转化"是指语言在历史发展的过程中，受语言外部和内部诸多因素的影响而发生的历史演变。"共时"（синхрония）

---

① Ярцева В. Н, Большой энциклопедический словарь языкознание, Москва: БЭС, 1998, с. 136.

是指语言作为一个相互依存、相关制约而同时存在的成素的系统以及该系统在其发展的某一时刻的状态，在上述状态中研究语言，即抛开时间和（或）语言的变化因素，把语言看作是具有一定关系的系统。① "共时层面的语言转化"是指语言在使用的过程中，语言的持有者——人出于交际的需求而主动对语言实施的同义、同指、功能等值等意义上的转化。

二 语言转化问题研究的历史

2.1 历时语言转化研究

"语言的历时转化"是语言学于成立之初为自己所确定的最早的研究对象。以俄语和俄罗斯语言学界为例，俄语在历时层面的演变表现在语音、构词、词汇、语法等各个层级上。其中，词汇（组成及其语义）是语言变化中最明显，也是最易受语言外部因素影响的一个领域。历史上的任何一个重大历史事件，政治、经济、军事、文化等领域的变革都会对语言的词汇产生巨大影响。总体而言，俄语词汇的发展经历了标准语的建立、俄苏政权更迭以及苏联解体等几个重要的历史阶段，俄罗斯语言学界（В. В. Виноградов、С. И. Ожегов、В. Г. Костомаров 等）针对这几个阶段对俄语词汇的影响作了详尽的研究。而从不同维度针对俄语语言其他层级变化的研究则贯穿了自 18 世纪罗曼诺索夫建立俄语语言学起直至今日语言学发展的整个历史。Ф. И. Буслаев 的历史语法研究，А. А. Потебня，Н. Ю. Шведова 等人的句法学研究，А. А. Шахматов，П. С. Кузнецов 等人的词法学研究，Д. Н. Шмелев 的语义学研究、В. В. Колесов 的语音学研究以及 О. А. Лаптева 的口语学研究、А. Д. Шмелев 的概念化及语言世界图景研究无一不说明语言的变化是永恒的，对语言变化的研究也是一个永恒的课题。

2.2 共时语言转化研究

一般认为，"共时语言转化理论"研究最早可以追溯到 20 世纪的 20 年代，日内瓦学派的代表人物 Балли，Фрей 以及 О. Есперсен，Теньер，Е. Курилович 等一些欧洲语言学家开展的句法构词法研究（синтаксическое словообразование）以及后来所形成的 "句法（功能）易位"（синтаксическая транспозиция）学说（Теньер 称其为句法转位）（синтаксическая трансляция）是"语言转化理

---

① Ярцева В. Н, Большой энциклопедический словарь языкознание, с. 451.

论"领域所开展的最早研究。① 20 世纪 50 年代起,美国描写语言学后期代表人物海里斯提出了"句子转换"原则,其学生乔姆斯基提出了转换生成理论,从而开启了转换生成语法的时代。20 世纪 50 年代,俄罗斯语言学家 А. М. Пешковский 在《Принципы и приемы стилистического анализа и оценки художественной прозы》一文中首次把"同义"术语引入语法领域,称其为"语法同义现象"(грамматический синоним)或"句法同义现象"(синтаксический синоним),由此在俄罗斯语言学界所发展起来的"句法同义"学说与乔姆斯基的转换理论非常接近。20 世纪 60 年代初起,随着现代语言学语义学转向的开始,学者们开始从句子的深层语义角度研究语言转化问题。

莫斯科语义学派的代表人物 Ю. Д. Апресян 在其 1967 年出版的《Экспериментальное исследование семантики русского глагола》一书中对海里斯的思想进行了推广,将其运用到俄语词汇的研究中,他所提出的表层句法语言可以把用"海里斯转换"原则无法描述的转化形式化。А. К. Жолковский 和 И. А. Мельчук 于 1965 年提出了语义综合模式理论。该模式除涉及到词法和句法知识之外,还运用了词汇单位之间的语义关系知识,二人所提出的深层句法语言——Basic 语言则为语言转化提供了更多的可能。② 综上所述,不难看出,结构语言学学派代表所倡导的"以不改变语句的词汇组成为原则的句法转换"是 20 世纪前半期语言转化理论的主要特点,而 20 世纪后半期,语言学则转向研究词汇组成发生改变的句法转换。

"从对语言体系的研究转到对言语的研究"是语言学发展史上的又一大进步,相应地,在同义转化现象方面表现为从研究语言体系内部的同义转化扩大到了对言语同义现象的研究。В. Ф. Ильина,В. Г. Адмони,Т. И. Сильман 等人对言语同义手段做了非常有益的探索。

此外,随着语言学理论的不断发展,许多语言学家还纷纷从称名学角度、认知学角度等对语言转化问题进行了重新的审视。

三 共时层面语言转化的三种模式

俄罗斯著名语言学家 В. Г. Гак 指出,根据表示能指(词)、所指(意义)和指称词(референт)(所命名对象)三者之间的语义三角关系,具有转化

---

① Апресян Ю. Д, Лексическая семантика. Синонимические средства языка, Москва: Наука, 1995, с. 316.

② Жолковский А. К., Мельчук И. А, "О возможном методе и инструментах семантического синтеза", Научно-техническая информация, №6 (1965), с. 23—28.

关系的两个语句,其不变量可以建立在语言形式层面上(词汇和句法关系保持不变)、语义层面上(该语句所表达的义子的总和不变)、情景层面上(两个对比语句所描述的情景一致)。① 因此,共时层面的语言转化研究大致运用了三种模式:结构模式、语义模式和情景模式。

3.1 结构模式(文本——文本模式)

结构模式的核心理念是以语言形式为出发点,并且仅局限于语言形式领域。海里斯的句子转换原则以及乔姆斯基的转换生成语法是该模式的代表。

海里斯于1952年在《话语分析》(《Discourse analysis》)一文中提出了"句子转换"原则。他提出任何转换都应满足两个条件:一是要保留变换表达的所有词汇单位,二是要保留将这些词汇单位联系在一起的句法关系。例如,Рабочие построили дом-Дом построен рабочими-Постройка дома рабочими. 海里斯认为,只有满足这两个条件才能保证变换表达的语义不发生改变,利用该方式才能找到该句子的同义形式。

乔姆斯基于1957年在《句法结构》(《Syntactic structures》)一文中指出,语言中的每一个句子不是属于核心句,就是用一个或一个以上的转换式序列从一个或一个以上的核心句为基础的符号链推导出来的。语言的核心由一些最简语言结构构成,由核心可以推导出所有其他最繁或最简的语言结构。例如,由核心句 They arrive 可推导出 1) They can arrive 2) They have arrived 3) They are arriving.② 由"核心句转换为非核心句"是乔姆斯基早期关于转换的核心思想。乔姆斯基在该文中明确表示,"只有纯粹形式上的根据,才能为建立语法理论提供牢靠而有生成能力的基础","语法最好独立于语义学而成为自成系统的研究,成为一个公式系统"。③ 也就是说,乔姆斯基开创的"转换语法"从一开始就将意义排除在外。

1965年,乔姆斯基在《句法理论的若干问题》(《Aspects of Theory of Syntax》)中对先前的一些思想进行了修正和补充,提出了著名的"表层结构"和"深层结构"的思想。"深层结构"是指"构成某个合格的表层结构的基础的普遍化词组标记",而"表层结构"是指形式,尤其是语音。深层结构决定句子的语义解释,表层结构决定句子的语音解释。深层结构与表层结构大体上是不同的,把某些称为语法转换的形式方法不断应用于那些比较基本的

---

① Гак В. Г, Языковые преобразования, Москва: Языки русской культуры, 1998, с. 410.

② Хомский Н, "Синтаксические структуры", Новое в лингвистике, изд. Иностранной литературы, Москва: 1962, с. 471.

③ Хомский Н, "Синтаксические структуры", Новое в лингвистике, с. 512.

对象，就可以确定表层结构。表层的相似可能掩盖了底层的具有根本性质的不同。① 乔姆斯基在该文中提出，语法包括句法、语义和语音三部分。句法部分是语法的生成部分，句法由基础和转换两部分组成，基础部分除原有的词组结构规则外，还有词典。基础部分生成深层结构，转换部分把深层结构转化成表层结构。

海里斯的句子转换原则以及乔姆斯基的转换生成语法都表明语言具有灵活性，运用该模式可以演算出所有可能出现的同义结构的数量，确定同义词的差别。但这一模式仅局限于语言的一个层面，仅以抽象形式表明语言结构具有同义性，并没有确定这些同义结构与一定意义之间的相互关系。转换在这里被定义为是两个组合体之间的关系保持不变，其中，组合体的特点是词位不发生变化，句法关系具有直接性，因此文本——文本模式无法解释同一种意义的所有不同的表达方式，虽然乔姆斯基的转换语法对机器翻译理论、模式化语言教学等产生了巨大的影响，但由于该理论不能表明语言的动态性质，而只能表明静态结构的相互关系，而且该理论不但回避了语义和名称结构的一般问题，在研究语言结构时，忽略了这一结构在具体交际条件下是如何被现实化，也就是"说话人如何从该语言系统所允许的各种同义表达手段中做出选择"这一问题，因此它不是"在语言的日常运用层级上对说话人的直觉所作的完全相符的描述"。② 于是，语言学界开始从结构模式转向语义模式的研究。

3.2 语义模式（意思——文本模式）

所谓"语义模式"是指"以某种意义或某些意义之和为出发点，反映语言形式与时间范畴间联系的模式"。③ 该模式源自 Л. В. Щерба，О. Есперсен，Ф. Брюно 的思想，莫斯科语义学派的代表人物 Мельчук，Жолковский 提出的《意思（文本）》模式以及 Апресян 等人所进行的同义手段理论研究是"语义模式"的代表。

该模式引入了语义"参数"（例如：态、使役性、强度、行为的开始、状态等）概念，取消了对"词位在转换过程中不变"的限制。规定同一个语义参数既可以用词法表达，也可以用句法（在词组中）表达。在该模式中，充当同义转换常体的不是词（词位），而是意义单位（义素），因此，该模式允许在转换时使用不同的迂说形式（例如，Я постоянно читаю в этой

---

① 乔姆斯基著：《句法理论的若干问题》，黄长著等译，北京：中国社会科学出版社，1986 年，第 15、23、137、141 页。

② Гак В. Г, Языковые преобразования, с. 298—299.

③ Гак В. Г, Языковые преобразования, с. 300.

библиотеке-Я постоянный читатель этой библиотеки; Фильм произвел настоящую сенсацию-Фильм был настоящей сенсацией; Она притворялась глухой-Она прикидывалась глухой; У нас вышли все деньги-Мы истратили все деньги; Он перестал соблюдать правила-Он начал нарушать правила; Я питаю к ней уважение-Я питаю к ней чувство уважения 等)①。

　　语义模式还取消了结构模式对"转换时需保留直接句法联系"的要求，允许在语义关系不发生变化的情况下，句子成分之间的句法联系发生改变。如此一来，就可以解释结构模式无法解释的诸如 Книга пленяет нас юмором 和 Юмор книги пленяет нас 这两个句子具有语义同义性的问题。

　　"语义模式为从积极角度研究语言开辟了广阔的前景。该模式揭示出不同的物质外壳下面掩盖着相同的基本意义。该模式还表明在表达某种意义时，语言不同层面的手段是可以相互渗透和相互替换的。在教学中运用语义法来分析语言事实可以克服拘泥于形式的不足，从而更好地掌握所研究语言的特点"。②

　　然而，语义模式对一些具体言语行为中的同义表达仍然无法作出解释，换言之，其解释力仍然有一定的局限性。原因在于，具体的言语行为在表示某个要素或者现实片断时，不但同范畴的表达形式可以发生变化，而且组织语句时所运用的不同的意义范畴也可以发生变化。例如，在语义层面无法确定 Он сюда редко приходит 和 Он здесь редко бывает 这两个句子具有不变性，因为其基本意义（义子）是不同的：第二个句子里没有动词 приходить 所表达的"приближение"和"движение пешком"的意义，而只有在情景层面上才能确定上述语句是同一的。情景是任何言语片断建构的出发点。就如同结构模式因其具有局限性（词位和句法联系不变化）而促使语言学家转向语义模式研究一样，语义模式的局限性（义子在表示情景时保持不变）使语言学家意识到有必要从情景本身出发研究语言的使用模式。③

3.3 情景模式（情景——文本模式）

　　"以情景作为出发点，全面反映语义三角的三个方面的模式系情景模式"。④ 语言学中的"情景"分为"言语情景"（речевая ситуация）和"实物情景"（предметная ситуация）两大类。前者指交际的环境和条件、说话人与受话人及周围环境的关系、语句的总指向性。后者指语句所描述的实物及

---

① Апресян Ю. Д, Лексическая семантика. Синонимические средства языка, с. 157.
② Гак В. Г. Языковые преобразования, с. 304.
③ Гак В. Г. Языковые преобразования, с. 304.
④ Гак В. Г. Языковые преобразования, с. 300.

其相互关系。Гак 认为，"实物情景"是同义语句的终极不变量，研究这种情景可以在内容相同的框架内找出所有可能出现的语句变化形式。并且他认为这种模式才真正符合洪堡特的语言动态思想①。

Гак 指出，情景如每一个称名对象一样也有很多特征，这些特征因一定的关系联系在一起。在建构语句时，这些特征和关系并不能，而且也没有必要被全部反映在语句中，至于具体选择哪一个特征作为称名的基础则有可能因人而异、因情况而异。也就是说，描述同一个情景所使用的两种语言符号，其最基本的词法形式有可能是不同的。例如，同一个情景（一个女人在说她已到达某地时）用英语和俄语可以分别表示为：I have arrived-Я пришла。这一情景包含许多不同要素：时间、地点、女人的名字、年龄等。但只有少量要素在语言学上是本质性的，也就是被用于语句中，并且反映在不同语言中的本质性特征的数量是不同的。两个语句一共反映了 7 个特征，其中，英语反映了 4 个，俄语反映了 6 个，而只有 3 个特征是一致的，其余意思没有被表达出来。每一种语言分别从所有可能出现的特征中，选择出在用该语言建构语句时或多或少有必要表达出的某些特征。

在词位的选择上也有类似的情况。例如，任何位移都有运动方式和运动方向的特性。在具体的情景中，运动行为有可能只根据上述第一个特征来称名（Он идет к нам），或者根据第二个特征（Он приближается к нам），或者同时根据这两个特征（Он подходит к нам）。在这里，不同语言也表现出不同的倾向。比如，法语倾向于用第二种方式（方向）来表示运动，而俄语通常选用第一种或第三种方式。由此不难看出，情景模式尤其适用于语际翻译转化。

总体而言，一些情景要素在语句形成时可以被表示出来，也可以不被表示出来。例如，四个不同的意义："状态"、"运动"、"知觉"、"积极行为"在具体情景中可以相互替代，因此，这一情景可以借助其中任意一个要素来描述。任何知觉都必须有感知主体，任何结果—状态出现之前都有一定的行为发生。如果某个物体摆在桌子上，那么就意味着，有人看见这个物体摆在桌子上，有人将其放到了桌子上。因此，在同一个情景中可以用 Я вижу книгу на столе（知觉）或 Книгу положили на стол（积极行为）来代替 Книга лежит на столе（状态）。换言之，借助情景的不同要素描述同一情景的语句在情景模式中是同义关系，可以相互替换。②

综上所述，可以看出，结构模式和语义模式仅表明了语言的构建过程，

---

① Гак В. Г. Языковые преобразования, с. 305.

② Гак В. Г. Языковые преобразования, с. 304—307.

而情景模式则将人的因素考虑在内,准确地反映了人在具体的交际活动中运用语言的实际情况。不但如此,而且该模式还揭示出在对同义形式的表达手段进行选择时有何规律。所举例句表明,对情景要素(客体、其特征和行为)作出选择是语句形成的基础,对情景要素和要素特征的选择决定构成语句语义结构义子的选择。但需要指出的是,对情景要素,也就是对意义所作的选择不是完全偶然的,而是遵循一定的规律,该规律由操该语言的说话人主体所特有的程式化意向决定。所选择出的义子组合在一起,并按照该语言的结构规律表达出来。了解现实的哪些层面在建构语句时可以作为命名的基础,有助于准确地掌握语言,建立所谓的"语感"。需要指出的是,语义模式向情景模式的转变是语言学研究从句子层面向语句层面、由语内模式向语际模式发展的必然结果。

四 结 语

语言转化的三种模式在一定程度上反映了语言学发展的不同历史阶段,三种模式的产生与语言学发展中的几个重要历史时刻(生成语法的诞生、语义转向和语句转向)密切相关。鉴于三种模式各自所具有的特点,我们认为,三种模式适用于不同的外语学习者和外语教学的不同阶段。一般而言,结构模式适用于语法教学和外语初学者,语义模式适用于词汇和同义句教学,情景模式则适用于提高阶段的外语教学,尤其适用于写作和翻译教学。当然,外语教师在实际教学中应视实际的教学对象灵活运用上述三种模式,尽量将其整合,使其相互补充,最大程度为教学服务。

论俄语的限定量化结构

首都师范大学 徐先玉

【摘要】

广义量词理论在处理名词短语（NP）的量化方面极具说服力，然而自然语言中纷繁复杂的量化现象单凭形式或逻辑的方法来解释十分困难。本文以几种 NP 量化方式为例，从主观和客观、认知和交际、语义和语用等维度考察俄语限定量化结构的构建及其特性，以期为自然语言量化机制的建立提供理论支撑，进而推进自然语言的信息处理工作。

【关键词】

量化　语义特性　数量评价　同构关系

一　引　言

形式语义学的创立者 Montague 在量化的形式化处理方面颇有建树，而 Barwise 和 Cooper 提出的广义量词理论将逻辑学和语言学更有效地结合在一起，① 这对自然语言的信息处理影响重大。然而自然语言中纷繁复杂的量化现象单凭形式或逻辑的方法来解释十分困难，虽然广义量词理论在限定词和名词短语的处理上精简得当，并且将传统量词之外的程度量词、比例量词和频度副词等也统统纳入进来，但目前这方面的研究尚不够充分，在描写量化表达式的构造时必须将主观因素和客观因素、认知因素和交际因素、语义因素

---

① Barwise J., Cooper R., " Generalized quantifiers and natural language," Linguistics and philosophy, no. 4, 1984, pp. 159—219.

和语用因素一并考虑在内。

二 全称量词的语义特征

全称量化可以通过传统的全称量词来实现，可以通过光杆 NP 来实现，也可以通过时间副词 всегда 来实现。存在量化的实现方式更具多样性，充当存在量词的有 некоторые，有包含数量比较和评价意义的 много，мало，немного，немало，несколько，большинство，меньшинство，многие，немногие，动词 бывать 和频度副词，甚至某些情态动词也可以实现存在量化功能。

全称量化的典型标记是 "весь/все, каждый, всякий, любой" 这些全称量词。传统逻辑对这些量词采用一刀切的做法，用统一的逻辑符号来表示此类量化，万德勒认为 "这种做法混淆了涉及指称问题、实存含义、法则式的概括命题等方面的问题"。[①] 俄罗斯学者什梅廖夫（А. Д. Шмелев）也曾敏锐地指出这些量词与名词短语的指称特性密切相关。什梅廖夫指出，"自然语言的量化解释多半不应该以经典的集合论为基础，而要以邦特（Г. Бант）提出的公理化集合论为基础"。[②] 公理化集合实际上指的是集合的集合，也被称为性质集合。斯托尔（Р. Столл）对此的定义十分精确："任何一个 P（x）公式都是通过条件来定义某个集合 A，如果根据条件集合 A 中的元素正是那些事物 a，那么 P（a）是真命题……可以说，解决该事物 a 是不是集合 {x | P(x)} 中的元素这一问题就是解决 a 是否具有某些确定的属性（性质）这个问题……在这种情况下……任何一个属性都可以定义一个集合"。[③] 在这种情形下起作用的是所谓的外延性原则，即把属性和类视为同一，卡尔纳普正是运用这一原则来消除 "名称重叠" 现象。

Весь 和 все 量化的集合既可以由众多个体构成，也可以由某种共同特征或性质来规定，换句话说，весь 和 все 既可以量化个体集合，也可以量化性质集合，集合内的各个成员都被视为同一，весь 和 все 具有统指解。因此 весь 和 все 量化的是有定集合，也即该集合对于言语受话人来说是确定的，在前一

[①] 万德勒：《哲学中的语言学》，陈嘉映译，北京：华夏出版社，2002 年，第 119 页。

[②] Булыгина Т. В., Шмелев А. Д., Языковая концептуализация мира (на материале русской грамматики), М., Школа «Языки русской культуры», 1997, с. 193.

[③] Столл Р., Множества. Логика. Аксиоматические теории, Пер. с англ. М., Просвещение, 1968, с. 16.

种情形下，集合由摹状词明确规定或者由处于交际参与者视野中的对象构成，也即名词短语用来指称某些确定的具体个体，如 Все выступавшие смеялись；Все члены руководства хотят изменить ситуацию. 在后一种情形下，集合与名称短语的外延相一致，此时名称短语为非指称性用法，也即类别中的所有成员都具有某种共同的特征，或者说类与属性同一，这也可以说明 весь 和 все 通常与定性式述谓搭配绝非偶然，如：Все вороны черные；Все люди смертны；Армянские девушки хороши собой. 由于 весь 和 все 量化有定集合，因此其量化的名词短语经常充当主位成分，而受话人已知集合的存在是预设。

与 весь/все 不同，каждый 只能对由个体构成的集合进行量化，而不能对性质集合进行量化。каждый 量化的集合同样是有定集合，既可以是开放的、无限的，如：Каждый человек имеет право принимать участие в управлении своей страной непосредственно или через посредство свободно избранных представителей；Каждая женщина, родившая второго ребенка, получит 250 тысяч рублей；也可以是封闭的、有限的，如：На этой неделе каждый день случалось что-нибудь неожиданное；Каждый из нас должен любить свою работу. Каждый 表示分布性意义，具有逐指解，要求对参与到所描写情境的集合元素作逐一分析，强调个个、各个、各自等等，在包含 необходимо，обязательно，с необходимостью，должен 这些道义必须性标记的语句中，通常使用 каждый，例如：(1) Каждый врач обязан получить сертификацию по своей специальности；(2) Каждый человек должен знать свою судьбу. 因此 каждый 可以与"分别性"语词（如 по-своему）同现，却不能与"对称性"语词（如 одинаково）相容，而 весь/все 则恰恰相反，试比较：Каждый (*все) по-своему воспринял это известие（对于这个消息，各有各的理解）；Он одинаково относится ко всем людям (*каждому человеку)（他一视同仁）。这也就不难解释《安娜·卡列尼娜》的开场白对 каждый 与 все 的选择，Все счастливые семьи похожи друг на друга, каждая несчастливая семья несчастлива по-своему（所有幸福的家庭都是一样的，不幸的家庭却各有各的不幸）。

Любой 表示"任何"之义，其独特之处在于提供一种选择性，这种选择是不完全的，无法穷尽集合内的所有成员，万德勒将其称作"自由选择"。这种"自由选择"决定 любой 的指称对象是不确定的，万德勒指出"'任何'把不确定性和普遍性混合在一起",[①] 例如：Выбирайте любую из этих песен,

---

① 万德勒：《哲学中的语言学》，陈嘉映译，北京：华夏出版社，2002 年，第 135 页。

какая вам нравится; Вы можете мне позвонить в любое время; Вы сможете брать любые две монеты; Любой врач согласится: болеть можно по-разному. Любой既可以指涉现实世界中的个体，也可以指涉可能世界中的潜存个体，因此在表示可能性的语句中常常使用любой，如：Любой человек может быть счастлив или несчастлив от чего угодно; За любое нарушение, связанное с положением 《вне игры》, судья назначает свободный удар, выполняемый игроком противоположной команды с места, где произошло нарушение.

Всякий 具有多个不同的意义。它只能用于开放集合，不对集合成员作单个分析，在表示某种客观必然性时（包括道义必然性），只能与永恒性述谓搭配，而不能与偶然性述谓搭配，不能说：＊Всякий мужчина уступил такой женщине место в автобусе; ＊Всякий человек умер; 而应该说：Всякий мужчина уступит такой женщине место в автобусе; Всякий человек смертен. 与каждый 不同，всякий 可以量化性质集合，此时与все近似，但是всякий 的指称对象是不确定的，试比较：Всякая （＊Каждая）ирония содержит в себе оценку того, что осмеивается; Придёт день, и всякая （＊каждая）невинно пролитая кровь будет отмщена; Всякая （＊Каждая）жалость ужинает человека. 此外，只有всякий可以与带有不完全（或是不完全情境的）语义价的名词搭配：Всякий （＊Каждый）друг познается в беде; Всякая （＊Каждая）форма-это плоть содержания. Всякий 和 любой 都没有确定的、具体的指称对象，因此它们不能与状态述谓相容，因为"状态"述谓具有现实性和时间定位性，不能说 ＊Любой пессимист в дурном настроении; ＊Любой пьяница пьян. 但可以说：А главное, кто ж теперь не в аффекте, вы, я-все в аффекте （Ф. Достоевский）. 同理，具体事件性述谓也不能与любой, всякий 这类无具体指称项的量词相容。

综上可以看出，весь/все，каждый，всякий，любой这些全称量词的语义特征有别，其量化作用切不可等同视之。

三 程度副词的语用特性

什梅廖夫提出逻辑量化与语用量化的区分。逻辑量化是对名词短语的所指对象与某一初始集合之间的数量对应关系进行对比，如果完全对应，那么就实现全称量化，如果部分对应，就实现存在量化。充当初始集合的既可以是名词短语的外延，也可以是某一给定的对象集合或处于交际参与者"视野"内的对象集合。而语用量化是对名词短语的所指对象与某种假定的数量标准之间的关系做出评价，该标准具有很大的主观性，是说话人对有关程度的一种主观评估，与交际目的直接相关联。可见，逻辑量化是一种客观量化，而语用量化是一种主观量化，表达出说话人的意见和心理感受。譬如，在 На площади много народу 和 В этом году мало грибов 这两个句子中，广场上的合适人数和蘑菇的标准数量是由说话人确定的，语用上受说话人主观倾向的限制。

实现语用量化的典型量词是表示"大量"与"少量"的 много, мало, немного 这些词，我们暂且将其称为程度副词，它们既可以表示数量的多少，也可以表示程度的强弱。如果说逻辑量词的选择多半与量词的语义特性有关，那么语用量词的选择则多半与量词的交际特性和交际目的相关联。

Немного 是对某个可量化集合的存在或某个特征呈现的事实进行报道，而数量评价是次要的补充信息；而 мало 本身已包含可量化集合或特征存在的预设，重在将其与某一标准进行对比，并且其语义上包含否定意义。由于预设上的"有"与语义上的"无"发生冲突，因此 мало 不能用于存在句。试比较：(a) Меня немного беспокоит эта проблема（我有点担心这个问题）；(б) Меня мало беспокоит эта проблема（我不怎么担心这个问题），句子(a) 重在说明担心，而句子(б) 则重在说明不担心或不怎么担心。

人们在交际中的主观评价态度除了通过词汇变体表现出来，在句法位置和逻辑重音方面也有体现。鉴于 немного 自身的语义特性，在量化特征时，немного 绝对不能够重读；在量化集合时，则具有两种解读：如果重音在其上面，那么数量不多是主要的信息报道；如果重音不在其上，那么是对集合的存在进行报道，而数量评价是补充的次要信息。Немного 的这种潜在的多义性可以在语境中得到解决。按照述位性的强弱进行排序，就会得出 мало-много-немало-немного 这样的序列，мало 的语义禁止其用于存在句，而 много 和 немало 尽管可以用于存在句，但也只是语句的补充陈说部分。试比较：Он принес много книг；Он принес мало книг；在前一个句子中 принес много книг 可以作为述位，重读在 книг 上；而在后一个句子中述位只能是 мало。

在频度副词 часто, редко, нередко 的量化中也可以看到类似的情形。часто 处于句法非重读位置，用来补充陈说，主要报道的是可量化事件的存在，例如，在 В Ленинграде часто идет дождь 这个句子中，主要是对 идет дождь（下雨）进行报道，而下雨频率是补充的次要信息。而在 Мой ребенок редко болеет 这个句子中，редко 是主要述题，而与其相对应的 изредко 则往往处于非重读、非述位位置。以上这些词虽然语义上近似，但却执行不同的交际功能，мало, редко, нечасто, нерегулярно 的语义禁止它们充当主位，它们只能作为述位。Янко 也曾明确指出 много 和 мало, часто 和 редко 的交际非对称性，相对于 много 和 часто, мало 和 редко 明显偏离假定的标准。①

传统全称量词只能用于逻辑量化，表示客观上的数量对比。而存在量词的情况相对复杂，一些只用于逻辑量化，如 некоторые, большинство 和 меньшинство，其中不定量词 некоторые 不包含任何主观评价意义，可以转换成带有动词 бывать 的句子，如 Мужчины бывают непоследовательн = Некоторые мужчины непоследовательны; Женщины бывают болтливы = Некоторые женщины болтливы. 而 Большинство 和 меньшинствоо 表示的是同类整体的集合，其语义结构中包含确定性、部分性、同类性和实体性；一些只用于语用量化，如 много, мало, немного，因此构成选择性短语的只能是 многие из них，而不能是 много из них.；还有一些则对两类量化均适用，如 немногие 等等。

四 频度副词和情态动词的限定量化功能

根据量词论域的不同，西方学者区分出限定词量化（determiner quantification）和修饰语量化（adverbial quantification），② 而俄罗斯学者更倾向于使用名词短语（NP）量化和情境量化（或事件量化）这两个术语。实际上，限定词量化即是 NP 量化，也即量化发生在名词短语内部，是对名词短语的指称范围予以限定，如 Most logicians like linguistics（大部分逻辑学家都喜欢语言学）; Некоторые математики прекрасно разбираются в лингвистике（有些数学家精通语言学）；而修饰语量化的是谓词指称的情境或事件，针对的是句子层面的量化，如 Mary always took John to the movies（玛丽总是带约翰去看电影）; Мои родители обычно не ходят на собрания（我的父母通常不去开会）。

Никогда, иногда, всегда, все время, вечно 等时间副词具有量化功能，既可以量化时间，也可以量化事件。NP 量化必定与类别相关联。在包含定性式述谓的语句中，受名词短语指称特性的影响，这些词与广义量词具有同构关系。

在包含定性式述谓的语句中，如果名词为非指称性用法，那么频度副词与 многие, немногие, все, некоторые, иной, большинство 这些量词相对应。此

---

① Янко Т. Е., "Обостоятельства времени в коммуникационной структуре предложения," Арутюнова Н. Д., Янко Т. Е. (Отв. ред) Логический анализ языка. Язык и время, М., Индрик, 1997. с. 291.

② Kamp H. "A theory of truth and semantic representation," J. A. G. Groenendijk, T. M. V. Janssen, and M. B. J. Stokhof (eds.), Formal Methods in the Study of Language, Amsterdam: Mathematical Centre Tracts135, 1981, pp. 277—322.

时量化不是发生在句子层面,而是作用于述谓关系的一个论元,也即量化名词短语的指称范围。譬如:以下每一对例子中句子(a)都可以转换为句子(b)。

(1a) Музыканты редко обладают абсолютным слухом;
(1b) Немногие музыканты обладают абсолютным слухом;
(2a) Женщины часто не любят говорить о возрасте;
(2b) Многие женщины не любят говорить о возрасте;
(3a) Большому преступлению всегда предшествуют малые;
(3b) Всякому большму преступлению предшествуют малые.

如果名词短语有具体所指对象,则不能与频度副词同现,因此不能把上述例句中的名词短语替换成有具体所指对象的 NP,不能说:

(1c) * Эти музыканты редко обладают абсолютным слухом;
(2c) * Маша часто не любит говорить о возрасте.
(3c) * Этому преступлению всегда предшествуют малые.

情态动词 мочь 与定性式述谓连用时同样也可以表示限定词量化,获得存在解读,这是因为本体论可能性与认识论可能性发生重合,换句话说,潜在的存在和现实的存在重合在一起,此时可能性的判断与存在的判断是等价的,例如:

(4a) В прямоугольнике катеты могут быть равны;
(4b) В некоторых прямоугольниках катеты равны;
(某些直角三角形的直角边相等)
(5a) Профессора математики могут обладать большой лингвистической проницательностью;
(5b) Некоторые профессора обладают большой лингвистической проница тельностью;
(某些数学教授具有很强的语言学洞察力)
(6a) Цветки сирени могут иметь пять лепестков вместо четырех;
(6b) У некоторых цветков сирени пять лепестков вместо четырех;
(某些丁香花有 5 个花瓣,而不是 4 个)
(7a) На рынках товары могут быть не сертифицированы;
(7b) На рынках некоторые товары не сертифицированы.
(市场上的某些商品未经过认证)。

在英语中也可以发现这种同构现象,例如:Most facts in the world have only one truth 与 Fact in the world usually has only one truth 同义。Langacker 指出 all, most, some 与 must, should, may 之间存在对应关系,在他的认知语法框架下,量词与情态动词正好分别是"名词短语"和"分句"层面的语境定位谓

项（grounding predication），具有平行的语法功能。① 由此看出，频度副词、情态动词与广义量词的这种对应关系具有一定的普适性。试比较：Дети могут не любить томатный соус；Дети не всегда любят томатный соус；Некоторые дети не любят томатный соус.

五 结 语

在自然语言中表示量化意义的语言手段极其丰富，只有考虑到量化词的语义特性和交际特性才能对自然语言的量化作出正确恰当的描写。

用于逻辑量化的全称量词"весь/все, каждый, всякий, любой"具有不同的语义特征，因此在名词短语的指称特性和述谓类别方面均有不同的搭配限制。这种逻辑量化是对名词短语的所指对象与某一初始集合之间的数量对应关系进行对比，而借助于много, мало, немного 实现的语用量化则是以某种假定的数量标准为基础进行对比，反映出说话人的主观评价，并且与交际结构和交际目的息息相关。

除了名词短语内部的限定语量化以外，在句子层面也会碰到量化现象，也就是所谓的修饰语量化。如果定性式述谓与非指称性使用的名词短语在句子中共现，那么用来实现修饰语量化的频度副词和情态动词就会具有和限定词一样的逻辑性质，同样可以量化名词短语。频度副词和情态动词与广义量词的这种同构对应关系反映出深层语义结构的一致性和人类思维的逻辑特性，以及概念化和认知发展过程。

对自然语言限定量化结构的研究可以揭示出自然语言中更重要的语义现象。一方面，自然语言量化结构的描写有助于把握自然语言的逻辑特性，深刻揭示自然语言的内在本质；另一方面，这对语言教学、自然语言的计算机处理、机器翻译等具有现实意义和实践探索价值。

---

① Langacker, R. W., Foundations of Cognitive Grammar Vol. Ⅱ: Descriptive Application. Stanford：Stanford University Press, 1991.

诗意的栖居

——海德格尔与意境美学

首都师范大学英文系 杨波

【摘要】

海德格尔超主客二分的存在论美学和西方传统的形而上学美学大异其趣,而接近东方的哲学和美学精神。"意境",作为"天人合一"的哲学智慧在美学上的体现,代表了中国古典诗学和美学的最高理论成就。"意境"有两个基本特征:"意与境浑"和"艺通于道"。"意与境浑"强调艺术和诗歌创作中主客合一的艺术体验,"艺通于道"则是强调艺术是宇宙人生之道的显示。在这两个方面,中国意境美学和海德格尔的存在论美学都具有共通的理论向度,从而为中西美学的沟通与对话提供了契机。

【关键词】

海德格尔 "意境" 意与境浑 艺通于道

一

海德格尔在西方哲学史上之所以有至关重要的地位,原因在于他突破了长期统治西方哲学的思维与存在、主体与客体二分的形而上学思维模式。此种区分始于柏拉图和亚里士多德哲学,到笛卡儿那里便有了确定的形式,即"主体性原则",而终于至黑格尔达到了顶峰。形而上学的基本特点在于:人的认知能力被抽象出来作为认识的主体,人之外的其他事物都被放置到主体的面前,成为主体的认识对象。于是,整个世界都成为外在于主体、对象化了的客体。此种思维模式正是列奥塔所说的"表象形上学"(representative metaphysics)。与表象形而上学紧密相联的是传统存在论,即认为在万事万物的背后有一个最高的终极的"存在",此"存在"的"本质"也可以用主体的逻辑范畴去把握。哲学的目的就是把握"存在的本质"。形而上学与传统存在论相结合的结果,是造成统治西方思想数千年的旧存在论哲学传统,科技理性和工具理性大行其道,形成了对人与世界、人与自然乃至人与人关系的宰制。在科技理性精神彰显的同时,人并没有感到满足,而是感到一种深切的失落,用海德格尔的话说,人日益感到"无家可归"。

海德格尔认为,要扭转这种思维与存在二分的局面,必须回到古希腊早期哲学特别是巴门尼德所谓"思维与存在同一"的基本思想。海德格尔警告我们,在这里不能用通常的模式来理解巴门尼德的思维与存在,以为思维是主体,存在是客体,从而认定思维与存在同一就是表示任何存在的东西都是主观的,这乃是康德和德国唯心主义者的学说,海德格尔认为这种学说,"使我们难于理解巴门尼德所说的原始希腊语词的真正意思。"①海德格尔认为,古希腊人是"用极其原始的方式来理解这种关系的,因为这是哲学的开端,而且他们缺乏认识论方面的训练。"②在海德格尔看来,与巴门尼德对立的赫拉克利特在这方面与巴门尼德的观点是一致的。赫拉克利特的逻各斯(Logos)在希腊语中的本意是"聚集,采集",也有"说"和"听"的意思。而"聚集"、"说"、"听",都是使事物内在地联结起来,从而使之明白起来和显示出来。这样,"逻各斯"也就有了存在的意思。巴门尼德的存在也是出现、显示之意,而巴门尼德的"思"并不是指人的属性或能力,而是指人的出现过程,这样,"思维与存在同一",实际上不是说的主体与客体同一,而是说存在通过人的活动显现出来。总之,在海德格尔看来,古希腊早期哲学家巴门尼德和赫拉克利特都无主客二分的思想,他们都把人和存在看成浑然一体,都把人看成是存在的显示、去蔽。"就在西方哲学的开端,已经很明显的是,存在的问题必然包含此在的根基。"③我们知道,海德格尔的"此在"(Dasein,又译作"亲在")实际上是指的人。人在没有认识世界之前,已经与世界融为一体,人与世界的关系首先是世界通过人而显示出来的关系:"此在"是"存在显露自己的场所"。④没有"此在","存在"不能显露自己,因而存在是无意义的。当然"此在"也离不开"存在",因为"此在"的最基本、最原初

---

① 海德格尔:《形而上学导论》,熊伟、王庆节译,北京:商务印书馆,1996年,第137页。
② 同上,第136页。
③ 同上,第174页。
④ 同上,第205页。

的状态就是"在世界之中存在"(In-der-Welt-sein),用一句中国话来说就是"人生在世"。"人生在世指的是人同世界浑然一体的情状,"①而不是把"世界"当做外在于"我"的对象。"人生在世",首先要和世界万物打交道;至于人作为主体来认识客体的关系,那不是第一位的,而是后来衍生的。认识必须走向"在世界之中"的源认识,才能破除主客二分对认识的限制,走出形而上学思维习惯的误区。

二

海德格尔超主客二分的思维方式对于西方美学有重大的突破意义。柏拉图把文艺摹仿现实贬低为"照镜子",认为文艺是理念的"摹本的摹本","和真理隔着三层",并据此把诗人驱逐出理想国。亚里士多德虽然抛弃了柏拉图的"理念",肯定了文艺摹仿现实的真实性,但是也更加坚固了摹仿论的基础,从而确立了摹仿论在西方文艺理论史上的统治地位。这一统治地位直到浪漫主义时期才遭到质疑。浪漫主义在理论上源于康德和费希特哲学,强调审美活动中的主体作用和"自我"的独立性,认为"自我高于一切",反对理性的无上统治和将情感屈从于理性的做法,主张文艺应表现人的主观情感和思想。浪漫主义反对现代机械文明,要求返回自然淳朴的原始生活和人的自然情感。例如,英国浪漫主义诗人华兹华斯主张远离城市文明,到自然中去寻找"自发的智慧"(spontaneous wisdom),这和中国古典山水诗"天人合一"的理想颇有相似之处。然而,正如叶维廉先生在"中国古典诗和英美诗中山水美感意识的演变"一文中所指出的,华氏虽然提出 Wise Passiveness(意为保持一种聪悟的被动,近乎道家之所谓"虚以待物")的名言,但是他诗中用了大量解说性、演绎性的文字,和"景物不知不觉进入他脑中"的观物理想相违。事实上,浪漫主义诗人"常常有形而上的忧虑和不安,因为他们,像康德一样,认为纯然感受外物是不足的,真正的认识论必须包括诗人的想象进入本体世界的思索,必须挣扎由眼前的物理世界跃入抽象的形而上的世界。"②浪漫主义诗人虽然力图解决主客观之间的对立,使人与自然获得统一,但是他们的诗歌中主客始终是分裂的,并且时时流露出试图弥合此种分裂的挣扎焦虑的痕迹。

真正实现主客二分思维方式的超越的,是海德格尔。海德格尔批判了历

---

① 陈嘉映:《海德格尔哲学概论》,北京:三联书店,1995年,第406页。
② 叶维廉:《中国古典诗和英美诗中山水美感意识的演变》,李达三,罗刚:《中外比较文学的里程碑》,北京:人民文学出版社,1997年,第198页。

史上那种把"我思"客观化的做法,并提出了一种全新的"思"。海德格尔通过对玫瑰的体验来告知这种思的独特:

> 对于更宽泛意义上的物的日常经验既不是客观化的,也不是一种对象化。譬如,当我们坐在花园中,欢欣于盛开的玫瑰花,这时候的我们并没有使玫瑰花成为一个客体,甚至也没有使之成为一个对象,亦即成为某个专门被表象出来的东西。甚至当我在默然无声的道说中沉醉于玫瑰花的灼灼生辉的红色,沉思玫瑰花的红艳,这时红艳就像绽开的玫瑰花一样,既不是一个客体,也不是一个物,也不是一个对象。玫瑰花在花园中,也许在风中左右摇曳。相反,玫瑰花的红艳既不在花园中,也不可能在风中摇曳。但我们却通过对它的命名而思考之、道说之。据此看来,就有一种既不是客观化也不是对象化的思想与道说。①

因此,那种认为"我思"必须客观化和对象化的想法是一种误解。海德格尔认为恰恰是非客观化、非对象化的"思"展开了一个世界。这个世界让美走到前台,或者说这个世界就是美的世界。在此基础上,海德格尔提出了一种全新的语言观。海德格尔反对将语言当成是逻辑演绎、表达事理的工具,认为此种观念掩盖了语言的本质来源和美学意蕴。在海德格尔看来,语言在其本质中澄明着人类生存的境遇。海德格尔写道:"语言之本质并不仅仅在于成为理解的工具。这一规定全然没有触着语言的真正本质,而只是指出了语言之本质的一个结果而已。语言不止是人所拥有的许多工具中的一种工具;相反,唯语言才提供出一种置身于存在者之敞开状态中间的可能性。惟有语言处,才有世界。"②语言不是外在于人的工具,而是人的存在方式。"话"不是抽象的精神、思想,而是在万物中留下(刻出)存在的"痕迹",使事物本身"明朗化"。语言不但保存着存在之敞开状态,还赋予人通达存在的道路。所以海德格尔说,"语言是存在之家。"人在语言中安然栖居于存在的家园。

正是在这一意义上,语言之思才开启出世界,这种世界不是一个主体与客体的世界,而是现象学意义上的世界,是一种生存的境界,是"实际上的此在作为此在'生活'在其中的东西"。③海德格尔把这个世界加以具体化,他说:"天、地、神、人之纯一性的具有着的映射游戏,我们称之为世界。"④

---

① 海德格尔:《路标》,孙周兴译,北京:商务印书馆,2000年,第81页。
② 海德格尔:《在通向语言的途中》,孙周兴译,北京:商务印书馆,1997年,第40页。
③ 海德格尔:《存在与时间》,陈嘉映、王庆节译,北京:三联书店,1997年,第76页。
④ 海德格尔:《演讲与论文集》,孙周兴译,北京:三联书店,2005,第188页。

这里的纯一性不是形而上学的绝对理念,而是天、地、神、人的四重整体。这四重整体的统一性就在于说到其中一方,其他三方也必然包孕其中。人生存于大地之上、苍天之下,承纳着神性的恩爱,因此而构成了世界存在的原初的一。

可以看出,海德格尔以"此在"的存在为基础,以诗意的栖居为旨归的哲学思路与西方传统形而上学的思维方式大异其趣,而接近东方的哲学精神。叶维廉在"道家美学·山水诗·海德格"一文中,说海德格尔所致力的回到苏格拉底以前的原真状态,力求呈现"存在的具体性",重建与世界的直接、原始的接触,与道家美学大有共通之处。他说:"要消除玄学的累赘、概念的累赘也可以说是海德格哲学最用力的地方。像道家的返璞归真,海德格对原真事物的重认,使到美学有了一个新的开始。"① 关于海德格尔和道家思想的亲缘性,前人已经作了不少研究。这里我作为一个文学工作者,只想谈谈海德格尔思想和中国美学范畴中的"意境"的共通之处,这一方面也许可以在"意境"的理解上提供些许启发,另一方面也希望可以有助于在中国古代思想与西方现代思想之间作些沟通和交往。

三

"意境",作为中国古典美学和诗学的核心范畴,高度凝结了中国人"天人合一"的哲学智慧。"意境"是从中国传统美学的重要范畴"意象"发展而来,其作为概念首次被提出来是在唐代,近代王国维从理论上对其加以总结和揭示,并使其成为中国古典艺术的最高境界和艺术内在本质的最高理论概括。关于"意境"的理论内涵与本质,众说纷纭,缺乏定论。但"意境"有两个基本特征已经是共识,即"意与境浑"和"艺通于道"。"意与境浑"强调艺术和诗歌创作中主客合一的艺术体验,"艺通于道"则是强调艺术是宇宙人生之道的显示。在这两个方面,中国意境美学和海德格尔的存在论美学都具有共通的理论向度,从而为中西美学的沟通与对话提供了契机。

"意与境浑"或曰"意与境偕",是意境的基本结构。王昌龄《诗格》说:

诗有三格:一曰生思,久用精思,未契意象,力疲智竭,放安神思,心偶照境,率然而生。二曰感思,寻味前言,吟讽古制,感而生思。三曰取思,

---

① 郑树森《现象学与文学批评》,台北:东大图书公司,1984,第169页。

搜求于象，心入于境，神会于物，因心而得。①

　　这里说的是诗歌意境产生的三种情况。"思"是刘勰所谓"神思"，也就是艺术灵感和艺术想象。"心"是审美活动中的主观因素如诗人的情意，"境"则是审美活动中的客观方面。"心偶照境"、"心入于境"，都是强调艺术灵感和艺术想象不能脱离客观的"境"，而要依赖审美观照中"心"与"境"的契合。《诗格》中另有一段话对这个意思做了进一步的说明：

　　夫作文章，但多立意。令左穿右穴，苦心竭智，必须忘身，不可拘束，思若不来，即须放情却宽之，令境生，然后以境照之，思则便来，来即作文，如其境思不来，不可作也。②

　　意境的创造要依赖主观情意与客观景物的契合，没有达到物我交融、心境契合的状态，就不能有意境的创造。这是意境说的基本思想。司空图在《与王驾评诗书》说的"思与境偕"，以及明王世贞的"神与境会"、"兴与境诣"，都是对王昌龄上述思想的概括与发展。

　　艺术意境的创造有赖于意与境浑的艺术体验，这和海德格尔突破二元分离的表象性思维的观念是一致的。在审美观照中，人并非把事物当作是外在于人，对象化了的客体，对其进行逻辑性、概念性的剖析，而是进入一种类似"游戏"的状态，在这种状态中，人"忘记了自身"而被"聚集到他的此在的根基上。人在其中达乎安宁；当然不是达乎无所作为、空无心思的假宁静，而是达乎那种无限的安宁，在这种安宁中，一切力量和关联都是活跃的。"③艺术体验之思不是一种概念性思维，而是根源性的存在之思，是"至于诸神的当前之中，并且受到物之本质切近的震颤"，是在"天、地、神、人"四方都到场和敞开下的"映射游戏"；同样，对于物来说，也不是独立于人的、外在的物，而是"物居留四重整体"，即"物物化世界"（Das Ding dingt Welt）中的物。

　　王国维把意境分为"有我之境"与"无我之境"："'泪眼问花花不语，乱红飞过秋千过'．'可堪孤馆春寒，杜鹃声里斜阳暮'有我之境也．'采菊东篱下，悠然见南山．''寒波淡淡起，白鸟悠悠下．'无我之境也，有我之境，以我观物，故物皆著我之色彩。无我之境，以物观物，故不知何者为我，何者为物。古人为词，写有我之境者多，然未始不能写无我之境。此在豪杰之士能自树立耳。"④叶维廉先生借用了"以物观物"的概念来归纳中国艺术意

---

① 郭绍虞：《中国历代文论选》（卷二），上海：上海古籍出版社，2001年，第88页。
② 叶朗：《中国美学史大纲》，上海：上海人民出版社，1985年，第271页。
③ 海德格尔：《荷尔德林诗的阐释》，孙周兴译，北京：商务印书馆，2000年，第49页。
④ 王国维：《人间词话》，上海：上海古籍出版社，2004年，第5页。

境的创生方式,并指出其特点在于"景物自然兴发与演出,作者不以主观的情绪或知性的逻辑介入去扰乱眼前景物内在生命的生长与变化的姿态"。① 此种感应宇宙万物的方式和西方自亚里士多德、柏拉图以来的"以我观物"的方式是迥异其趣的。"以我观物"主张艺术家从自我出发,把自我的情感外射到自然物象上,从而在人与物、情与景之间找到契合点,达到一种以艺术家的主观情感为中心的情景交融。而"以物观物"以及所达到的"无我之境",则是审美主体在超脱世俗尘想,在"心凝形释,与万化冥会"的状态下,把自我融会到自然对象中,体悟出宇宙自然的内在精神律动,最终形成物我两忘、物我合一、"不知何者为我,何者为物"的化境。

"以物观物"、"无我之境"的思维方式和海德格尔所提出的"泰然自在"(Gelassenheit)之思是完全一致的。海德格尔写道:"思想是一种行为,但却是一种同时超越一切实践的行为。思想耸立于行动和制造之上,并不是由于它的功劳伟大,也不是由于它的作用成果,而倒是由于它的毫无成就的完成微不足道。"② 可见,"泰然自在"之思不是形而上学的技术型思维,而是类似于道家的"无为";它从不急切地把事物的本质加以剖析、计算和探究,而是以一种心不在焉的状态,保全了存在的本质;它要求破除人类自我中心的偏执,不以人为的分化和计算去破坏万物的本来面目,而是顺天自化、天人合一,保持宇宙万物的天然生机和完整意趣。

体现在艺术意境上,它追求一种清静无为、自然天成的境界。"泰然自在",即并非有意为之,而是水到渠成,"清水出芙蓉,天然去雕饰",在不动声色中使诗意涌现,使存在得到澄明。在《荷尔德林的大地和天空》一文的开头,海德格尔指出,如果想真正进入荷尔德林的世界,就必须"把我们惯常的表象方式转变为一种质朴的、异乎寻常的运思经验。"任何与思背道而驰的方式,都不利于诗意世界的呈现,"对于这个诗人世界,我们依据文学和美学的范畴是决不能把握的。"③

四

海德格尔美学与中国意境美学会通的另一个理论向度在于二者都强调"艺通于道",即认为艺术是对人生宇宙真理的体悟。海德格尔认为,"艺术作

---

① 叶维廉:《中国古典诗和英美诗中山水美感意识的演变》,李达三,罗刚:《中外比较文学的里程碑》,第186页。
② 海德格尔:《路标》,孙周兴译,北京:商务印书馆,2000年,第426页。
③ 海德格尔:《荷尔德林诗的阐释》,孙周兴译,北京:商务印书馆,2000年,第85页。

品以自己的方式开启存在者之存在。在作品中发生着这样一种开启，也即解蔽（Entbergen），也就是存在者之真理。在艺术作品中，存在者之真理自行设置入作品中了。艺术就是真理自行设置入作品中。"①

在海德格尔看来，艺术既不是对现实的摹仿，也不是主观的表达，而是为了彰显存在的真理，是"存在者之存在的敞开"。②海德格尔认为艺术这个词的原义涉及古希腊人特有的认知方式，即将在场者作为非现成的在场者带到揭蔽状态中来的认知方式。它是以一种非普遍化、抽象化的方式揭示存在的境域。与之类似的，中国意境美学同样强调艺术应该超越对于具体物象的描绘而进入一种更阔大、更深远的原发生意义的境域，即"道"的境域。

叶朗先生说："从审美感兴活动来看，所谓'意境'，就是超越具体的有限的物象、事件、场景，进入无限的时间和空间，即所谓'胸罗宇宙，思接千古'，从而对整个人生、历史、宇宙获得一种哲理性的感悟和感受。"③ 这段话概括出意境的一个根本特点：从有限到无限的超越。此种超越体现在中国哲学中就是对"道"的追求。宗白华先生指出：

中国哲学是就'生命本身'体悟'道'的节奏。'道'具象于生活、礼乐制度。道尤表象于'艺'。灿烂的'艺'赋予'道'以形象和生命，'道'给予'艺'以深度和灵魂。④

"道"是宇宙万物的本体和生命。诗的意境必须表现这个本体和生命。司空图《二十四诗品》中反复强调这一点。例如："俱道适往"（《绮丽》），"由道返气"（《豪放》），"道不自器，与之圆方"（《委曲》），"俱似大道，妙契同尘"（《形容》），等等。这些话都是说意境必须表现"道"。"道"是无限的，而"象"是有限的，。因此要追求"道"就必须突破具体的"象"。刘禹锡说"境生于象外"，皎然说诗境要"采奇于象外"，司空图的"象外之象，景外之景"，从本质上说都是根源于文学是"道"的显现的观念。

具体到诗歌创作上，意境美学强调"无"和"虚"的作用，讲究虚实相生之妙。司空图的"返虚入浑"（《雄浑》）和"不著一字，尽得风流"（《含蓄》），严羽的"镜花水月"之"妙悟"说，以及王渔洋的"神韵"，都认为艺术意境的创造在于发挥"虚"和"无"的作用，使人在似有似无、虚虚实实之间，体会到无穷的美感享受。

海德格尔哲学虽没有明确开启艺术意境中"象外之象"这一课题，然而

---

① 海德格尔：《林中路》，孙周兴译，上海：上海译文出版社，2004年，第25页。
② 海德格尔：《形而上学导论》，熊伟、王庆节译，北京：商务印书馆，1996年，第135页。
③ 叶朗：《现代美学体系》，北京：北京大学出版社，1999年，第132页。
④ 宗白华：《意境》，北京：北京大学出版社，1987年，第159页。

其对于"无"的强调在西方哲学中也可谓起到了振聋发聩的作用，并直逼东方哲学和美学的精神。《形而上学导论》开宗明义第一句就是："为什么有现实存在物而没有无？"我们知道，在西方传统哲学的思想体系中没有"无"的地位。传统哲学从不追问"无"的问题，因为其思想的前提是"有"而不能是"无"。海德格尔认为，正是对"无"的忽视导致了存在的遗忘。因此，"无"的发现是开启存在世界的关键。"只有当人的生存把自己投入无中，人的生存才能与现实存在物相关。"①在海德格尔看来，投入无也就是从人的日常"沉沦"状态及"非本真状态"返归到"本真状态"。人在日常生活中，被一切人和世俗牵着鼻子走，只有当面对"无"时才能体会和发现自己的"本己"，达到最无拘束的自由境地。海德格尔认为诗歌是达到"无"和"存在"的途径。他说："对科学来说，讲无总是一种可怕的和荒谬的事。除哲学家之外，只有诗人能做到这一点，——而这并不是因为像普通常识所设想的那样，诗没有严格的规律，而是因为诗的精神（这里只是指真正的、伟大的诗）本质上优于一切单纯科学中流行的精神。"诗之所以优于科学精神，是因为诗摆脱了世俗的羁绊，而显示存在的真意。

  这里我们看到，海德格尔和中国意境都强调通过诗的途径以返回本真，都可归结为"超然"哲学（美学），其核心都在一个"无"字，意识不到"无"，就谈不上"超然"，谈不上"返回本真"。然而此种"超然"又并不以对现实存在物的否弃为前提，不是脱离现实存在物而去追求高高在上的"理念"。"无既不自己独立出现，也不在现实存在物之外出现，它似乎粘附着现实存在物。"②海德格尔反复吟诵荷尔德林的诗句："充满劳绩，但人诗意的栖居在这片大地上。"作为对这句诗的注解，海德格尔说："作诗并不飞越和超出大地，以便离弃大地，悬浮于大地之上。毋宁说，作诗首先把人带向大地，使人归属于大地，从而使人进入栖居之中。"③存在的意义，不在于对某种更高的、终极的实体的追求，而在于从眼前的现实存在物中去体悟"存在"的真意。"名教中自有天地"，超现实的精神境界的获得，无须从虚无缥缈中去寻求。陶渊明诗云："结庐在人境，而无车马喧。问君何能尔？心远地自偏。"人境本是喧嚣纷扰之地，居人境而不觉车马之喧，关键在于"心远"，即对世界对生活的一种超然的态度，此种超然，正是海德格尔所说的"诗意的栖居"，是禅宗的"即世间而出世间"的智慧。

  张祥龙指出，海德格尔与中国天道观（包括禅宗）在最关键一点上是一致的，即"都是一种源于（或缘于）人生的原初体验视野的、纯境域构成的

---

① 海德格尔：《什么是形而上学》，法兰克福1955年版，第41页。
② 同上，第35页。
③ 海德格尔：《演讲与论文集》，孙周兴译，北京：三联书店，2005年，第201页。

思维方式"。① 称之为"境域",取的是这样一个意思,即"终极既不是任何现成者,而又活生生的在场,使我们领会当下涉及的一切可能"。② 艺术也好,诗歌也罢,都是此种终极境域的显现,是来自此种境域的消息。"大音希声、大象无形",此种消息既浑厚无比,又似有似无,人的观念思维接受不到它,只有在艺术和诗歌的世界中,我们才能感知这终极境域的消息,从而浑然天成的"敞开",达到"思无邪"。

五

本文考察了海德格尔存在论思想和中国意境美学的共通之处。海德格尔反对形而上学主客二分的思维方式,主张回到苏格拉底以前人和存在浑然一体的状态,力求呈现"存在的具体性"。中国意境美学所强调的"意与境浑"也是一种超主客二分的艺术体验,强调艺术创作中物我交融、主客合一的特点,和海德格尔的思路一致。海德格尔从存在的开显的角度来思考艺术的本源,反对形而上学的艺术真理观,这和中国意境美学的进路也是共通的,二者都是主张"艺通于道",即艺术创作是对人生宇宙真理的体悟,但这种体悟并不是一种二元对立的相对真理的表象性思维的认知,而是一种自然天真,一种本体与现象的体用浑然。当然,我们也应当看到,海德格尔存在论哲学和中国意境美学的背景是大不相同的。海德格尔的哲学系针对西方形而上学思维和科技理性的弊端而发,乃是对西方传统思想的反叛和超越,而中国意境美学则是以老庄道学、魏晋玄学以及禅宗佛学为其哲学根源,是中国"天人合一"的哲学底蕴孕育出来的花朵。如果说后者是尚未达到主体性原则之前的原始的"天人合一",前者则是在经历了长期主体性原则之后,在意识到主体性原则的弊端的情况下对其进行超越,重新回归天人合一。在此笔者无意于评价两者的优劣,应该说海德格尔的思想因为背负了西方整个形而上学的重压而充满厚重感和历史使命感,中国意境美学则由于少了如许的理论负担而显得更加轻盈和空灵。或许摆在我们面前的一个更加值得思考的问题是:在各种价值体系与存在基础纷纷崩解的后现代大潮中,海德格尔以"此在"的存在为基础、以"诗意的栖居"为旨归的哲学和美学究竟给人们开启了怎样的可能性?正如张祥龙先生所指出的,海德格尔的生存境域"不同于实用主义和各类无根的'后……主义',因为它取得了一种尽管是非实体的、却浸

---

① 张祥龙:《海德格尔思想与中国天道》,北京:三联书店,1996,第13页。
② 同上,第359页。

润到了人生最深处的终极理解。"毕竟,"20 世纪以来,特别是在当今这个'后工业化'、'后冷战'、'后哲学'的时代,反形而上学是个赶滥了的时髦,而真正的难处在于不避开终极问题的消解掉形而上学、包括宗教形而上学的终极观,增进我们对于人生在世本身的领悟。"① 从这个意义上说,海德格尔与中国意境美学给我们的启示不仅仅是美学意义上的,而是关乎存在的意义本身。说到底,人生的根本问题是:有限的、夜露残宵般的个体生命如何寻得自身的生存意义,如何超逾有限与无限的对立,获得内心的安宁和自由的精神境界?

五

---

① 张祥龙:《海德格尔与中国天道》,北京:三联书店,1996 年版,第 360 页。

隐喻认知与英语习语教学——从理论到应用

杨丽

【摘要】 习语的学习是英语习得的难点之一，在英语习得过程中起着重要作用。Lakoff 从认知语言学角度提出的概念隐喻理论为习语的习得提供了一个新的视角。本文集中探讨了概念隐喻理论应用于习语教学的主要原则，以期为习语教学提供借鉴。

【关键词】 习语　认知语言学　概念隐喻

一　引　言

英语习语是英语民族经过长期社会实践沉淀下来的语言形式，它们像镜子一样折射出英语语言的文化内涵、隐喻认知模式及特别的语用含义[1]。Cooper[2] 发现"成人本族语者每星期说出大约 3000 个隐喻和 7000 个习语"。

英语习语的学习在二语习得过程中起着重要作用[3]；Cooper[4] 认为对英语

---

[1]　张镇华等：《英语习语的文化内涵及其语用研究》，北京：外语教学与研究出版社，2006 年，第 4 页。

[2]　Cooper, T. C, "Teaching idioms," Foreign Language Annuals, vol. 31, no. 2 (1998), pp256—266.

[3]　Nattinger, J, "Some current trends in vocabulary teaching," in R Carter, M McCarthy, J Channell, Vocabulary and language teaching, Longman, 1988, pp62—82.

[4]　Cooper, T. C, "Processing of Idioms by Learners of English," TESOL Quarterly, vol. 33, no. 2 (1999), pp233—262.

习语的学习有利于二语学习者掌握原汁原味的地道英语；Ellis①则指出能否流利地运用英语习语是衡量二语学习者是否具有近似本族语言能力的重要参数之一。

  Lakoff 从认知语言学角度提出的概念隐喻理论为习语的习得提供了一个新的视角。Kövecses 及 Szabó 在 1996 年用一个小规模的实验证实了经隐喻意识培养的二语学习者对习语的习得率比用传统记记忆方式学习的学生习得率高 25%②；而 Boers③的实验则表明接受了隐喻意识教法的学生词汇能力明显优于接受传统词汇教学的学生。

  本文集中探讨了概念隐喻理论应用于习语教学的主要原则。这里习语取广义的概念，主要包括惯用语、短语动词、成语、谚语、歇后语、典故、俗语等。

二 认知语言学用于习语教学的核心思想

  传统的教学观认为英语习语（idiom）是固定的词组，语义上不可预测，结构上不可分析，整体语义无法由其构成部分的字面意义推测出来，即构成习语的单词的意义和习语的习惯意义之间毫无关联。因此，传统习语教学仅告知学生习语的具体含义以及提供学生相关练习，以期学生通过反复练习、模仿和记忆的方式学会使用习语。但是由于习语数目繁多，易混淆，传统的教法又缺乏有效性，使得习语成为英语学习中的难点④。唐玉玲⑤通过对不同英语水平学习者进行英语习语测试，收集到英语习语错误语料，探讨了中国学生英语习语习得特征。她建议教师在英语教学中除帮助学习者扩充其英语习语的语言知识，加强母语和目的语语言与文化的对比外，还需强化学生们对习语形式与意义的匹配。

  认知语言学对习语的理解在传统的基础上，增加了了解习语的认知机制

---

① Ellis, N., "Frequency Effects in Language Processing: A review with implications for theories of implicit and explicit language acquisition," Studies in Second Language Acquisition, vol. 24, no. 2 (2002), pp143－190.

② Kövecses, Z, Metaphor: a Practical Introduction. Oxford: Oxford University Press. (2010).

③ Boers, F., "Metaphor awareness and vocabulary retention," Applied Linguistics, vol. 21, no. 4 (2000), pp553—571.

④ 高黎，曾洁：《概念隐喻理论在英语习语教学中的应用研究》，《中国外语教育》2009 年第 3 期，20—25 页。

⑤ 唐玉玲：《从错误分析看英语习语的习得——一项横向研究》，《湘潭师范学院学报》（社会科学版），2007 年第 4 期。

及其生成的概念域两部分的知识①,认为习语教学的重点在于:

第一,通过全面介绍习语产生的认知基础来帮助学生有效理解和记忆习语。认知语言学认为,习语是人们通过多年实践获得的基本的经验图式;习语的意义至少是在三种认知基础上形成的,即概念隐喻、概念转喻和规约常识。很多情况下,习语的生成与理解则需要概念隐喻、转喻和约定知识的共同参与。在习语学习过程中,如果学习者善于借助习语词典,弄清习语的语源、典故和隐喻概念,就能逐步培养习语的活用能力,对全面理解和掌握习语起到事半功倍的效果②。

第二,着重培养学生概念隐喻的意识,从而加强学生洞察习语内涵和创造性运用习语的概念隐喻能力。隐喻能力(metaphoric competence)这一概念由心理学家 Gardner 和 Winner 首次提出;Littlemore 和 Low[3]将隐喻能力细化为四个主要方面:使用隐喻的创造性,即创新隐喻的能力;理解隐喻的熟练度,指理解一个隐喻多层含义的能力;理解隐喻的能力,指正确理解原创性隐喻的能力;理解隐喻的速度,指迅速、精准地理解隐喻的能力。蔡龙权[4]指出隐喻理论对二语习得的直接贡献之一在于通过学习隐喻性表达培养学生语义逻辑扩展能力。

总之,认知语言学为习语教学带来了新的视角:习语的本质是概念性的;许多习语的内涵是有据可循的;隐喻、转喻、约定知识等认知机制把习语的本义与喻意有机地联系起来,揭示这些深层的认知机制可帮助学生更好地理解和记忆习语;培养学生的概念隐喻意识及概念隐喻能力可以授之以渔,使学生突破被动地理解隐喻的局限,提高自身创造性地应用及创新隐喻的能力,从而帮助学生形成独立思考的习惯及有效的学习和思维的方式。

三 习语教学中概念隐喻理论的应用原则

本文主要从如下四个方面探讨习语教学中概念隐喻理论的应用原则:(1)习语的教学以概念隐喻解释为基础和起点,以期帮助学生更深入地理解和掌握

---

① Kövecses, Z, Metaphor: a Practical Introduction, Oxford: Oxford University Press, 2010.

② 陈万会:《中国学习者二语词汇研究——从认知心理的视角》,青岛:中国海洋大学出版社,2008年。

③ Littlemore, J. Low, G, "Metaphoric Competence, Second Language Learning, and Communicative Language Ability," Applied Linguistics, vol. 27, no. 2 (2006), pp268—294.

④ 蔡龙权:《隐喻在二语习得中的应用》,《外国语》,2003年第6期。

习语；（2）建立基于概念隐喻的习语语族，以便帮助学生更系统地记忆习语；（3）比较隐喻在不同文化中的共性与差异，以便使学生更深层地理解习语的内涵；（4）注重培养学生概念隐喻的能力，以便培养学生创造性地应用及创新习语的能力。

3.1 以概念隐喻解释为基础和起点讲授习语

Paivio[①]提出的双重编码理论很好地解释了为何以概念隐喻理论为基础讲解习语可以达到较好的教学效果。这一理论认为，我们的认知过程由两个基本的系统负责，一个是言语系统，另一个是非言语系统，两个系统相互联系，共同强化学习和记忆。双重编码理论获得了来自多方面研究的支持，并被广泛应用于教育领域。

根据双重编码理论，在学习的过程中，具体的材料比抽象的材料更容易记忆[②]，因为具体的材料在大脑加工过程中能激起意象，从而涉及言语和非言语两个系统参与加工。但抽象材料不能激起意象，只涉及一个系统，因此不能进行双编码处理。

在习语教学的过程中，应用概念隐喻解析习语意义的过程，是帮助学生把抽象和具体域联系起来的过程，是使抽象域具体化的过程。经过这一过程后，具体域中的意义在学生头脑加工过程中激起意象，也就是使学生对习语的加工过程经过双重编码，从而达到加强学生的理解和记忆的效果。从这个角度讲，以概念隐喻为基础解释习语可以帮助学生更好地习得和记忆习语。

另外，Paivio[③]基于图形比词汇更容易记忆的发现进一步指出，非言语编码要优于言语编码的记忆效果。因此在讲授习语的过程中，如能进一步应用具体图象说明概念隐喻的内容，则可以达到更好的效果。例如可以用下图（图1）说明"time is money"概念隐喻[④]。

从而引入下列有关时间的习语：

To spend time; To waste time; To value time; To run out of time; To spare time; To afford time; To save time; To be short of time; To have plenty of time

---

① Paivio, A: Mental Representations, Oxford and New York: Oxford University Press, 1986.

② Richardson, J. T. E.: Imagery. Hove, UK: Psychology Press, 1999.

③ Paivio, A: Imagery and verbal processes, New York: Holt, Rinehart & Winston, 1971.

④ Wright, J.: Idiom Organizer. Language Teaching Publications by Heline, a part of Thomson Corporation. Boston, MA 02210, USA., 2002.

I think I am running out of time

图1 表示"time is money"这一概念隐喻的图形

另一方面,Craik 及 Lockhart[①]的加工水平理论则很好地解释了习语的教学为何要以其概念隐喻解释为起点。这一观点认为,信息初次处理程度的深浅决定新信息进入长时记忆可能性的高低。加工水平理论中一个重要的假设是"深水平的加工能比浅水平的加工产生更精细、更持久及更强烈的记忆痕迹。"Hyde 和 Jekins[②]及许多其他研究结果均支持这一假设。

对于一个新的习语来讲,从意义层面上的加工产生于较深的层次上,而在单个词汇语音形式上的加工发生在相对较浅的层次上。正如 Cook[③]在介绍词汇记忆方法时所指出的,把词作为一串音来重复背诵是低层次的处理,记忆效果最差,而找出词汇在整个句子中的意义则属于最深层次的处理,记忆效果最佳。

因此在习语教学过程中,要以概念隐喻分析为基础和起点,使学生对习语的掌握过程始于对习语语义的精细加工,这样可以强化学生对习语的掌握和记忆。因为加工越深入,越精细,学生对习语的记忆效果也就会越好,正如 Craik 和 Tulving[④]指出的,长时记忆依赖于精细加工。

3.2 建立基于概念隐喻的习语语族

Lankoff 和 Johnson[⑤]认为我们思维中的隐喻概念具有系统性;隐喻内的映

---

① Craik, F. I. M. and R. S. Lockhart: "Levels of processing: A framework for memory research1." Journal of verbal learning and verbal behavior, vol. 11, no. 6 (1972), pp671—684.

② Hyde, T. S. and J. J. Jenkins: "Recall for words as a function of semantic, graphic, and syntactic orienting tasks1," Journal of verbal learning and verbal behavior, vol. 12, no. 5 (1973), pp471—480.

③ Cook, V. and V. Cook: Linguistics and second language acquisition, Macmillan London. (1993).

④ Craik, F. I. M. and E. Tulving: "Depth of processing and the retention of words in episodic memory," Journal of Experimental Psychology: General, vol. 104, no. 3 (1975), p268.

⑤ Lakoff, G. & Johnson, M: Metaphors We Live by. Chicago and London: University of Chicago Press, 1980.

射具有系统的对应关系。我们根据一种经验去理解另一种经验,不同概念彼此独立却相互关联,并由具体到抽象,形成一种认知隐喻体系。因此在讲授习语的时候,除了以概念隐喻为基础,为学生提供尽可能多的信息外,如能引导学生把习语按概念隐喻分组,并分析同组习语间的联系,就可以帮助学生更好地利用这些关联记忆习语。正如 Tinkham①所指出的,发现语义关联的词对于学习者来说更易习得,而 Schimitt②也认为分类讲解词汇是帮助学生有效组织和记忆词汇的重要因素。鼓励学生建立习语语族的方法不仅能帮助学生习得单个的习语,而且可以帮助他们逐渐熟悉和掌握推理规则,最终提高他们习得习语的能力。

例如在讲解习语前可以把如下习语及其例句给学生,请学生根据上下文推测出习语的源域,并填写到相应的区域中(见图2)。

a couch potato; put a spin on it; kick around; ballpark figure; shed some light on; beyond the shadow of a doubt; chew out; reap the benefits; plain as day; see it in a whole new light; hit it off; it dawned on me; in the dark; skim (the) profits; a big cheese; the cream of the crop; toss out a suggestion; go to bat for; play hardball; touch base

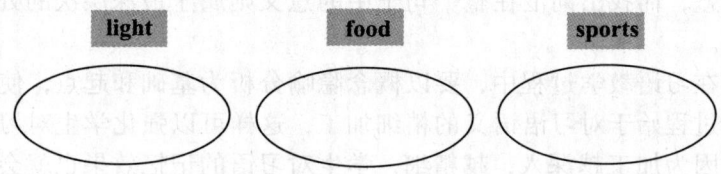

图2　将习语按形成其概念隐喻中源域的不同分类图示

学生通过对习语的分析,可将该组习语按源域的不同得到如下分类:

Light: shed some light on; beyond the shadow of a doubt; plain as day; see it in a whole new light; it dawned on me; in the dark

Food: reap the benefits; skim (the) profits; a big cheese; chew out; a couch potato; the cream of the crop

Sports: toss out a suggestion; kick around; ballpark figure; put a spin on it; go to bat for; play hardball; hit it off; touch base

---

①　Tinkham, T.: "The effects of semantic and thematic clustering on the learning of second language vocabulary," Second Language Research, vol. 13, no. 2 (1997), pp138—163.

②　Schmitt, N. and McCarthy, M.: Vocabulary, Description, Acquisition and Pedagogy. Cambridge: Cambridge University Press, 1997.

在后面的课程中还可以进一步在源域中画出二级源域，如在 sports 中标出 baseball, football 等，请学生进一步区分（见图3），以便使信息加工进一步细化，从而帮助学生通过精细的源域网络较系统地掌握习语。

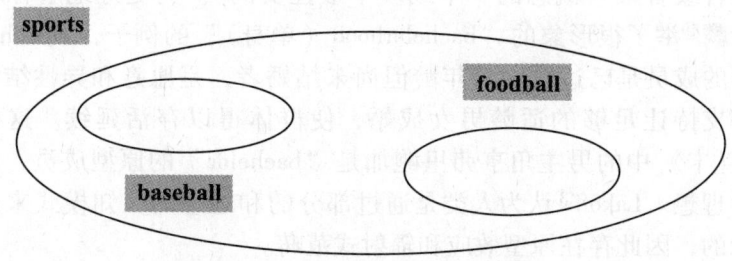

图3 按源域关系进一步分类习语

在复习过程中则可以请学生以主题或概念隐喻为基础总结出习语系列或语族。如以"life is a journey"的概念隐喻总结出的习语语族（见表1）可包含下列习语成员①：

表1 基于"life is a journey"的习语语族基于"life is a journey"的习语语族

基于"life is a journey"的习语语族			
The beginning of the journey	Miss the boat	The middle of the journey	Take it in stride
	Pave the way for		Be up and running
	Get your feet wet		Don't rock the boat
	Start out on the wrong foot		Be in the same boat
	Be on the verge of		On board
The end of the journey	End of the road	More about journeys	Run for (office)
	End of the line		Riding on it
	Pass away		Jump the gun
	Go downhill		In a tight spot
	It's all downhill from here		Clear sailing

如果习语语族的成员比较多，还可以利用原型理论，请学生将习语的分

---

① King. K: The Big Picture: Idioms as Metaphors. Houghton Mifflin Company, 1999.

类进一步细化。

原型理论认为，所有概念都具有一个原型结构。从某种程度上讲，所有概念都是以一个中心表述（即原型）来代表整个类别。原型可以是一组特征属性的集合或者某一概念的一个或多个最佳实例①。为更好地解释原型的含义，胡壮麟②举了很形象的"bachelorhood（单身）"的例子，"bachelorhood"这个范畴的成员是已达到结婚年龄但尚未结婚者，是愿意和异性结婚者，所处社会都支持让足够的适龄男女成婚，使群体得以存活延续。这样，电影《卡萨布兰卡》中的男主角亨弗里鲍加是"bachelor"的原型成员，而人猿泰山则不很理想。Lakoff③认为人类是通过部分的和理想的认知模式来形成对世界的概念的，因此存在原型效应和辐射式范畴。

我们在复习活动中可以利用原型理论请学生梳理哪些习语是该概念隐喻的最佳实例，哪些是边缘成员，学生可以根据自己的理解建构起辅助记忆的辐射式网络结构（见图4），从而通过成员间的联系与差异更有效地记忆习语。

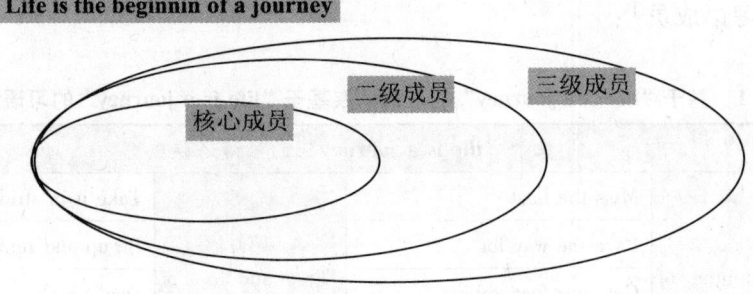

图4　按原型理论进一步分类掌握习语

基于概念隐喻为习语做出分类，可以帮助学生在同一习语语族成员间建立语义关联，从而更有效地记忆习语；而基于概念隐喻的理解对同一习语语族原型成员的确定，则可以鼓励学生更深层地探析习语间的联系和差异，对习语语义进一步精细加工，从而帮助学生更有效地掌握和记忆习语。

---

① Rosch, E.: Principles of categorization, in E. Rosch & BB Lloyd (Eds.), Cognition and categorization. Hillsdale, NJ: Erlbaum, 1978.

② 胡壮麟：《认知隐喻学》，北京：北京大学出版社，2004年。

③ Lakoff, G. & Johnson, M.: Metaphors We Live by. Chicago and London: University of Chicago Press, 1980.

3.3 比较隐喻在不同文化中的共性与差异

Lakoff[①]认为，概念映射在普遍性方面存在差异；有些似乎是通用的，有些是普遍存在的，而还有一些似乎是特定文化所独有的。因此两种不同文化间的隐喻具有可比性。比较两种不同语言的习语可使学习者进一步探究它们的异同及背后的原因，加深他们对所学习语内涵及来源的理解和掌握，从而更好地理解与记忆习语。

Masako Hiraga[②]提出了比较两种不同文化背景下的概念隐喻时可能出现的四种情况：使用相同的表达方式来表达相同的概念，如英语"burn one's boats"对应汉语"破釜沉舟"；使用不同的表达方式表达相同的概念，如：英文中的"every little helps a nickel"对应汉语"聚沙成塔"；表达方式相同，表达概念隐喻不同，如："fat"中文是"肥或丰富"的意思，如在"肥缺"中表示收益很好的职位，而"fat"在英语习语"fat chance"中却指"没戏，机会渺茫"；第四种则指不同的表达方式，表达的概念隐喻也不同，即两种语言的习语中存在完全不对应关系，如汉语中与"红"相关的习语在英语中很难找到对应的表达方式，如"滚滚红尘"。英语中很多与人物相关的习语在汉语中也很难找到对等的表达方式，如"attic salt"等。

在习语教学过程中，教师可以通过相应的课堂活动，引导学生比较不同文化间习语的差别，从而加深对习语的理解。例如，教师可以在黑板上画出四个区域（见图5），每一个区域代表一种情况，请学生通过讨论确定相关的英语习语同汉语相比均属哪一类，然后说明他们确定将相关习语归为这一类的主要原因及证据。

A 型，如"burn one's boats"对应"破釜沉舟"	B 型，如"every little helps a mickle"对应"聚沙成塔"
C 型，如"fat"对应"肥、或丰富"而"fat chance"对应"机会渺茫"	D 型，如汉语中的"滚滚红尘"及英语中的"attic salt"。

图5 按隐喻在不同文化中的共性与差异分类习语

---

① Lakoff, G. "The Contemporary Theory of Metaphor", in A. Ortony (ed.). Metaphor and Thought (2nd Ed.), Cambridge: Cambridge University press, 1993, pp202—251

② Hiraga, M: "Metaphor and comparative cultures." Cross-Cultural Communication: East and West, no. 3 (1991), pp140—166.

另外，比较两种不同语言的习语还可以帮助老师和学生抓住习语教学中的难点和重点。因为两种语言中相同或相似的概念隐喻，对学习者来说更容易接受。由于部分隐喻在两种文化中同时存在，学习者从一个英语文化中的概念隐喻能联系到汉语中相似的思维模式，无疑可以缩短语言间的心理距离，从而有利于发挥语言学习的正迁移作用①。Charteris-Black②经研究证明，概念与语言表达完全吻合型即第一种情况对二语学习者来讲最易习得，而相同的表达方式却表达不同的概念即第三种情况对学生最难习得。因此教师在教学活动及时间安排上会着重处理第三种情况，以帮助学生克服习语习得过程中的难点。

3.4 注重培养学生概念隐喻的能力

胡壮麟③在《认知隐喻学》一书中用整章篇幅讨论了隐喻能力，阐述了其重要性，并指出对隐喻能力的掌握是第二语言教学中必不可少的环节。王寅、李弘④也提出语言能力、交际能力和隐喻能力三者合一的教学观，强调三种能力同等重要，认为培养隐喻能力可以增进语言学习，提高语言的流利表达能力与地道性。研究证明，我国英语学习者的概念隐喻能力有待提高。姜孟⑤运用实证研究方法，详细考察了我国英语专业学习者的隐喻能力发展情况及隐喻能力与英语水平之间的关系，研究发现：（1）中国学生极少使用隐喻；（2）学生无论语言水平高低隐喻能力都比较低。对国内学习者概念隐喻能力的研究表明，语言学习者在利用隐喻构建目标语言的概念系统方面缺乏系统训练⑥。

如本文第一部分所述，Littlemore 和 Low 将隐喻能力细化为四个主要方面：使用隐喻的创造性；理解隐喻的熟练度；理解隐喻的能力和理解隐喻的速度。我们在这里将上述四点应用于由隐喻构成的习语教学中，可将其简要概括为快速、深入、精准地理解习语中的隐喻、贴切地应用习语及创新隐喻三个层面的能力。在习语教学中我们需要有意识地培养学生在理解的基础上有效应用

---

① 陈万会：《中国学习者二语词汇研究——从认知心理的视角》，青岛：中国海洋大学出版社，2008年。

② Charteris-Black, J., "Second language figurative proficiency: A comparative study of Malay and English," Applied Linguistics, vol. 23, no. 1 (2002), p104.

③ 胡壮麟：《认知隐喻学》，北京：北京大学出版社，2004年。

④ 王寅、李弘：《语言能力、交际能力、隐喻能力三合一教学观》，《四川外语学院学报》，2004年第6期。

⑤ 姜孟：《英语专业学习者隐喻能力发展的实证研究》，《国外外语教学》，2006年第4期。

⑥ 蔡龙权：《隐喻在二语习得中的应用》，《外国语》，2003年第6期。

及创新隐喻的能力，从而引导学生构建一种新的概念（思维）系统及更贴近目标语的思维世界。因此，除鼓励学生大量阅读含有隐喻的材料外，我们建议在课堂教学中有意识地培养学生的隐喻能力。例如，通过概念隐喻分析型的活动鼓励学生逐层找出源域与目的域的对应关系，从而培养学习者对概念隐喻的敏感度。在讲解相关习语前，老师可以先呈现给学生包含不完整习语成分的句子，然后请学生推测出完整的习语及概念隐喻。

例如，教师准备如下例句：

1. Everyone wants lower taxes these days. The governor will have to jump on the bandwagon or he will lose the next election.

2. All right, we've been discussing global politics. Now I want to switch gears and talk about global economics.

3. The company spent a lot of money on new computers, and now it is reaping the benefits.

根据这些例句为每组（两个同学一组）准备两个不同版本的练习。如同学 A 读到的练习：

1. Everyone wants lower taxes these days. The governor will have to _____ on the bandwagon or he will lose the next election.

2. All right, we've been discussing global politics. Now I want to _____ gears and talk about global economics.

同学 B 读到的练习：

1. Everyone wants lower taxes these days. The governor will have to jump on the _____ or he will lose the next election.

2. All right, we've been discussing global politics. Now I want to switch _____ and talk about global economics.

通过上述活动鼓励学生通过推测完成隐喻有利于调动他们的认知机制；讨论及口头填空的练习有助于鼓励学生构建创新隐喻；请学生将自己创新的隐喻与原隐喻进行比较有助于他们对原隐喻的理解和记忆。类似的提高学生对隐喻使用敏感度的活动可以激励学生创造性地思考，并在平时更加关注和有意识地积累建立在概念隐喻基础上的语言表达；同时，类似的活动还可以帮助学生深入理解概念隐喻带给习语的理据性，进一步培养学生对概念隐喻的敏感度，从而鼓励他们思考隐含的深层思想及语言规律。Boers[①]指出培养学生对日常交际中概念隐喻的敏感度，有助于他们对于比喻性词汇的掌握，

---

① Boers, F: "Metaphor awareness and vocabulary retention". Applied Linguistics, vol. 21, no. 4 (2000), pp553—571.

并可帮助他们长时间地记住这些表达方式。

另外，我们还可以尝试使用逆向推导型的活动，鼓励学生通过联想猜测、比较、隐喻推导，探索习语及与其相关的概念隐喻形成过程，从而培养学生创造性应用语言及创造新的隐喻的能力。例如在习语教学的引入部分，老师可以通过给学生有关习语不完整的来源信息，请学生推测有关习语完整来源的故事、完整的习语及相关的概念隐喻。

四 结 语

本文讨论了认知语言学应用于习语教学的基本理念，着重探讨了概念隐喻理论对习语的释解及其在习语教学中的应用原则。认知语言学在探索习语语意义方面无疑地为我们提供了新的视角，为我们揭示出习语语义的理据性及可分析性。

另一方面需要指出的是，认知语言学对习语的生成及理解的研究同样有它自身的缺陷和不足①。其一，它把习语的任意性排除在外，其必然结果是对相当一部分习语无法做出合理的解释。其二，经验主义的认识论方法并不能保证将所有的语言事实归类到一定的概念或概念结构中去。其三，到底是概念结构生成习语还是习语生成概念结构，它并未提供足够的有决定意义的证据。

我们倾向于认为，无论是传统的任意性观点，即习语在句法和语义上是任意的（不可分解的），还是认知派的分解性观点，即习语是可分析、可分解的，都具一定的说服力，但都只能部分地揭示出习语的本质特征。正如本章主体部分所述，大多数习语是可分析或可分解的，而有一部分习语的意义已不能从构成词的意义中直接分析出来，也很难由"概念隐喻"来解释，例如 by and large（总的来说），kick the bucket（死），shoot the breeze（闲聊）等。习语的任意性是部分的，分解性是局部的②。

因此，我们在教学中应依据具体习语的特点，充分考虑传统观点与认知视角对习语教学的优势及弊端，将两种观点和教法有机地结合，以期达到最佳的教学效果。

---

① 刘正光、周红民：《惯用语理解的认知研究》，《外语学刊》，2002年第2期。
② 刘正光：《任意性与分解性——惯用语研究之争》，《外语学刊》，2004年第2期。

外来文化思潮与 20 世纪 30 年代的中国译坛

首都师范大学外国语学院讲师　于江霞

【摘要】

作为左翼文学运动的有机组成部分，20 世纪 30 年代的翻译文学随着无产阶级革命文学运动的发展而发展，并以广泛地翻译马克思主义文学理论和苏联社会主义现实主义文学作品，直接为当时无产阶级革命文学运动和革命斗争服务为特征。本文试从该时期中西方各自文化特征及其交融着手，浅谈外来文化思潮对 30 年代中国译坛的渗透及影响，借以说明中国文化是同当时的世界文化潮流相通的，中国翻译文学的发展以及对外国文化思潮的借鉴也同国内外形势息息相关。

【关键词】

西方现代派文化思潮　唯美主义　先拉斐尔文风　意识流

一　引　言

就社会背景而言，20 世纪 30 年代，无论国际国内，都是处于革命大转折的重要时刻。在国际上，社会主义苏联的革命和建设的成功，对于资本主义国家的工人运动和殖民地半殖民地国家的民族民主革命运动是一个巨大的鼓舞。在国内，正值革命力量与反革命力量的激战时期。中国共产党在革命根据地领导红军进行军事上反"围剿"的同时，还在国民党统治区领导革命文化工作者进行文化战线上的反围剿斗争。国民党则进行大规模的文化"围剿"，采取各种手段和恐怖政策，如查禁进步书刊，封闭进步书店和文化机构。然而此阶段也是与世界对话的新的文学观念和完全现代意义的新的文学思潮的繁荣时期。外来文化思潮引入中国后有了较广泛的传播与影响,中国传统文学观念、格局与形式随之打破,引发了中国文学从思想、理论及创作形式上的一系列嬗变,中外文学观念发生了冲撞与融合,中国译坛空前活跃。

二 当时中国与西方的文化特征

2.1 中国文化特征

中国此时正值革命力量和反革命力量的激战时期。这一时期的政治和文化革命的形式,正如毛泽东在《新民族主义论》中指出的那样:"是一方面反革命的围剿,又一方面革命深入的时期。这时有两种反革命的围剿:军事围剿和文化围剿。也有两种革命深入:农村革命深入和文化革命深入。"[①] 国民党进行的文化"围剿",采取了各种手段和恐怖政策,如查封进步书刊,封闭进步书店和文化机构。反革命文化"围剿"发展到顶点,就是对革命作家采取绑架、逮捕、暗杀和活埋等最野蛮、最残酷的迫害手段。中国共产党在革命根据地领导红军进行军事上反"围剿"的同时,还在国民党统治区领导革命文化工作者深入开展了文化革命,进行了文化战线上的反"围剿"斗争。从"左联"成立到抗战开始,是中国现代文学史上的左翼文学运动时期。"五四"文学革命打出了平民文学的旗帜,左翼文学运动则第一次公开地、鲜明地打出了无产阶级革命文学的旗帜。随着从"五四"文学革命到"左联"无产阶级革命文学的飞跃,翻译文学也发展到一个崭新的阶段-现代翻译文学发展的中期,即文学非常繁荣自由的时期。这一时期的翻译文学,作为左翼文学运动的一个有机组成部分,随着无产阶级革命文学运动的发展而发展,以广泛地翻译马克思主义文学理论和苏联社会主义现实主义文学作品,直接为当时的无产阶级革命文学运动和革命斗争服务为特征。[②] 鲁迅和茅盾创办了我国翻译文学史上第一个专门登载外国文学作品和理论著作的《译文》。在"左联"的倡导和推动下,许多革命翻译家在国民党反革命文化围剿和残酷镇压的极其险恶的情况下,克服重重困难,冒着生命危险,从事翻译活动,开拓和扩大了翻译文艺理论和俄苏文学的领域,为我国翻译文学的发展开创了新的局面。从此,马克思主义文艺理论不但直接指导我国的革命文学运动,

---

[①] 《新民主主义论》是毛泽东于1940年1月9日在陕甘宁文化协会第一次代表大会上的讲话,原题为《新民主主义的政治与新民主主义的文化》,载于《中国文化》创刊号,后更名并载于《解放》刊物。

[②] 陈玉刚:《中国翻译文学史稿》,北京:中国对外翻译出版公司,1989年。

而且武装了进步文学工作者的头脑,进一步提高了作家的文艺理论水平,促进了文艺理论的深入讨论。中国左翼作家联盟成立以后,无产阶级革命文学得到有力的倡导和发展,更明确地规定了以大众化作为无产阶级文学运动的中心,自觉地揭示历史的发展趋向,表现无产阶级的理想。在创作实践上,正面描写了中国共产党领导的群众斗争,塑造了新的工农形象。在抗日战争时期,民族危难使作家与人民有了共同的命运,加强了作家与现实生活的联系,爱国主义成为文学的重大主题。同时,中国还进行了发动帝国主义文化教育侵略和反对封建复古主义教育的斗争。

2.2 西方文化特征

30年代,无论国际国内,都是处于革命大转折的重要时期。在国际上,社会主义苏联的革命和建设的成功,对于资本主义国家的工人运动和殖民地半殖民地国家的民族民主革命运动是一个巨大的鼓舞力量。苏联的文艺成了世界文艺革命的先锋,一些著名作品产生了世界影响,一些国家的左翼文艺也风起云涌。从世界范围来说,30年代也是资本主义文艺向无产阶级革命文艺转化发展的年代。现实主义文学已成为无产阶级文学的同盟军,在作品中不同程度地反映了无产阶级和劳动人民争取自由解放的革命斗争。在科技方面,科学和技术的许多方面在一战结束到二战爆发的20年时间里获得奇迹般的发展。作为现代数学理论基础三大支柱的抽象代数、拓扑学、泛函分析,溯源于19世纪末,奠基于20世纪初,而形成于两次世界大战之间。微观领域的物理学革命,也在这一历史时期中,突破了旧量子论的十年徘徊,建立起了真正反映微观领域物质运动规律的量子力学理论体系,使人类对自然界的认识真正从宏观世界深入微观世界。在哲学方面,针对当时的社会现状,哲人们或是对这种社会情绪进行探讨,以人的生存为本,寻求人生的意义和归宿等形而上学问题,提出了现象学、存在主义;或是对这种现象进行实际考察,无情批判,追求实用和合理的社会结构,提出了西方马克思主义、法兰克福学派、实用主义、新实在论;或是离开尘世,面对上苍,在上帝面前申诉现实的苦难,寻求公平和寄托,复古托马斯主义、黑格尔主义,提出了新托马斯主义、新黑格尔主义,尽管黑格尔主义貌似理性,实为非理性;或是分析人的心理、潜意识和本能,以求为处于高度紧张、焦虑重重的现代人找到一个科学的、医学的解释和摆脱之路,出现了弗洛伊德主义;或是一反建构体系的传统哲学,"据斥形而上学",把全部哲学问题归结为语言和逻辑的分析活动,跳出哲学体系林立但于现实无补的哲学的纷争,提出分析哲学。[①]

[①] 史仲文,胡晓林主编:《世界全史》,北京:中国国际广播出版社,1996年。

2.3 中西文化接触的特征

当时中西文化交流具有不平衡性。西方国家已步入现代化的进程,初步实现了工业化,其文化具有较高的势能,而中国尚处于非常落后的状态。因此,尽管这一时期不乏中国文化的对外传播,但文化交流的主要趋向是西方文化输向中国。文化交流的主体是一大批以留学生为代表的中国新型知识分子,大大改变了前一阶段中西文化交流中传教士一统天下的局面。在民国时期的文化交流史上,活跃着一支来华讲学的学者、作家等外国知识分子队伍,他们积极传播西方现代文化,在民国时期的文化交流史上扮演及其重要的角色。他们对中外文化交流的贡献是多方面的:一是传播了西方现代哲学,广泛、系统地传播了实用主义哲学、逻辑实证主义哲学和生命哲学,对五四时期的思想文化界以及中国现代哲学产生了巨大影响。二是介绍了外国文学,加强了中国文学界的友谊和交流。如萧伯纳来华时间尽管很短,但也在中国文学界掀起一股热潮,使萧伯纳戏剧翻译成为文学翻译界的兴趣所在。三是带来了西方现代自然科学,促进中外科学的交流。四是宣传了西方的现代教育理论。五是向西方世界宣传介绍了中国革命和抗日战争。斯诺、斯特朗、贝特兰等是美英等国的一批新闻记者,先后于抗战时期来到中国,访问了抗战前线和陕北根据地,写出了以中国革命和抗战为题材的报告文学,沟通了中国与世界的联系,宣传了中国革命和正义的抗日战争,为声援中国抗战、增进中外文化交流做出杰出贡献。

三 西方现代派文化思潮对中国译坛的渗透

西方社会文化思潮的流变和趋向,对于当代世界文化的发展产生了极其重要的影响。从文化的同时代性上来看,文化思潮在各个不同的国家和地区都有不同程度的渗透和表现。① 俄国十月革命的胜利和马克思主义在中国的广泛传播,为20世纪20、30年代中国文坛注入了新的活力。无产阶级文学运动的向前发展,极大地推动了外国文艺理论、思潮和作品,尤其是马克思主义文艺理论、社会主义现实主义作品的翻译和介绍。从此马克思主义文艺理论不但直接指导我国的革命文学运动,而且武装了进步文学工作者的头脑,促进了文艺理论的深入。在文化倾向上,开始致力于马克思主义文艺理论的翻译和关注左翼的文艺理论和苏联文学。而当时国际上的各种新思潮、文化

---

① 崔月琴:《20世纪西方文化思潮的主要特点》,《求是学刊》2000年第2期。

新潮流都渗透到中国，左翼思潮因为同当时中国特殊的政治斗争联系在一起，所以对社会的影响很大。"左联"的成立，不仅标志着中国现代文学的重大转折，而且也标志着翻译文学的重大发展。作为当时革命文学运动和翻译文学事业的中心，"左联"译介活动的一个突出特点是广泛系统地翻译介绍马克思主义文艺理论。"左联"时期，翻译文艺理论书籍，约计139种，在中国翻译史上前所未有。苏联十月革命的胜利，对中国革命发生了巨大的影响。苏联社会主义现实主义的文学作品，也吸引着追求革命的作家和广大读者。据有关资料统计，自1919年至1949年中华人民共和国建国前，全国出版翻译文学书籍大约1700余种，而"左联"时期翻译出版的大约就有700余种，占百分之四十，其中苏俄文学作品又占了相当大的比例。苏俄文学成了中国文学家的目标。在翻译介绍苏俄文学作品中，翻译家们对苏联社会主义现实主义的伟大奠基者高尔基的文学作品非常重视，连其理论及生平传略一并翻译介绍到中国。外国文学的大量涌入，掀起了中国近代以来又一新的译介浪潮。在当时的历史条件下，都为拓展中国翻译文学的领域起到了重要作用。许多作家－鲁迅、巴金、老舍、茅盾、郭沫若－无不受到域外文学的影响。[①] 域外文学的译介大潮，使文艺期刊蓬勃发展，如《新月》、《语丝》、《译文》等。[②] 其中，《译文》、《世界文学》等刊载的文学译作在数量上和专题上堪称代表，产生相当的社会影响，成为引入外国文学的中坚。正如鲁迅所讲的："文艺是国民精神所发的火光，同时也是引导国民精神的前途的灯火"。一些年青的文化人，积极响应当时世界上兴起的现代主义的思潮，如像刘呐鸥、戴望舒、施蛰存、杜衡、穆时英等一批人，他们注意的是20世纪以来世界文化（主要是文学）上的一些新动向，譬如后期的象征主义、心理分析小说等等，他们在上海创刊杂志、兴办书店，从《无轨列车》文艺半月刊开始，以后还有了水沫书店、《新文艺》月刊，直到《现代》杂志的创刊，逐渐引起了当时文化界的注意。他们的创作，给当时的文坛带来了一种异彩，一些研究者认为他们是中国真正意义上的现代都市文学的第一次实践。他们对世界文化的最新潮流有着敏锐的反应。刘呐鸥非常欣赏日本的横光利一，川端康成、谷崎润一郎的小说，比较注意日本文艺中反传统的"新兴文学"和"尖端文学"，其中包括历史唯物主义的文艺理论也包括佛洛伊德的性心理文艺分析，甚至德美苏电影导演的新手法。戴望舒对于法国后期象征派的诗歌如保尔·福尔等人的诗，进行过认真的探讨。施蛰存开始接受奥地利作家显尼志勒（Arthur Schnitzler）的影响，他热心地将显尼志勒及其作品介绍到中国，翻译了五本

---

① 王建开：《五四以来我国英美文学作品译介史（1919～1949）》，上海：上海外语教育出版社，2003年，第63页。

② 同上，第135页。

这位奥地利作家的小说,施蛰存自己的小说创作中也显现了显尼志勒这位佛洛伊德的朋友对于他自己的影响。因此他在当时就被认为是"把弗罗伊特的学理运用到作品里去的中国第一个作家",以后他也受到美籍阿美尼亚人萨罗扬(Saroyan)的短篇小说的影响。然而,30年代的译介,前半期曾有为人生或为艺术的论争,现实主义作品成为译介趋势。待到抗战爆发,在民族存亡的危机时刻,出现了历史性的转折,战争题材和纪实报告的译作数量上升,王尔德等人的唯美主义、罗塞蒂的先拉斐尔文风、意识流,这些文艺流派及作品的译介逐渐淡出。

五四前后,中国文坛有过王尔德热,其主张的叛逆性引起反传统反封建的中国文化界的共鸣。文学家们对王尔德的理论与作品在理解上存在分歧,在接受和借鉴之时各有不同。20世纪30年代,文艺期刊对英国唯美主义文学的代表人物及作品有较多评介和讨论,涉及先拉斐尔派诗人罗塞蒂、史文朋和评论家佩特,以及所谓颓废派文人和艺术家王尔德、西蒙斯、道生、乔·摩尔、比亚兹莱等人。然而在"为人生"的主潮之下,文坛更注重与社会的关联。30年代又遇民族存亡的紧迫现实,中国文坛的文学目标随之作了调整,不再有企求"纯美"、"纯艺术"的闲暇气氛,唯美之风于是迅速消退,最终没有形成一支力量。20年代起,有关意识流派奥尼尔、乔伊斯、伍尔芙、福克纳等人的介绍和评论相继登载于一些文艺期刊。同时,鲁迅、郭沫若、郁达夫、张爱玲及"新感觉派"作家也在运用意识流手法进行创作。30年代中后期,意识流的译介声势开始衰退。评论者认为,意识流与中国现代文学传统相左,中国社会生活的慢节奏不适应快速跳跃的思维方式。新文学运动以后的文坛关注点由形式移至表现内容(国家及民族面临的实际问题),这些因素形成一种阻力,使西方现代派文化思潮失去存在的基础。这从另一个侧面说明,中国文化同当时的世界文化潮流是相通的,中国当时客观形势及国际上外来局势的影响决定了西方文化思潮在中国的传播和渗透。哪种文化思潮在中国占有主导地位,有赖于该文化思潮所涵盖的文化内容是否与中国的具体国清相吻合,否则必然淡出中国文坛。

四 结束语

以上对中、西方各自的文化特征及外来文化思潮对中国30年代译坛的渗透均有详尽阐述。总的说来,30年代是我国现代文化史上空前繁荣自由的时期。而30年代翻译文学事业的发展对我国无产阶级文学革命的发展,对文学创作和理论水平的提高,对广大读者的教育和鼓舞,都具有重要意义。外来文化思潮输入中国,毫无疑问对中国固有的传统文化与文学产生了碰撞,使之迸发出"火花"。为大量输入、引进文史哲等外来文化,一大批知识分子投入到翻译工作中,开辟了无产阶级翻译文学的阵地,使译介事业蓬勃发展。翻译为中国人开拓了视野,增进了他们对世界的了解,有利于他们借助外力冲破传统文化的封闭体系;翻译也在客观上为外来文化撞击传统文化的坚壳制造了"助动力"。它对中国社会的政治、文化、文学等起了积极的冲击作用,同时也为中国输送了大量的新学、新知、新事、新理。① 与此同时,文学创作的题材也扩大了,不再局限于一国一族的范围,引进了表现异国社会生活的内容;文学的描写对象也打破了早先的框架,扩大到了社会的各式各类人物及事件。反映爱国、警醒民众内容的作品和多样化、通俗化、自由化的艺术表现形式,构成了这一时期十分鲜明的时代特色。研究和探索西方文化思潮的特点和趋向,借鉴和吸收西方文化发展的经验和教训,将外来文化思潮的引入同中国20世纪30年代译坛结合起来,有助于我们更好的把握和认识30年代中国译坛,对以后翻译事业的发展起到深远的影响。

---

① 徐志啸:《外来文化思潮与世纪初文坛》,《上海社会科学院学术季刊》1999年,第2期。

20世纪欧美学界中国古典文论研究概览

首都师范大学外国语学院　张清

【摘要】

中国古典文论在欧美的传播，始于明清之际，但是影响甚微。到了19世纪中叶，随着《诗经》英译本的出现，中国古典文论才真正为西方世界所知晓。20世纪上半叶，西译的中国文论逐渐多了起来，尚未产生大的影响。西方对中国文论的重视和研究上的活跃是在二战以后。20世纪70年代以后，西方世界越来越多的关注中国，此时无论是翻译或研究，欧美的中国古典文论研究都进入了繁荣阶段。在研究方面，这个时段也有20多部专论和相当一批论文问世，大致可分为总体研究、分段、分类研究和专题研究三种类型。

【关键字】

中国　古典文论　20世纪　欧美

中国古典文论在欧美的传播，比不上诗文、小说和戏曲。明清之际西方传教士来华，虽翻译儒家诗学言论，但仅是作为经学的附庸，并未当作文学理论对待。直到19世纪中叶，儒家诗学理论《毛诗序》才随着理雅各（James Legge）的《诗经》英译本为西方世界所知晓。直到20世纪初，翟理斯（Herbert A. Giles）翻译的《中国文学史》（1901年，纽约）中才提到司空图的《诗品》，而且把它错解成道家作品。20世纪上半叶，西译的中国文论逐渐多了起来，如《文赋》的马古礼（George Margoulies）法译本，严羽《沧浪诗话》英译本（译者不详）。不过并未产生多大影响。

西方对中国文论的重视和研究上的活跃是在二战以后。二战后，仅《文赋》就有三个英译本①。《文心雕龙》也首次在西方有了全译本,译者施友忠还撰写了一篇长序,分为"刘勰之前文学批评的发展","刘勰及其文学理论"和"后人对《文心雕龙》的评价"三个部分,全面介绍《文心雕龙》的写作背景、理论价值和对后人的影响。60年代是西方的中国古典文论研究走向繁荣的准备阶段。斯坦福大学刘若愚教授的《中国诗的艺术》(1961年,芝加哥)出版是个理论性标志。在这本专著中,作者是用西方文学理论来诠释中国诗话和文学现象,特别是采用40年代流入美国、50年代达到极盛的李维史陀(Claude Lévi-Strauss)和雅克慎(Roman Jakobson)的结构主义理论,用现代语言理论探讨诗的特质,被美国的汉学家誉为"目前试图总结中国各种文学理论的第一部英文专著","对那些寻求蹊径、希图深入研究这一错综复杂、至今尚属冷门从西方学者来说,意义深远"。这部专著为他人研究"设立了学术规范","极有裨益"。②德国著名汉学家德博(Gunther Debon)翻译的《沧浪诗话》德译本也堪称力作,书中有一长篇"导论",详细介绍了中国历代文论的要点和这部诗话的主要价值,可以说是一部中国文论史简介。尼维森的《章学诚的生平和思想》(斯坦福大学,1966)第一次将这位《文史通论》的作者介绍给西方。另外,当时编的文学史中也有论及文学批评的,如海陶玮《中国文学大纲》(坎布里奇,1953),就有专论先秦和六朝文学批评的专章。另外这个时段还有一些论文,如收在周策纵编著的《文林》第一辑(麦迪逊,1968)中他本人的论"诗"以及卫德明的论钟嵘《诗品》等论文。

20世纪70年代以后,随着中国的改革开放,国力的提升、国际交流的加强和国际影响的增大,西方世界越来越多的关注中国。在此背景下,无论是翻译或研究,欧美的中国古典文论研究都进入了繁荣阶段。

在翻译方面,不但翻译的数量增多,而且学术含量也增大,出现一批译研结合的学术型译本,如李又安(Adele Austin Rickett)的《王国维的人间词话》(香港,1977),魏世德(John Timothy Wixted)《论诗诗:元好问的文学批评》(威斯巴登,1982)等。他们不但提供有关论述的全部译文,而且有涉及广泛的资料作为注释和说明,大大提高了学术含量。与此同时,包括翻译对象的选择,翻译文字的斟酌,也反映出这个时期对中国学术的了解正在加深,在英攻读博士学位的香港学者黄兆杰甚至提出"一代应有一代的翻译",他编辑的《中国早期文学批评》(香港,1983)是部译文合集,选录的中国

---

① 三个英译本分别是休斯(E. R. Hightower)英译本,方志彤英译本和陈世骧英译本。

② 霍克思(David Hawkes)《评留刘易斯〈中国文学理论〉》,载《亚非学院院刊》26卷3期,1963。

古典文论有《毛诗序》、《离骚经序》、《典论·论文》、《与杨德祖书》、《文赋并序》、《文章流别论》、《翰林论》、《宋书·谢灵运传论》、《诗品序》、《文心雕龙》的"神思"篇和"序志"篇等，反映出这个时段国外中国古典文学研究的深度和广度。

在研究方面，这个时段也有 20 多部专论和相当一批论文问世。大致可分为总体研究、分段、分类研究和专题研究三种类型。

总体研究 代表性的论著有：刘若愚的《中国文学理论》（芝加哥，1975）、《语言·悖论·诗学》（普林斯顿，1987），宇文所安（Stephen Owen）的《中国文学思想的解读》，李又安编的论文集《中国的文学观：从孔夫子到梁启超》，缪文杰编的论文集《中国诗歌和诗学研究》（普林斯顿，1978），苏珊·布什和克里斯琴·默克合编的《中国的艺术理论》（普林斯顿，1983），香港中文大学编《英美学人论中国古典文学》（香港，1973）等。

刘若愚的《中国文学理论》以修正了的阿伯拉姆斯艺术四要素为理论框架，将中国传统文学观点划分为"玄学论"、"决定论"、"表现论"、"技巧论"、"审美论"和"实用论"六种理论，并尽量使用中西的诗学比较。宇文所安（Stephen Owen）的《中国文学思想的解读》力图以选介的方式，为中国古典文论勾勒出一个发展轮廓。书中重点介绍了《毛诗》大序、《文心雕龙》、《诗品》《原诗》等从先秦到晚清的中国古典文论代表之作。书后附有"基本术语汇编"，选五十余种中国古典文论基本词汇加以简释和辨析，对向西方普及中国古典文论知识多有裨益。李又安《中国的文学观：从孔夫子到梁启超》，是 1970 年在美国维尔京群岛召开的中国古典文论学术研讨会的论文集。集中所收的多是一般西方学者较为陌生的中国古典文论家及作品，如黄庭坚的"直觉"说、王夫之的"情景"说、常州词派、《红楼梦》脂砚斋评语等。缪文杰编的论文集《中国诗歌和诗学研究》（普林斯顿，1978），收集了欧美学者关于中国古典文学的研究论文 23 篇，其中有一部分是古典文论方面的论文，如余宝琳《司空图〈诗品〉：诗写的诗论》，叶嘉莹和简·W·沃尔斯《钟嵘〈诗品〉的评诗理论标准及其实践》等。另外班巴诺（Jacques Pimpaneau）的《中国文学史》（巴黎，1989）中"文学思想的诞生"、"刘勰的文学思想"等数章亦专论文论，篇幅之多，也是以前的文学史中少见的。倪豪士主编的《印第安纳中国传统文学指南》（布鲁明顿，1986）和德博的《中国诗歌：历史、结构和理论》（莱顿，1989）亦都比较重视文论方面的介绍，分别设置诗论、文论和批评家条目数十条。

论文有：刘若愚《中西文学理论综合初探》（《中国哲学杂志》4 卷 1 期；1977），康维达《文选》英译本（普林斯顿，1982）"导言"等。

分段、分类研究 代表性的专著有：斯蒂芬·欧文《初唐诗》、《盛唐诗》（哈佛，1981），王靖宇《中国早期叙事文论集》、《清代文学批评》，林顺夫和宇文所安编的论文集《抒情言辞的活力：汉末至唐代诗歌》（普林斯顿，1986），叶嘉莹《中国词学的现代观》，杜克义《三至六世纪中国的文学理论》（布达佩斯，1971），余宝琳《中国诗歌传统中的意象读法》（普林斯顿，1987），胡若诗（Flouce Hu Steik）《唐诗中的镜与知》（巴黎，1986）等。

王靖宇《中国早期叙事文论集》（台北中央研究院中国文哲研究所1999）收集了作者积年所发表的探讨古典历史散文叙事方法的九篇论文。为了建构一个更具普遍性的叙事学理论，作者将西方一些叙事学观念和方法应用于中国早期叙事文分析，从而得出一些新颖的结论。论文还探讨了历史叙述与虚构故事之间的微妙关系，提出"图画式"和"音乐式"两种阅读叙事文的方法。并将西方的文艺赏析方法来解决中国传统研究方法——考证上的难题。胡若诗（Flouce Hu Steik）《唐诗中的镜与知》是作者的博士论文，主要是论析唐代咏镜诗的七大特点，然后运用保尔·德米耶维尔关于镜像与文学关系的观点，将唐人咏镜诗分为三大类型：知己或同一性之镜；知人或相异性之镜；知心或心灵之镜。胡若诗最后还对镜子在东西方文学中的不同形象产生原因进行了分析。杜义克《三至六世纪中国的文学理论》主要以马列主义方法论来解读《文心雕龙》，重点剖析"通变"和"序志"两章，对于社会背景、文化环境的辨说颇为细密，其中不乏独到之见解，如他认为"通变"是刘勰文学文类理论关键的一章，他崇尚古典，但绝无保守态度，"通变"章处理的即是传统与创新、整体与个别的矛盾。林顺夫和宇文所安编的《抒情言辞的活力：汉末至唐代诗歌》收有西方学者关于汉唐时段对中国古典诗歌研究的相关论文，如程纪贤《关于中国诗歌语言及其与中国宇宙论关系的几点看法》，杜维明《玄学、个人知识与诗歌想象力》等。另外，陈幼石《中国古代散文里的意象和思想》（斯坦福大学，1988）也用相当篇幅讲析韩柳欧苏的古文理论。

代表性的论文有：叶维廉《道家美学：无言独化》（《亚洲学术集刊》创刊号，香港，1978），侯思孟《公元三世纪初叶中国的文学批评》（《亚州研究》28卷2期，1974），孙康宜《六朝的抒情批评》（苏珊·布什和克里斯琴·默克合编的《中国的艺术理论》，普林斯顿，1983）等。

专题研究 代表性的专著有：王靖宇的《金圣叹》（纽约，1972），叶嘉莹《王国维及其文学批评》，那美悭（Jeanne Knoerle）修女的《红楼梦评介》[①]，陆大伟（David Rolston）《如何读中国小说》（普林斯顿，1990），浦安迪（Andrew Henry Plaks）《〈红楼梦〉的原型和寓意》（Princeton：Princeton

---

[①] Jeanne Knoerle, Sp, The Dream of the Red Chamber: A Critical Study (Bloomington and London: Indiana University Press, 1972).

Univ，1976），弗朗索瓦·朱利安（Francois Jullian）《暗示的价值——中国传统诗歌阐释的原始类别》（巴黎，1985），周质平《袁宏道与公安派》（剑桥大学，1988）等。

王靖宇的《金圣叹》部头不大，内容却十分丰富，除介绍王国维的生平、思想外，还着重评介他在杜甫诗歌、《西厢记》、《水浒传》的观点及其时代价值。那美惬（Jeanne Knoerle）修女的《红楼梦评介》是她在印第安纳大学完成的博士论文。在这部论著中，她一方面用西方的结构主义理论来分析红楼梦，由于过于注重结构，她认为小说中很多情节是可以删掉的。另一方面又用中国传统文化中的儒、道、释三要素来解释小说中的时空观念。浦安迪（Andrew Henry Plaks）在分析《红楼梦》时，大量运用中国传统文化中的阴阳五行学说。在其英文专著《〈红楼梦〉的原型和寓意》中，他以相当长的篇幅探讨了中国文化中的阴阳五行观念，认为这是中国传统观念中重要的理论基础。他用"二元补衬"来解释"阴阳"，又以"多项周旋"来说明"五行"，并根据"二元补衬"原理将《红楼梦》的120回重新组合，以说明《红楼梦》在结构上的二元特色。① 周质平《袁宏道与公安派》亦设专章论析三袁尤其是袁宏道的文学观。

代表性的论文有：王靖宇《M. H. 阿伯拉姆的艺术四要素和中国传统的小说批评》（《东西方文学》16卷3期，1972），施友忠《文心雕龙》英译本（香港，1983）"导言"，叶嘉莹和简·W·沃尔斯《钟嵘〈诗品〉的评诗理论标准及其实践》（出处见上）等。其中叶嘉莹和简·W·沃尔斯的文章探讨了意象化品评方式的利与弊："一方面，比喻意象可在读者身上引起直接的情感反映。由于情感是诗歌的主要内质，因此意象化阐述方式通过直接的情感反映的引发，可在批评过程中较多保存或重现原来作品的本质，从而较多的保存所评诗歌的生命和精神"；"它的缺点是，它可能既无理性基础，亦无客观标准，用来批评诗人的意象完全建筑在批评家对作品的直接的主观反映之上。意象式比较有时会得不到准确的运用，因此读者会受到不恰当的风格阐述的误导而步入歧途"。

---

① 浦安迪：《〈红楼梦〉的原型和寓意》，Princeton：Princeton Univ. Press，1976。

从二战纪念方式看俄罗斯民族意识中的"团契"精神[①]

首都师范大学外国语学院俄语系　张如奎

【摘要】

一个国家的民族意识的形成和体现与该民族的历史发展进程息息相关。时至今日，这些国家都以自己独特的方式纪念这场人类历史上少有的战争。俄罗斯民族是一个极具鲜明精神性格的民族，对外扩张和反对外来侵略充分体现在各个不同时期的历史阶段，战争的主题贯穿整个俄罗斯历史的进程。作为俄罗斯民族精神核心概念的团契精神对俄罗斯张扬大气的二战胜利红场阅兵有了特别的解读。

【关键词】

二战纪念　红场阅兵　俄罗斯民族意识　团契精神

一　前　言

1945年5月8日，纳粹德国宣布无条件投降，第二次世界大战胜利。61年过去，弹指一挥间，战争对人类的影响已经深深地植根于各个民族的血液之中，关注那些历经苦难民族就是在反思国家民族发展的未来。二战后前苏联包括俄罗斯、乌克兰、白俄罗斯等国家每年都有各种类型的纪念活动。这些纪念活动既体现了各国不同的文化传统，同时也不同程度地受其他国家的

---

① 该文系笔者参加世界史学会第20届年会（北京2011）专题发言论文。

影响,其纪念活动的内容、形式和力度也随时代不同而有所变化。深入考察各国战争纪念活动的异同及其相互影响,进而努力从这一个侧面揭示全球化进程中不同文化间互动的广度和限度,其历史意义和现实意义不言而喻。

二 俄罗斯民族的二战后情节

俄罗斯民族是一个极具鲜明精神性格的民族,对外扩张和反对外来侵略充分体现在各个不同时期的历史阶段,战争的主题贯穿整个俄罗斯历史的进程。第二次世界大战中,俄罗斯经历的卫国战争给俄罗斯民族带来深重的灾难,同时也体现该民族勇敢无畏,勇于战斗,擅于征战的爱国精神。对此,俄罗斯人一直用自己的独特的方式纪念这一段重要辉煌的历史。随着岁月的流逝,可以说,卫国战争造就了俄罗斯的民族性格,深深地影响了几代俄罗斯人。如今,在俄罗斯的每个角落,仍能发现二战的影子。战争改变了俄罗斯城镇的建筑格局,无论走到哪里,城镇中最主要的地方一定会有二战纪念碑和长明火,一定会有胜利广场和战争博物馆,各种纪念碑纪念雕塑几乎遍布每一座城市。同样,不论在乡村还是城市,每逢重要活动,人们都会看到胸佩军功章的老战士。同时新婚燕尔们在自己特殊的日子里也不忘向祖国保卫者敬献鲜花,同样,还应注意的是第二次世界大战在俄罗斯文学史上也留下了浓重的一笔。描述卫国战争的《日日夜夜》、《军人不是天生的》、《青年近卫军》、《他们为祖国而战》、《这里的黎明静悄悄》等名著,给后人留下了一份丰厚的精神财富。相比之下,最能反映俄罗斯人民对二战情结的纪念形式当属5月9日红场阅兵。

2.1 独特的纪念方式——红场阅兵

苏联在二战反法西斯战神取得了辉煌的胜利,赢得了世界人民的尊重。史料记载,1945年5月7日(中欧时间)的凌晨2点40分,作为战败国代表的德军将领约德尔在位于法国兰斯艾森豪威尔将军的大本营签署了无条件投降的文件。在斯大林的坚持下,5月8日的傍晚,在苏军元帅朱可夫主持下,在柏林近郊的一个小镇,德国正式签署了宣布战败了投降书。柏林签字仪式举行的时候,莫斯科时间已经是5月9日凌晨1点43分,因此5月9日就被确定为俄罗斯伟大的卫国战争的最后胜利日。"5·9胜利日"已成为俄罗斯人心中最值得骄傲和缅怀的事情。在众多的纪念形式中,每年5月9日红场阅兵无疑是这种纪念活动重要形式,更能够体现俄罗斯人民深深地对二战的情怀。阅兵在苏联第二次世界大战中发挥了举足轻重的作用。也贯穿整个这段历史进程,并延续至今。1941年9月底,德军集中大约80个师的兵力向莫斯科发动大规模进攻。危急关头，苏联政府号召全国人民不惜一切代价坚守每一寸土地，用鲜血和生命保卫首都。11月7日，尽管德军飞机不停地对莫斯科进行空袭，但为鼓舞士气，斯大林决定按计划在红场举行盛大阅兵式。受阅部队通过红场后，直接开赴前线同德军作战。12月5日，苏军在莫斯科城下发起反攻，经过40多天的激战，终于取得了莫斯科会战的胜利，歼灭德军50多万，从而打破了德军"不可战胜"的神话，粉碎了希特勒发动的"闪击战"。

1945年4月30日，苏联红军终于将胜利的红旗插上了国会大厦的屋顶。5月8日，德国无条件投降。5月8日午夜，德军最高统帅部代表凯特尔元帅签署了无条件投降书。投降书从1945年5月9日零时开始生效。从此，5月9日成为粉碎法西斯德国的胜利日。时至今日俄罗斯人仍然清晰记得欧战胜利纪念日，定于每年的5月8日，以纪念1945年5月7日，纳粹德国在该天宣布在第二次世界大战中无条件投降。苏联在这一天会举行阅兵式以隆重纪念。至今，俄联邦武装力量中央博物馆的胜利大厅里仍珍藏着一面红旗，这就是俄罗斯人一直引以为豪的胜利红旗。每逢重大庆典阅兵式，这面红旗都会走在参阅部队的最前头。

"胜利日"是俄罗斯一年中最为重要的节日之一。近几年俄罗斯政府组织的红场胜利日阅兵式规模愈加庞大、壮观。2010年为庆祝二战反法西斯胜利65周年，莫斯科时间2010年5月9日10时，俄罗斯境内11个"英雄城市"将同时举行盛大阅兵式，红场阅兵规模之高达有史以来之最。同样，一年之后即2011年的五月九日，俄罗斯又一次在首都莫斯科红场上举行了卫国战争胜利66周年阅兵活动，当年插在纳粹德国国会大厦上的那面胜利之旗，再次飘扬在红场上。50多个国家的领导人及国际组织的代表观看了此次阅兵式，其中包括俄罗斯总统普京、中国国家主席胡锦涛、美国总统布什、联合国秘书长安南等。除此之外，1500多位参加过卫国战争的老兵，以及俄各界代表和一些外国客人也观看了阅兵式。对于举办这些大规模阅兵活动，俄罗斯官方表现了极大地支持和高调的态度。梅德韦杰夫在今年的阅兵式上强调，让先辈们在卫国战争中展现出来的勇敢、坚强和爱国的精神在俄罗斯年轻一代中传承下去是当代俄罗斯最为重要的任务之一。普京总统也曾指出，卫国战争胜利纪念日是和平的节日，正义胜利的节日，善良战胜邪恶、自由战胜暴虐的节日。战争的教训提醒人们，纵容暴力、冷漠和观望必然导致可怕的世界性悲剧。因此，面对今天现实存在的恐怖主义威胁，必须捍卫以安全和公正为基础的世界秩序，决不允许任何冷战或热战重演。

2.2 阅兵的反思

俄罗斯近几年在红场所组织的苏联解体以来俄罗斯历史上规模庞大的阅

兵仪式，引起了世界广泛的关注。在新的历史条件下，举行这样大规模的阅兵式，不仅是为了让人们不忘历史，而且更是为了开创未来，来开创俄罗斯在世界，重新振兴俄罗斯民族，重新振兴俄罗斯国家地位的未来，这是俄罗斯在最近几年举行阅兵式的更深层次的含义。实际上，俄罗斯每年都大张旗鼓地搞二战胜利周年庆祝活动，这与西方舆论和东欧某些国家近些年来未曾间断的"重新审视二战历史"思潮有着密切关联。虽然二战已结束半个多世纪，但俄罗斯如今却遭遇了"同一段历史、不同的解读"的新问题。俄高层就是要通过这一系列高调的庆祝活动来"捍卫历史、捍卫荣誉"，其良苦用心不言自明。正如一位学历史的俄罗斯政治家朋友对我所说："历史之战不是对'过去'的争论，而是对'未来'的争夺。对那段历史的'定性'其实就是对未来的'定向'——这才是俄罗斯上上下下捍卫那段历史的真正原因……"。

由此可以看出，今天俄罗斯举行盛大的二战纪念活动俄罗斯正向外界展示了一个强有力的新形象。如果按照今天的财富标准，俄罗斯远远谈不上富庶，那么支撑俄罗斯走向强硬，并试图重走武力崛起的思想，特别是俄罗斯强烈的民族精神意识产生根源在哪里？

三 "团契"观念与俄罗斯民族精神意识的解读—尚武传统

从人类的思想发展史的角度看，民族精神意识问题首先是一个历史问题，民族主义首先是一种历史思潮，是在民族的产生、形成和发展的基础上，在与其他民族的相互交往过程中产生的一种强烈的民族精神意识。[①] 俄罗斯民族精神意识产生于俄罗斯民族主义的产生和发展是与俄国历史上宗教及东正教的普及和发展重要的渊源关系，除此以外有何历代俄国政府的对外扩张和殖民政策密切相关的。

3.1 "团契"精神——俄罗斯民族精神意识（ментальтет）的解读

俄罗斯是一个宗教国家，俄罗斯大多数教民（约十分之九）都信奉东正教，自公元988年，当时弗拉基米尔·斯维雅斯拉维奇大公强行普及，之后在漫长的历史发展进程中东正教不断巩固的同时，是俄罗斯人民的民族精神意识得到进一步加强。

---

① 谢少万：《语言中的人类精神与民族精神——对洪堡特语言世界观的再认识》，广西社会科学出版社，2008年。

"团契精神"（соборность），也被称之为"聚合性"概念，最早提出由俄罗斯名学者思想家阿列克谢 斯捷潘诺维奇 霍米亚科夫（1804—1860）（Алексей Степанович Хомяков）作为俄罗斯宗教哲学中的重要概念之一，也被人解读为俄罗斯哲学的核心术语，无疑也充分体现俄罗斯民族精神特性，成为俄罗斯民族个性的主导特征之一，包含着俄罗斯宗教哲学的全部内涵，对俄罗斯人精神的发展起着举足轻重的作用。① 在我们看来，团契精神为揭示俄罗斯人民族个性发展的关键概念理应是俄语历史进程中开拓土地和殖民进程。

"团契精神"（соборность）这个词来自一个俄语普通名词 собор，собор 有两个意思 会议；大教堂。霍米亚科夫把 собор 这个词变成了抽象名词 соборность catholicity，并被赋予了它以深刻的宗教的哲学特定含义，表示一种把多个人统一起来的原则，使许多人形成某种特定的一致性原则。简单地说就是多样性统一的原则，是使许多人形成统一体的规则和这个统一体的特征。基于 соборность 一词的多所指性及李锡胤先生的意见，我们把它译为"团契精神"，② 意为具有共同（东正教）信仰的人的晴神与肉体的统一体。分析表明，"团契"作为一种对异文化现象，соборность 概念是以下三种所指的统一：1）团契思想：作为一种俄罗斯思想和一种宗教哲学学说。2）团契共性：作为俄罗斯人一种传统生存方式和思维方式；3）团契精神：作为一种俄罗斯精神性的主导特征。

在俄罗斯人民的眼中，"精神的聚合性"（духовная соборность）是其民族认识世界和实践活动的精神动力，精神的聚合性集中了一切认识的、美学的、道德的和宗教的力量，人们只有在聚合性精神的推动下才能看清世界，获得真理。在俄罗斯斯拉夫主义的概念中，单个的人是不可能通过个别人的认识能力来领悟到真理的存在性的，他们所认为的真正的知识大门，只有在符合完整的理性存在的理智的情况下才能被开启。

聚合性统一体的第二个属性是有机性。聚合性统一体从真正意义上讲是活的机体，是由众多自主自足的完整个体组合而成的统一体。这个统一的整体具有自己的生命及其源泉，并按照自己独特的方式对其所有成员进行改造。统一体中的每一个成员都会得益于加入到这个整体中而使自身变得丰富，而后通过这一丰富的过程使得自身得以被改造，从而获得新的生命和新的含义。

正是基于团契精神的统一性和有机性诠释，俄罗斯国家民族一直在国家政治上，民族宗教的统一之路上延续自己独特的民族精神——沙文主义和尚武精神，不断对外领土扩张和殖民统治。

---

① 徐凤林：《俄罗斯宗教哲学》，北京：北京大学出版社，2006 年。
② 彭文钊：《俄罗斯团契概念的语言文化分析》，《中国俄语教学》2005 年第 1 期。

1994年，俄罗斯曾对专家学者进行过一项民意调查，题目是"什么思想可以成为俄罗斯整体的价值观"，结果持"俄罗斯团契精神——即复兴思想"的占到了35%的绝对优势。即便在今天深受西方文化影响的俄罗斯年轻人，虽向往发达国家的生活，但在其潜意识里依然认为只有俄罗斯才是世界上最优秀的民族。言行中流露出的是强烈的民族优势心理。因此，即使今天，在俄罗斯仍有相当部分的人轻视或看不起其它国家和其它民族的公民。

3.2 团契精神与俄罗斯民族沙文主义的延伸

团契精神代表着俄罗斯的民族主义意识，除了宗教和思想因素以外，俄罗斯民族主义的产生与俄国历史上历代沙皇政府的对外扩张和殖民政策密切相关的。俄国的历代统治者一直都梦想着"要使各个斯拉夫民族形成为一个强大而统一的民族，这个民族的使命是建立一个从易北河到中国、从亚得利亚海到北冰洋的伟大的斯拉夫帝国。直至今日，俄民族特有的领土观仍是"国土越大越安全"。俄大俄罗斯沙文主义起源于俄罗斯民族主义，但其早期的俄罗斯民族主义是伴随着俄罗斯民族的形成而产生的，而俄罗斯民族形成的过程也即是统一的俄罗斯国家的形成过程。著名历史学家 B..H. 萨姆纳，在《俄国简史》中指出，在整个俄国历史上，一个处于支配地位的主题是疆界，是关于控制一个奔放不羁的国家白自然资源的斗争的主题，这国家，由于俄国人&不断迁移的运劢，由于他们对其他民族的征服以及与其他民族的混合，已扩张到一个大洲里。俄罗斯著名历史学家克柳切夫（B. O. Ключев）也曾经指出俄罗斯国家的历史就是开拓土地和殖民的历史。[①]

千年的战争史锻造了强烈的民族尚武精神，重军尚武的民族精神造就了俄罗斯永远的魂。历史上的俄罗斯始终是一个尚武的民族，这与它长期奉行扩张政策和战争历史休戚相关。从1700年到1870年的170年间，俄国共进行了38场战争，其中有106年时间是处于战争中。如果从15世纪建国算起到20世纪80年代，它则进行了共计46场战争，其中只有3场是自卫性的。于此同时，从莫斯科公国建立到彼得大帝时期，400年的时间里俄罗斯的领土扩大了400倍。15世纪中叶俄罗斯中央集权制国家建立时，其领土面积是280万平方公里，到19世纪末，已扩大到2200余万平方公里，横跨欧亚大陆，囊括了大小100多个民族。可以说，俄罗斯崛起的历史几乎就是一部战争史。战争和准备战争是俄罗斯历史和人民生活中最重要的内容和不可分割的部分。频繁的战争危机，造就了俄罗斯人民极其重视军力发展。尤其是在"冷战"时代，前苏联为了与美抗衡，军事与国防被提高到了空前的高度，而军人的

---

① 张建华：《苏联民族问题的历史考察》，北京：北京师范大学出版社，2002年。

政治地位与经济地位也被提升到了顶峰。①② 苏联时期,担任军职比当大学教授更吃香。经济军事化模式导致的过度"重军"行为成为前苏联解体的原因之一,重军尚武的思想意识形态在解体后的俄罗斯得到了相当的传承。

3.3 战争纪念的内涵释读

并不悠久的俄罗斯历史,几乎 90% 以上的时间是在进行战争。短短几年空隙,俄罗斯也是时刻在准备进行战争中度过的。连年的战争史已使尚武的传统渗透到俄罗斯民族的血液中。

据统计,莫斯科有历史博物馆 90 多个,其中 27 个军事历史博物馆被列为国防教育场所,长年对外开放,免费参观。在莫斯科街头几乎随处可见战争英雄雕塑和纪念碑,以此作为尚武精神传承的媒介之一。俄罗斯是一个崇尚英雄的民族。在俄罗斯各地城市的主要广场、公园、街道、湖畔都建有反映不同历史时期重大事件的纪念碑和英雄雕像,镌刻着国家对民族英雄的记忆,斯大林格勒、库图佐夫大街等类似的以军事家命名的地名称谓今天依然随处可见。此外,丰富的战争文学更使俄人民不忘强大的军力对整个民族的意义。从《伊戈尔远征记》到《战争与和平》,从《铁流》到《毁灭》,这些文学作品对俄罗斯民族的独特文化产生了影响。苏联解体后,俄罗斯经济陷入了困顿,财政吃紧,国防经费直线下降,军队建设受到了很大影响。但即便如此,俄罗斯仍不忘尚武精神的国民教育。在经济十分困难的 1995 年,俄罗斯不惜投入巨资修建了规模宏大的莫斯科卫国战争中央纪念馆,以翔实的文字、丰富的图片资料和大量实物,再现了前苏联人民以鲜血和生命捍卫国家尊严的英雄主义气概和爱国主义精神。近年来,随着能源的紧俏,俄罗斯的石油经济受益非浅,在普金的带领下,俄罗斯人民逐渐恢复了自信,尚武意识也随着经济的复苏而复苏,而重振昔日强大军力几乎已成为俄人民的共同心声。

四 结 语

第二次世界大战是俄罗斯历史重要转折时期,引起民族的自我意识。二战战后的庆祝活动也诠释了俄罗斯民族精神个性发展,强调俄罗斯宗教历史和民族文化的特点,致力于在俄罗斯社会意识中强化历史和文化信念及宗教

---

① 张建华:《苏联民族问题的历史考察》,北京:北京师范大学出版社,2002 年。
② 利哈乔夫:《解读俄罗斯》,吴晓都 等译 北京:北京大学出版社 2003 年。

价值，确保俄罗斯和斯拉夫人在历史进程中的主导地位。

俄罗斯之所以举行这么大的阅兵式，其实与去年俄罗斯所处的国内国外的一些特殊环境有关系。比如说在去年之前，那么在西方一些势力，一些国家，甚至在原来的东欧的一些国家，出现了对前苏联在二战时候历史的歪曲的这样一些言论。通过这样一个阅兵的展示，来用行动来反驳对历史的歪曲。当然从长远的角度，俄罗斯通过阅兵也是为了应对来自北约的这些安全威胁，来凝聚独联体国家的这样一个感情，这同样与俄罗斯现实的国际处境也不无关系。

作为当年同时对抗法西斯的国家集团，俄罗斯在对待纪念反法西斯战争的态度上应该说是最坚决，同时也是最明确的。这不仅仅是因为俄罗斯付出的代价最高，在反法西斯战争中付出了2700万人的生命代价，更重要的是俄罗斯想通过对历史的纪念不让后人忘记先辈的功勋，更不要忘了自己国家的责任和每一个公民应该具备的那种不畏强权，不怕敌人，敢于战争，敢于流血的铁血精神。乔治·奥威尔在《1984》里说："谁控制了现在，就控制了过去；谁控制了过去，就控制了未来。"用这句话解读俄罗斯庆祝二战胜利的方式内涵应该更为贴切。

论动词的语义配价

首都师范大学　郑秋秀

【摘要】

语义配价是莫斯科语义学派句法语义的重要理论。动词的语义配价是动词语义的分解成分，属于语义范畴。当动词上升到句子层面，这些语义成分就以题元的方式体现出来，而体现的具体方式又受到动词语义、表层句法结构以及具体的交际目的的制约。由于谓词（主要是动词）是句子的核心，因此对于动词配价的研究为句子生成以及深层结构与表层结构的相互转换奠定重要的基础。

【关键词】

莫斯科语义学派　语义配价　动词语义　句法表现

一 引 言

"价"（Valency, Valenz, Валентность，亦称为"价"、"向"）这一术语借自化学。化学中提出"价"的概念是为了说明在分子结构中各元素原子数目间的比例关系。取氢原子为一价，某种元素的一个原子能和多少个氢原子相化合，或者能置换多少个氢原子，那么该元素就是多少价。由于语言符号的组合同原子的化合有相似之处，于是在 20 世纪 50 年代，法国语言学家泰尼耶尔把配价的概念引入到语言学中，提出了依存关系语法。泰尼耶尔认为，动词是句子的中心，动词的重要性在于它是作为范畴（时间、情态等其他）的载体并且是句子组织的纽带：通过动词搭配其他句子成分—主语、补语、状语。因此，配价只被看作动词的属性。直接处于动词节点之下的有名词词组和副词词组，前者构成行动元，也称题元（actant 题元），指的是"某种名称或某种方式的事或物，它可以通过极简单的名称或消极的方式来参与过程"，其数目不超过三个，后者形成状态元（circonstans），是情景的"环境"—时间、地点、方式等。在具体确定某个词的"价"时，泰尼耶尔采用的方式源于他著名的"小戏"比喻，即动词是剧情，行动元是演员，状态元是场景，这是一种与具体语言无关的语义指标；行动元应该是名词或其等价物，状态元应该是副词或其等价物。从意义的观点看，行动元和动词形成了一个整体，或者说，为了完善动词的意义，他们是不可分离的。然而泰尼耶尔对于配价的区分标准并没有作进一步的说明。

20 世纪 60 年代从属关系语法被引进德国，并且得到了很大的发展。出现了一大批颇有成就的配价学者。德国学者们称从属关系语法为配价语法，并使用配价理论对德语的句法和语义等方面进行了研究。德国的学者们从不同的层次对"价"进行了界定。他们将配价概念区分为逻辑配价、句法配价和语义配价三个不同的层面。由于配价属于不同的层次，因此对于确定同一个谓词的价的数目及其性质等一系列问题都存在着一些分歧。其中按照句法同现规则定价的居多。然而，研究表明，动词的句法同现成分有时会受到表层句法结构的影响而表现各异。比如："小王家丢了一头羊"，句中与"丢"共现的成分有两个，而"小王家的羊丢了"，这句话中与"丢"共现的成分只有一个。如果按照句法同现原则确定动词的配价，那么很难确定"丢"是几价动词。为此莫斯科语义学派提出了语义配价理论，旨在指出配价是词汇语义层面的概念。这一概念在莫斯科语义学派"意思 = 文本"模式中，对于描写谓词的语义、深层句法结构和句法结构深层与表层的相互转换中有着十分重要的意义。①

二 动词配价的语义性质

2.1 语义配价

莫斯科语义学派提出的语义配价的概念，其内涵是语义配价直接来自于词汇意义，配价的内容，或者说是"角色"（主体、客体、工具、手段、地点等）是词汇意义的一个部分。谓词（предикаты）语义单位以情景为描写对象，必需情景参与者在相应谓词语义单位的元语言释文中与语义变项（抽象语义参数）对应，这些参数同样对应于词汇释义中所必需的变项。因此可以说，这些变项必须出现在词的解释中，例如，"感谢"情景的必需参与者有主

---

① 张家骅、彭玉海等：《俄罗斯当代语义学》，北京：商务印书馆，2003 年，第 23 页。

体、客体和原因，它们分别与 благодарен 释义中的变项 X，Y，Z 对应：Y 做了一件有利于 X 的好事 Z；X 记得 Z，认为自己须用言语或好的举动补偿 Z。① 这些变项是词汇意义的一部分，是必须的，也是固定的，失去其中一项该词的意义不完整甚至改变该词所描述的情景的意义。又如"租赁"的情景有下列一些"参与者"：租赁的主体（тот, кто арендует）[承租人]、租赁的第一客体（то, что арендуют）[被租赁的东西]、逆主体（тот, у кого арендуют）[租赁人]、第二客体（то, за что арендуют—плата）[租金]、期限（то, на сколько арендуют）[租赁期限]。这些参与者对于确定租赁的情景是足够的，也是必须的，其成分或数量的任何改变都会导致情景的变化。缺少租赁期限变成"买卖"；缺少租金变成"借用"；缺少租赁期限和租金变成"转交"等。另一方面，租赁的情景不需要指出租赁的原因、地点、时间、目的，虽然原则上动词 арендовать 完全可以与上述意义的词形搭配，如 арендовать из-за безземелья охотничьи угодья, арендовать прошлым летом под Москвой садовый участок, арендовать клуб для проведения собрания 等。然而这类词组体现的不是动词 арендовать 的语义配价（情景的必须参与者），它们只是表明该动词具有语法上支配这些形式的能力，而这些形式也同样适合于任何一个表示行为的动词，也就是说它们不是只适合于某一个动词，而是适合于一定语法类别的一类词。这类成素通常看成是自由从属成分。

2.2 配价的语义性质

莫斯科语义学派认为，配价本质上属于语义范畴，是语义平面的概念。这主要从以下几个方面体现出来：

1）配价是由语义决定的，是对动词语义结构的分解描写，同一个动词如果语义不同，那么这个动词的配价的数目及其语义角色都会有所区别。这表现在动词的多义性上。如 считать 具有以下几个意义：①认为，以为。②计算数量。③按顺序数数。表达前一个意义时配价为"主体、客体和内容"（Учитель считает Петю хорошим учеником），表达第二个意义时有"主体和客体"（Кассир считает деньги），第三个意义时只有一个主体配价（Ребята считают вслух）。② 动词的语义决定动词的配价及其语义角色，反过来，不同的语义角色也会对动词的语义造成影响。比如 выскрести1 грязь из комнаты—выскрести2 кастрюлю 中的 грязь 和 кастрюлю 句法特征相同，但

---

① Апресян Ю. Д., Лексическая семантика—синонимические средства языка, М.: Наука, 1974, С. 187.

② 吴贻翼 宁奇：《现代俄语模型句法学》，北京：北京大学出版社，2001年，第81页。

是语义角色不同，前者是客体，后者是处所，因此 выскрести1 是 "把……清除掉"，выскрести2 是 "把……上的污渍清除掉"。

2）句子语义成分的必须性是由动词的语义决定的。一些动词对某一支配成分的要求不是来自于句法的规定，而是首先来自于相关动词的语义性能。动词的义素成分决定了带有不同客体意义的从属词形的出现。比如动词 находиться 如果没有表示空间意义的词形，那么该动词的意义就不完整：*Я нахожусь. 表示时间、地点、目的、动作方式、状态评价等的语义成分往往是动词情境非必须的要素，但在特定语义类动词中，这些要素可能恰恰是必不可少的。如表示时间的：просидеть два часа, проживать три года；表态度/方式的：относиться（обращаться）с уважением, вести себя（держаться）скромно 等。如果删除这些必须的语义要素，整个动词的意义将会改变，句子的意义也不完整。决定着这些成分在动词构成的句子中存在必需性的不是别的，而是相关动词的语义性能，它们是动词词义的一个部分，比如 просидеть（провести какое время, сидя），① относиться（Повести себя каким-л. Образом по отношению к кому-л., чему-л.）。② 这两个词的释义中 "какое время"（时间）、"каким-л. образом"（行为方式）就分别是 "просидеть"、"относиться" 情境的必需参与者。正是动词的语义性能使这些在其他很多句子中为自由的、可有可无的自由说明语成为必须的语义配价。因此一个从属于谓词的语言单位是否是该谓词的语义配价是由谓词的语义决定的，是谓词的语义蕴涵。

3）同一语义类别的动词可能具有相同的句法表现，这种现象常常同这类动词具有相同表达形式的配价相关。比如用第三格和第六格名词表达信息受体的动词在转换时可以把第三格换成 перед кем，形成了"承认"言语行为的一个比较封闭的一类：виниться кому-л. 〈перед кем-л.〉во всем, исповедаться кому-л. 〈перед кем-л.〉в своих сомнениях, каяться кому-л.〈перед кем-л.〉в прегрешениях, открываться кому-л.〈перед кем-л.〉во всем, отчитываться кому-л.〈перед кем-л.〉в своих действиях, признаться всем〈перед всеми〉в легкомыслии 等。因此，具有同一种句法表现的动词可能在语义上具有共同性。

4）同一个动词的语义配价具有相同的词形表达，但是由于表达配价的词的语义所属不同，从而导致动词的语义具有差别。比如 входть в коммисию 与 входить в чемодан，其中 коммисию 与 чемодан 都具有终点的语义角色，

---

① Ожегов С. И., Словарь русского языка, М.: Русский язык, 1990, C. 618.
② Ожегов С. И., Словарь русского языка, C. 520.

都由带前置词的四格表示，但是前后组合中动词的意义不同，前者表示的是"是……成员"，后者是"装进……里"。Входть 这一动词语义的变化是由表达动词语义配价的词汇的语义类别的变化而引起的。又如 валяться1 为运动动词，表示主体的运动（поросята валяются в грязи），валяться2 的意义是表示"存在"（бумаги валятся на полу）。Валяться1 与 валяться2 的区别正是由于表达动词主体配价的词的语义所属不同而表现为"运动"和"存在"的对立。

三　语义配价的确定

莫斯科语义学派认为，语义配价是词汇语义的分解成分，是语义层面的问题。因此不能根据表层句法来确定深层语义。动词的语义配价的数量和成分的确定主要由三个主要因素决定的：

3.1 动词所属的语义类别

属于某一个语义类别的动词在动词语义配价的数量和内容上具有某种相同或相似的特点。比如表行为（действие）、活动（деятельность）的动词有用人的名词填充的主体语义配价。表示"承认"的动词通常具有主体、信息受体和内容配价：Он винился жене во всем, Анна исповедалась всем в своих сомнениях, Сестра открывается маме во всем, Я признался ей в любви 等。表参数的动词具有两个语义配价，一是客体，二是参数的意义。如 Этот кусок мяса весит 50 килограммов, Зал вмещает до тысячи человек。因此，要想确定某个动词语义配价的数量和内容，只需要找到该动词所属的语义类别即可。Апресян 把动词分成了以下几类：行为（читать, строить）、活动（воспитывать, торговать）、做……事（играть, отдыхать）、举止（капризничать）、空间状态（сидеть, стоять）、位置（находиться, располагаться）、存在（существовать, быть）、性能（картавить, виться）、参数（весить, стоить）、解释（ошибаться, соблазнять）。[①]

3.2 词的分析性阐释

分析性注释的核心部分是使用元语言对动词表示的情景进行描写，指出必须的情景参与者、每个参与者在该情景中的特征（行为、事件、状态等）

---

① Апресян Ю. Д. "Семантические основы глагольного управления", Славистический сборник Матице Сербской, Нови Сад: Отделение литературы и языка, № 71, 2007, С. 49—62.

以及它们之间的关系（主体、信息受体、工具、理由等）。注释的核心部分除了陈说以外，还包括预设、动因等。通过词汇注释可以得到动词的语义配价及其内容。如 просить 的注释是：X просит Y-а, чтобы Y сделал Р = "某个人 X 希望某事 P 发生，X 认为 Y 应该做 P（a）；X 对 Y 表示，X 希望 Y 做 P（b）；X 这样说是因为 X 认为 Y 应该做 P（c）。① 这一注释中的 a、b、c 分别是预设、陈说和动因。注释中的语义变项 X、Y、P 分别为该动词的语义配价，其中 X 为主体（субъект），Y 为客体（объект），P 为内容（содержание）。由此得知，动词 просить 为三价动词。

3.3 词形表达的成语化形式

Апресян 认为，语义配价和自由从属成分（自由说明语）的主要区别是配价的词形表达通常是俗语性的，它不仅取决于配价的内容，而且还取决于配价从属的那个词所属的词汇—语法类别。即使是同义词，其同一个语义配价的词形表达也具有个体差异，比如客体配价在动词 наказывать 中为四格（наказывать кого），而在 взыскивать 中是带前置词的第二格：взыскивать с кого，试比较：продавать товар, торговать товаром, надругаться над кем, касаться чего, дотрагиваться до чего, задавать（за）что, заниматься чем, работать над чем, реформа экономии, экономическая реформа 等。也就是说不同的词有不同的形态—句法制约性。相反，自由说明语的词形表达不是成语式的，比如表示原因的从属词俄语中通常用以下形式表达：из-за…, из-за того, что…, потому что…, по той причине, что… 等，然而当原因从属词与表示情感状态的动词连用时，原因的表达形式是相对固定的，与上述特有的原因表达手段无关，如 бояться простуды, радоваться приходу сына, сердиться на его слова, 这里的原因形式不能随便更改，因为它们属于情感动词的语义配价，这也是语义配价同自由说明语的区别所在。由此可以看出，语义配价除了从词汇语义的分解阐释上界定外，还可以从句法成分强制性的程度上来确定。

四　语义配价的句法表现

根据莫斯科语义学派的观点，配价本质上是语义的，动词总和一定数量的参与者的事件相关联，在动词的语义结构中形成一定数量的语义空位，也就是语义价。语义价总是要求一定数量、一定语义类别的词的填充，并体现

---

① Апресян Ю. Д., Лексическая семантика—синонимические средства языка, С. 109.

为一定的语义角色，占据这些语义空位、并体现一定语义角色的称为语义题元，它所体现的语义角色也称为题元角色。而当这些语义空位（语义价）以一定的语言单位体现在句法表层时，我们说的就是句法题元。如动词 надеяться 的两个语义配价主体和内容在表层结构中体现为具有一定表达形式的题元：Я надеюсь на удачу；Он надеется на успешное окончание университета；Брат надеется, что успешно окончит университет 等。

当动词进入句子层面时，原则上讲，所有的语义配价经过填充都可以体现为句法题元。然而，由于受到语义、句法及语用因素的限制，有些配价不能或者不必在表层体现为题元。Апресян 认为，配价是否必须在表层体现，与下列因素有关：

4.1 交际目的的限制

如 Они пришли на завод 的句子表示主体与终点之间的关系，出现在句子中的只有主体和终点。然而从动词的深层语义结构来看，动词 прийти 的语义配价有主体（кто）、起点（откуда）、终点（куда），而起点语义配价并没有在表层体现。

4.2 具体动词的意义

任何一个配价对一些词来说是在句法上必须体现，而对另一些词来说就不必体现。比如：动词 есть, пить, писать, читать 用第四格表示的客体配价的表达可有可无，Я ем. Он пьет. Мы часто пишем домой. В свободное время он всегда читает. 但对动词 изучать 来说客体必须表达：不能说 * Он изучает。另外带有否定意义的一些动词语义配价通常不表达，如 молчать 的意思是《не писать кому-л. или не отвечать на чьи-л. слова》，① 但实际上实现的只是主体，不能说 молчать кому-л. молчать на что-л.。动词 промахнуться 《не попасть в цель》（没有击中目标），其中的"目标"项不能体现，试比较：попасть в мишень, * промхнуться по мишени。②

4.3 词汇的间接意义

间接意义中配价在大多数情况下都是句法上必须体现的；试比较：краснеть（от возмущения），краснеть за сына（стыдиться），заразиться（тифом），заразиться чьим-л. волнением, страхом, нетерпением, думать

---

① Ушаков Д. Н., Толковый словарь русского языка, М.: Сов. Энцикл., 1935, C. 252.

② Апресян Ю. Д., Лексическая семантика—синонимические средства языка, C. 147.

（о приезде）等。

4.4 动词的强支配成分在句法上必须体现

强支配指的是主导词和从属之间的一种联系，这种联系使得主导词为了实现一定的意义需要在形式上扩展。比如动词 строить 表达具体的体力行为（创造、建造）时，可以使用指称建造行为的客体、工具、材料的扩展成分。比如：В городе при подъемных кранах строят мост из металлоконструкций. 然而该动词只同带有创造客体意义的词形有强联系，因为只有这一词形可以使该动词构成的句子表达完整的信息。其他的词形是可有可无的，它们同动词的联系比较弱，失去这些词形不会对该动词的构句造成影响。动词 строить 在 ставить в строй（排队）的意义中具有两个扩展成分—表示客体意义的名词第四格和表示行为方式意义的名词，如 строить взвод в две шеренги（把一个排的人排成两队）。这时动词同表达行为作用的客体意义的词形具有强联系（сильная связь）。而同表达方式的词形具有弱联系（слабая связь）。

4.5 有些配价不能同时在表层实现，因为这些配价虽然具有不同的内容，但是其词形表达的形式相同

如主体、客体、工具和手段表达的五格形式不能同时出现，只能说 натирать щеткой（用刷子擦）或者 натирать воском（用蜡擦），прибивать молотком（用锤子钉）或者 прибивать гвоздями（用钉子钉），但不能说，натирать щеткой воском 和 прибивать молотком гвоздями。

五　结　语

语义配价是词汇语义的分解成分，是语义层面的概念。当动词上升到句子层面，这些语义成分都以题元的方式体现出来。然而这些体现的方式必须受到动词语义以及具体的交际目的所制约。由于谓词（主要是动词）是句子的核心，其语义决定了配价的数量和性质，因此对于动词配价的研究是句子生成的基础，也是句法语义研究的基础。但是配价研究的这些语义关系仅仅是对基础句中成分之间语义关系和成分的语义角色的一种深层的静态的刻画，这种研究并不完全等于表层的派生句实际表达出来的语义，因此还必须对句法层面的题元结构进行研究。

英语介词短语的级阶

首都师范大学　周晋英

【摘要】
本文通过对级阶、小句类型和句子等概念的梳理，确定了英语介词短语在级阶中的位置。得出的结论是，英语介词短语作为"次小句"不仅仅像词组那样处于小句和单词之间，有些介词短语也可以处于小句级。

【关键词】
英语介词短语　"次小句"　级阶

一　引　言

级阶是系统功能语言学[1][2][3][4]中的一个基本概念。系统功能语言学认为，英语的级阶（scale of rank）由下至上包括如下几个单位：词素、单词、短语/词组和小句。其中，短语在系统功能语言学中特指介词短语。根据级阶的构成，我们似乎可以得到比较明确的结论：短语在级阶中的位置和词组一样，

---

[1] Halliday, M. A. K. An Introduction to Functional Grammar (2nd ed.), London：Arnold/Beijing：Foreign Language Teaching and Research Press, 1994/2000.

[2] Halliday, M. A. K. & C. M. I. M. Matthiessen：An Introduction to Functional Grammar (3rd ed.), London：Arnold/Beijing：Foreign Language Teaching and Research Press, 2004/2008.

[3] Thompson, G. Introducing Functional Grammar, London：Arnold/Beijing：Foreign Language Teaching and Research Press, 1996/2000.

[4] Eggins, S. Introduction to Systemic Functional Linguistics (2nd ed.), New York：Continuum International Publishing Group, 2004.

是处于单词和小句之间的。也就是说，介词短语由单词（介词和名词）构成，而介词短语又是构成小句的成分之一。但是，我们通过对介词短语的定义、小句的定义、小句的种类、短语和小句的关系的梳理，发现可以对介词短语的级阶问题做出更精密的描述。

二 级 阶

级阶是构成语言单位的等级体系（hierarchy of units），等级体系中的每一个等级就是一个级（rank）。一般来说，级阶中的下一级单位构成上一级单位（Halliday 1961）。例如，在英语音系中，调群（tone group）由音步（foot）构成，音步又由音节（syllable）构成，而音节则由一系列音素（phoneme）构成。除了在音系中，英语的字系和词汇语法中都存在着级阶。在词汇语法中，级阶的单位由上至下分别是小句（clause）、短语/词组（phrase/group）、单词和词素（morpheme）。英语的级阶中，在小句之上没有句子这个单位。我们可以用小句复合体（clause complex）来表达两个及两个以上的小句。① 如果某个单位充当了与它本身处于同一级阶甚至低于它本身的阶级的单位的构成部分，那么这就是级转移（rank shift）。例句（1）中，斜体字部分是一个小句，但是它充当了比它级阶低的单位名词词组的后置修饰成分（post-modifier）或修饰语（qualifier），发生了级转移。

(1) That's the book *I read the other day*.

三 介词短语的定义

上文简要地提到，介词短语在级阶中处于单词和小句之间。那么究竟什么是介词短语？这里我们将分别介绍传统语法和系统功能语言学关于短语的定义，同时指出二者的区别。

3.1 传统语法的定义

Quirk et al.② 认为，介词短语由介词和介词补语构成；补语可以由名词、

---

① 黄国文、王红阳：《导读》《功能语法入门》（第二版），北京：外语教学与研究出版社，2008年，第 xi 页。

② Quirk, R., S. Greenbaum, G. Leech & J. Svartvik. A Comprehensive Grammar of the English Language, New York: Longman, 1985, p. 657.

代词和动名词等等充当。如下面包括介词短语的句子：

(2) The students of that university are very diligent.

(3) A friend of mine came to visit me last week.

(4) The decision of going there was made yesterday.

3.2 系统功能语言学的定义

我们需要明确系统功能语言学中和介词短语相关的概念，包括短语和词组、介词词组和介词复合体等等。

1. 短语和词组

系统功能语言学认为，虽然短语和词组在级阶中都位于小句和单词之间，但是二者是有区别的。词组可以被看作是扩展的单词，但是短语则被视为缩小的小句，词组和短语源自于两个不同的方向，最终到达相似的位置。从经验意义上看，词组由中心词和修饰成分构成，一个词组可以只有中心词。词组包括名词词组、动词词组、副词词组和介词词组。短语由作为"次过程"的介词和范围（Range）构成，这两个成分都是短语中必不可少的组成成分。

2. 介词词组和介词复合体

一般情况下，介词是一个单词；但是，有时介词本身也可以被修饰，这样就形成了介词词组。介词词组由两个或两个以上单词组成，即中心词（介词）和修饰成分。例如例（5）和例（6）中的斜体部分，都是介词词组。另外一种由两个或以上单词构成的介词形式是介词复合体，表达单一意义，如例（7）和例（8），这种形式是介词复合体。介词词组和介词复合体是不一样的：前者可以去掉修饰成分，只保留中心词；后者则不可以去掉任何成分，否则意义将有所缺失。

(5) right behind the door

(6) all along the beach

(7) in front of

(8) for the sake of

3. 介词短语

无论是介词词组还是介词复合体，他们都只能成为介词短语中的一个成分。那么，究竟什么是介词短语呢？

从介词短语的构成上来讲，系统功能语言学和传统语法基本上一致，认为短语由介词和名词词组构成。所以，系统功能语言学也认为，例句（1）和（2）中的斜体部分都是介词短语。不难发现，与介词短语同处于小句和单词之间的名词词组是构成介词短语中的一个组成成分。所以，介词短语中实际上存在着级转移现象。系统功能语法对语言单位的分析不停留在对其形式的分析，更重要的是要结合语法形式进行元功能分析。从经验功能上讲，介词短语是一个"次过程"（minor process），其中的介词可以被解读为"次动词"（minor verb），① 或者被称为"小动词"（mini-verb），② 因为这个"次动词"可以把名词词组作为间接参与者引入到主要过程中来。从人际功能的纬度上讲，介词这个"次动词"作为"次谓体"（minor Predicator），拥有自己的补语。③因此，介词短语在某种程度上也被称作是"次小句"（minor-clause）。④

但是，对于例句（4）中的斜体部分，系统功能语言学认为不是介词短语，而是小句。⑤ 这就涉及到什么是小句的问题，下面我们来梳理一下系统功能语言学中与小句相关的概念。

四 句子和小句

描写语法体系时，可以有两种不同的出发点：一种是从字系（graphology）单位出发，一种是从语法单位出发。从字系单位出发时，用到的概念是句子（sentence）、分句（sub-sentence）。从语法单位出发时，用到的概念是小句（clause）。当两个或两个以上的小句连接在一起时，就形成了小句复合体（clause complex）。

从字系上看，以大写字母开头的，以句号、问号或感叹号等结尾的语言单位的都是句子。⑥ 句子可以包括分句，其标识是冒号、分号、或者逗号。例如：

---

① Halliday, M. A. K. & C. M. I. M. Matthiessen: An Introduction to Functional Grammar (3rd ed.), London: Arnold/Beijing: Foreign Language Teaching and Research Press, 2004/2008, p. 360.

② Halliday, M. A. K. & C. M. I. M. Matthiessen: An Introduction to Functional Grammar (3rd ed.), London: Arnold/Beijing: Foreign Language Teaching and Research Press, 2004/2008, p. 277.

③ Halliday, M. A. K. & C. M. I. M. Matthiessen: An Introduction to Functional Grammar (3rd ed.), London: Arnold/Beijing: Foreign Language Teaching and Research Press, 2004/2008, p. 360.

④ Halliday, M. A. K. & C. M. I. M. Matthiessen: An Introduction to Functional Grammar (3rd ed.), London: Arnold/Beijing: Foreign Language Teaching and Research Press, 2004/2008, p. 361.

⑤ 黄国文：《英语"介词+ -ing"结构的功能语法分析》，《外语教学与研究》（外国语文双月刊）2009年第4期。

⑥ Halliday, M. A. K. & C. M. I. M. Matthiessen: An Introduction to Functional Grammar (3rd ed.), London: Arnold/Beijing: Foreign Language Teaching and Research Press, 2004/2008, p. 6.

(9) Little Miss Muffet sat on a tuffet, eating her curds and whey.

例 (9) 是一个句子，它包含了两个分句，即逗号前后的两个分句。有时，句子也可以很短，如：

(10) Wow!

(11) My goodness!

(12) Good-bye.

系统功能语言学从语法单位出发来描写语法体系，而且更着重研究语法单位的功能。概括地讲，小句作为词汇语法的中心处理单位[①]，是三个元功能（语篇功能、人际功能和概念功能）付诸实现的完整的语法结构[②]。

系统功能语言学作为以意义为驱动的语言学流派，把语义研究和语法研究结合起来。系统功能语言学有一个基本原则，即有过程（process）就有情形（figure），有动词就有小句。[③]

五 小句的种类

根据不同的标准，小句可以分为不同的种类。分类的标准可以是动词的种类，也可以是语气结构。

5.1 限定小句和非限定小句

依据小句中动词的种类，小句可以被分成限定小句和非限定小句。上文提到系统功能语言学的一个基本原则，即有一个动词就有一个小句。更严格地说，应该是有谓体就有小句（省略句除外，如 Yes, I have.）。可见谓体是判断一个语言单位是否是小句的重要依据。谓体由非限定动词来体现，通常表达经验功能，其形式不随着小句的其他成分发生变化，没有时态和数的变化的，如下面两个例子中的斜体字部分：

(13) Cooking makes her happy.

---

① Halliday, M. A. K. & C. M. I. M. Matthiessen: An Introduction to Functional Grammar (3rd ed.), London: Arnold/Beijing: Foreign Language Teaching and Research Press, 2004/2008, p. 10.

② Halliday, M. A. K. & C. M. I. M. Matthiessen: An Introduction to Functional Grammar (3rd ed.), London: Arnold/Beijing: Foreign Language Teaching and Research Press, 2004/2008, pp. 58—59.

③ Fawcett, R. Invitation to Systemic Functional Linguistics through the Cardiff Grammar, London: Equinox, 2008.

(14) Cooking took her a lot of time.

这两个例句中都有两个动词，非限定动词本身就构成非限定小句，通过级转移，充当整个小句的主语。

另外一种类型的动词是限定动词，其功能是限定人称、数、情态、极性和时态等等，是随着主语的人称和数等因素而发生变化的。包括限定动词和谓体的小句就是限定小句，如：

(15) Housewives cook for their family everyday.
(16) Mary cooks for her family everyday.
(17) Mary is cooking for her family now.
(18) Mary has been cooking for her family for six years.

以上例句都是限定小句，其中（15）和（16）的限定词和谓体是重合的，（17）和（18）限定词和谓体是独立存在的。上述四个例句中斜体字部分都包含限定动词，体现了人称、数和时态的不同。

5.2 主小句和次小句

根据语气结构的有无，也就是从人际功能纬度上看，小句又可以分为主小句（major clause）和次小句（minor clause）。有语气结构（即主语和限定成分）的，就是主小句；没有语气结构的就是次小句。主小句表达的语气有直陈语气（其中包含陈述语气和疑问语气）以及祈使语气，如例（19）—（21）。次小句则没有语气结构，如例（22）和（23）。3.3 中还提到，介词短语是个"次小句"，如例（24）和（25）。

(19) Bears eat honey.　　　　　　主小句：直陈语气：陈述语气
(20) Do bears eat honey?　　　　主小句：直陈语气：疑问语气
(21) Eat! Let's eat!　　　　　　　主小句：祈使语气
(22) Good morning!　　　　　　　次小句：无语气结构
(23) (She enjoys) reading.　　　次小句：无语气结构
(24) about that issue　　　　　　"次小句"：无语气结构
(25) including Peter　　　　　　　"次小句"：无语气结构

所以，归纳起来，按语气结构区分小句的种类有三个大类：即主小句、次小句和"次小句"。主小句被进一步划分为直陈语气小句和祈使语气小句，直陈语气小句又包含陈述语气小句和疑问语气小句。次小句和"次小句"都是没有语气结构的，它们各自也可以进一步分为两类。次小句可以分为一型次小句和二型次小句。一型次小句没有任何动词形式；二型次小句中有非限定动词。"次小句"，即介词短语，其实也可以分为两种类型，我们不妨也称之为一型"次小句"和二型"次小句"。一型"次小句"中的"次动词"就是最普通的介词短语，如例（18）。二型"次小句"中的"次动词"是非限定动词形式，如例（19）。Halliday① 指出这类介词既可被看成是介词，也可以被看成是动词。

二型次小句和二型"次小句"这两种结构有着相同的语法形式，即都是由非限定动词和名词词组构成，但是它们还是有一定区别的。我们以下面两个例子来简要说明：

(26) Some students loved that novel, including Peter.

(27) Mary enjoyed reading that novel.

在及物性方面，这两个动词体现的过程都要求有自己的参与者：由 including 体现的"次过程"只要求一个参与者角色，即范围（Range）；reading 体现的过程要求有两个参与者角色，即动作者和目标。但是这两个过程对于参与者角色的要求是不同的。including 要求范围必须是显性的，但是不要求动作者，否则就无法表达完整的意义，而且语法也不正确。所以，不可能有 (28) 和 (29) 这样的表达形式：

(28) * Some students loved that novel, including.

(29) * Some students loved that novel, his including Peter.

然而，过程 reading 要求两个参与者角色：动作者和目标，而且这两个参与者角色既可以是显性的，也可以是隐形的，如下面两个例子：

(30) Mary enjoyed her own reading that novel.

(31) Mary enjoyed reading.

从句法结构上来讲，including 和 reading 这两个动词后面都有自己的补语。二者的区别在于，前者的补语必须是显性的，而后者的补语可以是显性的也可以是隐形的。这与及物性分析是相一致的。

从及物性和句法结构上来看，二型次小句和二型"次小句"是完全不同的两种结构，我们有必要对它们做出区分。

六 讨论：小句类型、句子和级阶之间的关系

我们将上文提到的小句类型概括成下表（见表1）。该表从左至右划分为三个大的区域，由双直线表示。左侧区域是以语法结构为出发的语法描述体系。在此框架内，分别以语气结构和动词为分类标准对小句进行分类。中间区域以字系单位出发描述语法体系。右侧区域则是级阶中的两个级：小句和

---

① Halliday, M. A. K. An Introduction to Functional Grammar (2nd ed.), London: Arnold/Beijing: Foreign Language Teaching and Research Press, 1994/2000, p. 212

词组/短语。三个区域之间的关系是，以语气结构为分类标准的小句类型作为纵坐标，其他概念作为横坐标，定位纵坐标项的相应属性，"＋"表示具备某种属性，"－"表示不具备某种属性。下面我们来梳理各种小句类型之间存在的关系，小句和句子之间的关系，在此基础之上探讨一型"次小句"和二型"次小句"（即介词短语）的级阶问题。

表1　小句类型、句子和级阶

以语气结构为分类标准的小句类型 \ 以动词为分类标准的小句类型	语法结构		字系		级阶
	限定小句	非限定小句	句子	小句	词组/短语
主小句	+	−	+	+	−
一型次小句	−	−	−	+	−
二型次小句	−	+	−	+	−
一型"次小句"	−	−	−	−	+
二型"次小句"	+/−	+/−	+/−	+/−	−/+

我们从语法结构出发来区分小句类型（参见表1左侧区域）。上文涉及到的小句分类标准有两个，所以，小句类型在一定程度上存在着重叠现象。首先，由于主小句包含语气结构，就一定包括限定动词。因此，主小句一定是限定小句，不是非限定小句。

次小句的情况相对复杂一些。次小句不包含语气部分，所以全部不是限定小句。具体地讲，一型次小句既不是限定小句也不是非限定小句。二型次小句虽然不是限定小句，但却是非限定小句。

下面我们来看"次小句"，即介词短语。一型"次小句"就是最普通的介词短语，这一类的介词短语没有语气结构，只有不体现限定意义的"次动词"介词。但是，"次动词"毕竟不是真正的动词。一型"次小句"既不是限定小句也不是非限定小句。二型"次小句"中的介词本身可以被视为非限定动词。所以，二型"次小句"可以看成是非限定小句，但不是限定小句。但是，当介词仅仅作为一般介词解读时，二型"次小句"和一型"次小句"一样，既不是限定小句也不是非限定小句。

从字系单位的角度来梳理一下以上几种类型的小句（参见表1纵坐标项和与之对应中部区域）。如前所述，只要一个单位是以大写字母开头，以结束性的标点符号结束,那么这个单位就是句子。所以,主小句和一型次小句都是句子;其他类型的小句一般情况下均不是句子。

我们再从级阶的角度来定位各种小句类型(参见表1纵坐标项和与之对应右侧区域)。因为这些单位只涉及到小句和词组/短语两个级阶,在此不讨论单词和词素的问题。主小句和二型次小句都处在小句这个级阶,一型次小句不属于小句级阶,而属于词组级阶,一型"次小句"同样不属于小句级阶,但属于短语级阶。二型"次小句"有双重性,当介词被视为普通介词时,处于短语级阶;当介词被视为非限定动词时,处于小句级阶。

七 小 结

回到介词短语的级阶问题上来。通过上文的梳理可以看到,绝大多数介词短语和词组一样,在级阶中处于小句和单词之间;但是,如果短语中的介词被视为非限定动词时,那么,此时的短语实际上就处于小句这个级阶上了。换言之,介词短语在级阶中,一般处于小句和单词之间;但也有一部分是可以处在小句这个级阶上。

从日语"寺子屋"一词来看日本的传统文化

外国语学院日语系　朱玲莉

【摘要】

日本是率先实现近代化的东方国家，其教育事业的发展是日本近代化过程中最值得称道的事情。尤其是在江户时代，官学和平民教育不断发展，其中"寺子屋"教育以平民子弟为教育对象，在传承文化，培养人才等方面起到了重大作用。本文从"寺子屋"一词出发来考察日本传统文化的特征。

【关键词】

寺子屋　江户时代　阶级性　道德教育　传统文化

日本江户时代被称作"教育爆炸的时代"。作为平民教育机构的"寺子屋"在传承文化、培养人才、化育人生等方面发挥了重要作用。它遍布日本各地，规模达到15500多所。它与当时的幕直辖学校、诸藩校等武士教育机构以及私塾、乡学等平民教育机构同时并存，成为江户时代文化传播的主要场所和教育普及的主要形式。本文通过对日语"寺子屋"这一词来剖析日本传统文化。

一　"寺子屋"一词的源流

前近代的日本是身份制社会，其教育也具有强烈的身份色彩。在律令制时代，日本人仿效唐朝在中央设立大学寮，地方设国学，但是，只有贵族、官吏以及地方豪族的子弟才有入学的资格，普通百姓根本没有接受教育的权利。在武士掌握了政权、建立镰仓幕府以后，由于大学寮和国学等公立教育机构衰落，寺院开始在教育活动中扮演了重要的角色。为了提高文化修养，许多武士家庭送子弟到寺院接受文化教育，入寺学习的子弟被称作"寺子"。寺院对儿童进行世俗教育，是中世时期日本教育的特色，也是"寺子屋"这一名称的起源。后来，随着社会对教育需求的扩大，寺子屋这种教育形式超出寺院而扩大到社会，成为从事平民基础教育的主要机构。最早的寺子屋出现于日本室町时代中期的文明年间（1469—1487）。到江户时代的享保年间（1716—1736），寺子屋数量开始增多，逐渐得到普及。由于寺子屋教育脱胎于寺院教育，因此，其名称沿袭了中世纪寺院世俗教育的称法——"寺子屋"。

"寺子屋"一词是"寺子"和"屋"的合成词。首先让我们来考察一下"寺子"一词的由来。"寺子"，即学生。它最早出现在元禄八年（1695）笹山梅庵纂写的《寺子制诲之式目》中。该书记载了当时"寺子"的情况："寺子去寺子屋之前将头发梳理得整整齐齐，着装整洁，和服前后对齐，认真系好腰带，注意牙齿白净。这些细节也反映了父母尊重师匠，师匠严格要求寺子之情。"① 此后，"寺子"一词的使用逐渐多了起来，以"寺子"为标题的教材也开始问世，如正德四年（1714）刊行的《寺子往来》、享保十四年（1729）刊行的《寺子宝鑑》、宽延四年（1751）刊行的《寺子节用宝鑑》、安永五年（1778）刊行的《寺子重宝记》等等。与此同时，在许多脍炙人口的文学作品中也频频出现"寺子"一词。例如，净琉璃作家竹田出云（1691—1756）在延享三年（1746）刊行的《菅原传授手习鑑》中就使用了"寺子"一词："因为寺子人数众多，是这位，还是那位，在回家的途中一边掰手指一边琢磨"。在江户时代戏剧作家式亭三马（1776—1822）的《浮世风吕》（1809—1813 年刊行）中用夸张的手法描述了寺子们放学后在澡堂里淘气顽皮的场景。

当时的学生除"寺子"这一称谓以外，还有"手习子"和"笔子"等称法。江户时代，有许多文人描述了当时寺子屋的情形。江户时代改革派新官僚新井白石（1657—1725）在回忆平民教育时写道："习字（てならい）的转义为寺居（てらい），系指在寺院中学习书写。古昔儿童入佛寺就学，故学者称之为寺居。至今世，入教授书写之师家曰入寺，寺院为师家；师家曰寺子屋，学习者曰寺子。"② 也就是说，寺子以习字为主，入书法师匠之门为入寺，师匠之家为寺子屋，在此学习的儿童为寺子。小说家高井兰山（1762—1838）对寺子屋也进行过描述："古昔儿童入寺院学习习字。其弟子称之为寺

---

① 笹山梅庵：《寺子教诲之式目》。转引自石川谦：《寺子屋》，日本：至文堂，1966年，第 67 页。
② 新井白石：《骨董杂谈（上卷）》，日本：芳文堂，1892 年，第 3 页。

子"、"年轻人和僧侣一样学习习字，这种情况习以为常。即便在偏远农村也不例外"。"从前，儿童学习习字都在寺院。即便是乡间农村，大部分儿童也入寺学习。但现在，在繁华的都市出现了专门以教授书法为职业的教师，教师之家被称为寺屋，前来学习的儿童被称之为寺子。"①

从上可以看出，江户时代以前，寺院的僧侣承担町村子弟的习字、读书的教学任务，在寺院学习的学童被称为"寺子"。到了江户时代，庶民教育虽已超出寺院的范围，但仍沿用了"寺子"的称谓。

寺子接受教育的场所称作"寺子屋"。《日本教育史资料》记载："在江户时代随处可见类似青莲院入木道御家流笔学所、幼童笔学所的看板。在江户时代以前，就已经出现了许多书法流派和书法私塾。从当时的记录中我们可以发现记录了手迹指南或笔道指南的某某。这些人被称之为习字师匠，在上方地区（关西）称这样的教育设施为寺子屋。"② 在"寺子"一词后增添"屋"就构成了"寺子屋"一词。"屋"是指家的含义，表示从事某种职业时所使用的设施。如同书店在日语中被称为"本屋"，工作介绍所被称为"口入屋"等一样，"寺子屋"是指"经营手习（习字）之家"。进入近世以后，"寺子屋"一词首先在大阪等关西商业繁华地区流行，后来向全国推广，成为庶民初级教育设施的代名词。除"寺子屋"之外，还有"寺小屋"、"寺屋"、"训蒙屋"、"手习户"、"手习所"、"指南所"、"手迹所"、"笔道指南"等称谓。

二 江户时代教育具有阶级性

江户时代，不仅武士和贵族子弟几乎都以某种形式上过一定时间的学，就连此前与学校教育无缘的平民阶级也获得了接受教育的机会。据日本教育学家乙竹岩造的推测，19世纪60年代日本庶民男子的平均就学率达到了40%，就学率的提高大幅度地提升了国民的识字率。尽管江户时代学校教育发展迅速，但是在严格的等级制度下，江户时代的教育被打上了等级差别的烙印。人们因身份不同，在教育权、教育程度以及教育内容等方面存在着很大差异。

在《武家诸法度》13条中的第一条就规定："文武弓马之道，宜专精习。左文右武，古之法也，不可不兼备矣。弓马者是武家之要枢也。兵号为凶器，

---

① 田中克佳：《"寺子屋"的起源和语源》，《哲学》第91期，日本：国际文献印刷社，1990年，第544页。

② 《日本教育史资料（第19·学制）》。转引自石川谦：《寺子屋》，第69页。

不得已而用之。治不忘乱，何不励修炼乎"。① 德川幕府大力提倡文武两道，强调尚武精神与文化知识相结合。他们推行奖励学问、倡导学习的文教政策，并积极推行朱子学说，规定其为官学。其目的是利用朱子学的"五伦"和"五常"观来维护幕藩体制，为封建等级制度提供理论依据，有利于巩固其封建社会秩序。由此，朱子学成为了支撑幕藩体制的精神支柱、道德规范和价值标准。幕府大力推崇普及朱子学说。这一点体现在武士教育之中。武士是统治阶级，武士教育成为社会上有组织的学校教育的主流。江户时代的武士教育机构主要是幕府直辖学校和各藩的藩校。幕府直辖学校主要是为幕臣子弟所设置。它是培养辅佐幕政的官吏和实用人才的教育机构。其代表机构是昌平坂学问所。昌平坂学问所是幕府的最早的，也是最高的儒学教育场所。它是以"旗本"（上级武士）和"御家人"（下级武士）的子弟为对象，以培养辅佐幕政的大臣为目的的实施儒学教育的最高学府。教授的内容包括：经科、史科、本朝史科、行政科、诗文和天文，地理等。教学方式有"素读"（阅读、句读）、"会读"、"轮讲"（学生以小组形式进行读书，讲书）和"讲释"（教官讲解经典）。除了这几种形式以外，该学问所还开展共同调查和诗文会等教学活动。及至德川末期，无论是在组织形式还是在授课方式上都发生改变。昌平坂学问所虽然对入学者的身份有严格规定，但是幕府默许昌平坂学问所儒官在私宅中招收学生。除昌平坂学问所以外，还有医学馆、和学讲谈所、开成所、讲武所和海军所等其他21所幕府直辖学校。

另一方面，诸藩以昌平坂学问所为样板来建立藩校。德川初期，由于幕府和各藩以武治为主，各藩中设立学校的甚少，多半是利用儒者的私塾和藩主的圣堂（祭孔用）或讲堂改建。18世纪后期，以宽政改革为契机，各藩为了培养人才，大设藩校。从此藩校迅速增多，遍布全国。藩校教育的对象是藩士子弟。在藩校虽也有个别藩如神户藩等允许庶民子弟入学，但是数量极少。藩校的教育内容因藩因时而异，藩校的学科内容由儒学逐渐向实用科学转变。在江户时代前期，教学内容主要以儒学为中心，外加武艺。至江户时代中期，藩校的学科不限于汉学、武艺，还开始重视实用性的算术、洋学、医学和天文学等，国学也成为了教育内容的一部分。

除幕府直辖学校和藩校以外，部分乡校也实施武士教育。乡校由于受到官方资金援助，因而具有半官半民的性质。乡校的特点是重视道德教育，通过乡校来"淳化社会风尚"。乡校的数量不多，在天保年间（1829—1843）乡校只有13所。② 除武士的教育机构以外，平民教育机构主要有私塾和寺子屋

---

① 石井紫郎校注：《日本思想大系27·近世武家思想》，日本：岩波书店，1974年，第454页。

② 王桂：《日本教育史》，吉林：吉林教育出版社，1987年，第91页。

等。进入幕末之后,武士教育和平民教育之间交流的机会不断增多。帕新在概括这段时期的教育时说:"高等教育被认为是作为统治阶级的武士维持其实力和地位所必须的,所以这种教育由幕府来支持并加以规制。但是对书名提供这种教育是不适当的。所以,虽然并没有禁止庶民的教育,但是幕府也不支持,不关心。担任幕府要职者认真地关注庶民教育是进入德川末期之后的事情。此时,尽管阶级差别依然严格,但是并不那么彻底。在德川末期,武士和庶民之间的交流很平凡。"①

三 江户时代教育以道德教育为核心

江户时代的武士教育和平民教育在制度上分属两个不同的轨道,在教育目的、内容和方法上也存在很大差异,但是共同之处在于均把道德教育置于核心地位。商品经济的发展不但加快了自给自足经济的瓦解,导致农民生活的变化,而且由于贡租繁重、经济萧条,贫困农民不断沦为佃农、雇农。农民生活困苦不堪,流离失所。流浪、弃子、偷盗等现象随处可见。道德沦丧日渐严重。幕府意识到不仅武士阶级,而且普通庶民的精神意识都有统一的必要。因此,如何教育庶民子弟、维护封建统治和安定社会成为幕藩政治决策的一个重要问题。18世纪以后,幕藩从加强庶民教育和陶冶庶民道德情操的立场出发,对寺子屋教育采取了一些介入和保护措施,将寺子屋教育作为其统治政策的一环。

其中第八代将军德川吉宗(1684—1751)对寺子屋教育采取了一系列的措施。在18世纪初期,幕府为了巩固已动摇的统治,整顿元禄以来商品经济发展所搅乱的封建体制,摆脱幕府的财政危机,德川吉宗进行了"享保改革"。他把武家的贫穷归因于文弱奢华,力主节俭开支和简化繁缛的礼仪,并且为了巩固封建统治,德川吉宗提倡尚武的同时重用人才、奖励实学、积极鼓励庶民教育,这一系列的文教政策推动了寺子屋教育的发展。

第一,德川吉宗鼓励并支持庶民教育的建设。据"东京府教育沿革"中记录:菅野彦兵卫上书裁判所,表明自己想建学问所。这一想法立即得到了当地上级的同意。享保八年(1723),幕府借地给菅野彦兵卫,建学问所,招收弟子。十二月七日,赐金三十两以支持学问所的正常运营,而后拨一色町(地名)一百二十九坪,其所得租金用于维持学校日常开支。② 德川吉宗从物

---

① ハーバード・パッシン,国弘正雄译:《日本近代化和教育》,日本:サイマル出版会1980年,第20—21页。

② 石川谦:《日本庶民教育史》,日本:刀江书院,1929年,第318页。

质和财力上援助菅野彦兵卫建私立学校——会辅堂。菅野彦兵卫的会辅堂和私塾怀德堂（1724年以大阪町人中井甃庵为代表建立起来的私塾）都是在吉宗的支持下创办的庶民教育机构。所以，日本的历史学家内田银藏（1872—1919）认为"吉宗的时代是德川时代最光辉的时代"。[①]

第二，德川吉宗注重寺子屋教材的选定。德川吉宗令翻译发行清代范鋐《六谕衍义》，下令朱子学者室鸠巢编写《六谕衍义大意》，并下发给百姓，包括江户的寺子屋，意在普及朱子学的伦理道德，向人民灌输三纲五常的封建思想。室鸠巢在给武士奥村源卫门的书信中记录了《六谕衍义大意》的创作过程："幕府命令为此书写序和跋，现在正在写。当地（江户）人向我推荐了尊元流（书法流派）的浪人石川勘助。在审定过此人的书法之后，决定采用石川来书写《六谕衍义大意》。"享保七年（1722），他还命令京都的柳枝轩书店出版《六谕衍义大意》，并把它作为政府的出版物，通过江户町奉行，颁发给寺子屋师匠。在八年之后，德川吉宗还令编著和发行《五常和解》和《五伦和解》，并发布谕告："习字应从御法度书开始，读懂《五人组帐前书》，熟知有关人伦道德、礼仪。应让他们临摹书写，背诵"。与此同时，德川吉宗还令人撰写《五伦名义》和《五常名义》，将其和《六谕衍义大意》一起，规定为寺子屋的习字本。他还奖励将历代的御法度书和五人组帐前书作为教材，不仅重视文字教育，还试图通过教育来改变各地区社会集团的伦理道德。在享保年间，《诸职往来》、《四民往来》等寺子屋教材纷纷出版。寺子屋教育的性质从此也逐渐发生转变，它不再是单纯教授文字的寺子屋，而且逐渐成为宣扬人伦道德、加强民众文化道德修养的场所。

第三，德川吉宗重视寺子屋师匠的管理，采取编制教材和奖励师匠相结合的政策，推动寺子屋的发展。享保七年（1722），德川吉宗在狩猎途中经过武藏国岛根村时，在视察当地医生吉田顺庵在自家中教授近邻孩子御法度书的情况后，大为感动，当场奖赏顺庵，并赐他《六谕衍义大意》一书。[②] 从那以后，历代将军和老中（江户幕府的职名，是征夷大将军直属的官员，负责统领全国的政务）继承了褒奖政策，使之成为一种传统。

19世纪初，幕府为了巩固自己的封建统治，教化民众，继续通过表彰等手段控制寺子屋的道德教化。天保十四年（1843）至弘化元年（1844）两年中连续四次对62名寺子屋师匠进行表彰和鼓励，其中《六谕衍义大意》一书成为重要的奖品。

在幕府对寺子屋教育政策的影响下，各藩也纷纷仿效，采取积极措施鼓

[①] 沼田次郎：《日本全史（第七卷）》，日本：东大出版社，1962年，第20页。
[②] 浅冈雄之助：《维新前东京市私立小学校教育法及维持法取调书》，日本：国书刊行会，1981年，第51页。

励寺子屋教育。江户中期，在金泽藩中，藩主前田治脩为了"四民教导"，在宽政四年（1792）兴建了所谓的"文武之学校"——藩校明伦堂。在新建藩校之前，由于担心藩校教师的素质不高，宽政三年（1791）他派人对当地的私塾、寺子屋的教学内容和教材进行调查，不论身份选拔优秀师匠到藩校任教。① 后来，他更是企图将寺子屋教育纳入藩校教育之中。由于金泽藩藩校设立时间晚于寺子屋，因此，金泽藩非常关注寺子屋师匠的素质和教育内容。江户中期以后，对寺子屋进行指导和监督的藩随之增多。根据《日本教育史资料》（卷一至卷八）所载，在对245个藩的调查中，除31个藩明确表示武士子弟不能进入寺子屋学习以外，其余的234个藩都默许寺子屋教育。寺子屋开业自由，不用申报的有220个藩，占总数的94.04%；对寺子屋经营采取放任主义的有211个藩，占91.73%，由此可见，大部分的藩对寺子屋采取了默许和放任的态度。但也有对寺子屋进行指导和监督的藩，他们多采取对寺子屋师匠或寺子进行奖励的政策。总之，诸藩采取了多种方法对寺子屋进行保护和奖励。当然这些保护政策的出台主要在江户后期，且以城下町为主，村落的寺子屋还很少。

幕府和各藩以儒学为中心，推行自上而下的文教政策，在加强武士文武两道教育的同时，注重和鼓励庶民教育的发展，以维持社会稳定，实现修身齐家治国平天下的政治目的。

---

① 大冈成美：《寺子屋教育文化学的研究》，日本：讲谈社出版服务中心，2003年，第352页。

《呼啸山庄》在新时期（1976—2012）

——我国的研究述评

首都师范大学教师　朱瑞党

中国社会科学院研究生院博士研究生　宋平明

【摘要】

《呼啸山庄》在我国新时期（1976—2012）之前的研究较少，其研究也是得益于勃朗特姐妹这一文学整体；进入新时期以后，国内对于《呼啸山庄》的研究开始不断涌现出来，其研究也完全摆脱了建国前勃朗特姐妹这一文学整体的束缚，在我国得到了独立而深入地研究，且对于《呼啸山庄》的研究和评论呈现出一种"百花齐放、百家争鸣"的局面。

【关键词】

《呼啸山庄》　新时期　我国　研究综述

一　引　言

艾米丽·勃朗特（1818—1848），英国著名作家与诗人，文学史上著名的"勃朗特三姐妹"之一。这位天才型的女作家在其短暂的一生创作了193首诗和一部小说——《呼啸山庄》。然而，正是这部她唯一的小说成就了艾米莉在英国文学史乃至世界文学史上的不朽地位。塞西尔说："《呼啸山庄》是唯一一部没有（即使是部分的）被时间的尘土遮没了光辉的小说。唯有它，今天仍和写成之初一样使我们激动。"①

---

① 戴维·塞西尔:《早期维多利亚小说家》，伦敦：伦敦康斯塔勃公司，1934年，第317页。

《呼啸山庄》在建国前是与勃朗特姐妹作为一个整体而被介绍进中国来的，在这一时期，《呼啸山庄》在我国的研究是得益于勃朗特姐妹这一文学整体的。由于时代、文化语境以及社会环境等因素的制约，对《呼啸山庄》的研究只是停留在一般意义上的译介，介绍也流于肤浅和过于简单。仅有的一些评论也明显地表现出对《呼啸山庄》的轻视。建国初期的十七年间，《呼啸山庄》在我国的研究基本摆脱了建国前受轻视、被冷落的地位，但在我国的研究依旧附属于勃朗特姐妹这一文学整体，尽管其已经得到了足够的重视。但由于我国这一时期在文学上围绕着为政治服务这一中心，因此，在这一时期的后期，勃朗特姐妹曾一度遭到批判。此后十年，国内没有关于《呼啸山庄》的研究。

二 新时期（1976—2012）《呼啸山庄》在我国的研究概述

新时期之初，我国就涌现出了一批具有较高学术价值的外国文学著作。如杨周翰、吴达元主编的《欧洲文学史》上、下册（人民文学出版社 1979 年 11 月初版），刘炳善编写的英文版《英国文学简史》（上海外语教育出版社 1981 年 7 月初版），范存忠编撰的《英国文学史纲》（四川人民出版社 1983 年 3 月初版）。在这些直到如今还被全国各高等院校作为文学史教材通用的著作中，著者都无一例外的收录了《呼啸山庄》。与建国前文学史书中对《呼啸山庄》只是顺带提及、一笔带过的研究倾向不同的是，这几部文学史书都把《呼啸山庄》放在和《简爱》同等重要的地位。刘炳善在书中分专章各节选了《呼啸山庄》与《简爱》这两部小说中的精彩部分，并在节选内容之前对两部作品作了详细的介绍和简明扼要的评价。而杨周翰、吴达元和范存忠则是从文学发展史的角度出发，对《呼啸山庄》和《简爱》产生的背景以及两部小说的思想价值和意义作出了阐述，得出的结论也是极为中肯的。为了更为全面的让更多的读者在较短的时间里了解世界文学的优秀作品，新时期初期我国就出版了一大批的外国文学名著导读、外国文学作品集之类的普及性读物。有些著作还是当时高等院校的阅读教材。如吉林大学社会科学学报编辑部于 1979 年 10 月出版的《中外文学名著简介》，徐波、李惠文编著的《外国文学名著简介》（吉林人民出版社 1980 年 5 月初版），郑克鲁、郭家申合著的《外国文学作品提要》（上海文艺出版社 1981 年 11 月初版），陆祖耀编选的《外国作家与作品》（上海新华书店发行学校 1982 年 11 月），中国青年出版社编辑部于 1983 年 4 月编辑出版的《外国文学名著题解》等。在这一批书里，编著者都给予了《呼啸山庄》足够的重视。

在研究专著方面。1983 年 10 月，范岳、吴明明编撰了《勃朗特姐妹》

一书，由辽宁人民出版社出版，此书的主要对象是"教师、学生以及广大爱好文学的青年"。① 本书全面介绍了艾米莉和夏洛蒂的生平、最初文学创作、她们的失败与挫折等情况，另外以叙述兼评论的方式从头至尾介绍了《呼啸山庄》。值得注意的是，书中称艾米莉为"姊妹之魁"，可见著者是把艾米莉的地位放在夏洛蒂之上的。无独有偶，范岳、吴明明的《勃朗特姐妹》出版伊始，中国社会科学出版社就出版了杨静远编译的《勃朗特姐妹研究》。本书的主要对象是"外国文学研究者、文学理论研究者和教学工作者"。② 这本书收录了几乎所有具有代表性的西方各种对《呼啸山庄》的评论文章。此外，还包括有勃朗特姐妹的生平资料。两本专著的同时发行，也许仅仅是一个巧合。但从某种意义上却反映出《呼啸山庄》正以一种全新的面貌走进中国读者的视野。到了 20 世纪 90 年代，《呼啸山庄》在我国研究中的发展势头更猛，1990 年 10 月由上海译文出版社出版了杨静远、顾耕编写的《勃朗特一家的故事》，这本书已不仅仅局限于对《呼啸山庄》的叙说和评价，而是更多的从艾米莉的身世、生平、性格等影响她写作的一些因素出发，得出了一些有益的结论。1996 年，河北教育出版社出版了宋兆霖主编的《勃朗特两姐妹全集》，文集包括艾米莉的《呼啸山庄》和夏洛蒂的《简爱》，两姐妹的书信集，另外，还将艾米莉的诗专门汇编成一卷，这无疑有助于读者从多个侧面来全方位地了解和阐释《呼啸山庄》。同年 12 月，徐晓雯译著的《艾米莉·勃朗特和她的〈呼啸山庄〉》由外语教学与研究出版社出版，此书分为艾米莉的生平、《呼啸山庄》故事概要、情节分析、细节分析、人物分析以及国内外关于《呼啸山庄》的多种评论。为了照顾不同读者的需求，本书采用的是中英文对照的排版方式。即满足了普通读者的欣赏需求，又便于语言学习者参考。

三 新时期（1976—2012）《呼啸山庄》在我国的批评

新时期，尤其是 20 世纪 80 年代以来，流行于当代西方的各种批评方法如：形式主义批评、新批评、结构主义、符号学、解构主义、现象学、接受美学、文艺阐释学、表现主义、象征主义、原型批评、文化分析等迅速被大规模地介绍进我国。艾米莉尽管只有唯一的一部小说——《呼啸山庄》，然

---

① 范岳、吴明明：《勃朗特姐妹——出版说明》，沈阳：辽宁人民出版社，1983 年，第 1 页。

② 杨静远：《勃朗特姐妹研究》，北京：中国社会科学出版社，1983 年，"编辑说明"，第 1 页。

而，这部小说，作为一部西方古典文学名著，不管是在思想倾向还是在艺术技巧方面，都超越了维多利亚时代的思想概念和文学传统，而和现代文学颇为接近，其本身所具有的复杂结构和广阔内涵，为批评的多元化、多义性阐释和解析提供了极好的素材，因此，引起了国内研究者的极大兴趣。研究者对《呼啸山庄》一时间趋之若鹜，竟相以《呼啸山庄》为批评范本，从不同的批评方法和批评观念入手，对《呼啸山庄》的各种解释多如牛毛，灿若繁星。

在原型批评方面，裴小龙的《从神话原型看〈呼啸山庄〉》一文别开声面，独具一格。它以古希腊关于始原人的神话故事展开分析，认为希斯克厉夫与凯瑟琳的爱情就是人类对自身完整的始原状态的回忆，是一半渴求与另一半合为一体，回到其初始的完整状态的欲望。希斯克厉夫与凯瑟琳不屈不挠地进行着生死拼搏就是为了获得与希腊神话中被宙斯分为两半的始原人一样的追求目标——不断寻觅直至与另一半连成一体。它深刻揭示了作品所蕴涵的古代神话的原型意义。此文在 1987 年 11 月 9 日于上海召开的"首届《简爱》、《呼啸山庄》学术讨论会"上引起了与会代表的极大关注。另外，朱虹的《山庄、田庄、复仇和书的角色：重读〈呼啸山庄〉》一文也从原型批评的角度出发指出"《呼啸山庄》是以《圣经》寓言为支撑，又借用《圣经》为主题增加了分量，是一个关于不宽恕者自己也不被宽恕的故事。"① 蒲若茜的《对〈呼啸山庄〉中希斯克厉夫与凯瑟琳爱情的原型分析》一文也从原型批评的角度对希斯克厉夫与凯瑟琳的爱情原型进行了探究。认为两人的爱情是一种"追求一体完整的欲望和过程的爱情原型模式"。② 认为这种爱情原型沉淀在每一个正常人的无意识之中，在不同的时期和不同的文化中以不同的形式得到反复的重现。她还认为"在不同的历史时期，不同的文化中一定的原型会有'置换变形'"③ 以此为据，她指出希斯克厉夫与凯瑟琳就是神话原型中始原人的变体，代表着被众神分开的两半；辛德莱、林顿以及他们所代表的社会道德力量是宙斯的变体。由此提出希斯克厉夫与凯瑟琳的爱情就是古老的爱的原型的再现，并进而得出《呼啸山庄》是人类集体无意识及艾米莉个人天才的结晶这一结论。此外，黄小玲的《从原型到变体——〈呼啸山庄〉之迷》、张念的《〈呼啸山庄〉原型论》孟建刚的《试析〈呼啸山

---

① 朱虹：山庄、田庄、复仇和书的角色：重读《呼啸山庄》，名作欣赏 1994 年，第 6 期。

② 蒲若茜：对《呼啸山庄》中希斯克厉夫与凯瑟琳爱情的原型分析，暨南学报（哲社版）1997 年，第 2 期。

③ 蒲若茜：对《呼啸山庄》中希斯克厉夫与凯瑟琳爱情的原型分析，暨南学报（哲社版）1997 年，第 2 期。

庄》中希斯克厉夫和凯瑟琳的爱情原型》以及文化译丛1985年第5期刊登的《小说〈呼啸山庄〉中希斯克厉夫的原型》等文章也都对小说中人物原型或是主人公的爱情原型进行了探究和考察。

在结构主义方面，方平详细分析了《呼啸山庄》中人性的冻结、人性的堕落、人性的复苏，从而得出《呼啸山庄》中的主人公不是希斯克厉夫，而是哈里顿这一令人耳目一新的结论。刘新明则把《呼啸山庄》视为一部"凝练、简洁的交响曲"而把它分为"引子、第一乐章奏鸣曲式、第二乐章变奏曲式、第三乐章谐谑曲式、第四乐章回旋曲式、尾声"①等部分加以对应分析。袁静的《〈呼啸山庄〉的套盒式结构和复调旋律》也同样按照结构主义的逻辑，指出了这部作品内部错综复杂的结构关系。这些评论都证实了《呼啸山庄》这一文本内在的多义性。

在心理学批评方面，何朝阳借助心理学上人由于焦虑而导致身体虚弱，接着引起疑病症，并进而精神错乱、人格解体这一现象，认为希斯克厉夫的死是"由正常到衰弱再到人格解体的心理过程。"② 胡玉萍的《试论希斯克厉夫的变态心理及其心理悲剧》也以现代心理学为依据，探讨了希斯克厉夫的心理悲剧。指出"希斯克厉夫的变态心理及反常行为都出于他的'复仇情结'，他的这种'复仇情结'导致了他的复仇行为远远地超出了他复仇的极限。"③ 其他如宋珍的《〈呼啸山庄〉创作心理刍议》、徐崇亮的《试析艾米莉勃朗特的"心灵的感应"》、刘长的《希斯克厉夫——呼啸山庄的精神畸变者》等文章也都以现代心理学为理论基础，分别对希斯克厉夫的个人悲剧、艾米莉的创作心理以及《呼啸山庄》的创作过程作了细致入微的评析。

在新批评方面，刘国枝在《〈呼啸山庄〉中的窗户浅析》一文中，通过对窗户喻象含义的分析，说明了野蛮与文明之间的冲突以及野蛮对文明的威胁。在接受美学方面，王吉梅的《来自荒原的风：谈〈呼啸山庄〉的审美特点及读者的接受过程》、刘少萍的《荒诞情节的合理性：谈〈呼啸山庄〉的离奇情节何以令读者认同》从读者审美和接受角度分析了作品的思想内涵和艺术形式。

在女性主义批评方面，方平的《夏娃和她的亚当——从〈呼啸山庄〉看妇女在爱情和家庭中的地位》别出心裁，独辟蹊径，认为《呼啸山庄》中存

---

① 刘新明：试论《呼啸山庄》结构的音乐性，上海师范大学学报1991年第3期。

② 何朝阳：永恒的激情：〈呼啸山庄〉的现代心理学阐释，上海师范大学学报1991年，第3期。

③ 胡玉萍：试论希斯克厉夫的变态心理及其心理悲剧，中南民族学院学报（哲社版）1998年，第4期。

在的爱情是"另外一种超出世俗爱情之外的爱情"。① 这与两千年来基督教会所宣扬的先有亚当,后有夏娃的教义不同。在以男权为中心的社会里,没有独立人格的妻子只是丈夫的附属品。而《呼啸山庄》中却不是为了亚当,创造夏娃;而是为了夏娃,创造亚当。"凯瑟琳"的"亚当"就是"希斯克厉夫",也是她的另一个"我"。也就是说"一个女人的爱情从寻求庇护、寻求奉献、寻求人格的依附转变成自我的寻求。"② 向晓红的《〈呼啸山庄〉的女性主义阐释》也从女性批评的角度出发,认为《呼啸山庄》中的价值观冲破了传统女子依附男子的旧有观念。论者认为爱情在凯瑟琳看来首先是自我追求,自我完成、自我肯定。"凯瑟琳和希斯克厉夫的爱情中,女人不再是从属于男人的一个附件,而是互相补充,互相成全的。"③

在审美批评方面,批评家对《呼啸山庄》的艺术结构、艺术风格、表现手法等因素进行了深入的研究,涌现出不少有价值的文章。如方平在《一部用现代艺术技巧写成的古典作品——谈〈呼啸山庄〉的叙述手法》一文中探讨了作品的表现手法,认为《呼啸山庄》是一部"前后呼应、多层次、多视角的'复调'叙述手法表现出来的无理性序曲和具有周密构思的小说。④" 赵红英的《〈呼啸山庄〉的艺术魅力和语言特色》分析小说中采用了新闻题材中常用的叙述手法,双重第一人称手法。指出了《呼啸山庄》具有多重和谐美,即"自然与人物情节的和谐美,人物感情共鸣的和谐美,相对独立性格人物各自独立时的和谐美。"⑤ 另外一些文章如廖洪中的《〈呼啸山庄〉的粗犷美》、任泉清的《朦胧美在〈呼啸山庄〉中的体现》等也多从小说的艺术结构与艺术技巧等方面进行了分析和探讨。

在《呼啸山庄》的现代主义阐释方面,评论家们也是各抒己见。方平分析了它在叙述手法上的"无理性序曲"及其多层次、多视角的"复调"式结构等,认定《呼啸山庄》是一部"用现代艺术写成的古典作品。"⑥ 裘小龙则

---

① 方平:夏娃和她的亚当——从《呼啸山庄》看妇女在爱情和家庭中的地位,名作欣赏1989年,第2期。

② 方平:夏娃和她的亚当——从《呼啸山庄》看妇女在爱情和家庭中的地位,名作欣赏1989年,第2期。

③ 向晓红:《呼啸山庄》的女性主义阐释,西南民族学院学报(哲社版)2000年,第2期。

④ 方平:一部用现代艺术技巧写成的古典作品——谈《呼啸山庄》的叙述手法,外国文学研究1987年,第2期。

⑤ 赵红英:《呼啸山庄》的艺术魅力和语言特色,武汉大学学报(哲社版)1996年,第4期。

⑥ 方平:一部用现代艺术技巧写成的古典作品——谈《呼啸山庄》的叙述手法,外国文学研究1987年,第2期。

主要从内容方面探讨了这部作品的现代主义因素。他认为《呼啸山庄》表现了玄学色彩和象征主义手法，它所揭示的凯瑟琳的自我异化的悲剧以及希斯克厉夫身上的反理性倾向等都闪烁着现代主义的光芒。葛志宏指出《呼啸山庄》的现代主义因素表现在"梦幻和潜意识的描写与流露"① 以及叙述视角和叙述方法的现代性。张同乐、毕铭则是从小说作者展开分析，认为由于艾米莉自身的病态气质与许多现代派作家相似，进而推出她的特殊的病态心理和强烈的主观性又塑造了人性已扭曲的魔鬼希斯克厉夫，从而使作品具有现代主义倾向。同时，论者还指出小说中的"异化现象"和象征手法的应用也都具有现代主义倾向。还有许多文章也各自从作品的叙事角度、方法；作品的表现主题；作品中反映的人物行为、心理冲突；作品采用的艺术手法等方面对《呼啸山庄》的现代主义因素作出了不同的阐释。

在运用比较文学的方法评论研究方面。一类是形式上采用比较的方法，将艾米莉与《呼啸山庄》以及她同时期的作家与他们的作品进行比较，探讨他们各自的艺术风格和作品各有的艺术特色和思想内涵。如蔡宇知的《"给予献身""折磨复仇"模式的产生——〈简爱〉、〈呼啸山庄〉主题新解》；张春玲的《爱情：〈简爱〉和〈呼啸山庄〉的象征艺术》；丁楚中的《试析〈简爱〉与〈呼啸山庄〉的情感模式》。一类是将《呼啸山庄》与我国某部文学作品相比较，这类比较已经有意识地借助比较文学的方法和理论，如张唯通过比较《呼啸山庄》和《原野》，使得这两部令人费解的作品在比较中显示出了较为清晰的轮廓，对人物关系与情节结构有了更清楚的了解。李达武通过对《呼啸山庄》与《红楼梦》的比较，使人们对这两部小说中两对恋人的性格特征、反叛精神、爱的执着程度以及爱的不同表现形式有了更深刻的理解。另一类研究如陈卫华的《恶魔的魅力：〈呼啸山庄〉和〈卡门〉主人公形象分析》；旷剑敏的《〈呼啸山庄〉与〈雷雨〉环状结构之比较》；陆小宁、刘志的《〈呼啸山庄〉与〈金锁记〉情感世界的比较》等都或多或少地借助了比较文学的研究方法。这不仅显示出了新时期《呼啸山庄》批评所取得成绩，更富于一种方法上的深远意义。

除了以上关于《呼啸山庄》批评模式的多元化之外，新时期关于《呼啸山庄》批评的观点也呈现出一种新见层出不穷，妙评佳论纷呈的多元化。《呼啸山庄》文本内在的多义性和复杂性冲击着批评家们以往习惯的单一读解，使得论者各自从不同层面、不同角度对作品的人物形象、主题意蕴、艺术特色、价值和意义进行了辛勤的耕耘和不懈的探求。如关于小说的主人公是谁？作品的主题是什么？《呼啸山庄》是否艾米莉写出？没有恋爱经验的艾米莉何

---

① 葛志宏：论《呼啸山庄》的现代主义因素，外国文学欣赏 1989 年（1—2 期）。

以写出这"人世间情爱最宏伟的史诗"？如何看待书中人物形象？如何看待希斯克厉夫的复仇？人性和希斯克厉夫与凯瑟琳之间有何关系等。《呼啸山庄》的评论已经形成一种热潮，批评家们打破成规，各抒己见，真正使《呼啸山庄》的评论形成了"百花齐放，百家争鸣"的局面。可以说，新时期关于《呼啸山庄》的评论，基本上就是我国新时期整个文学评论发展的一个缩影。

新时期对《呼啸山庄》的研究和批评是经过了由一元化的社会－历史批评向着多角度、多元化批评的一个不断深化、不断拓展的过程。可以断言，随着世界文学交流的日益密切和频繁，随着文学批评理论的不断发展和完善，《呼啸山庄》在我国的研究批评也必将不断向前延伸、发展下去。

对等在不同语义层次上的实现

首都师范大学　朱映华

【摘要】
　　翻译的目的是要达到双语意义的对等。但言语的意义是分为不同的层次的，于是翻译活动在言语不同层次上所能达到的对等是不同程度的对等。本文以翻译的实质为前提，利用语意学和语用学的原理试分析翻译活动在言语意义上的几个层次上所达到的不同程度的对等，以作为对翻译活动的理论性思考。

【关键词】
　　层次性　语义　语用　等值性

　　翻译是以语言符号在不同社会文化间传递信息的复杂的思维活动，其标准有严复的"信达雅"，又有当代西方学者以现代语言学依据的"等值"、"等效"标准。前后两种对翻译标准不同的表述实为一脉相承，要求的都是思想内容的相等和表述及其效应的相等。但现代语言学又揭示了语言意义的不同层次，从不同的层次上看，翻译所能达到的相等性也是在不同的程度上。本文试图以分析翻译活动的实质为起点，从信息源和信息层次角度说明翻译在不同层次所达到的不同程度的对等，权且作为对翻译实践之一方面的理论性思考。

一　翻译的标准和实质

　　翻译的标准问题从古至今已有不同学者从不同角度所提出的总结。严复从实践经验中提炼出"信达雅"的翻译原则；林语堂的"忠实、通顺、美"

也是相近的意思。西方翻译理论家相继提出等值翻译和等效翻译：费道罗夫认为翻译应达到表述原文思想内容的完全准确和在修辞上与原文的一致；卡特福德认为翻译的中心任务是在译语中寻找等值物；奈达主张译文在译文读者中所引起的效果和感受应等同于原文在原语读者中所引起的效果和感受，强调接受者的文化审美意识对原文理解的影响和调节。等值观使翻译标准问题涉及到原语和译语之间的对应关系；等效观则把原文作者、读者与译文读者都纳入译者的思维活动中。

以上中外学者的所提出的翻译标准都从不同的角度说明了翻译活动的实质：信达雅之说以文本作为翻译的中心，等值说侧重两种语言间的对应，等效说着眼社会文化效应。

这些理论视角不同，但都部分地说明着翻译的实质，表明了翻译活动涉及多个方面：语言意义、社会文化意义、原作的整体思想内容及原作的风格；这个活动涉及原作、原语、作者、译语、读者及其社会文化背景，至此，从不同的翻译标准所反映的翻译实质可以看出，翻译活动要处理的信息是多源和多层次的，有些信息是可见的，如语句本身：白纸黑字，似是明明白白；还有些信息是不可见的，如语用学所表明的一些发话者的意图就是不可见信息。下文将着重探讨翻译的多层次性以及在不同层次上所实现的对等。

二 翻译对等的层次性

作者用语言传递信息的过程是编码过程，读者接受信息是解码过程。译者在两种社会文化间传递信息，其思维活动包括解码和编码两个过程，两个过程要处理的信息是多源和多层次的：有的信息来自文本本身，也有文本以外的，有来自于个体作者的，也有来自于群体文化的，有语句表面的意义也有其内涵的社会文化意义，有词汇意义也有语用意义。在这个复杂的语言转换中必须意识到这个转换活动是在不同的层次上进行。

许多翻译理论家认为翻译就是译意义，奈达说 Translation is the translation of meaning（奈达：1984：32）。但符号学、语义学和语用学研究表明，意义是分层次的：莫里斯提出语言符号系统涉及三种关系：语言符号系统内单位与单位之间的关系，即语言的形式或称语法；语言符号系统与外部世界（包括物质世界、精神世界、文化世界）的关系，即语义关系；语言符号系统与使用者之间的关系，即语用关系。这三种关系使言语意义具有了三个层次，即语言形式层次、语义层次和语用层次。翻译在这三个层次上达到不同程度的对等。下文分层论述。

2.1 语言形式层次

就语言形式而言，索绪尔的施指与受指二分说证明语言形式与语义在词汇层面上结合，构成语言符号的基本自由单位，施指与受指之间没有必然的联系。这种任意性（语言俗成性）决定了不同语言之间在语言形式上差别是绝对的：英汉语言之间无形式的对等的可言，英语和汉语间的 I 我，you 你，red 红，anger 怒，等等，无任何形式的相似。在句式结构上，西语为逻辑性语言，句子在语法的严格控制下逻辑严密、条理清晰；而汉语属意会性语言，句子常可脱离语法而使表述欠于逻辑的精确而仍为使用者相互意会理解，有时倒也不乏语意之深长朦胧其妙不可言。这类无文法控制的句子很多见于中国大文豪鲁迅的笔下，如下例：

其时是 1931 年 1 月 16 日的夜间，而不料这一去，竟就是我和他相见的末一回，竟就是我们的永诀。（鲁迅：《为了忘却的记念》

但我知道，即使不是我，将来总会有记起他们，再说他们的时候的。……（同上）

不久，他又一次的被了捕。……（同上）

在我自己，觉得中国现在是一个进向大时代的时代。（《尘影题辞》）

而英文中可以说是句句逻辑严密得无懈可击，如下例就是英文中最典型最常见的句子

But if we fail, then the whole world, including all that we have acquired with the development of scientific research and cared for as precious legacy of human civilization, will sink into the abyss of a new Dark Age, which will be made more protracted and perhaps more sinister by the light of perverted use of science that human race has in recent years started to make.

即使在同为逻辑性语言的英法语之间，其句法结构也有完全不对等的情况，如下面几个极普通常用的表述就全无句法的对等

I make a mistake.   Je me trompe.
They escape.   Ils se sauvent.
She complains.   Elle se plain.

这种语言形式的不对等导致一些颇具文化内涵（如不同民族语言所包含的不同程度的思辩性）的表述无法通过翻译传达，这又是翻译的另一个问题在此不及详述，只举最简单的两例说明翻译在语言形式这个层次上很难有对等可言：据传拿破仑所说的 Able was I ere I saw Elba 和汉语中的客上天然居居然天上客，在语言形式上就不可能有对等的译语。

2.2 语义层次

就语义层次而言,英汉两种语言之间可有近似的对等。例如,不同语言文化系统对光谱的划分不同,于是不同语言对颜色的表述只是近似的对等;红糖成了 brown sugar,红茶成了 black tea,青天成了 blue sky。在语义成分上,一些英汉对等词也是近似的对等。如江河都归于 river,堂表兄弟姐妹都归为 cousins,诗词 poetry。再从语义的类型看,词汇意义可分为理性意义和联想意义(或称附加意义)两大类型(英国著名语言学家又将联想意义分为内涵意义、社会意义、情感意义、反映意义和搭配意义)。理性意义是语言集团成员共有的认知体系,在语言交际中起核心作用,它在不同语言间的差异小于联想意义的差异。联想意义指的是语义在语言使用者头脑中所产生的联想,这种联想因语言使用者的文化背景不同而大不相同。语义在这一层次上的差异消减了翻译的等值性。最典型的例子是那些染上禁语色彩的词语:70 年代英语教材中有《半夜鸡叫》一课,其标题译作 The Cock Crows at Midnight,而 COCK 一词在英语中有联想意义的外延,于是这个翻译的对等就值得大大的怀疑了。又如 propaganda 一词在西方国家政治文化环境中所产生的联想意义与宣传在中国政治文化环境中所有的联想意义是截然不同的,于是两词看似相对但并非绝对等值。龙 dragon,红 red,猫 cat,狗 dog 等表述在中西语言文化环境中有绝然不同的联想意义。可见两种语言在联想意义层次上的差异导致英汉互译在语意层次上的非绝对等值性。

2.3 语用层次

就语用层次而言,译语和原语可以完全对等,也就是说在言语功能上完全对等。语言哲学分析家奥斯丁从言语行为的角度分析意义的实质,区分了表述性意义和施为性意义。他把言语行为分解为语谓意义(Locutional meaning)语用意义(Illocutional meaning)和语效意义(Perlocutional meaning)。格赖斯更直截了当地提出意义即是意图。他们都把意义和语言使用者的主观意向联系起来,从理论上界分了语言集团共识性的意义(Significance)和个体语言使用者在一定的语境下运用这种共识去表达的主观意愿或去完成的某种行为的意图(Intention)。研究结果和语言使用实践都表明,语言使用者在进行言语交际时直接、重点注意并作出反应的正是语用这一层次上的信息。人们在交谈时都是在瞬间迅速甚至是本能地推断发话人的意图并作出适当的反应。以办公室两位秘书的对话为例:

甲:Are you going to be here long?
　　你一时半会儿还不走吧?

乙：You can go if you like.
你想走就走吧
甲：I'll be just out on the porch. Call me if you need me
我就在门廊那，需要就叫我。
乙：OK
好吧

乙直接针对甲的发话意图即语用意义（Illocotional meaning）作答而不是对其字面意义即语谓意义（Locutional meaning）作答。这说明语用意义是言语交际中话语的核心信息。又如

例　A：Is there any shopping to do?
　　　　要去采购么？
　　B：We'll be away for the weekend.
　　　　我们周末不在这儿过。
　　A：Great! I hate shopping.
　　　　太好了！我最不喜欢采购了。
例　A：Would you go with me to the reading room?
　　　　跟我一起去阅览室么？
　　B：I have lots of washing to do.
　　　　我有好多衣服要洗。
　　A：Then I'll go alone.
　　　　那我自己去了。

在上例中，A 都是从 B 看似与问话无关的话语中推断信息意图、领会句子的语用意义并作出反应，使语言交际顺畅进行。而正是在语用的这个层次上，译语和原语可以有完全的对等，也就是语言功能的对等。因为，如上文所示，在语用这个层次上，语言间的共性占主导地位：无论哪个民族使用哪种语言符号，就人的生理、心理、情感而言，其共性是主要的，因此语言功能也是同一的，只是同一种功能在不同的语言中有不同的表达方式。原文中所表达的"请求"、"道歉"警告"劝慰"等语用意义在译文中都不难找到表达同样功能的对等语。例 Wet paint! 可译作

勿触油漆！
小心油漆！
油漆未干！

几种译法都在语用上对等于原语。即使是一些富于民族特点的成语在语用的层次上也不乏天成妙对。例：

That is a long lane that has no turning. 物极必反 否极泰来。
A blessing in disguise. 塞翁失马 安知非福。
Guand on perle du loup, on vois le coup. 说曹操 曹操到。

可以说翻译在语用这一层次上可以达到绝对的等值。奈达所倡导的功能对等只在这一层次上是近乎完全地可以实现的。

三 结 论

根据以上分析可得出以下结论：
第一、言语的意义或说言语所传递的信息主要是在语意和语用的层次上。
第二、翻译的功能对等主要是语用层次上的对等。
第三，语用的对等不仅是必须的也是可能的。
第四，翻译的对等性在语用的层次上最强，在语义层次上次之，在语言形式层次上最弱。

参考文献：

[1] 罗新璋：《我国自成体系的翻译理论》，北京：外研社，1984。
[2] 王澍：《翻译标准观评论》，北京：外研社，1984。
[3] 奈达：《论翻译》，北京：外文出版社，1984。
[4] 何自然：《语用学》，上海：上海外语教育出版社，1995。
[5] Leech, G. Semantics , London：Penguin Books Ltd., 1974.

英语教学法课程中的案例教学

首都师范大学 诸凌虹

【摘要】

英语教学法是英语学科教师教育最核心的课程，也是理论性和实践性兼具的一门课程，但在该课程的学习过程中，学生难以将理论与实践有机地结合起来，效果并不理想。为了解决这一问题，案例教学法首次被引入英语教学法课程中。本文从案例教学法的起源、理论基础以及在英语教学法课程中的实施及其效果等方面，对其在英语教学法课程中的应用进行了阐述。

【关键词】

英语教学法 案例教学法 建构主义

英语教学法是英语学科教师教育最核心的课程，也是理论性和实践性兼具的一门课程。由于学生在修读课程之前缺乏教学实践经验，难以将理论与实践有机地结合起来。针对这一问题，本人尝试运用案例教学，帮助学生在系统学习理论的同时更加直观、完整地理解相关内容，以培养学生具备理论与实践相结合的一线教学意识。

一 问题的提出

英语教学法课程是为英语师范专业三年级本科生开设的一门必修课，它既包括了一定的教育教学基本理论知识，又涵盖了日常课堂教学的基本技能，内容涉及语言理论、语言学习理论、教学方法和技巧、课堂管理与评价、课堂教学设计等英语教学中的诸多方面，这一课程要求学生不仅记忆有关英语教学知识，更要通过反思、讨论、探究并构建英语教学的理念，逐步培养分析问题、解决问题的能力，从而能够在复杂的教学情景中运用相应的教学理论解决各种问题。为此，本课程需要教师和学生双方投入大量的时间和精力，方能达到预期教学效果。然而，在实际教学中，英语教学法课程受到了以下几方面的限制。

首先，课时限制。英语教学法课程虽然是一门英语学科教师教育最核心的课程，但只开设一个学期，每周两课时，整个课程只有三十六学时。受到课时的限制，本课程无法按计划安排学生进行教学见习，因此，这门信息量大且要求具备较高实践能力的课程对学生具有很大的挑战性。

其次，班额限制。由于授课班的班额一般在四十的四十五人左右，教师难以有效组织有利于提高学生对教学理论的理解、掌握以及实际应用能力的课堂教学活动，如小组讨论、课堂展示、教学演示。因为学生人数较多，这些活动会过多地占用有限的课堂教学时间。

最后，学生教学经验有限。在对2010级84名学生的调查中，我们发现百分之四十的学生有过班级授课经验，这其中包括教授四至六人的小班，也包括教授打工子弟学校的其他学科，另外还有5%的学生没有任何教学经验，而占55%的学生具备家教经验。由此可见，大多数学生缺乏班级英语授课经验，从而难以理解抽象的教学理论，更不用说将这些理论与教学实际进行有机地结合。为了解决上述存在的问题，我们将案例教学法引入英语教学法课堂。

二 案例教学法的起源

案例教学是指在教师的精心策划和指导下，采用典型案例作为教学手段，以达到特定的教学目标。这种教学方法将学习者置于特定时间的真实情景中，通过师生之间、学生之间的双向和多项互动，积极参与平等对话，让学生了解与教学主题相关的概念或理论，帮助学生提高发现问题、分析问题和解决问题的能力。

案例教学法起源于1870年的哈佛大学法学院，当时的新任院长蓝德尔（C. C. Langdell）首次在教学中系统地应用案例教学法。在此之前，学生学习法律主要是"通过听教授（多数是法官和执业律师）讲课，并阅读经由判例萃取而来的规则。这些学习方式基本上是消极的，学生被动地吸收资讯"[1]。为了改变这种情况，蓝德尔采用案例教学法，即学生解析案例发现法律的运

---

[1] 张民杰：《案例教学法——理论与实务》，北京：九州出版社，2006年，第15页。

作模式。具体做法是学生阅读和分析案例的事实及法院裁决的见解,然后置身其中去思考自己的解决策略和行动方案,并在老师的质问下,从复杂的案例内容,分析出案例的事实及隐含的法律原理原则。与早期教学方法相比,案例教学法强调培养学生的心智,"使其逐渐进入法律程序的观点,也就是使学生具备了像法律人一样的思考"[1]。正是由于它的实用价值,案例教学法最终得到师生的认可。

随着案例教学法在哈佛大学法学院的成功,这种教学方法的应用也被逐渐拓展到其他教学领域,在医学教育、企管教育及师资培育等领域中,案例教学法都得到了广泛应用。案例教学法最早于1920年代出现在教师培训中,但没有受到普遍的认可和重视。直到1980年代,随着公众对教师教育的关注度逐步提高,教师教育强调基础理论而忽视实际情景知识的模式开始受到质疑。首先,课堂生活的复杂现实与理论原则之间存在着巨大的差异。其次,在教师培训中没有培养其处理课堂中常见难题的能力。在案例教学中,案例的使用为受训教师呈现了比书本理论更生动、更具情境性的素材,为受训教师提供机会,让他们能够抓住教学中的困境并运用相关教学理论进行分析、做出判断并提出解决方案。在这一过程中,受训教师可以"在原则与案例之间建立联系,在普遍规则与具体的、有案可查的事件之间建立联系——这是一种一般的和特殊的辩证法。"[2] 同时,案例的使用也比在真实生活中进行直接观察更易于管理。由此,案例教学在教师教育中的作用越来越受到人们的重视。学者们分别从案例教学法的心理学理论基础、案例的描述、案例教学法的实施等不同方面深入研究教师教育中的案例教学法。

三 案例教学法的建构主义理论基础

与案例教学直接相关的学习理论基础是建构主义的学习理论。建构主义的学习理论可以归纳为四个学习原则:主动原则、适应原则、发展原则、社会原则。

1) 主动原则是指知识是由认知主体主动建造而来,而事实是认知主体被动地接受而来的。

2) 适应原则是指认知的功能是适应性的,是用来组织经验世界,而不是

---

[1] Stevens, R., Law school: Legal education in America from the 1850s to the 1980s. Chapel Hill: University of North Carolina Press, 1983, p54.

[2] 舒尔曼·朱迪思·H:《教师教育中的案例教学法》,上海:华东大学出版社,2002年,第2页。

用来发现本体性的知识。

3) 发展原则是指知识的成长是透过同化、调试及反省性抽取等历程逐渐发展而成,后续知识必须给予先备知识,且受限于先备知识。

4) 社会原则指的是知识是个人与别人经由磋商与和解的社会建构。①

在教学过程中,案例教学法主张教师利用真实教学情境来布题,以便学生用旧经验来建构新知识。在这一过程中,案例教学体现了建构主义的四个学习原则。

首先,案例教学法一贯重视学习者的主动参与,教师通过组织学生分析资料、发现问题、提出并鉴定解决方案等认知活动,引导学习者主动参与认知活动,体现了建构主义的主动原则。其次,在案例教学中,学习者针对案例提出解决方案,其目的不是解决问题本身,而是培养学生积累经验,转换用于未来的教学实践中,体现了建构主义的适应原则。其次,案例教学利用真实情景中的教育问题进行学习,鼓励学生对于案例发表自己的观点,并强调问题解决的反省思考,这种教学模式有利于学生在先备知识的基础上建构新知识,体现了建构主义的发展原则。最后,案例教学在组织讨论时鼓励学生发表不同观点,通过讨论协商,学生分享彼此的观点和想法,并承担提出问题解决方案的风险,形成学习群体,体现了建构主义的社会原则。

四 案例教学法的实施

建构主义学习理论不但为案例教学法提供了理论基础,也为案例教学法提供了具体的实施策略,其中包括"以问题为中心的合作学习"策略。建构主义虽然强调知识靠个人主动建构,但并不否认他人的意见或看法对个人知识建构的影响。这就要求教师在教学过程中合理设计学习情境和任务,引导学生从不同的角度分析问题,并通过相互鼓励和支持成功建构知识。此外,建构主义认为个体所学的新知是以自己的先备知识或经验作为基础来建构的,这就要求教师在实施案例教学的过程中不但使用以问题为中心的教学策略,还要确定所呈现的问题应与学生即将学习的知识相关,也要与学生既有的知识或经验有适当的关联。鉴于以上几点,英语教学法课程中案例教学的使用主要遵循以下几个步骤:

1) 确定案例议题

在英语教学法课程中所包含的议题主要分为三类,一类是学生相对熟悉

---

① 张民杰:《案例教学法——理论与实务》,北京:九州出版社,2006年,第42页。

的议题,如课堂口语活动,但对口语活动的设计、活动类型及不同的活动目的,学生并不十分清楚;另一类是学生相对陌生的议题,如语法教学中的演绎法,学生仅对这一术语不熟悉,但在大多数学生的英语学习过程中教师都使用了这种方法教授语法;再有一类是学生之前极少接触的议题,如英语课程标准。鉴于案例教学中的案例应是与学生先备知识或经验相关,我们只从前两类选择合适的议题使用案例教学。

2) 案例的选择或撰写

以案例呈现的方式来分类,案例可分为书面叙述型案例和非书面叙述型案例。顾名思义,书面叙述型案例是以书面文字呈现的案例,非书面叙述型案例主要以影像、声音、课件等手段呈现的案例。由于英语教学法课程的授课对象是师范专业学生,作为职前教师,他们缺乏课堂教学经验,在阅读书面叙述型案例时较难想象真实课堂情景,也无法体验教学过程中的困境,因此我们更多地选择影像及课件呈现案例。这些影像和课件选自一些中学在职教师的授课录像或课件,从中节选出与本课议题或内容相关的部分。

3) 呈现案例

案例的呈现模式主要有两种,一种是针对学生先备知识不足的议题,教师先进行讲授,再呈现案例;另一种是针对学生较为熟悉的议题,教师可以直接呈现案例。在呈现案例时,教师播放教学录像节选,或者进行课堂模拟,也就是授课教师选择中学在职教师的教案或课件,模拟中学教师进行授课以还原中学英语课堂,这样学生先亲身体验教学过程,而后运用相关教学理论对这一过程进行分析。

4) 讨论

案例讨论是案例教学中的重要环节,讨论分为小组讨论和全班讨论两中形式,一般是在小组讨论之后再进行全班讨论。为了保证讨论的效果,对于学生较难把握的议题,教师也可以先组织全班讨论确定案例的症结及案例的议题后再分小组讨论。小组讨论的内容包括确定案例的症结、提出行动方案、归纳原因。其中,归纳原因就是将案例讨论中的心得和感想归纳成若干原理原则,以作为日后处理实际教学问题的参考,这是学生通过案例教学获得的重要成果。

五 案例教学的效果

通过在英语教学法课程中运用案例教学,我们收到了以下几方面的效果。

1) 案例教学有利于激发学生的学习兴趣

在案例教学过程中,教师在课堂上呈现的不再是枯燥的书本知识,而是鲜活的有情景的案例，这些案例会激发学生对其反应的问题产生兴趣。正如舒尔曼所说："如果说案例只有唯一的一项优点，那么就是它能引起我们的兴趣。毫无疑问，案例也能引起学习者的兴趣。"[①]

2）案例教学可以引导学生从教师的视角观察分析英语课堂教学

英语教学法课程的教学目标之一就是帮助师范生学会像专业教师一样思考。通过呈现的案例，这些职前教师从最初的看热闹，逐渐转变成看门道。案例教学法不但向学生呈现现实问题，还要求他们从英语专业教师的角度，对这些问题作出回应，因此，案例教学法为学生学习专业思维提供了机会。

3）案例教学法额可以培养学生运用理论解决实际问题的能力

改变原有教学模式，变被动接受知识为主动探究知识，而本研究所关注的案例教学重在"设谜求解"，即教师通过对课例进行改造，在当中设置问题，要求学生运用所学理论，自行提出解决方案，这能够更有效地培养学生运用理论解决实际问题的能力。

4）案例教学法可以让学生主动建构知识

案例教学法重视学生的主动参与，通过呈现真实课堂教学中的实际问题，学生经过讨论对该问题形成自己的理解，从而达到用旧经验来建构新知识的目的，而不是消极地接受教师或书本传授的知识。

六 结束语

案例的应用让学生置身于某种真实的教学环境中，弥补了师范生在校学习期间只是空谈理论，无法将教学理论知识应用到教学实践中的缺憾。同时，案例教学的应用一改以往课堂教师主讲理论知识，学生被动接受知识的教学模式，用教学中的真实情景来布题，培养学生建构取向的认知模式。同时案例教学强调真实教学问题的解决，提高了学生的学习动力。此外，案例教学体现了理论联系实际的原则。通过解决某一课堂情景中存在的问题，案例教学促进学生主动运用所学理论解决实际问题。案例教学重在"设谜求解"，即教师通过对课例进行改造，在当中设置问题，要求学生运用所学理论，自行提出解决方案，更有效地培养学生运用理论解决实际问题的能力。

---

① 舒尔曼·朱迪思·H：《教师教育中的案例教学法》，上海：华东大学出版社，2002年，第9页。

教师专业成长的一个途径

——英语教师课堂教学反思的个案研究

林立

【摘要】

本文报告一次合作性教学研究。一位中学英语教师撰写教学反思日志，研究者与其对话。目的在于了解一线教师的学习历程，所采用问题解决对策。反思日志作为本研究数据，据此分析教师在教学中所思、所感、所悟。研究发现：教学反思内容丰富，教师对学生了如指掌；对话式教学反思日志有促进教学的作用，可成为教师专业化成长的一种途径。

【关键词】

英语教师 远郊英语教师 教学反思日志 对话日志 个案研究

一 研究背景

本研究起始于2011年上半年，研究者受北京远郊区某个学校的邀请，作为该学校的指导教师，按照学校要求对两位教学效果比较好的骨干教师进行进一步帮助和指导，期待她们的教学有更快的进步。该任务的难题是时空距离比较远，联系不方便。因此决定教师撰写教学反思日志，使用电子邮件交流，研究者对其日志进行反馈。本文报告这个研究，这位老师在一个学期里坚持不断写反思日志，除了教学活动特别紧张以外，比如期中、期末复习考试期间，一直坚持不懈。

研究对象：李丽（化名）。李老师毕业于某师范院校，教龄 11 年。所教年级为高中，从高一、高二到高三进行循环教学。她对教学不断研究，了解学生、了解教材，教学取得一些经验与成就。李老师所工作的学校创建于 60 年代，是市示范性高中，进入市优质高中行列。学校办学宗旨以学生发展为本，放眼民族素质和社会需要。帮助学生们养成良好的道德和习惯，形成终身学习，自我发展的能力。

研究任务：李老师每周课后反思，写成教学日志。语言可以中文，可以英文，由反思教师自己选择。反思内容以自己教学后的感受、体验、思考为主，也可以在日志里向指导教师（本研究者）提出一些问题，共同探讨。研究者对所提出的问题可以提供个人想法和建议，仅供反思教师参考。

研究者：研究者为高校英语教师，关注基础教育和教师发展。利用此次与李老师所在学校合作机会，进行研究。本研究属于介入性研究。研究者并非客观性的观察者，直接观察教师教学，而是与透过中学教师的反思间接"观察"教学，讨论教学问题。研究者尽量不干扰反思的内容、它的形式或语言。只在反思后对内容做一些讨论，讨论的目的包括激励教师坚持做教学反思（因为教学反思并非该教师日常工作或习惯），并为反思涉及到的问题提供一些个人建议。

二 研究的理据

本研究利用教师反思日志作为研究手段，因为研究者认为反思有助于提升教师的教学经验，有研究者表明：经验 + 反思 = 成长。反思帮助教师把教学过程作为"学习教学"的过程，使经验更有意识，系统性更强。因此研究者相信：教学反思可以使教师的专业技能不断提高。当然，反思是否一定带来成长，或者积极的结果是一个见仁见智的问题。无论如何，反思使原始的经验被审视、修正、强化，经验得到提炼、得到升华。而且反思可以是多次的、循环的，会使认识得到深化。

教师教育工作者以为，教师的教学反思是教师教学认知活动重要组成部分，也是一个与情感和认知相互作用的过程。总之，教学反思是教师成长的阶梯，它记录着教师经过的迷茫，见证教师的汗水与成功。

三 研究方法

本研究是单个案例研究,研究者以一线教师在一个学期内所撰写的教学反思日志作为研究数据进行分析与研究。对反思的撰写没有限定框架和要点[①],只要求课后对于刚刚上完的课进行回顾,记下感受。教师并非对每一节课都进行反思,而对自己特别有感觉、有想法、印象深的事情反思,根据自己安排时间,自主决定内容。这样,本研究案例以教学反思日志的形式持续进行了一个学期。

虽然反思教师所用的反思语言可以是英语,也可以是中文(主要让教师使用自己感觉舒服的语言表达),但结果李老师选择了使用英文,希望用目的语去写,一为增加语言练习机会,二希望研究者对日志中有语误的地方指正。但是,研究者并未对反思的语言进行过多纠正,始终把注意力放在反思的内容。对于语言表述不清的地方,用提问的方式询问,并且对李老师提出的问题给予解答。因此,整个指导过程形成了书面对话方式,即对话日志(dialog journal),解决了反思教师与研究者的时空问题。对话采取一对一形式,对反思教师给予及时反馈。[②]

反思性的日志研究取得的数据属质性,对于数据的处理虽然可以量化,仍然含有较大的主观性。反思本身就主观,如果反思与所反思的教学活动时间间隔过长,准确性会受到影响。本研究的反思日志尽量及时,在教学后及时反思,以保证反思事件的相对准确性。本研究的教师利用教学、备课、工作的空隙时间,撰写反思日志。虽然日志数据的性质如此,但是对于我们研究的目的来说仍然有所帮助、仍然可以够使研究者从日志里发现教学中发生了什么,教师对事件的感觉如何,教师的观念、反应、期待等等都发生了哪些转变。[③]

反思日志对于李老师来说是一件全新事情,在以前的教学中她从未撰写

---

① Brian Parkinson & Christina Howell-Richardson, Learner diaries. In Brumfit, C. & Mitchell, R. (eds.). Research in the language classroom. London: Modern English Publications in association with the British Council, 1989, pp. 128—40.

② Jo McDonough & Steven McDonough, Research Methods for English Language Teachers. Beijing: Foreign Language Teaching and Research Press and Edward Arnold (Publishers) Limited, 1977, p. .

③ John Elliott, Action Research for Education Change. Milton Keynes and Philadelphia: Open University Press, 1991.

过反思日志,所以,研究者采用对话日志的形式对她来说有一定帮助。由于反思日志对个人教学进行的思考,研究者未采用三角法去验证里面的内容,而且相信内容的真实性、可靠性,这一点可以从下面李老师对反思态度的分析中看出。虽然,研究者现场听过李老师的一节课,但未用来做本研究的数据。在分析日志内容的时候,研究者对于数据的分类和频率进行了两次核实。

数据的收集是从学期第一个星期开始到期末考试前结束。研究者和李老师在本研究中确立了一种相互信任,同行之间共同研究教学的关系。双方以李老师的反思日志为蓝本进行分析与交流。

四 数据分析与讨论

数据分析关注三个特征。① 数据中提到话题的频率(主题、关键词)、数据话题的分布(一个教师一个学期的日志),话题表述的强度(表述的语言显著性程度)。

从反思的主题来看十分丰富,涉及到教学的方方面面,包括考试、教师角色、师生关系、学生、不同课型、教学内容、与同事关系,等等。本研究对文本内容进行编码,进行统计,数据反映的话题中频率较高的话题为:对教学反思这种形式的感受,非常感激研究者与她一起研究教学,提供建议、解决难题等等。下面是高频话题的分布情况,以图形展示。

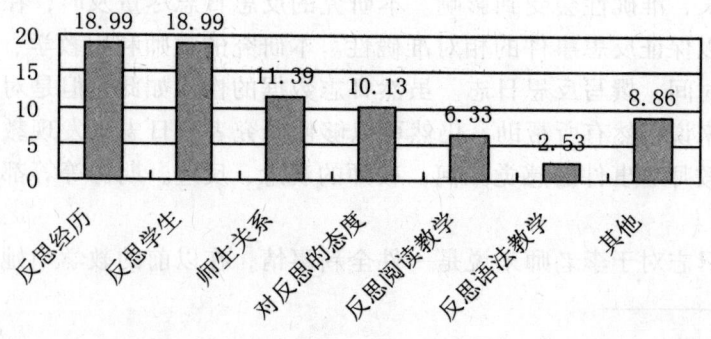

图1 反思高频率内容

从上面柱形图中看到几乎占到频率一半的两项内容,一、反思各种经历

---

① Dick Allwright & Kathleen Bailey, Focus on the Language Classroom. Cambridge: Cambridge University Press, 1993.

和体验,二、对学生的反思。下面进一步分析反思日志中的数据,描述并讨论李老师反思的经历,以及李老师有关对学生的反思具体内容。

五 反思教学效果

纵观反思的具体范围,其中包括对教材的反思、对某一节课的反思、对经历的方式(成功的经历、满意的经历、日常程序的经历、对某个难题的反思及决定、对自己的反思、对自己反思的反思)。

李老师的日志里教学经历中有成功的经历,也有令人不满意的经历、遗憾、担忧,还有的经历使教师自豪、自信,有时也沮丧。先看一个成功的经历 Today, in my class, my students continued to listen to a description of one's favourite place—Hyde Park. And I encouraged my students to orally describe the most beautiful and important park in their hometown—Xiadu Park. They seemed interested and they could use their own words to describe it. New vocabulary flashed in their mind. And today's assignment is to write a short essay about Xiadu Park. // Today we continued to check answers to two passages. A boy gave supporting details when he explained the answers. I praised him for his good habits of underlining supporting details. And this is what I often stress about reading habits. Some students have already formed such a reading habit. I hope they will set a good example to the rest of the class. 学生可以用所学表达自己的感受和经历,学生感兴趣的话题使他们的语言自然闪现而出。学生的良好阅读习惯受到教师表扬。学生的进步使教师感到满意或者得意,李老师的生动描述 New vocabulary flashed in their mind. 使其满意的心情跃然纸上。

学生的表现令教师高兴的体验 Every other day, I will check their reading materials and sometimes I am happy to find that some students do read very carefully and they underline all the useful expressions that they can identify. And some look up the new vocabulary in the dictionary. Usually I will draw a simple picture as encouragement to them. 学生学习的认真态度,完成教师布置的作业,使教师用图形方式给予表扬。

教师感到遗憾的体验 To be honest, I can't give them better advice than to tell them reread their textbooks, work out the vocabulary and try to recite some sentences. But it is too late to make up for what has been lost. 接近考试的时间,教师有些担忧。也有令教师欣喜的经历 Every day, my students read at least one passage and half of them have already finished a nearly 200-page reading book. 学生遵照教师的教诲,令教师欣喜。

六 对学生的反思

反思班里的学生是日志里突出的内容,不仅频率高,而且范围也广。比如,李老师对学生的习惯的了解、对学生学习的偏好的认识、对学生学习兴趣与动机的反思、对学生行为态度、学生的信息需求、学生的进步、成就以及问题等等。还有教师给学生的要求如何学生可以接受、可以完成,等等。可以说,李老师对学生的反思是她反思的核心内容,说明教学反思离不开教学的内容,离不开对教学对象的了解和认识。比如,学生的学习习惯,学习风格等等,在李老师在日志里都十分具体地描述出来。

学生的学习习惯:A new week begins, and it seems that students always dislike Mondays. Many students feel tired on Monday mornings and they say they have to do too much homework during the weekends. 李老师看到了学生的疲惫不堪,也了解了学生的状态,但是,没有进一步去思考如何对付这种状况,虽然看到了实际情况,但是对此状况习以为常,或许对此状况无能为力。

学生的偏好和需求:Students prefer to do tests to improve themselves. However, everyone has a different need. I used to explain each question to my students regardless of their interests and patience. 李老师意识到学生的不同需要,这是有经验教师通常具备的知识,会根据学生的不同需要进行教学。新手教师常常一个教案,一种安排,一种处理方式。

学生喜欢的练习形式:Students tend to pay more attention to grammar rules and do more grammar exercises for they think their English will improve a lot if they are good at grammar.

学生学习动机水平:For some students, their textbooks are almost as clean as new books. 李老师发现有些学生不喜欢英语,不做笔记,这种现象时常出现。但是,对此处理的方法,不尽相同。李老师多采取意识到,理解的层次,而且对策不够积极,或者主动改进形状。实际上,教师采取了沮丧、无为、泄气的态度。面对学生的学习状况教师有时也表现出失望、困惑、同感、无奈。

学生共性问题:I have ever tutored several senior three students, and their common problem is that they lack basic training. 李老师关注到学生在学习方面的共同弱点,为自己的教学提供依据。

学生的进步教师一般看得很清楚:This is big progress for them. And sometimes I remind them to go over what they have already read in order to better remember some vocabulary. Still I hope they will focus on difficult sentences. One passage each day and that is not enough in terms of reading quantity. 学生的进步是教师最

欣慰的时刻,是最有成就感的时刻,教师看到这些变化,也感到仍有不足之处,但是变化离教师的期待值还有差距。

对阅读材料内容的喜好教师也清清楚楚地察觉到:My students like such passages, though they could not express themselves the way I would like them to. Anyway, they have learned something meaningful and important and I can strongly feel the power of language.

七 对反思的态度

李老师对反思日志态度十分诚恳,珍视通过日志交流的学习提高机会,每篇日志都表达谢意。表达谢意的方式多种多样,有时对提供的建议表示接受并采取行动(Thank you for your helpful advice. Now I am more determined to focus on reading practice.),有时表达喜悦心情(I am lucky enough to be one of your students. I really feel happy.),有时直接表达感激(This is the weekend and you still have to read my reflections tomorrow. I feel grateful.)。正因为李老师珍惜机会,反思能够坚持、感恩并且细心。

八 寻求建议

在李老师的日志中,频繁出现寻求建议和帮助的内容。例如,距离考试日期临近:if you were in my situation, what would you do within 50 days?

对于给学生布置课外阅读材料李老师的问题是:I don't know if it is a bad habit for a teacher to introduce something that she/he is interested in to the students in class, especially when the teacher is not sure whether the students are interested or not. Is that behavior arbitrary?

有时候,李老师采用直接求助的方式:Could you give some advice on teaching vocabulary? / Can you think of some situational practice, i. e. they need to use relative clauses in the practice? / So could you give me some effective advice? 反思中寻求建议说明教师在教学过程中需要与同行交流,需要同行的帮助。广泛地进行同行交流,体现一种对于同行的信任,这种交流在学校里普遍流行,对于教学会有极大帮助。但是,往往同行之间的交流更多在不同学校、研讨会,学术交流会,进修等等场合。

九　师生之间的关系

教师作为指导者的角色，给学生提供建议和忠告。Just then, another student came to my office, and I asked this student to work together with her to work out the meaning of the passage. 教师给出这个建议因为她了解学生的能力，给他们互相帮助的机会。结果，学生们自己解决了问题，这对于学生合作学习的能力有所帮助。

教师又是组织者：Students always need chances to improve and what we are doing now is give them chances. / As a teacher, I should choose suitable exercises and train them to focus on the context when dealing with grammar rules. Thus, they can better put grammar into practice. 教师给学生提供学习的机会。

教师也是聆听者：Not until one of my students told me that my way of dealing with exercises made them sleepy did I realize how ineffective my lectures were. Now I would like to get them to explain many of the questions. Though they made mistakes and it takes more time, they no longer feel sleepy. 教师与学生的关系是教学相长。

十　同事之间的关系

反思主要针对个人教学，然而教学中涉及到同事。教师在教学中受到周围环境的影响，有趋同的做法，同事做什么，我做什么，同事不做的，我也不做。这样容易保持同事之间的关系，不做出头鸟。即使心里知道应该做的事情，也不急于去做，随大流即可。比如关于同事的教学一例，I know my students may have difficulty in understanding some sentences, but I have never thought of how to cope with these problems since other teachers do nothing about it either.

有的问题需要全组的教师一起行动，I will work with other teachers and work out a best solution. 才能完成。

合作也有困难，李老师意识到：What we are using for teaching must be open and shared, so usually I don't print anything extra for my students only. But I will make use of what we have.

有时教师也会与其他教师学习效果进行对比：This weekend I was busy marking their test papers. The average score of my students is quite normal. Compared with other students, there are not any sharp differences. And I begin to consider about it. No matter how hard a teacher works, the students still achieve almost the same score. Only one teacher is an exception. She dictates vocabulary to her students every day and her students seem to do relatively better in writing. Her practice has proved effective. This may be boring to students but it is easy and simple. But I need to improve, I should provide more forms. After the mid-term exams, I will try out dictation in different ways.

十一 教师的情绪

在教学反思中,李老师流露出情绪的变化,情感的表达。

教学中遇到困难,往往使教师感到一种挫折感:Recently we are busy with the mid-term exams and today one of my favorite students told me that she didn't quite understand the passage in the test paper.

有时遇到困惑:But I still feel uncertain about the best way to deal with reading tests since my students are in different levels—some have difficulty with sentences and some have problems with reading speed.

有时有疑虑:My students don't often watch TV news since they spend most of their time at school, let alone English news. Some made no responses to me. And I doubt whether what I did was a waste of time in class.

有时消极的情感随着教学的令人不太满意而产生。然而,如何调节自己的情感,如何将消极的情感转化为积极的情感,这是教师需要的情感策略。

十二 阅读语法

对课堂教学的反思基本上集中在两类课型,阅读课和语法课。这两类课是李老师比较关注的课型。日志里有详细的描述。

语法课的描述:Today we learned grammar, the attributive clause introduced by relative pronouns. In order to help my students understand attributive clauses better, I used the following strategies: First, I got them to read the text, which contain attributive clauses and tried to pick out these attributive clauses. To my joy, they could spot all the attributive clauses. Second, I got them to identify the antecedents and the relative pronouns. Third, I asked them to put the antecedents in the original position in the attributive clauses. In this step, the students began to think about the meanings and functions of attributive clauses. 从描述看来,教学过程圆满顺利。

我们需要进一步考虑学生理解到使用的问题。

十三　对反思的反思

　　研究者对这一阶段合作反思数据进行分析，得出一些结论，也发现一些值得进一步研究的问题。结论一、教师教学反思细致全面，态度诚恳，学习迫切。二、教师对学生了如指掌，有利于提高教学效果。三、教师教学反思促进教学，促进专业化成长。虽然短期很难看出教师职业显著发展，行为重大改变，但是反思对教学的认识从隐性提升到显性，对于教学中的问题从储存在头脑到陈述出来。

　　一些教育教学问题，为教师职业化发展提供思考和行动研究课题。

　　一、如何建立同事之间良好人际关系？建立良好的交流气氛，相互信任，相互帮助。创设良好合作的同事关系，有利于教师发展。一个开诚布公地研讨教学的氛围可以给教师发展平台。往往一个教师发现的问题和解决方案，不容易独自实施。

　　二、教师在教学中经常会遇到问题，需要交流，有时需要求助他人，如何建立这样的机制？从李老师对反思态度可以感受到教师迫切需要交流：谈体会、谈收获、谈困难、谈困惑、谈成就。

　　三、教师在遇到挫折、困惑，如何调控自己的情感，设计出积极、有效的教学策略？面对学生学习状况教师表现出失望、困惑、无奈、焦虑、两难处境等负面情绪，需要及时处理。

　　四、如何帮助教师提高行动研究的能力？做行动研究的方法容易理解，但操作起来有一定难度。比如，从李老师的教学反思中看到语法与阅读是所在学校关注的课型，如何深入思考教学（理解和使用关系），如何确定研究策略（具体的课题和研究方法的设计）？

　　教学反思对教师发展是一条渠道，需要更多教师教育者关注。本研究采用对话式的反思给教师同行间的支持，共同研究教学，给教师增添能力与自信。本研究中，李老师的反思日志体现出教师对自己教学提出问题，尝试自己解决问题，即不完全依赖他人的帮助，体现自我推理的反思过程。虽然一次研究、一次尝试解决不了许多问题，但是从中发现问题为未来研究提供基础，不断研究，积少成多。除了反思，培养良好的研究环境，构建研究共同体，建立新的评价机制。这或许可以成为教师专业发展的有效途径之一。[①]

[①] 傅建明：《教师专业发展——途径与方法》，上海：东师范大学出版社，2007年。

小议俄罗斯百科全书

首都师范大学 孙翠英

【摘要】

百科全书作为大型的工具书在人们的工作和学习中起到了很大的作用，特别是在互联网和电子词典没有出现之前。俄罗斯百科全书的发展经历了几个不同的阶段，每个阶段都有其特性。

【摘要】

关键词：百科全书 苏联百科全书 俄罗斯百科全书

百科全书就是比较系统地介绍文化科学知识的大型工具书，收录各种专用名词和术语，按词典形式分条编排，解说详细。也有专科的百科全书，如医学百科全书，农业百科全书等。

17世纪初英国哲学家 Ф. Бэкон 对欧洲历史进行了第一次科学分类，这为未来百科全书的撰写奠定了基础。从18世纪到今天百科全书为一代又一代人提供了完整系统的科学文化知识，为人类社会在各个领域的发展起到了一定的作用。随着社会的发展百科全书之树更加枝繁叶茂，分类越来越细，从不同角度，如不同行业、民族、地区等，针对不同的人群，如儿童，妇女，企业家等。本文就俄罗斯百科全书做一个简要的介绍。

一 俄罗斯百科全书的发展历史

俄罗斯百科全书从无到有的发展经历了跌宕起伏的不同时期，大致也经历了从单一走向多元的这么一个过程。彼得大帝本人善于学习西方先进的科学技术，他与德国许多著名知识分子，包括哲学家 Вольф Христиан（1679—1754）都有交往。彼得给予 Вольф 高度的评价，向他请教诸多科学研究的问题。而他在帮助俄国培养百科知识型人才方面也做出了贡献。如 Ломоносов М. В.（1711—1765）在德国学习的地方就是 Вольф 工作的地方。彼得于 1721 年派遣 Шумахер И. Д. 出国考察学习，Шумахер 是在俄国组建科学研究院的元老之一。他先后到了德国，法国，英国和荷兰，考察了这些国家的科学教育，包括博物馆和图书馆及出版业。遗憾的是在彼得在位时期未能实现出版百科全书的愿望。

叶卡捷琳娜二世对俄国的出版业很重视，当时俄方有意引进出版法国的百科全书和英国的大不列颠百科全书，尽管得到了上层贵族人士和女皇本人的支持，但是由于种种原因未能实现。

俄罗斯从 19 世纪中叶开始出版了一些多卷本百科全书，其中由 Березин 编写的《俄罗斯百科全书》（Русская энциклопедия）最有名。19 世纪末出版了由 Брокгауз 和 Ефрон 编著的多卷本《百科词典》（Энциклопедический словарь），这也是一本很有全威的俄语百科词典。同时出版的还有 Южаков 编写的《大百科全书》（Большая энциклопедия）。20 世纪初出版了由 Гранат 兄弟编写的《百科全书》（Энциклопедия）的前几卷，40 年代出版了后几卷。1926—1979 年先后三次出版了《苏联大百科全书》（Большая советская энциклопедия）。同时三次出版了《苏联小百科全书》（Малая советская энциклопедия）。1979 年之后百科全书的出版几乎进入了休眠期。曾几何时，"百科全书"这个词很少在图书市场上看到，苏联时期，图书业和其他行业一样都是很单一的。所以将近有 25 年就没有出版过新的百科全书。

随着苏联的解体，社会生活的各个领域发生了巨变。俄罗斯国内的出版商试图改变出版界这种沉寂的状态，但是收效甚微。直到上世纪末，俄罗斯图书市场经历了一场"百科"热。无论是在书市、书店、书报亭，还是火车站、地铁站的书摊上，毫不夸张地说，每天都能看到几十种带有 "энциклопедия（百科全书，百科词典）" "энциклопедический（百科全书的，有百科知识的，包罗万象的）"字样的书，如：《蘑菇大全》（Энциклопедия грибов），《室内植物大全》（Энциклопедия комнатных растений）《烹调大全》（Кулинарная энциклопедия），《按摩大全》（Энциклопедия мсссжа），《少儿百科全书》（Большая детская энциклопедия），《俄国人姓氏大全》（Энциклопедия русских фамилий）等。

进入新世纪，一些出版社纷纷表示要着手于出版新百科全书这项重要的工作，先后出版了《俄罗斯新百科全书》（Новая Российская энциклопедия）和《俄罗斯大百科全书》（Большая Российская энциклопедия），还有正在计划出版中的百科全书。渐渐地俄罗斯由国家垄断出版业的时代已经结束，而在莫斯科和圣彼得堡以及其他一些学术中心私营出版社如雨后春笋地出现，这些出版社出版了高质量的单行本或多卷本的百科全书，它们反映了19世纪末20世纪初俄罗斯社会文化多元化的特征。

二 不同版本的《苏联大百科全书》（Большая советская энциклопедия，简称БСЭ）

苏联成立之后，文化事业蓬勃发展，国家非常重视出版业。为了提高广大读者的文化言语水平，帮助公民系统掌握科学文化知识，1925年根据苏共中央委员会的指示开始苏联大百科全书的编撰工作。这项重要的工作委托给了苏联百科出版社（Советская энциклопедия，即现在的俄罗斯大百科全书出版社 Большая Российская энциклопедия）。苏联百科出版社从1926—1947年，21年间出版了65卷和1卷苏联补充卷百科全书，第一版百科全书共计4万4千页，共有6万5千个要目，1万多幅地图和1万2千幅插图。每卷都有8—10个彩色地理图，近20幅彩色和黑白插图。许多插图都是版画，它们出自苏联著名画家之手。这套书的装潢非常精美，每卷都出版5—8万册，成为当时的畅销书。第一版的主编是科学院著名院士О. Ю. Шмидт（1891—1956），他是著名的学者，知识十分渊博，被誉为百科知识型学者，也是出色的社会活动家。1921—1924年О. Ю. Шмидт担任国家出版社负责人，是他确立了出版业不以商业为目的，而是为文化和政治服务的宗旨，恢复了出版科学和研究学术著作，开始着手工具书的编撰。因此1925年О. Ю. Шмидт被任命为编撰苏联大百科全书的主编。这本书倾注了他很大的心血，为高质量完成这项艰巨的工作，他不仅组织了大批专家和学者，文化工作者，社会活动家，而且亲自校订和撰写要目，为这本百科全书的完成立下了汗马功劳。参与编撰的主要有以下苏联著名学者：Н. Н. Баранский，А. Н. Бах，Н. Н. Бурденко，И. М. Губкин，Г. М. Кржижановский等。

第二版的编撰工作开始于1949年2月，当时根据苏联部长会议的指示由国家科学出版社即《苏联百科全书》出版社进行这项工作。编撰工作持续了8年，即1950—1958年，共出版51卷，每卷都出版25—30万册。与第一版相比，第二版有其鲜明的特色，在内容和插图都有所增补，要目由原来的6万5千个增加到10万个，增加了2362幅地图，4万多幅插图。同时有一半的要目列出相应的参考书，而且用25种外语和35种苏联少数民族语言做注释。新增加的这些内容都是与苏联社会意识形态相关的东西，它们反映了苏联社会政治生活的变化。第二版百科全书由С. И. Вавилов（1891—1951，苏联科学院院士，物理学家，社会活动家，从1949—1951年担任主编），和Б. А.

Веденский（从 1951— 1958 担任主编）在不同的时间担任主编，副主编是 А. А. Зворыкин 和 Л. С. Шаумян，参加编撰工作的人员很多，他们大多数是各自领域中的领军人物。如 И. П. Бардин，В. В. Виноградов，А. А. Григорьев，А. А. Михайлов，Ф. В. Константинов，Н. М. Страхов，Т. Д. Лысенко，О. Б. Лепешинская，Б. В. Иогансон，Н. Н. Аничков 等。

第三版苏联百科全书是根据苏共中央委员会的指示，从 1967 年 2 月开始编撰，历时 9 年完成，即 1969—1978 年。第三版百科全书仍由苏联百科全书出版社出版，共出版 31 卷，其中有 1 卷是增补本，共出版 63 万册。后来于 1981 年又增补出版了一卷《按字母顺序和人名的索引》（《Алфавитный именной указатель》），其发行量为 5 万册。第三版共计 3 万 5 千页，共有要目 9 万 5 千多个，3701 幅肖像画，2 万 9 千多幅插图，524 幅彩色地图，而且在第 14 卷中增加了列宁的讲话附件。第三版在 1973—1982 年由 Макмиллан 出版社翻译成英文，在西方一些国家出版。2001 年出版了第三版的电子版。БСЭ 的版权现在属于俄罗斯大百科全书出版社，它的前身是苏联百科出版社。第三版主编 А. М. Прохоров 是科学院院士，著名的物理学家，是量子电子学的奠基人之一。

三 俄罗斯新百科全书（Новая Российская энциклопедия，简称 НРЭ）

俄罗斯新百科全书由俄罗斯科学院副院长 А. Д. Некипелов 担任主编，他是科学院院士，著名经济学家。НРЭ 共 12 卷，基本是一本包罗万象的工具书，包括 6 万多个要目，1 万 5 千幅插图，地图和图表。内容涉及到各个国家，反映独特文化和社会习俗的重要历史时期。涉及了各个领域广：建筑，造型艺术，生物，军事，卫生，音乐，地理，文学，数学，医学，教育和教育学，俄国历史，世界历史，政治学，法律，农业，现代通讯，社会学，体育，大众传媒，戏剧和电影，机械，工业，交通，物理，哲学，化学，生态学，环保，经济，病原学等等。

НРЭ 特别之处就是关注了近十年来发生的重大事件，增补了几百个要目，首次增补了几百个人物的简历，这些都是俄罗斯 20 世纪其他百科全书所没有的内容。参加 НРЭ 编撰的专家来自俄罗斯和独联体其他国家的科研机构，他们是著名的科学家，文化学家，社会活动家等。НРЭ 的第 1 卷于 2003 年出版，该卷全面介绍了俄罗斯国家的社会现状，自然，历史，文化。第 12 卷补充了目录和附件、最新的内容，即在前 11 卷的编撰中还还未发生的重要事件。

НРЭ 百科适合于不同的人群，从小学生和大学生到各行各业的专家，以及文化学家，政治家和企业家等，都可以从不同的角度查阅自己所需要的东西。

俄罗斯现在已经出版的百科全书种类很多，主要有三大类：文化工具类，专科类，生活类。

今天人类生活在一个信息时代，随着互联网的普及和发展，纸质的词典已经不像从前那样在人们的学习和工作中占据重要的地位了。在信息时代传统的百科全书受到电子信息工具书的挑战，那么携带不方便的多卷纸质百科全书是否有一席之地呢？这就要求出版商们完善纸质百科全书，发挥其优势，在内容质量上下功夫，而不是追求规模和页数的多少。不同年龄，不同行业，受教育程度不同的人对纸质和电子百科全书的看法不同。他们都有其存在的价值，关键是要合理利用好他们，为人类服务。

参考文献

[1] Шмидт О. Ю. Большая советская энциклопедия издание 1, М.: Советская энциклопедия, 1926—1947.
[2] Вавилов С. И. Большая советская энциклопедия издание 2, М.: Советская энциклопедия, 1950—1958.
[3] Прохоров А. М. Большая советская энциклопедия издание 3, М.: Советская энциклопедия, 1969—1978.
[4] Нектпелов А. Д. Новая Российская энциклопедия в 12 томах. М.: Большая Российская энциклопедия, 2003.
[5] Летопись Российской академии наук. — СПб., 2000
[6] Казанцев Ю. И, История России Москва-Новосибирск：ИНФРА – М — Сибирское соглашение, 2000, pp 145—183.

杜拉斯的水世界和她的梦想诗学

首都师范大学外国语学院法语系　王迪

【摘要】

玛格丽特·杜拉斯，一位具有魔力的小说家，用她孤独、绝望的笔触带给我们许多现实世界之外的、看似不可能的美丽相遇。相遇中，有水，有梦，她用非理性标准将文字的细节之美、意境之美、女性之美展露无遗。本文通过对杜拉斯文本的精读和比较解析，全新再现杜拉斯与众不同的水世界和女性梦想诗学。

【关键词】

杜拉斯　水　梦想　女性特质

纳博科夫在《文学讲稿》中将具有"现代性"的小说家比喻成魔法师，因为他们可以不动声色地关注更为细致更为生动的东西，用纳博科夫的话讲："细节优越于概括。"① 的确，无论是在西方还是在东方，② 许多现代小说家及其作品不是因为其主题宏伟或催人向上而不朽，相反，他们更加重视将细节——比整体更为生动的部分，那种小东西——展现得淋漓尽致，使笔下的梦想世界成为我们现实世界的并行世界，完好无损且精彩纷呈。法国女作家玛格丽特·杜拉斯（Marguerite Duras, 1914—1996）恰是纳博科夫意义上的

---

① 纳博科夫：《文学讲稿》，申慧辉等译，北京：三联书店，1991年10月，第505页。
② 我们想到张爱玲在《倾城之恋》中描写的白流苏和范柳原之间隔着棉被的拥抱，我们想到普鲁斯特因为偶尔吃了一口玛德莱娜小点心而开始对自己一生的追忆，进而完成了煌煌巨著《追忆似水年华》……

"具有创造性的""魔术师"作家①,她有一种为琐物而疑虑的才能,而本文所关注的这个"琐物"——水,或多或少地存在于杜拉斯诸多文学作品中——说大也大,说小则小,为杜拉斯的文学世界增添了细腻、美妙和梦幻的色彩。

一 水:细节之美

杜拉斯在一切允许的场合,都会毫不犹豫地提起印度支那,那是她的"故乡":"我的故乡是水乡,是湖的故乡,是从山上奔流而下的湍流的故乡,是沼泽的故乡、平原上充满泥土味的河流的故乡,下雨天我们在河里避雨"。②走入杜拉斯的文学世界,读者常常可以感受到扑面而来的海风,印度支那湿漉漉的森林,湄公河两岸的撩人风光,还有"表面上平静但暗藏汹涌的太平洋",或是"特鲁维尔(洞)城铺满黑礁石的岸边"。在杜拉斯那里,无论是宽大汹涌的大海,还是纵横交错的河道,抑或是河道周围节奏缓慢但充满活力的生活场景,读者都可以细细体会那蜿蜒的水流张扬出来的美丽与独特,正是这片土地带着它特有的湿润孕育了杜拉斯的写作。

水流淌在杜拉斯文学作品的字里行间,体现着细节之美。就像她所言:"太阳下山了,大海无处不在"③。水成为杜拉斯文学世界挥之不去的元素,悄无声息地滋养着她的字字句句。杜拉斯对水的热情始于1944年出版的《平静的生活》,这是她的第二部小说。虽然这部小说从整体上看仍谈不上是成功之作,但杜拉斯对于海、对于水的一往情深已经初见端倪。故事的女主人公在经历了两个至亲相继离世的痛苦之后,独自一人来到大西洋岸边的T城度假。海水书中只是代言一种极深的倦意和格格不入的冷漠:亲人在耳畔濒临死亡的挣扎,自己却还是木着脸在昏暗的灯光下埋头吃饭,弟弟的情人爱上了自己的情人,也只能"想象着大海,想象它是如何浩渺,极其渴望看见和我的疲倦一样恒久无尽的东西"④,家人都生活在一种漠视他人的孤独之中,孤独加重了他们的冷漠,冷漠使他们更加孤独……杜拉斯交替地写着海和女主人公的内心生活,望着大海的上方,有白色的浪花,像鲜花一样盛开,人的思想也会被打湿,正如作者在书中所言,"海面上白浪翻滚,太阳偶尔把脸

---

① 纳博科夫:《文学讲稿》,申慧辉等译,北京:三联书店,1991年10月,第510页。
② 杜拉斯:《物质生活》,王道乾译,上海:上海译文出版社,2007年,第48页。
③ 杜拉斯:《平静的生活》,王文融译,上海:上海译文出版社,2009年,第106页。
④ 同上,第35页。

遮住。所有的影子一下子全消失了。一切变得惨白，好像受到了惊吓。"① 是的，大海有一种无欲的黑暗，它汹涌澎湃，充盈自我，具有明显的英雄色彩。

进入50年代以后，杜拉斯的文笔日渐成熟，她对水的钟情一如既往，《抵挡太平洋的堤坝》正是发生在潮来潮往的大洋岸边，"天真的"母亲将自己十年的血汗钱投到了一块不可耕作的土地上，"每次涨潮的高度都足够毁掉一切，或是冲毁或是渗透……"。②《直布罗陀水手》里的那个女士整年开着她的船去寻找她的水手情人；《琴声如诉》的背景里有夹着海潮的微弱的市声："从敞开的窗口大海的声响一涌而入。微弱的市声同时也涌进窗来……"。③《情人》中十五岁半的少女与她未来的情人的第一次邂逅正是发生在湄公河的渡船上："那是在湄公河的渡船上。这个形象在整个渡江的过程一直存在着。"④……杜拉斯作品的字里行间都流淌着水，就像身体里流淌着血液，流畅，随意且深刻。既有慑服力又有破坏力的水打湿了杜拉斯的童年记忆，给她的作家生命带去别样的激情。杜拉斯在《玛格丽特·杜拉斯的领地》一书中如是评价自己与水的关系："在我的书中，我总是伫立在海边，……在我很年轻的时候就与大海打交道，那时我妈妈买下了《抵挡太平洋的堤坝》中所描述的那块地……。"⑤

杜拉斯是一个喜欢细节的人，她的文字常常越过全局停留在细微之处，这些地方总是少不了水的滋润，成为最细腻、最鲜活、最感性的部分。她笔下的水之细节处在于体验，可以感动心灵，并有生命的缘起、欢腾、超越等意象的各种美。的确，无论是在东方，还是在西方，古代朴素的物质观都把水视为一种基本的组成元素。作为生命之源，我们很容易从水联想到肥沃、生产力、女性、母性……追求自由——面对着潮来潮往，有梦的人不禁有超越、飞翔的冲动；面对"一汪清水"，人们看到了自己的容颜，产生了对自己的爱恋、憎恨或回忆……总之，在一片清澈的水前，倒影的想象的心理学如此多种多样。法国著名学者、哲学家加斯东·巴什拉在《水与梦》一书中有如下精彩的论断："水可以将我们的影像自然化，使我们的孤芳自赏回归到更本真、更自然的状态"。⑥

法语中，"大海"（mer）与"母亲"（mère）属同音异义词，这让很多

---

① 杜拉斯：《平静的生活》，王文融译，上海：上海译文出版社，2009年，第109页。

② 杜拉斯：《抵挡太平洋的堤坝》，张容译，沈阳：春风文艺出版社，2000年，第11—12页。

③ 杜拉斯：《琴声如诉》，王道乾译，上海：上海译文出版社，2010年，第5页。

④ 杜拉斯：《情人》，王道乾译，上海：上海译文出版社，2004年，第2页。

⑤ Marguerite Duras, Les lieux de Marguerite Duras, Paris：Minuit, 1977, p. 84.

⑥ 加斯东·巴什拉：《梦想的诗学》，刘自强译，北京：三联书店，1996年，第32页。

作家、语言学家、心理学家本能地将（母亲体内）孕育新生命时的羊水和自然界中的水联系起来，并将一种母性、女性特质赋予了水元素。杜拉斯也不例外。她的文学水世界里或多或少有女性角色的身影，或是母亲，或是情人，或是追忆童年的女作家。正如巴什拉所评价的，"水的母性特质如此强烈，以至于它似母乳一般——母亲的乳汁——呈现在我们面前"。① 的确，水/海水与母亲一样，都是生命的原初孕育者。按照巴什拉的说法，"在四大基本元素中，唯独水可以摇荡，这是水的女性特质的突出表现：水像母亲一样敞开怀抱，摇晃、抚慰臂弯中的生命。"②

回到杜拉斯的文本中去，洋溢着母性特质的水同样被描写得宽容，厚德载物：水连同岸边的沙子都表现得乐善好施，殷勤好客，是巴什拉所言的"摇篮"。比如在《平静的生活》中，"海浪汹涌澎湃。阳光和煦。我不觉得累，虽然不累，但我不想再走路，靠着沙丘在干干的沙子上躺了下来，一动不动"。③ 很显然，水可以赋予生命，可以给疲惫的身躯慰藉，杜拉斯乐此不疲，但她决不满足于此。因为，她渴望在水中获得重生。

杜拉斯越是接近垂暮之年，越是乐于回忆童年的时光，回忆童年时嬉戏的水。一方面，童年对于杜拉斯来说，具有特殊的意义：童年给她带去乡愁，带去痛苦，更多的还有生命中最珍贵的东西，致使她终其一生都在不断地返归童年。巴什拉在《梦想的诗学》中力图建立的"童年的持续性的本体论哲学"为我们提供了稍有距离的观察视角，来考察杜拉斯的童年情节："以其某些特征而论，童年持续于人的一生，童年的回归使成年生活的广阔区域呈现出蓬勃的生机。……当梦想为我们的历史润色时，我们心中的童年就为我们带来了它的恩惠。必须和我们曾经是的那个孩子共同生活，而有时这共同的生活是很美好的。从这种生活中人们得到一种对根的意识，人的本体存在的这整棵树都因此而枝繁叶茂。"④巴什拉所言的"对根的意识"正是杜拉斯一次次回归途中期待找寻的。而另一方面，在杜拉斯眼中，水、童年的水好似生命机车的离合器，时而切断时而传递动力，帮助她寻回逝去的童年，找到"对根的意识"："一想到我的童年，我就会想到水"，⑤ "小时候，在殖民地，

---

① 加斯东·巴什拉：《梦想的诗学》，刘自强译，北京：三联书店，1996年，第170页。
② 同上，第177页。
③ 杜拉斯：《平静的生活》，王文融译，上海：上海译文出版社，2009年，第146页。
④ 加斯东·巴什拉：《梦想的诗学》，刘自强译，北京：三联书店，1996年，第28—29页。
⑤ 杜拉斯：《平静的生活》，王文融译，上海：上海译文出版社，2009年，第143页。

我们总是呆在水里，我们去河里泡澡，每天早上、晚上我们用坛子里的水洗淋浴……"①

无独有偶，杜拉斯的后期作品《阿迦达或无线阅读》中，主人公兄妹两人来到一个无人居住的房子里，试图重回过去，读者可以确定这座房子距离大海不远，因为"我们总是能听到海浪的声音"，童年的所有印记都被水点打湿："你们身上满是海水"，"我们先是在河岸边，然后下到了河里"，"孩子们躺在波浪的低谷里，任凭海水将他们淹没……"在这本书里，"他"与"她"对话，他们之间的情感纯真无邪，而水正是他们曾经的欢乐、曾经的冒险的见证者。是水将童年的点点滴滴再次带到作者眼前，而一切与水有关的画面连接、拼贴起来，就是他们逝去的童年和隐隐的根的意识。或者说，童年连同涓涓细流被杜拉斯作为梦想的一个主题来考虑。这个主题是生命的所有年龄段都能再找到的，有了根的意识，杜拉斯的写作才找到了根基，杜拉斯的生命才有了新的意义。可见，水之细节并不细，因为它代表了杜拉斯内在的生命欲求——"寻根"意识——，因为它可以帮助弥补生活的裂痕，在追忆中，获得心灵的安宁。

一汪清水，就如一片明镜，静止、寂默，保存着童年的美好。诚然，这面镜子会渐渐地失去光泽，尤其是当童年和记忆渐渐远去、变得模糊时。在静止的水前梦想、回忆，可以给我们带来巨大的心灵慰藉和安宁。因此，这份梦想更为柔和，更为稳定，这样的回忆抛开了想象的光怪陆离的念头。巴什拉曾断言："人只要稍稍进入梦想，即可知道任何的安宁都是静止的水。在任何记忆的深处都是静止的水。在宇宙中，静止的水是一片宁静，一片安定。世界在静止的水中休息。在静止的水前，梦想的人加入了世界的休息。"②如此，在杜拉斯那里，水之细节代表着本真、母性、童年和根意识：它让一木一石显出各自的光彩；它化作时间的使者，使飘逝的化为永恒；它成为杜拉斯文字的美丽之所在。然而，一汪清水也懂得伺机而动，当水颤动时，太阳赋予它千百种光辉，水面激起的涟漪，令回忆和梦想不单单是充满欢乐与恬静。

二 水：死亡之美

杜拉斯对水的描绘并非都是美好的，摇篮般的或充满母爱的。时常读者会觉得，杜拉斯笔下的水暗含着危险，因为它有时或妩媚，或有意的挑逗，

---

① 杜拉斯：《物质生活》，王道乾译，上海：上海译文出版社，2007年，第69页。
② 加斯东·巴什拉：《梦想的诗学》，刘自强译，北京：三联书店，1996年，第247页。

并且其结果难以控制。"(大海)使劲闻了闻我。最后,它冰凉的手指伸进了我的头发。……我走进大海,一直走到波涛汹涌的地方。……高度是没法测定的:必须与无头无手的海浪搏斗。否则它会抓住你的脚,拖你到三十公里外的海底,把你翻过身来吞掉。"①

事实上,人们常作的一种双重比喻,形象地反映了水的善恶两面:水就像是一位温柔可亲的母亲,哺育生命、滋养生命;然而,像所有上了年纪的老妇人一样,水(比如大海)时常会表现得很强悍、易怒,让孩子们害怕。由此,恐惧与震慑依水而生。杜拉斯说:"(大海)是你的死神,你的老奶奶。自你出生后一直跟着你,留意你的一举一动,偷偷地睡在你的身边,现如今厚颜无耻、大声吼叫着出现在你面前的,难道就是它?"②在杜拉斯的文字里,水除了能够唤起童年的美好与生命的酣畅淋漓,它还时而暴烈、残酷、令人生畏,甚至具有毁灭性,还有很多被水围困的景象、人们在水中行动的无能为力以及在水中逝去的生命。

如此,水与危险、与死亡联系在一起。在杜拉斯的作品中,此类景象并不罕见:《80 年夏》中有人在海里溺水身亡;《情人》中有人在去法国的轮船上跳入大海。对于一些人来说,水会给他们失望、甚至是绝望:比如同样在《阿迦达》中,孩子们对于死亡的恐惧就与水/海水必不可分:"我不清楚这种令你震惊的死亡的本质是什么。它好像与海水有关,总是看到童年时的你迎接海浪的场景。"③比如在《杜拉斯的领地》中,作者回忆"大海吞噬了我们的土地……,它让我惧怕,在这个世界上我最怕的就是大海……我做过的梦,我的恶梦总是与潮汐、与海水的入侵有关。"④ 对于另一些人来说,水既是杀人凶手,同时也为自杀提供场所。它在杜拉斯的笔尖流淌,等待下一个文学人物投身其中,或自杀,或他杀。比如说,在《印度之歌》中,读者不禁要问,安娜—玛利·斯特雷特她是投身大海自杀身亡的吗?作者在《杜拉斯的领地》中给予了肯定的回答。文学中,自杀常常被认为是一个漫长的、私密的命运历程,因为"从文学的角度看,自杀是最需筹划、最被精心筹划、最完全彻底的死亡方式,而水是颇具女性特质的死亡的最真实物质"⑤ 当水与女性的命运息息相连时,悲剧也就产生了,以至于斯特雷特没有其他方法自

---

① 杜拉斯:《平静的生活》,王文融译,上海:上海译文出版社,2009 年,第 117 页。
② 同上,第 117 页。
③ Marguerite Duras, Agada, Paris: Minuit, 1981, p. 18.
④ Marguerite Duras, Les lieux de Marguerite Duras, p. 84.
⑤ 加斯东·巴什拉:《梦想的诗学》,刘自强译,北京:三联书店,1996 年,第 111 页。

杀,"没有,她在水中死去,是的,她在印度海中自杀"。①

生命在水中定格,渐渐逝去,那将是怎样的场景?杜拉斯说:那是美丽的。② 喜欢自我否定、自相矛盾的杜拉斯在不同的作品中对这种死亡之美做了不尽相同的诠释。

《平静的生活》中有下面一段非常不平静的描写,是关于大海的:"穿越海浪时,你突然感到赤裸裸的惧怕,进入了惧怕的世界。浪尖抽打着你,两眼成了两个滚烫的洞。手和脚溶化于水中抬不起来,和水捆绑在一起,绳子打了结;它们完了,但还想重新成为无辜的手和脚。"③摘下柔情的面具,水转眼间变成了令人畏惧的水怪:抽打,灼烧,捆绑,禁锢。杜拉斯认为这是水赋予死亡的一种美,一种扭曲的、不平静的美丽。

除此,死亡因水而美,还在于它的力量。首先,水可以与风为伍,壮大自己的声势,令人类避之不及:"风卷雨丝,一束束抛到我的脸上,让我无法迈步,无法呼吸。这不适合我们,这相互勾结的风和雨,这放浪形骸的大海。风来势凶猛,四处乱窜,我无法站在风浪里随着风一起走,甚至无法呼吸。鼻子下突然没了空气,这比愤怒更糟糕。"④杜拉斯在启示我们:最柔弱的,往往也是最刚劲的。水刚柔相济的力量,可能会激发世人更加地执着和坚持,当然也有可能产生如主人公所感受到的窒息以及比愤怒更糟糕的事情——或是母亲的绝望,或是劳尔的疯狂。

其次,水的力量还表现为它无情地吞噬和摧毁:"这些从千年麻木中醒过来的上百农民怀着一种突如其来的疯狂希望精心修筑好堤坝,可一夜之间太平洋海浪无情地冲毁了它,如一触即溃的纸房子惊人地毁于一旦。"⑤与此同时,海浪还摧毁了母亲对生活的热爱和憧憬,让她变得更加疯狂。在《抵挡》这部小说里,水的威力主要表现在它的摧毁性上,与那位精力充沛、敢爱敢恨的母亲的生活息息相关。无疑,母亲是这部小说的主角,她满怀梦想,敢做敢为,颇有号召力,但水(太平洋之水)在全书中始终站在母亲的对立面,为母亲的各种行动带去的不是力量/动力,而是毁灭性的打击,直至摧毁了母亲对生命的最后一丝希望,水给人类带去的较物质毁坏更可怕的却是精神伤

---

① Marguerite Duras, Les lieux de Marguerite Duras, p. 78.
② 参见《话多的女人》,玛格丽特·杜拉斯 格扎维埃尔·戈蒂埃著,吴岳添 廖淑涵译,作家出版社,1999 年。
③ 杜拉斯:《平静的生活》,王文融译,上海:上海译文出版社,2009 年,第 117 页。
④ 同上,第 153—154 页。
⑤ 杜拉斯:《抵挡太平洋的堤坝》,张容译,沈阳:春风文艺出版社,2000 年,第 15 页。

害：我们无法走得更远，无法"过上更好的生活"。①

最后，水可以剥夺人的生命，这是水的力量的极致表现。同样是在《平静的生活》中，我们目睹了一个年轻的生命溺水死在大洋中的情景："海浪汹涌，不久我就看不见那个男人，他的黑头顶和他的双脚了。当他勇敢地游向深海时，我的目光还追随了他一小会儿，接着就什么也看不见了。"②水无情地夺走了男子的生命，这个结局显然与男子入水的初衷相悖，那时他面带微笑，很快乐，还时不时向岸边休息的"我"抛来微笑："他轻松地跃入海中，游了一条曲线后来到我的面前。他瞧了我一眼，笑了。两次手臂滑水的间隙，他笑着，脸露了出来，躺在水面上，笑逐颜开。"③ 饶有意味的是，作者并没有将这个男子溺水身亡的场景描绘得或令人惊恐或悲情肆意。恰恰相反，读者从杜拉斯的文字中读出的更多的是恬静、惬意、舒缓："天色暗了下来，我仿佛又记起身边那个男人黑脸上一丝微笑的痕迹。我想象着他缓缓沉入海底，身躯笔直，四肢伸展，如海藻般仪态万方。几分钟内，他从极度的匆忙转为极度的缓慢。"④顺着这个思路，我们不禁继续联想：男子的身体被海水轻柔地抚摸、冲洗、打磨……

从这个角度看，水在向人类发出温柔的、美丽的死亡邀请。我们不禁要问：当美丽以死亡的面貌出现时，美丽是否真的可怕？杜拉斯似乎在向我们传达这样一个信号：她参透了生死，面对死亡有了一种超然的态度。岁月流逝，人类经历了风也好，雨也罢，生命终将走向必然的结局——死亡——死于水中，不仅身体"舒展"、"仪态万方"，而且灵魂也因此而得到洗礼，当美丽以死亡的面貌出现时，我们看到杜拉斯式的静美。死亡因水而美丽。

细节也好，死亡也罢，我们在阅读这样的文字时需要多几分敏感和想象。巴什拉提醒我们："在阅读这类在水的生活中的豪情壮举时不应该将之归于我们的经验、我们的回忆，而应该以想象的方式阅读，并参与敏感的诗学、触觉的诗学、肌肉活动的诗学。它们将美学的生命活力赋予单纯的感觉"。⑤杜拉斯同样注意到这一点，她认为，水不仅可以成为重要的写作元素，为她的文字营造特有的氛围，而且它可以激发女性对个体、对生命的关注，更自由地梦想，使女性之美具有新的含义。或许正是出于此，杜拉斯在一段时间与当

---

① 杜拉斯：《抵挡太平洋的堤坝》，张容译，沈阳：春风文艺出版社，2000年，第21页。
② 杜拉斯：《平静的生活》，王文融译，上海：上海译文出版社，2009年，第143页。
③ 同上，第143页。
④ 同上，第144页。
⑤ 加斯东·巴什拉：《梦想的诗学》，刘自强译，北京：三联书店，1996年，第255页。

时的女性主义者走得很近,与很多同时代的先锋女作家形成了对话。

三 水与梦想:女性之美

英国学者马丁·克罗利(Martin Crowley)称杜拉斯是"永远的文学情人",① 我们想补充一下,杜拉斯是"有梦想的"文学情人,或者更具体地说,她是"有女性诗学梦想的"文学情人。这里的"女性的诗学梦想",是指杜拉斯以女性的性别特征为出发点表达的一种美学品格。它应该令人耳目一新,给读者带来巨大的阅读快感、艺术享受和想象空间。杜拉斯所极力表现的梦想,是被置于流动状态,不断上升倾向的梦想;是带有诗意和朦胧气氛的梦想;是用笔墨写下来的、与读者交流的梦想。

杜拉斯让自己的文字流动起来,因为这是女性之美的具体表现。这个过程中,各种水的意象——水中的倒影,水的拥抱,因水造成的损失,对水的畏惧和热爱——功不可没。杜拉斯文本中一直隐伏着这样一个基本的精神姿态,即对流动性和可能性的欲望和倾慕:她仿佛洞悉了男权神话的固执与霸权,而模糊的、流动的、时而躲闪时而张扬的特质才是杜拉斯所景仰和不断追寻的生存姿态和创作姿态。而这种女性姿态同样被许多同时代的女性主义者所津津乐道。格扎维埃尔·戈蒂埃(Xavière Gautihier),杜拉斯的朋友兼对话者,曾在《话多的女人》的序言中如是评价杜拉斯:"读她的书在我身上产生了剧烈的、令人惊奇的骚动,甚至到了焦虑和痛苦的程度,它使我转向另一个空间、有形体的空间,总之我觉得是一个女人的空间。"②

透过水的意象,我们读出杜拉斯是个有梦想的女作家。她梦想的是自然的力量,因此,她无需传奇与神话创造一个文学角色。在水的怀抱中,女作家创造出一种存在,即女性的存在:她将自我溶化于基本的物质元素中,"对于要在新天地中体验新生的人,是一种必需的人性自残",③ 用杜拉斯自己的话说,那是"自我放弃"。姑且将"女人是水做的"这个论断放置一边,至少在杜拉斯眼中,女人是爱水的,女人对水的梦想,是被疯狂地说出来的梦想,是被感知的梦想。而这正契合了法国 20 世纪 60 年代以后女性文学的潮

---

① 马丁·克罗利:《玛格丽特·杜拉斯:永远的文学情人》,万晓艳译,大连:大连理工大学出版社,2008 年。
② 玛格丽特·杜拉斯,格扎维埃尔·戈蒂埃:《话多的女人》,吴岳添,廖淑涵译,北京:作家出版社,1999 年,第 11 页。
③ 加斯东·巴什拉:《梦想的诗学》,刘自强译,北京:三联书店,1996 年,第 257 页。

流,即女性文学的口说性和身体性,也就是格蒂耶所言的"有形体的"、"一个女人的"空间。

另一位法国现当代女作家、批评家西克苏曾将自己的"飞翔"的梦想与杜拉斯的水的梦想衔接起来,认为两个梦想之间是具有连续性的。① 西克苏号召女性通过写作飞翔,梦想着女性如飞鹰般环绕天空划着圆圈:"阴性特质令她光芒四溢,红翅膀将她托起,托向更高,那高处是膨起的云彩,如船帆遮盖海面,她移动;我像一只猎鹰飞向更高的领空。海天之间是绽放着胭脂红的花园。"② 世界是个整体,西克苏用她具有诗意的文字将水和天联系起来。西克苏的飞鹰的旋转颇为美妙,杜拉斯的流水同样美丽。像水一样、如鹰一般自由、流动、不断上升,这是女性应有的姿态,在这一点上,杜拉斯与西克苏不谋而合。女性可以梦想两次:梦想飞上蔚蓝的天空或是梦想跳入湛蓝的水中,轻盈的存在,自在的存在,这展现了女性美之所在。

如果说以西克苏为代表的新一代法国女性主义者高调倡导女性参与写作,将女性身体和生命意识注入写作当中的话,杜拉斯就是颇具代表性的女写手。在《写作》中,她说:"写作,一开始就是我的地方",③"写作是充满我生活的唯一的事,它使我的生活无比喜悦。我写作。写作从未离开我。"④而杜拉斯极具挑战性的写作观——将刺激与温情融合,调动并记录各种感官感受,让作品散发诗意的、朦胧的美丽——正是女性身体意识、生命意识的很好体现。无论是刺激还是温情,绝望还是疯狂,都将作用于读者的阅读体验,"让我们(读者)与人物沟通交流,既熟悉又不确定"。⑤ 正是这种微妙的交流契合了后现代意识对文学的要求,体现了女性在后现代语境中所持的姿态:审视自我,走向他者。

时间如流水,生命如流水,生生不息。杜拉斯用她浸在水中的书写方式,在反复咀嚼斟酌的复写又复写中,为读者建造了别样的风景,令读者更能感觉到专属她的苍凉真实的文字魅力。我们在阅读杜拉斯的文字时,也许没有顾影自怜的感觉,毕竟,我们很难把自己想象成《情人》中那个15岁半的少女,抑或是《直布罗陀水手》中那个总是开着船寻找自己情人的女子。但是,我们却随着这些人物,有了一种再次活过的体验,体验一次又一次令人颤栗的感觉,好像在某些细节里,又或许是在梦境中,也有可能是在另一个世界里。这就是文学的价值所在。就像中国学者刘小枫谈到自己对文学的理解那

---

① Hélène Cixous : Entre l'écriture, Des femmes, 1986, p. 47.
② Hélène Cixous : LA, Des femmes, 1979, p. 33.
③ 杜拉斯:《写作》,桂裕芳译,上海:上海译文出版社,2005年,第13页。
④ 同上,第9页。
⑤ 马丁·克罗利:《玛格丽特·杜拉斯:永远的文学情人》,第14页。

样：文学应该是和其他任何的艺术一样，成为把你联系到想象世界和梦的世界里的细线，让你在一个暂时被搁置了时间和空间的世界里，经历别样的生活，让你能够暂时地"关闭灯光"，让时间停下它的脚步。

诚然，有人会批评杜拉斯的作品未免太过重复，许多作品之间，相似的情节，相似的意境，正如袁筱一含蓄地指出的："杜拉斯的作品具有一定的自述性。会造成某种假象，让我们误认为作品中人物的命运是可能重复的：只要我们愿意。"①然而，正是杜拉斯对生命的这份执着和热爱，还有用来成就这份爱和欲望的热带殖民地的气息，湿润的空气以及无处不在的水铸就了杜拉斯文字的魅力。杜拉斯是一位好的小说家，是一位纳博科夫意义上的注重细节、具有创造力的"魔法师"。

---

① 袁筱一：《文字·传奇：法国现代经典作家与作品》，上海：复旦大学出版社，2008年，第12页。

狄更斯小说人物对英语词汇的贡献

首都师范大学　王峥

【摘要】

狄更斯是最受欢迎的英国作家之一，对英语国家的文化生活产生了巨大影响。为了系统整理狄更斯的语言遗产，本文通过检索权威英语词典，发现约有 50 条英语词汇和表达法源自 21 位狄更斯笔下的人物。从作品人物姓名转化为英语词汇的数量来看，狄更斯超过了很多著名英国作家。这些家喻户晓的人物还从一个独特的角度验证了狄更斯的某些创作特征。

【关键词】

英语词汇　狄更斯　小说人物派生词

英国著名作家狄更斯（Charles John Dickens，1812—1870）塑造了众多令人难忘的小说人物，并因此闻名于世。薛鸿时认为，"他（狄更斯）虽然早已逝去，但他创造的近两千名人物并没有随他而去，这些艺术形象已获得永久的生命，继续像老朋友一样和全世界一代又一代读者生活在一起，使他们得到愉悦、美感和启迪"。① 事实上，由于一些人物非常深入人心，他们的名字早已在英美家喻户晓，最终转化为英语中的专有名词，并派生出新的词汇和表达法。这些词是狄更斯对英语的独特贡献。考证这些词汇并梳理它们与狄更斯作品之间的关系，可以帮助我们更加深入地认识狄更斯留下的文化遗产，从一个独特的角度考查其作品的社会影响力。

为了找出这些词汇，笔者运用《牛津英语词典》电子版（Oxford English

---

① 薛鸿时：《狄更斯》，钱青主编：《英国 19 世纪文学史》，北京：外语教学与研究出版社，2006 年，第 302 页。

Dictionary Second Edition on CD-ROM）① 和《韦氏新世界词典》（Webster New World Dictionary, 3rd Edition）② 电子版中的"高级搜索"功能，从词条的词源（etymology）和定义文本（defining text）中查找"Dickens"一词。在排除了干扰项之后，发现 26 个词条（entry）源于狄更斯。其中有 20 个词条出自狄更斯笔下的 21 位人物，5 个词条是狄更斯创造的新词或新义（Circumlocution Office、dock、growlery、King Charles's Head、pompey），1 个词条属于狄更斯姓氏派生词（Dickensian）。

那些进入英语词汇的小说人物出自狄更斯的 9 部作品，约占作者中长篇小说总量（共 20 部）的一半。下表列出了人物姓名和作品名称。

#	发表时间	作品	进入英语词汇的人物	人物数量
1	1836—37	《匹克威克外传》（Posthumous Papers of the Pickwick Club）	Samuel Pickwick, the Rev. Mr. Stiggins, Samuel & Tony Weller	4
2	1837	《雾都孤儿》（Oliver Twist）	Jack Dawkins, Bumble, Fagin	3
3	1841	《巴纳比·鲁吉》（Barnaby Rudge）	Simon Tappertit, Dolly Varden	2
4	1843—44	《马丁·朱述尔维特》（Martin Chuzzlewit）	Sarah Gamp, Seth Pecksniff, Mark Tapley	3
5	1843	《圣诞颂歌》（A Christmas Carol）	Tim Cratchit, Ebenezer Scrooge	2
6	1849—50	《大卫·科波菲尔》（David Copperfield）	Mrs. Gummidge, Uriah Heep, Wilkins Micawber	3
7	1852—53	《荒凉山庄》（Bleak House）	the Rev. Mr. Chadband, Turveydrop	2
8	1854	《艰难时世》（Hard Times）	Thomas Gradgrind	1
9	1864—65	《我们共同的朋友》（Our Mutual Friend）	John Podsnap	1

表中显示，这些进入英语词汇的人物主要出自狄更斯早期和中期的作品。

---

① Oxford English Dictionary, Second Edition on CD-ROM（v.4.0），Oxford：OUP, 2009.
② Webster's Third New International Dictionary（Unabridged）version 2.5, Springfield：Merriam-Webster, 2000.

其中，3 位是女性，18 位是男性；3 位是小说主人公（均为男性），18 位是配角。下面我们分类探讨每位人物与其衍生词汇之间的关系，词汇的释义主要参考了上面提到的两本词典和陆谷孙主编的《英汉大词典》（第 2 版）。每类人物都以作品发表时间的先后排序。

第一类：女性配角

1.1 人物：Dolly Varden，衍生词汇：Dolly Varden

Dolly Varden 是狄更斯的第一部历史小说《巴纳比·鲁吉》中的一位靓丽少女，身着鲜红的披风，头戴鲜红的帽子。因为小说描写的是 1780 年时期的事情，人们就用"多莉瓦登"（Dolly Varden）来指带有那个时代特点的印花裙和花饰女帽，这种服饰在 1869—1875 年流行一时。后来，Dolly Varden 又成了在美国发现的新鱼种"玛红点鲑"的别名，因为这种鱼有着漂亮的红色斑点，让美国人想起了多莉瓦登裙的图案。根据 Wikipedia① 的统计，Dolly Varden 是非常受人欢迎的名字，在美国被用来命名各种事物，包括第一支美国黑人女子职业棒球队、芝加哥的乐队、赛艇、内华达州的山脉、连接印第安纳至伊利诺伊州小镇的铁路线。

1.2 人物：Sarah Gamp，衍生词汇：Gamp

Sarah Gamp 是小说《马丁·朱述尔维特》中一位从事医护工作的女酒鬼，经常拿着一把破旧的黑雨伞。她对看护对象不尽心负责，却总能心安理得地享用病人或产妇家里的酒菜。取自她的名字的单词有两个意义：一是指像 Gamp 夫人那样声誉不佳的月嫂或护理人员，二是指雨伞（尤其是不干净的或收得不紧的雨伞）。

1.3 人物：Mrs. Gummidge，衍生词汇：Gummidge，gummidge，gummidging，gummagy，Gummidgey

Gummidge 夫人是小说《大卫·科波菲尔》中的一位寡妇。尽管有亡夫商业伙伴的照顾，Gummidge 夫人仍然整天顾影自怜，不断哀叹自己是"孤单可怜的家伙（lone lorn creetur）"。② 后来，人们用 Gummidge 来指怨妇一样的人，或者怨妇式的抱怨。相应的动词是 gummidge，形容词是 gummidging、gum-

---

① "Dolly Varden", http://en.wikipedia.org/wiki/Dolly_Varden, 2012 年 8 月 28 日。
② Charles Dickens, David Copperfield, London: The Electric Book Company, 2001, p. 59.

magy，Gummidgey。

第二类：男性主人公

2.1 人物：Samuel Pickwick，衍生词汇：Pickwickian, Pickwickian Syndrome

Samuel Pickwick 是狄更斯成名作《匹克威克外传》的主人公，为人单纯善良、积极乐观。他俱乐部的会员 Mr. Blotton 在和他的一场争论中创造了"匹克威克意义"（Pickwickian sense）这个词组，表示自己用词不同凡响，不可按常意理解。由匹克威克派生出来的形容词 Pickwickian 主要有两个含义：1）像匹克威克那样宽厚憨直的，2）（词语等）意义特殊，与常规意思不同。

有趣的是，所谓的"匹克威克综合症"却与匹克威克本人没有直接关系。《匹克威克外传》里有一个肥胖嗜睡的仆人 Joe the Fat Boy，研究者 Burwell 在 1956 年将"Obesity Hypoventilation Syndrome"（肥胖性心肺功能不全综合征）命名为"Pickwickian Syndrome"，因为《匹克威克外传》是第一部详细描述该症状的文献。

2.2 人物：Ebenezer Scrooge，衍生词汇：Scrooge, Scrooge-like

狄更斯笔下另一个家喻户晓的人物是《圣诞颂歌》中吝啬、冷酷的犹太雇主 Ebenezer Scrooge。他反对庆祝圣诞节和一切娱乐活动，一心忙着赚钱。据美国学者 Standiford 的考证，在 19 世纪上半叶，"scrooge"是英语里的一个动词，表示"squeeze, crush"的意思，是从古英语"scruze"一词演变来的。① 现在，Scrooge 用来指吝啬鬼和令人扫兴的人，Scrooge-like 是相应的形容词。Standiford 还认为，Scrooge 的口头禅"Bah! Humbug!"也已经成为了英语中表示不屑或不信的惯用语。不过，牛津和韦氏词典目前还没有为这个表达法另立词条。

2.3 人物：Thomas Gradgrind，衍生词汇：Gradgrind, Gradgrindery, Gradgrinding

Gradgrind 先生是小说《艰难时世》中的主角，一位国会议员和教育家，

---

① Les Standiford, The Man Who Invented Christmas: How Charles Dickens's A Christmas Carol Rescued His Career and Revived Our Holiday Spirits, New York: Crown, 2008, p. 131.

一个"务实和精于算计的人（a man of facts and calculations）"。① 他只允许自己的孩子和学生学习"事实"，不许他们阅读诗歌和故事。他硬把女儿嫁给大她 30 多岁的资本家 Bounderby，最终女儿婚姻破裂，单身度过余生；他儿子生活放荡，抢劫银行还嫁祸于人，最后客死他乡。Gradgrind 在英语中表示冷酷无情、只重物质追求、毫无艺术品位的人，表示此类言行的抽象名词是 Gradgrindery，形容词是 Gradgrinding。

第三类：男性配角

3.1 人物：the Reverend Mr. Stiggins，衍生词汇：Stiggins

Stiggins 是《匹克威克外传》中酗酒的牧师，为人虚伪做作，利用冠冕堂皇的演说吸引了一批女士。听他在草地上长篇累牍地布道之后，一位女信徒（Mrs. Weller）受寒而死，Stiggins 还企图从她的遗产中分一杯羹。他的名字成为了伪善者的代名词。

3.2 人物：Samuel & Tony Weller，衍生词汇：Wellerism, Welleresque, Wellerian

Samuel Weller 是匹克威克先生的男仆，既机智幽默又忠心耿耿，他的出场使《匹克威克外传》的分期销量从几百份激增到四万份。② 从某种意义上讲，是这个人物使狄更斯一举成名。Weller 操一口伦敦东区的方言（Cockney），和他的父亲 Tony 一样，喜欢将为人熟知的谚语和意想不到的场景联系在一起，达到某种讽刺或喜剧效果。由于 Sam Weller 广受欢迎，有人还将他的故事改编为戏剧，在美国获得很大成功。父子俩别具一格的幽默被称为 "Wellerism"，被人们纷纷模仿。Baer 将其格式总结为三个部分："引用语" + as (speaker) said + when (as, and) (s) he…（意想不到的场景），③ 如："Business first, pleasure afterwards, as King Richard the Third said ven he stabbed

---

① Charles Dickens, Hard Times, Beijing: Foreign Language Teaching & Research Press, 1994, p. 3.

② Nicola Bradbury, "Dickens and the form of the novel". in John Jordan ed., The Cambridge Companion to Charles Dickens, Cambridge: CUP, 2001, p. 152.

③ Florence E. Baer, "Wellerisms in The Pickwick Papers", Folklore, vol. 94, no. 2 (1983), pp. 173—183.

the tóther king in the Tower, afore he smothered the babbies"。①

此外，还有 Welleresque 和 Wellerian 两个形容词表示"维勒式的"，形容带有父子二人特点的人或事。

3.3 人物：Jack Dawkins，衍生词汇：the Artful Dodger

Jack Dawkins 是《雾都孤儿》中的一名扒手，因为善于逃避抓捕而获得了"躲闪高手"（the Artful Dodger）的绰号。Jack 曾是小说主人公 Oliver 的密友，但在 Oliver 误遭逮捕时弃他而去。后来人们用他的绰号来形容那些能从困境中脱身或能回避尖锐问题的人。

3.4 人物：Mr. Bumble，衍生词汇：Bumble, Bumbledom

作为教区的执事（beadle），Bumble 先生只是个负责维持教堂秩序和侍奉教士的低级神职人员，但他却总是自命不凡，在自己负责的济贫院里颐指气使，冷酷地对待 Oliver Twist 等孤儿。他的名字后来变成了妄自尊大的小官僚的代名词，由此衍生出的抽象名词 Bumbledom 用来形容傲慢愚蠢的官僚作风。

3.5 人物：Fagin，衍生词汇：Fagin

Fagin 是《雾都孤儿》中著名的反派人物，也是狄更斯塑造的最难忘的角色之一。Fagin 不仅窝藏倒卖赃物，还培训男童和女童进行偷窃。Fagin 一词泛指那些指导他人犯罪（尤其是教唆儿童偷窃）的人、盗窃犯、或者窝赃者。

3.6 人物：Simon Tappertit，衍生词汇：Tappertitian

在《巴纳比·鲁吉》中，Simon Tappertit 是一位自以为是的学徒，身高只有五英尺却自以为个子超出常人，他不自量力地爱上了师父的女儿 Dolly Varden。后来，Tappertit 成为了学徒反叛的领导之一，伙同他人绑架了 Dolly Varden。最终叛乱失败，Tappertit 在战斗中失去双腿，心上人也被情敌 Joe Willet 娶走了。这个可怜的小人物似乎毫无引人之处，却在 50 多年后吸引了大作家萧伯纳（George Bernard Shaw）的注意。由于萧伯纳的使用，Tappertitian 作为形容词走进了英语词汇之中。萧伯纳在 1895 年首次使用了 Tappertitian vulgarity 这一表达法：One's gorge rose at the Tappertitian vulgarity and infamy of the thing（OED）。1903 年，在名剧《人与超人》（Man and Superman）的献词中，他把 Tappertitian romance 作为庸俗戏剧的特点之一（OED）。Tapperti-

---

① Charles Dickens, The Pickwick Papers, Project Gutenberg, 2009, Web, 22 April 2009, p. 302.

tian 现形容 Tappertit 式的行为，尤其是他那种愚蠢的求爱方式。

3.7 人物：Seth Pecksniff，衍生词汇：Pecksniff, Pecksniffery, Pecksniffism, Pecksniffian, Pecksniffianism, Pecksniffianly, Pecksniffingly

  Pecksniff 是狄更斯笔下的另一位伪君子。他是《马丁·朱述尔维特》中的主人公老马丁·朱述尔维特的表弟，自称是建筑师和土地测量员，实则靠骗取学生的学费为生，还企图瓜分老马丁的钱财，抢走小马丁心仪的姑娘。即便在把戏被戳穿之后，Pecksniff 仍然伪装到底，说自己之所以落入老马丁的圈套，完全是因为自己是个老实人。临走前，他还假惺惺地表示会宽恕表兄对自己的所作所为。

  Pecksniff 自然成了伪君子的代名词，由此派生出的抽象名词 Pecksniffery、Pecksniffism、Pecksniffianism 都用来表示伪善的言行，此外还有形容词 Pecksniffian，副词 Pecksniffianly 和 Pecksniffingly。

3.8 人物：Mark Tapley，衍生词汇：Tapleyism, Tapleyan

  Mark Tapley 是《马丁·朱述尔维特》的另一位主人公——小马丁·朱述尔维特——的朋友，性格乐观向上，总能让周围的人高兴起来。他离开自己心上人经营的旅店，只为找一个更能证明自己苦中作乐精神的地方："Any man may be in good spirits and good temper when he's well dressed. There an't much credit in that. If I was very ragged and very jolly, then I should begin to feel I had gained a point, Mr Pinch."。①

  由 Tapley 派生出的抽象名词 Tapleyism 表示在无望境遇中表现出来的乐观精神，对应的形容词是 Tapleyan。

3.9 人物：Tim Cratchit，衍生词汇：Tiny Tim

  Tim Cratchit 是《圣诞颂歌》的主人公 Scrooge 的雇员 Bob Cratchit 最小的儿子，腿有残疾，拄着拐杖，被家里人昵称为"Tiny Tim"。两位圣诞精灵向 Scrooge 展示了 Tim 的病情和 Tim 会因为无钱治病而夭折的前景。Scrooge 良心发现，为 Cratchit 一家送去一只有两个 Tim 那么大的火鸡，又提高了 Bob Cratchit 的工资，以求挽救 Tim 的生命。《圣诞颂歌》的著名结尾重复了 Tim 在圣诞晚餐后的祝愿："And so, as Tiny Tim observed, God bless Us, Every One!"②

---

  ① Charles Dickens, Life and Adventures of Martin Chuzzlewit, Project Gutenberg, Web, 27 April 2006, p. 67.
  ② Charles Dickens, "A Christmas Carol", The Christmas Books, London: Penguin Books, 1994, p. 76.

后来，Tiny Tim 成了一种生长在北美大草原上开黄色花的菊科植物（Thymophylla aurea）的俗称。

3.10 人物：Wilkins Micawber，衍生词汇：Micawber, Micawber-like, Micawberish, Micawberishly, Micawberism, Micawberite

  Wilkins Micawber 是《大卫·科波菲尔》中一个复杂的喜剧性人物，优点和缺点都非常突出。一方面，他每天夸夸其谈，总幻想第二天能时来运转，不愿找一份正经工作，因为债务缠身而身陷囹圄；另一方面，他常能保持乐观的心态，心地善良，乐于助人，不为雇主 Uriah Heep 的金钱所收买，帮助小说主人公 David Copperfield 挫败了 Heep 的阴谋。在英语中，Micawber 或 Micawberite 被用来指那些大手大脚、缺乏远见、盲目乐观的人，抽象名词 Micawberism 被用来指 Micawber 式的思想或言论。相应的形容词是 Micawber-like 和 Micawberish，副词是 Micawberishly。

  Micawber 对英语的另一个贡献是以他名字命名的消费法则。在小说中，Micawber 总结了自己在财务问题上的教训，对主人公 David Copperfield 提出了中肯的建议："Annual income twenty pounds, annual expenditure nineteen pounds nineteen and six, result happiness. Annual income twenty pounds, annual expenditure twenty pounds ought and six, result misery"。① 这其实就是"量入为出"（live within your means）的意思。这段话被简称为"the Micawber Principle"，用 Google 网站搜索，可以得到约 22,500 条结果。② 不过，这个表达法尚未被权威词典收录。

3.11 人物：Uriah Heep，衍生词汇：Uriah Heep, Uriah Heepish

  Uriah Heep 是《大卫·科波菲尔》后半部中最主要的反面人物、狄更斯创造的另一个著名的伪君子形象。Uriah Heep 与 Stiggins 和 Pecksniff 的不同之处在于，他出身贫寒，总装出一副低声下气的样子骗取别人的信任，但是他僵尸般的外表和过分的谦卑却往往让别人感到不舒服。Uriah Heep 纵容雇主 Wickfield 先生酗酒，通过伪造签名和做假账侵吞雇主的财产，还企图霸占雇主的女儿。他的名字是故作谦恭的伪善者的代名词，相应的形容词是 Uriah Heepish。

---

  ① Charles Dickens, David Copperfield, London: The Electric Book Company, 2001, p. 245.

  ② http://www.google.com.hk/search?hl=zh-CN&newwindow=1&safe=strict&site=webhp&q=%22Micawber+principle%22&btnG=Google+%E6%90%9C%E7%B4%A2, 2012 年 9 月 1 日。

3.12 人物：the Rev. Mr. Chadband，衍生词汇：Chadband，Chadbandism，Chadbandian，Chadbandize

Chadband 先生是小说《荒凉山庄》中的一位肥胖贪吃、虚伪做作的牧师，布道时滔滔不绝但是言辞浮夸、内容空洞。他对饥饿的流浪儿 Jo 大谈特谈上帝之爱，却不愿为 Jo 解决吃饭问题。人们用他的名字来形容那些道貌岸然的伪君子。表示道貌岸然言行的抽象名词是 Chadbandism，相应的形容词是 Chadbandian，动词是 Chadbandize。

3.13 人物：Mr. Turveydrop，衍生词汇：Turveydrop，Turveydropdom，Turveydropian

在《荒凉山庄》中，Turveydrop 是一位舞蹈学院的院长，总是摆出一付绅士派头，是大家眼中"优雅风度的典范（a model of deportment）"。[①] 他爱慕虚荣，戴着假发、假胡子、假牙，表情做作，忙着参加上流社会的聚会，却顾不上挣钱养家。为了支持丈夫奢华的生活方式，他的太太不得不拼命工作，最后劳累致死。Turveydrop 一词用来指那些徒有其表的人。相应的抽象名词是 Turveydropdom，形容词是 Turveydropian。

3.14 人物：John Podsnap，衍生词汇：Podsnap，Podsnappery，Podsnap（p）ian

Podsnap 先生是狄更斯最后一部完整的小说《我们共同的朋友》（Our Mutual Friend）中的一位自高自大、自以为是的有钱人，他完全沉浸在自己的小天地里，不愿面对现实世界中的问题。Podsnap 成了自我封闭、自我满足的人的代名词，相关的抽象名词是 Podsnappery，形容词是 Podsnap（p）ian。

综上所述，狄更斯笔下的 21 位人物一共衍生了 50 个左右的英语单词及表达法，这从一个侧面验证了狄更斯作品对社会的巨大影响力及其作品深入人心的程度。2003 年，英国广播公司（BBC）调查了英国读者最喜爱的 200 部小说。狄更斯共有 7 部小说上榜，上榜作品数量排名第四，在 19 世纪作家中名列第一。[②] 本文讨论的 5 部小说都榜上有名：《大卫·科波菲尔》（排名第 34 位），《圣诞颂歌》（第 47 位），《荒凉山庄》（第 79 位），《匹克威克外传》（第 106 位），《雾都孤儿》（第 182 位）。

如果从作品人物衍生英语词汇量的角度，把狄更斯和英国一些知名作家

[①] Charles Dickens, Bleak House, Project Gutenberg, Web, 1 August 1997, p.177.

[②] http://www.bbc.co.uk/arts/bigread/，2012 年 9 月 5 日。

做一个对比,我们就更能体会到狄更斯在人物塑造方面的过人之处。用上文提到的方法,笔者检索了出自莎士比亚或英国 19 世纪其他著名小说家作品人物的词条,得到了以下结果:

莎士比亚:6 个词(Caliban, Hamlet, Ophelia, Polonius, Romeo, Shylock)

司各特:1 个词(Dandie Dinmont)

奥斯丁:1 个词(William Collins)

玛丽·雪莱:1 个词(Frankenstein)

盖斯凯尔夫人、萨克雷、特罗洛普、勃朗特姐妹、乔治·艾略特、托马斯·哈代:0 个词

由此可见,狄更斯笔下人物深入人心的程度确实在英国作家中处于领先地位。莎士比亚对英语的影响力是人所共知的,《牛津英语词典》中的 89 个词条中都与他有关。但是他对英语词汇的贡献似乎主要集中在新词新意的使用,因为只有 6 个词条来自他笔下的人物,占全部"莎翁词汇"的 7% 左右。狄更斯贡献的英语词汇虽然只有 26 词条,但是来源于其小说人物的词条有 20 个,占到了总量的 77%。而其他 19 世纪小说家最多只有 1 位笔下人物的姓名成为了英语词汇。

通过整理这些"小说人物派生词",我们也不难体会出一些狄更斯的创作特点:

第一、配角也能给读者留下深刻印象。本文讨论的 21 位人物中,只有 3 位是小说的主人公(Pickwick, Scrooge, Gradgrind),约占 14%,其余的 18 位都是次要角色。正如 G. K. Chesterton 所说,"狄更斯不仅征服了世界,而且是靠次要角色征服了世界"。[1]

第二、狄更斯创造的人物往往带有漫画(caricature)的特点,性格鲜明、形象夸张,令人过目不忘。在进入英语词汇的 21 位人物中,除了 Micawber 以外,都可以用一句话概括其特点,属于典型的"扁平型人物"(flat characters)。正是由于其单一性,这些人物的名字才成为了各自特征的"代名词"。

第三、女性角色塑造远弱于男性角色。狄更斯的 14 部长篇小说中,只有 2 部小说(The Old Curiosity Shop 和 Little Dorrit)的主人公是女性。本文讨论的 21 位人物中,18 位都是男性,只有 3 位是女性。而这三人中,一位是风情万种的年轻姑娘(Dolly Varden),一位是不负责任的老护士(Sarah Gamp),还有一位是牢骚满腹的寡妇(Mrs. Gummidge),没有跳出"纯洁"(innocent)或"古怪"(grotesque)这两种传统女性形象类型。

---

[1] G. K. Chesterton, "The Great Popularity", in Harold Bloom ed, Bloom's Modern Critical Views: Charles Dickens, New York: Chelsea House, 2006, p. 27.

第四、同一类型的人物绝不雷同。21个人物中，有一类人不能不引起我们的注意，那就是四个伪君子：Chadband, Stiggins, Heep, Pecksniff。前两者是牧师，后两者是普通人。如果这些角色令读者感到似曾相识，他们是不可能都成为英语中的专有名词的。仔细比较一下，我们会发现这四个人物各有不同。

Chadband的特点是身材蠢笨和言辞浮夸，走起路来像"一头学会直立行走的熊"，① 不知道把胳膊放在哪里才好。他喜欢用排比句和设问句等修辞手段，说的却都是废话。Stiggins的特点是酗酒和喜欢在信徒家里蹭吃蹭喝，在四个伪君子中，最像是一个小丑。他身体瘦弱、鼻子红红的，不许别人喝酒自己却总是贪杯，最后被Mr. Weller痛打一顿，脑袋被按进装满水的马槽里，接受了另类的"洗礼"。Heep的特点是故作谦卑、外貌阴冷。他总说自己是最谦恭的人，摆出一副卑贱恭顺的样子，然而死尸般麻木的面孔和冰冷的手指却折射出其阴森的内心世界，让人感到不寒而栗。Pecksniff的特点是善于伪装。他满口仁义道德，连女儿的名字都取为"仁慈"（Mercy）和"慈善"（Charity），实际却靠诈骗学生的钱财为生，在伪善的面孔被表兄戳穿之后，他仍能保持镇定，宣称自己是因为老实才陷入了表兄的圈套。

Garret Stewart认为，狄更斯和英语语言之间的关系堪称文学史上的最情投意合的姻缘（love-match）之一。② 从某种意义上说，狄更斯笔下人物为英语贡献的新词汇就是这段婚姻的结晶。检索这些独特的词汇让我们深刻认识到狄更斯作为文学大师和语言大师的崇高地位，这也是笔者在狄更斯诞辰200周年（2012年）之际，向这位伟大作家致敬的一种方式。

---

① Charles Dickens, Bleak House, Project Gutenberg, Web, 1 August 1997, p. 241.

② Garret Stewart, "Dickens and Language", in John O. Jordan ed., The Cambridge Companion to Charles Dickens, Cambridge：CUP, 2006, p. 136.

《彼得堡故事集》与魔幻现实主义

于明清

【摘要】

果戈理"变现实为幻想而不失其真实"的艺术手法与20世纪拉美魔幻现实主义异曲同工。在《彼得堡故事集》中,作家时而让"神奇的现实"与"庸俗的真实"融为一体,两者或无缝衔接,或完全融合;时而让两者泾渭分明,"神奇"或为"真实"收尾点睛,或与"真实"齐头并进,或与"真实"交替出现,形成唯美的魔幻现实。

【关键词】

魔幻现实主义　神奇的现实　庸俗的真实

魔幻现实主义是20世纪30—50年代在拉丁美洲形成和发展起来的一种文学创作方法。这个流派的作家以写小说见长。他们取材于现实生活,暴露社会的黑暗,反映人民的疾苦,其特点是给现实披上一层光怪陆离的魔幻外衣,却又始终不损害现实的本质。其创作方法上超越了传统现实主义,但却与其有着精神上的"暗合"。这种超越和暗合恰恰极度贴近果戈理的创作特征。魔幻现实主义的代表作家加西亚·马尔克斯摘取了1982年度诺贝尔文学奖桂冠,他获奖是因为"在小说中能够运用丰富的想象能力,把现实和幻想融为一体,勾画出一个丰富多彩的想象中的世界,反映拉丁美洲大陆的生活和斗争"。如果忽略地域的限制,这句授奖词简直就是为果戈理量身定做的创作总结。魔幻现实主义的出现似乎为认识果戈理笔下那个可信而不可能的世界提供了适当的认识方法。果戈理在描绘现实生活显然克制着自己的想象力,他一笔一划工整地描摹现实,但是一旦透过现实之窗,进入魔幻的世界,他的文字立刻变得天马行空,无拘无束。

一 《鼻子》——"神奇的现实"与"庸俗的真实"无缝接合

《鼻子》一开始就把读者带进臆想的神奇世界中去。理发师伊凡吃早餐的时候赫然发现自己的面包中夹着一个鲜活的鼻子。但诡异的事并不仅止于此，主人柯瓦廖夫在路上偶遇自己的鼻子，但后者已经俨然是五品大员。"他穿着绣金的高领制服，熟羊皮的裤子，腰间挂一口剑。"① 柯瓦廖夫见到自己的鼻子，既没有表现出主人的气势，也没有显示出寻回鼻子的焦急，遏止住他的是另一种情绪，那就是八品文官对五品文官的敬畏。到这里，鼻子的真正含义已经呼之欲出了，那就是"官本位"世界里的官职的代名词。

小说中的虚拟世界是失衡的，一切既有的认识观念被打乱。鼻子居然随意离开主人的身体，穿上官服，开始社交，还能将身份低于自己的主人任意耍弄。但是在虚拟世界中有一个与现实世界相通的永恒真理，官职的高低决定一切。鼻子离开的荒诞直接等价于官本位的荒唐离奇。如果你不相信鼻子会离开脸出走，那么你也必然无法接受同样离奇的现象，就是一个人的社会地位居然大于人本身的价值。如果人所取得的虚衔居然能本末倒置地超越人本身的价值，鼻子离开脸有什么奇怪的呢。果戈理设计了一个合乎逻辑的充要条件，告诉我们俄国官场的荒诞不经。所有人都淡然接受了鼻子离开的事实，因为他们生活在本末倒置的荒诞国家，见惯不怪了。

鼻子的成功是小说结构的成功，是果戈理那"神鬼过界"的写作方式的成功。小说的最后，一切有回复到平静的现实。柯瓦廖夫们继续做着升官发财的美梦，伊凡们继续冷静面对俄国的一切荒诞不经。可柯瓦廖夫少校们在失与得之间表现的小人嘴脸却让人极度不齿。失去鼻子，准确的说，扒下官服他就人不像人、鬼不像鬼、一文不值。他们把自己的之所以为人的精神、本性都托付给了那一纸空虚的公职，丧失了被称之为人的一切。读者以《鼻子》为基础建立了塑像，雕塑的是人的各种器官被混乱地拧成一个麻花球，球的前面，赫然是戴着礼帽，坚挺的鼻子。这就是果戈理那"神奇的现实"的魅力，他让两个世界无缝接合，让荒诞的社会关系具体化，自己现形到众人面前。整个作品没有一句批判指责，却让官本位的俄国社会机制无所遁形、至今接受国人的唾骂、时代的挞伐。

---

① 果戈理：《彼得堡故事集》（《果戈理小说选》），满涛（译），北京：人民文学出版社，1996年，第337页。【本章所有未注明引文均出自该版本】

二 《外套》——"神奇的现实"深化"庸俗的真实"

如果没有那光怪陆离的结局,《外套》就是一部标准的批判现实主义小说,阿卡基就是一个标准的小人物,作家的现实主义大师身份就会少很多争议,但是,外套也就失去了神奇的魔力。阿卡基之死是小人物的结局,是现实世界的尾声,幽灵的出现既是主人公另一种形式的再生,也标志着神奇世界的开端。

首先,"神奇的现实"给小说添加了开放性的结尾。在小说的主体部分,忠于职守的小职员阿卡基勤恳工作,却倍受欺凌。在"神奇的现实"中,一切恰恰相反。没人敢嘲笑、指责阿卡基,他成了力大无穷的"幽灵"。但是,无数奢侈的外套并不能满足"幽灵"的要求,只有大人物的外套才实现了他的愿望,让他从此消失。结尾部分使小说不再局限于刻画一个懦弱、可怜的小人物形象,而带有了一种因果报应和神秘力量的色彩。两个世界情况的逆转,阿卡基对大人物的报复形成了一种因果关系,使作品进入了因果往复,生生不息的循环中去。阿卡基与将军的循环是无数小人物和大人物循环的开始,社会阶层之间的因果报应、循环更替似乎已拉开帷幕。

其次,这个令人始料不及的结局昭示了色厉内荏的统治阶层出人意料的脆弱。整个社会中弥漫着森严的等级制度,任何人不敢越雷池一步。但是,面对阿卡基死后幻化的"幽灵",大人物完全丧失了抵抗的勇气,主动交出外套,使人们更加清晰地看到他色厉内荏的真面目。果戈理提示我们,整个统治阶层实际上已经外强中干,摇摇欲坠。

最后,"神奇的现实"改变了小说的叙述文体。结局的出现在单纯的现实主义小说之后添加了一篇具有丰富潜内涵的魔幻小说。文体之间巨大的差异与内容上的严重失衡相呼应,形成了作品主题与机构之间微妙的平衡关系。阿卡基因外套而死,"幽灵"因追回外套而生,于是,小说中所描述的"外套"具有了非同寻常的象征意义。事实上,作家在现实主义叙事部分已经尽力凸显"外套"的地位。为此,作家建立了极为不等的对应关系。"外套"等价于终身伴侣、人生目标。种种神圣的含义被赋予一件普通外套,使小说的入口带给读者一种严重失衡的感觉。"外套"被赋予了如此丰富的精神内涵,显示了果戈理作为现实主义艺术大师,对这个时代人类精神飞速的物化表现出来的担忧。"幽灵"是物质生命覆灭之后精神世界的存留,具有纯精神性存在的内涵。在"神奇的现实"里"幽灵"剥下了无数件外套,但并没有实际使用哪一件,他攫取外套的目的似乎不是为了获得,而是覆灭,从而展现出精神大于物质的意义。在这里,外套的种种神圣含义不断被剥夺,回复成为一件仅有保暖功能的实用物品。人之所以为人,是在于他精神性的存在,金钱、物质不应该具有左右他的权力。阿卡基因外套而死,其中有他小人物在艰难时世里谋生的悲哀,也有全人类在资本浪潮冲击下丧失精神独立性的悲哀。"幽灵"对于外套的攫取和弃置,期间有小人物对于自身悲凉处境的反抗,也是不灭的人类精神对于物化大潮的反抗与蔑视。从这个意义上来看,结局的出现不仅带来小人物反抗精神的进一步深化,还使作品具有了深深思索时代问题,抉择人类精神走向的深刻寓意。

三 《肖像》——"神奇的现实"中神魔之战昭示艺术观

《肖像》中贯穿着"善于恶"、"神与魔"斗争的永恒宗教主题,笼罩着神秘的气息。但在那扑朔迷离的"神奇的现实"之后,充分的表述了作家的艺术观。艺术与利益之间的取舍是每位艺术家心中的纠结与挣扎,是一个永远具有时效性的主题,果戈理将之与宗教的永恒主题相关联,抒发了自己的艺术观:对艺术的追求应该同信仰一样坚定。

《肖像》是果戈理中短篇小说中唯一一篇采取两段式结构的,作家把小说分成了两部,似乎是有意地将"神奇"与"现实"做了切分。第一部分的故事发生在现实的彼得堡,第二部分发生在小城科洛姆纳。尽管有着不同的地点、不同的人物,但是作家给了两个主人公共同的身份——画家。

小说的第一部发生在彼得堡,讲述的是小画家恰尔特科夫在追求名利途中舍弃了真正的目标,人生幻灭,疯狂而死的故事。果戈理将宗教的主题,将恶魔用不洁的财富诱惑信徒叛教的民间故事母题融入进来,使得彼得堡乏味的现实变得扑朔迷离,也使得艺术家的使命与信仰并立,获得永恒的意义。

处于人类文明早期的原始人认为,身体的各个器官与生命密不可分,即使某个部分与身体脱离,其功能不仅不会消失,而且与人的关系也不会中断。毛发、指甲,甚至是名字等都具有某种神性,是不可侵犯,不能亵渎的。果戈理就是基于这样的神话思维,塑造了《肖像》中神秘的"眼睛"。肖像上老高利贷者的"眼睛"是神奇世界嵌入到现实中的接入口,和小说中那层层叠叠的梦境一起昭示这现实世界的神奇。"眼睛"属于魔鬼,尽管它与主人分离了,但仍保持着密切的联系,使魔鬼的魔力在人间得以延伸。

肖像出现时,作品中的时间恰恰是黄昏时分,"晚霞的红光"与"寒冷的青白色的月光"交接,神魔交替的气氛出现在彼得堡。接下来,彼得堡被妖魔化,"房屋和行人的腿投射出半透明的淡淡的影子,在地上拖曳着尾巴"。尾巴是妖魔化的象征,是魔性、兽性的显现。中国传说中的精怪法力再高强、道行在高深,唯有那条尾巴是去不掉的。受到魔鬼感召的恰尔特科夫情绪上发生了鲜明的对话。"'多么柔和的色调！'，'真倒霉，见他妈的鬼！这两句话几乎同时脱口而出。"面对同一片天空，画家却生出两种截然对立的情感，预示着他内心中善与恶的交锋，神与魔的大战已经拉开帷幕。

肖像摆在屋子里后，带来了一种神奇的月光，它"把梦幻一块儿带来"，"使一切物象变得完全跟白天不同"。于是，主人公在肖像"眼睛"的注视下进入梦乡，进入梦幻世界。盗窃、赌博、赠与，在现实环境中恰尔特科夫有无数种可能获得意外之财，经历品格的考验，但果戈理舍易求难，安排了魔鬼的魅惑。显然，作家之意绝不仅仅在于探讨艺术家的品格，而是要将恰尔特科夫的毁灭与背弃信仰相联系。辗转反复的5层梦境是果戈理弥合到现实生活中的神奇世界，代表恰尔特科夫潜意识中的善恶之战。通过这扇窗，魔鬼把金币交给恰尔特科夫，开始灵魂的考验。上帝与魔鬼之间存在永恒的斗争，人的心灵是斗争的场所。心灵中善与恶的交锋是宗教的永恒主题。恰尔特科夫内心一直渴望拥有金钱和名誉，所以才容易受到魔鬼的诱惑。当他在梦境中把滚落在自己床底下的一袋金币紧紧抓在手里的时候，意味着他已经甘愿受魔鬼的诱惑而堕落。恰尔特科夫在信念与利益之间选择了后者，最后堕落成一个庸俗的画家，走向灭亡。画家恰尔特科夫堕落的终点也许只会是一个庸俗的画匠，这并不足以平复果戈理对于艺术庸俗化的愤怒。而作为神魔斗争展示的恰尔特科夫却必然走向疯狂和覆灭，他显示了作家为艺术而生、为艺术而死的坚定信念，使艺术生命与肉体生命合二为一。

恰尔特科夫人生中的第一个大的转折是肖像带来的，那是魔鬼的诱惑，而第二个转折则来自神的指引。恰尔特科夫因为看到一幅画像而意识到自己的庸俗和堕落。画像的灵感自"天外飞来"，画像的创造者来自"奇妙的罗马"，一个和基督教密切相关的圣地，所有这一切给画像增添了圣教的因素。

被神圣化的画像给恰尔特科夫带来的不仅是上帝对于被妖魔化的子民的感召，果戈理用大量的篇幅告诉读者，这还是一个天才的唯美艺术品对丧失了艺术灵感的庸俗艺术家的震撼。除了宗教元素，画像还是伟大艺术家们的精神传递。"拉斐尔的艺术反映在高雅的构图里，柯勒乔的艺术表现在精炼的笔法里。"真正的艺术是创造，而恰尔特科夫之流只能拙劣地模仿。长期的养尊处优使他失去了历经磨难的勇气，循序渐进的毅力，他的堕落、反思和最终的无可救药充分说明的作家的艺术观：唯美艺术家的养成必须遵循"艰难的、长期的、由浅而深的学问阶梯和未来的伟大成就的基本法则"。

小说的第二部，科洛姆纳城的故事在灰色的基调上拉开帷幕。黑白是最鲜明的颜色，灰色则具有一种模糊的意义。如果说白色昭示善良，黑色暗含邪恶，那灰色则代表着亦正亦邪的两可之间，所谓一念成佛或者一念成魔就是这个道理。科洛姆纳城里，"人的衣服、脸、头发、眼睛，都有一种阴暗的、灰色的外观。"在这个神魔混杂的地带里，肖像中的恶魔在这里毫无隐晦地直接登场，利用放高利贷发放金钱，收买人的灵魂。善恶争斗的战场从人的心灵转到现实世界。画师被魔鬼利用，成了转注魔鬼灵魂的工具。但是，他最终战胜了魔鬼的诱惑，摆脱了魔鬼的控制，获得新生。新生的艺术家留下的不仅是光明和宁静的画像，还有对儿子、对所有艺术家的尊尊教导。"为艺术牺牲一切，用全部的激情去爱它"

善与恶、神与魔的斗争一直持续着。与其说它不知在何处发生，不如说它无处不在。作家采取倒叙方式安排小说两章的结构，不仅使情节铺陈上产生悬念，更重要是主题上的安排。第一部分，恰尔特科夫的故事印证了魔鬼的胜利，是魔鬼利用金钱的力量，对人的诱惑和毁灭，而第二部分是人的精神对魔鬼的克制，最终人战胜恶魔的诱惑，走向圣徒的怀抱。而按照果戈理的观念，圣徒的怀抱就是艺术、艺术家的归属，是艺术家以艺术引导俗众的归属。小说的结尾呈开放式，"肖像"在毁灭的边缘不翼而飞。毁灭——重生是一个往复，它或许会因"肖像"的再度失踪而循环往复下去。让这个循环以重生，而不是幻灭作为终点，体现了作家对上帝、光明，对至真、至纯、以上帝为最高引导的艺术的祈盼。

四 《涅瓦大街》——"神奇的现实"与"庸俗的真实"交替对比

《涅瓦大街》是《彼得堡故事集》的开篇，这里，果戈理开创了另一种两个彼得堡的主题，即现实的彼得堡和神奇的彼得堡。在《涅瓦大街》中，艺术家的使命感在光明的梦幻世界得以体现，善与美的统一在梦境得到实现，而在善与美分离的庸俗的世界中，艺术家被扼杀。

《涅瓦大街》中的皮兹卡廖夫是位才华横溢的画家，他一眼就在涅瓦大街上那些绚烂轻飘的帽子、衣裳和如蝴蝶翻飞的头巾之间找到了唯美的象征，一个刚刚堕入火坑不久的妓女，她脸上还泛着少女般鲜嫩的粉红，举止还保持着处子般的高贵与纯真，于是他尾随自己心中的"仙女"前往"圣地"，但却走进了魔窟。当皮兹卡廖夫得知女孩的身份后，他的梦想破灭了。只有在梦中皮兹卡廖夫才能找到善与美的统一，于是他尽可能地让自己沉迷在梦幻世界。弗洛伊德认为："梦，它不是空穴来风，不是毫无意义的，不是荒谬的，也不是一部分意识昏睡，而只有少部分乍睡还醒的产物。它完全是有意义的精神现象。实际上，是一种愿望的达成。"[1]皮兹卡廖夫希望在梦境中寻找

---

[1] 弗洛伊德：《梦的解析》，赖其万 符传孝（译），北京：作家出版社，1986年，第37页。

女孩堕落的原因，实现对她的拯救，也是对善与美的拯救。

　　梦境与现实的对照首先表现在时间上。皮兹卡廖夫追随少女回家时，已经入夜了。当他在家里，对着烛火，苦思少女堕落的原因时，始终敲过午夜12点半。午夜，在多种文化传说中都呈现神魔交界的内涵，也是梦想和现实的交界。在午夜的梦中，皮兹卡廖夫来到女孩的身边。现实世界是黑暗的，但是梦想世界一片光明。事实上，果戈理在描写彼得堡的白天时，也总是采用黑暗的色调。"黑色"、"苍白"、"灰色"是作品的主色调，"单调"、"雾气沉沉的"、"恶劣"、"冰冷"、"麻木"构成作品的主旋律。但是，皮兹卡廖夫的梦里，"灯火通明""照耀如白昼"，"金色的制服"和"发亮的栏杆""耀眼欲炫"。但是，梦终究有结束的时候。画家经受不住梦境与现实中间的大起大落，绝望地自杀了，他的价值从始至终没有被庸俗的彼得堡所认识。

　　皮兹卡廖夫有着敏锐的艺术触感和对美的执着追求，却为此毁灭。皮罗果夫庸俗迟钝，没有品味，却在彼得堡的社交场上风花雪夜，如鱼得水。由此，现实主义大师果戈理得出结论，彼得堡是"天才的地狱，庸人的天堂"。尽管这个观点准确、犀利、富有批判性，但是，魔幻大师果戈理的要求绝不只如此。接下来，"命运"这个人物登场了。果戈理巧妙的利用命运难测这一心理取得读者的共鸣，然后马上让主人公"涅瓦大街"粉墨登场。千万不要相信命运，也"千万不要相信这条涅瓦大街"。在这里，"一切都是欺骗，一切都是幻影。""灯油"、"灯火"、"夜色"，作家用一系列描绘告诉我们黑夜降临涅瓦大街了。浓重的夜色中，"轰响"、"闪光"、"马车"、"骑手"接踵而至，"跃动的马"带来奔腾呼啸的气势，群魔开道，恶魔亲自点灯，"使一切东西显出不真实的面貌来"。至此，小说嘎然而止，谜底浮出水面，善与美的分离，天才的毁灭，庸人的当道，原来都是恶魔操控，整条涅瓦大街，整个彼得堡，就是恶魔的巢穴。霎那间，"神奇的现实"走出皮兹卡廖夫的梦境，降临帝都彼得堡。

五　《狂人日记》——马孔多般的神奇王国

　　在中国语境下提到《狂人日记》，不能不提及鲁迅先生。鲁迅现实非常偏爱果戈理的《彼得堡故事集》，他亲笔将《鼻子》译成中文，而对《狂人日记》，他采取了另一种方式，创造了同名小说。

　　"狂人"，从汉语语义方面看，有两种解释。一是指神经错乱的精神病患者，也就是犯狂易病的人。一是指肆意直言，狂放不羁的人。诗仙李白自称："我本楚狂人，风歌笑孔丘"。古人常有狂生、狂士、狂客、狂简的称谓，所指的都是志向高大，不拘小节，狂放豪迈的人。从现代心理学的研究把非正常的人分为两类：一类是不能适应生活的失常人士；另一类是不愿意与生活同流合污的超常人士。弗洛伊德也将歇斯底里病人分成两类：地地道道的疯狂病人，表面疯狂中隐藏着的"最聪明、意志最坚强、性格伟大、判断力最强的人"。可见，狂人是含有双重极度矛盾含义的，要么是彻底的疯狂，要么是最透彻的睿智。鲁迅取的无疑是第二种含义。孔子说："不得中行而与之，必也狂狷乎，狂者进取，狷者有所不为也。"奉行中庸之道的孔子也宁可与狂狷为伍，可见，这个称谓是褒大于贬的。

果戈理的《狂人日记》以沉重的笔触，日记体的形式讲述了狂人波普里希钦的故事。现实世界中的波普里希钦居住在彼得堡，官职低微、收入菲薄，可在梦幻世界，他是尊贵的西班牙国王。

在《狂人日记》里，"神奇的现实"占据了绝对的主导，作家现实世界只能由读者意会。小说开始于日期，波普里希钦的第一篇日记写于"十月三日"，接下来是"十月四日"，时间虽然有连续性，但作家并没有告诉我们日记的年份，这就产生了不确定因素。10月的日记只有两篇，接下来跳到"十一月六日"，11月的一共6篇，分别是六、八、九、十一、十二、十三日。接下来，进入12月的日记，12月共有3篇，分别是三、五、八日。再往后，日记的时间就脱离了常规的纪年，时间跳跃到2000年，后面日记的日期是"两千年四月三十四日"，"三十月八十六日"、"一日"、"马德里 月二日三十"、"二十五日"。

值得关注的是现实世界的时间截止于"十二月八日"，这是一个在宗教世界中值得纪念的节日——"圣母无染原罪瞻礼"，是为了庆祝圣母玛利亚获得无原罪的恩赐的一个瞻礼。这天是赦免罪恶，获得重生的日子。果戈理将其设定为主人公尘世生活的最后一天，很明显是借这个特殊的日子表明波普里希钦无罪，他一切的不当、一切的狂想事出有因，他任何行为都应该被赦免。

日记的第一篇"十月三日"仿佛将我们带到了《百年孤独》中的马孔多。小公务员波普里希钦如常的工作，如常的被忽视，但是，莎菲小姐的狗居然和他聊天，带他走入另一片神奇的真实。和《百年孤独》一样，故事就这样在波普里希钦的神话世界中展开。果戈理并没有把波普里希钦的世界当作童言趣语，用来哄孩子的工具，也没有吧它当成疯言疯语，而是尽量引导读者相信故事情节的真实，相信真的有神秘的力量左右主人公的人生，并相信奇迹必定来临。

"两千年四月三十四日"这个日期进一步敲定了现实的"神奇"，在波普里希钦成为西班牙国王后，全新的纪元开始了。"两千年"在基督教来说是个神圣的日子。耶稣被处死后，第三天将会复活，因此有了复活节。基督教还有一个独特的时间观念。主说："千年如一日，一日如千年。"按照这种说法，人类纪元的 2000 年，就是主后的两天，而主后第三天，就是耶稣复活的日子。随之而来的是上帝降临人间，进行末日审判。新天新地即将来临，善良者进入天堂得永生，享永福，罪恶者堕入地狱受永刑。这个题目让末日审判到来，波普里希钦等无辜之人摆脱压迫，享受新生的日子到来了，也就是罪恶的当世即将结束。

"马德里 月二日三十"是小说中唯一带有地点的题目，可见这个地点的重要性。城市的起源与罗马帝国相关，并带有浓重的宗教气氛，是著名的宗教圣地。

新的公元纪念、宗教节日、宗教圣地，所有神奇的元素融合起来，铸造了神奇的现实世界，让人不禁相信，拯救真的来临了，波普里希钦仿佛真的成为了新时代的主人。尽管这只是主人公一个人的新纪元，不像《百年孤独》里布恩迪亚家族七代人充满神秘色彩的坎坷经历那么富有传奇色彩和延续性，但是波普里希钦的孤独感要远远超过布恩迪亚家族的任何一个人。《百年孤独》中浸淫着深切的孤独感，其主要内涵是对整个苦难的拉丁美洲被排斥在现代文明世界的进程之外的愤怒和抗议，是作家在对拉丁美洲近百年的历史、以及拉美人民独特的生命力、生存状态、想象力进行研究之后形成的倔强的自信。同样，出于对自己的生存状态、社会地位的抗拒，波普里希钦为自己建立起一个独立的精神王国。这自始至终是他一个人的王国，从一条狗到整个西班牙帝国，波普里希钦固执的坚守着自己的精神领地，宁可忍受着绝对的孤独，也不愿回到现实生活中去。果戈理给了这个小人物任意驰骋的梦想空间，告诉我们渺小如刀笔吏也有自己的希望王国，再用希望王国的幻灭唤起读者的同情，唤起他们对吃人王国的怨怼，也唤起他们隐没已久的梦想空间。痴人说梦，但是梦幻中未必没有真理存在，庄生晓梦迷蝴蝶，悟成了哲学大道。

"狂"是波普里希钦对世俗的漠视和鄙弃状态，是他对外在世界的压迫所表现出的休眠状态，是对压抑人的俄国社会洞悉后的不屑与回避，是其对自身命运、理想的曲线展示。"多余人"在发起之初被认为是正义的、进步的力量，因为他们认识到社会的弊端，不屑与庸人为伍，才成了多余出来的一批。从这一点上来讲，波普里希钦也是有进步意义的角色，认识社会的不公，在想象空间里反抗，在那个众多庸庸碌碌的小人物只惦记如何讨好大人物的社会里，也堪称是觉醒的前兆。波普里希钦的狂中没有楚狂的纵横捭阖，没有魏晋名士的放达之风，没有李白诗篇的才华横溢，他的狂就是一个庸人的无力反抗，弱者的垂死挣扎，但是不管他如何卑微平庸，狂人波普里希钦的言语思维多少带有一些屈原大夫"举世皆浊我独清，众人皆醉我独醒"的风骨。

如同所有伟大的天才一样，果戈理的风格不是单一现实主义窠臼可以限制住的。现实世界难以抒怀，作家用强大的想象力创造出"神奇的现实"，以梦想中的和谐有序反衬真实世界的颠倒错乱，以思想领域的善和美批判现实生活的恶与丑。果戈理"变现实为幻想而不失其真实"的艺术手法与20世纪拉美魔幻现实主义异曲同工，我们无法以此抹杀果戈理的现实主义风格，将他定位为魔幻现实主义作家。但是，我们必须承认，这一风格赋予了果戈理的现实主义以鲜明的个性特征，也是俄国文学中的果戈理传统绵延不绝的重要原因之一。

"兔子尾巴很短"和「象は鼻が長い」

——汉语的主谓谓语句和日语「～は～が」句型之比较

首都师范大学　詹凌峰

【摘要】

汉语的主谓谓语句和日语的「～は～が～」句型在语法结构上有相似之处。本文从两者的分类和特点入手比较其异同点。汉语的主谓谓语句比日语的「～は～が～」句型范围要广，其大主语和小主语可以是十分间接或疏远的关系。大小主语是领属关系或整体和部分的关系时，才相当于日语的「～は～が～」句型。

【关键词】

主谓谓语句　「～は～が」句型　大主语　小主语

主谓谓语句，即主谓结构作谓语的句子。如，汉语中的"这个人心眼好"，主语是"这个人"，谓语是主谓结构"心眼好"。汉语的主谓谓语句和日语的「～は～が～」句型有很多相似之处。许多主谓谓语句翻译成日语几乎都是「～は～が～」句型。相原茂认为汉语主谓谓语句在意义上是谓语部分对全句主语的一种说明和描写，[①] 并举例到：

＊兔子尾巴很短。

"兔子尾巴很短"的主语是"兔子"，谓语是主谓结构"尾巴很短"。这种主谓谓语句翻译成日语后，便是日语「～は～が～」句型的代表「象は鼻

---

① 相原茂：《WHYに答える中国語の文法書》，日本：同志社，1996年，第82页。

が長い」類型的句子。

＊ウサギは尾が短い。

正因为两者有很多近似之处，学习日语的「～は～が～」句型时，教师常用主谓谓语句来解释。同样，日本人学习汉语的主谓谓语句时，教师经常以「～は～が～」句型来说明，以便学习者尽快掌握。但是，汉语的主谓谓语句真的可以完全等同于日语的「～は～が～」句型吗？本文先分别叙述汉语的主谓谓语句和日语的「～は～が～」句型的分类和特点，然后试从的类型、意义和语法构造等角度比较两者的异同点。

一　汉语中的主谓谓语句

汉语的一个基本特点就是词组或短语可以直接作句子成分用，如主谓词组（亦称主谓结构），可以充当谓语。朱德熙曾举例：

＊北京城里树木很多。

全文的主语是"北京城里"，谓语是主谓结构（主谓词组）"树木很多"。象这样的主谓词组做谓语的句子称为主谓谓语句。[①]

刘月华把主谓谓语句整体的主语称为大主语，把担任谓语的主谓结构中的主语称为小主语，指出主谓谓语句主要用于对大主语的说明或描写。并通过大量的实例，简单明瞭地把主谓谓语句归纳成下面三大类。[②]

①小主语从属于大主语。

＊他头疼，嗓子还有点红。（大主语：他；小主语：头、嗓子）

＊北京农业发展也很快。（大主语：北京；小主语：农业）

②大主语具有潜在的"对于"或"关于"的含义，大小主语关系较为疏远。

＊管理工作，我是外行。（大主语：〈关于〉管理工作；小主语：我）

＊什么事她都走在前面。（大主语：〈对于〉什么事；小主语：她）

③小主语和大主语是动作的发出者和接受者的关系。

＊这本书我看过。（大主语：这本书〈动作接受者〉；小主语：我〈动作发出者〉）

＊我买的那张画谁都喜欢。（大主语：我买的那张画〈动作接受者〉；小主语：谁〈动作发出者〉）

---

① 朱德熙：《语法讲义》，北京：商务印书馆，1982年，第106—108页。
② 劉月華、潘文娛、故韡：《现代中国語文法総覧》，相原茂監訳，片山博美、守屋宏則、平井和之共訳，日本：くろしお出版，1991年，第555—559页。

刘月华的这种从句子意义特点出发的分类对学习者很有帮助。本文在后面章节的对主谓谓语句和日语「～は～が～」句型的比较时将采用刘月华的分类。

下面我们讨论一下日语中的「～は～が～」句型。

二 日语中的「～は～が～」句型

「～は～が～」句型的最为著名和典型的例句是「象は鼻が長い」。三上章的《象は鼻が長い》用其独创的"代行说"对此类句型作了精辟的论述，并且认为「は」前的名词是主题，「が」才是主格。

三上章认为，「～は～が～」中的「は」是「～の」的代行，既代替了「～の」。「象の鼻が長い」中的「象」主题化，就成了「象は鼻が長い」。「鼻が長い」是对主题「象」的描绘。

「～は～が～」中的「は」除了代行「～の」，还可以代行「～に」「～で」等其它助词。① 如：

＊秋にいろんな行事が続く。

把「秋に」作为主题来叙述，便是

→秋はいろんな行事が続く。

＊日本に温泉が多くある。

把「日本に」主题化后，便是

→日本は温泉が多い。

＊この温泉で石鹸が使えない。

把「この温泉で」主题化后，便是

→この温泉は石鹸が使えない

三上章对「～は～が～」句型的结构和主题化过程的分析有重大意义，其学说直到现在还为很多学者所引用。但是三上章的重点是区分主题和主语的，对「～は～が～」句型除了上面列举的两种"代行"外，没有作更多的叙述。

和汉语的主谓谓语句一样，「～は～が～」句型作为日语的一种极富特色表达方式，很受语法学家们的关注。

铃木重幸把「～は～が～」句型分为下列2大类。②

---

① 三上章：《象は鼻が長い》，日本：くろしお出版，1960 年，第 8—15 页，第 35—36 页。

② 铃木重幸：《日本語文法・形態論》，日本：むぎ書房，1972 年，第 79—81 页。

(1)「主語—対象語—謂語」的类型。

即「は」前为主语,「が」前为对象语,谓语可以是感情形容词(含な形容词),也可以是表示希望的「动词＋たい」形式,也可以是动词的可能态形式。以下例句划线部分为对象语。

* ぼくはまんがが好きだ。(な形容词谓语)
* 三太はふるさとの村がこいしかった。(い形容词谓语)
* (私は)水がのみたい。(动词＋たい)
* 彼女は英語がぺらぺら話せる。(动词可能态)

(2)「主語—謂語」的类型。

即「が」前的名词不是动词的对象语,是谓语的内部成分。「～は」前是主语,「～が～」是全句的谓语部分。并且「が」前的名词一般为主语的一部分或所属物。以下例句的划线部分为全句谓语。

* 象は鼻が長い。
* 北国は雪が多い。

铃木重幸把表示愿望的句型「～は～が～たい」和表示可能的句型「～は～が～できる」也归入「～は～が～」句型。并且把三上章所说的「象は鼻が長い」的主题部分的「～は」部分看做是全句的主语,「～が～」看作是全句的谓语。

益冈隆志和前人不同的是,把「～は～が～」的范围缩小,从叙述的类型出发,把「～は～が～」句型称为总主文,重新界定并分析了这种特殊的表现形式。以下是益冈隆志的关于总主文的分类。①

(1)属性叙述总主文。

即「～が～」是对主题(～は)的属性叙述和描绘。「は」前的名词和「が」前的名词是整体和部分或从属、包含关系关系。主题和主语必须有直接的关联。

* 象は鼻が長い。
* あの店は野菜が安い。
* 山田さんは息子さんが医者だ。
* 魚は鯛がおいしい。

(2)事象叙述总主文。

即「～が～」是主题(～は)所经历的事态和现象。主题(～は)是经验的主体或对象。并且可以是事态的直接经历者,也可以是间接经历者。

* 太郎は目が疲れた。

---

① 益冈隆志:《命题の文法》,日本:くろしお出版,1987年,第58—64页。

"太郎"的身体部位"眼睛"疲劳了。"太郎"经历了这种疲劳,是"眼睛疲劳"的直接经验者。

　＊次郎は絵が入選した。

画的所有者是"次郎"。次郎是"画入选"这件事情的经历者。

　＊花子は親友が事故で大怪我をした。

"因事故受伤"虽然没有发生在主题"花子"身上,但是因为是她的"亲友",所以她在心理上亦会受影响,可以说是事态的间接经历者。

从以上事例可以看出,益冈隆志所分析归纳的2种总主文,其主题和主语必须有直接或间接的关联,可以是全体和部分或从属关系,也可以是所有或包含关系。(1)属性叙述总主文是对主题的某一属性或侧面的描述说明,因此句末多为形容词,名词;(2)事象叙述总主文是对发生在主题身上的事态现象的描述,是主题的一种直接或间接的经历,句末为动词。

以上是对日语「～は～が～」句型的简单的历史性回顾。从学习者的角度出发,笔者认为益冈隆志的分类法,即把「～は～が～」句型分成属性叙述和事象叙述较为容易被接受。下面从语法结构,意义对应关系等方面比较汉语的主谓谓语句和日语的「～は～が～」句型。

三　两者的比较

从上述汉语的主谓谓语句的分类和日语的「～は～が～」句型的分析中可以发现,其实两者能对应的只是其中的一部分。下面我们从意义上的对应关系和语法结构来对两者进行比较。

3.1　意义上的对应关系

从前面的分析可以看出,汉语中的主谓谓语句和日语的「～は～が～」句型在结构上有一定的相同点,但是也并非所有的主谓谓语句都和「～は～が～」句型有一对一的对应关系。下面试就两者的对应关系进行考察。

(1)主语从属于大主语的主谓谓语句。

这类主谓谓语句便是朱德熙和刘月华所提到的大主语和小主语是领属关系或整体和部分关系的主谓谓语句。[①]和日语的「～は～が～」句型相对应。并且对应的「～は～が～」句型是三上章所说的「象は鼻が長い」类型的

---

① 朱德熙:《文法講義》,杉村博文、木村英樹訳,日本:白帝社,1981年,第136—139页。

「～は～が～」句型或益冈隆志所说的总主文。

下列主谓谓语句翻译成日语后，是「は」前的名词和「が」前的名词是整体和部分或从属、包含关系，主题和主语有直接关联的「～は～が～」句型（括号内为译文）。主谓谓语句的句首部分相当于「～は～が～」句型的「～は」的部分。

＊这个人心眼好。（この人は心根がよい）
＊我胳膊疼。（私は腕が痛い）
＊他头疼，嗓子还有点红。（彼は頭痛がし、のども少し赤い）
＊这种汽车性能好，样子美观，价格适宜。（この型の自動車は性能に優れ、外観が美しく、価格も適正だ。）

（2）大小主语意义关系较为间接的主谓谓语句。

应该说，除了大主语和小主语是领属关系或整体和部分关系的主谓谓语句以外，大部分主谓谓语句和「～は～が」是不对应的。如，刘月华所提到的大主语具有潜在的"对于"或"关于"的含义，大小主语关系较为疏远的主谓谓语句。此类主谓谓语句不相当于「～は～が～」句型，往往翻译成「～について」「～に関する」。

＊管理工作，我是外行。（管理については私は素人だ）
＊什么事她都走在前面。（何についても彼女は皆の先に立つ）
＊这些事，领导上必会有个安排。（このことについては上の方で必ずなんらかの手配をするはずだ）

（3）大主语和小主语是受事和施事关系的主谓谓语句。

即刘月华所提到的小主语和大主语是动作的发出者和接受者的关系的主谓谓语句。

＊这本书我看过。（この本は私は読んだことがある）
＊这件事谁都不知道。（この話は誰も知らない）
＊我买的那张画谁都喜欢。（私が買ったあの絵は誰もが気に入っている）

按照汉语的主语—谓语—宾语的正常语序，这类主谓谓语句其实是一种宾语提前的句式。如，"这本书我看过"，按照正常语序，应该是"我看过这本书"。同样"这件事谁都不知道"，应该是"谁都不知道这件事"，"我买的那张画谁都喜欢"中句首的"我买的那张画"其实是谓语"喜欢"的宾语。那么为什么会发生这种宾语提前的情况呢？因为说话人想把宾语当成一个话题（即主题）来叙述，既然是话题，当然应该置于句首。这一点在其对应的日语译文中也可得到印证。上述主谓谓语句的句首部分翻译成日文后，都是主题的「～は」，而不是主语的「～が」。

3.2 语法结构的比较

汉语的主谓谓语句和日语的「~は~が~」句型在语法结构上有相同之处。即两者都是一个结构完整的句子内部包含另一个句子结构。如：

  ＊北京私家车多。
  ＊这件衣服你还没钉扣子呢。

上述句子的谓语部分"私家车多"和"你还没钉扣子呢"本身就是一个完整的句子，去掉主语部分"北京"和"这件衣服"句子仍然成立。同样日语的「~は~が~」句型亦是如此。

  ＊北京はマイカーが多い。
  ＊花子は親友が事故で大怪我をした。

上述「~は~が~」句型如去掉「~は」的部分，还是一个结构完整的句子。

  ＊マイカーが多い。
  ＊親友が事故で大怪我をした。

正因为两者有上述的共同点，所以经常被认为是语法结构相同的句型。其实不然，两者的语法结构有巨大的差别。朱德熙和刘月华都把主谓谓语句句首的词语看成是整个句子的主语。而日语的「~は~が~」句型的句首的「~は」则被公认为是句子的主题。

主语和主题是两个完全不同的概念。主语是句法上的概念，是从词与词之间的语法关系的角度说的；而主题则是语用上的概念，是从表达的角度说的。两者不能划等号。主谓谓语句译成日语后，其大主语部分往往被译成主题的「~は」，而不是主语。如3.1中的①小主语从属于大主语的主谓谓语句和③大主语是动作的接收者，小主语是动作发出者的主谓谓语句，其句首部分的大主语往往相当于日语中的主题「~は」，小主语才相当于日语的主语「~が」。这一点值得注意。

四 结 语

以上是对汉语的主谓谓语句和日语的「~は~が~」句型的一些极其表面的比较。虽然两者结构有近似之处，但是汉语的主谓谓语句比日语的「~は~が~」句型范围要广，其大主语和小主语可以是十分间接或疏远的关系，大主语暗含"对于"或"关于"之意，或者是动作的间接参与者或工具等。而日语的「~は~が~」句型，无论是属性叙述类还是事象叙述类，「~は」的部分和「~が」部分的关系比汉语的大小主语要紧密，或者是所属关系，或者是经验的主体。可以说,比汉语主谓谓语句范围要狭窄的多。因此,汉语主谓谓语句中的大小主语是领属关系或整体和部分的关系时,才相当于日语的「～は～が～」句型。

最后,我们再回到题目"兔子尾巴很短"和「象は鼻が長い」。这两种句式都是一个结构完整的句子内部包含另一个句子结构,话题都位于句首,话题和叙述内容是整体和部分的关系。所以,"兔子尾巴很短"翻译成日语是「～は～が～」句型「ウサギは尾が短い」而「象は鼻が長い」翻译成汉语就是主谓谓语句"兔子尾巴很短"。

Cook 的语篇偏离模式及"文学性"概念述评

高剑妩

【摘要】
本文介绍 Guy Cook 提出的语篇偏离模式及"文学性"概念,并从图式分类和图式更新两个方面修正 Cook 观点。在图式分类方面,Cook 对语篇图式的定义仍需进一步澄清;在图式更新方面,Cook 的文学性观点具有鲜明的浪漫主义文艺观烙印,需要对复杂的文学—读者互动展开更全面的考察。

【关键词】
语篇偏离　文学性　图式分类　图式更新

一　引　言

"文学性"是上世纪 20、30 年代俄国形式主义者提出的核心概念之一(Erlich[①])。形式主义者强调文学的独立性,然而却在如何定义"文学性"问题上莫衷一是,有的形式主义者甚至将"文学性"机械地定位于文学文本中的修辞手段(如 Shklovsky[②])。自上世纪 80 年代以来,西方认知诗学研究者普遍将文本—图式互动与传统形式主义的"文学性"、"去自动化"、"偏离"等概念联系在一起。他们修正形式主义关于文学作品内在文学性的观点,将"文学性"定位于文学作品干扰读者普通图式应用过程的能力,以及它们引起

---

① Victor Erlich, "Russian formalism", in Alex Preminger & Terry V. F. Brogan, eds., The New Princeton Encyclopedia of Poetry and Poetics, Princeton, NJ: Princeton UP, 1993. p. 1101.
② Viktor Shklovsky, "Art as Device", Theory of Prose, Elmwood Park, IL: Dalkey Archive, 1990 [1929], pp. 1—14.

图式改变的潜力（Cook[1]；de Beaugrande[2]；McCormick & Waller；[3] Miall[4][5]；Semino[6]；Stockwell[7]；Weber[8] 等。这一观点的批评见 M. H. Freeman[9]；Sternberg[10][11][12]等）。在已有认知诗学探索中，Cook 基于修正后的形式主义"偏离"概念提出的语篇偏离理论提供了文学文本—读者图式互动过程的全面描述，得到了诸如 Elina Semino、Peter Stockwell 等认知文体学家的肯定和应用。然而，国内认知文体学尚属起步阶段，对 Cook 模式评介不多。本文旨在介绍并评价这一模式。在第一部分，笔者介绍 Cook 的语篇偏离模式及"文学性"观点；在第二部分，笔者从图式分类和图式更新两方面评价 Cook 的模式。

二 Cook 的语篇偏离模式及"文学性"观点

Cook[13] 根据语篇对读者图式的影响，将语篇分类如下：

在图 1 基础上，Cook 从文本的图式更新效果重新界定了形式主义"文学性"概念。Cook 认为，某些语篇的首要功能就是引起其读者图式的改变，愉

---

[1] Guy Cook, Discourse and Literature: The Interplay of Form and Mind. New York: Oxford University Press, 1994.

[2] Robert-Alain de Beaugrande, "Schemas for literary communication", in L. Halász ed., Literary Discourse, Berlin: de Gruyter, 1987, pp. 49—99.

[3] Kathleen McCormick. & Gary Waller, "Text, reader, ideology: The interactive nature of the reading situation", Poetics, vol. 16, no. 1, 1987, pp. 193—208.

[4] David S. Miall, "Beyond the schema given: Affective comprehension of literary narratives", Cognition and Emotion, vol. 3, (1989), pp. 55—78.

[5] —, "Anticipation and feeling in literary response: A neuropsychological perspective", Poetics, vol. 23, (1995), pp. 275—98.

[6] Elena Semino, "Schema theory and the analysis of text worlds in poetry", Language and Literature, vol. 4, no. 2, (1997), pp. 79—108.

[7] Peter Stockwell, Cognitive Poetics: An Introduction, New York: Routledge, 2002.

[8] Jean-Jacques Weber, Critical Analysis of Fiction: Essays in Discourse Stylistics, Amsterdam-Atlanta, GA: Rodopi, 1992.

[9] Margaret H. Freeman, "Cognitive linguistic approaches to literary studies: State of the art in cognitive poetics", in D. Geeraerts & H. Cuyckens, eds., The Oxford Handbook of Cognitive Linguistics. Oxford/New York: Oxford University Press, 2007, pp. 1175—1202.

[10] Meir Sternberg, "Telling in Time (I): Chronology and Narrative Theory", Poetics Today, vol. 11, (1990), pp. 901—948.

[11] —. "Telling in Time (II): Chronology, Teleology, Narrativity", Poetics Today, vol. 13, (1992), pp. 463—541.

[12] —. "Telling in time (III): Chronology, estrangement, and stories of literary history", Poetics Today, vol. 27, (2006), pp. 125—235.

[13] Guy Cook, Discourse and Literature, p. 191.

悦感受、逃避现实、深奥的感受和自我提升等阅读感受都由这一功能衍生而来，这也是为何没有其它明显的社会或实际功能的文学语篇会受到高度社会尊重的原因。为了具体分析文本的图式更新效果，Cook 将图式进一步分为世界、语篇和语言图式，并将这三个层次的文本－读者图式互动描述为下图：

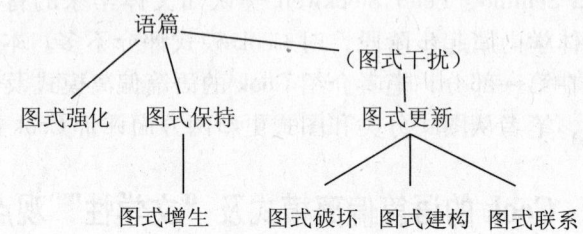

图 1　Cook 的语篇图式效果分类

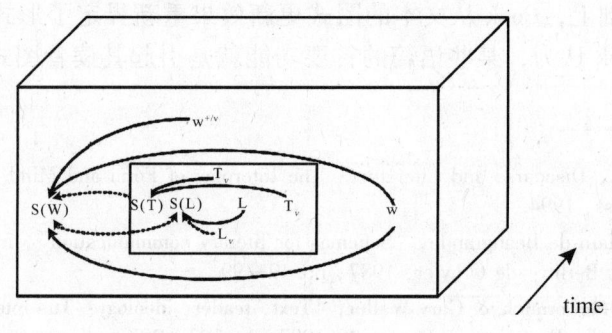

图 2　Cook①

在上图中，S（W）、S（T）、S（L）分别代表读者的世界图式、文本图式和语言图式，W、T 和 L 分别代表读者基于文本构建的世界结构、文本结构和语言结构，而 +、− 则分别代表文本结构符合/偏离读者图式。Cook 将语篇和世界图式层次的语篇偏离定位为更深刻的偏离，认为这两个层次、而非语言层次的偏离是文学性的主要体现。这样，借由世界、语篇和语言层次的语篇偏离的详细讨论，Cook 用修正后的文学性定义解释了以往形式主义文学性理论无法解释的文学文本与广告等非文学文本的差异。

Cook 的语篇偏离模式和文学性观点打破了形式主义者从静态文本出发的固囿，将文学性定位于动态的文本—读者互动过程，从而赋予了"文学性"概念更强的生命力；Cook 的世界－语篇－语言图式三分法，将文学性概念的性质改造为原型理论中的"模糊集"，是当代认知文体学对形式主义文学性概

---

① Guy Cook, Discourse and Literature, p. 205.

念的重新诠释。然而，Cook 模式也存在一定问题。下面笔者从图式分类和图式更新两个角度，对 Cook 模式存在的问题展开阐述。

三 Cook 模式评价：图式分类

Cook 的文学性观点建立在世界、语篇和语言图式的三分法基础上，但图式分类本身就存在较多争议和混乱，从"形式图式"、"文本图式"、"修辞图式"、"语篇图式"、"体裁图式"、"字面图式"、"解释图式"等五花八门的概念即可见一斑。不妨以 Swales[1] 的图式划分为基础，列表比较 Swales、AI 图式理论、CI 模型、社会文化图式研究、Cook 的图式分类：

表 1 各派图式研究的图式分类

		体裁图式			
	内容图式		形式图式		
应用语言学 Swales	事实/概念，包括字面/解释图式（Widdowson[2]）	程序（脚本）	信息排序	修辞要素	风格
AI 图式理论：	内容图式	无			
Minsky[3]、Schank & Abelson[4]、Schank[5][6]、Rumelhart & Ortony[7] 等	场景（Schank[3][4]）；主题（Schank & Abelson）；框架（Minsky[1]）；认知场景（Sanford & Garrod[8]）	脚本、计划（Schank[3][4]；Schank & Abelson[2]）；图式（Rumelhart & Ortony[5]）			

---

[1] John Malcolm Swales, Genre Analysis: English in Academic and Research Settings, Cambridge: Cambridge University Press, 1990, pp. 83 – 92.

[2] Henry G. Widdowson, "New starts and different kinds of failure", in A. Friedman, I. Pringle, & J. Yalden, eds., Learning to Write: First Language/Second Language. Harlow, UK: Longman, 1983, pp. 34—48.

[3] Marvin Minsky, "A framework for representing knowledge", in P. H. Winston ed., The Psychology of Computer Vision, New York: McGraw Hill, 1975, pp. 211—277.

[4] Roger C. Schank, & Robert P. Abelson, Scripts, Plans, Goals, and Understanding. Hillsdale, NJ: Erlbaum, 1977.

[5] Roger C. Schank, Dynamic Memory. Cambridge: Cambridge University Press, 1982.

[6] —. Dynamic Memory Revisited. Cambridge: Cambridge University Press, 1999.

[7] David, E. Rumelhart, & Andrew Ortony. "The representation of knowledge in memory", in R. C. Anderson, R. J. Spiro, & W. E. Montague, eds., Schooling and the Acquisition of Knowledge, Hillsdale, NJ: Erlbaum, 1977, pp. 99 – 135.

[8] Anthony J. Sanford, & Simon C. Garrod, Understanding Written Language: Explorations in Comprehension beyond the Sentence, New York: Wiley, 1981.

	内容图式		形式图式	
CI 模型（Kintsch①,②,③; Kintsch & van Dijk④; van Dijk⑤,⑥; van Dijk & Kintsch⑦等）；故事语法（Mandler⑧,⑨; N. S. Johnson & Mandler⑩）	框架等，用谓词—论元结构表示（CI 模型）	脚本、图式等，用谓词—论元结构表示（CI 模型）；"故事语法"（N. S. Johnson & Mandler⑧; Mandler⑥,⑦）	特定体裁"修辞上层结构"（van Dijk & Kintsch⑤）	韵律、特定故事事件的描写"脚本"（Kintsch①）

---

① Walter Kintsch, "Learning from text, levels of comprehension, or: Why anyone would read a story anyway", Poetics, vol. 9, (1980), pp. 87—98.

② —. "The use of knowledge in discourse processing: A construction-integration model", Psychological Review, vol. 95, (1988), pp. 163—182.

③ —. Comprehension: A Paradigm for Cognition, New York: Cambridge University Press, 1998.

④ Walter Kintsch & Teun van Dijk, "Toward a model of text comprehension and production". Psychological Review, vol. 85, (1978), pp. 363—394.

⑤ Teun van Dijk, "Cognitive processing of literary discourse". Poetics Today, vol. 1—2, (1979), pp. 143—159.

⑥ —. "Context models in discourse processing", in H. van Oostendorp & S. R. Goldman, eds., The Construction of Mental Representation During Reading, Mahwah, NJ: Erlbaum, 1999, pp. 123—148.

⑦ Teun van Dijk & Walter Kintsch. Strategies of Discourse Comprehension. New York: Academic Press, 1983.

⑧ Jean M. Mandler, "Some uses and abuses of a story grammar", Discourse Processes, vol. 5, no. 3 &4, (1982), pp. 305—318.

⑨ —. Mind and Body: The Psychology of Emotion and Stress, New York: Norton, 1984.

⑩ Nancy S. Johnson, & Jean M. Mandler, "A tale of two structures: Underlying and surface forms in stories", Poetics, vol. 9, (1980), pp. 51—86.

	内容图式	形式图式
社会、文化图式研究（Carrell①,②,③; Carrell & Eisterhold④; D'Andrade⑤,⑥; Freedle & Duran 1979⑦; P. Johnson⑧,⑨; Lipson⑩; Pritchard⑪; Rice⑫,⑬; Steen⑭ 等)		

---

① Patricia L. Carrell, "The effects of rhetorical organization on ESL readers", TESOL Quarterly, vol. 18, (1984a), pp. 441—469.

② ——. "Evidence of a formal schema in second language comprehension". Language Learning, vol. 34, (1984b), pp. 87—112.

③ ——. "Content and formal schemata in ESL reading". TESOL Quarterly, vol. 21, no. 3, (1987), pp. 461—481.

④ Patricia L. Carrell, & Joan C. Eisterhold. "Schema theory and ESL reading pedagogy". TESOL Quarterly, vol. 17, no. 4, (1983), pp. 553—573.

⑤ Roy G. D'Andrade, "Cultural meaning systems", in R. Shweder & R. LeVine, eds., Culture Theory: Essays on Mind, Self, and Emotion. Cambridge: Cambridge University Press, 1984, pp. 88—119.

⑥ ——. The Development of Cognitive Anthropology. Cambridge: Cambridge University Press, 1995.

⑦ Roy Freedle, & Richard P. Duran, "Sociolinguistic approaches to dialogue with suggested applications to cognitive science", in R. Freedle ed., New Directions in Discourse Processing. Norwood, NJ: Ablex, 1979, pp. 197—206.

⑧ Patricia Johnson, "Effects on reading comprehension of language complexity and cultural background of a text", TESOL Quarterly, vol. 15, (1981), pp. 169—181.

⑨ ——. "Effects on reading comprehension of building background knowledge". TESOL Quarterly, vol. 16, (1982), pp. 503—516.

⑩ Marjorie Youmans Lipson, "The influence of religious affiliation on children's memory for text information", Reading Research Quarterly, vol. 18, no. 4, (Summer 1983), pp. 448—457.

⑪ Robert Pritchard, "The effects of cultural schemata on reading processing strategies". Reading Research Quarterly, vol. 25, no. 4, (Fall 1990), pp. 273—295.

⑫ Grace Elizabeth Rice, "The role of cultural schemata in narrative comprehension". School of Social Sciences Research Reports, No. 10. Irvine: University of California Press, 1978.

⑬ ——. "On cultural schemata". American Ethnologist, vol. 7, no. 1, (1980), pp. 152—171.

⑭ Gerald Steen, "'Love stories': Cognitive scenarios in love poetry", in G. Steen & J. Gavins, eds., Cognitive Stylistics in Practice. London: Routledge, 2003, pp. 67—82.

	内容图式		形式图式			
	文化、教育、宗教、性别等社会团体共有的框架、场景等（Anderson①；P. Johnson；Lipson；Reynolds et al.②；Rice；Shen③；Steffensen et al.④）	某社会团体共有的行动脚本（如婚礼）；特定体裁（如"爱情故事"）对应的认知场景（Steen）	特定体裁的叙述顺序（Carrell）	会话结构组织（Freedle & Duran）	特定体裁相应的阅读策略（Pritchard）	文体风格（Carrell）
Cook²	世界层次：世界图式		语篇层次：文本图式			语言层次：语言图式
	世界知识（脚本、计划、目标、主题）		"文本图式"，或"现实或虚构世界事实的典型排序"（Linde & Labov⑤）；叙述结构（文本间定义）、功能结构（语用定义）（Cook⑥）；体裁（Cook⑦）			语言形式；衔接（Cook⑫）

Swales 在内容、形式图式之上还定义了体裁图式，在表 1 中列在第一行。除 Swales 外，每个图式理论分支对应的第一行均为图式的总体分类，第二行则是该范畴下的具体概念。从上表可以看到，除了 Swales，其它各支在表中大致相当于"内容图式"的部分分歧不大，均包括框架、脚本等各种图式概念。Swales 的"形式图式"概念核心是"程序"，因此他将概念/事实划为内容图式，而将行动的程序（脚本）和表达的程序（修辞、信息结构）都归于形式图式范畴；但他的形式—内容图式两分法让人费解：按照 Swales 的划分，"脚本"与"框架"分属于"形式图式"与"内容图式"范畴，而它们的区

---

① Richard C. Anderson, "Role of the reader's schema in comprehension, learning, and memory", in R. B. Ruddell, M. R. Ruddell, & H. Singer eds., Theoretical Models and Processes of Reading, 4th edn. Newark, DE: International Reading Association, pp. 469—482.

② Ralph E. Reynolds, Marsh A. Taylor, et al. "Cultural schemata and reading comprehension". Reading Research Quarterly, vol. 17, no. 3, (1982), pp. 353—366.

③ Fuyuan Shen, "Effects of news frames and schemas on individuals' issue interpretations and attitudes". Journalism and Mass Communication Quarterly, vol. 81, no. 2, (2004), pp. 400—416.

④ Margaret S. Steffensen, Chitra Joag-dev, & Richard C. Anderson. "A cross-cultural perspective on reading comprehension". Reading Research Quarterly, vol. 15, no. 1, (1979), pp. 10—29.

⑤ Charlotte Linde & William Labov, "Spatial networks as a site for the study of language and thought". Language, vol. 51, no. 4, (Winter 1975), pp. 924—939.

⑥ Guy Cook, Discourse and Literature, p. 197.

⑦ Guy Cook, Discourse and Literature, pp. 222—4.

别却仅在于是否包含僵化情境中的行动序列的表征。

各派理论的图式分类分歧主要体现在表1大致相当于"形式图式"部分的构成要素上。相较其它各支理论，Cook的世界、语篇、语言层次划分比形式—内容两分法更能体现"世界"和"文本"作为建构的结构性质和它们之间的功能关系。但是Cook的图式分类，特别是在"文本图式"的定义方面，存在一定混乱。首先，Cook试图通过图式理论打通语篇分析和叙述学理论，但是与叙述学对应的、强调典型的事实排序的文本图式概念并不能涵盖与语篇分析对应的语篇层次的丰富内容。正因如此，Cook才被迫再三改变关于"文本图式"的阐述。在第15页，他明确定义自己使用的"文本图式"概念与Linde & Labov一致，即现实/虚拟世界典型事件的"排序"，并与Carrell、Swales的"修辞图式"、"体裁"定义相区别；在稍后，他又以叙述学的"叙述结构"概念为参考，认为"文本图式"与"叙述结构"内容存在许多重叠。[1] 然而，叙述学的"叙述结构"包含比叙述顺序更多的内容，而且显然只适用于叙事、不适用于议论或说明，而Linde & Labov提出的"文本图式"概念则主要针对说明而非叙事（如受试在回忆某间房间的布置时往往依循一定顺序）。在模式建立部分，他又将"文本图式"与语用定义的功能结构（语篇分析）和文本间定义的"结构"（文学理论，实际是叙述学理论）联系起来。到了分析部分，他又在文本图式部分加上了体裁。他在"文本图式"部分后来加入的内容显然超出了Linde & Labov的"文本图式"概念范畴。Cook尝试通过"认知"维度调和多个"文本图式"概念背后的多重理论框架之间的矛盾：他比较了结构主义叙述学的"叙述结构"概念和他使用的文本图式概念，指出前者如果存在，也只存在于新柏拉图式的或是荣格式的视阈中，而后者则是"读者个体在处理文本时实际使用的建构"。Cook认为"文本图式"类似Johnson-Laird的"心理模型"的概念，因此"更具体、适应性更高"，可以实现图式理论与读者反应理论和接受理论之间的更好的衔接。[2] 显然，他在这里再一次改变了文本图式定义。更麻烦的是，"心理模型"概念过于灵活。读者在世界、语篇和语言三个层次的结构化知识都可能被文本唤起，成为"读者在处理文本时实际使用的建构"，这等于放弃了界定"文本图式"的努力。

---

[1] Guy Cook, Discourse and Literature, pp. 140—152.
[2] Guy Cook, Discourse and Literature, pp. 149—150.

基于以上分析，我们不妨将世界、语篇和语言图式重新定义如下①：

世界图式是认知者在协商他们生活的世界和在世界中的生活时实际应用的结构化知识，它源于文本经验与世界经验，既包括如何开展各种物质活动的结构化的程序性知识，又包括关于各种社会情境、机构、关系的事实/概念建构。

语篇图式是阅读者在处理语篇时实际应用的、与语篇构建相关的结构化知识。语篇图式和语言图式都以文本经验为唯一来源。由于其位于世界和语言层次之间的过渡性质，根据其指向不同，语篇图式可分为三部分：联系世界与语篇的功能结构（如及物性系统、情态、语用策略等）、联系语篇与语篇的互文性（如体裁/子体裁图式等）和联系语篇内部各部分和语篇内的句子的形式、意义连接（如修辞图式、衔接等）。值得注意的是，语篇图式只是读者在阅读语篇时实际应用的结构化知识的一部分。在阅读时读者可能应用世界、语篇和语言层次的任何图式。

语言图式是阅读者在处理句子及句子以下层次（或多媒体文本的类似层次）时实际应用的、与语句（或多媒体文本中的类似单位）相关的结构化知识，如词形、语音、词汇、语义、语法等。

四 Cook 模式评价：图式更新

除了图式分类之外，Cook 的文学文本"偏离"导致"图式更新"的观点也存在一定局限。首先，Cook 以图式更新为中心的文学性观点本身需要历史化地考察。这种受到浪漫主义影响的文学观显然忽略了浪漫主义运动之前，不同体裁/子体裁的文学文本向读者/观众发出的认知邀请的区别。以戏剧为例，古希腊悲剧往往邀请观众与悲剧中的英雄人物产生移情而实现情感的净化，如《俄狄浦斯王》、《安提戈涅》；中世纪"圣经连环剧"（Mystery Cycles）等宗教剧则邀请观众通过对基督磨难的怜悯在现实生活中也自觉模仿基督。在这些戏剧文本中与其说读者经历的是图式更新，不如说是特定宇宙图景、宗教、社会秩序的维护或是 Stockwell（2002）所说的"图式再熟悉化"（schema refamiliarization）。而现代戏剧文本则邀请读者反思戏剧、生活、自我本身，因此更符合 Cook 的语篇偏离观点。例如，《社会支柱》、《芭芭拉少校》

---

① 李美霞认为脚本、框架、图式等构成的"认知语境"与系统功能语言学的"情景语境"（语场、语旨和语式）共同运作产生话语类型即体裁。然而，图式经验基础本身就具有文化嵌入性，她物化认知与文化差异的做法源于对认知图式理论的狭隘理解。见李美霞：《话语类研究》，北京：科学出版社，2007 年，p. 164。

邀请读者/观众反思资产阶级道德和价值系统;《六个剧中人寻找作者》通过创造性地挑战读者/观众情节剧图式邀请读者/观众反思艺术创作;Kaufman 与 Hart 的《我们曾经有过的美好岁月》(Merrily We Roll Along) 通过干扰读者/观众的时间线性图式来反思历史中的行动及其后果;Peter Shaffer 的《黑暗喜剧》(Black Comedy)、William Gibson 的《奇迹制造者》(Miracle Worker) 则通过挑战读者/观众的视觉、听觉图式来邀请读者/观众对自己的知觉系统产生陌生化的认识,等等。

另一方面,Cook 模式从创造性角度肯定了文学幻觉对传统乃至现实的建构和发展,但他低估了文学的现实建构功能的复杂性。只需比较 Cook 观点与同样深受形式主义影响的史诗剧理论就不难发现它们之间的尖锐对立:Cook 关于文学创造幻觉经验、令读者在构建文本结构的同时重构自我图式的观点恰恰是主张消灭"移情"的史诗剧理论抨击的目标。我们当然可以讨论"幻觉"一词在 Cook 理论和 Brecht 戏剧理论中的不同意义,但从他们对文学"幻觉"迥然不同的态度,我们还是可以窥见文学审美经验的两面性。在这里我们可以参考接受美学代表人物 Hans Robert Jauss 的相关论述。Jauss[①](耀斯)认为,艺术既突破传统又保留传统甚至建构传统;虚构文本不仅可以冲破业已确定的现有秩序,也能提供一个似乎不可变更的秩序的封闭视域。这个秩序"否定历史世界的变迁,把所有个人的行为简化为社会行为的角色表演"。用 Lene Brandt & Per Aage Brandt 模式来解释,文学作品一方面邀请读者悬置"源空间"与艺术作品提示构建的概念复合空间之间的部分关联、提示读者在自由的认知状态下对某些现实的"规约组合"(combination of conventions, Iser[②])执行(创造性的)概念复合,以鼓励其思考规约的有效性,一方面又在原本缺乏秩序的生活上强加了连贯的意义和结构,并邀请读者将文学异化(甚至两次异化)的现实反向投射到自己所在的现实空间,从而令虚构成为现实的视域。这种文本虚构空间对现实空间的反向投射影响十分复杂,不能简单地肯定或否定,而应展开具体分析。

综上所述,Cook 基于 Schank 认知脚本理论的语篇偏离模式从文本—读者互动过程为形式主义"文学性"概念提供了新的阐述,但他的文学性观点一方面需要根据不同时期的文本展开历史化的考察,另一方面也需要考虑文学虚构对现实的反向投射的复杂性。

---

① 汉斯·罗伯特·耀斯,《审美经验与文学解释学》,顾建光、顾静宇、张乐天译,上海:上海世纪出版集团,2006 年,第 150 页。
② Wolfgang Iser, The Act of Reading, London: Routledge, 1978, p. 61.

五 小 结

综上所述，Cook 提出的语篇偏离模式及基于文本－读者互动过程提出的"文学性"概念，是认知文体学对形式主义"文学性"概念的重新诠释，具有很强的理论生命力。然而，Cook 在图式分类，特别是在语篇图式的定义方面仍存在术语混淆，其包含的内容需要进一步明确；Cook 在图式更新方面持有的观点具有鲜明的浪漫主义文艺观的烙印，仍需对复杂的文学－读者互动展开更全面的考察。

稿 约

《首都外语论坛》由首都师范大学外国语学院、语言哲学研究所、外国语言学及应用语言学研究所主办，系年刊形式的系列学术丛书，每年出版一辑；北京市教委主任、国际俄罗斯语言文学联合会秘书长、中国俄语教学研究会会长、中国俄罗斯东欧中亚学会副会长、首都师范大学俄语语言文学专业教授、博士生导师刘利民博士担任主编，首都师范大学外国语学院副院长、语言哲学研究所所长、外国语言学及应用语言学研究所所长、俄语语言文学专业教授、博士生导师隋然博士担任副主编。

作为公开出版并发行的外国语言文学类学术系列丛书，《首都外语论坛》确立高端理论探索、前沿学科考察和外语应用研究为宗旨，欢迎以下研究方向和范围的论文：

一、语言哲学思想研究；
二、国外语言学研究；
三、外语教学研究；
四、语言文化研究；
五、外国文学研究；
六、翻译研究。

投稿要求：

一、中文标题、英文标题；
二、正文（6 000—8 000 字）；
三、注释及参考文献：注释采用文末注；参考文献先外文后中文，按作者姓氏字母（中文姓氏按拼音）排序，序号用［1］、［2］、［3］……表示，序号之后依次为作者姓名、文献题名、书/刊名（版次）、文献类别标识、出版地、出版者、出版时间/期刊数（起止页码）。文献类别标识分别为：专著［M］、期刊论文［J］、论文集［C］、论文集内文章［A］、报纸文章［N］、会议论文［P］、研究报告［R］、博士论文［D］、硕士论文［MA］、其他［Z］。例如：

[1] Davison D. Inquiries into Truth and Interpretation[M]. Oxford University Press. 1982.

[2] Безлепкин Н.. Философия языка в России: К истории русской лингвофилософии[M]. Санкт-Петербург: Искусство—СПБ. 2002.

[3] 赵敦华，现代西方哲学新编［M］，北京：北京大学出版社，2001

[4] 钱冠连，哲学轨道上的语言研究［J］，外国语，1999（6）

[5] 张南峰，特性与共性论：中国翻译学与翻译学的关系［A］，谢天振，翻译的理论建构与文化透视［C］，上海：上海外语教育出版社，2000

四、作者信息：姓名、出生年、性别、工作单位、学历、职称（职务）、联系方式（邮编、电话、E-mail 等）、研究方向；

五、论文排版：word 格式，正文使用 5 号宋体字，A4 纸打印，同时提供电子文稿（E-mail 发送或邮寄 3.5 寸软盘）；

六、来稿文责自负；编辑部可对采用稿件做必要的修改和删节，不同意者请预先声明；来稿恕不退还，请自留底稿；凡 3 个月内未获用稿通知者，稿件可自行处理；

七、论文一经发表，即付稿酬，优稿优酬，并赠样书 2 本；

八、**联系地址：**

  北京市海淀区 833 信箱

  首都师范大学外国语学院《首都外语论坛》编辑部

邮政编码：100037

联系电话：010-68901984，68901969，68981334（传真）

E-mail：suiran@mail.cnu.edu.cn

图书在版编目(CIP)数据

首都外语论坛. 第 4 辑/刘利民主编.
—北京：中央编译出版社，2013.6
ISBN 978 – 7 – 5117 – 1657 – 6

Ⅰ.①首…
Ⅱ.①刘…
Ⅲ.①外语 – 文集
Ⅳ.①H3 – 53

中国版本图书馆 CIP 数据核字(2013)第 104644 号

首都外语论坛

出 版 人	刘明清
出版统筹	谭　洁
责任编辑	邓　彤
责任印制	尹　珺
出版发行	中央编译出版社
地　　址	北京西城区车公庄大街乙 5 号鸿儒大厦 B 座(100044)
电　　话	(010)52612345(总编室)　　(010)52612352(编辑室)
	(010)66161011(团购部)　　(010)52612332(网络销售)
	(010)66130345(发行部)　　(010)66509618(读者服务部)
网　　址	www.cctphome.com
经　　销	全国新华书店
印　　刷	北京瑞哲印刷厂
开　　本	787 毫米 × 960 毫米　1/16
字　　数	589 千字
印　　张	31
版　　次	2013 年 6 月第 1 版第 1 次印刷
定　　价	120.00 元

本社常年法律顾问：北京市吴栾赵阎律师事务所律师　闫军　梁勤
凡有印装质量问题，本社负责调换。电话：(010)66509618